JN437195

INCOTERMS® 2010
무역실무적 해설

오세창 · 조현정 · 박성호 공저

도서출판 두남

Incoterms(ICC rules for the use of domestic and international trade terms: 국내 · 국제 정형거래조건의 사용에 관한 ICC규정)은 CISG(UN Convention on International Sale of Goods: 국제물품매매계약에 관한 UN협약)과는 불가분의 관계에 있다.

CISG가 국제물품매매계약의 전반에 관한 대원칙을 규정한 통일국제상거래법이라면 Incoterms는 당사자간의 매매계약 체결 후 당사자들간에 이행해야 할 다양한 의무 가운데 매도인의 입장에서 가장 중요한 의무인 계약에 정히 충당된 물품의 적시인도와 매수인의 입장에서 가장 중요한 의무인 물품의 수령에 따른 대금지급 의무 중에서 매도인의 인도에 관한 구체적인 통일상관습규정이다. 다시 말해서 CISG의 제3편 매매편 가운데 매도인의 인도와 관련한 통일규정의 구체적인 실행 규정이라고 할 수 있다.

2011년 1월 1일부터 효력을 발휘하는 Incoterms에 대하여 무역업무에 종사하는 자들과 Incoterms 연구자 모두를 위한 해설서의 필요성이 제기됨에 따라 해설서를 발간하였으나 발효와 동시에 해설서를 서둘러 출간하다 보니 다소의 오류가 있어 이의 정정의 필요성과 Incoterms에 대한 기본이해의 필요성이 제기되어 개요 부분에 Ramberg교수의 저서를 참고하여 새로이 출간하게 되었다. 특히 Incoterms의 이해에 반드시 필요한 Incoterms의 뿌리에 대한 연구내용을 추가하였다.

인도에 관한 당사자들의 권리·의무를 규정한 계약규정임에도 불구하고 모두들 Incoterms를 단순한 가격조건으로 생각한다면 인식의 전환이 필요하다. 본 해설서를 통해 무역업계 종사자들은 Incoterms의 중요성에 대한 재인식은 물론이고 이 분야 연구자들의 가일층 증진이 있기를 바란다.

본서의 출간에 있어 영국에서 오랫동안 무역상무 분야의 연구를 하고 본교에서 강의하고 있는 제자인 박성호 교수와 공저를 하게 되어 보람을 더해주었다.

일평생 살아가는 과정에서 감사해야 할 일이 한두가지가 아니지만 특히 박 교수나 저를 지금 이 순간까지 인도하시고 섭리해주신 하나님 아버지께 머리 숙여 감사를 드립니다.

끝으로 이 책의 발간에 물심양면으로 협조를 아끼지 아니한 도서출판 두남의 모든 분들에게 감사의 인사를 드립니다.

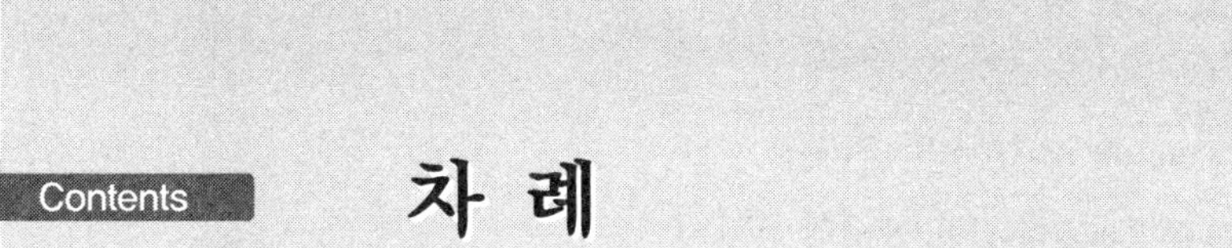

PART 1 국제거래관습과 Incoterms

PART 2 Incoterms□ 2010

PART 1

국제거래관습과 Incoterms

CHAPTER 01

국제거래관습의 개요

Incoterms□ 2010

1. 국제거래관습의 분류방법

거래관습의 분류에 관해 국가 간 또는 국제법 학자들 간에 상당한 견해 차이가 있다. 이러한 견해 차이는 국제거래관습이 가지는 다양한 형태와 국제거래관습의 여러 가지 특성에 대한 불일치의 다양한 기여도를 통해 이해되어져야 한다.

다음에서 국제거래관습의 분류는 본 연구에 따라 제출된 각국의 보고서에 근거하였으나 보고자들은 자국에서의 법적 의견이 통일되고 있지 아니함을 강조하고 있다.

이태리와 프랑스의 법체계는 규범적 관습과 계약적 관습 간에 구분을 주요한 구분으로서 채용하고 있다. 스페인의 법학자들은 거래관습을 이태리와 프랑스와 유사하게 규범적 거래관습과 해석적 거래관습으로 분류하고 있다.[1)]

벨기에 법학자들은 사실로서의 거래관습과 규범적 관습을 구분하고 있다.

기타국의 국제거래관습의 분류는 거래관습의 형태를 분류기준으로 하여 성문적 거래관습과 불문적 거래관습을 구분하고 있다.

2. 종합적 분류

다음과 같은 분류는 각국의 분류방법을 포괄할 수 있는 국제거래관습의 종합적 분류로 생각할 수 있다.

1) 규범적 거래관습

첫 번째 범주인 규범적 거래관습은 다른 법규정과 마찬가지로 국내법정에서 법

1) 그러나 이러한 구분은 개별관행이나 습관과 상관습으로 구분하고자 하는 저명한 저자(Garrigues, Rubio)에 의해 거절되고 있다.

의 효력을 가지는 관습으로 구성되어 있다.

(1) 제정적 거래관습(statutory usages)

(2) 보편적 거래관습(universal usages)

2) 계약적 거래관습(해석적 거래관습)

두 번째 범주인 계약적 거래관습은 당사자들의 계약자치권 행사에 의해 이들의 계약 가운데 당사자들이 반영한 관습들이다. 따라서 계약적 거래관습은 계약의 내용이 되며, 계약의 다른 내용과 똑같은 방법으로 취급된다.

(1) 다국적 표준(transnational formulations)

(2) 기타 계약적 관습(other contractual usages)

3) 사실적 거래관습

제3의 범주인 사실적 거래관습은 종합적인 이해를 주기 위하여 추가되는 것이다. 이러한 사실로서의 거래관습은 가끔 국제무역관계에서 발생한다 해도 본 연구가 다루고 있는 거래관습과 밀접한 관계가 있는 일반 국제성 요소를 결여하고 있기 때문에 이들은 본 연구에서 제외될 수 있다. 사실로서의 거래관습은 필수적으로 특정지역이나 특정거래에 한정되는 이른바 지역관습이다.

주요한 두 분류인 규범적 거래관습과 계약적 거래관습은 프랑스, 이태리, 스페인 분류를 따르고 있으나, 이러한 두 분류는 제3의 범주인 사실적 거래관습에 의해 보완되어져야 한다고 생각된다. 사실적 거래관습을 예를 들어보면 다음과 같다.

영국의 법정은 oil거래에 있어 FOB조건에서 buyer는 적기에 적재통지를 매도인에게 해야 하는 거래관습이 존재하고 있으며, container거래에 있어서는 통관대리인(a customs clearance agent)은 컨테이너를 부당하게 오래 보유한다면 컨테이너 소유자에게 책임이 있다는 거래관습이 존재함을 주장하고 있다.

프랑스의 경우 물품의 하자를 보정(claim)하는 매수인은 짧은 기간 내에 보정절차를 취해야 한다.[2] 반면 숨은 하자의 경우 보정절차를 취해야 하는 기간의 범위는 거래관습에 의해 확정된다.

스웨덴의 경우 FOB Stockholm조건의 매매가 FAS조건상의 인도와 같은 의미로 취급되는 목재제품의 경우 Stockholm 항구의 관습에서는 매도인은 적재의 책임이 없다.

이상의 예들은 얼마든지 제시될 수 있다.[3]

---

2) 프랑스 민법 1648조.

주의를 요하는 것으로 이러한 거래관습들의 공통적인 특징은 각국 법정의 소송 절차법에 따라 판사나 중재인을 만족시키기 위하여 거래관습을 주장하는 일방은 거래관습의 존재를 입증해야 한다는 것이다. 거래관습이 입증되면 이들은 당사자들을 구속한다.

3. 거래관습의 국제성

Schmitthoff의 거래관습분류에 열거되어지는 모든 거래관습들은 일반적 표현으로서 강력한 국제성을 나타내고 있다.

1) 규범적 거래관습

(1) 제정적 거래관습 : 국내제정이나 위임입법 등에 의해 법의 효력을 가지는 관습

① 국내법정이 효력을 인정하는 국제협약으로서의 제정적 거래관습

예 : Hague Visby Rule → 영국의 해상운송법

② 국내법정이 효력을 인정할 수 있는 특수거래관습으로서의 제정적 거래관습

예 : Incoterms → 모든 외국 무역거래에 대한 제정적 효력

특수거래관습은 ICC와 같은 국제민간단체에 의한 것과 CMEA(Council for Mutual Economic Assistance)와 같은 지역단위단체에 의한 것, 그리고 유고의 일반거래관습과 같은 특정국에 의한 것을 포함한다.

(2) 보편적 거래관습 : 규범적 거래관습의 두 번째 범주, 즉 또 다른 하나의 규범적 성격의 거래관습인 보편적 거래관습은 모든 무역국들에 의해 보편적으로 인정되는 것으로 상관습법에서 유래된 법률격언(maxims)이다.

2) 계약적 거래관습

(1) 다국적 표준 : 국제상거래에서의 사용을 위해 ICC나 UNCITRAL과 같은 국제적으로 공인된 기구나 단체 등에서 제정한 것으로 당사자들이 자신들의 계약 가운데 규정으로나 준거법으로 채용하는 것으로 대표적인 것이 ICC의 Incoterms와 UCP이고, UNCITRAL의 AR(Arbitration Rules)과 CISG 등이다.

(2) 기타 계약적 관습 : 국제상거래에서의 사용을 위해 무역협회, 전문기관, 무역업계나 정부기관(ICC나 UNCITRAL 보다 국제성이 약함) 등이 제정한 것으

3) Bockstiegel교수는 oil거래와 독일-이태리간의 정원수에 관한 거래에 있어서 독일법정에 의한 국제거래관습의 인정을 참고하고 있다.

로 당사자들이 자신들의 계약상의 규정으로나 준거법으로 채용하는 것으로 대표적인 것이 GAFTA(The Grain and Feed Trade Association)의 표준서식[4], FIDIC(International Federation of Consulting Engineers)의 국제계약조건[5]과 용선계약서식[6] 등이다. 이러한 국제표준서식의 특징은 국제경영사회의 독특한 법, 즉 자칫하면 법 제정 시에 소홀하기 쉬운 현실적인 국제사회의 분위기를 반영한 것이다.

이상의 규범적 거래관습과 계약적 거래관습을 통해 알 수 있는 것은 이러한 거래관습의 경우 국제성이 매우 강하다는 사실이다. 그리고 사실적 거래관습 역시 국제무역과 관련해서 생기는 것으로 볼 때 국제성이 있다고 볼 수 있다. 이렇게 볼 때 Schmitthoff의 종합분류 상의 거래관습이 일반적인 표현으로 국제성이 강한 거래관습으로 볼 수 있다.

4. 국제거래관습의 해석

1) 국제거래관습의 해석상의 문제점

국제거래관습의 해석상의 문제점은 서식에 명시되어 있는 거래관습에 대하여 주로 생기는바, 서식 상에 명시되어 있는 거래관습은 제정적 거래관습, 다국적 표준, 기타 계약적 거래관습이다. 보편적 거래관습과 사실로서의 거래관습은 서식 상에 명시되지 아니하는 국제거래관습이다.

국제거래관습의 해석상의 문제는 다음과 같은 4가지로 요약될 수 있다.

① 다양한 국내법정에서 제정법적 효력을 부여하고 있는 국제협약의 해석상의 통일성은 어떻게 달성될 수 있을까?

② 다국적 표준을 참고하지 아니하는 계약을 해석할 때 기존의 다국적 표준에 호소할 수 있는가?

③ 당사자들의 계약서상에 반영되어 있는 다국적 표준을 법정이나 중재인들이

---

4) GAFTA(http://www.gafta.com)는 1878년도에 런던 옥수수거래협회를 시작으로 설립되어 현재 86개국 1,400여 회원을 가지고 있는 국제거래협회로서 곡물, 사료 등의 국제거래에 사용하는 표준거래계약서를 제공하고 있다.

5) FIDIC(http://www.fidic.org)는 1913년에 설립된 국제엔지니어링 컨설팅연맹이다. 현재 94개국의 건설, 토목 등 엔지니어링 관련기관들이 가입되어 있는 국제기구로서 국제엔지니어링 관련 표준계약서를 제공하고 있다.

6) 용선계약서로서 주로 사용되고 있는 것은 항해용선계약으로서는 Baltic 국제해운동맹(The Baltic International Maritime Conference: BIMCO)에 의하여 채택된 GENCON Charter Party가 있으며, 정기용선계약서로는 New York Produce Form-Time Charter가 있다.

어떻게 해석하는가?

④ 표준계약조건이 관련되고 중재인들에 의해 판정되는 분쟁의 경우 국제거래관습의 해석상의 통일성은 중재판정의 사법적 재심에 의해 보장되어야 하는가?

(1) 국제협약(통일국제상관습)의 통일적 해석의 필요성

특정분야의 국제무역법을 규정하고 있는 국제협약은 다양한 각국법정에서 통일적으로 해석되어야 한다는 것은 대단히 바람직한 일이다. 만약 국제협약의 규정들이 다양한 각국법정에서 다양하게 해석된다면 국제협약의 통일효과는 상실하고 만다.[7] 이러한 국제협약의 통일효과의 상실이라는 불행한 예는 SDR(Special Drawing Right)이 국제표준으로 채택되기 전에 Hague Visby Rules하의 운송인의 최대의무를 결정하는 "포앙카레금프랑"에 근거한 다양한 평가가 그 예이다.

국제무역협약은 불행하게도 이러한 통일효과의 상실을 피하기 위한 기구를 대개 규정하고 있지 아니하다. 즉, EEC의 경우와 달리, 국제무역협약이 추구하고 있는 통일성을 유지하기 위한 임무를 지고 있는 국제법정이 없다.

이러한 임무에 적절한 해석원칙을 고안하는 것은 각국 법정의 몫이다. 영국의 경우 법정은 해석원칙으로서 "보통법의 격언"(common law maxims)을 무시하고 Diplock 경이 주장한 소위 "광범위한 일반승인원칙"(broad principles of general acception)에 따라 국제협약을 해석하고 있다. 다음에서 보는 두 개의 영국법정의 판결은 이러한 태도를 나타내고 있다.

① Scrutton Ltd. v. Midland Silicones Ltd. case[8]

동 사건에서 Viscount Simonds는 다음과 같이 주장했다.

"본 사건을 검토함에 있어 나는 진짜 중요한 문제를 아직 언급하지 아니했다. 본 사건에서의 문제점은 Hague Rules가 영미법에 흡수되어 영미법의 일원이 된 경우 그리고 영미보통법이 적용되는 법정에서는 어디서나 일어나는 문제이다. 국제협약은 협약상의 광범위한 승인원칙이 있게 마련이고 이런 승인원칙이 있는 협약을 합의했다면 합의한 각국의 법정은 당연히 똑같이 해석해야 하는데도 불구하고 Hague Visby Rules와 같이 합의해 놓고 다양하게 해석하는 것은 통탄할 일이다.

7) 이러한 통일효과는 시간이 흘러 필요할지도 모를 수정에 의해서도 역시 상실된다. 가끔 이러한 결과는 몇몇 국가들이 수정전의 협약을 적용하고 다른 국가들은 수정된 협약을 적용한 경우이다.

8) [1961] UKHL 4; [1962] AC 446.

② Fothergill v. Monarch Airlines Ltd. case[9)]

동사건에서 Diplock경은 다음과 같이 소견을 피력했다.

"국제협약의 언어는 순수하게 국내법만을 취급하는 국회법보다 매우 광범위하고 다양한 사법적 청중을 대상으로 하고 있다. 따라서 이러한 성격을 지닌 국제협약의 언어는 Wilberforce경이 Buchanan사건에서 지적한 바와 같이 영국법의 원칙이나 영국의 판례에 구속됨이 없이 그러나 협약상의 광범위한 일반승인원칙에 따라 해석되어야 한다."

더욱이 영국법정은 영미보통법정 이외의 법정에서의 판결을 고려하여 국제협약의 해석에 대비하고 있다. 이러한 태도를 영미보통법정이 일반적으로 채용하고 있지 아니하다. 특히 CMR규정[10)]을 해석해야 하는 법정은 오스트리아와 독일의 대법원의 판결과 오스트리아, 벨기에, 프랑스 법학자들의 논문을 참고하고 있다.

국제협약뿐만 아니라 Incoterms나 UCP와 같은 당사자들이 채용한 다국적용 표준을 해석하도록 요구받을 때도 법정과 중재인들은 국제협약해석에 적용되는 "광범위한 일반승인원칙"과 똑같은 원칙을 두고 있는 이러한 다국적 표준해석의 근거가 되는 "광범위한 일반승인원칙"을 적용해야 한다. 이에 대해 오스트리아 보고자는 다음과 같이 주장하고 있다.

"종종 거래관습이 법규정과 똑같은 기준에 따라 해석됨을 우리는 법정에서 발견할 수 있다. 이러한 사실은 국제기구에 의해 제정된 거래관습 예컨대 Incoterms, UCP 등에 특히 적용되고 있다."

(2) 다국적 표준인 거래관습의 해석가치

광범위하게 인정되고 있는 다국적 표준의 참고가 당사자들이 자신들의 계약에 다국적 표준을 구체적으로 명시하고 있지 아니한 경우, 내용을 해석하는데 허용되는지 여부가 문제가 된다.

이론적으로 볼 때 해답은 간단하다. 만약 다국적 표준이 규범적 거래관습으로서 각국의 법정에서 인정되고 있다면, 계약규정상의 gap을 메우기 위해 또는 모호한 계약내용을 분명히 하기 위하여 다국적 표준이 인정된다. 그러나 각국의 법정이 다국적 표준인 거래관습에 대하여 계약적 성격만을 부여한다면 이러한 역할이 인정되지 아니한다. 그러나 실제에 있어 사정은 위와 같지 아니하다. 어떤 나라에선 Incoterms가 계약적 거래관습으로 간주되기만 해도 계약의 해석을 하는데 도움을 주는 것으로 사용된다. 이러한 태도를 취하는 나라는 독일, 이태리, 스위스, 유고

9) [1981] AC 251; [1980] 2 All ER 696; [1980] 3 WLR 209; [1980] 2 Lloyd's Rep 295.
10) 국제도로운송에 관한 International Convention of Geneva, 1956.

등이다. 독일의 연방법원(Bundesgerichtshof) 판사는 1975년 한 판결에서 매매계약상의 FOB조항은 "Incoterms상의 명시적 합의가 없을 경우라도" Incoterms FOB규정 A.4조에 따라 해석되어야 한다고 주장했다. 독일의 뮌헨 항소원은 1957년 OLG Munich, NJW사건에서 이에 위와 유사한 판결을 했다. 스위스 보고자인 Bucher교수는 여기에서 상세하게 다루고 있는 문제를 검토한 후 가능한 한 당사자들의 의사에 관한 정보의 보조원으로 그리고 계약해석의 보조수단으로서 Incoterms에 호소할 수 있다는 결론을 내렸다. 핀란드에선 Incoterms에 관한 특별한 언급이 이루어지지 아니한 경우라도 적용에 대한 반대표시가 없는 한 Incoterms에 정의되어 있는 거래조건을 사용할 경우 당사자들은 Incoterms를 참고하는 것으로 생각해야 한다고 주장되었다.

결국 다국적 표준거래관습은 당사자들이 계약서상에 적용의 합의가 없어도 계약해석에의 적용이 가능하다.

(3) 계약적 거래관습의 해석방법

Incoterms, UCP, 그리고 기타 다국적 표준들이 계약에 삽입되어 있는 경우, 이들 계약적 거래관습들은 기타 계약내용과 똑같은 방법으로 해석되어야 한다. 프랑스의 경우 Incoterms의 규정들이 Le Harve 상사법정에 의해 종종 해석되고 있으며, 영국의 경우도 Incoterms가 프랑스와 같이 법정에 의해 해석되고 있고, UCP는 수많은 판결에서 인용되어 왔다. 이와 유사한 사례가 다른 법정에서도 이루어지고 있다.

(4) 다국적 표준에 근거한 중재판정의 사법적 재심이 필요성 여부

원칙적으로 중재판정은 그 장점 때문에 재심이 되어서는 아니되며, 중재판정은 중재판정의 주제가 표준계약서 상의 조건해석이건 일회용 계약서상의 조건해석이건 차별을 두어서는 아니된다. 미국을 포함한 많은 법률제도가 이러한 규칙을 채택하고 있다.

그러나 영국의 경우 위와는 다른 입장을 취하고 있다. 대규모 상품협회에서 사용하고 있는 표준계약서식은 전 세계적으로 사용되고 있다. 이러한 거래협회의 대부분은 그들 자신의 중재판정부를 두고 있으며, 종종 그들 자신의 중재항소법정을 두고 있다. 그리고 이들 중재법정의 구성원들은 경험이 많은 무역업자들이다. 그런데 이러한 표준계약서식이 전 세계적으로 사용되고 있다는 입장에서 1979년의 영국의 중재법은 이러한 계약서 조항의 해석을 동일하게 유지하는 것을 가능하도록 하는 규정을 채용하고 있다. 그리고 동법은 표준상품계약서상에 계약의 준거법을 영국법으로 하고 있는 경우 중재개시 이후에만 당사자들은 사법적 재심을 제외할 수 있음을 규정하고 있다. 그런데 이러한 제한은 영국상품협회의 중재판정에 대한 사법적 재심의 제외에 실질적인 장애가 되고 있다. 다른 국제표준계약서식은 사법적 재심의 사전제외를 인정하고 있다. 예컨대 MCI v. SPC[11]사건에서 ICC중재의 채용은 자동적으로 사법적 재심의 사전 제외로서 역할을 하므로 사법적 재심을 금한다고 주장되었다.

원칙적인 견지에서 볼 때 1979년 영국의 중재법 상에 상품계약서와 기타 계약서의 특수한 취급은 변명의 여지가 없으나 이러한 특별한 취급은 관례에 따라 인정될 수 있는 실용적인 해결방안을 제공하고 있다. 다국적 표준에 근거한 중재판정의 사법적 재심은 필요 없어야 하고 실제 그렇게 운영되고 있다.

5. Incoterms와 UCP

1) 양자의 근본적인 성격

양자는 규범적 거래관습인가 계약적 거래관습인가?

이러한 사실은 양자에 대한 검토의 중심문제들 가운데 하나이다. ICC의 가장 인기 있는 다국적 표준인 Incoterms와 UCP는 규범적 거래관습과 계약적 거래관습의 경계선상에 위치하고 있다. 문제는 "Incoterms와 UCP는 이러한 경계를 교차하는가?"이다. 만약 특정법정에서 이러한 변이가 이루어진다면 이 양자들은 이미 분류한 방법에 따라 나라마다 경계선상에 있는 Incoterms나 UCP를 규정으로 인정한다면 "보편적 거래관습"으로서의 자격을 부여할 수 있다. 이럴 경우 법관이나 중재인은 이들의 내용의 입증을 필요로 함이 없이 이들에게 사법적 대우를 해야 한다. 따라서 법관이나 중재인은 단순히 관련 ICC 간행물을 참고해야 한다.

규범적 성격을 가지고 있는 보편적 거래관습과 사실적 거래관습 간에는 차이가 있다. 전자는 다국적 적용이 가능한 거래관습이고 후자는 지역적 적용이 가능한 거래관습이다. 적용범위가 다르기 때문에 구속력에도 차이가 있다. 이상과 같은 근본적인 성격을 지니는 Incoterms와 UCP의 성격을 별도로 다음과 같이 고려해 볼 필요가 있다.

11) Marine Contractors Inc. v. Shell Petroleum Development Co. of NIGERIA Ltd. [1984] 2 Lloyd's Law Rep. 77-82.

2) Incoterms의 지위(위치)

Incoterms는 법으로서 인정되는 일반 관행의 입증기능을 하는 명실상부한 관습이요, 상관행, 관례 또는 표준으로 구성되는 국제통일상관습이며, 국제거래에 종사하는 계약당사자들이 자신들의 계약에 그것을 따를 것으로 기대하고 국제기구들에 의해 제정되어진 것이다. 그 구속력을 지니기 위해 일반 관습과는 달리 필수적으로 오랜 전통을 가질 필요가 없고, 구속적인 규범으로서 널리 사용되고 인정될 필요가 있으며, 다양한 국제기구들에 의한 성공적인 규범[12] 중의 하나인 Incoterms에 대하여 Debattista교수는 Incoterms를 국제계약에 있어 인도 · 비용 · 위험이전에 관한 특수규정[13]으로, Guillemo교수는 Incoterms를 처음부터 법률이 아닌 계약의 산물[14]임을, Ramberg교수는 국제무역에서 물품의 운송과 통관이 중요한 요소인데 이들과 관련한 기능 · 위험 · 비용의 분기점을 중심으로 규정한 것이 Incoterms이고,[15] 물품의 인도, 수출입통관, 위험과 비용의 부담에 관해 당사자들이 무엇을 해야 함을 말하는 규정[16]임을, Houtte교수는 Incoterms는 국제관습법의 일부가 아니며 적어도 묵시적으로 계약관계로 삽입되는 보충조건[17]임을, Honnold교수는 표준계약인도조건[18]임을, Guest는 당사자들의 의무를 정의하기 위한 것으로 이들 정의는 종종 영국법의 규정을 변형하고 있음을 주장하므로 Incoterms의 뿌리가 영국[19]임을, Rosenthal교수는 수출국에 있는 내륙인도지점 이외의 장소에서 인도하는 모든 조건하에서 수출자의 의무 규정[20]임을, Goode교수는 현대운송과 화물취급의 다양성은 가격과 인도조건의 사용에 있어 일관성을 보증하는 것이 종전보다 상인들의 편의를 위하여 더욱 필요하게 되었다. 따라서 당사자들은 매도인의 인도의무가 이행되는 지점과 가격이 포함하는 것과 포함하지 아니함을 분명한 특징을 나타내는 것[21]임을, 사토시 니보리교수는 기존 관습의 집대성[22]임을, Kaczorowska교수는 무역관습과 관행의 객관적 통일[23]임을, Carr교수는 상인들의 편이를 위하여 기

12) Polanski, P. P., Johnston, R. B., “Int'l Custom as a Source of Law in Global Electronic Commerce”, Proceedings of the 35th Hawaii Int'l conference on System Science, 2002, p.4.
13) Debattista, C., *Incoterms in Practice*, ICC Publishing S. A. 1995, p.26.
14) C. Jimenez, *ICC Guide to Export-Import Basics*, ICC Publishing, 1997, p.75.
15) J. Ramberg, *ICC Guide to Incoterms 2000*, ICC Publishing S. A., 1999, p.1.
16) J. Ramberg, *Guide to Incoterms 1990,* ICC Publishing S. A, 1991, p.8.
17) H. V. Houtte, *The Law of Int'l Trade,* 2nd ed., Sweet & Maxwell, 2002, p.173.
18) J. O. Honnold, *op. cit.*, p.706.
19) A. G. Guest, *Benjamin's Sale of Goods*, 2nd ed., Sweet & Maxwell, 1981, p.146.
20) M. S. Rosenthal, *Techniques of Int'l Trade*, MeGraw-Hill Book Company, Inc., 1951, p.27.
21) R. Goode, *Commercial Law*, 3rd ed., Penquin Books, 2004, p.817.
22) 新堀聰, 「國際統一賣買法」, 同文館, 1995, p.18.
23) A. Kaczorowska, *Int'l Trade Conventions and their effectiveness*, Kluwer Law Int'l, 1995, p.3.

본적으로 고안된 것[24)]임을, Schlechtriem교수는 매매계약의 다양한 개별국면만을 지배하는 규정[25)]임을, ICC는 중립적 규정과 관행을 제공하는 일련의 표준조건을 제시 · 확립함으로써 국제사법 충돌의 문제와 해석의 문제를 극복하기 위한 규정[26)]임을, Sassoon교수는 당사자들간의 책임분담을 위한 정형거래조건[27)]임을, 아사오카교수는 FOB와 CIF의 발상지인 영국의 해석을 토대로 만들어졌으며 개정미국무역정의의 전신 규정[28)]임을 각각 주장하고 있다.

학자들에 따라서는 Incoterms를 관습법, 관습, 해석을 위한 객관적인 규칙, 표준영업조건, 연성법(soft law), 상관습법 등 다양하게 주장하고 있으나 논자의 생각으로는 Schmitthoff교수의 정의가 가장 적절한 것 같다.

Schmitthoff교수는 그의 저서 「International Trade Usage」를 통해 Incoterms의 위치에 관해 다음과 같이 주장하고 있다.[29)]

국제적인 입장에서 볼 때 Incoterms의 위치는 유동적이어서 Incoterms와 UCP가 규범적 거래관습인지 계약적 거래관습인지에 대한 질문에 대해 일반적으로 인정할 수 있는 해답이 가능하지 아니하다. 예컨대 스페인에서 Incoterms는 제정적 거래관습이지만, 이태리에서는 Incoterms가 공식잡지에 발표되는 경우에만 제정적 거래관습으로 보기 때문에 약간 다르다. 또한 독일에서는 Incoterms를 보편적 거래관습으로 취급할 수 있다는 약간의 징후가 있다. 그러나 독일을 포함한 대부분의 국가에서 지배적인 입장은 Incoterms는 계약적 거래관습으로 자격을 부여하고 있다.

Incoterms의 법적 자격보다 더 중요한 것은 Incoterms의 실질적인 업무에의 적용이다. 이러한 업무에의 적용 결과는 국제경영에 익숙해 있지 아니한 사람들을 놀라게 할지 모른다. 사실 수많은 나라에서 기업인들이 "인도조건"을 한정할 때 자신들의 계약서상에 Incoterms를 광범위하게 인용하고 있다. 예컨대 기업인들은 자신의 계약서상에 인도조건에 관해 언급할 때 "FOB Incoterms"와 같이 인용하고 있다. 이와 같은 방법으로 Incoterms의 광범위한 사용은 동독, 핀란드, 스웨덴, 스위스, 유고, 오스트리아와 같은 나라에서 두드러진다. 영국에서는 Incoterms의 사용이 그렇게 광범위하지 않지만 점증하고 있다. 특히 오스트리아 연방상업회의소는 계약 당사자들에 의한 Incoterms의 채용을 권고하고 있으며, 영국에서는 어음교환은

24) I. Carr, *Principles of Int'l Trade Law*, Cavendish Publishing. Ltd., 1999, p.1.
25) P. Schlethriem, *Commentary on CISG*, 2nd ed., Clarendon Press, 1998, p.56.
26) ICC, *Guide to Incoterms*, Serviced S. A. R. L, 1979, p.6.
27) D. M. Sassoon, *CIF and FOB Contract*, Stevens and Sons, 2nd, ed., 1975, p.344.
28) 朝岡良平, 「賣買ム 商慣習」, 布井出版社, 昭和 51, p.107.
29) C. M. Schmitthoff, *Int'l Trade Usage*, Institute of Int'l Business Law & Practice, 1987, pp.37-38; 오세창, 「Incoterms 2000 실무적 해설」, 삼영사, 2007, pp.17-19.

행이, 미국에서는 대부분의 수출입협회가 Incoterms의 채용을 권고하고 있고, 아일랜드에서는 Incoterms의 사용이 인정되고 있다. 유독 필리핀에서는 Incoterms의 사용이 제한되고 있다. 왜냐하면 Incoterms의 사용이 상대적으로 새로운 전개이나 외국당사자들과의 계약에 Incoterms의 사용을 흔히 발견할 수 없기 때문이다. 특별히 관심을 끄는 것은 스웨덴에서의 Incoterms의 위치이다. 스웨덴 보고자들은 국제계약에 있어 중재조항들의 사용을 포함하여 실질적으로 업무에서 Incoterms의 사용과 이와 관련된 문제에 관한 정보를 제공하기 위하여 수출업체를 통해 광범위한 조사를 실시하였다. 조사결과 분명한 것은 스웨덴 회사의 대다수가 자신들의 국제계약서 상에 Incoterms를 채용하고 있다는 사실이다.

3) The UCP의 지위(위치)

UCP에 관한 위치(지위)는 다음과 같이 Incoterms의 지위와는 다르다. UCP는 어느 나라 건 제정법으로서 채용하고 있지 아니하다. Incoterms와 달리 UCP의 계약적 성격은 UCP자체의 규정안에 명시되어 있다. 2007년 UCP 600 제1조에는 다음과 같이 규정되어 있다. “제6차 개정 UCP가 신용장 문면에 삽입되어 적용된다는 것을 명시적으로 표시한 경우 UCP 600이 적용 가능한 범위 내에서 보증신용장을 포함한 모든 화환신용장에 적용될 수 있다. L/C상에 별도의 명시가 없는 한 UCP는 L/C와 관련한 모든 당사자들을 구속한다.”

그러나 이러한 사실은 UCP의 법적 지위에 관한 전부가 아니다. 사실 UCP를 규범적 성격을 지니는 보편적 거래관습으로서 인정해야 한다는 입장을 지지하는 강력한 징후들이 있다.[30] 이러한 입장은 저명한 권위자들인 Harfield와 Eisemann, Eberth 등에 의해 옹호되고 있다. Harfield는 자신의 저서인 Letters of Credit에서 다음과 같이 주장하고 있다.

“명시적으로 합의하고 있지 아니한다해도, UCP가 유사한 거래에 규칙적으로 사용되고, UCP의 적용이 당연히 예상되어질 수 있다면 적용하는 거래관습으로서 간주되어야 한다.”

Eisemann과 Eberth도 Harfield와 유사한 입장으로 다음과 같이 주장하고 있다.

“UCP는 당사자 합의와는 별개인 규범적 효력을 가진다. 이러한 인식을 바탕으로 해서 이러한 통일된 표준이 세계적인 효력을 발휘하고 있는 광범위한 질서체계를 형성시킬 경우에만 통일된 표준의 본질이 비로소 올바르게 파악될 수 있다.”

---

30) 물론 당사자들이 보편적 거래관습으로 하기를 원한다면 당사자들이 계약상에 그렇게 하도록 허용해야 한다.

Harfield와 Eisemann의 견해는 Affaire Discount Bank C. Teboul[31]사건에서 1981년 10월 14일자의 프랑스 대법원의 주요한 결정을 통해 확인되고 있다. 즉, 동사건에서 프랑스대법원은 프랑스 민법 1134조와 UCP 3조(UCP 400)에 근거하여 판결하였으며, 이 판결에서 양 조항에 대해 똑같은 규범적 효과를 부여하였다. Michel Vasseur교수는 이러한 프랑스법정의 판결에 대해 다음과 같이 논평하고 있다.

"협약의 뿌리가 되는 규칙과 관습들은 민법상의 권위 있는 조항들 가운데 하나와 동일하게 취급해야 한다. 프랑스 대법원이 이들을 그와 같이 검토한 것은 처음 있는 일인 것 같다."

벨기에 브뤼셀 상사재판소는 Revue de la Banque[32]사건에 대한 1978년 11월 16일자의 판결에서 다음과 같이 판결했다.

"UCP는 당사자들간의 명시적 합의가 없어도 신용장 신청인과 은행간의 관계에 적용된다. 왜냐하면 오늘날 이러한 규칙들은 확실한 상관습의 가치를 가지는 것으로 인정해야 하기 때문이다."

어떤 의미에선 UCP는 전 세계적 인정을 얻고 있다고 볼 수 있다. 즉, 170개국이상의 나라에 있는 은행들이 UCP를 준거규정으로 L/C를 취급하고 있기 때문에 UCP는 세계법이 되고 있다.

4) 보다 넓은 시각에서의 Incoterms와 UCP

보다 넓은 시각에서 볼 때 위에서의 양자의 관찰은 다음과 같은 결론을 내리게 한다.

(1) 형식과 준수(Form and Observance)

상당한 법적 결과를 가진다해도 국제적인 무역관습이 규범적이냐 계약적이냐 하는 문제에 집중하는 전통적인 접근방법은 진정한 관습의 성격을 나타내고 있지 아니하고 있다. 다시 말해서 Incoterms와 UCP는 거래관습의 성격을 분명히 하고 있지 아니하다. 오히려 전통적인 접근방법은 이 양자를 본질보다 형식에 비중을 두어야 한다. 보다 중요한 것은 실제에 있어 관습의 준수 여부에 두고 있는 입장이다. 국제상업계에서는 이러한 입장을 인정하고 있으며, 이러한 입장이 광범위하

31) Recueil, Sirey-Dalloz, 1982, 301.

32) Revue de la Banque, 1980. 이러한 정보를 제공한데 대하여 켄트대학의 Wymeersh교수에게 감사하고 있다. 이 판결에서 법정은 특히 Eisemann과 Bontoux의 논문을 인용함으로써 법정의 판결을 뒷받침했다. 즉, 법정은 원고와 같이 규칙적으로 L/C를 사용하고 있는 모든 기업인들에게 UCP가 적용됨을 주장했다. 그러나 벨기에에서는 이러한 상사법정의 판결이 논쟁중이다.

게 적용되거나 이러한 입장이 선의의 이론적 활용을 유지하고 있지 아니한가?

실제에 있어 관습이 단순히 계약적 거래관습인지 여부는 중요하지 아니하는 것처럼 보인다. 이러한 사실은 이미 위에서 보았듯이 Affaire Discount Bank C. Teboul 사건에서 프랑스법정과 브뤼셀 상사재판소 그리고 Harfield, Eisemann과 같은 저명한 법학자들이 형식을 초월하여 이들을 파악하여 UCP의 진정한 성격을 인정하고 있다 해도 일반적으로 계약적 거래관습으로 간주되는 UCP에 의해 입증되고 있다.

UCP가 계약적 거래관습이라는 사실은 세계적 승인을 받고 있다.

Incoterms 역시 UCP와 비슷한 입장이다. 물론 스페인과 같이 법률제도가 Incoterms와 UCP에 규범적 성격을 부여한다면 이들의 법적 입장은 보다 분명할 것이며, 국제무역에 종사하는 사람들에게 도움을 줄 것이다. 그러나 Incoterms가 계약적 거래관습으로 간주되고 있는 많은 나라의 업계에서도 실제적으로 Incoterms의 광범위한 활용을 방해하고 있지 아니하다.

Incoterms와 UCP의 진정한 성격을 나타내는 것은 이들의 광범위한 승인이다. 이러한 중요한 특징은 현대 상관습법의 표현을 여기서 실제 다루고 있음을 분명히 하고 있다.

이러한 상황에선 Incoterms와 UCP에 대하여 계약적 성격만을 부여하고 있는 법정에서도 많은 법학자들이 이들을 초기 규범적 거래관습으로 생각하고 정당한 과정을 거쳐 규범적 거래관습으로서의 성격을 가질 것으로 생각하기에 충분하다.

(2) 해석과 법문의 국제적 성격

위에서의 양자에 관한 관찰을 통해 나타나는 또 하나의 특징은 Incoterms와 UCP와 중재인과 법정의 특별한 관계이다. 이들은 마치 Incoterms와 UCP가 실정법(the positive law)의 역할을 하고 있는 것처럼 해석할 준비가 되어 있고, 실제 국내법정의 보고서들과 발간된 중재판정 가운데 이들에 관한 상당한 해석 자료가 있다. 이러한 국제적 해석은 ICC가 제정한 다국적 표준에 한정되지 아니하고 다양한 국내법정에서 효력이 주어지고 있는 국제협약으로 인정되고 있다. 위와 똑같은 접근에 의한 양자들에 대한 해석의 국제성은 이러한 다국적 표준에 관한 법률에 관한 문헌에서도 뚜렷하다. 이러한 법률문헌들로는 L/C에 관한 Gisemann-Eberth, Raith, Ellinger, Rowe, Sarna, Kurkela의 저서나 논문, Incoterms에 관한 Eismann의 저서와 논문, CMR에 관한 Hill-Messent와 Clark의 저서와 논문, 1958년의 뉴욕중재협약에 관한 Van Den Berg의 저서와 논문 등을 들 수 있다.

따라서 우리는 양자들의 해석을 국제성에 두고 있는 법률적 문헌이란 새로운 상표를 갖고 있는 셈이다.

이러한 저자들은 자신의 주제의 국제성을 실현하고 있으며, 그 중에서도 다양한 국내법정에서 이루어진 사법적 판결을 비교 분석하는 방법으로 분석하고 있다. 이들의 연구는 국제적인 표준의 해석에 있어 비교법은 중요한 역할을 해야 함을 입증하고 있다. 따라서 이러한 종류의 법률적 연구는 양자의 해석의 통일성에 중요한 기여를 하고 있다.

이와 관련하여 이들의 의견이 국제은행실무에 있어 UCP의 통일된 해석에 대단한 가치를 가지는 ICC 은행위원회를 들지 아니할 수가 없다.

6. 보편적 거래관습으로서 상관습법

1) 상관습법의 다양한 표현으로서 거래관습

지금까지의 관찰을 통해 분명하고 여러 사례를 통해서도 알 수 있는 것은 국제거래관습의 법적형태가 어떻든 관계없이 국제거래관습은 본질에 있어 현대 상관습(법)의 다양한 표현이라는 것이다. 좀 더 이러한 전체에 대하여 검토하는 것이 필요하다.

(1) 상관습법의 성격(Nature of the lex mercatoria)

Schmitthoff는 상관습법의 성격을 자신의 여러 저서나 논문을 통해 국제기업계의 거래관습에 근거한 다국적 법적질서로 표시하였다. 따라서 새로운 상관습법은 20세기의 기술적, 경제적, 정치적 영향의 결과인 국제무역의 확장과 강화에 따라 개발된 것이다. 이렇게 볼 때 국제거래를 수행하는 상인들의 관행은 이들이 경제적 또는 정치적 구조에 관계없이 전 세계국가에서 유사하며, 이러한 현상은 현대 상관습법의 인정을 이와 유사하게 생각하도록 하고 있다. 특히 Schmitthoff는 다음과 같이 주장하고 있다.[33)]

"일정한 유보를 전제로 모든 주권국가들이 기업인들의 보편적 관습을 법률제정의 인자(요인)로 인정하고 허용하길 합의한다면 우리가 이미 알고 있는 모든 각국의 법률제도에 있어 국제무역법의 두드러진 유사성은 국제무역법의 공동의 뿌리에서 그 유래를 발견할 수 있다. 특히 새로운 상관습법은 국내법 제정자들이 더 이상 제정할 수 없는 자동적 성격의 국제상법의 시작일지 모른다."

프랑스에선 현대 프랑스 상관습법의 위대한 주창자로서 일찍이 이러한 새로운 법제정을 인정한 사람은 Berthold Goldman교수이며, 1983년 11월 "국제포럼"이라

---

33) Clive M. Schmitthoff, *The Sources of the Law of International Trade*, 1964, p.5.

는 권위 있는 강의에서 그는 판사들과 중재인들에 의해 이러한 개념이 점증하고 있다는 사실을 분명히 말하였다.

(2) 상관습법의 다국적 성격(The transnational character of the lex mercatoria)

관습법은 국제법의 일부가 아니다. 첫째로 그의 존재와 권위는 국가가 특별히 무관심한 선택법의 성격을 지니는 것으로, 상인들 간의 법적 질서를 개발하기 위하여 상인들에게 허용하는 모든 주권국가들의 묵시적 동의에서 비롯되었다. 이런 취지에서 상인들은 가능한 한 국내 상법제도와는 분리되는 비국민적 법적질서를 개발해왔다. 이러한 개발의 목적은 법저촉을 피하거나 적어도 법의 저촉을 감소시키는데 있다. 왜냐하면 상인들은 법저촉의 문제를 불필요한 법적 분규로써 생각하고 있기 때문이다. 국제상인들의 보편적 관습으로서 상관습법의 특수한 성격은 법계층상 적절한 의미를 가지는 국제법과 국내법간의 사이에 위치한다. 따라서 상관습법은 다국적(용)법으로 묘사하는 것이 최상의 표현이다.

(3) 상관습법의 자율적 성격(The autonomy of the mercatoria)

상관습법이 60년대 초에 변호사들의 관심을 끌기 시작한 때 각국 법정에서 그 효력을 부여하고 있는 국제무역법에 관한 국제협약을 상관습법이 포함하며, 국제표준제정기관의 문서들을 널리 인정하는 것으로 인식되었다. 이미 앞에서 본 바 있는 거래관습의 분류에 의한다면 전자는 재정적 거래관습의 범주에 해당하고 후자는 다국적 표준의 범주에 해당한다.

그 이후(60년대 초) 상관습법의 경계(범위)는 상당히 확장되어 자율적 법적질서가 되었다. 이러한 사실은 가끔 법정보다 상인의 생각에 더 가까운 국제중재인들의 활동에 크게 기인하였다. 그러나 저명한 법정은 선례를 따랐다. 어쨌건 국제중재인들은 계약준거법을 정의하는 것이 가끔 불필요하거나 불가능하다고 생각하여, 국제적으로 널리 인정된 상관습법의 원칙에 근거하여 자신들의 판정을 하였다. 이리하여 자율적 규칙으로서 상관습법은 본 연구에서의 거래관습의 분류에서도 이 용어를 사용하고 있다는 의미에서 보편적 거래관습이 되었다.

이미 관찰하였듯이 몇몇 국가들의 법정은 계약준거법을 결정할 때 상관습법을 자율법제도로서 참고하려는 당사자들과 중재인들의 허용을 인정하고 있다. 오스트리아의 최고법원과 프랑스의 대법원은 저 유명한 Norsolaor S.A v. Pabalk Ticaret Ltd. Sirketi S.A.사건[34]에서 그렇게 주장하였다. 오스트리아의 이러한 결정은 1982년에, 프랑스의 이러한 결정은 1984년에 각각 주어졌다. 이태리의 기각법정은 1982년

---

34) ICC Arbitration Award dated 26 October 1979; Dalloz of March 7, 1985, 101.

Fratelli Damiano S.N.C. v. August Topfer G.M.B.H사건[35]에서 이렇게 주장하였다.

영국의 항소법정은 1987년 Deutsche Schachtbau-und Tiefbourgesellschaft mbH v Ras Al-Khaimah National Oil Company사건[36]에서 중재인들의 비국민적법의 선택, 즉 "계약준거법을 지배하는 다양한 국가들의 법의 기초가 되는 원칙들의 공통분모"를 인정하였다.

벨기에의 보고자인 Van Houtte교수의 논평에 따른다면 벨기에선 법의 저촉(충돌)은 중재인에게 국제거래관습을 즉시 적용할 것을 허용하고 있다. 왜냐하면 국제거래관습은 관련된 문제와 가장 밀접한 관련이 있는 합법적인 상황법이기 때문이다.

네덜란드의 보고자도 위와 유사한 결론에 이르고 있다. 스칸디나비아의 Lando교수는 스칸디나비아법정이 상관습법을 적용하여 중재합의를 포기하거나 이러한 중재합의에 근거한 판정을 포기하는 것처럼 보이지 아니한다는 견해를 피력했다. 그러나 그는 스칸디나비아법정이 당사자들의 상관습법을 적용하려는 중재합의가 없다면 상관습법의 적용에 근거한 중재인들의 판정을 지지하는지 여부에 대해 의문을 제기했다.

다음과 같이 진술한 Pierre Lalive교수는 이러한 상황을 정확하게 요약하고 있다. "국제중재법의 수많은 필수적인 원칙들은 국제무역법의 일반원칙들의 성격이나 권위를 취득하고 있음에는 의심이 거의 없다. 따라서 중재인들은 국제중재법의 수많은 필수적인 원칙들을 관습법으로써 적용하는데 더이상 주저해서는 아니된다. 그러나 이들이 사용하고 있는 용어는 예컨대 몇몇 국가에 공통되거나 국제법과 특정국의 국제사법에 모두 공통되는 실정적 국제사법이나 상관습법 등에서 사용하고 있는 용어와 관련이 없는 것처럼 보인다."

① 자율적 상관습의 몇 가지 원칙

Schmitthoff교수가 믿는 바와 같이 상관습법이 지난 20년 동안 자율적인 법적 제도 또는 보편적 거래관습의 성격을 취득하고 있다면, 분명한 법원칙을 상관습법이 개발했음에 틀림이 없다. 이러한 개발된 모든 원칙을 고려할 의도는 없지만 몇 개의 원칙을 소개하면 다음과 같다.

가) 국제거래에 있어 상인들은 신의성실의 요구를 준수해야 한다는 원칙이 그 첫째이다.

나) 이행불이행에 대한 유효한 면책사유가 없다면 계약 이행되어야 한다는 원칙은 상관습법의 분명한 규칙이다.

---

35) Rivista di diritto international private e Processuale, 1982, 529.

36) [1987] 2 Lloyd's Rep., 246.

다) 대개 일은 이를 무효로 하는 것보다 유효한 것으로 할 수 있고 "계약우선"이 라는 해석원칙이 즉, 계약을 무효시키기보다 유효화시키려는 정신준수와 계약우선 준수에 입각한 해석원칙이 그 세 번째 원칙이다.

라) 금반언 또는 사실에 반하고 사실에 앞서 있는 원리를 지향함의 원칙의 준수가 그 네 번째 원칙이다.

마) 상관습법 규정의 상호균형약속의 원칙이 그 다섯 번째이다.

② 중재와 상관습법과의 관계

지금까지의 관찰을 통해 상관습법의 개발의 상당한 부분은 국제중재인들이 개발한 것임을 알 수 있다.

국제상사중재법정이 국제상사분쟁의 해결을 위해 새로운 법정제도로서 전 세계에 걸쳐 개발되고 있다. 중재의 경우 당사자들의 합의를 전제로 한다는 법적요건은 국제경영에 있어 종종 형식의 문제로 간주되며 종속적 중요성으로서 간주된다. 그러나 중재합의라는 법적요건은 형식의 문제로서 종속적인 중요성을 지니나 UCP의 세계적 승인과 같이 중재라는 유용한 국제상관행의 세계적 확장(연장)을 방해하지 아니한다. 따라서 중재합의 없이도 적용가능하다. 왜냐하면 중재는 유용한 국제상관행으로 합의 없이 적용이 가능하기 때문이다. 이러한 새로운 절차제도인 국제중재법정이 자체의 실정법을 제정하려는 것은 이해할만하다. 일반적으로 실정법은 종종 절차의 과정을 통해 제정된다. 따라서 국제중재기관의 국제적 성격을 감안하여 국제중재기관이 제정하는 법은 다국적용이 될 수밖에 없다. 따라서 이들 기관이 제정하는 법은 새로운 상관습법이다.

보편적 거래관습으로서 상관습법은 법률제도임이 강조되어야 한다. 그리고 국제중재인들이 상관습법을 적용할 때 우호적인 작곡가로서 행동해야 한다거나, 평등과 선의 입장에서 결정해야 한다거나, 형평의 원칙이 따라야 한다는 식의 중재조항을 통해 중재인들에게 주어지는 특별한 요건에 보편적 거래관습으로서의 상관행이 비롯되어서는 아니됨이 강조되어야 한다. 1973년 이미 이러한 사실을 확인한 것은 Yves Derains의 공로이다. 그는 1961년 Geneva에서 체결된 국제상사중재에 관한 UN유럽협약 제7조에 근거해서 이러한 사실을 당당히 지적했다.

동 규정 제1절은 당사자들이나 중재인들에 의한 실정법의 선택에 관해 언급하고 중재인들은 거래관습을 고려해야 함을, 그리고 제2절에서 중재인들에게 우호적인 작곡가로서 행동하도록 자격을 부여할 수 있음을 부언하고 있다.

1985년 UNCITRAL의 국제상사중재모델법상의 관련규정들도 위의 규정들과 똑같은 취지를 하고 있다. 동법 28(1)(3)은 법에 따라 결정해야 하는 중재인과 평등과 선의에 입각해서 결정해야 하거나 또는 우호적 작곡가로서 지명된 중재인들 간에 구분을 하고 있다. 특히 28(1)은 중재인들에 의한 상관습법의 적용을 신중히 허용하는 표현을 하고 있는바, 이런 취지에서 (1)항의 초안자들은 "법의 원칙들"이라는 표현을 사용하고 있지 단순히 "법"이라는 표현을 선택하지 아니하고 있다.

이상의 검토를 통해 다음과 같은 사실을 알 수 있다.

"중재인들은 법의 원칙으로서 상관습법의 원칙을 법의 원칙들로서 적용할 수 있다. 중재인들이 우호적인 작곡가로서 지명되지 아니하였거나 평등과 선의에 입각하여 결정할 권한을 갖고 있지 아니하는 한, 중재인들이 그렇게 하는 것은 방해받지 아니한다. 따라서 당사자들이 적용하기로 합의한 경우 이러한 상관습법의 원칙에 호소할 수 있으며, 중재규정 가운데 이러한 규정이 없다면 자발적으로도 이러한 상관습법의 원칙에 호소할 수 있다. 물론 중재인들은 이러한 일이 중재합의에 의해 배제되는 경우에는 상관습을 적용해서는 아니된다." 그렇지 아니하다면 상관습법을 당연히 인정해야 한다.

이상과 같은 연구결과를 통해 알 수 있는 결론은 너무 많아 적절하게 도해하기가 어렵다. 따라서 Schmitthoff교수는 몇가지 주요한 결론을 언급하는데 그치고 있다.

국제거래관습이 차지하는 범위는 매우 넓다. 거래관습의 최적분류는 다음과 같다.

1. 규범적 거래관습
   1) 재정적 거래관습
   2) 보편적 거래관습
2. 계약적 거래관습
   1) 다국적 (용)표준
   2) 기타 계약적 (거래)관습
3. 사실상의 거래관습

규범적 거래관습과 계약적 거래관습 간의 구분은 법적으로는 중요하다해도, 실질적으로 그렇게 중요하지 아니하다. 법적 형식에 관계없이 국제경영사회에 의한 일반적인 거래관습으로서의 인정이 국제적으로 널리 인정되는 거래관습인지 여부의 진정한 기준이다.

상관습법은 국제중재인들에 의해 다국적 성격을 가지는 자율적인 법질서로서 개발되어 중요한 무역 국가들에 있는 대법원에 의해 인정되고 있다.[37)]

---

37) C. M. Schmitthoff, *International Trade Usage*, Institute of International Business Law and Practice, 1987, pp.9-52.

CHAPTER 02

Incoterms의 개요

Incoterms□ 2010

1. Incoterms 제정목적과 발전과정

1) 제정목적

안전성과 합리성을 보다 확실히 하기 위하여 과거의 경험을 토대로 하여 생각해 낸 개인과 기업의 합리적인 거래방법을 거래관습 또는 거래관행(usage of trade)이라 하고, 이러한 거래관행이 동종 거래에 종사하는 상인에 의해 채용되어 반복 사용되는 전통적인 거래양식을 상관습(mercantile custom trade usage, usage commercial)이라 부르며, 이러한 상관습은 상법에서 말하는 상행위인 광의의 상관습과 협의의 매매관습으로 분류된다.

매매관습은 지역별 상관습(local custom)과 업종별 상관습 그리고 정형거래조항(trade custom)으로 나누어지며, 어떤 의미에선 지역별 상관습과 업종별 상관습을 정형화한 것이 정형거래조건이라 할 수 있다. 국제거래에서 말하는 상관습은 주로 협의의 상관습인 매매관습을 의미한다.

상관습에 법률적인 확신을 부여하는 것을 상관습법(lex mercatoria, law merchant, legal custom of merchants)이라 하며, 지역별 · 업종별 상관습의 국제적인 통일, 다시 말해서 정형거래조건의 국제적인 통일을 통일상관습(uniform or international rules, uniform customs and practice)이라 부르는 바, 반드시는 아니나 통일상관습의 토대 위에 통일매매법이 제정되기도 한다.

Incoterms는 정형거래조건의 국제적인 통일규칙이라 말할 수 있다. 당사자들이 무역매매계약을 체결하고 이행하기로 한 경우 당사자들 간에 중요한 것으로 물품의 운송이나 수출입통관, 인도나 증거서류의 제공 등을 다루는 기능[1]과 위험 그리고 비용[2] 등의 책임과 의무의 한계를 들 수 있다.

---

1) Ramberg교수는 수출입허가의무를 기능의 분담(the division of functions)으로 보고 있다. (J, Ramberg, *Guide to Incoterms 1990*, ICC Publishing S. A., 1990, p.27.)

이러한 책임과 의무의 한계에 관해서는 정형거래조건이 해답을 하고 있으나 다양한 거래조건에 따른 다양한 해석으로 인해 불확실성이 존재하게 되고, 이로 인해 거래의 위험이 상존하게 되며, 이러한 거래의 위험(a risky business)은 물품에 대한 비용, 물품의 손상, 인도의 불이행 등으로 이어질 수 있으며, 이러한 결과는 당사자들 간의 신뢰관계를 소송제기의 관계로 전락시키고 마침내는 거래관계의 단절을 가져오게 만든다.

따라서 나라마다 상이한 정형거래조건해석에 따른 불확실성을 회피 내지 경감시키기 위하여, 그리고 당사자들 간의 계약이행상의 의무관계가 통일화·표준화·단순화·안전화 되므로 당사자들 간의 거래에 있어 동일한 조건을 두고 오해하거나 분쟁하거나 소송하거나 시간적·금전적 낭비 등을 제거할 목적으로 제정된 것이 다양한 정형거래조건의 국제적 통일인 Incoterms이다.

여기서 분명히 이해해 두어야 할 것은 Incoterms는 매매계약의 일부만을 구성한다. 다시 말해서 매매계약은 물품의 품질과 수량 그리고 가격, 대금지급 등을 정하는 것인데 반하여, 전통적으로 가격조건인 거래조건은 물품의 인도에 관한 문제, 즉 이행에 관한 문제만을 취급하고 있다. 다시 말해서 가격구성요소를 표시하므로 계약내용 가운데 가격조건을 구성하면서 이 가격구성에 따라 당사자들 간에 인도와 관련해서 이행해야 할 책임한계를 기능·위험·내용 등을 중심으로 해서 설명하고 있음이 특징이다. 따라서 당사자들이 계약을 체결하여 거래를 하기로 한 이상 가격조건에 따라 당사자들이 이행해야 할 책임·의무를 잘 이행한다면 아무런 문제가 없다.

이렇게 볼 때 Incoterms는 엄격하게 말하면 인도와 관련한 당사자들의 의무를 규정한 이행에 관한 매매계약조건이다. 그러나 흔히 가격조건이라고 부르는 것은 Incoterms 자체가 인도와 필수적 관계에 있는 인도장소(항구, 지점)를 명시하고 있어 당사자들이 자신들의 가격을 견적할 때 다양한 인도지점별 당사자들의 의무를 규정하고 있는 Incoterms를 견적기준으로 삼는 것이 가장 적합하다고 여겨 단가(unit price)에 반드시 표시하고 있는 관행에서 비롯된다.

2) 변천과정

International Commercial Terms의 앞 두 단어의 initial, 즉 "In"과 "Co"를 Terms에 붙여 부르는 Incoterms의 정식명칭은 종전 "International Rules for the Interpretation

2) 거래조건을 통해 이들의 분담을 나타내는 바, 분담지점을 임계점(critical point) 또는 분계선(dividing line)이라 한다.

of Trade Terms"에서 Incoterms® 2010 rules, 즉 "ICC Rules for the Use of Domestic and International Trade Terms"로 변경되었으며, Incoterms는 현재 ICC가 제정한 UCP와 더불어 전 세계적으로 무역관계자들에게 활용되고 있으며 스페인에서는 수입거래에 관해서 그리고 이라크에서는 무역거래에 관해서 법률로서 효력을 지니고 있다. 프랑스와 독일에서는 Incoterms가 국제적 무역관습으로서 인정되고 있으며 미국에서는 자국의 국내상관습법인 개정미국무역정의(Revised American Foreign Trade Definition: 이하 RAFTD라 한다)가 장래 개정되지 아니할 것이라는 취지의 발언이 1969년 5월 이스탄불에서 개최된 ICC총회석상에서 미국 국내위원회의 대표에 의해 이루어졌고, 미국정부도 1980년 RAFTD를 Incoterms로 대체하도록 권고한 바 있는 상태이다.

이처럼 세계적인 인정을 받고 있는 Incoterms의 변천과정을 보면 다음과 같다.

1936년에는 11개의 Incoterms, 즉 EXW(EX Works: 공장인도조건계약), FOR/FOT(Free on Rail/Free on Truck....named departure point: 철도인도조건계약), Free(Free.... named port of shipment: 반입인도조건계약), FAS(Free Alongside Ship...named port of shipment: 선측인도조건계약), FOB(Free on Board....named port of shipment: 본선인도조건계약), C&F(Cost and Freight....named port of shipment: 운임포함인도조건계약), CIF(Cost Insurance and Freight....named port of shipment: 운임 · 보험료 포함인도조건계약), Freight or Carriage Paid To(Freight or Carriage Paid to....named port of destination: 운임지급인도조건계약), Free or Free Delivered(Free or Free Delivered.... named port of destination: 반입인도조건계약), EXS(EX Ship....named port: 착선인도조건계약), EXQ(EX Quay....named port: 부두인도조건계약)으로 구성되었으나, Incoterms 제정 당시로서는 개품운송에다 크레인에 의해 물품을 본선에 선적하는 주로 일차상품이 대부분이었고 주류였기에 물품의 인도장소가 본선선측에서의 인도냐 아니면 본선적재가 인도냐에 초점이 주어졌고 이 인도 시점을 중심으로 위험과 비용이전을 당사자들 간에 분담케 하였다.

이 당시 선박의 구조 등을 고려할 때 지상에서 일단 본선난간에 물품을 옮겨놓고 그 다음으로 본선에 적재하는 것이 관례였기에 본선난간 통과를 선적, 즉 인도의 개념으로 하여 본선난간을 통과하는 순간 위험과 비용이 매도인으로부터 매수인에게 이전하는 것으로 하였다. 따라서 실제 본선의 선복에 적재되기 전에 물품이 처음으로 놓여진 난간을 적재로 한 샘이다.

1957년 개정된 Incoterms에는 9개의 Incoterms가 채택되었으며 이들은 모두가 매도인의 작업장 구내(혹은 영업장소)에서 물품을 인수하는 것을 매수인의 의무로 하는 반면에 매도인에게는 매수인의 나라에서 물품을 인도할 것을 확약하는 두 조건인 EXS, EXQ에서 끝을 맺고 있다. 따라서 EXW는 매도인의 국가에서의 판매를 묵시하는 반면에, EXS와 EXQ조건하에선 물품이 매수인의 국가에 도착할 때까지 매도인은 자신의 의무를 이행하지 아니하는 격이 된다. 이렇게 볼 때 논리상 EXS와 EXQ는 도착지인도조건계약(arrival contract)이라 부를 수 있다.

상기 3개의 거래조건을 제외한 나머지 6개의 조건은 상기 양극단내에 속하며 일반적으로 한 개 이상의 운송수단과 관계하고 있다. 그리고 해상운송의 경우, 주요한 조건인 FAS, FOB, C&F(CAF), CIF조건이 사용되는 반면에, Freight or Carriage Paid to는 전통적으로 내륙수로를 포함한 육상운송을 위한 조건이다. 특히 이 당시엔 동구를 중심한 철도운송이 증가추세였으므로 이에 적합한 조건의 도입이 필요하였다. 철도운송에 있어 매도인은 FOB하에서와 같은 방법으로 운송을 종종 준비하였다. 그리하여 1957년 두 개의 정형거래조건, 즉 FOR(Free on Rail)와 FOT(Free on Truck)가 이러한 목적에 부합하기 위하여 추가되었다. FOR-FOT조건은 화차 혹은 철도에 의하여 운송되는 물품을 위하여 제정된 것이다.

그런데 1967년엔 매도인이 목적지에서 물품을 인도할 책임을 지는 경우에 대비한 조건들을 추가할 필요성, 즉 EXW의 대칭되는 조건제정의 필요성, 국경이 바다가 아닌 육지를 두고 국가간의 거래에 대비한 조건제정의 필요성이 제기되어 Incoterms는 두 개의 지정인도장소조건(delivered terms)인 DAF(Delivered at Frontier.... named place of delivery at frontier: 국경인도조건계약)와 DDP(Delivered Duty Paid.... named place of destination in the country of importation: 수입관세지급필 반입인도조건계약)를 추가하였다. 전자는 매수인국가의 국경지(접경지)에서의 인도를 묵시하며 물품이 철도 혹은 화차에 의하여 운송되는 경우를 위한 조건이다.

반면에 후자는 운송수단에 관계없이 사용될 수 있으며 DDP 다음에 매수인의 작업장 구내 혹은 영업장소가 명시되어 있다면 매수인의 작업장 구내 혹인 영업장소에서 물품을 인도할 의무를 매도인에게 부과하고 있다. 따라서 DDP는 EXW의 정반대조건으로 매도인에게 최대한의 의무를 나타내고 있다.

1976년에는 점차 주요한 운송수단이 되고 있는 항공편으로 물품이 운송되는 경우를 대비하여 특수한 거래조건이 Incoterms에 도입되었다. 동 조건은 FOA(Free on Airport....named airport of departure: 공항인도조건계약)조건으로 기본적인 골격은 FOB를 모방하고 있으나 항공운송에 따른 상이한 관행에 적합시키기 위한 특수한 성격을 지니고 있다.

특수한 운송에 적용되던 이들 정형거래 조건들은 1990년 Incoterms 개정 때에 삭제되었다. 왜냐하면 다양한 비해상운송형태를 위한 특수한 정형거래조건을 둘 필요성이 이 당시에 없어졌기 때문이다.

이들 조건들 대신에 1980년 개정시 도입된 지정된 지점에서 운송인에게 인도조건(Free Carrier...named point)인 FCA(1980년 제정 당시는 FRC이였다가 1990년에 FCA로 명칭 변경)라는 일반적인 정형거래조건을 사용하는 것만으로 충분하게 되었다. 왜냐하면 이들 조건을 FCA가 충분히 포함할 수 있기 때문이었다.

그러나 컨테이너의 등장에 따른 일괄운송 및 복합운송으로의 경향은 지금까지의 전통적인 운송관행을 실질적으로 쓸데없게 만들어 버렸다. 즉, 오늘날의 운송체계에 따른다면 FOB, C&F, CIF 조건하의 임계점인 본선난간(ship's rail)은 계약당사자들 간의 기능, 비용 및 위험의 분기를 위한 분기점(a point for the division)으로서 큰 의미를 더 이상 지니지 못하고 있다. 더욱이 운송서류의 주요한 기능은 물품이 양호한 상태로 적재되었음을 입증하는 것이기 때문에 이러한 서류는 운송인이 이러한 상태를 체크하는 합리적인 수단을 가지고 있는 지점에서 발급되어야 한다. 그런데 현대 운송체계에 의하면 이러한 지점이 본선에서 물품이 컨테이너, 트레일러, 팔레트 혹은 플레트에 주로 적재되는 항구 혹은 내륙터미널로 이동하고 있다.

그리고 선적을 위하여 수령하였음을 명시하는 서류에 대한 요구가 증가하고 있다는 사실이다. 또 고려되어야 할 사실은 주된 운송인이 물품에 대한 완전한 책임을 종종 맡고자 한다는 것이다. 이러한 사실은 자신이 다른 운송인과 전부 혹은 일부운송계약을 체결한 경우에도 마찬가지이다. 이러하여 복합운송서류에 관한 ICC규칙은 바로 이러한 원칙에 입각하여 제정되었다.

복합운송서류는 항상 수취증으로 화환신용장효력에 관한 ICC 안내서에도 역시 이런 취지로 명시되어 있다. 그리고 전통적인 서류발급에 따른 비용은 최근에 와서 실질적인 운송비용과 균형이 맞지 아니하고 있다. 따라서 이러한 불균형적인 문제를 극복하려는 의도에서 국제무역절차의 간소화를 위하여 노력하는 국제기구들이 전자정보처리시스템을 통하여 비용이 많이 요구되는 전통적인 운송서류발급절차의 대체가능성을 검토하고 있었다. 그리고 이들 국제기구들은 거래조건 자체를 이러한 컴퓨터기술의 요구에 일치하도록 적응시키고 있었다.

이상과 같은 새로운 운송기술과 변화된 서류발급관행은 1980년 Incoterms의 개정에서 특별한 관심을 불러 일으켰다. 그리하여 새로운 거래조건으로서 FRC(Free Carrier....named point: 운송인인도조건계약), CIP(Carriage and Insurance Paid to.... named of destination: 운임보험료지급인도조건계약)가 제정되고 종래 Freight or Carriage Paid to가 DCP(Carriage Paid to....named point of destination: 운임지급인도조건계약)라는 약어와 더불어 개정되었다. 새로운 FRC에 의하면 임계점인 본선난간은 운송인이 물품을 자기의 보관 하에 취득하는 지정지점으로 대체된다. 이미 지적한 바와 같이 이러한 지정지점은 주로 항구 혹은 내륙에 위치하고 있는 화물 터미널이 되고 있다. 그리고 수정된 DCP와 새로 제정된 CIP에 의하면 임계점은 최초의 운송인의 보관 하에 물품을 인도하는 시점이 된다. 그리고 FRC, DCP, CIP 조건하에서 발급되는 서류에 관해 양도가능 선적선하증권이라는 언급이 없고 단지 통상의 운송서류만으로 족하게 되어 있다. 그러나 해상운송과 관련한 운송의 경우 통상의 운송서류는 여전히 선하증권 혹은 선하증권과 동일한 성격을 지닌 양도가능서류이나 지정된 본선에 선적을 입증할 필요는 없다.

FRC, 수정된 DCP, 그리고 CIP는 새로운 운송형태의 등장으로 점진적으로 FOB와 C&F, CIF를 대체할 것으로 기대되며, 특히 상기 거래조건의 등장으로 이미 언급한 바와 같이 개정미국무역정의의 제정자들이 개정 Incoterms를 위하여 자신들이 지금까지 사용해온 용어를 중단하게끔 권고한 사실은 가장 고무적인 일이었다. 더 나아가 이러한 새로운 조건의 등장은 전세계를 통한 국제무역의 법적 관행과 절차의 통일에 크게 기여할 것으로 기대하였다.[3)]

그러나 서류 대신에 전자데이터교환(electronic data interchange: EDI)에 의한 메시지[4)]의 사용증대에 따른 대처의 필요성과 운송기술의 변화 특히 컨테이너 운송, 복합운송, 단거리 항간 수송에 철도, 도로 등 육상운송이 가능한 roll-on/roll-off방식 등의 사용증대에 따른 대처의 필요성 때문에 Incoterms가 1990년 다음과 같이 다시 개정되었다.

---

3) Incoterms는 표준화된 거래조건의 유일무이한 예가 아니다. 사실 Incoterms에 명시된 규칙과 해석규칙들이 나라와 지역에 따라 이미 제정되어 있는 바, 그 예를 들면 다음과 같다.
   ① 개정미국무역정의(Revised American Foreign Trade Definitions): 동 정의는 1919년에 제정되어 1941년에 개정되었다.
   ② CIF계약에 관한 와르소-옥스퍼드규칙(Warsaw-Oxford Rules for CIF Contract): 동 규칙은 1932년에 국제법협회(International Law Association)에서 제정되었다.
   ③ 상품인도를 위한 일반조건(The general Condition for Delivery of Merchandise): 동 조건은 소련 및 동구권 국가를 위한 상호경제협력이사회(COMECON; CMEA)가 1968년에 제정한 것으로 1976년 1월 1일자로 개정되었으며, 일정한 거래조건의 범위를 정의한 수많은 약관을 기술하고 있다.
   ④ Combiterms: 동 규칙은 거래조건 상에 명시되어 있는 비용단위에 대하여 암호번호를 삽입함으로써 당사자들간의 비용과 위험의 분담을 단순화하기 위하여 1969년에 제정되었다. 동 규칙은 화차 혹은 컨테이너를 완전히 채우지 못하여 상이한 하송인 혹은 수하인에 속하는 다른 화물과 함께 적재해야 하는 화물의 운송을 위하여 소위 화물통합(cargo consolidation)을 위하여 중요한 것처럼 보인다. 개정미국외국무역정의를 제정한 미국의 3개의 경제단체들은 개정 1980년 Incoterms를 위하여 동 정의의 사용을 중단키로 합의하였다. 마찬가지로 1969년 Combiterms는 그 용어가 1980년 Incoterms와 완전히 일치하도록 하기 위하여 개정된 후 1990년 Incoterms와 보조를 맞추기 위하여 1990 Combiterms가 다시 개정되어 전 세계적으로 인정받게 되었다.

4) 이를 Electroducts 혹은 Paperless documents, Electronic message라 한다.

① 종전 복합운송에 대비해 제정되었던 FRC를 모든 운송수단에 적용이 가능하도록 소개함과 동시에 명칭을 FCA로 변경하여 1980년 개별운송수단별로 규정되어 있던 FOR/FOT와 FOA를 위에서 언급하였듯이 흡수·통합하였다.

② UN구주경제위원회(UNECE)와 ICC가 모든 조건을 3개의 약호를 사용함에 따라 C&F를 CFR로, 종전의 DCP를 CPT로 각각 명칭을 변경하였다.

③ 종전의 DDP를 수입관세지급필 반입인도조건계약과 수입관세미필 반입인도조건계약으로 나누어 전자를 DDP, 후자를 DDU(Delivered Duty Unpaid to... named place of destination in the country of importation: 수입관세지급미필반입인도조건계약)로 각각 분리·제정하였다. 그리고 모두 13개의 Incoterms 1990을 ICC가 발표하여 활용하여 오던 차 관세자유지역의 확대, 상거래에 있어 전자통신의 사용증대, 운송관행의 변화, 상인의 편의 등을 고려하여 Incoterms 1990을 개정한 Incoterms 2000을 새로이 발표하였다.

Incoterms 2000은 종전 13가지 정형조건을 4그룹으로 분류하여 Group-E에 EXW를 Group-F에 FCA, FAS, FOB를, Group-C에 CFR, CIF, CPT, CIP를, Group-D에 DAF, DES, DEQ, DDU, DDP를 각각 배정하여 운영하여 오던 중 비관세지대의 확대, 전자통신의 사용증대, 물품의 수출입에 따른 보안에 대한 관심고조, 지속적으로 변화하는 운송관행의 변화, Incoterms에 대한 인식재고의 필요성, 규정의 단순화와 명료화 등을 이유로 Incoterms을 "Incoterms® 2010 rules"라는 명칭하에 "인도조건(delivered)"으로 운송형태에 관계없이 적용될 수 있는 정형조건을 보다 강화하여 총11개의 정형조건 가운데 무려 7개를 배정하고 전통적인 해상과 내수로전용 정형조건을 4개로 배정하여 2011년 1월 1일부터 효력을 발휘하게 되었다.

Incoterms® 2010 rules의 개정배경에 대하여 Ramberg교수는 다음과 같이 주장하고 있다.

Incoterms 2000하의 주요한 문제점은 실제 활용되는 방법을 많이 규정하지 못하였고 규정된 내용 역시 현실거래에 적용하기엔 충분하게 분명하지를 못하였다. 그리고 Incoterms 사용확대의 필요성이다[5].

예컨대 1919년 미국 인디아나주 켄터키 하우스에서 전미국을 대표하는 3개의 상공단체장들이 모여 제정한 이른바 India house rules 또는 Kentucky rules 또는 FOB가 중심이기에 India house rules for FOB라고도 하는 미국외국무역정의(American Foreign Trade Definitions)는 특별법으로 규제를 하거나 법적인 판결로 확인되지 아

5) J. Ramberg, *op. cit.*, p.9.

니하는 한 법적지위를 갖지 아니하는 그러나 매매계약의 일부로 받아들이길 동의할 것을 권고하고, 이를 동의함으로써 당사자를 법적으로 구속하는 효과를 가지게 하는 것으로 수출입업자 쌍방이 포괄적으로 이용할 것을 권고하는 미국형 통일적 적용을 위한 정형거래조건이었다. 그 후 1941년에 개정이 되어 개정 미국외국무역정의가 되어 사용되어 오다가 1952년 UCC의 제정으로 규정가운데 개정미국외국무역정의가 반영되었으나 완전 일치하게 반영되지 못하므로 상인들의 통일관행으로서의 개정미국외국무역정의와 제정법으로서의 UCC의 해당규정들이 병행하여 사용되어 오다가 1980년 Incoterms의 개정시 ICC는 미국에서 개정무역정의 대신 1980 Incoterms의 사용을 권고한 바 있다.

그러나 UCC로부터 1941년 개정미국외국무역정의와 똑같은 정의의 삭제의 결과로서 1980년 ICC 권고를 넘어 Incoterms의 사용을 확대할 가능성이 제기되는 미국에서의 Incoterms의 사용을 확대하는 것이 중요하다. 사실 개정미국외국무역정의 가운데 중심되는 정형거래조건인 FOB는 고유FOB와 수정FOB의 성격을 가지는 영국형 FOB의 미국국내 맞춤형 FOB로 볼 수 있다. 따라서 FOB의 경우 Incoterms 상의 FOB보다 미국에서 상이하게 이해되었다.

특히 미국에선 FOB는 어느 곳이든 인도장소가 될 수 있는 Incoterms와 같은 항구가 아닌 항구를 포함하나 주로 지점(a point)을 나타내고 있다.

따라서 다섯 번째 규정인 FOB vessel의 경우 Incoterms하의 FOB와 동등한 FOB가 되게 하여 Incoterms의 사용을 확대하기 위하여 FOB 다음에 "vessel"을 추가하는 것이 필요하였는바 이번 Incoterms® 2010 FOB rules의 경우 추가는 실패하였으나 내용적으로 개정미국외국무역정의 상의 FOB와 내용적으로는 거의 동등하다.

Incoterms의 사용확대를 위해 새로운 정형거래조건인 DAP(Delivered at Place)가 추가되었는바, 이 조건의 사용시 미국과 같이 필요에 따라 필요한 인도장소로서 적절한 장소를 명시하는 것이 가능하게 되었다. 그러나 DAP는 물품이 운송수단으로부터 양하되어 매수인에게 인도되는 경우에는 적절치 아니하다. 이런 경우에는 새로운 정형조건인 DAT(Delivered at Terminal)가 사용되어야 하는바, 동조건의 경우 도착지 터미널에서 운송수단으로부터의 물품의 양하가 매도인의 비용과 위험하에 이루어져야 한다.

이렇게 볼 때 새로이 추가된 두 정형거래규정은 Incoterms 2000의 DAF, DDU, DES와 DEQ를 대체한다고 볼 수 있으며, 어떤 의미에선 사용확대보다 다양한 유형의 단순화로 볼 수 있다.

DAT하의 "Terminal"은 물품이 본선으로부터 양화되는 DEQ하의 "quay"에 상당하는 그러면서 다양한 운송형태의 터미널의 포함으로 볼 수 있다.

따라서 매도인이 Incoterms 2000 rules하의 DEQ나 DES, DAF, DDU의 사용을 지속하길 원할 경우 이는 Incoterms® 2010 rules하의 DAP와 DAT를 사용하면 똑같은 결과를 가져옴을 알 수 있다.

부연하여 설명하면 다음과 같다.

Incoterms rules의 이해를 증대시킬 수 있는데 다음과 같은 한계점이 있다.

상인들은 구습관을 지니고 있어 Incoterms의 뿌리가 되고 오래도록 사용하여 익숙해 있는 전통적인 해상전용규정에서 떠나도록 설득하는 것은 쉽지 아니하다. (비록 이러한 설득이 비해상운송전용규정을 말할 때는 분명히 필요하다해도) 따라서 이러한 구습관을 제거하여 Incoterms rules의 보다 나은 이해를 촉진하기 위하여, Incoterms® 2010 rules는 운송형태에 관계없이 사용되어질 수 있는 정형거래규정을 먼저 제시함으로써 시작하고 그 다음에 해상과 내수로운송에 사용되어질 수 있는 정형거래규정을 제시하고 있다.

이러한 시도가 상인들로 하여금 모든 운송형태에 적용가능한 규정들의 사용을 우선 검토토록 유인할 것으로 희망한다. 그럼에도 불구하고 적용할 규정의 사용검토시 상품거래의 다양한 요구와 제조물품과 비교해서 검토하는 것이 중요하다.

일반적으로 상품거래는 선편으로 물품의 운송에 초점이 있어 상인들이 새로이 제정된 정형거래규정의 사용 선택여부에 도움을 줄 것이다.

일반적으로 상인들은 주로 컨테이너와 관련이 있는 제조물품의 거래는 당대의 상관행에 맞는 정형거래규정을 필요로 할 것이다.

또 하나의 한계점으로서 종종 발생하는 오해는 Incoterms rules의 제정목적 바로 그 자체이다.

비록 Incoterms rules가 상이한 인도 형태와 이에 따른 위험과 비용의 이전에 관한 매도인과 매수인간의 인도와 관련한 주요한 의무를 결정하는데 필요한 규정이라 해도 Incoterms rules들은 완전계약을 규정하고 있는 것이 아니다. 따라서 다양한 여건 때문에 계약이 예상대로 이행되지 아니할 경우와 당사자들 간의 분쟁의 해결방법에 어떤 규정, 즉 준거법이 적용될 것인가를 결정해두는 것이 필요하다.

Incoterms rules는 당사자들에게 인도와 관련하여 무엇을 해야 하는지를 말하고 있지만 그대로 하지 아니하였을 경우 일어날 수 있는 상황에 대하여 설명하고 있지 아니하다. 이런 경우를 대비하여 당사자들은 계약서상에 또는 보충규정(default rules, supplementary rules)으로서 표준계약양식을 사용함으로써 준거법(proper law; conflict law; choice law; governing law)을 명시할 필요가 있다.

그럼에도 불구하고 실제에 있어 당사자들이 분명하고 결정적인 방법으로 자신들의 계약서상에 이런 대비책을 검토하길 해태하는 예상치 못한 경우 때문에 분쟁이 일어날 수 있다. 다행이 CISG는 전 세계적으로 공인되어 국제적으로 투명성 제고와 효과적인 분쟁해결에 상당이 기여하고 있다. 따라서 CISG의 경우 당사자들이 계약서상에 준거법으로 명시하면 좋으나 그렇지 못한 경우에도 국제통일상관습법으로서 적용될 수 있다.[6)]

2. Incoterms의 기능, 중요성, 선정기준

1) 기능

국제무역거래에 있어 오랜 기간에 걸쳐 형성된 정형거래조건의 국제적 통일의 성격을 지니는 것으로 최대공약수적 관행(the greatest common measure of practice, the most commercial practice)[7)]이자 널리 보급되고 있는 국제무역관행(prevailing international trade practice)[8)]이며, 사실과 사실의 인정[9)]의 양면적 성격을 지니는 국제무역의 자율규제(international business self-regulation)이자 협의로는 가격조건이나 근본적으로 계약적 성격(the contractual nature of Incoterms)[10)]을 지니는 것이 Incoterms이다.

이러한 Incoterms의 주된 기능(main function)은 법적인 의미에서 물품이 매수인에게 인도되었다고 주장할 수 있을 정도로 매도인이 자신의 의무를 이행완료시키는 지점을 결정하는 것이다.

두 번째 기능은 이러한 주된 기능을 가능케 하는 ①수출입허가 제공의무 ②서류의 성격과 형식 ③보험부보범위 ④통지의무 ⑤포장의무 ⑥검사비 지급의무 등의 구분기능임을 ICC는 주장한 바 있다.[11)]

---

6) *Ibid*, p.10.

7) Refer to Introduction, Paragraph 11.

8) G. Jiménez, *ICC To Export - Import Basics*, ICC Publishing, 1977, p.74.

9) C. M. Schmitthoff, *Int'l Trade Usage*, Institute of Int'l Business Law & Practice, 1987, p.28.

10) H. V. Houtte, *The Law of Int'l Trade Law*, Sweet & Maxwell, 1995, p.50; J. Ramberg교수는 Incoterms를 최대공약수 관행(the most common practice), 당대 상관행(contemporary commercial practice) 또는 표준계약관행(standardizing contract practice)이라 부르고 있다(J. Ramberg, *ICC Guide To Incoterms 2000*, ICC Publishing S. A., 1999, pp. 13, 14, 17). Incoterms® 2010 rules는 서문(Foreword)에서 Incoterms를 세계적으로 공인된 계약표준(globally accepted contractual standard)이라 하고 있다. 이외도 다음과 같은 별칭을 있음을 알 수 있다. standard trade definitions, voluntary codes or ICC instrument, successful business rules, a self-regulatory instrument, voluntary model clause, checklist and guidance document, self-regulating, model self-regulation, a flexible and neutral legal framework, a trade marked ICC product, the beat known ICC rules, ICC rules, ICC model contracts, the legal fabric of int'l commerce, self-regulatory rule making, standard int'l trade definitions, an instrument to guide business, ICC model clause, a voluntary instrument, contractual rules and guidance (http://www.iccwbo.org; Terms of the trade; Model Contracts; E-terms 2004; UNCITRAL, A/CN.9/WG.Ⅳ/WP.101 참조).

Reynolds는 ①누가 제품을 제공해야 하는가 ②누가 수출에 적합한 방법으로 제품을 포장해야 하는가 ③누가 매도인의 공장에서 항구나 공항까지 물품을 운반해야 하는가 ④누가 매도인의 국가에서 수출통관을 취해야 하는가 ⑤누가 국제운송을 위해 주된 운송계약을 체결하고 운임을 지급해야 하는가 ⑥누가 보험에 부보해야 하는가 ⑦누가 수입통관과 수입관세를 지급해야 하는가 ⑧누가 수입국에서 최종 인도지까지 내륙운송을 위해 계속운송계약을 체결하고 운임을 지급해야 하는가 ⑨누가 필요한 서류준비와 비용을 지급해야 하는가 하는 국제거래에 수반하는 장애와 환경을 극복하게 하는 기능을 Incoterms가 수행함을 주장하고 있다.[12)]

이렇게 볼 때 Incoterms의 기본적인 기능은 계약에 따라 이행할 경우 이행의 가장 중요한 부분인 매도인으로부터 매수인에게 물품의 인도와 관련하여 당사자들간에 수출입허가 · 비용 · 위험 등이 어떻게 분담되어야 하는지를 명시하는 역할이라 할 수 있다.

그러나 이러한 기능은 어디까지나 당사자들간에 체결되는 계약서 상에 명시적 합의가 없을 경우 적용되기에 어디까지나 이러한 주요한 기능은 계약의 보조적 기능[13)]이라 할 수 있다.

2) 필요성

오늘날의 국제상업은 거의 무한할 정도로 다양한 물품과 거래를 포함하고 있다. 그러나 법률은 장래에 전개될 특수한 물품과 거래는 말할 필요없고 지금 현재 유행되고 있는 특수한 형태를 모두 규정할 수가 없다.

이러한 특수한 형태의 물품과 거래가 계약에 반영될 수 있으나 이들에 따라 있을 수 있는 모든 질문에 해답하기에는 당사자들의 능력에 한계가 있게 마련이다. 또 많은 국제거래는 신속하면서도 비공식적으로 처리되어야 하며, 상세한 서류를 준비할 시간이 있는 경우라도 생각할 수 있는 모든 문제를 예상하고 해결하려는 기도는 불화를 낳게 하고 계약체결을 방해할지 모른다. 그리고 가장 기본적인 형태는 계약상에 언급되지 아니할 수 있다. 왜냐하면 경험이 많은 당사자들은 말하

---

11) ICC, *Guide to Incoterms*, ICC Services S.A.R.L, 1980, p.4.

12) F. Reynolds, *Incoterms For Americans,* International Project, Inc, 1999, pp.17-18.

13) J. O. Honnold, *op. cit.,* p.75; Houtte는 이러한 Incoterms의 기능적 성격을 두고 Incoterms는 국제관습법의 일부가 아닌 보조법이라 하고 있다(H. V. Houtte, *op. cit.*, p.153). Kritzer는 인도, 선적, 위험이전, 서류인도와 관련한 16가시의 책임한계를 명시하는 보조계약기능을 Incoterms가 수행하고 있다고 주장하고 있다(A. H. Kritzer, *Guide to practical Applications of the UN Convention Contracts for the Int'l Sale of Goods*, Kluwer Law & Taxations Publishers, 1990, pp.249-250).

지 아니해도 이러한 기본적인 형태를 수행해 나가기 때문이다. 사실 표준수출거래의 중요한 이해를 다 기록하여 수출자와 협조하는 과정에서도 당사자들은 상세하게 기록한 이러한 서류, 예컨대 계약서에 규정되지 아니한 기본적인 전제의 범위와 수에 놀라고 있다.

이상과 같은 이유에서 협약의 가장 주요한 특징 중의 하나는 상관습과 관행에 효력을 부여하고 있다는 사실이다.

이상과 같은 이유에서 통일상관습과 관행이 필요하며 이들에 법적 효력을 부여하고 있다.[14)]

국제물품매매계약을 위한 UN협약(the UN Convention on Contract for the Int'l Sale of Goods: 이하 CISG라 한다)에 의하면 "(1)당사자들은 그들이 합의한 관습과 그들간의 거래에 기확립된 관행에 구속된다. (2)달리 합의가 없는 한 당사자들이 알았거나 당연히 알았어야 하고 또 국제거래에 널리 알려져 있으면서 관련 특수거래에 관련된 형태의 계약당사자들에 의하여 정규적으로 준수되는 관습을 당사자들은 그들의 계약과 계약성립에 묵시적으로 적용하는 것으로 한다"고[15)] 규정되어 있는 바, 국제통일관습은 당사자들만의 합의 여부에 관계없이 국제무역의 당사자들의 거래에 적용된다고 볼 수 있다.

3) 선정기준

ICC는 Incoterms 1980을 발표하면서 그 선정기준으로 다음과 같은 사항을 들고 있다.

Incoterms가 무엇을 하는 것이며 매매계약에 어떻게 삽입될 수 있는가를 안다면, Incoterms 가운데 어떤 조건을 사용해야 자기에게 적합한지를 아는 것이 중요하다. 얼핏보아 각 계약당사자들은 가능한 한 자신의 의무를 제한시키는 것이 최상인 것처럼 영업장소에서 관세 및 제세를 지급한 물품을 인도하도록 매도인을 설득시킬지 모른다. 그러나 실제에 있어 상황이 그렇게 단순하지가 아니하다. 왜냐하면 매도인 혹은 매수인은 타방에게 기능 · 비용 · 위험 등을 전가시킴으로써 단순히 유리한 계약을 쉽게 체결하였다고 말할 수가 없기 때문이다. 따라서 Incoterms 선정시에 관련당사자들은 다음의 기준을 참고하여 선정하여야 한다.

---

14) J. O. Honnold, *Uniform Law for Int'l Sales under the 1980 United Nations Convention*, Kluwer Law & Taxation Publishers, 1991.

15) CISG, 9(1)(2).

(1) 시장사정

시장경쟁이 심한 경우 매도인은 매수인의 국내시장에서 제공되는 가격과 비교될만한 가격을 매수인에게 청약을 해야 할지 모른다. 경우에 따라선 매도인은 DEQ 혹은 DDP와 같은 조건을 사용하여 물품을 인도하길 확약해야 할지 모른다.

또 최소한으로 매도인은 CFR, CIF, DCP, CIP와 같은 조건을 사용하여 운송계약을 체결하고 운임을 지급할 의무를 져야 할지 모른다. 따라서 기준선정은 시장사정에 따를 수밖에 없다. 주의해야 할 사실은 매도인이 부담한 추가비용과 위험은 항상 가격에 반영되어야 함을 명심해야 한다.

(2) 운송과 보험에 대한 지식과 관계

경우에 따라선 정규적이면서 거액의 물품을 거래하는 수출자는 종종 운송인과 보험자로부터 유리한 조건을 누릴 입장에 있다고 볼 수 있다. 더욱이 이런 경우 수출국에서 운송준비를 하는 것이 비교적 단순하며, 잘못된 위험을 최소화할 수가 있다.

따라서 이런 경우 매도인은 굳이 자신의 의무를 EXW, FAS, FOB, FCA 조건하의 의무로 제한시켜야 할 이유가 없으며, 매도인은 CFR 조건에 따라 운송계약을 체결하고 운임을 지급하거나 CIF조건에 따라 운송계약과 보험계약을 체결하고 운임과 보험료를 지급하는 추가의무를 당연히 수락할 수가 있다. 경우에 따라선 매도인은 DCP 혹은 CIP조건을 선택할 수도 있다.

그러나 경우에 따라선 외국에서 일어나는 운송을 방해하는 경우와 비용증가의 위험 혹은 물품의 멸실과 손상의 위험을 매도인과 매수인이 항상 수령할 준비가 되어 있는 것은 아니다. 잘 정비된 컨테이너 항구와 비교적 평화스런 노동조건을 가신 국가산의 서래의 경우 정치적 소요의 위험, 항구의 혼잡, 스트라이크나 거래방해 같은 것은 미미할 수가 있다.

이런 경우 매도인은 운송기간 동안 위험에 대하여 책임을 지고 자신의 책임의 범위를 목적지에 물품의 도착시까지 연장시키는 DES, DEQ, DAF, DDP와 같은 조건을 선택할 수 있다. 그리고 운송기간 동안 위험을 확정하기가 어려워 가격선정에 포함시키는 데 어려움을 느끼는 매도인은 국제운송기간 동안의 위험을 매수인이 부담하도록 선택할 것이다. 잘 알려진 FAS, FOB, CFR, CIF, CPT 그리고 새로운 조건인 FCA나 CPT, CIP 등이 이런 경우를 위하여 선정될 수 있다.

(3) 정부의 관계

직・간접적으로 정부당국은 자국의 계약당사자들에게 CIF나 CIP조건으로 물품을 팔고, FOB나 FCA조건으로 구입하길 지시하거나 권장하고 있다. 그 이유는 다음과 같다.

① 거래조건은 자국의 배선회사나 기타 자국의 운송인에게 물품의 수출입을 맡길 수 있는 주요한 도구가 된다. 이렇게 함으로써 자국의 해운업을 발전시킬 수가 있다. 그리고 거래조건은 역시 국내보험시장을 촉진하는 데도 기여할 수가 없다.

② 외화의 절약이 가능하다.
운임과 보험료를 지급할 것을 확약한 매도인은 물품의 가격에 이러한 비용을 포함시킬 것이며 이로 인하여 보다 많은 외화를 획득할 수가 있다. 반면에 이러한 비용을 부담해야 하는 매수인은 물품의 대금을 적게 지급할 것이고 국내통화로 운송 및 보험서비스를 지급할 수가 있다.

(4) 면책조건의 사용

매도인의 의무를 매수인의 국가에서 이행하도록 하는 거래조건은 매도인에게 추가비용을 지급하게 할 뿐만 아니라 추가위험을 부담케 함을 명심해야 한다. 그러나 물품의 멸실 혹은 손상의 위험은 가장 중요한 위험이 아니다. 왜냐하면 일반적으로 이러한 위험은 화물보험에 의하여 보상되기 때문이다.

반면에 비용증가 및 여러 가지 형태의 방해의 위험이 물품의 멸실 혹은 손상의 위험보다 훨씬 심각하다. 왜냐하면 관세부과, 기타 정부개입, 노동쟁의, 진쟁 혹은 전쟁에 준하는 행위와 같은 예측불허의 사건은 영향을 받는 당사자에게 과중한 부담이 될 수 있기 때문이다.

그런데 어느 정도까지 이러한 위험은 거래조건 이외의 조건하에서 당사자들간에 수정되어 처리될 수가 있다. 그리하여 일반거래조건은 실질적으로 항상 소위 불가항력조건(force majeure clause)이나 예외조항(exceptions clause) 혹은 구제조항(relief clause)을 명시하고 있다.

이러한 조항들은 인도를 방해하거나 인도를 보다 부담스럽게 할 수 있는 상황에도 불구하고 매도인의 인도부담을 경감시키는데 목적이 있다. 따라서 이들 조항의 내용에 따라 매도인의 보호의 정도가 달라질 수 있으나 완벽할 수는 없다.

거래조건은 상기와 같은 매매계약의 기타 조건과 상호 밀접한 관계가 있으며 위험분담 역시 이러한 매매계약의 기타 조건을 전체로서 이해 못한다면 완전히 이해할 수가 없다.[16)]

16) ICC, *op. cit.*, pp.11-12.

Ramberg교수는 다음과 같이 Incoterms의 선정기준을 들고 있다.

① **당사자들의 협상력**

Incoterms의 궁극적인 선택은 당사자들의 협상력에 좌우될 수 있다. 이것이 가능하다면 매도인은 자신의 의무를 EXW에 제한하는데 성공할 수 있는가 하면, 매수인은 매도인의 의무의 연장을 EXW의 극인 DDP로 할 수 있다.

② **경제적 사정**

양 당사자들의 입장을 고려하여 가장 저렴한 비용으로 거래를 할 수 있는 방법의 검토를 의미하는 경제적 분석에 따른 선택이다. 특히 당사자중 일방이 전 운송구간에 대해 책임을 부담한다면 최적운송경제를 이룩할 수 있다. 이런 경우 환적(transhipment)과 재선적(reloading)과 관련한 추가비용의 절감을 통한 수익을 올리는 것이 가능할 뿐만 아니라 운송은 운송물류원칙에 따라 이루어질 수 있다.

이런 경우 물품에 투자되는 자본은 절대적으로 필요한 이상의 투자가 필요 없으므로 운임이나 시간절약만을 고려하면 된다.[17)]

그리고 ICC Guide to Incoterms 2000과 2010에서는 다음과 같이 선정기준을 제시하고 있다.

① 매도인의 추가의무부담 자제여부
② 매도인의 인도준비 능력
③ 매수인의 협상력
④ 매도인의 이행능력과 협상력
⑤ 운송중에 매수인이 물품을 전매하고자 할 경우 해상전용조건의 사용의 필수 여부[18)]

이상의 선정기준을 중심으로 Incoterms의 선정기준을 제시하면 다음과 같다.

① **Incoterms선정의 가장 기본이자 중요한 것으로 지적할 수 있는 당사자들의 무역업무에 관한 숙지정도**

무역계약성립의 법리의 이해, 무역계약서의 중요성에 대한 인식 그리고 이들

---

17) J. Ramberg, *op. cit.*, p.117.
18) J. Ramberg, *ICC Guide to Incoterms 2000*, ICC Publishing S.A., 1999, p.18; *ICC Guide to Incoterms® 2010*, ICC Services Publishing, p.26.

에 근거한 무역계약이행과정과 그 결과에 대한 이해의 정도에 따라 Incoterms의 선정기준이 달라질 수 있다.

② 당사자들의 무역계약이행과 관련한 이행과정보조수행업과 당사자들과의 관계정도

예컨대 무역업자는 그들의 자회사로서 보험업이나 운수업 등 무역계약이행을 보조하는 수단과의 관계여부에 따라 Incoterms의 선정기준이 달라질 수 있다.

③ 국가의 외환 · 해운 · 보험 · 무역정책의 정도

예컨대 후진개발도상국의 경우 필요한 외환을 보유하고, 국내해운업이나 운송업을 육성하기 위해 수입은 FOB계약으로 수출은 CIF계약으로 체결하도록 정책적으로 권유할 수 있다.

④ 당사자들의 자금사정

예컨대 수입자로서 자금은 풍부하나 무역에 대해 무지한 경우 DDP거래를 요구할 수 있다.

⑤ 무역계약이행을 보조하는 해운업 · 보험업 · 금융업의 발달정도

아무리 무역업자가 무역 업무에 대한 깊은 이해와 업무수행능력이 있다 해도, 국가의 무역정책이 있다해도 이행을 잘 뒷받침할 수 있는 해운업이나 금융업이나 보험업의 뒷받침이 없이는 원하는 Incoterms선정이 어려울 수 있다.

3. Incoterms□ 2010 Rules와 MISC와의 관계

1) MISC의 필요성

당사자들이 자신들의 계약서상에 특정한 문제에 대하여 명시적으로 합의하지 아니한 경우 준거법이 필요한 해결방안을 제공할 수 있다해도 이러한 사실이 바람직하지 아니하거나 준거법이 해당문제를 해결하는데 충분하게 정확하지 아니하는 경우가 종종 있다. 따라서 개별계약서나 표준계약서식을 참고함으로써 특정문제들을 다루는 것이 필요하다. 이러한 필요성에 따라 ICC는 다양한 표준계약서식을 통해 당사자들은 도우고 있다.

국제물품매매계약과 관련하여 ICC 국제매매계약서인 ICC의 모델국제매매계약서(The ICC Model Int'l Sales Contract; Sales Form)는 상기와 같은 의미에서 볼 때 특별히 중요하다.

2) A부분의 내용

ICC 매매양식 A부분은 당사자들로 하여금 자신들이 원하는 적절한 해결방안을 당사자들이 선택하게 하고 있는바, 무엇보다 당사자들의 신분을 확인하고, 구입상품과 가격 그리고 대금지급방법을 명시하는 것은 필수적이며, 물품의 적절한 인도방법을 선택하는 것 역시 필수적이다. 다시 말해서 A부분은 offer나 계약서상에 당사자들의 제일 주된 관심으로 협상대상이 될 수 있는 무역계약의 7대조건의 선택에 관한 부분이라 할 수 있다.

이들 선택사항, 즉 협상 대상가운데 상품과 전혀 달리 제조물품의 인도를 위한 적절한 정형거래유형(규정, 조건)간의 구분을 우리가 아는 것이 협상이나 선택에 있어 첫 번째로 해야 할 일이며 이러한 구분은 Incoterms® 2010 rules로 표현되는 다양한 범주, 즉 E, F, C, D규정간의 구분이다.

A부분 가운데 지급조건은 청산계정지급방식, 선금방식, 추심결제방식, L/C에 의한 지급방식 가운데 체크하므로 선택하게 하고 있다. 신용장거래의 경우 L/C가 필요로 하고 다양한 서류가 선택된 인도조건에 따라 역시 명시되고 있다.

3) B부분의 내용

ICC 매매서식 B부분은 A부분의 불이행, 즉 불일치 물품의 인도와 지연인도의 결과에 대한 책임에 관해 예컨대 확정손해배상금의 지급과 최대손해배상금이 지급되는 경우의 계약조건들과 같은 일련의 일반조선들을 세시하고 있다. 이외도 지연지급의 경우에 채무불이행 이자에 관한 규정을 두고 있으며, 이 경우 이자는 2%를 더한 우수차용자에 대한 평균은행여신율을 규정하고 있다.

어떤 경우엔 일방당사자는 계약하의 자신의 의무이행을 해태할 수가 있다. 그러나 만약 이러한 해태가 특수한 사건에 기인한 경우, 일방에게 이행해태의 책임을 묻는 것은 합리적이지 못하다. 이런 경우에 대비하여 불가항력이라는 제목하게 다루고 있다.

당사자들은 대부분의 경우 자신들의 분쟁을 우호적으로 해결할 수 있다고 해도 그렇지 못한 불행스러운 경우를 대비할 필요가 있다. 이런 경우를 대비하여 ICC 중재규정에 따른 중재를 언급하고 있는 규정이 B부분에 있다.

당사자들은 A부분을 마무리 잘하므로 B부분의 규정에 영향을 받지 아니할 수 있다. 따라서 당사자들은 계약의 취소가 준거법 하에서 가능한 시기를 결정하기가 어려운 경우 특별한 취소날짜를 삽입할 수 있다. 이외도 그들은 B부분에 있는 지연인도나 물품의 불일치이행의 경우 계약종료에 관한 규정의 영향에서도 벗어날 수 있다. 그 대신 그들은 지연의 경우에 예컨대 지연인도에 대한 확정된 금액인 확정손해배상금 이외에 보상형식을 규정할 수도 있다. 이외도 B부분상의 일반조건들은 물품의 불일치에 대하여 매도인을 상대로 하는 소송에 대비하여 시훈, 즉 물품의 도착일로부터 2년이라는 시훈을 규정하고 있다. 그러나 A부분 가운데 특별조건으로 당사자들은 이와 달리 시훈을 규정할 수 있다.

준거법에 관하여 당사자들은 국내매매법이 CISG 대신에 적용되거나 CISG가 PICC같은 일반적으로 공인된 법의 제원칙들이나 특정국가의 법에 의해 보완되어 적용되어야 함을 A부분에 명시할 수 있다. 그리고 당사자들은 ICC 중재규정에 따른 중재이외의 중재형식이나 중재 자체보단 법정에 소송을 제기할 수도 있다.

이렇게 볼 때 ICC매매양식은 매우 융통성이 있으며 매매계약서를 초안하는 당사자들에게 중요한 지침서의 역할을 하고 있다. 따라서 당사자들은 ICC 매매양식을 있는 그대로 사용할 수도 있고, 위에서 언급한 방법으로 양식을 작성할 수 있거나 자신들의 개별계약서를 초안할 때 모델로서 양식을 사용할 수도 있다.

이와 관련하여 ICC 매매양식을 (인도된 물품이 계약명세서에 일치하지 아니할 경우 대체물품이 조달될 경우와 같은) 재매각용 제품매매를 위해서도 사용되어질 수 있음을 유의해야 한다. 반면에 ICC 매매양식은 물품이 최종소비자로서 매수인을 위해 특별히 제조된 경우에 적용하기에는 부적절하다.

결론적으로 ICC 매매양식의 제안으로, ICC는 국제무역업계에 유일한 서비스를 제공하고 있다고 볼 수 있다.[19)]

4) A · B부분 열거내용

참고로 특별조건을 규정하고 있는 A부분과 일반조건을 규정하고 있는 B부분의 제목을 소개하면 다음과 같다.

- A부분
  - ① 당사자 관계와 계약체결지와 날짜(named and address, place, date)
  - ② 물품의 명세(description of goods)
  - ③ 계약가격(contract price)
  - ④ 인도조건과 시기(delivery terms and time of delivery)
  - ⑤ 물품의 검사(inspection of the goods)
  - ⑥ 권리유보(retention of title)

---

19) J. Ramberg, *op, cit,*. p.11-12.

⑦ 지급조건(payment conditions)
⑧ 서류(documents)
⑨ 계약취소날짜(cancellation date)
⑩ 지연책임(liability for delay)
⑪ 불일치 책임한계(limitation of liability for lack of conformity)
⑫ 불일치한 물품을 매수인이 유보한 경우 책임한계(limitation of liability where non-conforming goods are retained by the buyer)
⑬ 제척기간(time-bar)
⑭ 비엔나협약에 의해 해결되지 아니하는 문제에 대한 준거법(law applicable to questions not covered by CISG)
⑮ 분쟁해결(resolution of disputes)
⑯ 기타(other)

- B부분

① 총칙(general)
② 물품의 성격(characteristic of the goods)
③ 선적전 물품의 검사(Inspection of the goods before shipment)
④ 가격(price)
⑤ 지급조건(payment conditions)
⑥ 지연지급의 경우 이자(interest in care of delayed paymnet)
⑦ 권리유보(retention of tile)
⑧ 인도계약조건(contractual term of delivery)
⑨ 서류(documents)
⑩ 지연인도, 인도불이행, 이로 인한 구제권(late-delivery, non-delivery, and remedies therefore)
⑪ 물품의 불일치(non-conformity of the goods)
⑫ 당사자들간의 협력(cooperation between the parties)
⑬ 불가항력(force majeur)
⑭ 분쟁해결(resolution of disputes)

A부분은 합의조건이고 B부분은 합의소건의 이행 내지 불이행에 관한 이행(방법)내용에 관한 합의조건으로 볼 수 있으며 A부분이 성실히 수행되면 B부분은 필요없는 부분으로 B부분은 A부분의 불이행에 대비한 부분으로 볼 수 있다. B부분

으로 해결되지 아니하면 A부분의 준거법에 의해 보완된다.

이렇게 볼 때 Incoterms® 2010 rules와 MISC와의 관계는 A부분 A.3 인도조건에 Incoterms® 2010 rules가운데 추천하는 조건(규정)으로 일체의 운송형태에 적용되는 조건(규정)을, 기타조건(규정)으로 해상·내수로 운송형태에 적용되는 조건(규정)을 명시하고 있어 MISC를 당사자들이 활용할 경우 Incotemr® 2010 rules를 MISC상의 인도에 관한 계약규정으로 볼 수 있다.

4. Incoterms® 2010 rules와 추가계약

당사자들 간의 체결되는 Incoterms® 2010 rules와 관련한 추가계약 가운데 선정된 규정과 관련이 있는 추가계약을 보면 다음과 같다.

1) 운송계약

국제무역거래는 당사자들 간의 매매계약체결 뿐만 아니라 추가계약을 필요로 한다. 우선 물품은 매도인의 거소에서 매수인에 의해 선택된 지점까지 이동을 수반한다. 따라서 물품의 운송을 위한 계약과 운임의 지급이 필수적이다. 이러한 사실은 매매당사자들외에 운송인이 참여하게 된다는 것이다. 이러한 현실은 복잡한 양상을 띄게 되는 바, Incoterms® 2010 rules의 주요한 목적 가운데 하나가 운송계약에 관한 당사자들의 상이한 역할을 한정하는 것이다.

C 또는 D rules의 경우 매도인이 운송인과 운송계약을 체결해야 하나 E 또는 F rules의 경우 매수인이 그렇게 해야 한다.

매도인이 운송계약을 체결할 경우, 매수인은 목적지에서 운송인으로부터 물품을 수령할 수 있음을 보증하는 것이 중요하다. 이러한 사실은 선적지계약인 C rules의 경우 특별히 중요하다.

반면에 매수인은 자신으로 하여금 물품과 교환으로 B/L과 같은 원본서류를 제공함으로써 운송인으로부터 물품을 수령할 수 있게 하는 서류를 매도인으로부터 반드시 수령해야 한다.

만약 매도인이 D rules에 따라 운송계약을 체결할 경우 그는 물품이 매수인에게 인도되는 장소까지 전구간 운송기간동안 물품의 관리책임이 있다. 따라서 물품이 지정된 목적지 장소에서 매수인에게 인도될 수 있도록 보증하는 것이 매도인의 의무이다. 따라서 운송기간동안 무언가 잘못되면 매도인은 그 위험을 부담하게 된다. 이러한 사실은 매도인이 단순히 운송계약을 체결하고 단순 운임을 지급하는 C-rules와 다른 점이다. 따라서 C-rules하에선 운송중 물품에 관한 멸실과 손상의 위험은 매수인 부담이다.

매도인이 목적지에서 물품을 인도할 책임이 있는 경우라도 물품이 운송중에 발생한 멸실이나 손상의 위험을 부담하고 싶지 아니하려는 것이 흔한 일이다. 이러한 사실은 보험만으로 해결되는 문제의 성격이 아니다. 운송중에 있는 물품의 멸실이나 물품에 대한 손상의 경우에 매도인이 보험에 의해 보호 받을 수 있다는 사실이 매매계약에 따라 매수인에게 물품을 인도할 자신의 의무를 면책시키는 것은 아니다.

물품이 운송 중에 멸실되는 경우 매도인은 가능하다면 대체물품을 제공해야 하고, 불가능하다면 그는 준거법이나 개별계약내용에 따라 자신의 의무를 면책 받을 수 있다.

이런 경우를 대비하여 D rules와 유사한 UCC에 규정되어 있는 불착불매(不着不賣: no arrival no sale)과 같은 표현은 물품이 도착지에 도착하지 못한 경우 당사자들은 매매계약으로부터 면책을 의미한다. 그럼에도 불구하고 이러한 표현의 사용은 좋지 못하고 개별계약서나 특수한 경우에 적용되는 정교한 면책규정을 두고 있는 표준매매양식의 사용을 통해 그 결과를 분명하게 명시하는 것이 좋다. ICC는 불가항력과 이행곤란에 대비한 “2003 Force Majeure and Hardship Clause”를 통해 해결방안을 제시하고 있다.

2) 대금지급계약

매수인의 의무에 관하여 대금지급을 위해 은행을 통해 적절한 서비스를 활용하는 것이 중요하다. 당사자들이 계속되는 관계를 유지하고 있는 경우 매도인은 매수인을 일반적으로 신뢰하여 외상으로 물품을 매각하기도 한다. 경우에 따라선 매도인이 자신을 보호하는 것이 중요하여 다양한 지급보장방법을 강구할 수가 있다. 예컨대 당사자들 중 일방은 불이행의 경우에 보증인으로부터 대금을 추심할 수 있는 자신을 수익자로 개설된 은행보증계약을 체결할 수도 있다. 이 경우 표준서식으로 제공되고 있는 가장 중요한 보증형태가 ICC보증통일규칙(URDG)에 명시되어 있다. 따라서 소위 단순요구불 수단인 이러한 보증형태를 강구하는 것이 가능하다. 물론 이러한 편리한 보증남용, 즉 부당한 요구의 위험을 줄이기 위한 다양한 선택사항이 있다.

당사자들이 사전거래가 없었으므로 서로를 잘 모르는 경우에 매수인은 매도인을 수익자로 하는 화환신용장을 개설하도록 요구하는 경우가 아주 흔하다. 이에 대비하여 ICC는 오랜기간 동안 화환신용장을 위한 규칙을 제공하고 있는바, 현재는 UCP 600이다. L/C가 개설되는 경우 매도인이 지급을 받기 위하여 정확한 서류를 제공하는 것이 특별히 중요하다. 계약과 선택된 Incoterms의 조건에 따라 신용장을 개설하는 은행에게 매수인이 지시를 하게 됨으로 매수인이 이들 서류들을 명시하고 있다. 이 경우 매도인은 이러한 지시가 매매계약의 조건들과 일치하는지 여부를 체크하기 위해 충분한 시간을 가지는 것이 필수적이다. 만약 체크의 결과 매매계약의 내용과 L/C상의 내용이 불일치한 경우 매수인은 최악의 경우 매도인에게 계약을 취소할 수 있는 권리를 부여하게 되는 계약위반을 저지르게 된다. 왜냐하면 비록 L/C와 매매계약이 관련이 있고, L/C가 매매계약에 근거하고 있지만 일단 개설되면 서로 간에 별개이며, L/C거래는 서류거래이고, 매매계약은 실물거래로 L/C거래의 경우 독립성과 추상성이 요구되고 있기 때문에 극단적으로 L/C에 일치한 물품과 서류를 제공하여 대금지급을 받을 수 있으나 매매계약과는 불일치한 경우가 발생할 수 있기 때문이다.

매매계약과 L/C의 내용이 일치한 경우 매도인은 은행에 제출되는 서류가 매수인의 지시에 일치함을 보증하기 위해 주의해야 한다.

3) 보험계약

운송계약 조건에 관해 Incoterms® 2010 rules는 A.3와 A.8를 통해 "통상조건, 통상항로, 정상적인 선박, 통상운송 서류"를 매도인이 제공해야 함을 단순히 규정하고 있다. 일반적으로 운송중 물품의 멸실이나 물품에 대한 손상의 위험에 대한 운송인의 책임은 보다 제한적이어서 운송인들은 소위 항해상의 과실(nautical fault), 즉 선박의 항해나 관리상의 실수에 대하여는 책임이 없다. 그러나 1923년 Hague rules 16조상의 면책카탈로그에 의해 상업상의 과실은 책임이나 항해상의 과실은 면책이었으나 1968년 화주중심 국가로 구성된 77그룹에 의해 새로이 제정된 "1978년 해상물품운송에 관한 유엔협약" 소위 "함부르크 규칙"에 의하면 이러한 면책사항이 삭제되어 운송인책임이다.

그러나 함부르크 규칙 역시 제한된 범위 내에서 효력을 발휘하는 단점이 있다. 그리하여 "Rotterdam rules"라는 새로운 해상물품운송에 관한 새로운 협약이 2009년에 완성되었으나 발효여부는 미지수다.

그리고 함부르크 규칙 때보다 관대한 책임제도외에 해상운송인들은 자신들의 손실에 대하여 하송인과 수하인에게 보상으로는 불충분한 것으로 입증될 수 있는 특정금액까지 자신들의 책임을 제한할 수 있는 권리를 가진다.

해상위험에 대비하여 경우에 따라선 매매당사자들은 CIF와 CIP의 규정에 따라 매수인을 종국에 수익자로 하여 매도인이 보험계약을 체결하고 보험료를 지급하는 화물보험을 통해 보통 보호되고 있다.

그러나 동 규정에 의하면 매도인에게 최저부보를 보험의무로 하고 있다. 이는 상품과 관련한 소위 연속매매에 있어 보험조건은 연속매매과정에서의 예상되는 매수인들의 보험요건이 알려져 있지 아니하다는 사실을 고려하여 표준화 되어져야 하기 때문이다. 그러나 사실 이러한 이유 외에도 연속매매나 전매를 통한 후속 매수인이 원하는 보험조건은 모를 뿐만 아니라 매도인이 부보하는 나라의 보험회사의 신용상태를 매수인은 잘 모르기에 매도인이 기본적으로는 부보하고 추가보험은 매수인이 하길 원할 수 있기에 그리고 Incoterms가 최저조건 규정인데 보험규정만은 최대규정으로 할 수 없기에 다른 규정과 마찬가지로 최저규정으로 하고 있다. 따라서 매수인은 매도인에게 자신의 요청과 비용으로 그리고 매도인의 입장에서 가능하다면 추가부보를 매도인에게 요구할 수 있다.

주의를 요할 것으로 보험사고에 의해 보험회사가 피보험자에게 보험료를 지급할 때 보험회사는 피보험자가 보험사에게 운송인으로부터 손해배상금을 청구할 권리를 양도한다는 소위 대위(subrogation)서류에 따라 운송인에게 피보험자를 대신하여 청구할 권리를 유보할 수 있음을 알아야 한다. 운송인의 책임은 책임보험에 의해 커버되는바, 관례로 보아 운송중의 물품의 멸실 또는 물품에 대한 손상은 이러한 다양한 형태의 보험회사들 간의 경쟁의 결과이다.[20]

5. Incoterms 2000과 Incoterms® 2010 rules의 차이점

Ramberg교수는 Incoterms 2000과 Incoterms® 2010 rules와의 차이점을 다음과 같이 규정하고 있다.

개정이 분명하게 제안되기 전에 이루어졌던 연구들에 의하면 상인들이 정확한 규정(조건)을 선택하는데 어려움을 주고 있음을 설명하고 있다.

상인들을 도우기 위한 ICC의 첫 번째 노력은 1997년에 제정한 것으로 "추천하는 조건"과 "기타조건"간에 구분을 하고 있는 ICC 매매양식을 통해 이루어졌다. 여기서 "추천하는 조건"은 모든 운송형태에 적용이 가능한 Incoterms® 2010 rules 상의 규정들이며, "기타조건"은 Incoterms® 2010 rules상의 해상 및 내수로운송조건들이었다.[21]

결국 Ramberg교수는 ICC의 대표적인 계약양식인 MISC상에 인도조건의 명시와 관련하여 추천하는 조건과 기타조건으로 구분을 하고 있고, Incoterms® 2010 rules의 분류방법과 같이 ICC의 매매에 관한 대표적 모델계약인 MISC 상에 인도에 관

20) J. Ramberg, *op, cit.*, pp.13-14.
21) J. Ramberg, *op, cit.*, p.17.

한 ICC의 대표적 통일매매관습인 Incoterms® 2010 rules가 직접 연계됨을 극명하게 잘 표시하고 있는바, 이러한 연계가 잘 이루어지도록 Incoterms 2000 rules을 개정한 것이 Incoterms 2000 rules와 Incoterms® 2010 rules와의 대표적 차이점임을 지적하고 있다.

그러나 이외도 차이점은 개정동기를 통해서도 알 수 있다.

6. Incoterms의 적용제외 영역

Incoterms는 다음사항에 대하여 관여하지 아니한다.

① 물품의 소유권이전

② 예상치 못하거나 예측불허사건의 경우에 의무와 책임으로부터의 면제

③ 매수인이 물품을 수령하거나 F-rules하에서 운송인을 지명할 자신의 의무를 위반한 경우 위험과 비용의 이전에 관한 결과를 제외한 다양한 계약위반의 결과

상인들은 실제 발생할 수 있는 문제들을 Incoterms가 해결할 수 있다고 종종 믿고 있다. 실제 상거래에 있어 발생하는 대부분의 문제들은 Incoterms rules 자체해석 이외에 Incoterms rules와 관련한 문제에 관해 ICC내에 전문위원 앞으로 제출되는바, 제출되는 문제들 가운데 화환신용장하의 당사자들의 의무, 운송과 적재계약과 같은 매매계약이외에 계약과 관련한 문제들이 있다.

그리고 많은 문제들이 물품의 인도와 관련한 의무이외의 당사자들의 의무에 관한 것들이다. 따라서 Incoterms rules는 매매계약 가운데 인도규정의 해석을 위한 규정이지 기타 매매계약과 관련한 규정이 아님을 명심하는 것이 중요하다. 이러한 사실들은 매수인에게 물품을 이용가능하게 하거나 운송을 위해 인도하거나 도착지에서 물품을 인도하거나 하는 매도인의 주요한 의무와 멀고, 매수인의 물품수령의무와 같은 인도와 관련한 의무와는 거리가 있는 그야말로 Incoterms rules는 통지, 서류제공, 보험부보, 적절한 물품의 포장, 물품의 수출입통관과 같은 의무와 관련한 것만 다루고 있음을 의미한다. 인도와 관련한 의무는 CISG가 규정하고 있다.

결국 매매계약에 일치한 물품을 인도할 매도인의무와 관련하여서는 Incoterms rules가 매도인은 적기에 물품을 인도하므로 자신의 의무를 이행하는 경우를 결정할 뿐 그 이상은 없다. 따라서 매도인의 불이행의 결과는 CISG와 같은 관련있는 다른 규정에서 찾아야 한다. 바람직하기는 Incoterms rules와 ICC 매매양식을 동시에 사용하면, 다시 말해서 ICC 매매양식을 사용하면 위에서 언급한 Incoterms rules

적용외의 문제들에 대한 해답을 얻을 수 있다.

이렇게 볼 때 Incoterms rules는 상기의 적용제외영역을 제외하고는 당사자들에게 널리 인정된 주제어(key words)의 사용과 함께 이러한 약어의 가장 공통된 이해에 동의를 하므로 약어로 구성된 Incoterms rules의 사용에 오해를 피하게 하므로 계약관행을 표준화 하고 있다고 볼 수 있다.

그러나 주제어가 담고 있는 가장 공통된 상관행이 현재의 상관행과 일치하지 아니하거나 약어의 변형에 충분히 대처하지 못하므로 거래의 적용에 적절하거나 중요하게 분명하지 못할 수가 있고 당사자들이 자신거래에 어울리지 아니하는 조건을 선정하므로 생길 수 있는 문제는 여전히 안고 있다고 볼 수 있다.[22)]

7. Incoterms rules 활용시 유의사항[23)]

1) 주제어의 권위있는 해설서로서 Incoterms rules

FCA, FOB와 CIF와 같은 약어는 이러한 약어를 사용할 때 일련의 권리와 의무를 제시하는 주제어(key words)로 간주될 수가 있다. 그러나 이러한 주제어들은 해설규정을 통해 특수한 의미가 주어지지 아니한다면 이해되어질 수 없다. 따라서 Incoterms rules는 없어서는 안될 유일한 해설서이다. 이러한 권위 있고 공인된 해설서가 없다면, 상인들은 큰 혼란을 경험할지 모른다.

Incoterms rules에 포함되어 있는 주제어가 상관행과의 일치여부를 보면 다음과 같다.

1936년 Incoterms rules 제정 이래 많은 노력이 Incoterms rules와 상관행과의 일치를 보증하기 위해 개정을 통해 이루어졌다. 그러나 상인들에 의해 사용되는 수많은 약어들은 Incoterms rules에 항상 일치하지 아니하였다. Incoterms rules상의 CFR은 종종 C&F로 매매계약서에 표시하기도 하였다. 이러한 약어들의 경우에 당사자들은 자신들이 사용하는 약어가 Incoterms rules상의 CFR과 똑같은 약어를 의미하는 것으로 보통 생각할 수 있다. 그러나 같은 의미라도 명확성을 위해 Incoterms

---

22) J. Ramberg, *op. cit.*, pp.17-18.

23) 이하의 내용은 Ramberg교수의 "ICC Guide to Incoterms® 2010"상의 내용을 참고한 내용으로 Ramberg교수는 정형거래규정 대신 종전대로 정형거래조건으로, 일체의 운송형태 적용을 위한 CPT와 CIP규정, 그리고 해상과 내수로 전용 정형거래규정인 CFR과 CIF를 C-terms로 표현하고 있으므로 저자의 의견을 존중하여 그대로 표현하거나 때로는 Incoterms® 2010 rules에 따른 표현을 사용하고 있음을 밝혀둔다. 그리고 이하의 부분은 Incoterms® 2010 rules와 연관된 내용이나 기본적으로 Incoterms의 기본적 이해에 초점이 있음 또한 사실임을 밝혀둔다.

rules에서 사용하고 있는 조건을 사용하는 것이 훨씬 좋다.

그러나 동일의미의 상이한 관행의 예와 달리 다른 경우 예를 들어 보면 당사자들은 Incoterms rules에 표시되는 조건과는 일치하지 아니하는 표현, 즉 약어를 선택하여 사용할 수 있다. 예컨대 FOB+I의 경우다. 이 경우 당사자들은 매도인에게 보험부보의무를 추가하려는 의무가 분명하다. 그러나 이 경우 보험부보의무가 Incoterms rules의 CIF와 CIP하에서와 똑같은 부보의무인지 여부가 분명하지 아니하다.

이러한 불분명은 결국 Incoterms rules하의 부보의무와 다른 의미의 조건으로 될 경우 매도인의 보험의무에 관해 분쟁이 발생할 수 밖에 없다.

Incoterms® 2010 rules 상의 다양한 Incoterms® rules에 관한 안내문에서 상인들은 자신들이 Incoterms® rules에 변형이나 추가를 사용할 경우 무엇을 의미하는지를 가능한 한 정확하게 설명해야 한다는 취지를 두고 있다.

2) 최대공약적 관행으로서 Incoterms rules

불행스럽게도 상관행은 전세계 모든 지역에서 똑같은 것이 아니다. 따라서 Incoterms rules는 최대공약적 관행, 즉 어느 지역 어느 분야에나 필히 적용될 수 있는 가장 기본적인 그러면서도 가장 중요한 관행을 반영하는 것뿐이다. 따라서 많은 경우에 운송수단에 그리고 운송수단으로부터 물품의 적재와 양화와 관련하여 실제 일어날 수 있는 모든 것을 Incoterms rules상에 반영하는 것은 불가능하다. 그럼에도 불구하고 이미 알고 있듯이 Incoterms® 2010 rules상에는 이런 점에 있어 Incoterms 사용자들을 돕기 위해 많은 노력이 주어져 있다.

예컨대 특히 FAS규정하에서 물품을 매도인의 거소에서 수령할 경우 매수인의 수집(령) 운송수단상에 매도인은 물품을 적재해야 하고 물품이 계속운송을 위해 인도될 경우에는 매도인의 도착운송수단에서 물품을 매수인이 양화해야 함을 분명히 하고 있다.

그러나 FOB하에서 본선 적재와 CFR과 CIF하에서 본선으로부터 양하와 관련하여 일치한 상관행을 발견하기란 불가능하다. 이들과 관련하여서는 화물의 종류와 항구에서 이용 가능한 적재와 양하시설이 FOB하의 매도인의 의무의 정도와 CFR과 CIF하에서의 매수인을 위해 매도인이 확보해야 할 운송계약의 형태를 결정할 것이다.

따라서 계약이 체결되기 전에 FOB하에서 물품이 적재되는 항구의 특별한 관행이 있다면 당사자들은 적재와 관련한 이러한 관행을 확인할 것을 권고한다. 왜냐하면 이러한 관행은 항구마다 전혀 다르고 이를 모르는 당사자에게 놀라움을 줄 수 있기 때문이다.

예컨대 물품이 매도인의 국내항구에서 본선에 적재되는 경우와 FOB하에서 매수인이 선박을 지명해야 하는 경우 그는 어떤 비용이 FOB운임 속에 포함되는 정도와 본선상에 물품적재와 관련하여 자신에게 부과되는 추과비용여부를 확인해야 한다.

3) FOB상의 위험 point의 문제

물품이 지정된 선적항에서 본선난간을 통과할 때 매도인으로부터 매수인에게 위험이 이전함을 의미하는 전통적인 FOB point가 항구에서 실제 이루어지고 있는 것을 반영하고 있지 못한데 대하여 비판이 있어 왔다.

그럼에도 불구하고 1700년대 이래 항구와 상관행의 많은 관습은 본선난간의 개념을 유지해왔다. 그러나 이러한 개념은 Incoterms® 2010 rules에서 위험과 비용의 분기간의 보다 근접한 일치를 이룩하기 위해 적재("on board")의 표현으로 변경되었다.

그러나 이러한 표현의 사용에도 불구하고 종전과 같이 위험의 분기와 관련하여 정확한 지점에 관해 여전히 문제를 남기고 있는바, 정확한 위험의 분기점은 물품의 종류와 본선에 물품을 적재하기위해 사용되는 방법에 좌우된다.

4) EXW와 매도인의 지원의 한계

EXW의 경우 매수인의 수령차량에 물품의 적재와 관련하여 매도인이 운송수단 상에 물품을 적재하거나 적재하기 위하여 램프나 사이딩(ramp or siding)까지 물품을 운반하므로 매수인을 도우는 것이 대게 일치하는 상관행이다.

그러나 EXW하에선 Incoterms제정 이래로 매도인은 이러한 협조를 할 의무가 없다. 즉 그는 매수인이 물품을 수령할 수 있도록 하는 것 외 더 이상 협조할 것이 없다. 만약 매수인이 매도인의 의무의 연장을 원할 경우엔 그는 계약체결시에 매도인과 추가협조에 대하여 합의를 해야 한다. 대게는 이러한 협조를 "EXW loaded"로 표현되고 있다. 그러나 이러한 추가 표시와 이에 따른 추가 협조의 경우 물품의 멸실이나 물품에 관한 손상에 대한 매도인의 위험이 적재활동 속에 포함될 정도로 "loaded"의 표현이 확대되는지 여부에 관해 분명하지 아니하다. 따라서 당사자들은 "loaded"의 추가가 매도인의 위험부담하의 적재인지(loaded at the seller's risk)아니면 매수인의 위험부담하의 적재(loaded at the buyer's risk)인지를 분명히 해야 한다.

이러한 적재의무를 추가하고자 할 경우 당사자들간에 계약서상에 명시할 것을 권고하고 있지만 위험과 비용이전에 관한 명시여부를 불분명하였던 Incoterms 2000 rules와 달리 Incoterms® 2010 rules에 의하면 만약 이러한 추가가 적재활동 동안 매도인의 위험하에 이루어짐을 의도할 경우 당사자들은 변형대신 차라리 FCA를 활용하는 계약을 체결하도록 권고하고 있다. 왜냐하면 FCA의 경우 매도인의 거소에서 인도시 매수인이 저정한 운송수단에 매도인이 물품을 적재할 때까지 일체의 위험과 비용을 부담해야 함을 분명히 하고 있기 때문이다. 따라서 EXW 다음에 "loaded" 추가 대신에 FCA의 선택은 당사자들에게 동 조건에 대한 해설을 통해 적재와 관련한 모든 문제를 완벽하게 해설해 줄 것이다. 그렇지 못할 경우 당사자들 스스로가 만든 추가, 즉 변형은 자신의 위험하에서 계약을 체결하게 된다. 그러나 EXW 대신 FCA사용은 적재와 이와 관련한 위험과 비용 외에도 당사자들이 의도하던 의도하지 아니하던 매수인으로부터 매도인에게 물품의 수출통관 의무를 부과시키고 있다.

5) 컨테이너화 시대

정형조건의 선택이유가 변경되어 전혀 다른 선택을 요구한다 해도 거래형태의 변화는 대게 어렵다. 예컨대 화물취급에 대한 변경된 습관을 생각해보자. 1960년대 이래 물품이 본선도착전에 준비되어 컨테이너에 적재되는 컨테이너화가 전통적인 FOB상의 선적지점을 완전 부적절하게 만들어버린 해상무역의 경우 특별히 어려움이 제기되었다.

우리가 알고 있듯이 FOB, CFR과 CIF는 물품이 컨테이너화가 되는 때 단순히 인도가 일어나지 아니하고 본선에 물품을 인도하므로 운송인에게 인도가 이루어지는 경우에만 적합한 조건이라는 태도를 취하고 있다.

반면에 컨테이너화가 이루어질 경우 동일한 종류의 화물이 컨테이너에 매도인에 의해 적재되므로 한 컨테이너가 되는 이른바 FCL화물이 될 때 흔히 일어나는 관행으로 물품이 매도인의 거소에서 수집되거나 아니면 동일종류의 화물이 한 컨테이너를 구성하지 못하는 이른바 LCL화물의 경우 나중에 컨테이너 전용선에 옮기기 위해 물품을 컨테이너에 적재하는 컨테이너화물 분류장(CFS)에서 물품이 인도되거나 한다.

컨테이너화가 이루어질 경우로서 위와 같은 경우 당사자들은 현실적으로 다를게 없다고 생각할 수 있으며 잘 분별할 수 있을 것으로 믿을 수 있다. 그러나 이러한 생각은 정확하지 못하나 예컨대 FCL의 경우 매도인은 매수인이 지명한 운송인에게 물품이 인도된 후에 자신은 물품의 위험하게 있지 아니함을 주의해야 한다.

이러한 사실은 예컨대 운송인이 자신의 계약당사자인 매수인으로부터 지시를 받을 유일한 의무자인 경우에 일어나는 물품의 보호와 보관에 관해 매도인이 지시할 가능성이 없는 경우에 특별히 중요하다.

6) Incoterms® 2010 rules에 삭제된 정형거래조건의 적용 가능성

전통적인 해상전용조건인 DES와 DEQ가 더 이상 Incoterms® 2010 rules에 없다 해도, 이들 조건들은 상품거래에 계속하여 사용되어질 것으로 예상된다. 따라서 Incoterms® 2010 rules상에 더 이상 언급이 없다면 이들 정형거래조건의 해석을 위한 안내는 종전과 같이 Incoterms® 2010 rules이전의 Incoterms rules에는 찾을 수 있다. 따라서 당사자들이 이들 조건에 따라 거래를 하고 싶다면 Incoterms 2000 rules상의 DES와 DEQ를 언급하여 사용해야 한다. 실수로 당사자들이 Incoterms® 2010 rules에 따라 이들 조건들을 언급할 경우 Incoterms® 2010 rules에 따라 이들 조건들이 적용됨을 생각하는 것이 합리적이다. 이런 경우 문제가 일어나지 아니할 수 있는 것처럼 보인다. 왜냐하면 DAP와 DAT의 대체가 DES와 DEQ에 각각 상응하기 때문이다.

그러나 Ramberg교수의 이러한 조심스런 주장은 일리가 있으나 Incoterms® 2010 rules 서문 "How to use the Incoterms® 2010 rules"에 의하면 Incoterms® 2010 rules의 적용을 받기위해 반드시 선정된 Incoterms rule 다음에 "Incoterms® 2010 rules", 즉 예컨대 "DAT(insert…)Incoterms® 2010 rules"와 같이 표시해야 하기 때문에 이러한 서문에 따른다면 비록 그 취지는 이해가 가나 "DES(…)Incoterms® 2010 rules"로 할 수가 없다. 당사자들이 DES와 DEQ의 거래를 하고 싶다면 Incoterms 2000 rules의 표시가 이루어져야 한다. 그렇지 못하고 Ramberg교수의 주장대로 한다면 비록 DES와 DEQ를 대체하면서 상관행을 반영하여 확대적용하기 위한 규정이 DAP와 DAT라 하더라도 DES와 DEQ에 관한 Incoterms 2000의 규정과 이를 대체한 DAP와 DAT는 단순한 C&F를 CFR로, FRC를 FCA로 명칭만 변경한 경우와 달리 규정자체에도 차이가 있어 상인들의 편리보단 오히려 혼란을 줄 수가 있다.

7) 물품의 인도방법에 따른 Incoterms 선정의 필요성

당사자들이 해상운송에 맞지 아니한 다른 운송방식을 사용하면서 해상운송을 의도하는 정형거래조건을 선택할 수 있는 경우가 일어날 수 있다. 이런 경우 당사자들은 자신이 선정한 정형거래조건이 해상운송에도 잘 적용된다면 그 조건은 다른 운송형태에 역시 적합함이 틀림없다고 아주 잘못 믿는 경우이다. 이미 언급한 바와 같이 일체의 운송형태를 위한 정형거래규정과 해상과 내수로 전용 정형거래규정과 같이 두 그룹으로 11개의 정형거래규정을 표시함으로써 부정확한 선택을 방지하기 위한 많은 노력이 Incoterms® 2010 rules개정에서 이루어졌다.

그러나 당사자들에게 실제 물품이 운송을 위해 어떻게 인도되어지는지를 확인하도록 강력하게 조언한다. 이렇게 함으로써 물품이 직·간접으로 자신의 관리를 떠난 후 매도인에게 위험이 존재하는 조건의 선정을 피할 수 있기 때문이다. 예컨대 FOB의 선정은 실제로 물품이 본선난간을 통과하는 경우와 주류화물을 위해 호스(hoses)를 통해 본선에 제공되거나 화물이 산적상태로 운반되는 경우에 사이로(silo)를 통해 본선에 적재되는 경우에 그 사용이 제한되어야 한다. 이외의 경우 FOB를 사용해서는 아니된다. 그 외의 경우라면 FOB의 현대적 대안으로 물품이 운송을 위해 인도되는 실제적인 장소를 명시하는 FCA가 적합한 정형거래조건이다. 이러한 사실은 Incoterms 2000이나 Incoterms® 2010 rules하에서나 똑같다.

Incoterms 2000 C-terms에 의하면 매도인이 운송계약을 체결해야 하기 때문에 위험이 물품이 본선에 적재된 때 이전하는지 아니면 운송인의 터미널에서 운송인이 물품을 수령하는 동시에 이전하는지 여부와는 관련이 없는 것처럼 보인다. 그럼에도 불구하고 본선에 물품이 적재될 때까지 운송을 위해 물품이 인도된 후 위험에 처하는 것을 매도인이 피하길 원한다면 그는 CFR과 CIF의 활용을 자제하고 대신에 위험이 운송인에게 인도 시에 이전하는 CPT나 CIP의 활용을 해야 한다.

컨테이너운송과 관련하여 이러한 인도는 본선 도착 전에 운송인의 터미널에서 일반적으로 일어나게 된다. 물품의 멸실이나 물품에 대한 손상의 위험이 운송인의 책임기간 동안에 발생한다면, 현실적으로 위험이 본선에 인도전에 일어났는지 그 후에 일어났는지 여부를 확인하는 것이 불가능할 수 있다. 이러한 사실이 물품이 운송인에게 인도된 때 물품의 멸실이나 물품에 대한 손상의 위험이 매도인으로부터 매수인에게 이전하는 FCA, CPT 또는 CIP같은 정형거래조건을 선택하는 또하나의 이유이다.

8) 매도인의 물품대체 의무

물품의 멸실이나 물품에 대한 손상의 경우에 자신의 보험자로부터 보상을 받을 수 있는 매도인의 가능성은 이행해야 할 자신의 의무로부터 자신을 면제하지 아니함을 주의해야 한다. 왜냐하면 매도인은 예컨대 물품이 운송수단에 적재될 때까지 운송을 위해 물품을 인도할 기간동안 자신의 책임하에 있는 동안에 멸실이나 손상이 있을 수 있는 물품을 대체하여 대체물품을 제공해야 하기 때문이다.

9) 화물취급 비용책임 관계 명시의 필요성

매수인은 물품이 운송수단에 적재되기 전에 내륙의 지점에서 물품을 수령하기로 합의한 경우 이러한 합의는 화물품을 취급하는 시설, 터미널 또는 운송인에 의해 부과되는 추가비용, 즉 터미널 화물취급비용(terminal handling charges; THC)를 지급해야 할 의무를 초래할 수 있음을 주의해야 한다. 그러나 이러한 사실은 예컨대 매도인이 "THC의 50% 부담" 또는 "THC는 매도인 부담" 같은 조항을 삽입함으로써 당사자들이 이러한 비용전부를 매도인 부담으로 하거나 분담하도록 사전에 합의함으로 쉽게 대처할 수 있다.

10) 선택된 Incoterms rules하의 필요한 서류획득 가능성 사전 확인의 필요성

해상전용조건들은 다른 운송형태가 사용될 경우 단순히 취득할 수 없는 특별한 서류, 즉 유통가능 B/L이나 소위 해상화물운송장의 제공을 요구하고 있음을 유념하지 못하는 당사자들이 있을 수 있다. 우리가 알고 있듯이 B/L은 다른 운송형태에는 사용되어지지 아니한다. 왜냐하면 전통적으로 후속 매수인에게 양도를 위해 물품의 권리증권인 B/L을 요구하는 운송중에 있는 물품매매를 위한 계약은 물품이 도로, 철도, 항공편으로 운송되는 때에는 일어나지 아니하기 때문이다.

이러한 사실은 예컨대 런던에 있는 매도인이 런던으로부터 일본 요코하마까지 항공편으로 물품을 운송하기로 되어 있는 경우임에도 CIF Yokohama로 물품을 매각키로 되어 있는 경우 자신은 매수인에게 선적선하증권을 제공해야 하는 CIF하의 자신의 의무를 이행할 수 없는 불행한 입장에 처하게 되는 경우를 의미한다.

더욱이 자신이 CIF하에서 정확한 서류를 제공하지 못하므로 계약위반을 저지르므로 매수인에게 불리한 협상을 피할 가능성을 부여한다는 의미에서 매수인은 자신의 무관심이나 무지로 희생될 수 있는 경우가 생길 수 있다.

8. 11개의 Incoterms 제한 이유

Incoterms rules의 존재 목적은 당대의 상관습의 반영과 다음 조건들 가운데 당사자들에게 선택권을 제공할 목적이다.

① 매도인의 거소에서만 매수인이 물품을 수령할 수 있는 매도인의 최소한의 의무조건(EXW)

② 매수인이 지명한 운송인에게 운송을 위해 물품을 인도(FCA, FAS, FOB)하거나 매도인이 선택하고 운임을 지급하는 운송인에게 운송을 위해 물품을 인

도(CFR, CPT) 또는 운송중에 위험에 대비하여 보험에 부보와 함께 매도인이 선택하고 운임을 지급하는 운송인에게 운송을 위해 물품을 인도(CIF, CIP)하는 이른바, 매도인의 연장된 의무조건

③ 도착지에서 물품을 인도하는 매도인의 최대의무조건(DAT, DAP, DDP)

가끔 Incoterms rules에 대하여 많은 조건을 제공하는데 대하여 비판이 있다. 당사자들에게 매도인의 장소나 매수인의 장소에서 인도를 선택하도록 하기 위해 정형거래조건의 수를 제한하는 것은 불가능한가?

상관행은 다양한 화물형태에 따른 다양한 거래형태와 관련이 있다는 것이 질문에 대한 답이다. 예컨대 기름, 철, 광석, 곡물과 같은 일차상품의 경우 이러한 화물들은 한 화물만 적재하는 용선으로 종종 운반된다. 이런 형태의 거래의 경우 최종소비자는 누구인지 모른다. 왜냐하면 물품이 운송 중에 매각될 수 있기 때문이다. 이러한 사실은 유통가능 운송서류나 B/L을 필요로 함을 말해주고 있다. 더욱이 최종소비자가 알려진 경우라도 그는 매도인의 국가에서 일어나는 비용과 위험을 수용할 준비가 되어있지 아니함이 일반적이다. 이러한 사실은 전 세계 무역량 가운데 가장 많은 양을 위해 여전히 활용되고 있는 해상전용조건이 필요함을 말해주고 있다.

그러나 제조물품과 관련하여서는 해상·내수로전용 정형거래조건이 적합하지 아니하다. 이런 경우 대부분 당사자들은 매도인의 장소에서 인도하는 EXW 또는 FCA조건으로 인도나 매수인의 장소에서 인도하는 도착지 정형거래조건인 DAT, DAP, DDP로 인도를 위해 적합한 Incoterms rules 가운데 하나를 사용하는 것이 바람직하다.

대부분의 경우 제조물품의 운송은 최초의 계약 당사자와 계속하여 통신할 수 있는 물류서비스 제공자들에게 위임하고 있다.

보험에 관해 운송중에 매각예정인 물품의 경우에만 매도인으로 하여금 매수인에 대한 보험의무를 부담하게 하는 것이 적합하다. 다른 경우엔 보험부보가 자신의 특수한 필요에 적합할 수 있도록 매수인은 자신의 보험을 별도로 준비해야 한다. 그러나 이러한 사실은 운송중에 물품의 매각을 계획하는 경우엔 불가능하다. 왜냐하면 최종소비자가 아직 알려지지 아니한 상태이기 때문이다. 이러한 사실은 이런 경우에 CIF의 빈번한 사용의 가능성을 설명하고 있다.

1) 정형거래조건과 경영전략과의 관계

매도인과 매수인은 매번 거래시마다 선택한 Incoterms rule을 거의 반영하고 있

지 아니함이 현실이다. 일반적으로 당사자들의 경영전략에 따라 선택이 결정된다. 우리가 알고 있듯이 대부분의 경우 해상전용정형거래로의 선정은 화물의 형태와 운송중에 물품을 매각하려는 매수인의 의사에 좌우된다.

이런 경우 C조건보다 F조건들간의 선택은 가장 유리한 운송계약을 취득할 수 있는 매매당사자들의 능력에 좌우된다.

국가정책 등에 의해 매도인이 해상운송계약을 체결할 가능성이 큰 국가나 매도인이 자국선박을 활용하도록 권유받는 국가에선 매도인은 CFR이나 CIF의 활용을 선호할 수 있다.

반대로 이런 이유가 매수인에게 적용될 경우 매수인은 FAS나 FOB의 선택을 주장할지 모른다. 마찬가지로 국가정책 등에 따라 CFR과 CIF간의 선택은 매도인과 매수인의 보험체결에 따라 가장 경쟁적인 요율에 따라 보험계약을 체결할 가능성에 좌우된다.

원칙적으로 조건선적에 있어 동일한 고려한 제조물품의 매매에 대하여 적용되어야 한다. 그러나 이런 경우라도 경쟁력을 유지하기 위하여 매도인은 DAT, DAP와 DDP를 활용과는 연장된 조건에 따라 매매를 해야 하는 경우가 종종 있다.

그러나 영세 수출자는 꽤 큰 도매상이나 백화점을 상대로 물품을 매각할 경우 이러한 구입자들은 가장 경쟁적인 가격에 즉시인도를 보증하기 위해 운송계약을 체결할 보다 유리한 입장에 처할 수 있는바, 이런 경우 매수인은 EXW나 FCA를 선호할 수 있다.

무역업무의 무지와 보험회사와 선박회사와의 관계 등으로 인해 매도인이 운송계약을 확보하거나 운송과 보험계약을 체결하길 매수인이 선호할 경우 CPT나 CIP가 적합할 수 있다. 그러나 그럼에도 불구하고 물품이 운송중일 경우 물품의 멸실이나 물품에 관한 손상의 위험을 부담한다는 합의를 해야 한다.

보험부보의무가 매도인에게 있는 CIP의 경우 부보범위에 관해 수정하지 아니한다면 CIP조건은 제조물품에 적용하기엔 부적절함을 알아야 한다. 왜냐하면 동조건 하에서 보험부보는 가장 기본적인 「C」로 너무나 제한적이어서 추가보험이 필요하기 때문이다. 일반적으로 제조물품의 경우 가장 부보의 범위가 넓은 예컨대 LMA/IUA의 협회화물약관상의 「A」조건이 적합하다.

9. Incoterms rules와 운송계약간의 문제점

Incoterms rules와 운송계약간의 관계는 특수한 문제를 야기한다. 그 이유는 다음과 같다.

① FAS, FOB, CFR, CIF는 물품이 해상이나 내수로로 운송될 예정인 경우만 사용되어질 수 있다.
② 동 조건들이 매매계약과 운송계약에 줄곧 활용되고 있다.
③ 운송계약하의 상관행은 수시로 변경될 뿐만 아니라 장소, 항구, 지역에 따라 다르다.
④ 매매계약은 운송계약과 일치하기가 어렵다.
⑤ 매매계약과 CISG와 같은 준거법에 의하면 매도인은 물품을 대표하는 서류를 제공해야 하며, 매수인은 이들과 교환으로 대금을 지급해야 한다.
⑥ 달리 합의가 없는 한 물품과 대금은 동시에 교환되어야 한다. 이러한 원칙은 운송인이 당사자들에 의해 활용되어 매도인이나 매수인을 대신해서 활용하는 경우에 적용된다.
⑦ 당사자들이 본선이 아닌 운송인의 터미널이나 임해지역에서 인도가 이루어짐에도 불구하고 FCA대신 FOB를 계속해서 사용할 수 있는 경우와 같이 변경된 상관행 때문에 선정된 조건이 부적절한 경우에도 당사자들은 전통적인 Incoterms rule의 활용을 계속할 수 있다.
⑧ C조건하에서의 매도인은 수익자로서 매수인과 운송계약 체결관계에 있다. 이러한 사실은 비록 매수인이 운송인과 계약을 체결하지 아니하였다 해도 운송인으로부터 물품을 청구한 가능성을 매수인에게 부여하는 것을 필요하게 만든다.
⑨ 당사자들은 특별히 해상운송과 관련하여 운송인으로부터 면책과 운송인의 책임관계를 잘 모른다.

1) 매매계약과 일치한 용선계약(서)의 필요성

해상전용조건인 FAS, FOB, CFR과 CIF는 물품이 해상으로 운송이 예정인 경우에 사용되어질 수 있으며, 해상전용조건의 잘못된 사용은 심각한 문제를 야기시킬 수 있다.

더욱이 해상전용조건의 정확한 사용은 실제에 있어 문제를 야기시킬 수 있다.

하나의 예로서 FAS와 FOB조건은 용선계약에 조건으로 사용된다. 그러나 용선계약은 Incoterms rules에 이들의 사용에 반드시 일치하지 아니한다. 대신에 용선계약의 정확한 조건은 이들의 내용이 무엇인지를 결정해야 한다. 이러한 사실은 본선에 물품을 인도하거나 본선에 물품을 인도하기 위해 용선자에게 제공되는 용선계약서하의 시기에 관하여 특별히 중요하다.

만약 그 정해진 시기를 초과한다면 용선자는 선주에게 소위 체선료(demurrage)라는 배상금을 지급해야 한다. 그리고 용선자가 용선시기보다 짧게 사용하므로 선주에게 선박을 활용할 시간적 여유를 준 경우 용선자는 소위 조출료(despatch money)의 형태로 보상을 받게 된다. 따라서 용선계약서상의 용선조건은 FAS나 FOB 매도인에게 관심이 없을 수 있다. 왜냐하면 그는 선주와 계약을 체결할 당사자가 아니기 때문이다. 따라서 용선계약에 용선자로서 매수인의 입장에 있는 매수인은 매도인이 선주에게 체선료의 지급을 피하도록 필요한 기간내에 선박에 물품을 인도하길 해태한 경우 매도인을 상대로 상환청구 불가능한 체선료를 지급하지 아니하도록 용선계약의 조건이 매매계약의 조건과 일치하는 것이 반드시 필요하다.

CFR과 CIF하에선 매도인은 선박을 용선할 수 있고 선주에게 체선료 지급을 피하기 위하여 적재활동에 박차를 기하고 가능하다면 조출료를 받는 것은 자기이익을 위한 것이다.

그러나 문제는 도착지에서 일어날 수 있다. CFR과 CIF B.4에 의하면 매수인은 A.4에 따라 물품이 선적지 항에서 본선에 적재되는 지점에서 물품의 인도를 인정할 뿐만 아니라 매수인의 도착지 지정된 항구에서 운송인으로부터 물품을 수령해야 한다.

이런 경우 용선계약의 조건이 매매계약의 조건과 일치하지 않을지 모른다. 그러나 이러한 사실은 용선계약에 따라 선주가 용선계약시에 사용되는 용어인 FO와 같이 양하작업에 관해 선주가 아무런 의무가 없다해도, 본선으로부터 물품의 양하를 포함하지 아니하는 운송계약을 확보할 권리가 CFR과 CIF계약하의 매도인이 가짐을 반드시 의미하는 것이 아니다.

이런 경우 체선료가 포함됨을 분명히 하기 위하여, 당사자들은 가끔 CFR과 CIF 조건에 정기선 조건(liner terms)을 추가하고 있다. 그리고 이러한 조건이 양하작업이 포함됨을 일반적으로 의미한다 해도, 정기선조건의 권위있는 해석이 없음 또한 사실이다.

따라서 당사자들은 매매계약서상에 양하작업비가 포함되는 범위를 분명히 하는 것이 바람직하다.

양하작업이 매매계약하에서 매수인의 책임인 경우 매수인이 항구에서 선박정박에 따른 체선료를 지급해야 하기 전에 자신에게 허용된 기간이 어느 정도 인지를 명시하는 것이 필요하다. 그리고 매수인은 소위 양하작업 준비통지가 주어지면 바로 선박으로부터 양하를 준비해야 한다. 만약 시간이 매수인이 양하를 준비하기 전에 계산되기 시작한다면, 그는 위험을 부담해야 한다.

이외도 매매계약 내용하에서 방해가 예상되지 아니하는 한 양하작업을 방해하는 다양한 장애에 대한 위험도 매수인 부담이다. 이렇게 볼 때 용선계약조건과 매매계약조건과는 일치시키는 것이 필요하다.

일반적으로 매수인은 물품이 정기선상에 의해 운반되는 경우 매도인에게 체선료를 지급할 위험이 없다. 이런 경우 대게 물품은 매수인에 의해 수령될 때까지 화물터미널에 선사에 의해 양하되어 적치되어지고 있다.[24)]

이러한 사실은 컨테이너화물의 경우도 마찬가지이다. 그러나 용선계약조건과 매매계약조건의 일치의 문제는 철광석, 곡물과 같은 산적화물(bulk cargo)[25)]의 경우 특별히 중요하다. 왜냐하면 이런 화물의 상관행은 항구마다 다르고 수시로 변하기 때문에 매매계약조건과 용선계약조건의 일치의 해태는 당사자들에게는 불미스럽고 과도한 놀라움을 초래할지 모른다.

2) 통상의(usual), 정상적(normal), 적합한(suitable)의 의미

C조건 A.3 a)에 의하면 매도인은 통상조건으로(on usual terms)로 운송계약을 체결하도록 되어있다. 더욱이 계약은 매각되는 물품의 운송을 위해 사용되는 정상적인 형태의 항해가능 선박이나 내수로 선박에 통상경로 편으로 운송을 위한 계약이어야 한다.

이때 사용되는 "통상의(usual)[26)]" 그리고 정상적(normal)이라는 표현은 실제 항해 가능 선박은 적합하고 물품의 멸실이나 물품에 대한 손상의 위험을 최소화하는 선박이여야 함을 반드시 의미하는 것이 아니다. 그러나 매도인은 정상적이지 못한 표준이하의 선박을 의도적으로 선택한다면, 매수인은 화물의 멸실이나 화물에 대한 손상이 발생할 경우 매도인에게 책임을 물을 수 있다.

해상운송인의 책임은 선박이 항구를 떠날 때 감항능력(seaworthiness)을 갖추고 있음을 보증하는 정당한 노력(due diligence[27)])의 행사에 제한됨이 전통적이다.

---

24) 이런 경우 L/C상의 착하통지처에 따라 사전에 매수인에게 통지되면 매수인을 대신한 또는 선사를 대신한 화물주선인의 입하에 양하작업이 이루어지고 있다.

25) bulk란 일정한 공간에 저장되어 있는 동일 종류 물품을 의미하는 것으로 일반적으로 산적화물(bulk cargo)라 한다. 따라서 포장이 불가능한 단일 상품인 곡물, 철강석이 운송중에 적재될 때 bulk cargo라 하고, 제조물품(goods)이 선박이나 운송수단에 단일 물품으로 적재되면 bulk goods이나 이 경우도 bulk cargo라 한다.(SGA, 61)

26) Incoterms 2000 서문 6. 용어의 정의에 의하면 usual에 대하여 다음과 같이 정의하고 있다. "what persons in the trade usually do"

27) 1924 Hague rule 3조1항에 의하면 선박소유자는 발항전에 정당한 노력으로 다음 사항을 이행하게 하고 있다. ①감항능력(내항성)을 갖추는 것 ②선원, 장비 및 공급품을 충분히 갖추는 것 ③화물을 인수하여 안전하게 운송할 수 있도록 선창 및 냉장실을 갖추는 것, 이 경우 감항능력이란 사계의 권위있는 자가 검사, 즉 감항능력이 있다고 판정하는 증명서가 있으면 감항능력이 있는 것으로 되고 사고와 감항능력사이에 인과관계가 없고, 감항능력을 갖추기 위해 증명을 받았다면 정당한 노력을 한 것으로 된다.(4조 1항)

해상운송인은 4조 2항 면책 카탈로그에 의해 선박의 향해와 관리에 실수로 인해 화물에 멸실이나 화물에 대한 손상 또는 화재 등 16가지 면책사유에 해당하는 손해에 대한 책임으로부터 면책이다.

이러한 책임제한은 매도인과 매수인이 운송계약하에 자신들이 부담해야 하는 위험에 대하여 자신을 보호하기 위하여 해상보험을 들게 하는 필요성을 제공한다.

만약 물품이 C조건으로 매각되는 경우 매수인은 CIF하에선 보험부보의 의무가 있는 매도인의 보험부보의무를 통해 또는 자신의 보험계약체결을 통해 보호를 받을 수 있다.

그러나 주의를 요할 것은 전통적으로 선주중심의 Hague rules상의 전통적인 선주의 책임사항인 상업상의 과실책임을 선주의 면책사항인 향해상의 과실책임으로 돌려 선주에게 유리하고 화주에게 불리하였던 16가지 면책카탈로그상의 첫 번째 면책사항이었던 향해상의 과실면책조항이 1978년 Hamburg rules와 2009년 Rotterdam rules에서는 사라졌다는 것이다.

그러나 Hamburg규칙은 국제해상무역의 보다 제한적인 부분을 차지하는 국가들에 의해서만 비준이 되어 실제 실효를 거두지 못한 점이 있었다. Rotterdam규칙은 아직 미발효 상태이다.

3) 선하증권과 대안서류

C조건하에서 매도인이 매수인을 위해 운송계약을 체결한다는 사실은 매수인이 계약을 체결하지 아니한 특정인을 상대로 매수인으로 하여금 권리를 행사할 수 있는 입장에 놓이게 한다.

이러한 사실은 해상운송을 위해 사용되는 선하증권의 개발을 필요하게 만들었다. 선하증권의 점유는 도착지에서 운송인으로부터 물품의 인도를 청구할 권리를 지배한다. 따라서 도착지 항구에서 운송인으로부터 물품을 청구할 권리를 매수인에게 부여하고 달리 합의가 없는 한 후속 매수인에게 서류를 양도하므로 운송중에 물품을 매각할 수 있는 서류를 매수인에게 제공하게 하는 것이 CFR과 CIF A.8하의 매도인의 중요한 의무이다.

전통적으로 유통가능 선하증권만이 이상의 양 기능을 수행할 수 있다. 그러나 근년에 와서 기타 해상서류가 사용되고 있다. 오늘날 선하증권 없이도 매수인이 도착지에서 운송인으로부터 물품을 청구할 권리를 가지고 있다. 소위 해상화물운송장(정기선 화물운송장(liner waybills)), 부두화물수취증(cargo quay receipt)은 도착지에서 지정된 사람에게 물품을 인도하도록 하송인으로부터 운송인에게 지시하는 내용을 두고 있다.

이러한 지시들은 역시 하송인이 운송인에게 추가지시를 받지 아니하는 결과를 가지는 취소불능으로 이루어질 수 있다. 그리고 이러한 지시들은 전자서류로도 가능하다.

4) 운송중에 매각을 위한 규정신설

Incoterms rules는 운송중에 물품의 매각을 위한 조건을 규정하고 있지 아니하다. 그러나 현실적으로 CFR이나 CIF가 종종 운송중에 매각을 위한 조건으로 사용되고 있다.

이 경우 매도인이 운송인과 운송계약을 체결할 경우 매도인은 Incoterms rules A.8에서 알 수 있듯이 첫 번째 매매당사자간의 매매계약을 위해 사용될 수 있는 선하증권을 취득할 것이다. 그러나 매수인은 두 번째 계약에서는 매도인으로 변신하여 제2의 매수인에게 똑같은 선하증권을 인도할 것이다. 운송중에 후속매매계약은 물품이 항해중에 있고, 물품의 상태에 관해 아무것도 확인할 수 없는 상태에서 계약체결시에 매도인으로부터 매수인에게 위험이 이전하게 된다.

따라서 이런 경우를 대비하여 CISG 68조[28]는 물품이 운송인에게 인도된 때 위험이 이전하는 것으로 당사자들이 의도하는 것을 운송계약으로부터 추정할 수 있음을 규정하고 있다. 그렇다면 매수인은 운송서류의 발급자를 상대로 자신의 소송권을 통해 보호받을 수 있다.

이런 방식으로 CFR과 CIF는 운송중에 있는 물품의 매각을 위해 사용하기에 역시 적합하다. 이에 대비하여 Incoterms® 2010 rules CFR과 CIF A.3의 규정과 안내문은 연속매매(string sales; multiple sales down a chain)가 이루어질 때 일어나는 것을 분명히 하기 위하여 변경되어 이미 선적된 물품의 "조달"[29](procure)을 인정하고 있다.

10. 수출과 수입통관 관련의무의 중요성

Incoterms rules는 물품의 통관을 하는 수출입통관과 관련한 관세와 기타비용을

28) CISG 68조는 다음과 같이 규정하고 있다. "운송중에 매각된 물품에 관한 위험은 계약체결시에 이전한다. 그러나 상황이 분명할 경우 운송계약을 구체화한 서류를 발급한 운송인에게 물품이 인도된 때 위험은 매수인에게 있다. 그럼에도 불구하고 매매계약체결시에 매도인이 물품이 멸실이나 손상되었음을 알았거나 알았으면서도 매수인에게 이러한 사실을 고지하지 아니하였다면 손실이나 멸실위험은 매도인의 부담이 된다."

29) 이미 특징에서 언급하였듯이 전통적으로 기적품(afloat goods)의 개념을 포함한 원유와 같은 일차상품의 연속매매를 위한 기적품을 모두 포함한 개념으로 볼 수 있다.

지급하는 기능을 부담하기에 가장 유리한 입장에 있는 당사자가 이런 의무를 담당해야 한다는 주요한 원칙에 근거하고 있다. 따라서 F와 C조건하에선 매도인이 물품의 수출을 위해 필요한 것을 해야 하며, 매수인이 수입과 관련한 필요한 것을 해야 한다.

Incoterms rules의 양측의 하나로 매도인이 수출입통관과 관련한 모든 업무를 담당하므로 매도인의 최대의무와 매수인의 최소의무인 DDP를 제외한 D조건하에선 매수인이 수입과 관련한 일을, 매도인이 수출과 관련한 통관업무를 각각 해야 한다.

역시 Incoterms rules의 양축의 하나로 매도인의 최소의무와 매수인의 최대의무인 EXW의 경우 매수인이 수출입통관과 관련한 기능을 부담해야 한다.

이렇게 볼 때 EXW와 DDP는 수출입통관의무 부담 기능에 있어 주요한 원칙에 하나의 예외가 인정되고 있는바, 이는 최대의무와 최소의무의 양극을 의미하며 이 양극을 사이에 두고 상관행에 따라 주요한 원칙에 근거한 9개의 유형이 있음을 알 수 있다.

수출입통관과 관련한 주요한 원칙에 또 하나의 예외는 통관절차자체가 지역의 특성에 의해 필요없는 경우 변형없이 전 Incoterms rules가 사용되어질 수 있음을 규정하고 있는 바, 대게 EU역내 국가간의 거래의 경우이다.

이를 위해 Incoterms rules규정 특히 A.2, B.2와 관련하여 "where applicable"이 명시되어있다. 이 표현은 수출입통관이 필요한 경우 A.2, B.2규정이 적용되나 필요없는 지역의 경우 A.2, B.2규정이 적용되지 아니함을 의미한다.

물품의 수출입 통관의무는 기능과 비용의 문제만을 의미하지 아니한다. 수출입통관에 어려움이 발생할 때 위험이 매도인에게 있는가 아니면 매수인에게 있는가를 알기 위해서 이런 의무는 중요하다. 일반적으로 당사자들간 또는 개인적으로 일어나는 어려움은 세관 당국에 제공되는 부적절하고 부정확한 정보의 결과로서 또는 부적합한 통관절차 때문으로 해서 지연을 야기할 수 있다. 그러나 어떤 경우엔 잘못된 정보가 관세벌금을 초래할 수 있거나 예견치 못한 수출입금지가 물품의 입항이나 출항을 방해할 수가 있고, 이로 인해 매매계약 불이행을 초래할 수가 있다.

물론 Incoterms rules는 수출입통관 의무를 이행할 의무가 있는 당사자가 타방에게 계약위반에 대한 책임이 있는지 여부 또는 이러한 위반이 CISG 79조에 따라 법이나 매매계약조건에 따라 면책되는지 여부의 문제를 해결하는 규정은 아니다.

일반적으로 경우에 따라선 물품의 수출입 통관의무를 수출입국가에 거주하고 있는 당사자가 부담하는 것이 다음과 같은 이유로 적절하다.

① 수출입국가에 거주하는 당사자가 물품의 통관과 관련한 비용, 어려움, 위험을 결정하기가 타방보다 쉽다.

② 일국의 관세법과 세법은 자국의 수출자와 수입자가 각각 통관과 관련하여 비용을 산정하는 것을 전제로 제정되었다. 이러한 사실은 외국인에게 자국민과 똑같은 혜택을 부여함이 없이 자국민 당사자를 통해 세금공제가 허용됨을 의미한다.

이렇게 볼 때 물품의 수입시에 부과되는 부과가치세(VAT)와 같은 비용을 매도인 의무로부터 제외시키는 것이 적합할 수 있음을 DDP의 안내문을 통해 당사자들은 유의해야 한다.

1) EXW와 수출절차

EXW조건은 수출매매를 위해 사용되어질 때마다 F조건을 선택한 정책과 일치를 기하기 위하여 매도인에게 수출통관의무를 부과하는 것이 적절한 것처럼 보인다.

그러나 이러한 사실은 매수인이 매도인의 거소에서 수출을 위해 물품의 수령을 가능하게 하는 매도인의 최소의무만을 EXW가 표시해야 한다는 주요한 원칙에서 출발해야 한다.

경우에 따라선 매수인이 즉각적인 수출을 의도하지 아니하거나 국내 제3자에게 재매각 외에 수출의사가 없는 경우 이에 따른 수출통관에 관한 EXW의 변경은 수출을 위한 적절한 Incoterms rules로 EXW의 선택의 가능성을 없앨지 모른다.

따라서 이점을 염두에 두고, EXW를 수정하지 아니하고 다만 매수인이 직・간접으로 수출통관절차를 수행할 수 있음을 보증해야 한다는 전문상에 경고를 하는 내용을 언급하기로 결정하므로 수출을 위한 EXW의 Incoterms rules로 선택의 가능성을 열어놓고 있다. 만약 매수인이 그렇게 할 수 없다면 수정되지 아니한 EXW의 사용을 삼가야 한다.

Ramberg교수의 이러한 주장은 매수인이 수출을 하는 것을 전제로 EXW로 구입하는 경우에는 적절하지만 이번 Incoterms® 2010 rules는 국내거래에도 적용이 가능하다. 그렇기에 국내거래의 경우 수출통관이 필요 없기에 “where applicable”이 A.2에 규정되어 있다. 물론 EU지역이나 자유무역지대의 경우에도 마찬가지이다.

그리고 동조건 하에서 매수인의 수출통관의무는 매도인의 최소의무이고 매수인의 최대의무로 EXW를, 그 반대를 위해 DDP가 Incoterms rules의 양축으로 생각하면 좋을 것 같다.

F조건들과 같이 C조건들은 선적지계약을 나타내기 때문에 매도인은 수출통관절차를, 매수인이 수입통관 절차를 각각 취해야 한다.

2) 관세면제지대에 Incoterms의 적용가능성

EU역내간 거래에 있어 Incoterms rules의 사용에 관해 다소 혼란이 있을 수 있다. EU내 당사자들은 세관통관을 전혀 다루지 아니하는 Incoterms rules를 가끔 찾을 수 있다. 왜냐하면 전통적으로 있을 수 없다 해도 세관통관이 더 이상 필요없기 때문이다.

이러한 문제는 EU지역 간의 거래에 뿐만 아니라 통관절차가 더 이상 필요하지 아니하는 다른 지역에서도 역시 발생한다. 따라서 매도인이나 매수인에게 부과하는 의무의 일부가 필요없는 경우에도 선택된 Incoterms rule이 사용될 수 있기에 이에 대한 별다른 언급이 필요없다 해도 혼란을 피하기 위해 해당규정에 "where applicable"을 통해 필요한 경우에는 적용을, 불필요한 경우에 해당규정 적용이 제외됨을 분명히 하고 있다.

관세의 면제지역의 경우에도 예컨대 알코올과 담배와 특수한 형태의 물품에 대하여는 별도의 특별한 요건을 규정하고 있다.

3) 비용의 책임관계

현실적으로 상이한 종류의 비용이 물품의 양하와 관련하여 부과되어질 수 있다. 이런 경우 이런 모든 비용에 대하여 매도인에게 지불의무를 부과하는 것을 피하기 위하여 Incoterms rules에 "official"이라는 단어가 사용되었는바, 동 표현은 Incoterms rules 1990의 A.6, B.6에서 사용되었다. 동 표현은 Incoterms 2000에 이어 Incoterms® 2010 rules A.6, B.6상에는 없어졌으나, 매도인이 모든 통관절차를 취할 의무를 부과하는 A.2와 A.4하의 인도의무를 매도인이 수행한 후 추가비용 면제를 규정한 A.6조항에서만은 동 표현이 존속되어야 한다.

이러한 Ramberg교수의 주장에 대한 본인의 입장은 다음과 같다.

Incoterms 2000에 의하면,[30] Incoterms 1990 A.6와 B.6상의 "official"의 삭제에 대하여 공적비용과 사적비용의 구분이 불확실하여 삭제하였으나 수입통관의무와 관련이 없는 창고료와 같은 비용은 공과금이 아님을 규정하고 있었고, Incoterms® 2010 rules에도 동 표현이 없으나 여기의 기타비용은 전 규정들과 비교해 볼 때 "official charges"(공과금)을 의미한다고 보아야 한다.

결국 세관통관 절차와 관련이 없고, 인도의무를 수행한 후 발생하는 추가비용은 매도인 부담이 아니다.

30) Incoterms 2000, Introduction, 6, Terminology, 4) charges.

4) 보완관련 통관의 의미

2001년 소위 미국의 911테러 공격의 결과로서 보안문제가 중요하게 대두되어 왔다. 이러한 보안문제를 충족시키기 위하여 수출입업자들은 사전에 물품에 관한 정보를 주어야 하고, 경우에 따라서 물품의 정밀검사와 검사를 받아야 한다. 이를 위해 당사자들 서로를 도울 필요가 있어 A.2, B.2, A.10과 B.10에 이를 명시하고 있다.

이외도 대량 수출입 추세와 신속한 통관에 대비하여 물품의 보안정보가 수출입 통관시에 반드시 필요하고 있다.

11. Incoterms rules와 보험

Incoterms rules는 CIF와 CIP하에서 매수인을 위해 매도인이 보험부보의무만을 다루고 있다. 따라서 다른 조건하에선 당사자들이 자신들에게 적합한 보험을 스스로 준비해야 한다.

Incoterms® 2010 rules에 의하면 매도인의 매수인을 위한 보험의무는 다음과 같다.

① 매도인에게 운송계약 체결을 공통으로 요구하고 있고, 보험부보에 관해 CIF와 CIP에만 요구하고 있어 C조건의 성격에 비추어 운송중에 물품의 멸실이나 물품에 대한 손상의 위험부담은 매도인에게 없다.

② 매도인에게 LAM이나 IUA가 제정한 ICC나 기타 이와 유사한 조항상의 「C」조건이 부보할 의무만 있다.

③ 매수인은 매도인과 협의하에 추가 보험부보를 합의하거나 자신을 위해 별도로 부보해야 한다.

물품이 운송중에 매각될 의사가 아니라면, 매도인은 자신의 위험하에 있는 지점까지 물품의 멸실이나 물품에 대한 손상위험에 대하여 스스로를 보호하기 위하여 계약 당사자들이 보험에 부보하는 것이 자연스럽다.

이런 경우 매도인을 위해 F, C, D조건에 따라 인도지점까지 운송보험이 필요할 것이다. 역으로 물품이 EXW로 매각되는 경우 매도인은 운송보험을 확보할 필요가 없다.

현실적으로 예컨대 CIF의 경우 피보험자를 하송인인 매도인으로 하여 운송중 화물의 위험에 대하여 대비하고 인도후에 운송서류에 의해 은행에 운송서류 매각시에 보험증권 상에 이서를 통해 매수인을 피보험자로 하고 있다.

이렇게 하면 계약서상이나 L/C상에 피보험자를 매수인으로 지정하지 아니하는 한 인도시까지는 매도인 보호를 받고 인도후에는 매수인이 보호를 받을 수 있어, 양자 모두에게 도움이 되고, 규정위반도 아니다.

1) 당사자들이 FCA 대신 FOB사용시 보험부보 유의사항

문제는 중간지점에서 매도인과 매수인간에 운송위험이 분리되는 경우이다. 이런 경우 매도인은 Incoterms rules A.4에 지정되어 있는 지점에 도착한 후에는 매도인은 피보험 이익을 가지지 아니하고 반면에 매수인은 그 지점 이전에는 피보험자 이익을 역시 가지지 아니한다.

이러한 사실은 FOB매수인은 물품이 본선에 적재되기 전에는 피보험이익을 가지지 아니 하며 반면에 FOB매도인은 그 지점에 도착할 때까지 위험책임이 있다.

따라서 FCA의 대안으로 사용되어져야 하는 경우로서 당사자들이 FOB를 사용할 경우, 매도인은 비록 물품이 운송인의 터미널이나 본선이외의 장소에서 매수인에 의해 지명된 운송인에게 물품이 인도한 후라도 여전히 본선 적재전까지는 자신의 위험하에 있다.

이런 경우에 대비하여 매도인은 소위 포괄예정보험(open cover)으로 보험계약을 체결하게 된다. 그러나 이런 경우에 대비하여 자신을 적절하게 보호하는데 해태한 매도인은 비록 매수인의 보험이 보험부보기간을 증권상의 창고간약관(warehouse to warehouse transit clause)에 의해 보험보호가 지속된다는 취지의 규정을 두고 있어 이 규정에 의해 본선에 물품인도전 기간이 커버가 된다 해도 매수인의 보험부보로부터 보험혜택을 누릴 수가 없다.

그 이유는 다음과 같다.

① FOB매도인이 FOB매수인의 보험계약 당사자가 아니다.

② FOB매수인은 물품이 본선에 적재되기 전에는 피보험자가 아니다.

2) CIF와 CIP규정하의 보험 제외대상

관례적인 보험규정에 의하면 물품의 성격, 물품의 부적절한 포장 등으로 인한 멸실, 손상비용이나 지연으로 인한 멸실, 손상비용에 대비한 보험보호는 없음을 유의해야 한다.

그리고 선박의 소유자, 관리인, 용선인 또는 운영인의 지급불능이나 재정적 책임불이행으로 인해 발생하는 멸실, 손상이나 비용에 대한 보험부보가 일반적으로 제외되고 있다.

이러한 현실은 매수인에게 피보험위험에 처하게 할 수 있다. 왜냐하면 CIF와 CIP

하의 매도인이 A.3 a) 규정에 따른 자신의 부보의무를 이행하였음을 입증할 수 있다면 매도인의 입장에선 이러한 위험부보에 대한 의무는 면책될 수 있기 때문이다.

따라서 부적절한 포장을 이유로 물품의 멸실이나 손상이 발생하면 매도인은 A.9하에서의 책임은 있을지 모르나 이런 경우 어느 누구도 보험자로부터 보호를 받을 수 없다.

전쟁위험과 파업 등에 의한 멸실, 손상, 경비 등은 표준보험에서 제외되고 있다. 이런 위험에 대비하여 CIF와 CIP A.3 b)에 의하면 매수인의 요청과 비용과 부보가 가능하다면 매도인은 추가로 부보할 수 있다.

12. Incoterms와 UCP의 관계

Incoterms rules와 UCP와의 관계는 매도인이 Incoterms rules와 매매계약에 따라 자신의 의무를 수행하였음을 입증하기 위하여 매수인에게 서류를 인도해야 할 매도인의 의무와 이에 따라 매수인은 매도인에게 대금을 지급할 의무가 있음을 의미한다.

이와 관련하여 당사자들은 다음의 사항을 반드시 확인하여야 한다.

① 매수인은 신용장을 개설할 은행 앞으로 이루어지는 지시[31]는 매매계약에서 요구하는 사항과 완전히 양립, 즉 조화되어야 한다.

② 매도인에게 물품을 운송하기 위하여 교부하기 전에 신용장의 내용을 검토한 기회를 제공하여야 한다.

③ 신용장하의 요구조건과 매매계약하에서의 요구조건 간에 불일치는 피해야 한다. 왜냐하면 매도인이 자신의 서류가 매매계약에 일치할 때 신용장에 따라 지급을 받지 못한다면 매수인은 지급해야 할 자신의 의무위반이 될 수 있기 때문[32]이다.

④ 물품의 처분권을 지배하지 못하고, 이로 인해 매도인이 지급을 받은 후 다른 사람에게 물품의 발송을 허용하는 운송서류와 교환으로 대금지급을 하도록 은행에 지시해서는 안된다.

실제에 있어 매매당사자들이 신용장 개설은행에 이루어지는 지시가 매매계약에

31) 이러한 지시가 이루어지기 전에 신용장개설의무가 있는 매수인은 수출입허가나 승인을 정부로부터 취득해야 한다.

32) 불일치의 경우, 즉 매도인이 L/C조건에 일치한 서류 제공시 지급보증을 받으나, 매매계약불일치의 경우 계약위반에 처하게 된다. 반면에 계약에는 일치하나, L/C조건에 불일치의 경우 대금지급보장을 받을 수가 없다.

일치하는지 여부를 확인하는데 해태하기 때문에 이로 인해 종종 문제가 발생하고 있다. 매매계약하에서 상이한 입장에 서서 요구하는 서류를 이해하는데 도움을 주고 매도인으로 하여금 매매계약하에서 요구하는 서류가 자신이 신용장에 따라 제출해야 하는 서류와 일치함을 확인할 수 있도록 하기 위하여 ICC 모델계약서 서문 A.8조는 다음과 같이 가장 흔한 서류들을 열거하여 Incoterms rule에 따라 선택하게 하고 있다.

- 서류형태: 선하증권(Bill of Lading)
- 운송형태: 해상, 가끔 복합운송에도 사용됨.

해설 : "지시식(to order)"으로 발행된 경우 운송서류를 양도하므로 운송중에 있는 물품을 매각 또는 저당을 매수인에게 허용하는 양도가능 권리증권임.

- 서류형태: 복합운송서류(Multimodal Transport Document)
- 운송형태: 최소 두 개의 상이한 운송형태에 의해 이루어지는 운송과 관련한 운송에 사용됨.

해설 : 다양한 이름의 복합운송서류의 성격을 가진 서류들이 있다. 복합운송서류, 컨테이너 선하증권, FIATA(International Federation of Freight Forwarders Associations) 복합운송 선하증권과 기타변형 서류

- 서류형태: 해상화물운송송장(Sea Waybill: SWB)
- 운송형태: 해상

해설 : 다양한 이름의 해상화물운송장의 성격을 갖는 서류가 있다. 부두화물수취증(Cargo Quay Receipt), 유통불능선하증권(Non-negotiable Bill of Lading), 정기선 화물운송장(Liner Waybill), 유통불능기타 서류

매도인은 SWB가 지정된 사람에게 물품을 인도하도록 운송인에게 취소불능지시를 금하는 조항을 두고 있지 아니하는 한 양하할 때까지 화물인도지시를 변경할 수 있다.

- 서류형태: 본선수취증(Mate's Receipt: M/R)
- 운송형태: 해상

해설 : 운송인에게 물품의 인도를 입증하는 서류. 가끔 FOB나 FCA조건으로 매각의 경우에 하송인에게 발급되어 선하증권 대신에 매수인에게 제공되는 서류

- 서류형태: 항공화물운송장(Air Waybill)
- 운송형태: 항공

해설 : 가끔 Air consignment note가 발급되기도 한다.

- 서류형태: 화물운송장(consignment note)
- 운송형태: 육상

해설 : 가끔 CIM에 의해 철도화물운송장(rail consignment note or waybill) 또는 CMR에 의해 도로화물운송장(road consignment note or waybill)으로 불린다.

- 서류형태: 창고증권(warehouse warrant)
- 운송형태: 육상 및 해상

해설 : 매수인이나 매도인이 물품을 수령할 수 있거나 물품이 창고에 입고되어 있을 때 사용되는 양도가능 서류

- 서류형태: 화물운송주선인서류(Freight-forwarder's Document)
- 운송형태: 해상, 항공 또는 복합운송

해설 : 화물운송주선인이 운송인으로서 또는 운송인의 대리인으로서 물품의 운송에 대하여 책임을 지는지 여부를 확인하는 것이 중요[33)]

- 서류형태: 포장명세서(Packing List: P/L)
- 운송형태: 해상, 육상 또는 복합운송

해설 : 로리(lorry)나 컨테이너에 적재되어있는 물품을 기록한 서류로 매매당사자간의 인도증거를 표시하나 명세서를 발급한 사람과 물품의 상태를 확인하는 것이 중요할 수 있다.

ICC 모델계약서상에 특수조건을 명시하고 있는 A부분 7조에 의하면 당사자들에게 인도일전 특정기간에 신용장이 매도인에게 통지되어야 하는 일자를 삽입하도록 권유하고 있다.

그리고 당사자들은 은행일로의 지시상에 명시된 서류가 매매계약하에서 요구하고 있는 서류와 일치하는지를 확인할 수 있도록 매도인에게 충분한 시간적 여유를 둔 통지인지를 확인해야 한다.

선하증권만 물품이 운송중에 있는 동안에 매수인이 물품을 매각하거나 담보할 의사가 있을 경우에 사용되어질 수 있는 양도가능 권리증권이다. 이 경우 매각과 담보는 종이서류의 양도나 이에 상응하는 전자서류의 양도에 의해서 이루어진다. 따라서 해상화물운송장은 양도할 수 없는 서류이므로 매도인은 동 서류가 지정된

33) 그렇지 못할 경우 동 서류는 대금결제를 받을 수 없고 반드시 운송인이 발급하는 서류로 대체해야 함. 대게 CFS에서 물품인도 시 화물운송주선인에 의해 house B/L이 발급되고 있다. 따라서 동 서류는 반드시 운송인이 발급하고 필요한 운송서류로 대체를 해야 한다.

사람에게 물품을 인도하도록 운송인에게 취소불능지시를 금하는 조항을 두고 있지 아니하는 한 물품의 인도지시를 변경할 수 있다.

13. Incoterms rules와 전자통신과의 관계

Incoterms® 2010 Rules에 의하면, 종이서류의 EDI로의 대체가 일반적으로 적용된다. 더욱이 EDI인정에 대한 명시적 합의가 현재로는 필요하지만[34] EDI의 사용이 관례가 되면 더 이상 이러한 합의가 필요 없다.

그렇다면 당사자들 간의 이러한 관례는 묵시적 합의가 되며 계약의 내용이 된다.

결국 Incoterms 2000 Rules상의 EDI에 관한 언급을 하고 있던 규정들이 이제는 A.1, B.1에 일괄 규정되어 있다.

매수인은 전자로 통신하기로 명시적으로나 묵시적으로 합의하지 아니하면 계속하여 종이서류를 주장할 수 있다.

종이서류를 대체하는 일체의 EDI시스템은 동등한 전자통신이 종이서류와 동등함을 제시하여야 하며 이러한 목적을 달성하기 위하여 충분한 보안과 기술을 필요로 한다.

1) 전자통신 고려배경

1980년대에 Incoterms 계약하에 종이서류에 관한 전통적인 요구가 종이서류와 동등한 전자통신을 제공할 수 있도록 당사자들에게 선택권을 부여하므로 보완되어야 할 정도로 전자상거래가 성장할 것을 이미 예상하였다. 따라서 1990년과 2000의 Incoterms상에 당사자들이 전자통신의 사용을 합의한 경우 종이서류로 대체될 수 있음을 규정하였으며, Incoterms® 2010 Rules의 경우 A.1과 B.1에서 보다 구체적으로 "… equivalent electronic record or procedure of agreed between the parties or customary …"로 표시하므로 조만간 묵시적 합의로 자동적용 되게 규정하고 있다.

특히 대금결제에 있어 결정적인 담보물의 역할을 하는 종이 선하증권의 전자 선하증권으로 대체와 관련하여 설명하면 다음과 같다.

1990년대에 CMI(국제해사위원회)에 의한 전자선하증권에 관한 규정에 의하면 물품을 지배하고 제3자에게 권리를 이전하는 권리는 운송인의 물품수령시에 운송인에 의해 하송인에게 주어시는 개인암호(private key)와 점유를 요구하고 있다.

---

34) Incoterms® 2010 Rules A.1, B.1.

이 개인암호는 당사자들이 전자전달의 완전성(integrity)과 무결성(authenticity)의 보증을 합의할 수 있고 기술적으로 적합한 형태로 구성될 수 있다.

후속당사자에게 개인암호 양도는 개인암호 현 소지인이 새로운 소지인에게 권리를 이전하겠다는 의사를 운송인에게 통지하므로 효력을 발휘하게 된다. 이 경우 새로운 소지인이 승낙하면 운송인은 현 개인암호를 취소하고 새로운 소지인에게 새로운 개인암호를 발급하게 된다.

이러한 시스템은 개인암호는 언제나 소지인에게만 독특한 암호가 주어지며 새로운 소지인에게 양도될 수 없다는 원칙에 근거하고 있다.

개인암호는 운송계약을 확인하기 위해 사용되는 어떠한 수단과 컴퓨터 네트워크에 접속하기 위해 사용되는 일체의 보안ID나 암호와는 별개이며 구분된다.

새로운 소지인이 전자시스템에 참여하길 원하지 아니한다면, CMI규정은 현 소지인에게 새로운 소지인에게 양도할 수 있는 종이 선하증권을 운송인으로부터 요구할 선택권을 부여하고 있다.

이러한 종이 선하증권은 EDI절차의 종료에 따라 발급되었다는 취지의 문구를 두고 있어야 한다. 이러한 종이 선하증권의 발급에 따라 개인암호는 취소되고 EDI 절차는 종료된다.[35]

CMI규정에 의하면, 개인암호와 관련하여 세 사람의 관계자가 있다. 즉 운송인, 개인암호 최초의 소지인인 하송인(shipper), 그리고 제2 또는 후속소지인으로서 활동하는 하수인(consignee)이다.

이들이 규정에 따라 EDI절차에 참여하고자 한다면, 특별히 예상되는 중요한 문제가 없다. 그러나 아직까지 시장이 CMI규정을 수용할 준비가 되어 있지 아니하다. 그러나 CMI규정은 국제기구에 영향을 주었는바, UNCITRAL은 1996년 운송서류에 관한 두 개의 주요한 조항을 두고 있는 전자상거래를 위한 모델법(Model Law for Electronic Commerce: MLEC)을 개발하였다.

동법은 CMI규정하에서 이루어지는 시스템 위주로 근거하고 있다. 일반적으로 모델법은 종이서류를 특정기능, 즉 합의를 증거하는 기능과 목적지에서 운송인으로부터 물품을 청구하고 운송중에 물품의 권리를 이전하는 법적권리를 일방당사자에게 부여하는 기능을 표시하는 수단일 뿐임을 인정하고 있다.

만약 이러한 종이서류의 기능이 전자메시지와 같은 다른 수단에 의해 취득될 수 있다면 이러한 사실은 모델법에 따라 이러한 기능이 전세계에 인정되어야 한다. 전자통신은 2007년 UNCITRAL에 의한 국제계약에 있어 전자통신사용에 관한 유

35) 상세한 내용은 CMI Rules for Electronic Bills of Lading, pp.7-8 참조.

엔협약(UN Convention on the use of electronic communication in International contracts: UNCUECIC)과 2008년 Rotterdam규정의 전자기록에 관한 규정에 의해 가일층 그 사용이 진전되었다.

2) BOLERO시스템과 기타 시스템

옳은 일인지 잘못된 일인지 모르나 국제무역시장은 종이서류가 여전히 입증제공과 서류내용의 무결성 보증에 있어 가장 믿을 만한 방법임을 나타내고 있음을 생각하고 있다. 따라서 전자시스템이 일반적으로 수용되기 위해선 전자시스템을 종이서류와 똑같을 만큼 신뢰가 주어져야 한다. 아마도 운송에 대한 전자시스템의 느린 발전은 이들이 충분히 믿을만하지 못하다는 잘못된 전제에 기인한다.

전세계 은행간 금융통신(Worldwide Interbank Financial Telecommunication: SWIFT)과 통운송클럽(Through Transport Club: TTC)의 후원하에 발족된 BOLERO시스템이 개발되었다.

BOLERO시스템은 전자메시지가 제3의 신뢰기관(a Trusted Third Party: TTP)을 통해 수신되고 발신된다는 의미에서 CMI규정하의 전자 B/L시스템과는 차이가 있다.

전자통신의 무결성과 완전성은 발신자와 수신자를 확인하고 일단 메시지가 발신되면 당사자들이 메시지의 내용을 변경할 수 있는 가능성을 배제하는 전자서명에 의해 보안되어야 한다. 결과적으로 시스템을 관리하는 당사자는 BOLERO가 하는 것처럼 EDI메시지의 정확한 인도를 보증할 수 있어야 한다.

BOLERO시스템은 동 시스템을 이용하려는 참가자들에게 "전자합의"를 규정한 규정집(Rules Book)의 동의를 요구하므로 동 시스템에 참가하는 모든 이들에게 부가가치를 제공하고 있다. 그리고 동 시스템은 관계당사자들인 운송인, 하송인 그리고 수하인에 의한 참가를 제한하지 아니하고 화물운송주선인, 보험자, 세관당국, 은행, 원산지 증명서나 허가서 등을 발급하는 정부기관과 같은 기타 당사자들에게도 개방되어 있다.

14. Incoterms rules와 매매계약서상의 기타내용과의 관계

Incoterms는 분명히 가격과 관계가 있기 때문에, Incoterms에 대한 언급이 대게 매도인의 offer상에 명시되어지고 있는바, 매도인의 의무가 크면 클수록 매도인의 offer상의 가격은 비싸게 된다. 따라서 서면으로 계약이 작성될 경우와 ICC 모델계약서와 같은 표준계약서가 있을 경우, 선정한 Incoterms rule의 언급은 인도를 취급하는 계약의 일부가 된다.

따라서 다음사항은 특별히 주의해야 한다.

① 특수한 구제규정이 없다해도, 준거법의 계약서상의 명시는 예컨대 CISG 79조 "손해배상금으로부터 면책시키는 장애 혹은 불가항력" 규정에 따라 양 당사자들에게 적용된다.

② Incoterms rules는 물품의 소유권을 취급하고 있지 아니하다.

③ Incoterms rules는 매매계약에 일치하는 물품을 인도하도록 매도인에게 요구하나 물품이 일치하지 아니한 경우 그 결과에 대하여 취급하고 있지 아니하다.

ICC 매매형식에서 잠깐 언급했듯이 B부분인 일반조건은 계약의 기타규정에 비해 선정된 Incoterms rule과 관련된 중요한 것을 언급하고 있다.

ICC 매매형식 B 일반조건 8조 "계약인도조건(contractual term of delivery)"에 의하면 EXW가 언급되어 있으나 초두의 "달리 합의가 없다면"이라는 표현에 따라 다른 조건이 사용되어질 수 있음을 염두에 두어야 한다.

ICC 매매양식(형식)은 1998년에 발표되는 해의 적용되는 Incoterms rules 개정판에 대한 언급이 없다. 왜냐하면 이 당시 적용되는 Incoterms 1990 rules가 아닌 새로운 개정판인 Incoterms 2000 rules가 곧 발표된다는 사실이 이미 알려져 있었기 때문이다. 따라서 ICC 매매형식이 사용될 경우엔 사용 당시 개정된 Incoterms rules에 의한 Incoterms rule임을 분명히 하기 위하여 B 일반조건 1조 총칙 1.4에 "ICC 간행물과 관련한 언급은 계약체결일 현재의 개정판에 관한 언급으로 간주한다."고 규정하고 있다.

인도조건은 계약의 이행에 반드시 필요하다. 인도조건이 없다면 당사자들은 어떻게 해야 할지를 단순히 모르게 된다. 매매계약의 기타 대부분의 조건들도 계약이 지연이나 불일치이행과 같은 다양한 계약위반과 같이 의도한대로 이행되지 아니한 경우 일어날 수 있는 문제들과 관련이 있다. 달리 말하면 Incoterms rules는 사용자들에게 무엇을 해야 할 것인가를 그리고 준거법과 더불어 기타계약조건(내용)들은 이행하지 아니하면 어떤 일이 일어나는지를 말하고 있다.

1) 계약체결후의 비용증가 문제

이미 지적한바와 같이 Incoterms rules는 매도인으로부터 매수인에게 비용과 위험의 이전에 대한 특수한 규정을 두고 있다. 그러나 규정상에 언급하고 있는 위험은 물품의 멸실이나 물품에 관한 손상에 제한된다. 그리고 계약체결시와 이행시간의 비용증가[36]로 인해 발생하는 문제들을 Incoterms rules가 취급하고 있지 아니하다.

예컨대 수단에 있는 매도인이 함부르크에서 물품의 인도를 위해 CIF가격으로 견적한 그러나 이집트와 이스라엘간의 전쟁 발발로 수에즈운하가 봉쇄된 경우를 생각해보자.

이 당시 매도인은 운송계약과 보험계약을 아직 체결하지 아니하였다. 그 후 그는 우회로 인한 장거리 운송과 전쟁의 결과로 급격히 상승한 운임과 같은 비용의 증가에도 희망봉을 경유하는 운송계약을 체결할 수밖에 없었다. 따라서 매도인은 상당한 비용증가 때문에 불행스럽게도 계약의 무효를 모색했으나 이런 경우에 종종 인용되는 결정에 따라 영국상원은 매도인에게 불리하게 판결하였다.

이런 경우 매도인이 FOB가격으로 견적하였더라면 비용증가의 위험은 자신 대신 매수인부담이 되었을 것이다. 이렇게 볼 때 계약체결당시의 국내외 사정을 고려한 인도조건의 선정이 대단히 중요하다고 볼 수 있다.

2) 물품의 멸실과 물품에 대한 손상의 경우 이행위험 문제

또 다른 중요한 문제는 물품이 멸실 또는 손상된 경우에 이행 위험에 관한 경우이다.

Incoterms rules는 물품의 멸실이나 물품에 대한 손상위험을 누가 부담하는지에 대한 해답을 할 수 있으나 피해입은 당사자가 자신의 이행의무를 면제시키는지 여부를 결정하지 못한다.

예컨대 매도인이 D조건에 따라 도착지에서 물품을 인도할 의무를 지고 있고 물품이 운송중에 멸실된 경우, 매도인은 여전히 가능한 한 빨리 물품의 대체를 통해 이행할 의무가 있다. 그러나 예상치 못한 우연한 사건이 멸실 또는 손상의 원인이었다면 그는 지연 때문에 매수인이 입을 손해에 대하여는 손해배상금의 지급을 피할 수 있는지 몰라도 매매계약의 조건이나 예외적으로 준거법에 따라 면제될 수 있는 경우가 아니라면 계약이행을 해야 할 자신의 의무를 피할 수가 없다.

3) 불일치 물품의 문제

불일치한 물품이 매수인에게 인도된 경우, 이러한 불일치 인도가 매도인에 의해 제거될 수도 있고 없을 수도 있다. 만약 매도인이 불일치를 제거하거나 적기에 대체물품을 제공하길 해태한다면 매수인은 계약을 해제시킬 수 있다.

이런 경우 Incoterms rules로부터 얻을 수 있는 결론은 물품의 인도 여부와 불일치가 물품의 멸실이나 물품에 대한 손상의 위험이 매도인으로부터 매수인에게 이

36) 이런 경우를 이행장애(hardship)이라 한다.

전한 후에 일어났는지 여부의 문제에 한정되며, 이 문제는 CISG상의 매도인의 의무이행과 이러한 의무위반에 대한 매수인의 구제규정에 좌우되거나 기타 준거법에서 그 해답을 찾을 수밖에 없다.

4) 위험이전과 소유권이전과의 관계

현실적으로 상인들은 종종 물품의 소유권이전과 위험이전과를 혼동하고 있다. 물품의 점유의 변경이 종종 소유권의 변경을 묵시하고 있기 때문에 이러한 현실을 이해할 수 있다. 그러나 위험의 이전은 점유나 소유권의 변경전에 일어날 수 있다. 즉 매수인이 합의에 따라 물품의 수령을 해태하거나 매도인이 지급될 때까지 소유권자로 존재함을 매수인과 합의한 경우에 일어날 수 있다.

불행스럽게도 물품의 권리이전 여부를 결정하는 방법이 재판관할마다 다르다. 이 문제는 CISG적용영역 밖이고 Incoterms rules의 범위 밖이다. 이런 문제와 관련하여 국제통일법이 장래에 실현될지 여부는 미래의 문제이다. 이런 상황하에서 타방이 지급불능상태이거나 자신의 의무이행이 불가능한 위험이 있을 수 있음을 대비하여 스스로를 보호할 수 있는 적절한 조치를 취할 것을 당사자들에게 권고한다.

ICC의 국제무역에 있어 소유권 이전에 관한 간행물 NO.546은 손쉬운 정보를 제공하는데 필요하다. 지급보증 형태나 화환신용장 등을 통해 매도인은 물품의 선적과 관련하여 지급을 받을 수 있다. 다만 그는 은행에 적정의 서류를 제공할 수 있어야 한다.

15. Incoterms rules와 분쟁해결

국제매매계약은 다음과 같은 경우에 결정하는 분쟁해결을 다루는 규정을 대게 두고 있다.

① 우호적 해결이 불가능할 경우로서 분쟁이 제기된 경우
② 분쟁이 어떻게 해결되어야 하느냐, 즉 중재에 의해서나 법정에 의해서냐의 결정
③ 어느 법이나 법의 규정이 적용되어야 하느냐의 결정

1) 중재선택의 필요성

계약당사자들은 당사자들간에 충돌이 발생하고 자신들이 예상치 못한 상황하에서 발생한 경우에 자신들의 상이를 우호적으로 해결하는데 실패한 위험을 거의 생

각하지 아니하는 경우이다. 그러나 그들이 표준조건의 삽입을 계약에 반영한 경우 이러한 조건들 가운데는 분쟁해결을 다루는 조항을 대개 두고 있다.

어떤 경우에 조항들은 그들의 분쟁을 우호적으로 해결하려는 시도를 먼저 하도록 규정하기도 한다. 물론 이러한 사항은 당연한 것이다.

다행스럽게도 당사자들은 당사자들 간이나 변호사들의 도움으로 대게 해결을 할 수 있다. 그러나 이런 저런 이유로 해결협상에 중립적인 제3자의 도움을 필요로 하는 경우가 있을 수 있다. 따라서 이런 방식이 해결을 도출해 내지 못한다면 당사자들은 법정 선정전에 자신들의 분쟁이 중재에 의해 해결되던지 아니면 소송에 의해 해결되던지 해야 함을 알게 될 것이다. 이런 경우에 1998년 ICC의 중재규정은 이런 경우에 대비한 규정으로 중재의 경우에 공정과 형평을 보장하고 집행가능 중재판정을 도출해 줄 수 있는 ICC 중재 법정이 중재재판을 관할하게 하고 있다.

2) 중재 판정의 관할권 문제

계약을 협상할 때 동일한 협상 지위를 가진 당사자들이라면 타방의 국가에서 분쟁해결이나 그 나라의 법을 준거법으로 함을 합의함으로써 타방에서 혜택을 줄려고 하지 아니함이 일반적이다. 따라서 이런 경우 당사자들은 제3자의 방법에 의한 해결을 원할 것이며, 이런 경우 당사자들이 중재를 선정할 경우, 그들은 ICC 중재 법정과 같은 다양한 중재제도의 규정에 따라 분쟁해결을 허용함으로써 이런 선택을 쉽게 피할 수 있다.

물론 당사자들이 중재장소를 규정하지 아니한 경우 ICC 중재 규정 14조에 의해 ICC 법정이 중재장소가 된다. 그리고 당사자들이 준거법을 선정하지 아니한 경우 중재판정은 14조 1항의 규정에 따라 중재판정이 적절하다고 결정하는 법의 규정을 적용하게 된다.

물론 ICC 매매서식 일반조건 14조가 ICC 중재를 언급하고 있다해도 특수조건 15조는 기타 중재의 종류나 대안으로 지정된 법정에서의 소송을 명시할 기회를 당사자들에게 역시 제의 하고 있다.

3) 중재와 소송의 대안 ADR

모든 가능한 노력으로도 실패할 경우 중재와 법정에서의 소송이 분쟁해결을 위한 방법으로 간주되어야 한다.

비록 중재가 중재절차 기간동안 보안을 제공하고 하급법정의 결정이 상급법정에 항소되는 경우 판정을 취득하는데 소송보다 빠르고 보다 신뢰할 만한 방법을 제공하고 있다해도 중재도 비용이 들고 귀찮은 절차가 될 수도 있다. 근년에 와서 분쟁해결의 대안방법으로 보다 적은 비용과 보다 단순한 방법으로 당사자들에게 판정을 얻게 하는 소위 ADR의 활용이 확대되고 있다.

일방 당사자의 기회를 모든 적절한 증거를 사용함으로써 자신의 입장을 완전히 제공하는데 제한하는 분쟁해결절차의 단순함은 판정의 정확성에 관한 불확실성을 낳을 수 있음이 사실이다. 그러나 현실적으로 패패한 당사자는 어떤 경우에도 자신이 패한 이유를 거의 이해하지 못한다. 따라서 최대의 확실성과 최대의 단순성 간의 선택이 종종 ADR를 선택하게 된다.

4) 중재언급 명시의 필요성

중재합의는 명시적이어야 하며 중재규정의 명시가 분명하고 특정한 것이어야 한다. 따라서 다음과 같은 중재조항이 ICC에 의해 추천되고 있다.

"현 계약으로부터 또는 관련하여 발생하는 모든 분쟁은 ICC중재규정에 따라 지명된 1인 이상의 중재인에 의해 ICC중재규정에 따라 최종적으로 해결된다."[37]

37) J. Ramberg, *op, cit,.* pp.17-46.

CHAPTER 03

Incoterms® 2010 Rules의 개정동기와 특징

Incoterms® 2010

1. Incoterms® 2010 rules의 개정동기

Incoterms를 개정할 때마다 다양한 국가에서 이루어지고 있는 기존의 거래조건을 현재의 관행에 반영하려고 해도, 너무 다양하여 공동해석을 부여한다는 것이 불가능하다. 따라서 다양한 각국의 무역관행이 분명히 고려되었다 하더라도 실질적인 거래관행을 반드시 반영하지 못하므로 정규적으로 개정되거나 수정이 되고 있다.[1)]

1936년 ICC에 의해 Incoterms 규정이 탄생한 이래 세계적으로 인정되어온 인도에 관한 계약표준규정으로서의 Incoterms는 세계무역발전과 보조를 맞추어 규칙적으로 개정되어 왔다. Ramberg교수는 Incoterms rules의 10년 주기 개정표현은 잘못된 표현이라고 지적[2)]하고 있지만 1936년에 제정된 이래 1957년, 1967년, 1976년에 개정되었으나, 이때의 개정은 부분개정이었고, 전폭적인 개정은 1980년부터 10년을 주기로 정기적으로 개정되고 있다고 볼 수 있다. 이는 당대의 상관행의 반영은 특수한 경우를 제외하고 10년 정도의 변화를 반영하여 다음 10년을 대비하는 것이 바람직하다는 상인들의 입장 반영이자, Incoterms와 더불어 ICC의 대표적 매매관습 규정인 UCP의 10주기 변경과 보조를 맞추어 매매의 주요한 양 국제규칙의 시대반영에 대한 국제상인들의 기대와 더불어 통일된 국제인식을 갖게 하려는 ICC의 입장 반영으로 볼 수 있다. 이러한 입장에 따라 2010년에 개정이 완료되어 2011년 1월 1일부터 효력을 발휘하게 되는 Incoterms 2010규정의 개정동기는 다음과 같다.

이국간 협정이 FTA, 다자간 협정인 WTO, 지역간 협정 등을 통해 그 속도가 빨라지고 있는 비관세지대의 지속적인 확대, 국제상거래에 있어 전자통신의 사용증대, 대량 내지는 컨테이너 물품의 이동에 따른 보안에 대한 관심고조, 운송관행의

1) H. V., Houtte, *The Law of Int'l Trade Law*, Sweet & Maxwell, 1995, p.150

2) J. Ramberg, *ICC Guide to Incoterms® 2010 rules*, ICC Service Publication, p.8

변화 등을 고려하여 규정에 반영하기 위하여, 13개의 정형조건으로 규정된 Incoterms 2000을 11개의 정형거래조건으로 감소시킴과 동시에 수출지든 수입지든 관계없이 "인도"규정을 강화하고, 전 규정의 단순화와 분명화를 도모하기 위하여, 종래 남성중심의 매도인과 매수인의 개념을 여성도, 기업도 매도인이나 매수인이 될 수 있다는 견지에서 Incoterms 1963이래 처음으로 성의 중립표현으로 "it"을 사용하기 위하여 Incoterms 2000이 개정되어 Incoterms 2010이 되었다.

2. 특징

1) 분류방식의 변경과 의무의 구분

(1) 분류방식의 변경

Incoterms 2000의 경우 서문을 통해 Group E, Departure: EXW, Group F, Main Carriage unpaid: FCA, FAS, FOB, Group C, Main Carriage paid: CFR, CIF, CPT, CIP, Group D, Arrival: DAF, DES, DEQ, DDU, DDP로 분류 하였다. 다시 말해서 Incoterms 2000은 매도인과 매수인의 책임관계, 즉 인도와 관련한 각종 허가들과 같은 의무와 인도에 따른 위험과 비용의 부담정도에 따라 매도인의 책임최소와 매수인의 최대에서 그 반대에 이르기까지를 기준으로 하여 4개의 그룹, 즉 E, F, C, D-Group(terms)로 구분하였다. 그러나 "Incoterms® 2010의 주요한 특징" 가운데 하나로 "11개 Incoterms의 분류"에 의하면 종전 Incoterms 2000의 분류방법이 11개로 구성된 Incoterms® 2010 가운데 어느 조건을 사용할 것인가를 결정할 때 특별히 매우 중요한 개정 동기를 언급하면서도 종전 분류를 외면하고, Incoterms® 2010을 두 개의 그룹으로 분류하였다.

첫째 분류가 운송형태에 관계없이 사용될 수 있는 규정(Rules for Any Mode or Modes of Transport)으로 수출지든지, 수입지든 관계없이, 지정된 지점이나 장소에서 운송형태에 관계없이 "인도(delivered)"하는데 초점을 둔 EXW, FCA, CPT, CIP, DAT, DAP, DDP 7개 규정이고, Incoterms1936 제정의 근간이었던 전통적인 해로 · 수로 전용규정(Rules for Sea and Interned Waterway Transport)으로 FAS, FOB, CFR, CIF 4개 조건을 두 번째 그룹으로 분류하였다.

특히 일체의 운송형태에 사용가능한 조건의 경우 물품의 인도지점이나 터미널 또는 운송되는 지점이 본선난간 이전이거나 두 지점 모두 본선난간 이전인 경우 선박이 운송의 일부를 구성할 경우에도 사용가능하며, 사용되는 운송수단은 하나 또는 그 이상이라도 관계가 없고, 사용되는 운송수단 역시 관계없이 사용되어질 수 있다.

반면에 전통적인 해상전용조건들인 FAS, FOB, CFR, CIF는 물품의 인도시점과 운송되는 장소가 반드시 항구여야 하며, 운송편이 해상이나 내수로 편이냐는 관계없다.

이렇게 볼 때 이러한 분류는 운송되는 물품의 컨테이너화와 운송수단과 운송기법의 발달과 운송서비스 발달에 따른 적용을 위한 분류가 첫 번째 분류이고, 두 번째 분류는 선박을 중심한 전통적인 상품매매에 해당하는 분류로 양분시키고 있는 것이 인도에 따른 단계별 책임중심의 과거 분류방식과 다른 점이다.

FAS의 경우 물품의 인도지점과 운송지점이 본선난간 이전이기에 운송형태에 관계없이 적용 가능한 조건에 해당할 수 있으나 해상이나 내수로 편으로만 운송되는 조건이기에 해상전용조건에 해당함을 유의해야 한다.

그러나 11개 규정 전체를 보면 인도와 관련하여 발생하는 의무, 위험, 비용을 중심으로 매도인의 최소의무이자 매수인의 최대의무인 EXW와 그 반대인 매도인의 최대의무이자 매수인의 최소의무인 DDP를 양극단의 축으로 하고 있으며, 그 사이에 9개의 정형거래 규정 역시 수출입허가의무, 위험, 비용을 중심으로 운송형태에 따라 다양하게 존재하고 있음을 알 수 있다.

특히 과거 D-terms 가운데 DAF, DES, DEQ, DDU를 인도지점이 국경, 도착한 선박의 선상, 도착한 부두, 도착지 항의 합의한 지점 등으로 각각 다를 뿐 적용되는 의무에 있어 예컨대 수입허가는 모두 매수인 부담이요, 운송계약은 매도인 부담으로 하고 있어 차이가 없으므로 DAP로 통합함이 아주 이상적이요 상인들에게 편리를 줄 수 있는 조건이었으나 DEQ가 2차 초안에서 다시 별도로 등장한 것은 해상전용조건으로 선적지 계약조건인 FAS, FOB, CFR, CIF가 있는데 반하여 도착지 조건 가운데 해상전용조건이 하나도 없다는데서 그리고 FOB의 역경상의 조건인 DES보다 FAS의 역경상의 조건인 DEQ가 DES보다 현실적이라는 데서 비롯된 것 같았다. 그러나 최종초안에서 DEQ가 삭제되고, 모든 운송형태의 종착지인 터미널에서 인도하는 조건인 DAT가 추가되었다. 특히 위와 같은 분류를 함에 있어 Incoterms 2000의 경우 책임과 의무(수출입 허가의무에 관한 기능분담, 위험과 비용의 분담)을 중심으로 Group-E, Group-F, Group-C, Group-D중심으로 분류하였으나, Incoterms® 2010의 경우 Rules for Any Mode or Modes Transport로 EXW, FCA, CPT, CIP, DAT, DAP, DDP를 배정하고, Rules for Sea and Inland Waterway Transport로 FAS, FOB, CFR, CIF를 배정하고 있다. 다시 말해서 "일체의 운송형태의 적용을 위한 규정"과 "해상과 내수로 운송형태의 적용을 위한 규정"으로 표현하여 분류하고 있다. 이러한 분류에 따라 종전의 "Incoterms 2000"대신 "Incoterms® 2010 rules 또는 Incoterms Rules" 또는 "ICC Rules for the use of domestic and international trade terms"로 표현하고 있다. 지금까지 Incoterms에 대하여 서문상의 Incoterms 제정목적[3])을 보면 "a set of international rules for the interpretation of the most commonly used trade terms"로 표현하므로 Incoterms를 "international rules for the interpretation of trade terms"로 이해하여 왔다.

우리가 알고 있듯이 Incoterms는 International Commerce Terms[4])의 약자이다. 따라서 ICC의 Incoterms가 있을 수 있고, 미국의 Incoterms가 있을 수 있다.[5]) 그러나 ICC가 인정한 3개의 약어로 구성된 정형거래조건의 해석을 위한 국제규칙이라는 의미를 강조하기 위하여 Incoterms 다음에 개정년도 예컨대 "Incoterms® 2010"으로 표현하여 왔다. 이러한 역사성에서 보면 Incoterms® 2010의 경우 정형거래조건 자체가 규정을 명시하고 있으므로 정형거래조건의 해석원칙(규정)인 "international rules for the interpretation of trade terms"는 바로 Incoterms® 2010을 의미하는 것이어야 한다. 더 정확하게 말하면 Incoterms® 2010은 바로 "ICC officinal rules for interpretation of trade terms 2010" 또는 "International rules for the interpretation of trade terms 2010"이 된다. 이러한 Incoterms® 2010의 의미를 보다 분명히 하기 위하여 "Incoterms® 2010 rules" 또는 "Incoterms rules"로 표현하고 있다. 그러나 주의할 것은 Incoterms® 2010의 경우 종전과 달리 국내외거래적용을 위해 공식명칭을 "ICC official rules for the use of domestic and international trade terms"로 표현하고 있고, 분류에 있어서도 "Rules for Any Mode and Modes of Transport"와 "Rules For Sea and Inland Waterway Transport"로 표현하고, 안내문에도 과거 "This term" 대신 "This rule"로 표현하므로 Incoterms® 2010의 경우 trade terms 또는 terms라는 용어가 사라졌다. 이는 11개의 국내외거래 적용을 위한 정형거래조건 자체가 지금까지와 같이 의미가 부여된 단순한 정형거래조건으로 보는 것이 아니고 당사자들간의 일련의 의무를 부과하고 있는 규정, 즉 권리 · 의무의 유형으로 보고 있다는 것이다. 이렇게 하므로 Incoterms® 2010을 명실상부한 국제규칙으로서의 국제적 위상을 제고하려는 의도가 있는 것 같다. 그러나 공식명칭을 지금까지와는 달리 "ICC official rules for the use of domestic and international trade terms"로 하고 약칭도 "Incoterms® 2010"로 표시함과 동시에 "Incoterms" 상표의 정확한 사용을 위해 다음과 같이 여섯 가지 원칙을 제시하고 있다.

① "Incoterms"상표는 ICC의 Incoterms® rules와 ICC로부터 이루어지는 기타

3) Incoterms 1990, Introduction, purpose of incoterms., Incoterms 2000, Introduction, purpose of incoterms.

4) J. Ramberg, *Guide to Incoterms 1990*, ICC Service Publication S. A., p.8.

5) 이러한 추정은 "synopsis of usage rules for the trademark "Incoterms"를 통해서도 가능하다." (J. Ramberg, *op, cit.*, p.213).

Incoterms® 제작물 및 서비스와 관련된 것에만 사용해야 한다.

② "Incoterms"는 명사가 아닌 형용사로 사용해야 한다.

③ "Incoterms"의 경우 반드시 첫 글자는 대문자를 사용해야 한다.

④ "s"가 없는 "Incoterms"를 사용해서는 아니 된다. 개별정형거래조건은 "Incoterms" 대신에 "Incoterms® rule"로 사용해야 한다.

⑤ "Incoterms"상표 다음에 등록된 상표표시인 ®을 사용해야 한다.

⑥ ICC에 기인하지 아니하는 제작물 및 서비스와 관련하여 상표인 "Incoterms"를 사용하고자 할 경우 반드시 ICC의 허가를 득해야 한다.[6]

이렇게 볼 때 Incoterms® 2010의 출발로 지금까지의 Incoterms와는 다른 느낌, 즉 Incoterms의 역사성이 단절되고 새로운 국내 · 외거래 적용되는 rules가 탄생한 느낌이다.

(2) 지급속성상 의무의 구분 명시

C-terms가운데 가장 많이 사용되는 조건 가운데 하나인 CIF의 경우 CIF계약의 본질적 특징을 들면, 이 계약 하에서 인도란 현실의 물품인도가 아니고 선적서류의 인도를 의미하는 것이다. 그리고 물품의 인도와 동시에 대금을 지급해야 하는 동시이행조건(concurrent conditions)이 아니라 선적서류제공 전에 물품을 선적하고 그 후에 선적을 입증하는 선적서류에 의하여 대금이 결제되어야 하는 이행정지조건(precedent condition)[7]을 전제로 한 계약이다. 따라서 CIF계약 하에서 매수인이 요구할 수 있는 것은 선적서류의 인도이다. 반면에 매도인의 입장에선 선적서류를 인도하면 계약상의 의무이행이 된다. 따라서 매수인은 선적서류의 인도를 거부하고 현물을 요구할 수 없고, 매도인도 선적서류를 유보하고 현물을 제공할 수 없다. CIF 계약에서 매수인은 선적서류가 제시될 때 만약 서류가 완전하다면 물품이 매수인지정의 목적항에 도착해 있건 없건 관계없이 대금을 지불할 의무가 있다. 따라서 매수인은 대금지불 전에 현품의 검사를 주장할 수 없지만, 그렇다고 해서 후일 현품을 검사해서 계약에 일치하지 않음을 발견할 경우 물품의 인수를 거절한다든지 손해배상을 청구할 권리를 방해하는 것은 아니다. 이러한 서류거래로서의 CIF의 특징에 관해 Schmitthoff교수는 "CIF계약에 있어서 서류의 거절권과 물품의 거절권은 구분된다."[8]고 주장하고 있으며, 이를 뒷받침이라도 하듯이 Kwei Tek Chao v. British Traders and Shippers Ltd[9] 사건에서 Devlin J는 "대금지급으로 매수

6) *Ibid.*

7) A. G. Guest, *Benjamin's Sale of Goods*, 2nd ed., 1981, §1252.

8) C. M. Schmitthoff, *Export Trade*, 9th ed., 1996, pp.40-41.

9) [1954] 2 Q.B. 459, 48.

인의 서류거절권은 종료되고, 대금을 지급함으로써 물품의 검사권이 생겨 물품을 검사하여 하자가 있으면 물품의 거절권을 행사할 수 있다."고 주장하고 있다.

그리고 C-terms외의 조건들 가운데 많이 사용되는 조건의 하나인 FOB의 경우 영국의 FOB에서 그 역사적 근거를 찾을 수 있다. 영국의 경우 매수인이 지정한 운송수단에 물리적 인도 시에 대금을 지급해야 하는 동시이행조건인 고유 FOB(strict FOB)의 개념만으로는 국내거래에는 가능하나 국제간의 직접거래에 적용이 어렵다. 따라서 고유 FOB하의 매수인의 의무를 매도인에게 이전시키되 이전의 범위는 당사자들의 합의 사항이다. 그러나 이러한 수정 목적이 직접거래가 가능케 하려는 의도에서 수정되는 것이므로 고유 FOB하의 매수인 의무인 하송인과 수출자의 의무를 매도인에게 넘길 때 비로소 이것이 가능하다. 이러한 변형이 고유 FOB에 관한 영국의 기본변형이며, 그 외도 수 없는 변형이 가능한 바,[10] 이러한 변형이 미국의 개정미국정의에 그대로 반영되어 있으며, 사실 미국 개정미국정의 상의 ⑥번째 FOB의 경우 오늘날 DDP의 기원이 되었다고 볼 수 있고, ⑤번째의 FOB가 영국의 수정 FOB의 기본형태와 유사하다고 말할 수 있으며, 이들에 근거하여 제정된 것이 Incoterms FOB라고 추정할 수 있다. 따라서 영국의 기본 수정 FOB와 미국 개정미국무역정의상의 ⑤번째 FOB 그리고 Incoterms의 FOB가 기본적으로 같다고 할 수 있다. 이러한 변형은 서류거래를 위한 것이라 할 수 있다. 이러한 CIF의 특징과 FOB의 역사적 과정을 잘 반영한 규정이 CIF와 FOB의 A.8의 규정이라 할 수 있다. 다른 조건들도 이와 유사하게 설명될 수 있으며, 동시에 전 Incoterms를 원칙적으로 동시이행조건과 이행정지조건으로 대별할 수 있고, 이 경우 E, F, D-terms를 COD(cash on delivery)거래, C-terms를 CAD(cash against document or net cash[11])거래라 할 수 있다[12]. 이러한 사실은 전 Incoterms의 A.8 와 B.8(proof of delivery, transport document, or equivalent electronic message), A.4(delivery)와 B.4(taking delivery)를 통해 분명해지고 있다고 볼 수 있었다.

예컨대 FOB 와 FCA의 경우 A.8의 1절의 경우는 COD거래를 위해서, 2절의 경우는 CAD거래를 위해 구분하여 규정하고 있고, 1절의 경우 필수 서류의 제공의무

---

10) Treitel과 Schmitthoff는 Sassoon교수와는 달리 더 세분하여 분류하고 있으나 근본적으로 고유 FOB외는 일종의 수정형태로 Sassoon의 분류에 따른 수정 FOB의 보편적 유형을 제시하고 있는데 불과하다고 볼 수 있다.(A.G. Guest, *op. cit.,* pp.956-7; C. M. Schmitthoff, *op. cit.*, pp.292-5).

11) D. M. Sassoon, *CIF and FOB Contracts*, Stevent & Sons, 1975, p.4

12) 이러한 근거로 이 분야의 최고의 권위자인 Sassoon교수와 Schmitthoff교수 Treitel교수의 저서를 통해 추정할 수 있다.(D. M. Sassoon, *op, cit.*, pp.2, 263, 289, 297, 311-3, 399; C. M. Schmitthoff, *Export Trade,* 7th ed., 1980, pp.21, 34; A. G. Guest, *Benjamin's Sale of Goods*, Sweet Maxwell, 1981, p.890).

로 provide를, 2절의 경우 협조 서류의 제공의무로 render를 각각 사용함으로써, 동 거래의 고유한 의미와 신용장 등에 의한 현대 국제거래에의 적용을 위한 의미로 구분하고 있다. 반면에 CIF와 CIP A.8을 통해 처음부터 고유한 의미건 신용장 등에 의한 현대적 국제거래에의 적용을 위한 의미건 관계없이 CAD거래를 규정하고 필수 서류의 책임소재가 분명이 다르나 반드시 협조내지 제공해야 한다는 의미에서 "provide"로 통일하고 있으나, 제공의 의미인 "provide"를 사용하고 있었다.

Incoterms® 2010의 경우 제공의무와 관련한 필수제공의무와 협조제공의무가 구분됨을 보다 분명히 하기위해 정보협조와 관련비용 규정인 A.10과 B.10을 통해 provide와 render를 구분하여 표시하고 있다[13].

이러한 사실은 논자가 그동안 줄기차게 주장해온 A.8, B.8, A.4, B.4를 중심으로 근본적으로 인도규정(조건)인 Incoterms® 2010을 인도에 따라 필수적으로 수반하는 대금지급과 관련시켜 지급속성상의 분류로 전Incoterms를 COD거래와 CAD거래로 분류할 수 있다는 주장의 간접적인 인정으로 볼 수 있다.

이러한 논자의 주장의 정당성은 Incoterms® 2010을 Incoterms 2000과 달리 Group Ⅰ과 Group Ⅱ로 나누기도 하고, Category E, F, C, D로도 분류한 후, 이는 다양한 정형거래 조건의 기본적인 의미를 이해하고 가장 적절한 선택을 상인들에게 하기 위한 것이라는 Ramberg교수의 주장[14]을 통해서 입증할 수도 있다.

3. 규정의 재정비

1) 기본원칙 규정의 재정비

Incoterms는 거래관습의 실태조사를 하여 최대공약수적인 확인 상항에 근거해서 국제상업회의소에서 인도에 관한 거래관습의 해석기준으로서 만든 것이다. 따라서 최대공약수적 상관행[15](The greatest common measures of practice, the most common commercial practice)인 Incoterms는 인도에 관한한 가장 기본적인 당사자들의 의무만을 규정하고 있다. 이러한 현상은 규정을 통해 알 수 있다. 예컨대 매도인의 부

---

13) 오세창, 「국제상관습론」, 계명대학교 출판부, 2002, pp.77-8; 보다 상세한 내용은 FCA A.8의 해설부분 참조.

14) J. Ramberg. *op. cit.*, p.49.

15) Incoterms 2010의 규정을 통해 Incoterms가 최대 상관습규정임을 입증하는 표현들이 많이 있는바, 예컨대 CPT나 CIP A.8상의 "if customary or at the buyer's request"와 CFR이나 CIF A.8상의 "without delay"와 같은 표현 또는 FCA, CPT, CIP A.10상의 "and/or"의 표현과 FOB, CFR, CIF A.10상의 "and" 표현 그리고 비용과 관련한 cost, expense, charge 등을 들 수 있다.

보의무인 CIF와 CIP의 경우 부보조건을 최저조건인 「C」로 하고 있다.

이렇게 하는 데에는 다음과 같은 이유가 있다.

첫째로 어떤 나라들은 자국의 수출자들에게 국내보험업의 육성을 위해 국내보험업자와 보험계약을 체결토록 정책적으로 요구할 수 있다. 그런데 국가 정책이니까 이해할 수 있다 해도, 이런 보험회사들 가운데 어떤 회사들은 국제사회에서의 그 신뢰가 떨어지므로 인해 당사자들은 보다 신뢰할 수 있는 보험회사로부터의 부보를 원할 수 있다. 이런 경우 최저부보의무는 매도인으로 하여금 만족스럽지 못한 보험회사와의 거래에 따라 지출되는 보험금액을 최소화 할 수 있다. 둘째로 물품이 가끔 운송 중에 매각되는 경우가 있으며, 이런 경우 후속매수인은 자신들이 원하는 보험회사와 계약을 체결하길 원할 수 있으며, 이로 인해 구입대금에 포함되는 보험금액을 가능한 한 최소화시키길 원할 수 있다. 셋째로 Incoterms의 규정이 최대공약수적인 상관행[16]이자 널지 보급되는 국제무역관행[17]인 자율규제로 상인들의 편의를 위한 규정[18]임을 생각한다면 누구에게나 적용될 수 있는 보편적인 규정이 되려면 그 규정의 성격 자체가 최소한의 의무를 규정해야 한다. 사실 Incoterms의 규정들이 이러한 원칙을 준수하고 있다. 그런데 보험계약에 관한 한 최대한의 의무를 규정한다면 Incoterms의 제정취지와 취지에 따라 규정된 기타 규정들과 모순한다. 따라서 보험계약에 의한 보험부보도 최소한이라야 한다.[19] 특히 이번에 개정된 CIF의 A.3 b)에 의하면, 보험개시와 종기에 관해 늦어도 인도시점시 개시 되어야 하며 최종도착지 항구에 도착할 때의 기간을 종기로 하고 있어 Incoterms가 국제무역에 있어 인도에 관한한 가장 기본적인 당사자들의 의무에 관한 규정임을 재설명 하고 있다.

2) 변형 불용납과 대안제시

Incoterms 2000 EXW, FAS, DAF, DEQ, DDU, DDP의 전문에 의하면 일종의 변형을 허용하고 있었다. 국제간의 거래의 경우 Incoterms 상의 당사자들의 의무만으로는 부족하여 별도로 추가하고 싶을 수 있는 경우가 있을 수 있으나, Incoterms 서문[20]을 통해 추가내용해석을 위한 아무런 지침을 주고 있지 아니함을 강조하면서 조건에 따라서 전문을 통해 대안을 제시하고 있었다. 이는 사실상 변형을 금지하

16) Incoterms 1953, Basis of Revision, b), Incoterms 2000, Introduction, 11. Variants of Incoterms.
17) G. Jimenez, *op. cit.*, p.74.
18) Indira Carr, *op. cit.*, p.1.
19) 오세창, 「Incoterms 2000의 실무적 해설」, 삼영사, 2007, p.67-68.
20) Incoterms 2000, Introduction, 11. Variants of Incoterms.

는 것이 아니라 허용하면서 다만 다양한 변형에 대비한 해석지침이 없다는 것이며 이에 대한 대안을 제시한 바 있다.[21)]

Incoterms® 2010은 서문에도 불구하고 일체의 변형 가능성을 금지하고 대안만을 제시하고 있다. 이는 Incoterms 자체가 국제상거래에 따른 물품인도시에 적용되는 최소한의 의무규정인데 Incoterms 2000과 같이 변형과 대안을 동시에 인정하거나 제시하면 Incoterms의 제정자체가 의미가 없기 때문이다. 그러나 당사자들이 자신의 계약서상에 인도와 관련하여 선택한 Incoterm에 추가하여 의무를 합의할 수 있다. 그러나 이는 전적으로 자신들이 해결해야할 문제이지 선택된 Incoterm의 해석의 문제가 아니다.

그러나 원칙적으로 Incoterms® 2010과 같이 변형금지와 대안의 제시는 Incoterms의 권위를 재고함과 동시에 당사자들간의 계약의 중요성을 다시 한번 강조하는 계기가 된 것으로 알 수 있다.

3) 엄격한 충당개념 도입

"appropriation", 즉 충당은 영국의 Sassoon에 의하면 "appropriation is the act whereby the goods are attached to the contract(충당은 물품을 계약에 귀속시키는 행위이다[22)])"의 의미를 지닌다. UCC에 의하면 "충당(identification)은 현물이 계약에 언급되고 있고 물품으로 지명되거나 합의되는 때 일어나는 의미로, 매매당사자들은 충당에 반드시 참여할 필요가 없으며 매도인에 의한 충당만으로 충분하다. 충당은 일단 물품이 매도인에 의해 매수인에게 인도된다면 충당은 반드시 일어나기 때문에 매도인의 점유하에 여전히 물품이 있어야 함이 필수적이다.[23)]"라고 규정하고 있다. Kritzer는 "매도인이 선적시나 선적전 매수인의 주소나 이름과 함께 하인을 하거나 매수인을 하수인이나 물품의 도착시의 착화통지처로서 명시한 선적서류를 확보하거나 기타방법에 의하여 계약에 확인시키는 행위를 충당(identification)행위[24)]"로 보고 있다. Atiyha는 "선적을 포함한 인도 혹은 선적서류 인도시점이 충당(appropriation)의 개념이 되나 실제로는 선적을 포함한 물품의 인도가 충당이 됨이 일반적이다.[25)]"라고 주장하고 있으며, Williston은 "다른것을 배제하는 것과 특수한 목적을 위해 따로 떼어두는 것을 충당의 개념으로 보고 있다[26)]." Ramberg교수는

---

21) 이러한 원칙에도 불구하고 예컨대 DES는 변형을 금하고 대안을 제시하면서 동일한 해상전용조건인 DEQ의 경우 변형을 허용하고 동시에 대안을 제시하는 모순이 있었다.

22) D. M, Sassoon, *CIF and FOB Contracts*, 2nd ed., 1975, pp.206, 423, 207, 253.

23) UCC, §2-501:5.

24) A. H. Kritzer, *Guide to Practical Application of CISG*, 1991, p.32.

25) P. S. Atiyha, John N. Adams, Hector Macqueen, *The Sale of Goods*, Pearson, 2005. p.323.

"하인이 이루어지고 수하인이 지명되는 운송을 위해 물품이 준비되는 순간"을 충당으로 보고 있다[27].

이렇게 볼 때 충당의 범위는 불특정물품의 경우 계약물품으로 지명에서 타물품과의 분리, 즉 구분, 포장, 국내운송, 선측인도, 선적, 선적서류제공, 선적통지까지가 충당의 범위에 들어가는 충당행위로 볼 수 있다. 따라서 충당의 법적인 표현이 appropriation 또는 identification이고, set aside는 appropriate와 identify와 동일한 의미의 또 다른 표현이다. 그러나 엄격하게 말하면 appropriate는 인도 등을 통해 계약에 충당, set aside는 타 화물과의 구분, identify는 인도 등을 통해 계약물품으로 확인의 의미이나 동일 의미의 상이한 표현으로 볼 수 있는바, 이들의 거듭 표현은 대전제원칙의 핵심인 충당의 중요성을 강조하기보다는 충당의 개념을 확대함으로써 매도인에게 융통성, 예컨대 매도인의 창고나 기타장소에 장치되어 있으나 수출물품으로 타화물과의 분명한 구분이 되어 있는 경우와 운송인이나 매수인에게 인도한 경우를 모두 포함하는 그러한 여유를 주려는 것으로 볼 수 있다.

Incoterms 2000의 경우 B.5와 B.6상에 "… provided, however, that the goods have been duly appropriated to the contract, that is to say, clearly set aside or otherwise identified as the contract goods"와 같이 규정되어 계약물품으로의 충당, 즉 이행의 범위를 확대하려는 저의가 있었다. 그러나 Incoterms® 2010의 3차 초안까지만 해도 B.5상에는 "provided the goods have been set aside or otherwise clearly identified as the contract goods"로 B.6상에 "the goods have been clearly identified as the contract goods"로 표시하므로 표현의 단순화가 아니고, 규정의 통일시 필요한 그러면서 충당의 범위자체를 제한하고 있다고 볼 수 있었다. 그러나 최종초안에서 B.5와 B.6와 관련한 충당의 개념에 있어 3차 초안 B.6상의 표현으로 통일함으로써 융통성의 개념에서 엄격한 충당개념으로 전환하였다. 다시 말해서 충당개념을 확대함으로써 매도인에게 융통성 예컨대, 매도인의 창고나 기타장소에 장치되어 있으나 수출물품으로 타화물과의 구분이 되어있는 경우와 운송인이나 매수인에게 인도한 경우를 모두 포함하는 그런 개념이 아닌 B.5, B.6상의 충당개념은 엄격한 충당 개념을 도입하고 있다.

이러한 제한은 Incoterms 2000과 같은 확대의 의미의 해석상의 차이로 인한 오해와 이에 대한 분쟁의 소지가 커 그 의미를 제한하므로 단순화하여 해석상의 오해의 소지를 없애려는 의도가 아닌가 생각된다.

---

26) S. Williston, *The Law Governing Sales of Goods at Common Law and under the USA*, Revised ed., Baker, Voorhis & Co. Inc., 1948. 어떤 의미에선 Incoterms 2000까지 충당의 표현으로 B.5, B.6상의 표현은 이러한 학자들의 주장의 수용규정으로 볼 수 있으며, 특히 "… clearly set aside …"의 표현은 Williston교수의 충당의 개념에 뿌리를 두고 있다고 볼 수 있다.

27) J. Ramberg. *op, cit.*, p.36.

4) 규정의 통일화 · 명확화 · 단순화 · 체계화 · 국제화

Incoterms의 개정시마다 규정의 통폐합이나 명확화, 단순화, 체계화, 그리고 국제화가 이루어져온 것이 사실이다.

Incoterms® 2010의 경우도 Incoterms 2000규정 가운데 여러 부분에서 이러한 작업이 이루어져 Incoterms의 형식이 점차 국제통일규칙으로서의 위치를 재고하고 있다. 예컨대 Incoterms 2000 A.10에 규정되어 있던 보험정보의 규정은 보험부보에 관한 의무규정인 A.3 b)에 통합시켰다. 그리고 전 Incoterms A.1과 A.8에 명시되어 있던 EDI에 관한 규정을 매도인의 총칙의무규정인 A.1에 유엔 전자통신협약 8조와 9조에 일치하는 표현을 규정한 일, CAD거래임에도 불구하고 A.8의 규정을 보면 같은 서류거래인데 CFR과 CIF와 같이 서류거래이자 이들의 발전 형태로서 선하증권에 관한 규정을 하면서 CFR과 CIF에서 규정하고 있는 선하증권의 구비요건이 CPT와 CIP상에는 Incoterms 1990에서와 같이 없었다. 그리고 같은 서류거래인데 CFR과 CIF상의 서류표현과 CPT와 CIP상의 서류거래 표현이 다르다.[28] 이에 대하여 이의를 제시하였는바, Incoterms® 2010의 경우 A.8의 내용을 통일하였다. 특히 많은 논란이 되어온 FOB위험이전에 관해 3차 초안상의 FOB 안내문상에 규정과 모순되는 표현이 있었으나 안내문 A.4, A.5, A.6의 내용이 통일되어 본선에 인도를 기준하고 있었다. 그러나 최종초안의 경우 안내문의 표현을 규정과 같이 통일시켰다. Incoterms 2000의 경우 위험과 비용은 본선난간통과를 기준하고, 안내문과 A.4는 본선상에 인도를 기준하고 있어 COD의 경우 이행 시에 위험과 비용이 이전하는 대원칙의 예외가 존재하였으나 Incoterms® 2010은 통일을 기하였다.

Incoterms 2000상의 A.2, B.2, A.3, B.3상의 "해당의무 없음" 인도에 관한 계약규정임을 보다 분명히 하기 위하여 그리고 계약규정으로서의 국제규정에 손색이 없을 정도로 Incoterms® 2010은 "누가 누구에게 무엇을 할 의무가 없다"는 형식으로 책임소재를 보다 분명히 하였다. Incoterms 2000의 경우 seller와 buyer의 대명사로 him을 사용하였으나 seller나 buyer가 he도 she도 될 수 있기에 중성인 "it"으로 변경한 것 등 규정을 보다 명확히 하려는 시도로 볼 수 있다.

Incoterms 2000 A.8의 경우 각 조건에 맞는 운송서류를 총 나열하였다. 그러나 3차 초안부터 "운송서류"로 단순화 시켰다. 이는 지난 10년간 각 조건에 따른 운송서류에 대한 인식이 보급된 점과 UCP를 통해 다양한 운송서류의 수리를 인정하고 있어 상대적으로 운송서류의 중요성이 떨어진데 이유가 있거나 아니면 UCP상의 다양한 인정에 따른 운송서류를 모두 열거할 수 없어서 그럴지도 모르겠다. 아니

28) 오세창, "C-terms의 문제점과 개정방향", 무역학회지, 제26권 1호, 한국무역학회, 2001, p.62.

한가 생각된다. 그리고 예컨대 Incoterms 2000 DEQ의 B.2의 경우 "… customs formalities necessary for …"로 규정되었으나 3차 초안의 경우 "for"가 "necessary for"의 의미를 지니기에 "… customs formalities for …"로 단순화 되었다가 최종초안에서 DAT상에 그대로 반영되었다.

Incoterms 2000의 경우 예컨대 CIF와 CIP A.8의 표현이 상이하였으나 최종초안은 통일을 기하므로 체계화를 도모하였다.

특히 CPT, CIP, CFR 그리고 CIF의 경우 동 규정 다음에 도착지 장소나 항구의 표시로 그리고 운임을 매도인이 지급하기에 도착지 규정으로 착각할 수 있음을 방지하기 위하여 선적지 규정임을 분명히 안내문을 통해 하고 있다.

이외도 많은 규정에서 통일화, 명확화, 단순화, 체계화를 시도하고 있다.

특히 인도의 개념에 관해 Incoterms® 2010의 모법이라 할 수 있는 CISG와 처음으로 일원화를 시도하고 있다. CISG30조 매도인의 의무요약 규정에서 물품의 인도와 관련하여 "delivery"와 서류의 인도와 관련하여 "hand over"의 개념을, 31조 인도장소규정에서 인도의 개념을 "hand over", "placing the goods at the buyer's disposal"로, 34조 물품에 관한 서류에 관한 인도규정에서 인도의 개념을 "hand over"로 사용하고 있다. 결국 CISG상의 인도의 개념은 "hand over"와 "place the goods at the buyer's disposal"양 개념을 사용하고 있었다. 이에 비해 Incoterms 2000은 E, D-terms는 "place the goods at the buyer's disposal"을 인도의 개념으로, F, C-terms는 조건에 따라 다양한 "hand over"에 입각한 인도의 개념을 A.4에서 규정하고 있었다. CISG가 포괄적 인도의 개념이라면 Incoterms 2000은 포괄적 개념에 따른 다양한 개별적 인도개념을 사용하고 있었다. 그러나 Incoterms상에 "hand over"의 표현은 사용하지 아니하였다. 그러나 Incoterms® 2010의 경우 해상전용조건 전문은 물론이고 CPT와 CIP의 경우 Incoterms 2000상의 "… delivery" 용어대신 동 조건에 맞는 "hand over"의 개념을 A.4에서 처음으로 사용하고 있다.[29)] 즉 "… delivery the goods by handing them over to the carrier…"로 표현함으로 delivery의 개념을 "hand over"의 개념으로 보고 있다. 동 개념은 운송인의 관리 하에 물품을 인도하는 것이다. 다시 말해서 양 조건하에선 운송계약은 매도인이 운송인을 지명하고 계약을 체결함으로써 A.3에 따라 A.3에서 규정하고 있는 운송인, 즉 계속운송에 따른 최초의 운송인이건 단일 운송인에 의한 운송인이건 관계없이 A.3상의 운송인 또는 그를 대신하는 운송인에게 물품을 이들의 요구와 요구방법에 따라 인도하면 된다는 것이다. 따라서 A.3와 A.4상의 운송인 관계를 Incoterms 2000 A.3와

29) 오세창, "Incoterms 2011 초안상의 특징과 문제점", 경영경제, 계명대학교 산업경영연구소, 2009, p,13.

A.4처럼 운송인의 이원화의 개념이 아닌 단일의 운송인 개념, 즉 A.3와 A.4의 운송인이 단일의 책임 있는 운송인의 개념을 사용하고, 이들에게 이들의 요구와 방법에 따라 인도하면 된다는 것이다. 따라서 여기의 운송인의 개념은 국내운송, 주운송, 계속운송 구간에 관계없이 전 구간 책임을 지는 단일운송인으로 이해해야 한다. 각 규정에 맞는 인도의 개념과 인도방법을 규정하고 있는 다른 규정들과 같이 이들의 규정에 맞는 인도의 개념과 인도방법을 규정하고 있어 Incoterms 2000보다 진일보된 규정의 특성에 맞는 인도개념과 방법을 사용하고 있다.

저자는 이미 이런 취지로 표현의 변경을 주장한 바 있다.[30)]

특히 Incoterms 2000의 FOB, CFR, CIF의 경우 본선의 선적과 본선난간 통과의 개념을 적재와 위험, 비용의 분기점으로 사용하여 왔는바, 이들의 현대 조건이 FCA, CPT, CIP이다. 따라서 이론적으로 하면 FCA가 FOB를 CPT가 CFR을, CIP가 CIF를 포함할 수 있다는 주장을 차단하기 위하여 분류방법을 개정하여 별개인처럼 하고, FCA와 CPT, CIP의 인도방법이 같을 수 있다는 논란을 불식시키기 위해 FCA와 CPT의 A.4를 통해 인도방법의 차별화를 시도한 것 같다. 그러나 크게 보면 "hand over"의 개념인 것만은 사실이나 FCA는 합의 지점에 화물을 싣은 운송수단의 도착상태를 "hand over"의 개념으로, CPT는 운송인의 책임관리하에 인도를 "hand over"개념으로 보고 있다.

Incoterms 2000 B.5와 B.6와 달리 위험과 비용의 3대 이전원칙을 개조식으로 규정하므로서 명료화를 기하고 있다. 그리고 Incoterms 2000의 경우 특히 A.5, A.6의 경우 "… subject to the provision of B.5, …"로 규정되어 있었으나, Incoterms® 2010 A.5의 경우 "… with the exception of loss or damage in circumstances described in B.5"로, A.6의 경우 "…, other than those payable by the buyer as envisaged in B.6"로 규정하므로 A.5와 A.6규정의 성격에 맞는 구체적인 표현을 함으로써 보다 명확화를 시도하고 있다. 그러나 동일한 의미를 두고 A.5에는 "… they have been delivered in accordance with A.4. …"로 표현되었는가 하면 B.5에는 "… they have been delivered as envisaged in A.4"와 같이 표현되어 있다. 동일한 의미의 구체적이고 명확한 표현이라면 양 표현은 장차 발생할 수 있는 상황의 설명표현이므로 통일할 필요가 있다. 만약 다르다면 이를, 설명할 필요가 있다.

A.7통지의 경우도 종전과 달리 인도사실, 인수불이행사실, 수령준비를 위한 통지에 초점을 두고 통지시기, 방법, 내용 등에 대하여는 일체 언급이 없이 매우 단순화 시키고 있다.

---

30) 오세창, 상게서, p.13.

5) 포장과 보안통관의 중요성 강조와 포장규정의 단순화

Incoterms 2000 A.9의 내용과 1차, 2차, 3차 초안의 내용이 기본적으로 같다. 실제 Incoterms 2000 A.9규정과 1차, 2차 초안의 규정은 Incoterms2000 A.9 첫째 절상의 문법상의 문제가 있는 "… which are …"를 "… that are …"로, 그리고 둘째 절상의 표현 가운데 "… which is required for" 대신 "… required …"로 변경된 것 외는 같다. 그러나 3차 초안의 경우 첫째 절의 경우 상기 Incoterms2000의 규정 표현을 살리되 첫째 절상의 말미 표현으로 that에 연결된 "… for the purpose of placing the goods …"표현은 이미 A.4에 언급이 되어 있기에 그 동 표현을 피하면서 A.4의 규정 자체의 실현을 위해 필요한 검사 활동이어야 한다는 의미에서 동 표현 대신에 "… for the purpose delivery the goods in accordance with A.4"로 변경되었는바, 바람직한 변경이다.

둘째 절의 경우 Incoterms 2000 1차, 2차 초안상의 "… provide …packaging"의 표현 대신에 동일의미의 단순한 그러면서 포장의 의미는 강조하는 표현인 "… package the goods"로, 그리고 Incoterms 2000·1차, 2차 초안상의 "… for the transport of goods" 대신에 "… for the transport of goods arranged by it"로 변경하므로 물품의 운송이 누구에 의해 준비된 물품임을 강조하고 자신이 준비한 물품의 운송에 필요한 포장을 하도록 강조하는 표현을 하고 있으며, Incoterms2000의 1차, 2차 초안상의 "… to the extent that …" 대신에 "… where applicable for any subsequent transport to the effect that"으로 변경하므로 필요한 경우, 즉 어떤 운송 형태에도 적용가능한 조건의 경우나 운송중 전매를 허용하고 있는 해상전용조건의 경우에 있을 수 있는 후속 운송까지 염두에 두고 포장을 하도록 강조하고 있다.

따라서 "… arranged by it …"나 "… where applicable for the subsequent transport …"의 추가는 포장의 중요성과 포장의무를 새삼 강조하는 표현이라 할 수 있다.

그러나 최종초안의 경우 무포장 상태로 수출하는 경우를 제외하고는 동일적용을 위한 포장의 정의가 불가능함을 알고, 포장에 대하여 일반적인 정의만을 하고 물품에 따라 특수한 포장이 필요한 경우 매수인은 매도인에게 계약체결전에 요구하게 규정하므로 포장의 중요성 강조는 물론이고 탄력적 규정이 되게 하였다. 다시 말해서 종전 A.9규정을 통해 모든 활동의 통일적용을 위한 규정을 시도해 왔으나 사실 이것이 불가능한 것을 알고 무포장 상태로 포장하는 경우를 제외하고는 운송에 적합한 포장이라는 원론적인 포장의 정의를 하고, 특수한 포장이 필요한 경우 계약체결전에 매수인이 매도인에게 통지하게 함으로써 특수한 포장이 필요한 경우 그 중요성을 당사자들에게 일임시키고 포장의 일반적 성격만 규정하므로 포장규정의 단순화를 기도하였다고 볼 수 있다. 이렇게 규정한 또다른 이유를 제시한다면 Incoterms가 최저조건규정인데 포장만은 최대의 규정을 할 수 없기에 기본적인 규정만 한지 모르겠다.

이렇게 볼 때 포장으로 인한 분쟁 예방에 발전을 기하면서 A.4와 A.9의 관계를 연계 시키므로 규정간의 이해의 폭을 증대시키고 있다.

일체의 운송형태에 적용되는 조건들의 경우 대부분 컨테이너로 운송되고 있으며 대형컨테이너 수출과 수입의 경우 신속한 수출입통관을 위해 법에 따라 또는 운송계약이나 포장 등을 위해 수출입과 최종목적지까지 운송에 필요한, 그리고 테러에 대비한, 식품이나 공산품의 경우 사용재료에 따라 생명에 영향을 미치기에 이에 대비한 정보를 매도인은 필요하여 요구할 수 있기 때문에 A.10과 A.2, B.2를 통해 보안정보 및 보안통관을 Incoterms 2000과 달리 특별히 강조하고 있다.

6) 기적품의 규정화

다음 2부 연속매매에서도 설명하고 있듯이 전통적으로 CIF에서 가능하였던 기적품 거래를 Incoterms 2000 서문 9.3에 의하면 C-terms 가운데 CFR과 CIF로 확대하여 인정하여 왔으나 규정상에는 이에 상응하는 뚜렷한 규정 없이 위험이전에 관해서만 서문 9.3을 통해 CISG 68조를 원용하도록 하는 선에서 끝났었다.

이런 경우의 기적품거래는 기 선적된 물품 매각의 경우(예컨대 계약체결전에 선박사정으로 미리 선적한 경우, 원양어선상에서 생산된 제품 매각의 경우등)에 적용되는 거래로 이들도 CFR과 CIF의 거래의 대상이 됨을 전제하고 있다. 왜냐하면 서류거래이기 때문이다. 따라서 CIF거래의 경우 계약이 체결되지 않으므로 반송되는 기적품으로 매도인은 매매대상을 대체할 수 있다. 단, 동일 상품인 경우와 매수인이 합의한 경우에 한한다.

그러나 Incoterms® 2010에서는 상기와 같은 전통적인 기적품 거래를 확대하여 원유와 같은 일차상품의 운송중 이거나 운송을 위해 준비된 상태에서의 매각을 대비하여 CFR, CIF외에 FAS, FOB의 경우도 A.8의 둘째 규정에 의해 CAD거래가 가능하기에 안내문상의 안내와 A.4의 규정을 통해 인정하고 있다.

그러나 이런 경우 FOB, CFR, CIF의 경우 여전히 위험이전의 오해는 남아 CISG 규정의 원용내지 계약서상에 위험이전 시기에 관해 명시할 필요가 있다.

7) 역사적 유물(ship's rail)의 청산

Incoterms의 시작점인 FOB와 Incoterms의 근간이었던 조건이 CFR, CIF이었지만 FOB의 경우 전문상의 조건자체의 성격과 A.4 인도개념과는 달리 위험은 A.5에 따라 본선난간통과로 그리고 나머지 두 조건의 경우 여전히 A.4인도의 개념과 달리 위험은 A.5에 따라 본선난간통과로 되어 인도와 위험의 동반사실을 무시하고 상이하게 규정하므로 규정간의 모순이 제기되었을 뿐만 아니라 위험이전을 본선난간통과 완료의 개념을 도입시켜 규정하므로 위험이전과 관련한 수없는 논쟁이 제기된 것 또한 사실이다. 이러한 모순을 지적하여 논자는 논문과 저서를 통해 수없이 그 개정을 주장하여 왔는바, 3차 초안까지만 해도 안내문상에 A.4에 따른 인도개념과 본선난간통과의 개념을 동시에 언급하고 A.5에는 A.4에 따르도록 하고 있어 안내문상의 본선난간통과 위험이전 표현을 삭제토록 역시 주장한바 있다.

다행스럽게도 논자의 주장이 완전히 반영되어 그 수많은 기간동안 논쟁의 대상이 되어왔고 분쟁의 대상이 되어왔던 본선난간(ship's rail)[31]의 개념은 완전히 사라지고 A.4와 A.5의 개념에 근거한 안내문을 설명함으로써 이 용어는 세계무역박물관에 영구보존으로의 위치만 유지하게 되었다. 그럼에도 불구하고 Incoterms® 2010 서문 "Incoterms® 2010 rules의 주요한 특징" 2. classification of the "Incoterms® 2010 rules"에 의하면 "all mention of the ship's rail as the point of delivery has been omitted in precedence for the goods being delivered when they are "on board" the vessel라는 표현을 통해 아쉬워하는 표현으로 FOB의 종주국을 위로하면서 그 폐지의 배경으로 "this more closely reflects modern commercial reality and avoid the rather dated image of the risk swing to and fro across a imaginary perpendicular line"언급하므로 지금까지의 수구를 변명하고 있다.

8) 전 Incoterms® 2010 rules상의 A.8의 특징 설명

서문상의 "Incoterms® 2010 rules에서 사용되는 용어의 설명"상의 "인도서류"의 정의는 A.8규정의 특징, 즉 해당 rule이 COD거래인가 CAD거래인가를 판단하는 기준, 즉 Incoterms® 2010 rules의 지급과 관련한 속성상의 분류를 가능하게 하는 중요한 단서 규정이다.

이는 그동안 줄기차게 주장해온 본인 주장의 간접으로나마 인정으로 볼 수 있다.

9) 책임과 제공의무에 대한 협조와 필수구분의 확립

종전 Incoterms 2000의 경우 상대방의 요청과 위험 그리고 비용으로 제공해야 하는 협조의무의 경우 "render"를 자신의 비용 또는 자신의 비용과 위험으로 제공해

---

31) Ramberg교수는 "상징적 관세선(the imaginary customs border)"이라 하고 있다(J. Ramberg, *op. cit.*, p.24).

야 하는 필수제공의무의 경우 "provide"로 구분하여 사용하였다. 그 대표적 규정으로 1조, 2조, 3조, 8조, 10조의 규정이었다. 그러나 Incoterms® 2010 rules의 경우 10조의 규정을 제외하고 전부 "provide"로 대체하였다. 이는 자기 책임하에 필수적으로 제공해야 하는 경우 외에 결과의 책임은 요청한 자에 있으므로 협조의무인 경우에도 반드시 자신의 비용으로 또는 위험과 비용으로, 즉 자신의 책임하에 반드시 제공해야 하는 경우와 같이 서류나 협조의 제공은 반드시 제공해야 한다는 의미의 provide로 통일한 것 같다. 그러나 상대방이 요청에 대한 상대방의 책임하에 제공되는 협조의무로 반드시 제공해야 하는가 아니면 자신의 책임하에 필수의무로 반드시 제공해야 하는가 하는 책임한계는 변화가 없다.

그러나 10조의 경우 상대의 책임하에 타방이 제공하려 해도 국가정책 등에 의하여 취득하여 제공할 수 없는 경우가 있고, 요청만 있으면 요청자의 위험과 비용부담으로 제공할 수 있는 경우가 있을 수 있기에 반드시 협조나 취득이 가능한 경우로 필수제공의무 표시의 표현이 가능한 1조, 2조, 3조, 8조와 달리 "provide or render" 또는 "in providing or rending"을 표현하고 있다.

논자는 Incoterms 1990 해설 때부터 provide와 render의 표현에 대하여 전자를 일방의 책임하에 협조내지 취득하여 제공하는 필수제공의무에, 후자를 타방의 책임하에 일방의 협조내지 취득하여 제공하는 필수협조제공의무에 해당하는 표현으로 줄곧 주장해왔다. 비록 A.10, B.10 규정표현상에 문제가 있지만 이러한 주장에 대한 ICC의 반영은 물론이고 논자의 주장을 한층 더 발전시켜 위의 주장에 따른 표현을 하고 있다. 이러한 사실은 마치 소유권이전에 있어 SGA 16조, 17조, 18조, 19조, 20조에 근거한 Guest, Sassoon 등에 의한 전부 또는 전무(all or nothing)의 이론을 근거로 미국의 Williston 등이 이를 현실거래와 관련시켜 세분화하여 구체화한 소유권 분할이론에 견줄 수 있다.

10) Incoterms® 2010 rules이해의 용이성

지금까지의 Incoterms와 달리 서문 "Explanation of terms in the Incoterms® 2010 rules"에서 설명하고 있듯이 Incoterms® 2010 rules는 종전과 달리 서문에서 각 rule의 안내문, 그리고 rule을 보면 무역업무에 어느 정도 이해가 있다면 활용하고자하는 rule의 선택에 전혀 어려움을 주지 아니할 정도로 서문이나 각 rule의 안내문 그리고 규정자체가 이해하기 매우 쉽게 표현되어 있는 특징이 있다.

PART 2

Incoterms□ 2010

CHAPTER 04

Incoterms□ 2010의 해설

Incoterms□ 2010

1. 서문(Introduction)

▷▶ Incoterms의 성격

> The Incoterms®[1] rules explain a set of three-letter trade terms reflecting business-to-business practice in contracts for the sale of goods. The Incoterms rules describe mainly the tasks, costs and risks involved in the delivery of goods from sellers to buyers.
>
> Incoterms규정은 물품매매계약에 있어 기업 간의 관행을 반영한 3개의 약어글자로 구성된 정형거래조건을 설명하고 있으며 매도인으로부터 매수인에게 물품의 인도와 관련하여 발생하는 의무, 비용과 위험을 주로 설명하고 있다.

해설 Incoterm규정은 물품매매계약에 관한 기업 간의 관행을 반영한 규정으로 3개의 약어로 구성된 11개의 정형거래조건에 대한 설명을 하고 있는 규정으로 주로 물품의 인도에 따라 필수적으로 수반하는 국부의 유출과 유입에 따른 대정부, 허가와 관련한 의무와 인도에 따른 위험과 비용의 분담에 관한 규정임을 천명하고 있으며 인도와 관련한 매매계약규정임을 Incoterms서문 첫 서두에 언급하고 있다. 이는 CISG 30조-52조까지의 물품의 인도와 관련한 매도인의 의무에 관한 규정의 세부적 규정임을 설명함으로써 Incoterms와 CISG간의 불가분의 관계를 설명하고 있다.

▷▶ Incoterms® 2010 사용방법(How to use the Incoterms® 2010 rules)

> 1. Incorporate the Incoterms® 2010 rules into your contract of sale
> 자신들의 매매계약서에 Incoterms® 2010 rules 삽입의 필요성
>
> If you want the Incoterms® 2010 rules to apply to your contract, you should make

1) "Incoterms" is registered trademark of the International Chamber of Commerce.

this clear in the contract, through such words as, "[the chosen. Incoterms rule including the named. place, followed by] Incoterms® 2010".

매매계약당사자들이 Incoterms® 2010규정을 자신들의 계약에 적용하고자 할 경우 당사자들은 이러한 사실을 예컨대 "[지정된 장소를 명시한 선정된 Incoterms rule]Incoterms® 2010"과 같이 계약상에 분명히 해야 한다.

해설 계약서상에 채용한 규정과 Incoterms® 2010 rules와의 관계명시의 필요성을 강조하고 있다.

매매계약당사자들은 자신들이 선정한 인도와 관련하여 채용한 규정(정형거래조건)이 Incoterms® 2010상의 조건, 즉 규정임을 명시하지 아니하면 Incoterms® 2010 rules상의 규정이 채용된 규정(정형거래조건)에 자동적으로 적용되지 아니한다.

Incoterms 2000 서문 4에 의하면 상인들이 Incoterms를 사용하길 원할 경우 "Incoterms 2000"에 의해 자신들이 계약에 지배됨을 계약서상에 분명히 설명하게 하는 간접적인 방법 채용한데 비해 이번의 경우 직접적인 방법을 채용하였다. 왜냐하면 Incoterms의 적용여부를 두고 논란을 방지하기위해서이다. 그러나 지금까지의 간접적이고 소극적인 권장방법 대신 직접적이고 적극적인 권장방법을 채용하고 있다. 이는 Incoterms rules를 국제규정으로 인식시키는데 기여할 것으로 예상된다.

2. Choose the appropriate Incoterms rule.
거래에 적절한 Incoterms rule선정의 필요성

The chosen Incoterms rule needs to be appropriate to the goods, to the means of their transport, and above all to whether the parties intend to put additional obligations, for example such as the obligation to organize carriage or insurance, on the seller or on the buyer. The Guidance Note to each Incoterms rule contains information that is particularly helpful when making this choice. Whichever Incoterms rule is chosen, the parties should be aware that the interpretation of their contract may well be influenced by customs particular to the port or place being used.

당사자들이 선정한 Incoterms rule은 물품에, 이들의 운송수단에 그리고 특히 당사자들이 예컨대 운송이나 보험을 준비해야 할 의무와 같은 추가의무를 매도인에게 부과하느냐 아니면 매수인에 부과하느냐에 적합할 필요가 있다.

각 Incoterms rule상의 안내문은 이러한 선택을 할 때 특별히 도움이 될 만한 정보를 담고있다. Incoterms rule을 선택할 때마다, 당사자들은 자신들의 계약의 해석은 특별히 사용되는 항구나 장소의 관습에 당연히 영향을 받는다는 사실을 알아야 한다.

해설 당사자들이 선택한 Incoterms rule은 지산들이 거래하고자 하는 물품거래에 적합해야 하고, 물품을 운반하는 운송수단에 적합해야 하며, 운송이나 보험을 준비해야 할 의무와 같은 추가의무를 매매당사자들 중 누구에게 부과시키고자 할 경우 이에 적합한 rule이어야 한다.

예컨대 DDP의 경우 매도인 수입허가취득이 가능한가 여부에 사전에 유의할 필요가 있다.

각 Incoterms rule상의 안내문의 성격에 대하여 설명하고 있는바, 종전 각 Incoterm의 전문규정과 달리 이번 Incoterms® 2010상의 안내문은 어디까지나 Incoterms 선정에 도움을 주는 안내문의 성격을 지닐 뿐 이 자체가 규정에 영향을 미치는, 즉 선정된 Incoterms rule의 총괄규정이 아님을 천명하고 있다. 다시 말해서 해당 Incoterms rule의 각 규정의 포괄적 성격을 지니는 전문의 규정이 아님을 천명하고 있다.2) 그러나 Incoterms 2000의 경우 내용의 성격에 대한 명시는 없었으나 상인들이 이해하기로는 각 Incoterm의 전문으로 이해하였다. 따라서 각 조건별 전문의 규정을 통해 해당조건의 정의와 이와 관련한 기본적인 이해를 토대로 해당규정을 이해할 수 있도록 하였다. 현재와 같이 안내문 형태로 표현되면 그야말로 가이드의 성격뿐이지 그 이상의 법적 의미는 없다.

그리고 당사자들이 Incoterms rule을 선택할 때마다 동 rule와 관련하여 표현되거나 규정상에 명시된 항구나 장소의 관습에 영향을 받음을 명심해야 한다. 그러나 이러한 영향은 최대공약수적인 성격을 지닌 최소한의 의무를 규정하고 있는 것이 선택된 Incoterms rule의 기본적인 정신임을 알아 전대 최소한의 영향이여야 한다. 그렇지 아니하면 선택된 Incoterms rule의 의미가 없기 때문이다.3)

Incoterms 2000서문 12에서도 특정거래, 특정항구 관습에 대하여 다소, 즉 "to some extent"를 인정을 하고 있다. 이때의 "다소"의 범위는 절대최소라야 한다. 왜냐하면 최대공약수인데 크게 반영하면 Incoterms제정 의미가 없기 때문이다.

문제 대안 Incoterms 2000 서문 12와 같이 특정거래 특정항구관습 인정과 인정에 따른 범위에 관한 규정이 필요하다. 왜냐하면 영향을 받는다고 하면서 이에 대한 서문상에 안내가 없다면 일정범위를 두고 논란이 될 수 있기 때문이다.

> 3. Specify your place or port as precisely as possible.
> 장소나 항구는 가능한 한 정확한 명시의 필요성.
>
> The chosen Incoterms rule can work only if the parties name a place or port, and

2) 이러한 사실은 "Guidance Note"의 성격에서도 언급하고 있다.
3) 이러한 사실은 Incoterms 2000 서문12. customs of port or of a particular trade에서도 설명하고 있다.

will work best if the parties specify the place or port as precisely as possible.

A good example of such precision would be:

"FCA 38 Cours Albert 1er, Paris, France Incoterms® 2010".

Under the Incoterms rules Ex Works (EXW), Free Carrier (FCA), Delivered at Terminal (DAT), Delivered at Place (DAP), Delivered Duty Paid (DDP), Free Alongside Ship (FAS), and Free on Board (FOB), the named place is the place where delivery takes place and where risk passes from the seller to the buyer. Under the Incoterms rules Carriage Paid To (CPT), Carriage and Insurance Paid To (CIP), Cost and Freight (CFR) and Cost, Insurance and Freight (CIF), the named place differs from the place of delivery. Under these four Incoterms rules, the named place is the place of destination to which carriage is paid. Indications as to place or destination can helpfully be further specified by stating a precise point in that place or destination in order to avoid doubt or argument.

선정된 Incoterms rule은 당사자들이 장소나 항구를 지명한 경우에만 제기능을 발휘할 수 있으며, 당사자들이 가능한 한 정확하게 장소나 항구를 명시할 경우에 최상의 효력을 발휘 할 것이다.

이를 위한 가장 정확한 예는 다음과 같다.

"FCA 38 cours Albert 1er, Paris, France Incoterms® 2010"

Ex Works(EXW), Free Carrier(FCA), Delivered at Terminal(DAT), Delivered at Place(DAP), Delivered Duty Paid(DDP), Free Alongside Ship(FAS), and Free on Board (FOB)와 같은 Incoterms rule하에서는 선정된 Incoterm rule 다음에 표시되는 지정된 장소는 인도가 이루어지고, 위험이 매도인으로부터 매수인에게 이전하는 장소이다. Carriage Paid to(CPT), Carriage and Insurance Paid to(CIP), Cost and Freight(CFR) and Coat, Insurance and Freight(CIF)와 같은 Incoterms rules하에서는 지정된 장소는 인도장소와 다르다. 따라서 장소나 목적지에 관한 표시는 의심이나 논쟁을 피하기 위하여 지명된 장소나 목적지의 정확한 지점을 제시함으로써 도움을 주기 위해 추가로 명시될 수 있다.

해설 Incoterms® 2010 rules의 적용을 위한 장소나 항명은 필수기재사항임을 전제하면서, 각 Incoterms rule 다음에 명시되는 지정된 장소나 항구는 특히 E, F, D Incoterms rules의 경우 인도가 이루어지고 위험이 매도인으로부터 매수인에게 이전하는 지점인 반면에, C-Incoterms rules의 경우 지정된 장소나 항구는 인도장소와 위험이 이전하는 장소가 아닌 운임의 임계를 나타내는 도착지 지정된 장소나 항구이다. 이러한 사실을 알고 지정된 장소나 항구에 관해 정확히 표시가 필요하다. 다시 말해서 Incoterms® 2010 rules의 적용을 받기 위하여 선정된 Incoterms rule다음에 장소나 장소

내 정확한 지점을 표시함으로써 위험이전에 관한 당사자들의 책임한계를 분명히 할 수 있으며 특히 C-Incoterms rules의 경우 선정된 Incoterms rules 다음의 장소는 동 목적지까지 운송계약과 운임의 임계점이 되기에 이 역시 목적지 장소내 정확한 지점을 명시할 필요가 있다. 왜냐하면 Incoterms® 2010 rules규정 가운데 특히 A.3, B.3, A.4, B.4, A.6, B.6의 규정들은 Incoterms 2000과 달리 장소 내에 정확한 지점들과 많이 연계되어 규정되어 있기 때문이다. 따라서 가장 정확한 선정된 Incoterms rule은 예컨대 "FOB Pier I, Busan, Korea, Incoterms® 2010"과 같다.

Incoterms® 2010 rules의 특이 한 점은 Incoterms 2000과 달리 각 Incoterms rule에 따라 반드시 Incoterms® 2010 rule을 첨부, 즉 부기하도록 유도하고 있다. 이러한 사실은 당사자들이 당연히 Incoterms® 2010 rules상의 Incoterms rule임을 전제로 Incoterms rules 가운데 적합한 Incoterms rule을 채용하였다 해도 문제가 발생하면 Incoterms® 2010 rules에 적용여부를 두고 분쟁의 소지가 있을 수 있음을 방지하기 위한 것이다. Incoterms 2000의 경우 서문4, Incorporation of Incoterms into the contract of sale에 의하면 당사자들이 채용한 Incoterm의 경우라도 반드시 준거법규정에 "Incoterms 2000을 사용하기 원하는 당사자들은 자신들의 계약이 "Incoterms 2000"에 의해 지배됨을 분명히 명시해야 함"을 규정하고 있었으나 사실 당사자들 가운데 준거법 자체와 그 중요성을 모르는 당사자들이 많기에 이러한 권고조항이 효력을 거두지 못하였는바, 이런 현실을 감안하여 Incoterms® 2010 rules상의 Incoterms rules의 채용을 고려할 경우 청약을 할 때 채용하고자하는 Incoterms rule에 Incoterms® 2010 rules를 명시하게끔 유도하고 있다.

4. Remember that Incoterms rules do not give you a complete contract of sale.
Incoterms rules는 완벽한 계약내용 제공규정이 아니라는 인식의 필요성

Incoterms rules do say which party to the sale contract has the obligation to make carriage or insurance arrangements, when the seller delivers the goods to the buyer, and which costs each party is responsible for. Incoterms rules, however, say nothing about the price to be paid or the method of its payment. Neither do they deal with the transfer of ownership of the goods, or the consequences of a breach of contract. These matters are normally dealt with through express terms in the contract of sale or in the law governing that contract. The parties should be aware that mandatory local law may override any aspect of the sale contract, including the chosen Incoterms rule.

Incoterms rules는 매매계약 당사자 가운데 누가 운송이나 보험준비를 해야 할 의무가 있으며, 매도인이 물품을 매수인에게 언제 인도해야 하고, 각자가 어떤 비용을 책임져야 하는 지를 규정하지, 지급되는 대금이나 지급의 방법에 대하여 규정하고 있지 아니하다. 또한 물품의 소유

권이나 계약위반의 결과에 대하여도 규정하고 있지 아니하다. 이러한 문제들은 매매계약서상의 명시적조건(내용)을 통해 주로 취급되거나 그 계약을 지배하는 법상[4])에서 다루어진다. 마찬가지로 당사자들은 국내강제법이 선정된 Incoterms rule을 포함해서 매매계약의 모든 규정에 우선할 수 있음을 알아야 한다.

해설 Incoterms rules규정의 효과, 즉 Incoterms rules규정의 적용범위 또는 Incoterms rules규정의 한계를 설명하고 있다.

Incoterms rules는 물품의 인도와 관련한 의무와 이러한 의무이행에 따른 비용과 위험에 관한 CISG의 구체적인 이행규정이다. 따라서 물품매매와 관련한 대금지급이나 물품의 소유권, 계약 위반 등에 관한 규정은 아니며, 이들은 당사자들의 계약서상의 명시규정이 있으면 이들에 의해, 없으면 준거법에 의해 지배됨을 설명하고 있다. 그러나 이러한 모든 사항은 나라에 따라 해당 물품매매계약에 적용되는 강제규정에 우선하지 못함을 설명함으로써 인도와 관련한 의무와 위험, 비용에 관련한 Incoterms rules의 규정이 기업 당사자들 간의 물품매매계약에 관한 확정된 관행으로서 CISG 9조(계약에 적용할 수 있는 관습과 관행)에 의해 묵시적 합의 규정으로 준거법보다는 우선하나 당사자들 간의 계약서상의 합의한 명시적 규정에는 우선하지 못함을, 그리고 이 모든 사실 역시 해당 매매계약에 적용되는 각국의 강제규정에 우선하지 못함을 설명하므로 Incoterms rules와 명시적, 묵시적 계약내용, 준거법, 강제법과의 관계설명을 통한 Incoterms rules의 한계, 즉 적용범위 내지는 효과를 설명하고 있다.

▷▶ Incoterms® 2010 rules의 주요특징 (Main features of the Incoterms® 2010 rules)

1. Two new Incoterms rules - DAT and DAP - have replaced the Incoterms 2000 rules DAF, DES, DEQ and DDU
   두 개의 새로운 Incoterms rules(DAT와 DAP)의 Incoterms 2000 rules상의 DAF·DES·DEQ·DDU의 대체

The number of Incoterms rules has been reduced from 13 to 11. This has been achieved by substituting two new rules that may be used irrespective of the agreed mode of transport - DAT, Delivered at Terminal, and DAP, Delivered at Place - for the Incoterms 2000 rules DAF, DES, DEQ and DDU.

Under both new rules, delivery occurs at a named destination: in DAT, at the buyer's disposal unloaded from the arriving vehicle (as under the former DEQ rule); in

4) 준거법(proper law; choice law; conflict law; private law)이라 한다.

DAP likewise at the buyer's disposal, but ready for unloading (as under the former DAF, DES and DDU rules).

The new rules make the Incoterms 2000 rules DES and DEQ superfluous.

The named terminal in DAT may well be in a port, and DAT can therefore safely be used in cases where the Incoterms 2000 rule DEQ once was. Likewise, the arriving "vehicle" under DAP may well be a ship and the named place of destination may well be a port: consequently, DAP can safely be used in cases where the Incoterms 2000 rule DES once was. These new rules, like their predecessors, are "delivered", with the seller bearing all the costs (other than those related to import clearance, where applicable) and risks involved in bringing the goods to the named place of destination.

Incoterms rules의 수는 13개에서 11개로 줄었다. 이는 Incoterms 2000 rule상의 DAF, DES, DEQ와 DDU대신에 합의한 운송형태에 관계없이 활용되어질 수 있는 두 개의 새로운 rules, 즉 DAT와 DAP로 대체되었기 때문이다.

양 Incoterms rules에 의하면 인도는 DAT의 경우 종전 DEQ rule하에서와 같이 도착운송수단으로부터 양화한 상태에서 매수인의 임의처분상태로, 마찬가지로 DAP의 경우 종전 DAF, DES, DDU rules하에서와 같이 매수인의 임의처분상태로 인도하되 매수인으로 하여금 양화할 수 있도록 준비된 상태로 각각 지정된 도착지에서 일어난다.

이러한 새로운 rules들은 Incoterms 2000 rules상의 DES와 DEQ를 필요없게 만들고 있는바, DAT의 경우 지정된 터미널이 당연히 항구일 수도 있다. 따라서 DAT는 Incoterms 2000 rule인 DEQ가 활용된 경우에 안전하게 활용되어질 수 있다. 마찬가지로 DAP하의 도착운송수단은 당연히 신박일 수도 있고 도착지의 지정된 장소가 당연히 항구일 수도 있다. 결과적으로 DAP역시 Incoterms 2000 rules상의 DES와 DEQ가 활용된 경우에 안전하게 사용되어질 수 있다. 이러한 새로운 두 규정들은 종전 DDP를 제외한 기타 D-terms와 같이 적용되는 경우에 수입통관과 관련한 비용이외의 모든 비용과 도착지 지정된 장소까지 물품의 운송과 관련한 모든 위험을 매도인에게 부과하는 인도조건이다.

해설 Incoterms 2000은 13가지의 상이한 Incoterms rule로 구성되어 있었으나 3차 초안까지 Incoterms® 2010 rules는 11개의 Incoterms rules로 구성되어 있었는바, 이는 종전 국경인도조건계약인 DAF, 착선인도조건계약인 DES, 수입국국내반입인도조건계약(관세매수인지급)인 DDU에서 요구되던 인도장소를 DAP상의 place가 모두 포함할 수 있음을 전제하였기 때문이다. 그러나 도착지의 장소(지점, 항구)등을 모든 운송수단의 수입지 최종도착지의 터미널이라는 장소와 기타장소를 구분하여 터미널에서 양화하여 임의처분상태로 인도하는 규정과 기타장소에서 양화준비된 임의처분상태로의 인도하는 규정으로 다시 이원화하여 전자를 위한 규정으로 DAT를, 후자를 위한 규정으로 DAP로 세분화하고 DEQ를 DAT에 흡수시킨 것이 첫 번째 특징으로 볼 수 있다.

문제대안 현실적인 문제로서 DAT, DAP가 도착지에서 매수인의 임의처분상태로 인도하되 전자는 모든 운송수단의 도착지 최종터미널에서, 후자는 규정 그 자체를 보면 터미널을 포함한 모든 도착지 지정된 장소, 지점, 항구에서 인도 할 수 있음에도 불구하고 도착지 운송수단 터미널에서의 인도와 기타 장소에서의 인도를 이원화 하여 도착지에 도착하여 양화된 상태에서 임의처분상태로 인도하는 DAT와 달리, 도착하여 양화준비 상태로 하여 임의처분상태로 인도함을 규정하므로 인도장소와 인도방법에 있어 구분을 시도하고 있다. 임의처분상태가 엄격하게 보면 양화준비된(인계준비가 된) 임의처분상태만이 아니고 도착하여 양화하여 매수인이 임의처분할 수 있는 상태도 포함하는 것이 사실이다. 물론 지금까지의 Incoterms의 D-terms와 E-terms의 경우 양화완료나 양화준비 된 상태에서 매수인의 임의처분상태로의 인도는 당연히 매수인이 물품을 수령할 수 있는 상태, 즉 장비나 수령, 운송수단을 통해 당연히 바로 수령할 수 있는 상태로 이해하여 왔다. 그러나 새로운 양 조건의 경우 임의처분상태를 두고 논란이 되므로 도착지에서 인도하되 운송수단 터미널에서 물품을 양화하여 임의처분상태로의 인도와 기타장소에서의 양화준비된 임의처분상태로의 인도로 이원화 한 것은 양자의 구분을 위해 필요한 것 같다. 그렇다면 DAP가 아닌 DAT의 경우 양화된 물품의 임의처분상태의 범위이다. DAP와 DDP와 달리 DAT의 경우 최종터미널에 운송수단 도착상태에서 물품을 양화한 임의처분상태인지 아니면 부두의 현실성을 고려한 실질적인 터미널이 되고 있는 창고에 입고한 상태에서 임의처분인지 그 한계에 따라 책임과 비용의 문제가 또 생길 수 있다. 일반적으로 Incoterms와 관련한 임의처분상태란 인도가 책임이기 때문에 조건에 따라 매도인은 양화를 포함하여 임의처분상태로 인도할 준비를 하고 매수인은 수령할 준비가 된 상태인 순수COD와 B.2를 고려한 현실성을 고려한다면 기타장소에서의 COD(확대COD포함)를 COD의 개념에 맞는 임의처분 상태로 이해해왔다. 그러나 임의처분상태의 범위를 두고 새로운 조건의 탄생과 더불어 이원화한 것과 이에 따른 인도방법과 비용범위에 대하여 차이를 둔 것은 바람직하나 여전히 문제가 남는다. 본인의 생각으로는 DAT와 DAP 또는 DDP를 포함하여 도착지에서 인도장소와 인도에 따른 위험과 비용, 그리고 기능의 범위는 다르다 해도 인도방법에 관해서는 양화할 준비가 되고 수령할 태세가 된 상태를 임의처분상태로 하든지 아니면 도착지의 인도장소에서 인도방법에 따른 인도의 경우에 혼잡을 고려하여 터미널창고에 입고나 기타장소에 위치하고 있는 창고나 기타보세 구역에 장치된 상태 등 실질적인 최종도착지에서의 인도방법에 따른 인도상태를 임의처분상태로 하던지 할 필요가 있다.

2. Classification of the 11 Incoterms® 2010 rules

11 Incoterms® 2010® rules의 분류

The 11 Incoterms® 2010 rules are presented in two distinct classes:

RULES FOR ANY MODE OR MODES OF TRANSPORT

EXW	EX WORKS
FCA	FREE CARRIER
CPT	CARRIAGE PAID TO

CIP	CARRIAGE AND INSURANCE PAID TO
DAT	DELIVERED AT TERMINAL
DAP	DELIVERED AT PLACE
DDP	DELIVERED DUTY PAID

RULES FOR SEA AND INLAND WATERWAY TRANSPORT

FAS	FREE ALONGSIDE SHIP
FOB	FREE ON BOARD
CFR	COST AND FREIGHT
CIF	COST INSURANCE AND FREIGHT

The First class includes the seven Incoterms® 2010 rules that can be used irrespective of the mode of transport selected and irrespective of whether one or than one mode of transport is employed. EXW, FCA, CPT, CIP, DAT, DAP and DDP belong to this class. They can be used even when there is no maritime transport at all. It is important to remember, however, that these rules can be used in cases where a ship is used for part of the carriage.

In the second class of Incoterms® 2010 rules, the point of delivery and the place to which the goods are carried to the buyer are both ports, hence the label "sea and inland waterway" rules. FAS, FOB, CFR and CIF belong to this class. Under the last three Incoterms rules, all mention of the ship's rail as the point of delivery has been omitted in preference for the goods being delivered when they are "on board" the vessel. This more closely reflects modern commercial reality and avoids the rather dated image of the risk swinging to and fro across an imaginary perpendicular line.

11개 Incoterms® 2010 rules는 다음과 같이 두 개의 별개 분류로 표시된다.
일체의(모든) 운송형태를 위한 규정
공장인도규정(EXW: EX Works)
운송인인도규정(FCA: Free Carrier)
운임지급인도규정(CPT: Carriage Paid To)
운임보험료지급인도규정(CIP: Carriage And Insurance Paid To)
터미널인도규정(DAT: Delivered at Terminal)
장소인도규정(DAP: Delivered at Place)
관세지급인도규정(DDP: Delivered Duty Paid)

해상과 내수로운송을 위한 규정
신측인도규정(FAS: Free Alongside Ship)
본선인도규정(FOB: Free on Board)
운임포함인도규정(CFR: Cost and Freight)

> 운임보험료포함인도규정(CIF: Cost Insurance and Freight)
>
> 첫 번째 분류는 선정된 운송형태에 관계가 없고, 하나의 운송형태가 채용되던 하나 이상의 운송형태가 채용되던 관계없이 활용되어질 수 있는 7개의 Incoterms® 2010 rules를 포함한다. EXW, FCA, CPT, CIP, DAT, DAP 그리고 DDP가 이 분류에 속한다. 이들은 전혀 해상운송이 없는 경우에도 사용되어질 수 있다. 그러나 이러한 7개의 규정은 선박이 운송의 일부를 위해 활용되는 경우에도 사용되어질 수 있다는 사실을 기억하는 것이 중요하다.
>
> Incoterms® 2010규정의 두 번째 분류에 의하면, 물품이 매수인에게 운송되는 인도지점과 장소가 한구간이다. 따라서 "해상과 내수로"규정이라는 이름이 붙어있다. FAS, FOB, CFR과 DIF가 이 분류에 속한다. FOB, CFR, CIF규정에 의하면 인도지점으로서 본선난간이라는 종래의 표현은 물품이 본선에 적재된 때 물품이 인도된다는 사실에 우선하여 생략되었다. 이러한 사실은 현대 상거래 현실을 보다 충실하게 반영함과 동시에 상상의 수직적 선(본선난간)을 중심으로 통과했다 후퇴했다 하면서 흔들거리는 꽤 시대에 뒤떨어진 위험이전개념을 피하는 것이다.

해설 Incoterms 2000은 매도인과 매수인의 책임관계, 즉 인도와 관련한 각종 허가들과 같은 의무와 인도에 따른 위험과 비용의 부담정도에 따라 매도인의 책임최소와 매수인의 최대에서 그 반대에 이르기까지를 기준하여 4개의 그룹, 즉 E, F, C, D-Group(terms)로 구분하였으나, Incoterms® 2010 rules는 3차까지 다음과 같은 두 개의 그룹으로 분류 하였다.

첫째 분류가 운송형태에 관계없이 사용될 수 있는 그룹(Terms For Any Mode of Transport)으로 EXW, FCA, CPT, CIP, DAP, DDP등 6개 조건이고, Incoterms1936 제정의 근간이였고, 전통적인 해상전용조건그룹(Maritime-only Trade)으로 FAS, FOB, CFR, CIF, DEQ 등 5개 조건을 두 번째 그룹으로 분류하였다.

특히 일체의 운송형태에 사용가능한 조건의 경우 물품의 인도지점 또는 운송되는 지점이 본선난간 이전이거나 두 지점 모두 본선난간 이전인 경우 선박이 운송의 일부를 구성할 경우에도 사용가능하며, 사용되는 운송수단은 하나 또는 그이상이라도 관계가 없고, 사용되는 운송수단역시 관계없이 사용되어질 수 있다.

반면에 전통적인 해상전용조건들인 FAS, FOB, CFR, CIF, DEQ는 물품의 인도시점과 운송되는 장소가 반드시 항구여야 하며, 운송편이 해상이나 내수로 편이냐는 관계없다.

이렇게 볼 때 이러한 분류는 운송되는 물품의 컨테이너화와 운송수단과 운송기법의 발달과 운송서비스 발달에 따른 적용을 위한 분류가 첫 번째 분류이고, 두 번째 분류는 본선난간을 중시한 전통적인 상품매매에 해당하는 분류로 양분시키고 있는 것이 인도에 따른 책임중심의 과거 분류방식과 다른 점이다.

FAS의 경우 물품의 인도지점과 운송지점이 본선난간 이전이기에 운송형태에 관계없이 적용 가능한 조건에 해당할 수 있으나 해상이나 내수로 편으로만 운송되는 조건이기에 해상전용조건에 해당함을 유의해야 한다.

그러나 11개 전체를 보면 인도와 관련하여 발생하는 의무, 위험, 비용을 중심으로 매도인의 최소의무 매수인의 최대의무인 EXW와 그 반대인 매도인의 최대의무이자 매수인의 최소의무인 DDP를 양극단의 축으로 하고 있으며 그 사이에 9개의 정형거래조건이 역시 의무, 위험, 비용을 중심으로 운송형태에 따라 다양화게 존재하고 있음을 알 수 있다.

특히 과거 D-terms 가운데 DAF, DES, DEQ, DDU는 인도지점이 국경, 도착한 선박의 선상, 도착한 부두, 도착지 항의 한 지점으로 각각 다를 뿐 주요한 의무에 있어 예컨대 수입허가는 모두 매수인 부담이요, 운송계약은 매도인 부담으로 하고 있어 차이가 없으므로 DAP로 통합함이 아주 이상적이요 상인들에게 편리를 줄 수 있는 조건이었다. 그러나 DEQ가 2차 초안에서 다시 별도로 등장한 것은 해상전용 조건으로 선적지 계약조건인 FAS, FOB, CFR, CIF가 있는데 반하여 도착지 조건 가운데 해상전용조건이 하나도 없다는데서 그리고 FOB의 역경상의 조건인 DES보다 FAS의 역경상의 조건인 DEQ가 DES보다 현실적이라는데서 비롯된 것 같다.

그러나 최종초안에서 상기와 같이 DEQ대신 DAT가 새로이 추가되었고, 분류명칭역시 "일체의 운송형태를 위한 규정"과 "해상과 내수로 운송을 위한 규정"으로 변경되고 이번에 새로이 규정된 DAT와 DAP에 관해 인도방법에 있어 양자 모두 도착지 인도조건이나 구체적으로 인도방법에 관해서보면 전자는 모든 운송형태의 최종도착지인 터미널에서 물품을 양화하여, 매수인의 임의처분상태로의 인도가, 후자의 경우 지정된 장소(지점)에서 매도인이 양화할 준비를 하고 매수인이 수령할 준비가 된 임의처분상태로의 인도가 양 조선의 중요한 구분으로 하고 있디. 이렇게 볼 때 도착지이 장소(place)를 모든 운송수단의 터미널장소와 기타장소로 이원화함과 동시에 인도방법역시 종래 임의처분상대를 이원화하여 양자를 구분하고 있다.

이러한 별개의 구분에도 불구하고 매도인과 매수인의 최소의무와 최대의무의 양축도 EXW와 DDP임에 틀림이 없다.

3. Rules for domestic and international trade
국내외 적용가능 규정

Incoterms rules have traditionally been used in international sale contracts where goods pass across national borders. In various areas of the world, however, trade blocs, like the European Union, have made border formalities between different countries less significant.

Consequently, the subtitle of the Incoterms® 2010 rules formally recognizes that they are available for application to both international and domestic sale contracts. As a result, the Incoterms® 2010 rules clearly state in a number of places that the obligation to comply with export/import formalities exists only where applicable.

Two developments have persuaded ICC that a movement in this direction is timely. Firstly, traders commonly use Incoterms rules for purely domestic sale contracts. The second reason is the greater willingness in the United States to use Incoterms rules in domestic trade rather than the former Uniform Commercial Code shipment and delivery terms.

Incoterms는 물품이 국경을 통과하는 국제매매계약에 전통적으로 사용되어 왔다. 그러나 EU와 같은 다양한 지역에 형성되어 있는 무역권은 다양한 국가간의 국경통과 절차가 큰 의미가 없게 되었다. 따라서 Incoterms® 2010 rule의 부제는 국제매매계약과 국내매매계약에 공히 적용될 수 있음을 공식적으로 인정하였는바, 결과적으로 Incoterms® 2010 rules 는 수출입통관절차를 따르도록 하는 의무가 적용되는 경우에만 존재함을 규정의 여러 곳에서 분명히 하고 있다.

다음과 같은 두 가지 이유가 ICC로 하여금 이러한 결정의 시의 적절성을 인정케 하였다.

첫째로 거래하는 자들이 순수 국내계약에 Incoterms rules을 흔히 사용하고 있다.

둘째로 종전 UCC상의 선적지인도정형거래조건과 목적지인도정형거래조건들의 국내거래에 사용보다는 국내거래에 있어 Incoterms를 사용하려는 미국의 보다 강력한 의지가 두 번째 이유이다.

해설 Incoterms는 전통적으로 국제매매계약에 적용되어 왔으나 Incoterms 2000 rules부터 수출입통관절차가 아무런 의미가 없는 EU의 경우 Incoterms rules의 적용이 어렵다는 이유에서 EU와 같은 역내 국가들 간의 거래에 Incoterms rules의 적용을 위해 그리고 순수 국내시장에 적용 가능함을 Incoterms 2000 서문 “Incoterms의 목적과 적용범위”의 말미에 간략하게 언급하였고, A.2, B.2상에 이러한 사실을 “where applicable”표현을 사용하므로 구체적으로 반영하였다. 그러나 A.2와 B.2와 관련한 비용분담규정인 A.6, B.6에는 사용하였으나 이와 관련 있는 A.10, B.10, 즉 기타의무규정상에는 이런 표현을 하지 아니하므로 서문과 A.2, B.2, A.6, B.6의 규정에도 불구하고 실제 EU와 국내거래에 적용이 어려웠다. 그러나 Incoterms® 2010 rules의 경우 Incoterms 2000 rules와 Incoterms® 2010 rules의 차이점에서 공식적으로 Incoterms® 2010이 국내거래와 국제거래에 공히 사용될 수 있음을 인정하고 국제거래에 따라 필요한 경우에만 수출입통관절차를 취하도록 하는 뜻에서 수출입통관절차규정인 종전 A.2와 B.2의 규정 가운데 언급되어 있던 “where applicable”을 A.2와 B.2의 경우엔 규정 초두에, 그리고 A.2와 B.2에 따른 수출입통관절차에 따라 필요한 비용과 정보협조와 관련비용 의무와 관련하여 A.6와 B.6, A.10, B.10의 경우 규정 가운데 이런 표현을 하여 Incoterms® 2010 rules가 국내외거래와 EU거래에 공히 적용될 수 있음을 보다 구체적으로 규정화하고 있다.

규정을 통해 Incoterms rules를 국내외거래에 사용을 위한 규정으로의 대전환을 ICC

로 하여금 시도케 한 배경에는 사실의 문제로서 많은 거래 당사자들이 순수 국내거래에도 Incoterms를 사용하고 있다는 점이 그 첫 번째 이유이고, 두 번째로 미국이 국내거래에 UCC나 RAFTD상의 Incoterms에 준하는 정형거래조건의 사용보다 Incoterms의 사용을 더 선호한 사실이 두 번째 이유이다.

4. Guidance Notes
각 Incoterms rule상의 안내문

Before each Incoterms® 2010 rule you will find a Guidance Note. The Guidance Notes explain the fundamentals of each Incoterms rule, such as when it should be used, when risk passes, and how costs are allocated between seller and buyer. The Guidance Notes are not part of the actual Incoterms® 2010 rules, but are intended to help the user accurately and efficiently steer towards the appropriate Incoterms rule for a particular transaction.

각 Incoterms® 2010 rules의 전면은 안내문을 두고 있다. 동 안내문은 어떤 경우에 Incoterms rule이 사용되며, 위험이 이전하고, 매도인과 매수인과의 비용은 어떻게 분담되는가 등과 같은 해당 Incoterms rule에 기본적 성격을 설명하고 있다. 안내문은 Incoterms® 2010 rules의 실제규정의 일부가 아니다. 그러나 이들은 특정거래에 적합한 Incoterms rule을 사용자들이 정확하고 충분하게 선택하도록 하는데 도움을 주는데 목적을 두고 있다.」

해설 Incoterms 2000 rules와 Incoterms® 2010 rules간의 네 번째 차이점은 종전 전문과 지금의 안내문의 차이다. 즉 전문성격상의 차이다. 종전의 전문은 그 성격에 대한 뚜렷한 명칭이나 설명이 없었으나 해당조건의 기본성격이자 해당규정들의 포괄적 설명에 해당하는 총칙규정, 즉 총체적인 성격을 지녔다고 볼 수 있었으나 지금의 전문은 그 이름조차 안내문(Guidance Note)으로 명기하고, 실제 해당 Incoterm의 규정의 일부가 아님을 말하고 단지 사용시기, 위험이전시기, 비용분담 등을 중심한 해당조건의 기본적인 성격을 설명함으로써 사용자들로 하여금 자신들이 하고자하는 거래에 정확하면서도 효과적인 선택을 하도록 하는데 도움을 주기위한 내용임을 설명하고 있다.

5. Electronic communication
전자통신의 수용

Previous versions of Incoterms rules have specified those documents that could be replaced by EDI messages. Articles A1/B1 of the Incoterms® 2010 rules, however, now give electronic means of communication the same effect as paper communication, as long as the parties so agree or where customary. This formulation facilitates the evolution of new electronic procedures throughout the lifetime of the Incoterms® 2010 rules.

Incoterms 2000의 규정들 (예컨대 A.1, A.8, B.8, A10, B10)은 EDI 메시지에 의해 대체될 수 있는 서류들을 명시하고 있다. 그러나 Incoterms® 2010 rules의 A.1과 B.1은 당사자들이 합의하거나 그러한 관습이 있는 경우 전자통신수단에 대하여 종이서류와 완전히 기능적 동등성(동질성; 등가성)을 부여하고 있다.

이러한 규정은 Incoterms® 2010 rules가 활용되는 기간동안 새로운 전자절차의 발전을 촉진하게 만들 것이다.

해설 Incoterms 2000의 경우 A.1, A.8, B.8, B.10을 통해 전자메세지 내지는 EDI메시지가 종이 서류를 대체할 수 있음을 인정하고 있었으나 Incoterms® 2010 rules의 경우 A.1, B.1상에 전 규정상에서 필요로 하는 종이 서류의 경우 당사자들이 합의하거나 관례적으로 인정되는 경우 전자통신으로 대체될 수 있음을 규정함으로써 전자통신발달에 따른 전자절차의 발전을 촉진하는데 기여하고 있다. 이미 CISG 13조와 CUECIC 8조와 9조에 의해 전자통신의 종이서류와의 기능적 등가성(동질성)을 인정하고 있으며, 이미 국제거래에 있어 관행화되고 있음의 반영이라 할 수 있다.

문제대안 그러나 3차 초안에서 관습의 표현인 a custom의 표현을 사용하였으나 최종초안에서는 삭제되었는바, a custom의 표현은 문제가 있었다. Honnold교수에 의하면 동 표현은 엄격하게 그 적용이 제한되고, 오랜 기간동안 확립되었으며, 다수의 사람을 구속하고, 공법적 성격이 있음[5]을 주장하고 있고, CISG에 의하면 무역거래에 있어선 당사자들이 합의한 관습이나 기확립된 관행의 의미로서 usage 또는 practice를 사용함으로써 관행 또는 관례 또는 일반적 관습과 다른 상거래 관습의 의미로 사용하고 있으며 국제거래에 널지 알려져 있고, 당사자들이 당연이 알았어야 하고, 정규적으로 준수되는 성격을 가진 의미로 usage를 사용하고 있으며,[6] Schmitthoff교수는 관습을 trade usage[7]로 표현하고 있다. 따라서 Schmitthoff교수의 주장처럼 국제무역과 관련하여 UNCITRAL이나 ICC등에서 초안되는 규정들의 경우 전자에 의한 것은 구속성이 있는 법이요 후자에 의한 것은 자율규정의 성격을 지니나 그 근본 규정의 성격은 상인들간에 형성된 trade usage의 규정화임을 이해할 때 a custom 대신 trade usage의 표현이 바람직하였다. 현 규정은 "where customary"의 표현을 사용하고 있다.

5) J. O. Honnold, *Uniform Law for Int'l Sales under the 1980 CISG*, Kluwer Law & Taxations Publishers, 1982, p.120.

6) C. M. Schmitthoff, *International Trade Usage*, Institute of Int'l Business Law & Practice, 1987, p.25.

7) CISG., 9(1. 2).

6. Insurance cover
보험부보 규정의 재정비

The Incoterms® 2010 rules are the first version of the Incoterms rules since the revision of the Institute Cargo Clauses and take account of alterations made to those clauses. The Incoterms® 2010 rules place information duties relating to insurance in articles A3/B3, which deal with contracts of carriage and insurance. These provisions have been moved from the more generic articles found in articles A10/B10 of the Incoterms 2000 rules. The language in articles A3/B3 relating to insurance has also been altered with a view to clarifying the parties' obligations in this regard.

Incoterms® 2010 rules는 로이즈 시장협회/국제보험업협회(LMA/IUA)가 제정한 협회화물약관 개정 이래 Incoterms rules의 첫 번째 번역이며 협회화물약관에 이루어진 변경을 고려하고 있다. 따라서 Incoterms® 2010 rules는 운송과 보험계약을 취급하고 있는 A.3와 B.3조항 상에 보험에 관한 정보의무를 규정하고 있다. 이러한 규정들은 Incoterms 2000 rules상의 A.10과 B.10에 규정되어 있던 보다 일반적인 규정들의 흡수이다. 따라서 보험에 관한 A.3과 B.3의 규정은 보험에 관해 당사자들의 의무를 분명히 할 목적으로 변경되었다.

해설 Incoterms® 2010 rules는 LMA와 IUA가 제정한 협회화물약관 개정이래 첫 번째 시도한 개정판으로 동 약관상의 변경을 고려하여 그 내용을 Incoterms 2000 상의 애매한 표현인 "… with minimum cover of ICC or any similar set of clauses."와는 달리 동 약관상의 「C」조건을 최소한의 부보의무로 함을 추가하였다. 그리고 Incoterms 2000 A.10과 B.10상의 정보협조와 관련비용 하에서 중요하게 취급되었던 보험에 관한 정보의무를 매도인에게 부보의무가 있는 CIF와 CIP의 경우 보험에 관한 규정인 A.3 b)에서 언급하므로 보험에 관해 필요한 최소한의 규정을 규정하고 있다. 이렇게 한 목적은 보험에 관한 당사자들의 의무를 보다 분명하게 하려는데 있다.

7. Security-related clearances and information required for such clearances.
보안관련 허가와 이러한 허가를 위해 요구되는 정보

There is heightened concern nowadays about security in the movement of goods, requiring verification that the goods do not pose a threat to life or property for reasons other than their inherent nature. Therefore, the Incoterms® 2010 rules have allocated obligations between the buyer and seller to obtain or to render assistance in obtaining security-related clearances, such as chain-of-custody information, in articles A2/B2 and A10/B10 of various Incoterms rules.

물품이 자체의 고유한 성격외의 이유로 생명이나 소유권에 위협을 가하지 아니한다는 증명을 요구하는 이른바 물품의 이동에 따른 보안에 대한 관심이 고조되고 있다. 따라서 Incoterms® 2010 rules는 일련의 보안정보와 같은 보안관련 허가를 취득하거나 이를 취득하는데 협조를 제공하기 위하여 매도인과 매수인간의 의무를 다양한 Incoterms rules상의 A.2와 B.2, A.10과 B.10에 각각 규정하고 있다.

해설 본 규정은 물품의 보안관련 정보규정의 신설의 필요성을 강조하는 서문규정으로 예컨대 대량 컨테이너 화물의 신속한 통관을 위해서는 물품이 인체나 소유권에 위해를 가하지 아니함을 입증하는 서류가 사전에 필요한바 Incoterms 2000에는 없었으나 Incoterms® 2010 rules의 경우 A.2와 B.2, A10과 B10규정을 통해 보안관련 세관허가를 요구하고 있다.

8. Terminal handling charges[8)]
조양비용(터미널 화물취급비용) 부담한계(분담한계)명시

Under Incoterms rules CPT, CIP, CFR, CIF, DAT, DAP, and DDP, the seller must make arrangements for the carriage of the goods to the agreed destination. While the freight is paid by the seller, it is actually paid for by the buyer as freight costs are normally included by the seller in the total selling price. The carriage costs will sometimes include the costs of handing and moving the goods within port or container terminal facilities and the carrier or terminal operator may well charge these costs to the buyer who receives the goods. In these circumstances, the buyer will want to avoid paying for the same service twice: once to the seller as part of the total selling price and once independently to the carrier or the terminal operator. The Incoterms® 2010 rules seek to avoid this happening by clearly allocating such costs in articles A6/B6 of the relevant Incoterms rules.

Incoterms rules, 즉 CPT, CIP, CFR, CIF, DAP, 그리고 DDP에 의하면 매도인은 합의한 목적지까지 물품의 운송을 위해 운송계약을 체결할 의무가 있다. 이런 경우 운임은 매도인이 지급하지만 물품의 총 매각가격 가운데 자신이 운임비용을 포함시키고 있기 때문에 실질적으로는 매수인이 부담하고 있다. 운임은 항구나 컨테이너 터미널의 시설을 이용하여 물품을 취급하고 이동시키는 비용을 가끔 포함시키고 있으며, 운송인이나 터미널 운영인은 물품을 수령하는 매수인에게 이런 비용을 당연히 부과하고 있다.

이런 경우 매수인은 똑같은 서비스에 대하여 두번 지급, 즉 한번은 총 매각대금의 일부로서 매도인에게 지급하고 또 한번은 별도로 운송인이나 터미널 운영인에게 지급하는 이중지급을 피하길 원할 것이다. 따라서 Incoterms® 2010 rules는 해당되는 Incoterms A.6와 B.6상에 이런 비용의 분담에 대하여 분명히 하므로 이런 사태의 발생을 방지하고 있다.

해설 우리도 알고 있듯이 C-Rules의 경우 운임은 매도인의 선급사항이며 실제운임은 매도인의 수출대금 속에 포함되어 있기에 실질적으로 운임지급인은 매수인이다. 그러나 운송계약 체결자가 운임을 지급하게 되어 있기에 매도인이 운임을 지급하는 것을 당연시하고 있다. 문제는 C-Rules의 경우 항구나 터미널내의 시설을 이용하여 화물을 싣기도 하고, 양화도하며, 이동시키기도 하고 있다. 이때 이런 시설을 이용한 물품의 취급이나 이동에 따른 비용을 터미널 조양비용(터미널 화물취급비용)이라 한다. 이런 비용은 가끔 운임 속에 포함됨에도 불구하고 수입지에 도착하였을 때 운송인이나 터미널 운영인이 이런 비용을 매수인의 물품수령 시에 매수인에게도 요구하기도 한다. 이런 사실은 결국 동일한 서비스에 대하여 터미널 조양비용이 이중지급되는 결과를 낳게 한다. 사실 이런 비용의 부담문제로 그동안 많이 논란이 되어왔다. 그런데 Incoterms 2000은 이런 비용의 부담에 대하여 침묵하였으나 Incoterms® 2010 rules는 A.6와 B.6을 통해 이들 비용의 분담에 대하여 분명히 하고 있다.

이런 이유에서 운임 속에 포함되나 목적지 항에서의 “handling charges”에 대한 논란이 그동안 끊임없이 제기되어 이의 해결차원에서 운송계약상에 이런 비용에 대한 매도인 부담 명시 여부에 좌우됨을 분명히 하기 위해 명시하였으며, 2차 초안에도 동 표현이 명시되어 있었다. 그러나 3차 초안에서 삭제되었는바, 이는 “handling charges”의 범위가 운송회사에 따라 다르기에 이런 표현에 따라 운송계약서상에 매도인 부담인 경우 그 적용범위를 두고 논란의 대상이 될 수 있기에 운송계약 체결 시에 운송회사와 화주간의 분명한 합의에 일임하는 것이 운송계약의 중요성 강조와 그 적용범위의 해석을 두고 일어날 수 있는 오해의 요지를 없애는데 도움이 될 것이라는 의미에서 삭제한 것 같다.

2차 초안은 동 표현의 삭제 외는 3차 초안과 동일하다.

그러나 본인의 생각으로는 운송계약에 따라 운임의 임계점이 달라질 수 있음을 전제한 규정이 A.6 b)호라면 서문의 규정에 따라 “handling charges”의 표현을 1차 초안, 2차 초안 A.6 b)에서와 같이 표현하는 것이 바람직하다.

9. String sales
연속매매

In the sale of commodities, as opposed to the sale of manufactured goods, cargo is frequently sold several times during transit "down a string". When this happens, a seller in the middle of the string does not "ship" the goods because these have already been shipped by the first seller in the string. The seller in the middle of the string

8) Debattista에 의하면 THC비용의 종류로 17가지를 들고 있다(C. Debattista, *Incoterms in Practices*, ICC Publishing S. A., 1995, pp.122-129).

therefore performs its obligations towards its buyer not by shipping the goods, but by "procuring" goods that have been shipped. For clarification purposes, Incoterms® 2010 rules include the obligation to "procure goods shipped" as an alternative to the obligation to ship goods in the relevant Incoterms rules.

제조물품의 매매와 반대로 상품매매에 있어선 화물이 가끔 연속으로 운송 중에 수차례 걸쳐서 전매된다. 이런 경우 연속매매 가운데 있는 매도인은 물품을 선적하지 아니한다. 왜냐하면 물품들은 연속매매상의 최초의 매도인에 의하여 이미 선적되었기 때문이다. 따라서 연속매매 가운데 있는 매도인은 물품의 선적에 의하지 아니한 기선적된 물품의 조달을 통해 매수인에 대한 자신의 의무를 이행하게 된다. 분류목적을 위해 Incoterms® 2010 rules는 관련 Incoterms rules 상에 물품을 선적할 의무의 대안으로서 "기선적된 물품의 조달(procure goods shipped)"의 의무를 포함하고 있다.

해설 제조물품과 달리 원유와 같은 1차 상품매매에 있어선 운송 중에 전매가 있을 수 있어 이를 연속매매로 하여, 이런 경우 연속매매 가운데 있는 매도인은 실제 선적을 하지 아니하고 이미 선적된 물품을 파는 격이 된다. 따라서 이런 경우를 대비하여 실재 선적 외에 선적된 물품의 확보를 통한 운송중의 매매, 즉 전매의 경우 이 역시 선적으로 간주하여 매매 당사자들 간의 거래가 규정에 따라 이루어지게 하고 있어 Incoterms 2000과의 차이점이다.

전통적으로 CIF에서 가능하였던 기적품 거래를 Incoterms 2000 서문 9.조건 3에 의하면 C-terms 가운데 CFR과 CIF로 확대하여 인정하여 왔으나 규정상에는 이에 상응하는 뚜렷한 규정없이 위험이전에 관해서만 서문 9.3을 통해 CISG 68조를 원용하도록 하는 선에서 끝났었다. 이런 경우의 기적품거래는 기선적된 물품 매각의 경우(예컨대 계약체결을 전제로 선박사정으로 미리 선적한 경우, 원양어선상에서 생산된 제품 매각의 경우)에 적용되는 거래로 이들도 CFR과 CIF의 거래의 대상이 됨을 전제하고 있다. 왜냐하면 서류거래이기 때문이다. 따라서 CIF거래의 경우 계약체결이 이루어지지 아니함으로써 반송되는 기적품으로 매매대상을 대체, 즉 물품을 선적할 의무의 대안으로 기적품을 제공할 수 있다. 단, 동일 상품인 경우와 매수인이 합의한 경우에 한한다.

문제 대안 Incoterms® 2010 rules에서는 CFR, CIF외에 FOB, FAS의 경우도 A.8의 둘째 규정에 의해 CAD거래가 가능하기에 FOB에도 이를 확대 적용하여 안내문에 규정하고 있다. 그러나 서문상의 Incoterms 2000과 Incoterms® 2010 rules의 차이에 대한 서문 9의 string sales에 의하면, 그리고 해당조건 안내문상의 "procure goods shipped"의 표현에 의하면, 기적품은 기적품이나 상기의 전통적인 기적품의 거래와는 다른 개념으로 사용되고 있다. 다시 말해서, 선측에 이미 조달(확보)되어 있는 물품도 인도의 대상이 되는 경우를 인정하는 FAS와 달리 CFR과 CIF, FOB하의 매도인은 물품을 실제 선적할 수도 있고, 이미 선적된 물품을 조달하여(이를 선적으로 간주함) 동 조건하의 거래를 할 수 있다고 함으로써 물품의 선적을 주요한 매도인의 의무로 하고 있으나 물품을 선적할 의무의 대안으로 이미 조달된 물품의 인도(기적품의 인도)도 선적의무의 이행으로 보고 있다. 그러나 대안의 인도에 대하여는 규정에도 안내문에도 위험이전에 관한 규정이 없으므로 종전과 같이 안내문상에 완벽하지 아니하지만 운송중에 매각되는 물품의 위험이전에 관한 규정인 CISG 68조와 연계시켜 설명하거나 아니면 규정상에 별도로 위험과 비용이전에 관한 규정이 필요할 수가 있다. 왜냐하면 당사자들이 물품의 상태에 대하여 무지한 상태에서 매각되는 경우 위험이전에 관한 규정인 CISG 68조의 규정만으로는 기적품, 즉 운송중에 있는 물품의 매각에 따른 위험이전의 책임한계를 보장할 수 없기 때문이다.

Williston교수에 의하면 CIF계약에 있어 운송중에 있는 물품의 위험은 달리 분명한 의사가 없는 한 매수인에게 있음이 분명함을 주장하고 있다.[9]

Incoterms의 변형(Variants of Incoterms)

Sometimes the parties want to alter an Incoterms rule. The Incoterms® 2010 rules do not prohibit such alteration, but there are dangers in so doing. In order to avoid any unwelcome surprises, the parties would need to make the intended effect of such alterations extremely clear iii their contract. Thus, for example, if the allocation of costs in the Incoterms® 2010 rules is altered in the contract, the parties should also clearly state whether they intend to vary the point at which the risk passes from seller to buyer.

가끔 당사자들은 Incoterm을 변형하여 사용하고 싶어 한다. 그러나 Incoterms® 2010 경우는 이러한 변형을 금지하고 있으나 그렇게 할 위험은 있다 따라서 변형으로 인해 일체의 원하지 아니하는 놀라움을 피하기 위하여 당사자들은 자신들이 의도하는 변형의 결과를 자신들의 계약서상에 지극히 분명히 할 필요가 있다. 따라서 예컨대 Incoterms® 2010 rules상의 A.6와 B.6상의 비용분담을 계약서상에 변경하고자 할 경우 당사자들은 위험이 매도인으로부터 매수인에세 이전하는 지점을 그들이 변경하길 원하는지 여부를 분명히 해야 한다.

해설 Ramberg교수는 Incoterms rules의 변형에 대하여 다음과 같이 설명하였다.

Incoterms rules는 당대에 가장 흔하게 사용되고 있는 상관행만을 반영하고 있기 때문에 당사자들은 보다 정확을 기하기 위해 Incoterms rules를 이탈하고 싶어하거나 규정을 추가하고 싶어할 수가 있다.

이런 경우 다음사항을 준수해야 한다.

① 당사자들은 Incoterms rules의 범위를 벗어나 자신의 위험하에 계약을 체결하고 있다.

② 따라서 당사자들은 Incoterms rules의 이탈이 적절한지 여부를 주의깊게 생각해야 한다.

9) S. Williston, *op, cit.*, p.227.

③ 수정내지 추가한 내용이 뜻하지 아니한 결과를 초래함을 피하기 위하여 주의깊게 작성되어야 한다.

④ 추가된 의무는 Incoterms rules하의 위험분담을 반드시 변경시키지 아니한다. 즉 위험은 매도인이 지시한 도착지까지 운임을 지급하나 물품의 멸실이나 물품에 대한 손상의 위험은 수출국의 출발 후는 매도인 부담이 아닌(조건처럼) 기능과 비용분담과 반드시 일치한다.

Incoterms® 2010 rules상의 몇몇 규정들의 안내문을 보면 선정된 Incoterms rule에 상기 준수사항을 적용시킬 필요성이 인정된다. EXW하에서와 같이 상관행은 EXW하의 규정과는 종종 다르게 운영되고 있다.

알고 있는바와 같이 당사자들이 매도인의 거소에서 매수인의 임의 처분상태로 물품을 단순히 적치하는 행위 외에 매도인에게 어떤 의무도 부과하길 원하지 아니할 경우 당사자들에게 이용 가능한 추가내용을 포함할 필요성 때문에 EXW전문은 전통적인 표현을 여전히 두고 있다.

현실적으로 법적책임을 부과함이 없이 이루어지고 있는 관행을 보면, 예컨대 EXW하에서 매도인의 경우 매수인의 수령차량에 추가적재를 위해 램프까지 물품을 운반하므로 매수인을 매도인이 도우거나 그 차량에 물품을 적재하여 줌으로 매수인을 매도인이 도울 때, 만약 매도인이 매수인을 이렇게 하여 도우지 아니한다면 매도인은 이러한 협조의 불이행에 대하여 책임이 있음을 확인하는 계약내용을 사용할 필요성을 당사자들이 거의 알고 있지 아니한다.[10)]

Incoterms 2000은 서문을 통해 변형의 가능성이 있는 해당조건의 전문을 통해 원칙적인 변형의 금지와 변형을 할 경우에 대비하여 사례를 들어 계약서상에 분명히 할 것을 권고하고 있어 원칙적으로 변형을 금지하나 예외적인 변형의 인정과 그 대책을 설명하고 있었다. Incoterms® 2010 rules 역시 Incoterms 2000에서 만큼 지면을 할애하지 아니하고 있으나 근본취지는 Incoterms 2000과 유사하다. 차이가 있다면 변형의 경우 계약서상에 변형의 결과에 대하여 Incoterms 2000상의 "명시적으로 기술하길"(…expressly to describe…) 대신에 "지극히 분명히"(extremely clear)로 표현하고 있음이 차이점이다. 그러나 변형의 경우 변형에 대한 판례가 확립되어 있지 아니하여 해석에 문제가 있을 수 있고, 변형의 정도에 따라 당사자들의 선정조건의 적용여부 마저 논란이 될 수 있다. 따라서 부득이한 경우 선정한 조건의 성격을 변경시키지 아니한 범위 내에서 합의에 따라 변형을 하되 변형에 따른 책임 소재를 매우 분명히 하여 만약의 경우에 대비해야 한다. 그러나 13개의 구도로 구성되어 있는 구두방인[11)] 구성된 Incoterms가 200개의 상이한 국가들 가운데 항공, 해로 또는 육상 편으로 선적을 요구하는 모든 종류의 물품을 어떻게 해서든지 매도인과 매수인에게 공급해야 하는데 기여해야 한다

10) J. Ramberg, *op. cit.,* p.41.

11) F. Reynolds, *Incoterms For America's*, Intel Projects Inc, 1999, p.31.

면 이에 완벽하게 맞는 조건은 찾을 수가 없다. 따라서 불가피한 경우 자신의 책임하에 변형을 허용하되 가능하다면 변형 대신 대안을 찾도록 Incoterms® 2010 rules를 권고하고 있다.[12] 즉 이러한 서문규정과 달리 각 Incoterms rules의 안내에 의하면 변형의 가능성에 대한 언급은 없고 대안만 제시하고 있다.

▷ 서문의 법적지위(Status of this introduction)

> This introduction gives general information on the use and interpretation of the Incoterms® 2010 rules, but does not form part of those rules.
>
> 이 서문은 Incoterms® 2010 rules의 사용과 그에 따른 해석상의 일반적인 정보를 제공할 뿐 Incoterms® 2010 rules의 일부를 구성하지 아니한다.

해설 Incoterms 2000의 경우 이미 안내문의 해설에서도 언급하였듯이 전문의 경우 해당 rule의 총체적 규정의 성격이 있다고 볼 수 있었다. 왜냐하면 그 성격에 대한 분명한 설명이 없었기 때문이다. 그러나 이러한 오해를 불식시키기 위하여 Incoterms® 2010 rules에는 서문에 대하여 분명히 그 성격을 설명하고 있는바 Incoterms® 2010 rules의 사용과 사용에 따른 해석상에 도움을 주기 위한 정보를 제공할 뿐 규정의 일부가 아님을 설명함으로써 안내문과 같은 성격임을 천명하고 있다. 그러나 이러한 서문의 성격과, 안내문의 성격의 법적 지위에 대한 설명은 Incoterms rules의 성격을 스스로 격하시키는 역할을 하고 있어 지금까지 정형거래조건 해석을 위한 국제승인규칙이라는 Incoterms의 법적 지위와는 분명히 다른 느낌을 주고 있다. 특히 지급과 관련한 A.8상의 운송서류에 대한 법적 성격을 서문에서 생략하고 있는 것은 운송서류의 법적 성격을 두고 비록 관련 규정에 의해 지배를 받을 수 있다고 하지만 정작 이들 서류를 활용하는 Incoterms® 2010에는 아무런 언급이 없다는 것은 이상하다. 이러한 현상은 UCP규정상의 다양한 운송서류에 대한 수령방침의 완화에 기인한다고 볼 수 있다. 이런 사실은 Incoterms rules의 여러 특징에도 불구하고 신뢰성에 영향을 줄 수 있지 아니할까 생각이 든다.

▷ Incoterms® 2010 rules에서 사용되는 용어 설명(Explanation of terms used. in the Incoterms® 2010 rules)

> As in the Incoterms 2000 rules, the seller's and buyer's obligations are presented in mirror fashion, reflecting under column A the seller's obligations and under column B

12) Incoterms® 2010, EXW, Guidance notes.

the buyer's obligations. These obligations can be carried out personally by the seller or the buyer or sometimes, subject to terms in the contract or the applicable law, through intermediaries such as carriers, freight forwarders or other persons nominated by the seller or the buyer for a specific purpose.

The text of the Incoterms® 2010 rules is meant to be self-explanatory. However, in order to assist users the following text sets out guidance as to the sense in which selected terms are used throughout the document.

Carrier: For the purposes of the Incoterms® 2010 rules, the carrier is the party with whom carriage is contracted.

Customs formalities: These are requirements to be met in order to comply with any applicable customs regulations and may include documentary, security, or physical inspection obligations.

Delivery: This concept has multiple meanings in trade law and practice, but in the Incoterms® 2010 rules, it is used to indicate where the risk of loss of or damage the goods passes from the seller to the buyer.

Delivery document: This phrase is now used as the heading to article A8. It means a document used to prove that delivery has occurred. For many of the Incoterms® 2010 rules, the delivery document is a transport document or corresponding electronic record. However, with EXW, FCA, FAS and FOB, the delivery document may simply be a receipt. A delivery document may also have other functions, for example as part of the mechanism for payment.

Electronic record or procedure: A set of information constituted of one or more electronic messages and, where applicable, being functionally equivalent with the corresponding paper document.

Packaging: This word is used for different purposes:

1. The packaging of the goods to comply with any requirements under the contract of sale.
2. The packaging of the goods so that they are fit for transportation.
3. The stowage of the packaged goods within a container or other means of transport.

In the Incoterms® 2010 rules, packaging means both the first and second of the above. The Incoterms® 2010 rules do not deal with the parties' obligations for stowage within a container and therefore, where relevant, the parties should deal with this in the sale contract.

Incoterms 2000 rules에서와 같이 매매당사자들의 의무가 A 이름하에 매도인의 의무와 B 이름하에 매수인의 의무를 반영한 경상의 형식으로 이러한 의무들은 매도인이나 매수인에 의해 직접적으로 수행될 수도 있고 가끔씩 계약법이나 준거법의 규정을 전제로 운송인, 해상화물운송주선인 또는 특수한 목적을 위해 매도인이나 매수인에 의해 지명된 제3자와 같은 중개자들을 통해 수행될 수도 있다.

Incoterms® 2010 rules의 규정들은 별도의 설명이 필요로 하지 아니할 정도로 이해하기 쉽다. 그러나 사용자들을 도우기 위하여 다음의 규정들은 어떤 의미에서 전 규정을 통해 사용되는 선정된 용어들에 대한 안내를 설명하고 있다.

운송인(Carrier): Incoterms® 2010 rules를 위하여 운송인은 운송 계약을 체결하는 당사자이다.

세관절차(Customs formalities): 이 용어는 적용되는 세관규정에 일치하기 위하여 준수되어져야 하는 요건이며, 문서, 보안, 정보나 물리적 검사의무를 포함할 수 있다.

인도(Delivery): 본 개념은 무역법과 관행에 따라 다양한 의미를[13] 지닌다. 그러나 Incoterms® 2010 rules는 물품의 멸실 또는 물품에 관한 손상 위험이 매도인으로부터 매수인에게 이전하는 경우를 의미하기 위하여 동 용어를 사용하고 있다.

인도서류(Delivery document): 본 용어는 A.8의 제목으로 사용되고 있다. 본 용어는 인도가 이루어진 사실을 입증하기 위하여 사용되는 서류를 의미한다. 여러 Incoterms® 2010 rules상의 인도서류란 운송서류나 이에 상응하는 전자기록이다. 그러나 EXW, FCA, FAS와 FOB하의 인도서류는 단순히 영수증(수령증)일 수 있다. 인도서류는 예컨대 지급을 위한 절차의 일부로서 기타 기능을 역시 가질 수 있다.

전자기록 또는 절차(Electronic record or procedure): 일련의 정보가 하나 이상의 전자메시지를 구성하고, 적용되는 경우 상응하는 종이문서와 기능적으로 등기를 구성한다.

포장(Packaging): 이 표현들은 다음과 같은 다양한 목적으로 사용되어진다.

1. 매매 계약 하에서 일체의 요구에 일치하는 물품의 포장
2. 물품이 운송을 위해 적합하도록 하기 위한 물품의 포장
3. 컨테이너 또는 기타 운송수단에 포장된 물품의 적재

Incoterms® 2010 rules상에서 포장은 상기 (1) (2)를 의미한다.

Incoterms® 2010 rules는 컨테이너 내에 물품을 쌓는데[14] 대한 당사자들의 의무를 다루고 있지 아니하다. 따라서 이와 관련이 있을 경우 당사자들은 매매계약서상에 이 사실을 특별히 취급해야 한다.

해설 Incoterms® 2010 rules는 Incoterms 2000과 마찬가지로 A조건하에 매도인의 의무를, B조건하에 매수인의 의무를 경상으로 규정하고 있다. 단지 Incoterms 2000의

---

13) Honnold 교수는 "delivery"의 개념은 영어나 기타 다른 언어상에 적절한 내용을 발견할 수 없을 정도로 너무나 추상적 개념으로 표현하고 있다(J. O. Honnold, *op. cit.*, p.210); 이런 이유에서 일지 모르나 CISG은 delivery라는 제목을 사용하고 있으나 그 의미에 대하여 "임의처분상태로 적치(placing the goods at the buyer's disposal)과 교부(handling over)"의 개념으로 국한하였고, Incoterms는 이러한 양 개념하의 세분화의 의미로 성형소건에 따라 다양하게 취급하고 있다.

14) 이러한 사실은 본선선적의 경우 크게 보면 선적의 개념에 해당한 선창내에 물품을 쌓는데 대한 당사자들의 의무를 FOB나 CFR, CIF가 다루고 있지 아니한 원리와 동일하다.

경우 A. seller must 하에 A.1 소제목 순으로 규정되어 있으나 Incoterms® 2010 rules는 A. seller's obligations A.1 소제목으로 구성되어 있으며, A.1의 경우 매도인의 총칙의무로 시작하고 있음이 차이점이다. B의 경우 경상이다.

사실 매도인의 인도의무에 따른 매수인 지급, 매도인의 수출허가 등의 의무에 따른 매수인의 수입허가 등의 의무와 같이 일방의 해당의무에 대한 상대방의 관련 해당의무 등으로 경상으로 되어 있으나, 그 내용을 보면 계약에 일치한 물품인도와 이에 대한 지급을 대전제로 각자가 해야 할 의무를 순서적으로 배열하고 있다. 따라서 반드시는 아니나 원칙적으로 필요한 단계별 의무를 체계적으로 경상 규정하고 있는바, 이들 규정자체가 각자의 입장에서 보면 경상으로 배열되어 있다.

Incoterms 2000과 차이점은 Incoterms® 2010 rules는 흔히 사용되는 그러나 오해의 소지가 있을 수 있는 중요한 용어에 대하여 설명하고 있다. Incoterms 2000 역시 서문 6을 통해 중요한 용어로 하송인(shipper), 인도(delivery), 통상의(usual), 비용(charges), 항구, 장소, 지점, 거소(port, places, points, premise), 선박과 본선(ship and vessel), 확인과 검사(checking and inspection)등에 대하여 설명하고 있었으나 지난 10년간 이들의 용어에 대한 이해가 어느 정도 된 것으로 알고 이번에는 제외하고 전혀 다른 용어로서 그 의미와 범위에 대하여 오해의 소지가 있을 수 있는 여섯 가지의 용어, 즉 운송인(carrier), 세관절차(customs formalities), 인도(delivery), 인도서류(delivery document), 전자기록 또는 절차(electronic record or procedure), 포장(packaging)에 대하여 설명하고 있다.

Incoterms 2000은 운송인의 개념을 두가지로 사용하였다. 즉 이행운송인(performing carrier)와 계약운송인(contracting carrier)로 구분하여 양자를 모두 운송인으로 규정하였다. 이러한 개념에 따르면 하주의 입장에서 보면 문제가 있다. 즉 운송회사의 현실을 감안하여 이루어지고 있는 운송의 단계에 따라 참여하는 이행운송인의 책임문제가 거론될 수 밖에 없었다. 이런 문제를 해결하기 위해 Incoterms® 2010은 운송인의 정의를 계약운송인으로 통일하므로 운송의 다단계에 참여하는 운송인의 책임은 바로 계약운송인의 책임임을 분명히 하려는데 있다.

특히 인도에 관한 용어 정의의 경우 Incoterms 2000에서는 COD와 CAD와 밀접한 관계가 있는 A.4와 B.4를 COD조건과 CAD조건을 중심으로 설명하였으나 Incoterms를 대금결제와 연계시키거나 속성적으로 분류해 볼 때 COD와 CAD로 구분할 수 있는 결정적 규정인 A.4와 B.4 그리고 A.8과 B.8에 대한 근본적인 설명 없이 그저 A.4와 B.4상의 인도의 개념의 차이를 설명함으로써 인도개념의 이해를 어렵게 하였다. 이번에는 B.4상의 인도개념이 A.5와 B.5상의 위험이전의 결정적 분기점이 됨을 강조하는 의미의 인도개념을 설명하고 있다.

사실 delivery의 개념은 서문의 지적과 Honnold교수의 지적과 같이 나라에 따라 법에 따라 force majeure(불가항력)처럼 인도의 개념이 매우 다양하기에 CISG 역시 동 용어의 사용을 기피하여 …place the goods at buyer's disposal, 과 hand over의 개념을 인도의 개념으로, Incoterms 2000은 상기 두 인도개념을 조건에 따라 조건에 맞게 세분화하여 사용하고 있었는바, Incoterms® 2010 rules는 이런 개념자체가 A.5와 B.5의 위험이전의 분기점이 되는 A.4와 B.4상의 조건에 따른 다양한 인도표현의 근본개념을 정의하였다고 볼 수 있다.

전자기록이나 전자절차의 개념은 UN전자통신협약 8조와 9조에 입각한 정의를 하고 있다.

특히 전 Incoterms® 2010 rules A.8상의 인도서류의 인정범위에 관해 분명하게 설명하고 있다. 여기서의 인도서류의 범위는 다음과 같다.

Incoterms® 2010 rules의 A.8의 경우 인도가 이루어진 사실을 증명하는 운송서류 또는 이에 갈음할 수 있는 전자서류이며, COD를 전제한 예컨대 EXW, FCA, FAS, FOB상의 A.8의 경우 본선수취증(mate's receipt: M/R) 또는 부두수령증(dock receipt: D/R)서류일 수도 있고, 경우에 따라선 상기 A.8상의 COD를 위한 서류를 A.8상의 CAD를 위한 서류로 전환하여 대금지급을 위한 서류로서 운송서류 내지 전자서류일 수도 있다. 경우에 따라서는 원칙적으로 COD거래이지만 대금지급을 위한 기타서류, 예컨대 DAT나 DDP, DAP의 경우의 화물인도지시서(delivery order: D/O)또는 통운송서류(through transport documents: TTD)일 수 있다.

이러한 사실은 A.8의 규정자체가 지금의 차원에서 보면 매우 중요한 규정으로 전 Incoterms® 2010 rules A.8상의 규정상에서 말하는 원칙적으로 COD거래이나 합의에 의해 CAD거래가 이루어질 경우, 근본적으로 CAD거래가 이루어질 경우, COD거래로 대금결제를 위한 경우 등에 대비한 서류들의 발급을 인정하는 의미의 인도서류 개념이다. 이렇게 설명함으로써 해당 rule상의 A.8상의 인도서류의 규정이 해당 rule이 COD거래인가 CAD거래인가를 분명히 설명하는 규정으로 볼 수 있다.

세관절차의 경우 전통적인 국부의 유출·유입에 따른 단순한 수출입허가에 국한하는 것이 아니라 관세법상의 준수여부는 물론이고 수출입화물의 대형화, 컨테이너화에 따라 요구될 수 있는 일체의 검사를 포함하는 개념이다.

2. 모든 운송형태에 적용 가능한 규정 (RULES FOR ANY MODE OR MODES OF TRANSPORT)

1) EXW

EX WORKS
EXW(insert named place of delivery) Incoterms® 2010
: EXW(지정된 인도장소 공장인도규정: 공장인도규정)

안내문(GUIDANCE NOTE)

This rule may be used irrespective of the mode of transport selected and may also used where more than one mode of transport is employed. It is suitable for domestic trade, while FCA is usually more appropriate for international trade.

"Ex Works" means that the seller delivers when it places the goods at the disposal of the buyer at the seller's premises or at another named place(i. e., works, factory, warehouse, etc.). The seller does not need to load the goods on any collecting vehicle, nor does it need to clear the goods for export, where such clearance is applicable.

The parties are well advised to specify as clearly as possible the point within the named place of delivery, as the costs and risks to that point are for the account of the seller. The buyer bears all costs and risks involved in taking the goods from the agreed point, if any, at the named place of delivery.

EXW represents the minimum obligation for the seller. The rule should be used with care as:

a) The seller has no obligation to the buyer to load the goods, even though in practice the seller may be in a better position to do so. If the seller does load the goods, it does so at the buyer's risk and expense. In cases where the seller is in a better position to load the goods, FCA, which obliges the seller to do so at its own risk and expense, is usually more appropriate.
b) A buyer who buys from a seller on an EXW basis for export needs to be aware that the seller has an obligation to provide only such assistance as the buyer may require to effect that export: the seller is not bound to organize the export clearance. Buyers are therefore well advised not to use EXW if they cannot directly or indirectly obtain export clearance.
c) The buyer has limited obligations to provide to the seller any information regarding the export of the goods. However, the seller may need this information for, e. g., taxation or reporting purposes.

이 조건은 선정된 운송형태에 관계없이 사용되어질 수 있으며 하나이상의 운송수단이 채용되는 경우에도 역시 사용되어질 수 있다. 이 조건은 국내거래에 적합하며 FCA는 국제거래에 보다 적합하다.

"EX Works"는 매도인이 물품을 자신의 거소 또는 다른 지정된 장소(즉 공장, 창고 등)에서 매수인의 임의처분상태로 적치[15)]한 때를 인도로 함을 의미한다.

매도인은 수거(수령) 수송수단에 물품을 적재할 필요가 없으며 이러한 수출통관이 적용될 경우라도 수출을 위해 물품을 통관할 필요 역시 없다.

당사자들은 지정된 인도장소내의 지점을 가능한 한 분명히 명시하는 것이 바람직하다. 왜냐하면 그 지점까지 위험과 비용은 매도인 부담이기 때문이다. 매수인은 지정된 인도 장소에 합의한 지점이 있다면 그 지점으로부터 물품수령과 관련한 모든 위험과 비용을 부담해야 한다.

EXW는 매도인에게는 최소한의 의무를 나타내기에 동 조건의 사용시 다음의 이유로 유의해야 한다.

a) 매도인은 실제에 있어 자신이 물품을 적재할 보다 유리한 위치에 있을 수 있다 하여도, 매수인의 위험과 비용으로 물품을 적재할 수 있다 하여도, 물품을 적재할 의무가 없다. 매도인이 물품을 적재한다면, 그는 매수인의 위험과 비용으로 그렇게 해야 한다. 매도인이 물품을 적재할 유리한 입장에 있을 경우 매도인이 자신의 위험과 비용으로 그렇게 할 의무가 있는 FCA가 일반적으로 보다 적합하다.

b) 수출을 위해 EXW조건으로 매도인으로부터 물품을 구입한 매수인은 수출을 수행하기 위해 필요로 할 수 있는 협조만을 제공할 의무를 매도인이 가지고 있다. 즉 매도인은 수출통관을 준비할 의무가 없다. 따라서 매수인이 수출통관을 직·간접적으로 취득할 수 없다면 EXW를 사용하지 아니할 것을 매수인에게 조언한다.

c) 매수인은 매도인에게 물품의 수출에 관한 모든 정보를 제공할 의무에 제한된다. 그러나 매도인은 예컨대 세금이나 보고목적으로 이러한 정보를 필요로 할 수 있다.

해설 EXW는 운송형태에 관계없이 사용되어질 수 있고, 개입하는 운송수단 여부에도 관계없이 적용이 가능하며, 국제거래에도 적용이 가능하나 국내거래에 보다 적합하고, EXW와 인도장소가 같으면서 수출통관을 매도인이 취할 필요가 있을 때는 FCA가 바람직함을 설명하므로 EXW가 국제거래에도 적용가능하나 국내거래에 적합하고 수출거래의 경우 그 대안으로, 동일 상표에서 적재하여 인도하되 수출통관된 물품의 인도가 필요한 경우 EXW보담 FCA의 사용을 권고하고 있다.

동 조건은 매도인의 거소 또는 공장, 작업장, 창고와 같은 물품이 있는 다른 장소에서 매수인의 임의처분상태로 인도, 즉 적치하는 것을 기본적인 매도인의 인도의무로 하는 조건이다. 이 경우 주의를 요할 것은 매도인은 일체의 물품수거수송수단에 물품을 적재할 필요가 없으며 구입된 물품이 매수인에 의해 수출되기에 수출통관이 필요하다해도 수출통관의 의무 역시 없다.

주의를 요할 것은 EXW를 순수 국내용으로 착각할 수 있다. 그러나 서문에서와 같이 Incoterms® 2010 규정은 국내외거래에 공히 사용이 가능한바, 여기서 국내거래에 적합하다는 말은 순수 국내거래 적합만의 의미가 아니라 수출을 전제한 국내거래를 포함한다.

일정한 장소 내에 다양한 인도지점이 있을 경우 인도지점에 관해 논란이 일어났다. 왜냐하면 인도지점에 따라 위험과 비용이전이 달라질 수 있기 때문이었다. 이번에는 이러한 현실적 문제를 해결하기 위해 선택의 여지가 없는 인도장소의 경우 동장소가 바로 인도지점이기에 문제가 없으나 인도장소내에 인도지점이 다양한 경우 인도지점에 관해서는 사전 합의를 요구하고 있으며, 합의한 지점 또는 장소가 당사자들 간의 위험과 비용의 분기점이 됨을 강조함으로 인도장소의 중요성을 환기시키고 있다.

EXW는 매도인의 최소의무 매수인의 최대의무부담 조건이기 때문에 다음사항을 유의해야 한다.

---

15) 적치(Place)의 개념은 인도의 범주 내에 해당하는 용어로 물품을 차곡차곡 쌓아두는 상태의 인도를 의미한다.

① 매도인의 의무는 매수인이 구입한 물품을 수출하는데 필요한 정보제공 협조만 있을 뿐 인수 후 일체의 수출입 부담은 매수인에게 있다.

② 그러기에 직·간접적으로 매수인이 수출입허가를 취득할 수 없다면 EXW조건의 사용을 피해야 한다.

③ 매도인은 자신이 물품을 인도하는 장소의 시설 등으로 보아 물품을 수거운송수단에 적재할 유리한 입장에 있다해도 그리고 이러한 작업을 매도인이 한다면 매수인의 위험과 비용으로 이루어져야 하는 경우라도 매도인은 물품을 적재할 의무가 없다. 이런 경우 매도인의 거소에서 물품을 적재할 의무를 매도인에게 부과하는 FCA가 적합하다.

종전의 경우 적재의무를 매도인에게 부담시키고자 할 경우 계약서상에 명시할 것과 매수인이 직·간접적으로 수출입허가를 받을 수 없는 경우 EXW 대신 FCA가 대안으로 추천되었다. 이번의 경우 EXW 수정의 가능성을 배제하고 매도인의 최소의 의무를 수정하지 못하게 하고 있다. 그리고 동일 장소에서 인도라도 운송수단에 적제인도의 경우 FCA를 EXW의 대안으로 추천한 것은 Incoterms 2000의 경우 수출지의 화물터미널에서 운송인에게 인도의 경우 개별기업의 인도장소가 적재가능 예컨대 “사이딩(siding)” 같은 시설이 있는 경우도 있고, 없는 경우도 있었는바, 수집(거, 령)운송수단에 적재가능 시설을 갖추고 있는 경우 당사자 합의를 통해 동 장소에서 FCA로 그리고 시설이 없는 경우 순수 EXW로 하든지 아니면 FCA로 하도록 하여 내륙의 화물터미널에서 인도하도록 하는 것이 편리하였다. 그러나 지금은 대부분의 기업이 공장 자체 내에 하역작업을 할 수 있는 시설을 갖추고 있기에 매도인의 공장이나 영업장소가 바로 과거 FCA하의 화물집하장소적 기능을 할 수 있기 때문에 EXW의 대안으로 FCA를 추천하고 있는 것 같다.

④ 반면 매수인의 매도인에 대한 의무는 수출물품에 관한 정보제공의무에 국한된다.

⑤ Incoterms® 2010 rule의 경우 전 Incoterms조건 끝에 Incoterms® 2010 rules를 반드시 명시하도록 유도하고 있다. Incoterms 2000의 경우 Incoterms 2000서문[16]에 당사자들이 Incoterms 2000을 사용할 경우 계약서상에 “Incoterms 2000”에 지배됨을 명시해야 당사자들이 사용하는 Incoterm이 Incoterms 2000에 따라 해석될 수 있다고 권장사항으로 규정하고 있으나 기업들이 잘 따르지 아니하고 선택한 Incoterm상의 당사자들의 의무관계로 분쟁발생시 Incoterms 2000의 적용여부가 논란이 되었다. 따라서 Incoterms® 2010 rule의 11가지 Incoterms rules의 경우 각 조건의 말미에 의도적으로 Incoterms® 2010을 명시하도록 하여 Incoterms® 2010 rules의 적용여부의 분쟁소지를 차단하고 있다.

안내문의 최종초안의 경우 본 Incoterms rule상의 매도인의 인도의무를 보다 분명하게 하기 위한 자구수정 외에는 3차 초안상의 안내문과 동일하다.

16) Incoterms 2000, Introduction, 4. Incorporation of Incoterms into the contract of sale.

문제 대안 첫째 절 둘째 줄 상에 "It is suitable for" 대신에 "It is more suitable for"가 바람직하다. 왜냐하면 동일 장소에서 인도하는 물품으로 동 물품이 수출될 경우로서 수출통관이 필요한 수출품의 경우는 FCA가 EXW보다 적합하고, 수출될 물품이나 순수 국내거래는 물론이고 수출을 위한 국내거래의 경우 EXW가 FCA보다 더 적합하다는 상대적 필요성의 강조를 위해서이다.

본문 가운데 비용과 위험의 표시는 위험과 비용으로 그 어순을 변경해야 한다. 왜냐하면 Incoterms자체가 인도에 따른 위험과 비용을 같은 선상으로 봄과 동시에 위험이 발생하므로 이에 수반하여 비용이 발생할 수 있음을 전제하고 있기 때문이다.

동일한 안내문상에 셋째 절상에는 "…비용과 위험…"으로 되어있는데, 다섯째 절상에는 "…위험과 비용…"으로 되어 있는바 위에서 지적한대로 "위험과 비용" 순으로 변경할 필요가 있으며, Incoterms 2000 6."용어 정의"상의 4)"비용정의"상에서 다양한 비용표현의 사용이 나라에 따라 업계에 따라 다양하게 표현하고 있음을 묵시하는 의미로 포괄적 표현으로 전 Incoterms로 A.6와 B.6의 제목에 "Division of costs"로 표현하고 있었다. 그러나 이런 취지의 내용 설명이 서문 상에 보완될 필요가 있음을 주장한 바 있다.[17] 그러나 이러한 설명이 여전히 무시되고 있다. 따라서 다양한 비용표현에 대한 Incoterms 2000, 9・3의 추정이 의한 이해와 본인의 주장이 인정되지 아니한다면 안내문상의 둘째 절상의 "as the costs and risks to that point…"와 다섯째 절상의 "…at the buyer's risks and expense…"상의 costs와 expose의 설명이 필요하며, 셋째 절상의 "… as the costs and risks … at … all costs and risks …"의 경우 the costs…와 all costs…의 분명한 차이점에 대한 설명이 필요하다.

서문 "Incoterms® 2010의 사용방법"에 의하면 Incoterms® 2010의 적용을 위해 당사자들이 사전 합의를 요구하고 있고, 각 Incoterm을 보면 예컨대 "EXW(insert…delivery) Incoterms® 2010"로 되어 있어 자동적용으로 이해할 수도 있다. 이로 인한 Incoterms® 2010 rules의 적용여부에 내한 오해를 없애기 위해 본인의 생각으로는 계약체결시 예컨대 offer상에 "price: @ 100 US dollars CIF new york Incoterms® 2010 or Incoterms® 2010 rules per case"로 표시하도록 하는 후자의 해석을 원칙적으로 하고, 이러한 표시가 없을 경우 역시 Incoterms® 2010 rules의 자동적용으로 서문을 개정할 필요가 있다.

Incoterms 2000의 경우 DAF와 FCA를 제외한 나머지 11개 Incoterms의 전문상의 해당조건별 위험과 비용의 분기를 분명히 제시하고 있었다. 이는 매우 바람직한 일이었다. 왜냐하면 Incoterms 자체가 인도에 따른 당사자들간의 위험과 비용의 기능에 관한 분기의 규정이기 때문이다.

그러나 Incoterms 2010의 경우 EXW와 DDP를 제외한 나머지 rules의 위험과 비용의 분기를 해당 rule의 정의를 하면서 분명히 하고 있지 아니하고 있다. 특히 비용이전에 관해 불분명하다. 그 대신 A.6와 B.6을 통해 비용의 책임한계에 관해 전문상의 양하비용 표현과 관련하여 Incoterms 2000보다 분명히 하고 있다. 이러한 사실은 바람직하지 아니하다. 해당 rule별 정의를 하면서, 물품의 인도 시점을 위험과 비용의 분기점으로 하고 rule의 특징에 따라 운송계약과 관련한 운임을 포함한 양하비용의 부담관계를 안내하고 해당 규정에 구체적으로 반영하는 것이 바람직하다고 생각되며, 반드시 그렇게 되어야 한다.

---

17) 오세창, "Incoterms2000 규정표현 및 내용에 관한 서문상의 문제점과 개정방안," 경영경제, 제33집 제3호, 계명대학교 산업경영연구소, 2008, p.103.

A. 매도인의 의무(THE SELLER'S OBLIGATIONS)

A.1 매도인의 총칙의무(General obligations of the seller)

The seller must provide the goods and the commercial invoice in conformity with the contract of sale and any other evidence of conformity that may be required by the contract.

Any document referred to in A1-A10 may be an equivalent electronic record or procedure if agreed bet-ween the parties or customary.

매도인은 매매계약에 일치한 물품과 상업송장 그리고 계약이 요구할 수 있는 기타 일치의 증거를 제공해야 한다.

A1-A10에서 언급하고 있는 모든 서류는 당사자들 간에 합의하거나 관례라면 동등한 전자기록이나 절차에 의해 대체될 수 있다.

해설 전 Incoterms 매도인의 의무 제1조를 통해 매도인은 매매계약에 일치하는 물품[18]을 상업송장 또는 이에 갈음하는 전자서류 그리고 계약에서 요구하는 기타 일치의 증거를 제공해야 하는바, 상업송장은 Walker, Rosenthal, Schmitthoff, Sasson, UCP 등의 주장과 내용을 요약하면 선적된 물품의 명세서와 대금청구서이며, 매도인이 계약내용에 따라 제공하고 있는 물품의 매도인에 의한 진술이고, 송장 상에 명시된 물품의 인도의 증거로 정확하고 진실하게 작성되어져야 하는 서류[19]로서, 결국 상업송장의 가장 중요한 기능이자 성격은 매도인이 매매계약에 따라 자신이 매수인에게 정히 이행한 사실의 결정적 입증서류이다. 이렇게 볼 때 계약에 일치하는 물품의 제공에 대하여는 국내법과 국제법을 통하여 분명히 규정하고 있다.

기타 일치의 증거서류로는 포장명세서(packing list), 용적, 중량증명서(certificate and list of measurements and/or weight), 품질증명서(certificate of analysis) 등으로 이들 서류들은 물품의 계약에의 일치를 입증하고 보완하는 증거서류들이다.

제공서류에는 필수적으로 제공해야 하는 서류와 협조제공시기가 있으며 이들 제공

---

18) 여기서의 일치하는 물품(....the goods....in conformity with the contract of sale...)이란 SGA, 27, 13, 14(2)(3)과 UCC, 2-313-6 그리고 CISG, 30조, 35조 등의 내용을 통해 볼 때 ①설명서에 일치하고, ②적상성(merchantability)을 지녀야 하고, ③특수한 목적에 적합(fit for a particular purpose)해야 하는 물품임을 확정할 수 있는 바, 계약체결 전에 상호 교환된 내용이나 이에 근거한 계약서나, 계약서에 근거한 신용장 등에 물품에 관한 내용(express or implied and conditions)과 거래관행에 근거하여 이러한 추정이 가능할 수 있고 또 가능해야 한다.

19) A. G. Walker, *Export Practice & Documentation*, 2nd ed., London: Butterworths, 1977, p.171; M. S. Rosenthal, *Techniques of International Trade*, New York: McGraw-Hill Book Co., 1910, p.140; C. M. Schmitthoff, *Export Trade*, 9th ed., Stevens & sons, 1996, p.31, p.66; D. M. Sassoon, *CIF and FOB Contracts*, 2nd ed., Stevens & sons, 1990, p.87.

서류에 관해 매도인의 의무 1조, 2조, 8조, 10조와 매수인의 의무 10조에서 언급하고 있으며, 1조, 8조가 자신의 책임 하에 제공해야 하는 필수서류관계를, 2조, 8조, 10조가 상대방의 요청과 위험과 비용부담으로 제공해야 하는 협조서류관계를 각각 규정하고 있다.

필수서류의 경우로서 인도의 증거와 운송서류 등, 즉 인도의 증거서류에 관해 매도인의 의무 8조에서 규정하고 있으며, 동시에 이 규정이 협조서류관계도 규정하고 있다. 현실적으로 대부분 L/C등에 의해 CAD거래가 이루어지고 있으므로 특약에 의해 이들 규정에서 말하는 협조서류가 필수서류가 되고 있음을 주의해야 한다.

이러한 의무는 구체적으로는 계약서상의 물품의 명세서와 계약서상의 물품의 설명과 이에 따른 신용장상의 "......covering.........."의 표현에 대한 해석내용이라 할 수 있다.

그리고 일치의 증거서류는 A.9(확인 · 포장 · 화인)과 A.10(정보협조와 관련비용) 그리고 B.9(물품의 검사)과 B.10(정보협조와 관련비용)의 규정에 따라 신용장에 ⅰ) other documents, 또는 ⅱ) special instruction 등을 통해 예컨대 beneficiary's certificate certifying that the equality of the undermentioned goods is of good standard and free of weaving defect, color shading, defect and slipperage defect 또는 surveyor's certificate......와 같이 표현된다.

A.1의 규정은 Incoterms가 인도에 관한 매매규정이며, 각 Incoterm규정 가운데 제일 중요한 규정이다. 다른 규정들은 A.1규정의 이행을 위한 규정이다. 대금지급과 관련하여서는 A.8의 규정이 중요하다해도 이 규정 역시 A.1을 위한 A.4에 따른 인도의 입증서류이자 운송계약에 따른 이행증거서류 규정인 대금결제서류일 뿐이다.

본인은 1차 초안과 관련한 규정을 두고 다음과 같이 주장한 바 있다.

A.1 제목을 Provision of good and commercial invoice and other document(s)로 변경이 필요하다. 이는 Incoterms의 핵심조항이자 매도인의 제일의 의무이고, 나머지 조항은 A.1의 후속규정인바 동규정의 중요성 강조의 필요성과 매도인의 매매계약의무이행입증의 명확성 재고를 위해서이다. 그리고 특히 "documents"의 표현은 계약서상에 일치증거의 보완서류인 검사증명서의 경우 예컨대 L/C상에 certificate of experts의 경우와 …of expert의 경우 제공서류의 종류가 달라질 수 있기 때문이다. 이렇게 함으로써 종전 Incoterms A.1의 제목과 규정간의 모순 제거, 상업송장의 중요성과 매매계약 이행의 중요성 강조, 이로 인해 인도와 관련하여 당사자들 간에 체결된 계약의 보충법으로서 보다 높은 이해와 투명성 재고에 기여[20]하는 Incoterms의 중요성 강조의미의 효과를 올릴 수 있다. 규정은 "the seller…with contract of sale…invoice as its evidence conformity and _____." 변경할 필요가 있는바, 이는 상업송장은 당사자 간 매매계약[21]에 따른 일치이행의 증거서류를 강조함과 동시에 상업송장이 법적서류임을 강조하기 위해서이다.

---

20) H.V. Houtte, *The Law of Int'l Trade*, 2nd, ed., Sweet of Maxwell, 2002, pp.173, 175.

21) 오세창, "Incoterms 3000 초안의 특징과 문제점", 경영경제 제42집 제2호, 계명대학교 산업경영연구소, 2009, p.30.

그리고 2차 초안과 관련하여 다음과 같이 주장한 바 있다

A.1의 'documents required by the contract'는 종전표현, 즉 'evidence of conformity which may be …' 표현이 A.1 성격과 맞다. 왜냐하면 여기의 서류는 commercial invoice를 보안하는 서류이며, commercial invoice는 매도인의 매매계약 이행증거서류이기 때문이다. 이하 전 Incoterms A.1 규정통일이 필요하다.[22)]

3차 초안의 A.1의 경우 Incoterms 2000 A.1상의 "… or its equivalent electronic message" 대신에 전 Incoterms A1-A10상에 규정되어 있는 서류는 상기 초안 A.1 둘째 절 규정과 같이 당사자들 간에 합의하거나 관례라면 종이서류와 동등한 전자기록으로 대체할 수 있다는 표현으로 대체된 것 외는 Incoterms 2000 A.1과 내용이 똑같이 변경된 것이 없다. 당연한 조치라 생각된다. 사실 A.1의 규정과 같이 규정되지 아니한다면 Incoterms가 인도에 관한 국제통일매매관습이라 주장할 수가 없다.

단지 A.1의 제목자체가 1차와 2차 초안 상의 "provision of goods and documents" 대신에 "General obligation of the seller"로 변경된 것은 차이가 있으나 A.1 둘째 절상에서의 규정표현 때문에 제목이 이렇게 변경된 것 같지만 제목자체의 의미는 나머지 규정의 이행은 A.1의 규정의 구체적 실현 규정이요 아울러 전 규정상에서 표현된 서류는 전자서류도 공히 인정됨을 강조하는 총칙, 즉 인도에 관한 통일국제매매관습 규정인 Incoterms의 중요한 기본원칙규정을 언급하고 있다고 볼 수 있어 타 규정에 비하여 그 중요성을 더 하는 규정이요 타 규정은 이 규정의 준수를 위한 부수규정으로 보게 하는 의미를 지닌다고 볼 수 있다.

최종초안의 경우 "electronic record"에 "… or procedure"이 추가된 것 외는 동일한바, 이는 이미 특징에서 언급하였듯이 종이서류와 전자서류간의 등가성과 기술 중립적 입장을 유지하고 있는 전자통신형식 8조와 9조의 규정에 따른 모든 전자통신을 의미하기 위한 표현으로 볼 수 있다.

A.2 허가, 승인, 보안통관과 기타절차(Licences, authorizations, security clearances and other formalities)

> Where applicable, the seller must provide the buyer, at the buyer's request, risk and expense, assistance in obtaining any export licence, or other official authorization necessary for the export of the goods.
>
> Where applicable, the seller must provide, at the buyer's request, risk and expense, any information in the possession of the seller that is required for the security

---

22) 오세창, "Incoterms 2011 2차 초안의 특징과 문제점", 경영경제, 제43집 제1호, 계명대학교 산업경영연구소, 2010, p.39.

clearance of the goods.

적용되는 경우, 매도인은 매수인의 요청과 위험 그리고 비용부담으로 물품의 수출을 위해 필요한 모든 수출허가 또는 기타 공식승인을 취득하는데 협조를 제공해야 한다.

필요한 경우 매도인은 매수인의 요청과 위험 그리고 비용부담으로 물품의 보안통관을 위해 필요로 하는 매도인의 점유 하에 있는 정보를 제공해야 한다.

해설 수출과 수입은 국부의 유출과 유입을 의미하기에 반드시 정부기관이나 정부기관으로부터 위임받은 기관에서 허가 또는 승인, 기타 세관절차를 취해야 한다. 그러나 현실적으로 수출의 경우 대부분의 나라들이 수출을 권장하고 있기 때문에 그 절차는 매우 간단하며 수출에 따른 비용 역시 거의 없다고 볼 수 있다.

첫째 절의 "where applicable"의 경우 종전 규정가운데 수출허가, 승인, 수출세관절차가 필요없는 EU지역과 수출자유지역의 수출거래와 국내거래에도 Incoterms의 적용을 위해 Incoterms 2000부터 전 Incoterms A.2와 B.2등에 신설되었다. "where applicable"의 어순이 규정 가운데서 초두에 언급된 것과 "… 기타 공식수입을 취득하는데 모든 협조(every assistance)"를 "… 취득하는데 협조(assistance)"로 변경된 것 외는 종전 규정과 똑같다. 특히 "where applicable"이 서두에 규정된 것은 Incoterms 2000의 경우 동 표현은 세관절차에만 적용되는 것으로 오해할 수 있어 이런 오해를 불식시키고 규정의 명확성을 확보하기 위해 서두에 배치되었다. 종전과 같이 위치한다 해도 문제는 없다. 왜냐하면 세관절차 전에 허가나 승인이 반드시 이루어져야 하는바, 세관절차의 원인행위에 해당하는 것이 수출입허가와 승인이기 때문이다.

이미 특징에서 언급한바 있듯이 종전 Incoterms 2000의 경우 상대방의 요청과 위험 그리고 비용으로 제공해야 하는 협조의무의 경우 "render"를 자신의 비용 또는 자신의 비용과 위험으로 제공해야 하는 필수제공의무의 경우 "provide"로 구분하여 사용하였다. 그 대표적 규정으로 1조, 2조, 3조, 8조, 10조의 규정이었다. 그러나 Incoterms® 2010 rules의 경우 10조의 규정을 제외하고 전부 "provide"로 대체하였다. 이는 자기 책임하에 필수적으로 제공해야 하는 경우 외에 결과의 책임은 요청한 자에 있으므로 협조의무인 경우에도 반드시 자신의 비용으로 또는 위험과 비용으로, 즉 자신의 책임 하에 반드시 제공해야 하는 경우와 같이 서류나 협조의 제공은 반드시 제공해야 한다는 의미의 provide로 통일한 것 같다. 그러나 상대방이 요청에 대한 상대방의 책임 하에 제공되는 협조의무로 반드시 제공해야 하는가 아니면 자신의 책임 하에 필수의무로 반드시 제공해야 하는가 하는 책임한계는 변화가 없다.

그러나 10조의 경우 상대의 책임 하에 타방이 제공하려 해도 국가정책 등에 의하여 취득하여 제공할 수 없는 경우가 있고, 요청만 있으면 요청자의 위험과 비용부담으로 제공할 수 있는 경우가 있을 수 있기에 반드시 협조나 취득이 가능한 경우로 필수제공의무 표시의 표현이 가능한 1조, 2조, 3조, 8조와 달리 "provide or render" 또는 "in providing or rending"을 표현하고 있다.

논자는 Incoterms 1990 해설 때부터 provide와 render의 표현에 대하여 전자를 일방의 책임 하에 협조내지 취득하여 제공하는 필수제공의무에, 후자를 타방의 책임 하에 일방의 협조내지 취득하여 제공하는 필수협조제공의무에 해당하는 표현으로 줄곧 주장해왔다. 이러한 주장에 대한 ICC의 반영은 물론이고 논자의 주장을 한층 더 발전시켜 위의 주장에 따른 표현을 하고 있다. 이러한 사실은 마치 소유권이전에 있어 SGA 16조, 17조, 18조, 19조, 20조에 근거한 Guest, Sassoon 등의 의한 전부 또는 전무(all or nothing)의 이론을 근거로 미국의 Williston 등에 의해 세분화시켜 구체화한 소유권 분할이론에 비유할 수 있다.

첫째 절의 규정은 1차 2차 3차 초안 모두 동일하며, "모든 협조" 대신 "협조"로 변경된 것은 전자의 경우 수출과 관련없는 의무까지도 매도인에게 의무를 과중시키는 인상을 주기 때문에 삭제되었다.[23)]

둘째 절의 경우 이미 위에서 언급한대로 9.11테러에 따른 불안의 필요성 점고와 대량 컨테이너 화물의 신속한 통관 등을 위해 그 요구가 점고 되고 있는 정보로서 매수인의 수입통관 내지 수입허가에 필요할 수 있는 보안통과정보를 매수인의 부담으로 제공해야 함을 제목에 "보안통관"추가와 더불어 규정하고 있다. 1차 초안규정에는 없었으나 2차 초안규정에서 신설되어 변경 없이 3차 초안에 그대로 반영되어 있다.

우리나라의 경우 허가는 대외무역법과 시행령에 따라 정부의 수출입 담당 해당부서장이 금지의 해제를 의미하며, 승인은 주무부서장의 위임에 따라 위임된 범위 내에서 금지의 해제를 할 때 승인이라 한다. 대게 대금지급과 연계가 있는 외국환은행에 허가와 승인권이 위임되어 있었다. 그리고 보안통관과 기타절차는 주로 세관에서 이루어지고 있는 수출통관 절차 가운데 해당한다. 따라서 허가와 승인은 특수한 경우 정부 해당부서가 하지만 대게는 은행에서, 세관절차는 세관에서 이루어진다.

최종초안의 경우 위에서 설명한대로 종전 "render"가 "provide"로 변경된 것 외는 내용이 3차 초안과 동일하다.

A.3 운송과 보험계약 (Contracts of carriage and Insurance)

a) Contract of carriage
The seller has no obligation to the buyer to make a contract of carriage.
b) Contract of insurance
The seller has no obligation to the buyer to make a contract of insurance. However, the seller must provide the buyer, at the buyer's request, risk and

23) Incoterms3000, EXW, Notes for Nc's on EXW.

expense(if any), with information that the buyer needs for obtaining insurance.

a) 운송계약
매도인은 매수인에 대한 운송계약을 체결할 의무가 없다.
b) 보험계약
매도인은 매수인에 대한 보험계약을 체결할 의무가 없다. 그러나 매도인은 필요하다면 매수인에게 매수인의 요청, 위험 그리고 비용으로 매수인이 보험계약을 체결하는데 필요한 정보를 제공해야 한다.

해설 a) 운송과 보험계약

EXW하의 매도인은 자신의 의무 최소한의 극단이기에 운송계약과 보험계역을 체결하고 운임과 보험료를 지급할 의무가 없다. 그러나 Incoterms 2000상의 "no obligation" 대신 누가 누구에 대한 운송과 보험계약체결 의무가 없음을 보다 분명히 하기 위해 "no obligation owned by the seller to the buyer"로 변경되어 초안되었다가 2차 초안시 운송의 경우는 "There is no obligation owned by the seller to the buyer to make a contract of carriage"로, 3차 초안의 경우 "The seller owned no obligation to the buyer …"로, 보험의 경우 "There is no obligation owned by the seller … a contract of insurance. However, the seller must provide the buyer upon request, with the necessary information for procuring insurance"로 변경되었다가 3차 초안의 경우 "The seller owned no obligation to … insurance"로 변경되었다.

최종초안의 경우 현 규정과 같이 운송의 경우 동일한 의미의 자구수정, 보험의 경우 "… provide …, at the buyer's request, risk and expense(if any), … insurance"로 변경하여 보험정보의 책임한계를 보다 분명히 하는 것으로 되었다.

이렇게 볼 때 최종초안의 경우 운송과 보험계약체결의 의무 당사자를 보다 분명히 한 점은 바람직한 변경이다. 보험의 However 이하의 규정의 경우, Incoterms 2000 A.10상의 둘째 절의 흡수에 따라 However가 추가 되었는바, 보험에 관한 Incoterms 2000 A.10상의 규정은 보험계약과 관련이 있기에 관련규정을 한 곳으로 통합하여 규정하므로 사용자들의 규정 이해에 도움을 주고 있다. 다만 지금까지 Incoterms규정 가운데 당면의무 규정의 경우 "provide"와 "… at it's own expense"또는 "obtain"과 "… at his own risk and expense"로 각각 표현되고, 협조의무규정의 경우 "render"와 "at the latter's request, risks and expense"로 표현되었다. 그러나 상대방의 요청에 따른 일방의 협조의무의 경우 요청자의 책임을 보다 분명히 함과 동시에 위에서 언급한대로 협조의무나 필수의무이 경우 반드시 제공해야 한다는 의미에서 "provide" 표현으로 모두 통일하였다. 그러나 그 책임에 있어서는 엄연히 구분을 하고 있다.

A.4 인도(Delivery)

The seller must deliver the goods by placing them at the disposal of the buyer at the agreed point, if any, at the named place of delivery, not loaded on any collecting vehicle. If no specific point has been agreed within the named place of delivery, and if there are several points available, the seller may select the point that best suits its purpose. The seller must deliver the goods on the agreed date or within the agreed period.

매도인은 지정된 인도장소에서 합의한 지점이 있다면 동 지점에서 모든 수거(령)차량에 적재하지 아니한 상태의 물품을 매수인의 임의처분상태로 적치함으로써 인도해야 한다. 특정 인도지점이 지정된 장소 내에서 합의되지 아니한 경우와 여러 개의 인도지점이 가능할 경우 매도인은 자신의 인도 목적에 가장 적합한 인도장소에서 인도지점을 선택할 수 있다. 매도인은 합의한 날짜 또는 합의한 기간 내에 물품을 인도해야 한다.

해설 우선 동 규정은 인도장소와 시기를 구분하여 정의하고 있다. Incoterms 2000 A.4의 규정과 1차 초안 규정은 다음과 같이 동일하였다.

"매도인은 합의 한 날짜 또는 기간 내에 혹은 이러한 시기가 합의되지 아니한 경우 물품의 인도를 위한 통상의 시기에 수거차량에 적재되지 아니한 물품을 지정된 인도장소에서 매수인의 임의처분상태로 적재해야 한다. 지정된 장소 내에 특정지점이 합의되지 아니한 경우로서 이용 가능한 여러 지점들이 있을 경우 매도인은 자신의 목적을 최대한으로 달성할 수 있는 인도장소의 지점을 선택할 수 있다."

동 규정에 의하면 인도장소와 시간이 한 문장 내에 규정되어 있고, 인도장소 내의 인도지점에 합의가 없다거나 인도가능 지점이 여러 개 있을 경우 매도인은 자신의 인도목적에 가장 적합한 인도장소에서 지점을 선택할 수 있음을 규정하였다.

그러나 2차 초안 규정은 Incoterms 2000과 1차 초안 규정상에 "지정된 인도장소(··· at the named place of delivery)" 대신에 "구체적으로 지정된 인도장소에서 합의한 지점이 있다면 동 지점에서(··· at the agreed point, if any, at the named place of delivery···)"로 변경하고, 합의한 인도지점이 없는 경우를 대비한 인도장소를 대안으로 제시함으로써 인도장소를 두고 발생할 수 있는 분쟁의 소지를 방지하고 있다.

그리고 Incoterms 2000과 1차 · 2차 초안에 의하면 인도장소와 시기를 같이 규정하되 특히 시기에 관해 인도시기와 관련하여 동일하게 "합의한 날짜 또는 합의한 기간 내에 또는 이런 시기가 합의되지 아니한 경우 이런 물품의 인도를 위한 통상의 시기에(on the agreed date or within the agreed period or, if no such time is agreed, at the usual time in delivery of such goods)"로 규정되어 인도시에 관해 합의할 수도 있고, 합의하지 아니할 수도 있으며, 합의가 아니될 경우 관례에 따른 기간에 인도를 규정하고 있어 인도에 관한 장소와 시기가 같이 규정되므로 혼란스러웠다. 그러나 3차 초안규정은 문법적 차원에서 인도장소를 먼저 분명하게 규정하고, 인도시기에 관해 그 다음으로 별도 규정하므로 장소와 시기에 관한 구분을 순서를 따라 분명히 하고 있다. 특히 Incoterms 2000의 경우 인도시기에 관해 규정과 선택을 인정하였으나 인도시기의 중요성 감안과 인도시기의 선택규정을 인정하므로 인도시기의 관행에 대한 당사자들 간의 의견 불일치로 인한 분쟁의 소지를 예방하기 위하여 반드시 인도 날짜와 시기에 관하여는 합의를 요구하고 합의 날짜 또는 시기에 인도할 것을 규정하고 있다.

최종초안은 3차 초안과 동일하다.

A.5 위험의 이전(Transfer of risks)

The seller bears all risks of loss of or damage to the goods until they have been delivered in accordance with A4 with the exception of loss or damage in the circumstances described in B5

매도인은 B.5에서 규정하고 있는 상황에서 발생한 멸실이나 손상의 경우를 제외하고 물품이 A.4에 따라 인도 완료될 때까지 물품의 멸실 또는 물품에 관한 손상의 모든 위험을 부담한다.

해설 위험이전에 관한 매수인의 의무규정 B.5에 따라 매수인이 책임지게 되는 경우를 제외하고는 인도에 관한 A.4의 규정에 따라 물품이 인도 완료될 때까지 물품에 관한 모든 위험을 부담해야 하는 바, 주의를 요하는 것으로 여기서의 인도완료란 개품의 인도완료이자 전량 인도완료를 의미한다. 이 상태가 본 조건에서의 정확한 인도의 개념으로 상징적인 인도가 아닌 현실적 인도이다. 이렇게 볼 때 Incoterms와 상호보완관계에 있는 CISG 협약의 위험이전의 일반원칙(66조)과 일치하게 전 Incoterms가 위험의 이전을 물품의 인도와 결부시켜 규정하고 있을 뿐, 소유권이나 계약체결 시와 같은 기타 상황과 결부시키고 있지 아니하다. 그러나 CISG는 67-70조까지가 개별상황에 따라 위험이전원칙을 규정하고 있다.[24]

위험이전에 관한 규정은 Incoterms 2000 A.5나 1차, 2차, 3차 초안이 동일하다.

최종초안의 경우 3차 초안상의 "subject to the provisions of B.5"표현을 동일한 의미의 보다 분명한 표현으로 변경한 것 외 내용은 동일하다.

사실 소유권이전과 위험이전과의 관계는 영국의 SGA 16, 17, 18, 19조에 의하면 위험과 소유권이전과는 동반관계에 있으며, 이에 근거한 미국의 경우 Williston교수의 소유권 분할 이론에 의하면 위험은 수익이익에 수반함을 주장[25]하고 있다. Incoterms는 미국의 수익이익 수반에 근거하고 있다.

24) 오세창, 상게서, p.148.

25) USA, 22, a), S. Williston, *op. cit.*, p.219

문제대안 주의를 요할 것은 Incoterms® 2010 rules가 쌍무계약에 따라 A.3와 A.4, B.7상의 권리를 제외하고 인도와 관련한 당사자들의 의무를 규정하고 있는데 의무라면 반드시 "… must" 또는 "… has to …"가 되어야 하는 바, Incoterms는 지금까지 "must"를 사용하여 왔다. 그러나 전 Incoterms® 2010 rules A.5, B.5와 관련 위험이전에 관해서는 "must bear"가 아닌 "bears"로 되어 있다. 이는 다른 의무들과 달리 위험의 이전이나 부담은 그 한계를 반드시 확정지을 수 없기 때문에 그리고 완전 인도완료 후에는 인도 시에 이미 육안으로 확인할 수 없는 그러나 분명한 위험이 존재한 경우 인도 완료시 위험이전으로 하면 위험이전의무가 끝난 것으로 되기 때문에 단순한 의무로 표현한 것 같다. 그러나 다른 의무의 경우도 이런 이유가 적용될 수 있기 때문에 그리고 위험과 비용이전과 관련하여 "계약물품으로 분명하게 충당되어야 한다."라는 이행전 이전원칙의 대전제원칙 규정이 있기 때문에 그리고 위험과 비용과 비용이전과 관련하여 "계약물품으로 분명하게 충당되어야 한다."라는 이행전 이전원칙의 대 전제원칙 규정의 확대적용이 이행전에도 가능하기 때문에 반드시 "must bear"로 할 필요가 있다. 이러한 사실은 전 Incoterms rule A.5와 B.5에 공통되는 사항이다.

A.6 비용의 분담(Allocation of costs)

The seller must pay all costs relating to the goods until they have been delivered in accordance with A4, other than those payable by the buyer as envisaged in B6.

매도인은 B.6의 규정에 따라 매수인이 지급할 수 있는 비용 외에 A.4에 따라 물품이 인도 완료될 때까지 물품에 관한 모든 비용을 지급해야 한다.

해설 B.5의 위험이전의 책임분기와 같이 비용이전에 관한 매수인의 의무규정 B.6에 따라 매수인이 책임을 지게 되는 경우를 제외하고는 인도에 관한 A.4의 규정에 따라 물품이 인도 완료될 때까지 물품에 관한 비용을 부담해야 한다.[26)]

위험이전에 관한 규정은 Incoterms 2000 A.6과 1차, 2차, 3차 초안이 동일하다.

최종초안의 경우 3차 초안상의 "subject to the provisions of B.6"표현은 동일한 의미의 보다 분명한 표현으로 변경한 것 외는 내용은 동일하다.

문제대안 지금까지 A.6의 제목으로 사용되어온 Division of costs 대신 Allocation of costs를 사용하고 있는바, 그 의미가 같다면 이미 상인들이 이해하고 있는 표현을 굳이 바꿀 필요가 없을 것 같다. 본인은 이를 강력하게 논문을 통해 다음과 같이 주장한 바 있다.

"Allocation"보다 오랫동안 인정되어 온 표현인 "Division"표현이 나을 수 있다. 왜냐하면 allocation이 비용분담이라는 법적표현이라면 division은 당자들 간의 비용부담에 관해 상인들의 이해를 쉽게 하기 위한 표현으로 동 표현은 상인들의 오랜 인식에 의한 표현일 뿐 아니라 엄격한 의미에서 보면

26) 오세창, 상게서, p.150.

allocation과 동일의미이고 비용의 분기점에 대한 강한 인상을 주는 표현이기 때문이며, 상인들의 편이를 위해 상인들을 위한 통일상관습이 Incoterms라면 표현상에 문제가 없다면 상인들의 이해와 편이 규정에 우선을 두어야 하기 때문이다. 전 Incoterms의 A.6의 제목을 변경할 필요성이 있다.[27]

비용부담을 보다 분명히 하기 위하여 종전 "subject to the provisions of B.6"를 "other than those payable by the buyer as envisaged in B.6"와 같이 변경한 것은 바람직하나 분명한 의미를 강조하기 위한 표현으로 "envisaged"가 보다 일반적 표현인 "In accordance with A.4"대신 사용되었으나 가능하다면 "envisaged" 표현보다는 A.5의 규정표현인 "described"와 같이 통일하든지 아니면 A.5의 "… the circumstances described in B.5 …"표현 가운데 "described"를 "envisaged"로 통일할 필요가 있다. 왜냐하면 A.5나 A.6상의 표현은 이미 위에서 언급하였듯이 반드시가 아닌 발생 할 수 있는 상황설명의 규정이기 때문이다. 분명한 의미가 오히려 오해의 소지가 있을 수 있다. 분명한 의미가 있다면 해설서를 통해 설명해야 한다.

A.7 매수인에게 통지(Notices to the buyer)

> The seller must give the buyer any notice needed to enable the buyer to take delivery of the goods.
>
> 매도인은 매수인으로 하여금 물건을 수령할 수 있도록 하기 위하여 필요한 모든 통지를 해야 한다.

해설 Incoterms 2000 A.7과 1차 초안은 동일하였다. 2차 초안의 경우 매수인의 임의처분상태로 적지되는 시기와 장소에서 매수인으로 하여금 자신의 물품수령 의무에 관한 B.4의 규정에 따라 원활한 수령행위를 할 수 있도록 시간적으로나 내용적으로 통지내용이 충분해야 함을 강조하기 위해 규정말미에 "매수인으로 하여금 B.4하의 자신의 의무를 이행할 수 있도록 하기 위하여(… so as to enable the buyer to fulfil its obligations under B.4)"가 1차 초안에 추가되었다. 그러나 3차 초안은 "… sufficient notice … the goods will be placed at the buyer disposal with B.4"대신에 "… any notice needed to enable the buyer to fulfil its obligations under B.4"로 대폭 변경시켰으나 동일내용의 단순한 표현이라 할 수 있다.

최종초안은 "… to fulfil its obligation under B.4."와 동일한 의미의 상이한 표현인 "… to take delivery of the goods."로 변경되었다.

문제대안 통지의 내용에 관해 시간적으로나 내용적으로 충분해야 함을 본인은 이미 주장한 바 있다.[28] 그러나 F-terms의 경우 A.7상의 통지는 "sufficient notice"로 되어 있으나 나머지 Incoterms A.7

---

27) 오세창, 상게서, p.39.
28) 오세창, 상게서, p.152.

상의 통지는 "… any notice …"로 되어 있고, 이에 상응하는 전 Incoterms B.7에 의하면 "… sufficient notice …"로 되어 있다. 따라서 그 의미는 같다 하더라도 규정표현의 통일이 필요하며, 꼭 이 규정만은 이렇게 표현해야 한다면 그 이유를 설명해야 한다. 본인의 생각으로는 통지는 주로 A.4에 따른 인도와 관련한 통지이기에 운송계약책임자가 누구인가에 좌우될 필요없이 내용적으로 시간적으로 충분한 의미로 CISG의 표현인 "reasonable notice"를 사용하던지 아니면 상관습적인 표현인 "sufficient notice"의 표현으로 전체 통일하는 것이 바람직할 것 같다. 이러한 논자의 주장에 F-rules의 경우 A.7의 경우 "sufficient notice"로, 기타 rules의 경우 A.7의 경우 "any notice"로, 전 Incoterms® 2010 rules B.7의 경우 "sufficient notice"로 되어 논자의 주장의 일부반영으로 볼 수 있다.

A.8 인도서류(Delivery document)

The seller has no obligation to the buyer. 매수인에 대한 매도인의 해당의무는 없다.

해설 우선 제목에서 Incoterms 2000 전 A.8의 경우 "proof of delivery, transport document or equivalent electronic message"였다. 그러나 1차 초안의 경우 "proof of delivery/transport document"로, 2차 초안의 경우 "proof of delivery"로 각각 표현되었다가 3차 초안에서는 "delivery document"로 표현되었다. 모두 비슷한 내용이나 A.1에 의해 더 이상 Incoterms2000에서와 같은 "or equivalent electronic message"는 필요없게 되었다.

그러나 C-rules와 기타 조건들 상의 A.8과 B.8의 규정과 A.4와 B.4의 규정을 보면 COD와 CAD의 구분을 위한 분명한 규정이 있으므로 서문용어의 정의를 보면은 이해할 수 있다 해도 Incoterms 2000과 같이 하되 "proof of delivery or transport document"로 하는 것이 COD와 CAD의 특성을 고려한 제목이라 할 수가 있다. 이런 경우 "or"은 대안적 표현이 되므로 COD와 CAD는 원칙적으로 구분됨을 알 수 있다. 그러나 offer를 통한 대금결제 방식을 명시함으로써 묵시적 합의에 의해 현실적으로 CAD가 이루어질 수 있음을 의미 한다면 현 제목이 바람직하다[29]. 그렇다면 서문상의 delivery document 라는 용어의 정의가 문제가 된다.

Incoterms2000 A.8상의 내용은 "해당의무 없음"이였으나 누가 누구에게 해당의무 없음을 분명히 하기 위해 1차 초안 때부터 3차 초안까지 동일하였으나 최종초안의 경우 동일의미의 상이한 표현으로 자구수정이 되었다.

---

29) Incoterms를 A.8, B.8와 B.1, B.4를 중심해서 분류해보면 크게 COD와 CAD로 분류할 수 있는바, EXW, FAS, FOB, FCA, DAP, DAT, DDP가 COD조건이요, CFR, CIF, CPT, CIP가 CAD조건이며, COD조건 가운데서도 순수 또는 확대 COD조건으로 EXW, DAP, DAT, DDP를 들 수 있고, 순수 · 확대 COD와 CAD를 겸하는 거래조건이 FAS, FCA, FOB이다.

A.9 확인–포장–하인[30](Checking–packaging–marking)

The seller must pay the costs of those checking operations (such as checking quality, measuring, weighing, counting) that are necessary for the purpose of delivering the goods in accordance with A4.

The seller must, at its own expense, package the goods, unless it is usual for the particular trade to transport the type of goods sold unpackaged. The seller may package the goods in the manner appropriate for their transport, unless the buyer has notified the seller of specific packaging requirements before the contract of sale is concluded, Packaging is to be marked appropriately.

매도인은 A.4에 따라 물품을 인도하기 위하여 필요한 (품질확인, 검측, 검량, 검수와 같은) 확인 활동의 비용을 지급해야 한다. 매도인은 특수한 거래가 무포장 상태로 매각된 물품의 형태로 운송하는 것이 관례가 아니라면 자신의 비용으로 물품을 포장해야 한다. 매도인은 물품의 운송을 위해 적합한 방법으로 물품을 포장할 수 있다. 다만 계약이 체결되기 전에 매수인이 특정한 포장요구를 매도인에게 통지한 경우에는 그러하지 아니하다. 포장은 적절하게 하인이 되어 있어야 한다.

해설 매수인의 임의처분상태로 물품을 적치하기 위해 필요한 이러한 활동의 필요성과 활동에 따른 비용지급의 필요성과 의무는 A.1의 매도인의 의무를 보완하는 성격이 있기 때문이다. 실제 L/C 상에 A.1을 보완하는 일치의 증거서류로 검질, 검량, 검수, 검측 증명서를 요구하는 경우가 있다.

여기의 각종 증명서는 바로 계약의 7내 조건 가운데 하나인 품질과 수량조건에 있어 품질과 수량의 확인시기에 관한 계약서상의 묵시적 합의의 규정의 결과이다. 다시 말해서 품질이나 수량의 결정시기에 관한 명시적 합의가 없는 경우로서 EXW를 결정한 경우 동 규정에 의해 품질과 수량의 결정시기는 수량과 포장의 결정시기를 선적지로 함을 묵시적으로 합의한 꼴이 되며, 이에 따라 입증하는 각종 서류는 묵시규정의 합의의 입증서류가 된다. 이런 사실은 이하 전 Incoterms A.9에 필히 적용된다.

곡물, 철강, 목재 등의 산적화물(bulk cargo)이나 기타 화물의 성격에 따라 물품을 무고장 상태로 이용하게 하는 것이 관례가 아닌 한 컨테이너 운송, liner 운송, 부정기선 운송 등과 같은 운송방식과 중, 장거리 항구 또는 내륙지 등 운송의 목적지 등 운송에 걸맞은 물품의 안전운송을 통한 내용물의 보호를 위해 필요한 포장을 매도인은 자신의 비용으로 준비하여 제공해야 하며, 이런 경우 완전한 포장은 적절하게 화인, 즉 shipping mark가 되어 있는 상태를 의미한다.

---

30) 하인은 포장된 하물(荷物: manufactured goods or cargo)에 이루어지는 하물의 표시(cargo label)이다. 따라서 포장을 할 수 없는 화물을 산적화물(散積貨物: bulk cargo)이라 한다. 이렇게 볼 때 하물은 포장이 가능한 화물을 말하고 화물은 금전으로 교환되는 모든 화물을 의미하기 때문에 화물이 하물을 포함하는 개념으로 보아야 한다.

다만 매수인이 계약서를 통해 포장에 관해 특별한 요구사항이 있으면 이에 일치해야 한다.

shipping marks의 종류는 다음과 같다.

- Main Marks(주마크)
- Counter Marks(부마크)
- Quality Marks(품질마크)
- Destination or Port Marks(목적지 또는 도착지항명 마크)
- Case Marks=Case number(수량마크)
- Care or Caution Marks(주의마크)
- Origin Marks(원산국마크)
- Color Marks(색마크)[31)]

Incoterms 2000 A.9의 내용과 1차, 2차, 3차 초안의 내용이 기본적으로 같다. 실제 Incoterms 2000 A.9규정과 1차, 2차 초안의 규정은 Incoterms 2000 A.9 첫째 절상의 문법상의 문제가 있는 "… which are …"를 "… that are …"로, 그리고 둘째 절상의 표현 가운데 "… which is required for" 대신 "… required …"로 변경된 것 외는 같다. 그러나 3차 초안의 경우 첫째 절의 경우 상기 Incoterms 2000의 규정 표현을 살리되 첫째 절상의 말미 표현으로 that에 연결된 "… for the purpose of placing the goods …"표현은 이미 A.4에 언급이 되어 있기에 이중표현을 피하면서 A.4의 규정 자체의 실현을 위해 필요한 검사 활동이여야 한다는 의미에서 동 표현 대신에 "… for the purpose of delivering the goods in accordance with A.4"로 변경되었는바 바람직한 변경이다. 최종초안 역시 동일하다.

둘째 절의 경우 Incoterms 2000, 1차, 2차 초안상의 "… provide …packaging"의 표현 대신에 동일의미의 단순한 그러면서 포장의 의미는 강조하는 표현인 "… package the goods"로, 그리고 Incoterms 2000, 1차, 2차 초안상의 "… for the transport of goods" 대신에 "… for the transport of goods arranged by it"로 변경하므로 물품의 운송이 누구에 의해 준비된 물품임을 강조하고 자신이 준비한 물품의 운송에 필요한 포장을 하도록 강조하는 표현을 하고 있으며, Incoterms 2000, 1차, 2차 초안상의 "… to the extent that …" 대신에 "… where applicable, for any subsequent transport to the extent that"로 변경하므로 필요한 경우, 즉 어떤 운송 형태에도 적용가능한 조건의 경우나 운송중 전매를 허용하고 있는 해상전용조건의 경우에 있을 수 있는 후속 운송까지 염두에 두고 포장을 하도록 강조하고 있다. 따라서 "… arranged by it …"나 "… where applicable, for the subsequest transport …"의 추가는 포장의 중요성과 포장의무를 새삼 강조하는 표현이라 할 수 있다.

최종초안의 경우 3차 초안에 비하여 규정표현으로 보면 "The seller … arranged by it and, where applicable, for any subsequent transport extent that the circumstances …"를 현

31) 오세창, 상게서, p.154.

규정 둘째 절과 같이 규정하므로 대폭 변경하였다. 그 내용을 보면 물품에 따라 특수한 포장이 필요한 경우 매수인은 매도인에게 계약체결 전에, 요구하게 규정하고 일반적 의미의 운송에 필요한 적합한 포장을 요구하므로 포장조건에 통일적 규정을 강조하던 종전 초안과 달리 일반적인 포장의 정의를 하고, 특수한 포장이 필요한 경우 규정을 통한 통일된 규정의 불가능을 안고 당사자들이 계약체결 전 사전에 통지하게 하므로 포장규정의 단순화를 기도하고 있다.

이렇게 볼 때 포장으로 인한 분쟁 예방에 발전을 기하면서 A.4와 A.9의 관계를 연계시키므로 규정간의 이해의 폭을 증대시키고 있다.

A.10 정보협조와 관련비용(Assistance with information and related costs)

The seller must, where applicable, in a timely manner, provide to or render assistance in obtaining for the buyer, at the buyer's request, risk and expense, any documents and information, including security-related information, that the buyer needs for the export and/or import of the goods and/or for their transport to the final destination.

매도인은 적용되는 경우, 시의 적절한 방법으로 매수인의 요청, 위험 그리고 비용부담으로 매수인이 물품의 수출과/또는 수입과/또는 최종목적지까지 물품의 운송을 위해 필요로 하는 모든 서류와 보안관련 정보를 포함하여 정보를 제공하거나 취득하는데 협조를 제공하여야 한다.

해설 Incoterms 2000 A.10에 의하면 다음과 같이 규정되어 있었다.

"매도인은 매수인의 요청과 위험과 비용부담으로 매수인이 물품의 수출과/또는 수입과 필요한 경우 제3국 운송을 위해 필요할지 모르는 인도국 또는 원산국에서 발급하거나 발송하는 모든 서류 또는 동등한 EDI를 취득하는데 모든 협조를 매수인에게 제공해야 한다.

매도인은 매수인의 요청에 따라 보험계약체결을 위해 필요한 정보를 매수인에게 제공해야 한다."

Incoterms 2000상의 EDI 관련표현은 다른 규정에서의 EDI 관련 표현과 함께 Incoterms® 2010의 A.1으로 통합되어 표현되어 있고, 보험에 관한 정보 역시 전 Incoterms A.3에 통합되어 표현되어 있다. 그리고 Incoterms 2000에서의 "수출과/또는 수입과 필요한 경우 제 3국 운송을 위해 필요할지 모르는 …모든 서류는"의 표현은 "수출과/또는 수입과/또는 최종목적지까지 물품의 운송을 위해 필요로 하는 서류와 보안관련 정보를 포함하여 정보…"로 변경되었는바, Incoterms 2000보다 보안관련 정보와 기타정보 제공이 추가된 것 외는 Incoterms 2000상의 표현보다 세련된 그러나 동일한 의미의 상이한 표현이다. 즉 궁극적으로 규정의 통폐합과 대형 컨테이너 운송에 의한 신속한 수출입 통관과 운송을 위해 필요한 보안관련 정보 외에 기타정보와 서류를 요구하므로 필요한 정보추가 외는 근본적으로 Incoterms 2000 A.10과 동일한 의미로 볼 수 있다.

이상의 변경을 규정표현으로 보면 1차 초안의 규정은 Incoterms 2000 A.10의 규정과 비교해서 "국내외거래"의 적용을 위해 첫째 절 "where applicable"이 추가되고, Incoterms 2000상의 "… every assistance … any country"대신 "…, assistance including providing security-related information, in obtaining any documents, whether in paper or electronic form, that the buyer … any country."로 변경되었다.

1차와 2차의 구분은 1차 초안상의 "… render … any document, … any country."가 "… provide to or render … security-related information, that the buyer any country."로 변경되었다.

2차 초안은 3차 초안규정과 비교해서 말미의 "… that the buyer may require for the transport, … for their transit through any country" 대신에 2차 초안 규정을 포함하는 포괄적 표현으로 "… that the buyer needs for … and/or for their transport to the final destination"으로 변경한 것을 제외하고는 동일하다. 이렇게 규정된 이유는 이미 앞에서도 언급하였듯이 일체의 운송형태에 적용되는 조건들의 경우 대부분 컨테이너로 운송되고 있으며, 대형컨테이너 수출과 수입의 경우 신속한 수출입통관을 위해 법에 따라 또는 운송계약이나 포장 등을 위해 수출입과 최종목적지까지 운송에 필요한 정보를 매도인은 필요하여 요구할 수 있기 때문이다.

그리고 Incoterms 2000과 1차 초안 상에는 없었으나 2차와 3차 초안 상에 "… in a timely fashion provide …"와 같이 "in a timely fashion"이 추가되었는바 이는 협조로 제공되는 서류나 정보를 시간적으로나 방법적으로 적절해야 함을 강조하기 위해서이다.

최종초안은 3차 초안상의 "in a timely fashion"대신 "in a timely manner"와 같이 동일한 의미의 세련된 표현으로 변경된 것 외는 동일하다.

문제 대안 A.10의 첫째 줄, "provide to or"의 삭제가 필요하다. 왜냐하면 동일의미의 상이한 표현이 아니라 양자 간의 구분을 전제로 하고 있는바, provide는 자신의 비용으로 시작하는 필수제공의 표현이고, render는 누구의 요청과 위험·비용부담으로 시작하는 협조의무의 표현임을 지금까지 Incoterms의 규정들을 통해 입증되었는 바, 본 규정상의 의무는 협조의 의무이지 협조나 필수의 규정이 아니기 때문이다. 전 Incoterms를 변경할 필요성이 있다.[32]

그러나 이렇게 규정한데는 비록 모든 협조가 매수인의 책임 하에 이루어지나 매도인이 아니면 아니되는 경우의 협조제공의무와 매수인이 할 수 있는 일에 대한 매도인의 협조제공의무가 있기에 전자를 위한 표현이 provide 이고 후자를 위한 표현이 render로 볼 수 있다. 그러나 예컨대 FCA A.10의 둘째 절상의 "… in providing or rending assistance in obtaining …"의 경우 B.10과 연계되기에 B.10의 규정 둘째 절의 규정을 보면 역시 "… in providing or rending assistance in obtaining for the seller, at the latter's request, risk and expense …"로 규정되어 있어 양 규정을 비교해보면 필수 협조의무 규정임이 틀림이 없다. 따라서 "… providing or …"를 삭제할 필요

32) 오세창, 상게서, p.39.

가 있다. 그러나 providing or rending과 연계된 B.10의 "… at latter's request, risk and expense …"표현이 매도인의 요청에 따라 매수인의 위험부담 없이 매수인이 필수적으로 제공할 수 있는 경우와 매도인의 전적 책임 하에 이루어지는 경우를 모두 포함하는 의미로 필요에 따라 이 원화 되는 표현으로 해석할 수 있는 표현으로 해석한다면 동 표현은 그대로 두어도 이해가 될 수 있다. 그렇다면 기타 모든 Incoterms 규정에도 A.10이나 B.10의 규정과 마찬가지로 "… provide or render …" or "… providing or rending …"과 같은 표현이 필요할 수 있다.

그러나 이미 A.2에서 설명한 대로 이미 규정을 통해 책임한계는 분명하지만 제공의 의무만은 반드시 제공해야 하기에 "provide" 또는 "providing"으로 통일하는게 바람직하다.

B. 매수인의 의무(THE BUYER'S OBLIGATIONS)

B.1 매수인의 총칙의무(General obligations of the buyer)

The buyer must pay the price of the goods as provided in the contract of sale.

Any document referred to in B1-B10 may be an equivalent electronic record or procedure if agreed between the parties or customary.

매수인은 매매계약상에 규정된 대로 물품의 대금을 지급하여야 한다.

B.1-B.10(규정해석)에서 언급하고 있는 모든 서류는 당사자들 간에 합의하거나 관례라면 동등한 전자기록이나 절차에 의해 대체될 수 있다.

해설 B.1의 규성은 매수인에 대한 A.1의 경싱규징이면시 매수인의 제일의 의무규정을 규정하고 있으며, Incoterms의 모법에 해당하는 CISG 53조에서 59조까지 규정의 세부 규정이라 할 수 있다. 그러나 CIGS규정에 비하면 그 내용이 지극히 단순하게 되어있다. 그러나 CISG 53조의 규정 가운데 "… as required in contact of sale"와 달리 B.1의 규정에는 "… as provided in a contract of sale"로 규정되어 있는바, 여기서의 "… provided …"는 CISG상에서의 계약에 따라 요구할 수 있는 내용, 즉 일반적으로 계약에 따라 일반적인 요구사항에 따른 지급규정과 달리 B.1의 "… provided"는 특정계약에서 구체적으로 규정하고 있는 지급방법, 지급장소 등에 따라 지급해야 함을 규정하고 있다. 전자가 포괄적 계약규정을 의미한다면 B.1의 계약은 특정 개별계약의 성격이 강하다. 그러나 특정계약은 물품에 따라 당사자들 간의 사정에 따라 다를 수 있기에 B.1의 지급규정에 대한 시행세칙에 해당하는 해당 L/C나 계약서상에 구체적으로 규정하여 반영된다.

그리고 A.1에서 언급한대로 전 Incoterms B.1-B.10상에 규정되어 있는 서류는 B.1 둘째 절 규정과 같이 당사자들 간에 합의하거나 관례라면 종이서류와 동등한 전자기록으로 대체할 수 있다는 표현으로 대체된 것 외는 Incoterms 2000 A.1과 1차, 2차, 3차, 최종초안의 내용이 똑같이 변경된 것이 없다. 최종초안의 경우 A.1에서와 같이 "electronic record"에 "… or procedure"이 추가된 것 외는 동일한바, 이는 이미 특징에서 언급하였듯이 종이서류와 전자서류간의 등가성과 기술 중립적 입장을 유지하고 있는 전자통신 형식 8조와 9조의 규정에 따른 모든 전자통신을 의미하기 위한 표현으로 볼 수 있다.

A.1에서 언급하였듯이 B.1의 제목자체가 Incoterms 2000, 1차, 2차상의 "payment of the price" 대신에 "General obligation of the buyer"로 변경된 것은 차이가 있으나, B.1 둘째 절상의 규정표현 때문에 제목이 이렇게 변경된 것 같다. 그러나 B.1의 제목의미와 달리 B.1의 규정은 매수인의 총칙의무규정이라기 보다는 매수인의 입장에서 볼 때 물품을 수령하여 검사를 하기 전에 먼저 지급을 해야 하기 때문에 가장 중요한 매수인의 의무라 할 수 있으며, 나머지 규정은 A.2-A10의 A.1의 부수규정 같은 성격이 아니라 A.2-A10의 경상의 의무, 즉 매도인의 매수인에 대한 의무에 대한 매수인의 매도인에 대한 의무규정 내지는 위험과 비용, 그리고 기능에 대한 책임의무규정이라 할 수 있다.

B.2 허가, 승인, 보안통관과 기타절차(Licences, authorizations, security clearances and other formalities)

> Where applicable, it is up to the buyer to obtain, at its own risk and expense, any export and import licence or other official authorization and carry out all customs formalities for the export of the goods.
>
> 적용되는 경우, 매수인 자신의 위험과 비용으로 모든 수출입허가 또는 기타 공식적인 승인을 취득하고 물품의 수출을 위한 모든 세관 절차를 수행하는 것은 매수인의 부담이다.

해설 Incoterms 2000과 비교해 볼 때 우선 제목 상에 이미 A.1에서 설명한 대로 "보안통관"이 추가되고, 규정 가운데 포현되어 있던 "where applicable"이 규정 초두에 위치된 것 외는 1차, 2차, 3차, 최종초안 모두 동일하다.

"Where applicable"은 A.1에서 설명하였듯이 EU지역 간의 수출거래 등에 Incoterms의 적용을 위한 표현이며, 제목상의 보안통관은 컨테이너 운송과 같은 대형 그리고 대량 수출입에 따른 신속한 통관 등을 위해 새로이 신설되었다.

매수인의 최대 의무가 EXW조건이기에 매도인으로부터 물품수령 이후의 일체의 수출입에 관련한 책임은 매수인에게 있음을 규정한 규정이며, 국부의 유출과 유입이 수출과 수입을 통해 이루어지기에 반드시 허가, 승인은 대 정부기관으로부터 결제와 관련하여 위임을 받은 은행으로부터 이루어지고 있다. 따라서 허가와 승인은 주로 수출입허가승인 업무를 관장하고 있는 은행으로부터의 허가와 승인을 의미하며 보안통관과 세관절차는 대 정부기관인 세관이나 기타 정부기관으로부터의 통관이나 통관절차를 의미한다.

B.3 운송과 보험계약(Contracts of carriage and insurance)

a) Contract of carriage
The buyer has no obligation to the seller to make a contract of carriage.
b) Contract of insurance
The buyer has no obligation to the seller to make a contract of insurance.

a) 운송계약
매수인은 매도인에 대한 운송계약을 체결할 의무가 없다.
b) 보험계약
매수인은 매도인에 대한 보험계약을 체결할 의무가 없다.

해설 EXW하의 매수인의 의무는 매도인에 비하여 수입 목적지까지 물품을 운반하는데 따른 일체의 위험과 비용 그리고 업무, 즉 기능면에서 최대의 의무를 부담한다. 그리고 수입목적지까지 물품의 운송과 그에 따른 위험에 대비하여 운송과 보험계약체결을 반드시 해야 한다. 그러나 이러한 운송과 보험계약체결 그 자체가 매도인에 대한 의무사항이 아니라 매수인 자신을 위해 운송과 보험계약을 체결하는 것이다. 왜냐하면 이런 의무가 매도인의 공장이나 매매장소에서 물품을 인수인계하는데 따른 당사자들 간에 필수적으로 이루어져야 할 일방의 타방에 대한 의무가 될 수 없기 때문이다.

A.3 a), b)와 마찬가지로 Incoterms 2000 B.3 a), b)상의 "no obligation"이 1차 초안에서는 누구에 대한 운송과 보험계약 체결의무가 없음을 보다 분명히 하기 위하여 "no obligation owned by the buyer to the seller"로 변경되었다가 2차 초안시는 운송의 경우 "There is no obligation owned by the buyer to the seller to make a contract of the seller to make a contract of insurance"로 변경되어 3차 초안에서 변함없이 그래도 유지하고 있다.

최종초안의 경우 동일표현에 자구수정에 불과하다.

B.4 수령(Taking delivery)

The buyer must take delivery of the goods when A4 and A7 have been complied with.

매수인은 A.4와 A.7이 준수된 때 물품을 수령해야 한다.

해설 매수인은 동 규정 하에서 자신의 의무를 수행할 수 있도록 시간적으로 내용적으로 충분한 통지를 A.7에 따라 매도인으로부터 받고, A.4에 따라 지정장소 또는 지정된 장소내의 합의한 지점, 또는 인도지점이 합의되지 아니한 경우 매도인이 선택한 인도장소의 인도지점에서 L/C나 계약서상에 합의한 인도기간내 또는 합의한 날짜에 매도인이 물품을 매수인의 임의처분상태로 인도할 경우 동 물품을 수령해야 한다.

1차 초안과 동일한 Incoterms 2000 B.4의 규정상의 "… delivered in accordance with A.4 and A.7/B.7" 대신에 2차·3차 초안 상에는 "… delivered when A.4/A.7 have been compliance with."로 변경된 것뿐이며, B.7의 삭제 외 그 의미는 변경된 게 없다. 우선 "in accordance with"의 개념은 "… have been compliance with"의 개념과 같으나, 전자의 의미는 "준수" 자체에 목적이 있고 후자의 의미는 "준수"와 준수의 완료를 강조하고 있다. 따라서 매도인의 A.4와 A.7의 의무를 인도와 통지에 시간이라는 개념을 염두에 두고 준수해야 하나 Incoterms2000상의 개념은 준수에 시간개념이 없다. 그리고 B.7이 삭제된 것은 매수인이 물품의 수령을 위해 합의한 기간 내에 시기와/또는 수령 장소를 결정할 권리를 가진 경우 이에 따라 시간적으로 내용적으로 충분한 통지를 매수인이 해야 한다면 그것은 B.7에 해당하는 경우에만 동 규정에 따라 매수인의 매도인에 대한 B.4를 위한 의무사항이다. 그러나 그런 경우가 아니라면 매수인의 물품의 수령을 위해 매도인이 준수해야 할 의무상의 준수에 따른 매수인의 당연한 의무가 아님이 삭제의 이유이다.

최종초안 역시 3차 초안과 동일하다.

B.5 위험의 이전(Transfer of risks)

The buyer bears all risks of or loss of or damage to the goods from the time they have been delivered as envisaged in A4.

If the buyer fails to give notice in accordance with B7, then the buyer bears all risks of loss of or damage to the goods from the agreed date or the expiry date of the agreed period for delivery, provided that the goods have been clearly identified as the contract goods.

매수인은 물품이 A.4의 규정에 따라 인도 완료된 때로부터 물품의 멸실 또는 물품에 관한 손상의 모든 위험을 부담한다.

매수인이 B.7에 따라 통지를 해태하였다면, 매수인은 인도를 위해 합의한 날짜 또는 합의한 기간의 만기로부터 물품의 멸실 또는 물품에 관한 손상의 모든 위험을 부담해야 한다. 다만 물품이 계약물품으로 분명하게 충당되어 있어야 한다.

해설 A.5에서 언급하였듯이 규정자체의 의무표현 일반표현을 사용하고 있는 것 외 Incoterms 2000상의 B.5의 의미와 똑같다. 그러나 표현에 있어 인도장소와 시기의 선택권을 매수인이 가진 경우의 통지의무 해태로 인한 매도인의 인도방해에 따른 물품의 멸실 또는 물품에 관한 손상의 위험부담책임이 매수인에게 있기에 통지의 중요성을 강조하기 위하여, 즉 매도인의 인도이행전 위험이전에 해당하는 규정을 Incoterms 2000 상의 표현 대신에 1차 초안에서는 "The buyer must bear all risks of costs of loss or damage to fails … Where it fails to give notice in accordance with B.7, from the agreed date or the expiry date of every period fixed for taking delivery …"로, 2차와 3차 초안은 "should the buyer fails to give notice in accordance with B.7, it must bear all risks of loss of or damage to the goods from the agreed date or the expiry date of agreed period for delivery …" 와 같이 표현이 변경되어 문두에 배치한 것과 이행에 따른 위험이전원칙과 사전위험이전원칙의 대전제원칙인 계약의 충당 표현에 있어 Incoterms2000상의 "… duly appropriated to the contract, that is to say, clearly set aside or otherwise identified …" 대신에 1차 초안에서는 "… provided that the goods have been clearly identified as the contract goods."로, 2차 3차 초안에서는 "… provided that the goods have been set aside or otherwise clearly identified as the contract goods."로 변경되었다가 최종초안에서는 다시 1차 초안규정으로 되었다.

주의를 요할 것은 Incoterms 2000과 1차 초안 상에는 이행전 위험이전 규정의 마지막 표현이 "… for taking delivery"였으나, 2차와 3차 초안은 "… for delivery"로 변경, 즉 "수령" 대신 "인도"로 바뀌었다. 동일한 의미의 경상의 개념이나 B.5규정이 매수인에게 위험이 이전하는 시점에 관한 규정이란 점을 감안 한다면 "인도"의 개념이 맞다. 인도완료와 동시에 위험이 이전하기 때문이다.

그리고 Incoterms 2000상의 경우 위험이전의 대전제원칙인 충당규정의 표현에 있어 "… duly appropriated", "… clearly set aside", "… identified"로, 1차 초안은 "… clearly identified"로, 2차와 3차, 최종초안은 상기와 같이 각각 변경되었는바, 충당, 구분, 확인 모두 상이한 표현의 동일의미이다. 특히 duly가 cleary로 변경되었는바 duly가 "정히"라는 법적 개념이라면 clearly는 "분명히"라는 상업적 개념으로 볼 수 없다. 따라서 법적 개념인 충당이 분명히 이루어져야 한다는 상업석 표현이 보나 바람직한 것 같나. 그러나 더 좋다면 "duly and clearly"가 표현되면 더 좋을 것 같다. "appropriation", 즉 충당은 영국의 Sassoon에 의하면 "appropriation is the act whereby the goods are attached to the contract(충당은 물품을 계약에 귀속시키는 행위이다[33])"의 의미를 지닌다. UCC에 의하면 "충당(identification)은 현물이 계약에 언급되고 있고 물품으로 지명되거나 합의되는 때 일어나는 의미로, 매매당사자들은 충당에 반드시 참여할 필요가 없으며 매도인에 의한 충당만으로 충분하다. 충당은 일단 물품이 매도인에 의해 매수인에게 인도된다면 충당은 반드시 일어나기 때문에 매도인의 점유하에 여전히 물품이 있어야 함이 필수적이다.[34]"라고 규정하고 있다. Kritzer은 "매도인이 선적시나 선적전 매수인의 주소나 이름과 함께 하인을 하거나 매수인을 하수인이나 불품의 도착시의 착화통시처로

33) D. M, Sassoon, *op. cit*, pp.206, 423, 207, 253.

34) UCC, §2-501: 5.

서 명시한 선적서류를 확보하거나 기타방법에 방법에 의하여 계약에 확인시키는 행위를 충당(identification)행위[35]"로 보고 있다. Atiyha는 "선적을 포함한 인도 혹은 선적서류 인도시점이 충당(appropriation)의 개념이 되나 실제로는 선적을 포함한 물품의 인도가 충당이 됨이 일반적이다[36]"라고 주장하고 있으며, Williston은 "다른 것을 배제하는 것과 특수한 목적을 위해 따로 떼어두는 것[37])을 충당의 개념으로 보고 있다."

이렇게 볼 때 충당의 범위는 불특정물품의 경우 계약물품으로 지명에서 타 물품과의 분리, 즉 구분, 포장, 국내운송, 본선선적, 선적서류제공, 선적통지까지가 충당의 범위에 들어가는 충당 행위로 볼 수 있다. 따라서 충당의 법적인 표현이 appropriation 또는 identification이고, set aside는 appropriate와 identify와 동일한 의미의 또 다른 표현이다. 그러나 엄격하게 말하면 appropriate는 인도 등을 통해 계약에 충당, set aside는 타 화물과의 구분, identify는 인도 등을 통해 계약물품으로 확인의 의미이나 동일 의미의 상이한 표현으로 볼 수 있는바, 이들의 거듭 표현은 대전제원칙의 핵심인 충당의 중요성을 강조하기보다는 충당의 개념을 확대함으로써 매도인에게 융통성, 예컨대 매도인의 창고나 기타장소에 장치되어 있으나 수출물품으로 타 화물과의 분명한 구분이 되어 있는 경우와 운송인이나 매수인에게 인도한 경우를 모두 포함하는 그러한 여유를 주려는 것으로 볼 수 있었다.

그러나 최종초안은 다시 1차 초안과 같이 "분명히 계약물품으로 충당되어 있어야 한다"로 규정하므로 법적인 충당의 개념에 따르고 있어 충당 개념의 융통성을 엄격하게 제한하고 있다. 최종초안의 경우 "… must bear …" 대신 "bears"로, "should …, it must bear …" 대신에 "if …, then … bears"로 변경되었는바 그 이유는 A.5와 같다.

B.6 비용의 분담(Allocation of costs)

The buyer must:

a) pay all costs relating to the goods from the time they have been delivered as envisaged in A4;

b) pay any additional costs incurred by failing either to take delivery of the goods when they have been placed at its disposal or to give appropriate notice in accordance with B7, provided that the goods have been clearly identified as the contract goods;

c) pay, where applicable, all duties, taxes and other charges, as well as the costs of carrying out customs formalities payable upon export; and

35) A. H. Kritzer, *Guide to Practical Application of CISG*, 1991, p.32.

36) P. S. Atiha, John N. Adams, Hector Macqueen, *The sale of goods*, Pearson, 2005. p.323.

37) S. Williston, *The Law Governing Sales of Goods at Common Law and under the USA,* Revised ed., Baker, Voorhis & Co. Inc., 1948,

d) reimburse all costs and charges incurred by the seller in providing assistance as envisaged in A2.

매수인은 다음의 비용을 지급해야 한다.

a) 물품이 A.4의 규정에 따라 인도 완료된 때로부터 물품에 관한 모든 비용;

b) 물품이 자신의 임의처분상태로 적치 완료된 때 물품의 수령 해태나 B.7에 따라 적절한 통지를 해태하므로 지급되는 모든 추가비용 다만 물품이 계약물품으로 분명하게 충당되어 있어야 한다; 그리고

c) 적용되는 경우 물품의 수출 시에 지급할 수 있는 세관절차 수행비용 뿐만 아니라 모든 관세, 제세와 기타 비용.

d) 매수인은 A.2에 따라 매도인의 협조 제공에 따라 지급 발생한 모든 비용과 부(공)과금을 보상(지급)해야 한다.

해설 이행과 관련한 3대 비용부담원칙과 이행에 따른 당연비용부담원칙 그리고 협조제공에 따른 비용부담원칙을 다음과 같이 규정하고 있다.

비용부담의 일반원칙, 즉 대 원칙으로 매수인의 비용분담책임은 A.4에 따라 물품이 인도 완료된 때, 즉 적치 완료된 때, 즉 이행완료 된 때로부터 비용은 자신의 부담이다. 그리고 사전비용부담원칙으로 인도(적치)완료된 때 물품의 인취해태, B.7상의 통지내용을 의무사항으로 선택한 경우 이에 따른 적절한 통지해태로 인해 지급되는 모든 비용의 부담을 규정하고 사전비용부담의 전제원칙으로 전 Incoterms의 B.6를 통해 B.5와 동일하게 계약에 정히 충당을 규정하고 있다.

인도와 관련한 비용분담에 관한 상기 3대 원칙 가운데 대전제 원칙의 적용문제를 A.6에서와 같이 사전 비용이전원칙에만 적용된다.

이행에 따른 당연 비용부담원칙으로서 수출과 관련한 비용으로 EU 간의 무역이나 자유무역지대간의 거래에 있이시와 같이 수출이니 이에 따른 관세 등의 제 비용의 지급이 필요없는 경우를 제외하고 이러한 것이 필요한 경우에 적용을 위해 관세, 제세, 기타 비용의 지급의무를 규정하고 있다.

이미 A.2, B.2에서도 언급하였듯이 수출통관과 이에 따른 비용지급이 필요한 경우에도, 또는 필요없는 경우에도 공히 적응을 위해 "적용 가능한"이라는 말이 추가되었다.

협조제공에 따른 비용부담원칙으로 자신의 요청에 따른 매도인의 수출허가 취득 협조에 따라 매도인이 지급한 제비용을 지급해야 한다.[38]

b)상의 "… appropriate notice …in accordance with B.7 …"의 경우 appropriate는 B.7의 sufficient notice가 통지방법 등을 통해 적절하게 이루어져야 함을 의미한다.

38) 오세창, 상게서, p.151.

문제대안 1차, 2차, 3차, 최종초안의 내용이 동일한 현 규정은 Incoterms 2000 B.6의 규정과 비교해 볼 때 비용이전의 3대 원칙인 이행이전원칙, 이행전이전원칙, 대전제원칙 가운데 대전제원칙 규정이 "…, provided that the goods have been clearly identified as the contract goods"로 표현된 것 외는 같다.

최종초안의 경우 3차 초안 a)호 상의 "… in accordance with A.4."가 "… as envisaged in A.4"로 변경되고 구성의 조정 및 동일의미의 표현조정 외 그 내용면에서는 변경된 게 없다. 그러나 표현조정에 따른 구체적 표현이 개정전 일반적인 표현보다 오히려 오해를 주고 있다.

B.7 매도인에게 통지(Notices to the seller)

> The buyer must, whenever it is entitled to determine the time within an agreed period and/or the point of taking delivery within the named place, give the seller sufficient notice thereof.
>
> 매수인이 합의한 기간 내에 시기와/또는 지정된 장소내의 수령 지점을 결정할 권리를 가진 경우 그는 매도인에게 이에 대한 충분한 통지를 해야 한다.

해설 동 조건 하에선 수령 시기와 지정된 장소내의 인도지점을 권리로 선택한 경우 이에 대하여 시간적 여유와 통지내용의 충분성을 갖춘 통지는 매도인이 수령시기 내에 지정된 장소에 물품의 적치를 하는데 대단히 중요하므로 시기와 장소를 선택할 권리를 가졌다 해도 통지를 의무로 하고 있다.

물론 합의에 따라 시기와 장소를 의무로 선택할 수 있으며, 이 경우에도 통지는 권리와 같이 의무이다. 단, 차이가 있다면 의무로 선택한 경우 이의 해태는 B.5, B.6의 위험과 비용부담이 되나 권리로 선택한 경우 이의 해태는 A.4에 따라 매도인에게 선택권을 부여하게 된다.

Incoterms 2000 B.7, 1차, 2차, 3차 초안의 내용은 동일하였으나, 최종초안의 경우 "… the place of taking delivery …"대신에 "… the point of taking delivery within the named place"로 변경하였다. 이는 안내문 설명과 B.5와 B.6상의 위험과 비용의 이전이나 분담의 적용을 보다 분명히 하려는 의도이다.

보통 Incoterms는 해당조건하에서 당사들의 상대방에 대한 의무규정이나 Incoterms를 권리와 의무의 규정이라 하는 이유는 바로 전 Incoterms® 2010 rules A.3, A.4, B.7상의 규정, 즉 계약체결시 물품의 수령장소와 시기에 관해 합의를 못하고 매수인이 그러한 결정권을 가질 경우 매수인이 동 권리를 행사할 수 있고 행사하지 못한 경우 Incoterms A.3와 A.4에 따라 매도인이 선택할 권리를 행사할 수 있기에 Incoterms를 권리와 의무에 관한 규정으로 하고 있다.

B.8 인도의 증거(Proof of delivery)

> The buyer must provide the seller with appropriate evidence of having taken delivery.
>
> 매수인은 수령하였다는 적절한 증거를 매도인에게 제공하여야 한다.

해설 실제에 있어 임의처분상태로 둔 경우 아무런 이상의 없음을 입증하는 영수증 겸 인도증 겸 확인서 등의 성격을 지니는 서류의 교환이 그 후 적재까지에서 일어날 수 있는 위험과 비용에 대비하는 방법이다.

COD에는 순수COD와 확대COD가 있는바, 전자는 물품인도와 동시에 대금지급이 동시에 일어나는 동시이행조건(concurrent condition)[39]이고 후자는 물품과 물품을 대신하는, 즉 물품과 교환할 수 있는 보관증이나 인도증 또는 교환증과 교환으로 대금이 지급되는 경우로 순수COD와 확대COD간의 시간차이는 크게 없다고 볼 수 있다.

A.8의 인도서류가 매수인의 입장에서는 A.4에 따른 A.8의 서류가 인도의 증거가 되기에 제목은 Incoterms 2000의 "proof of delivery, transport documents or equivalent electronic message"나 1차 초안상의 "proof of delivery/transport documents"보다 2차와 3차와 동일한 최종초안의 제목이 바람직하다.

B.9 물품의 검사(Inspection of goods)

> The buyer must pay the costs of any mandatory pre-shipment inspection, including inspection mandated by the authorities of the country of export.
>
> 매수인은 수출국정부에서 요구하는 법적 검사를 포함하여 모든 법적 선적전검사비용을 지급해야 한다.

해설 EXW의 경우 수출허가 취득사항은 매수인의 의무이기에 수출국의 법에 따라 당연히 수출허가 취득의무를 해야 하고, 선적전 검사를 포함해서 매수이이 예컨대 수입통관에 필요하므로 자신을 위해 필요한 선적전 검사를 해야 하는 경우 이 모든 검사와 검사에 따른 비용을 매수인은 지급해야 한다. 그러나 EXW 이외의 조건의 경우 수출허가 취득의무가 매도인에게 있기에 수출국의 법에 따른 선적전 검사와 이에 따른 비용은 모두 매도인 부담이고, 매수인을 위해 필요한 선적전 검사에 따른 비용은 매수인의 부담이다.

Incoterms 2000, 1차, 2차 초안상의 규정은 동일하였으나 3차 초안에서 "… of any

39) SCG, 1979, 28; P. S. Atiyha, John N. Adams, Hector Macqueen, *op. cit.*, p.125.

pre-shipment inspection …" 대신에 "… of any mandated pre-shipment inspection …"으로 mandated가 추가된 것 외는 변동이 없다. 최종초안은 "mandated" 대신 "mandatory"로 변경되었다. 추가된 이유는 수출국 정부당국의 법에 따른 검사와 수입자 자신이 수입국의 법에 따른 수입국통관의 필요와 자신의 국내 수입판매촉진에 선적전 검사가 필요 한 경우 수출입통관의 책임을 지고 있는 매수인으로서는 당연히 자신의 비용으로 사전검사를 받고 그 비용을 지급해야 하기 때문이다.

A.9상의 checking과 B.9상의 inspection에 대하여 Incoterms 2000용어 해설[40]에 의하면 동일 의미라고 하고 있으나 전자의 의미는 이행에 따른 확인내지는 운임결정 또는 A.1의 상업송장을 보완하기 위한 검사증명서 발급을 위한 계측 행위의 성격을 가지는 비강제성 내지는 자체(자율)검사로 주로 수출자의 공장내에서 또는 인도직전에 이루어지는 자체검사로 볼 수 있다면, 후자는 수출입국법이나 매수인의 필요에 따라 이루어지는 강제성 검사로 주로 공인된 기관에서 이루어지는 검사라 할 수 있다.

B.10 정보협조와 관련비용(Assistance with information and related costs)

> The buyer must, in a timely manner, advise the seller of any security information requirements so that seller may comply with A10.
>
> The buyer must reimburse the seller for all costs and charges incurred by the seller in providing or rendering assistance in obtaining documents and information as envisaged in A10.
>
> 매수인은 매도인이 A.10을 수행하기 위하여 필요로 하는 모든 보안정보요건을 시의 적절한 방법으로 통지해야 한다. 매수인은 A.10규정에 직시한 서류와 정보를 제공하거나 취득하는데 협조를 제공하는데 있어 매도인이 지급한 모든 비용에 대하여 매도인에게 지급해야 한다.

해설 A.10에 의하면 매수인의 책임으로 물품의 수출입에 필요한 보안관련 정보나 서류 등을 취득하는데 매도인은 협조해야 한다고 규정하고 있는바, 이러한 의무수행에 있어 매도인이 필요로 할 수 있는 것으로 수입국에서의 보안정보를 시간적으로나 방법적으로 적절하게 제공해야 할 뿐만 아니라 매수인의 요청에 따른 매도인의 협조 제공의무에 따라 매도인이 지급한 일체의 비용을 지급해야 함을 규정하고 있다.

이렇게 볼 때 A.10과 B.10의 의무규정의 경우 그 필요성은 매수인이, 그 필요에 따른 협조는 매도인이, 그리고 협조에 따른 책임과 비용은 매수인이 부담해야 함을 규정한 규정이다.

Incoterms 2000 B.10의 규정은 A.10의 협조에 따른 비용지급 중심의 규정이었고, 1차

---

40) Incoterms 2000, Introduction, Terminology, 7) Checking and Inspection.

초안은 첫째 절에서 Incoterms 2000 B.10규정의 내용과 동일하나 표현에 있어 "… obtaining the documents or equivalent electronic message"대신에 동일 표현인 "… where in paper or electronic from … and … assistance …"으로 변경하고, 둘째 절에서 2차와 3차, 최종초안규정과 같은 보안정보규정 통지의 필요성이 신설되었으나 2차와 3차 규정과 같은 …in a timely fashion …이 없었다. 최종규정은 "…in a timely fashion …"대신에 동일 의미의 "… in a timely manner …"로 변경된 것 외는 2차와 3차 초안 첫째 절과 동일하다.

2차 초안의 경우 첫째 절은 1차 초안 규정과 같았고 둘째 절의 경우 "The buyer must reimburse the seller for all costs and charges incurred by the seller in providing or rending assistance in obtaining documents and information in accordance with A.10"과 같이 3차 초안을 2차 초안을 최종초안 첫째 절상의 "… any security …"대신 "… any cargo security…"로의 변경하였고 둘째 절은 동일하였다. 최종초안은 3차 초안상의 둘째 절을 "… in providing or rendering … as envisaged in A.10."로의 변경과 3차 초안상의 "… advise the seller of any cargo security ….."상의 불필요한 "any cargo …"의 삭제 등을 하였다. 따라서 표현상의 차이는 있어도 보안정보추가 외는 Incoterms 2000 B.10의 내용과 실질적으로 동일한 내용이다.

문제 대안 provide와 render의 표현에 관한 의견은 이미 A.10에서 설명하였지만 이렇게 표현할 수밖에 없다면 그 이유를 해설을 통해서나 아니면 선택이 추후에 이루어져야 할 것이다.

2) FCA[41]

FREE CARRIER
FCA(insert named place of delivery) Incoterms® 2010
: FCA (지정된 인도장소에서 운송인에게 인도규정: 운송인 인도규정)

안내문(GUIDANCE NOTE)

This rule may be used irrespective of the mode of transport selected and may also be used where more than one mode of transport is employed.

"Free Carrier"means that the seller delivers the goods to the carrier or another person nominated by the buyer at the seller's premises or another named place. The

41) Jimenez는 FCA, CPT, CIP를 "maximum flexibility"로 보고 있다.(G. Jimenez, *ICC Guide to Export - Import Basics*, ICC publishing S.A., 1997, p.80)

parties are well advised to specify as clearly as possible the point within the named place of delivery, as the risk passes to the buyer at that point.

If the parties intend to deliver the goods at the seller's premises, they should identify the address of those premises as the named place of delivery. if, on the other hand, the parties intend the goods to be delivered at another place, they must identify a different specific place of delivery.

FCA requires the seller to clear the goods for export, where applicable. However, the seller has no obligation to clear the goods for import, pay any import duty or carry out any import customs formalities.

본 규정은 선정한 운송형태에 관계없이 사용되어질 수 있으며, 하나 이상의 운송형태가 채용되는 경우에도 역시 사용되어질 수 있다.

"Free Carrier"는 매도인이 자신의 거소 또는 기타 지정된 장소에서 운송인이나 매수인에 의해 지명된 사람에게 물품을 인도하는 것을 의미한다.

당사자들은 지정된 인도장소내의 지점을 가능한 한 분명히 명시하는 것이 바람직하다. 왜냐하면 위험이 동 지점에서 이전하기 때문이다.

당사자들이 매도인의 거소에서 물품을 인도하려 한다면, 그들은 지정된 인도장소로서 자신들의 거소의 주소를 명시해야 한다. 반면에 당사자들이 다른 장소에서 물품을 인도하려 한다면, 자신들은 거소와 다른 특정한 장소를 명시해야 한다.

FCA조건은 적용되는 경우 매도인에게 물품의 수출통관을 요구하고 있다. 그러나 매도인은 물품의 수입통관을 하고, 모든 수입관세를 지급하거나 모든 세관절차를 수행할 의무가 없다.

해설 우선 FCA의 경우 운송형태와 복수운송인 개입 여부에 관계없이 적용이 가능한 조건임을 설명함으로써 어떠한 운송 형태와 방법에도 사용될 수 있는 조건임을 대전제로 하고 있다.

FCA조건은 매도인의 거소 또는 기타 지정된 장소에서 운송인에게 인도하는 것을 기본인도의 개념으로 하고 있다. 그렇기에 인도장소 또는 지점을 가능한 한 분명히 사전에 합의하여 표시하도록 하고 있다. 이러한 인도의 대 전제조건과 기본인도 개념에 따라 인도할 때 매도인의 거소에서 인도할 경우에는 물품을 매수인이 제공한 운송수단에 적재하여 인도하여야 하고 기타 지정된 장소에서 인도시는 거소와 상이한 특정 인도장소를 명시하여 동 장소에서 적재의무 없이 매도인에 의해 지명된 운송인이나 매수인에 의해 지명된 자의 임의처분상태로 물품을 인도할 수 있다는 인도 방법을 A.4가 설명하고 있다.

EU지역을 포함하여 수출허가 또는 승인 그리고 수출통관 절차가 필요없는 경우를 제외하고 동 조건하의 매도인은 이러한 모든 의무를 자신의 비용으로 수행해야 하며, 수입과 관련한 모든 의무는 매수인의 비용으로 수행해야 한다는 국부의 유출과 유입에 대한 대정부 관계의 책임관계를 설명하고 있다.

문제대안 문제점으로 지적할 수 있는 것은 대전제, 기본조건, 분명한 장소의 명시, 인도, 인도와 관련한 대정부 관계 등에 대하여 설명함으로써 FCA조건의 개요를 일목요연하게 잘 설명하고 있으나, 인도 장소에 따라 인도방법에 대하여 분명히 하고 있는 Incoterms 2000의 전문과 달리 인도방법은 A.4에 일임하고 있는바, A.4에 의하면 매도인의 거소에서의 인도의 경우 매도인 자신이 A.3에 따라 운송계약을 체결할 경우 자신이 지명한 운송인이나 B.3에 따라 매수인 운송계약을 체결할 경우 매수인이 지명한 사람에 의해 제공된 운송수단 상에 적재를 전제하고 있으나 기타 장소에서의 인도의 경우 인도방법은 A.4 b)를 통해서 운송수단에 적재하지 아니한 상태로 매도인이 운송계약을 체결할 경우엔 자신이 지명한 운송인에게, 매수인이 운송계약을 체결할 경우 매수인이 지명한 사람에게 각각 이들의 임의처분상태로 인도할 수 있음을 알 수 있다. 특히 3차 초안의 경우 기타 지정된 장소에서 인도의 경우 당사자들은 매도인의 거소와 다른 그러면서 특정한 장소를 지정함으로써 "그렇게 할 수 있다(… may do so by indicating…)"는 표현함으로써 이때의 "… may do so …"의 표현은 어떤 의미로 사용하고 있는지 매우 의심스런 매우 애매한 표현이다. 전후 문장표현을 통해 추정한다면 ①적재 할 수 있다는 의미와 ②다른 장소에서 인도 할 수 있다는 추정을 낳을 수 있다.

그리고 마지막 표현인 "… or to pay any import duty or for any customs formalities"의 경우 for any customs formalities의 의미는 모든 세관절차에 따른 비용을 지급해야 한다는 의미인데 pay for의 의미로 보면 이해가 되나, A.2와 A.6을 연계시켜 생각하면 any customs formalities의 의미로 보면 "세관통관절차"의 수행의 의미와 이에 따른 세관통관절차비용의 의미와 연관이 있을 수 있기에 "… to pay … or carry out any …"로 하든지 아니면 이 모든 의미를 포함할 수 있는 "… pay to import duty and the costs of customs formalities" 또는 이와 유사한 표현으로 변경해야 함을 주장한 바 있다.

최종조안은 위에서 논자가 주장한 부분이 상당히 반영되었으며, 인도개념과 인도 장소에 관해 오해가 없도록 분명히 하고 있음이 특이하다.

1차 초안의 경우 Incoterms 2000 전문과 비교해볼 때 Incoterms 2000의 경우 FCA의 의미로 2가지의 인도방법, 적용 가능한 운송형태, 복합운송형태에 중요한 운송인의 정의, 운송인이외의 사람에게 인도할 경우의 인도방법 등에 관해 규정하였다. 그러나 1차 초안의 경우 적용 가능한 운송형태, 적용되는 경우의 인도방법, 국제거래에 있어 FCA하의 매도인의 의무한계와 매도인의 거소에서의 인도방법으로서의 EXW의 대안으로 FCA, 인도장소의 명확화, FCA적용이 적합한 경우 순으로 설명되어 있어 상당한 변화를 시도하였다. 그러나 1차 초안 역시 매도인의 거소에서 인도의 경우 운송수단에 적재의무를 매도인에게 부과하고 있으나 기타 장소에 관해서는 인도방법에 관해 함구하고 A.4를 통해 적재하지 아니한 상태로 매수인이 지명한 사람의 임의처분상태로 물품의 인도를 추정하게 하고 있다.

이에 비하여 2차와 3차 초안은 1차 초안의 내용을 대폭변경 하여 규정되었다.

특이한 것은 3차 초안까지 EXW안내문에서 EXW의 대안으로 FCA를 설명하였고, 명시적은 아니나 매도인의 거소에서 운송수단에 적재조건으로 FCA가 적합한 조건으로 사용될 수 있음을 설명하고 있다. 그러나 최종초안 안내문에는 EXW의 대안자체는 물론이고 묵시조차 하고 있지 아니한나. 이러한 사실은 1936년 Incoterms 제정 이래 Incoterms의 양축인 EXW와 DDP를 중심으로 양축 사이에 다양한 Incoterms가 있음과 인도방법과 장소가 다른 경우에 대비한 대안조건을 제시하였으나

EXW와 DDP가 Incoterms의 양축이라는 기본적인 성격에는 변함이 없다는 의지로 볼 수 있다.

문제는 A.4에서도 설명하겠지만 안내문에 따른 인도방법규정인 A.4 a)에 의하면 "매수인이 제공한 운송수단 상에 적재인도를", A.4 b)에 의하면 "매도인이 A.3 a)에 따라 운송계약을 체결할 경우의 운송인에게, B.3에 따라 매수인이 운송계약을 체결할 경우 매수인이 지명한 자의 임의처분상태로 인도를" 규정하고 있는바, 이 경우 A.4 a)상의 "매수인이 제공한 운송수단"이라는 표현은 문제가 있다. 왜냐하면 B.3에 따라 반드시 매수인이 운송계약을 체결할 경우를 전제하고 있다. 그러나 A.3에 의해 매도인이 운송계약을 체결할 경우 A.4 a)상의 운송수단은 매도인이 제공하는 운송수단이 되기 때문이다. 그러나 후자의 경우도 궁극적으로 매도인이 매수인을 대신하기에 매수인의 대리인 이라고 생각하거나 매수인이 추후에 알수 있기에 매수인이 지명한 운송인과 다를바 없다면 매도인이 제공한 운송수단은 매수인이 제공한 운송수단이 될 수 있다. 이점에 대한 분명한 설명이 있어야 한다.

반면에 A.4 b)의 경우에는 운송인을 A.3에 의한 운송인으로, 제3자는 B.3에 의한 운송인으로 보면 된다.

A. 매도인의 의무(THE SELLER'S OBLIGATIONS)

A.1 매도인의 총칙의무(General obligations of the seller)

The seller must provide the goods and the commercial invoice in conformity with the contract of sale and any other evidence of conformity that may be required by the contract.

Any document referred to in A1-A10 may be an equivalent electronic record or procedure if agreed between the parties or customary.

매도인은 매매계약에 일치한 물품과 상업송장 그리고 계약이 요구할 수 있는 기타 일치의 증거를 제공해야 한다.

A1-A10에서 언급하고 있는 모든 서류는 당사자들 간에 합의하거나 관례라면 동등한 전자기록이나 절차에 의해 대체될 수 있다.

해설 전 Incoterms 매도인의 의무 제1조를 통해 매도인은 매매계약에 일치하는 물품[42]을 상업송장 또는 이에 갈음하는 전자서류 그리고 계약에서 요구하는 기타 일치의 증거를 제공해야 하는바, 상업송장은 Walker, Rosenthal, Schmitthoff, Sassoon, UCP

42) 여기서의 일치하는 물품(....the goods....in conformity with the contract of sale...)이란 SGA, 27, 13, 14(2)(3)과 UCC, 2-313-6 그리고 CISG, 30조, 35조 등의 내용을 통해 볼 때 ①설명서에 일치하고, ②적상성(merchantability)을 지녀야 하고, ③특수한 목적에 적합(fit for a particular purpose)해야 하는 물품임을 확정할 수 있는 바, 계약체결 전에 상호교환된 내용이나 이에 근거한 계약서나, 계약서에 근거한 신용장 등에 물품에 관한 내용(express or implied and conditions)과 거래관행에 근거하여 이러한 추정이 가능할 수 있고 또 가능해야 한다.

등의 주장과 내용을 요약하면 선적된 물품의 명세서와 대금청구서이며, 매도인이 계약내용에 따라 제공하고 있는 물품의 매도인에 의한 진술이고, 송장 상에 명시된 물품의 인도의 증거로 정확하고 진실하게 작성되어져야 하는 서류[43]로서, 결국 상업송장의 가장 중요한 기능이자 성격은 매도인이 매매계약에 따라 자신이 매수인에게 정히 이행한 사실의 결정적 입증서류이다. 이렇게 볼 때 계약에 일치하는 물품의 제공에 대하여는 국내법과 국제법을 통하여 분명히 규정하고 있다.

기타 일치의 증거서류로는 포장명세서(packing list), 용적, 중량증명서(certificate and list of measurements and/or weight), 품질증명서(certificate of analysis) 등으로 이들 서류들은 물품의 계약에의 일치를 입증하고 보완하는 증거서류들이다.

제공서류에는 필수적으로 제공해야 하는 서류와 협조제공시기가 있으며 이들 제공서류에 관해 매도인의 의무 1조, 2조, 8조, 10조와 매수인의 의무 10조에서 언급하고 있으며, 1조, 8조가 자신의 책임 하에 제공해야 하는 필수서류관계를, 2조, 8조, 10조가 상대방의 요청과 위험과 비용부담으로 제공해야 하는 협조서류관계를 각각 규정하고 있다.

필수서류의 경우로서 인도의 증거와 운송서류 등, 즉 인도의 증거서류에 관해 매도인의 의무 8조에서 규정하고 있으며, 동시에 이 규정이 협조서류관계도 규정하고 있다. 현실적으로 대부분 L/C등에 의해 CAD거래가 이루어지고 있으므로 특약에 의해 이들 규정에서 말하는 협조서류가 필수서류가 되고 있음을 주의해야 한다.

이러한 의무는 구체적으로는 계약서상의 물품의 명세서와 계약서상의 물품의 설명과 이에 따른 신용장상의 "......covering.........."의 표현에 대한 해석내용이라 할 수 있다.

그리고 일치의 증거서류는 A.9(확인 · 포장 · 화인)과 A.10(정보협조와 관련비용) 그리고 B.9(물품의 검사)과 B.10(정보협조와 관련비용)의 규정에 따라 신용장에 ⅰ) other documents, 또는 ⅱ) special instruction 등을 통해 예컨대 beneficiary's certificate certifying that the equality of the undermentioned goods is of good standard and free of weaving defect, color shading, defect and slipperage defect. 또는 surveyor's certificate......와 같이 표현된다.

A.1의 규정은 Incoterms가 인도에 관한 매매규정이며, 각 Incoterms 규정 가운데 제일 중요한 규정이다. 다른 규정들은 A.1규정의 이행을 위한 규정이다. 대금지급과 관련하여서는 A.8의 규정이 중요하다해도 이규정 역시 A.1을 위한 A.4에 따른 인도의 입증서류이자 대금결제서류일 뿐이다.

본인은 1차 초안과 관련한 규정을 두고 다음과 같이 주장한 바 있다.

A.1 제목을 Provision of good and commercial invoice and document(s)로 변경이 필요하다. 이는 Incoterms의 핵심조항이자 매도인의 제일의 의무이고, 나머지 조항은 A.1의 후속규정인바 동규정의 중요성 강조의 필요성과 매도인의 매매계약의무이행입증의 명

43) A. G. Walker, *op. cit.*, p.171; M. S. Rosenthal, *op. cit.*, 1910, p.140; C. M. Schmitthoff, *op. cit.*, pp.31, 66; D. M. Sassoon, *op. cit.*, p.87.

확성 재고를 위해서이다. 그리고 특히 "documents"의 표현은 계약서상에 일치증거의 보완서류인 검사증명서의 경우 예컨대 L/C상에 certificate of experts의 경우와 …of expert의 경우 제공서류의 종류가 달라질 수 있기 때문이다. 이렇게 함으로써 종전 Incoterms A.1의 제목과 규정간의 모순 제거, 상업송장의 중요성과 매매계약 이행의 중요성 강조, 이로 인해 인도와 관련하여 당사자들 간에 체결된 계약의 보충법으로서 보다 높은 이해와 투명성 재고에 기여[44]하는 Incoterms의 중요성 강조의미의 효과를 올릴 수 있다. 규정은 the seller…with contract of sale…invoice as its evidence conformity and _____." 변경할 필요가 있는바, 이는 상업송장은 당사자 간 매매계약[45]에 따른 일치이행의 증거서류를 강조함과 동시에 상업송장이 법적서류임을 강조하기 위해서이다.

그리고 2차 초안과 관련하여 다음과 같이 주장한 바 있다

A.1의 'documents required by the contract'는 종전표현, 즉 'evidence of conformity which may be …' 표현이 A.1 성격과 맞다. 왜냐하면 여기의 서류는 commercial invoice를 보안하는 서류이며, commercial invoice는 매도인의 매매계약이행증거 서류이기 때문이다. 이하 전 Incoterms A.1 규정통일이 필요하다.[46]

3차 초안의 A.1의 경우 Incoterms 2000 A.1상의 "… or its equivalent electronic message" 대신에 전 Incoterms A1-A10상에 규정되어 있는 서류는 상기 초안 A.1 둘째 절 규정과 같이 당사자들 간에 합의하거나 관례라면 종이서류와 동등한 전자기록으로 대체할 수 있다는 표현으로 대체된 것 외는 Incoterms 2000 A.1과 내용이 똑같이 변경된 것이 없다. 당연한 조치라 생각된다. 사실 A.1의 규정과 같이 규정되지 아니한다면 Incoterms가 인도에 관한 국제통일매매관습이라 주장할 수가 없다.

단지 A.1의 제목자체가 1차와 2차 초안 상의 "provision of goods and documents"대신에 "General obligation of the seller"로 변경된 것은 차이가 있으나 A.1 둘째 절상에서의 규정표현 때문에 제목이 이렇게 변경된 것 같지만 제목자체의 의미는 나머지 규정의 이행은 A.1의 규정의 구체적 실현 규정이요 아울러 전 규정상에서 표현된 서류는 전자서류도 공히 인정됨을 강조하는 총칙, 즉 인도에 관한 통일국제매매관습 규정인 Incoterms의 중요한 기본원칙규정을 언급하고 있다고 볼 수 있어 타 규정에 비하여 그 중요성을 더 하는 규정이요 타 규정은 이 규정의 준수를 위한 부수규정으로 보게 하는 의미를 지닌다고 볼 수 있다.

최종초안의 경우 "electronic record"에 "… or procedure"이 추가된 것 외는 동일한 바, 이는 이미 특징에서 언급하였듯이 종이서류와 전자서류간의 등가성과 기술중립적 입장을 유지하고 있는 전자통신 형식 8조와 9조의 규정에 따른 모든 전자통신을 의미하기 위한 표현으로 볼 수 있다.

---

44) H.V. Houtte, *op. cit.*, pp.173. 175.
45) 오세창, 상게서, p.30.
46) 오세창, 상게서, p.39.

A.2 허가, 승인, 보안통관과 기타절차(Licences, authorizations, security clearances and other formalities)

> Where applicable, the seller must obtain, at its own risk and expense, any export licence or other official authorization and carry out all customs formalities necessary for the export of the goods.
>
> 적용되는 경우, 매도인은 자신의 위험과 비용부담으로 물품의 수출을 위해 필요한 모든 수출허가나 기타 공식승인을 취득하고 모든 세관통관절차를 수행해야 한다.

해설 동 조건하에서 매도인은 자신의 책임(위험과 비용부담)으로 수출에 필요한 수출허가 또는 기타 공적인 승인을 취득하고, 모든 세관절차를 수행하여야 함이 FCA 하의 매도인의 의무이다. 그러나 EU간의 무역이나 기타 자유무역지대에 있어서와 같이 관세를 지급할 의무가 더 이상 없고, 수출입에 세관에 없는 경우에도 물품의 세관절차를 규정하고 있는 Incoterms를 사용하는데 지장이 없도록 하기 위해 "적용이 되는 경우"라는 표현이 Incoterms 2000에 이어 전 Incoterms A.2와 B.2 뿐만 아니라 A.6과 B.6에 규정되어 있다. 따라서 이 문구가 삽입되므로 Incoterms의 사용이 더욱 용이하게 되어졌다.

모든 수출허가 또는 기타 공적승인이란 사전허가와/또는 승인 또는 일반허가와/또는 승인을 의미한다. 일반적으로 매매계약은 통상적으로 수출금지나 특별관세부과 등 우연적 사건의 경우에 매도인을 보호하고자 면책규정을 두고 있다. CISG와 이에 상응하는 각국 국내물품매매법에 의하면 예컨대 예측불허 또는 합리적으로 예측할 수 없는 수출금지 등은 매매계약상의 매도인의 의무로부터 면책시킬 수 있다. 그러나 이러한 면책은 계약체결후의 우연적 사건으로 인한 경우에 해당하며, 계약체결 전에 이미 예컨대 수출금지가 이루어지고 있음에도 매도인이 이를 모른 체 계약을 체결하였다면 당연히 매도인의 책임으로 면책이 허용되지 아니한다. 이런 이유 때문에 "자신의 위험과 비용부담"으로 규정되어 있다.[47)]

우리나라의 경우 허가는 대외무역법과 시행령에 따라 정부의 수출입담당 해당부서장이 금지의 해제를 의미하며, 승인은 주무부서장의 위임에 따라 위임된 범위 내에서 금지의 해제를 할 때 승인이라 한다. 대게 대금지급과 연계가 있는 외국환은행에 허가와 승인권이 위임되어 있었다. 그리고 보안통관과 기타절차는 주로 세관에서 이루어지고 있는 수출통관절차 가운데 해당한다. 따라서 허가와 승인은 특수한 경우 정부 해당부서가 하지만 대게는 은행에서 세관절차는 세관에서 이루어진다.

A.2 제목 상에는 "… 보안통관과 기타절차"로 표현되어 있으나 규정에는 "… 모든

47) 오세창, 상게서, p.163.

세관통관 절차"로 표현되어 있다. 규정상의 "… carry out all customs formalities …" 표현 가운데 제목에 해당하는 "보안통관과 기타 절차가 모두 포함되는 것으로 이 모든 절차는 세관에서 이루어 진다."

1차, 2차, 3차 초안의 경우 Incoterms2000상의 "where applicable"의 표현이 규정서두에 자리를 옮겼다. 이는 Incoterms2000의 "where applicable"은 세관절차 수행에는 적용되고 허가와 승인에는 적용되지 아니하는 의미로 해석될 소지가 있었다. 사실 세관절차 이전에 이루어지는 행위가 수출입허가와 승인임을 생각한다면 오해할 필요가 없다. 그러나 오해를 없애고 규정의 명확화를 기하기 위해 이 모든 것에 공히 적용됨을 의미하기 위해 규정의 서두에 위치하게 되었는바 이는 중요한 변경이다.

우리가 알고 있듯이 "where applicable"은 EU지역이나 자유무역지대 그리고 국내거래에서 Incoterms® 2010의 적용을 위해 A.2규정이 필요 없고 기타 역내 · 역외간 거래나 기타 국가간 거래에는 필요함을 의미하기 위한 표현이다.

최종초안은 3차 초안과 동일하다.

A.3 운송과 보험계약(Contracts of carriage and insurance)

a) Contracts of carriage

The seller has no obligation to the buyer to make a contract of carriage. However, if requested by the buyer or if it is commercial practice and the buyer does not give an instruction to the contrary in due time, the seller may contract for carriage on usual terms at the buyer's risk and expense. In either case, the seller may decline to make the contract of carriage and, if it does, shall promptly notify the buyer.

b) Contracts of insurance

The seller has no obligation to the buyer to make a contract of insurance. However, the seller must provide the buyer, at the buyer's request, risk, and expense (if any), with information that the buyer needs for obtaining insurance.

a) 운송계약

매도인은 매수인에 대한 운송계약을 체결할 의무가 없다. 그러나 매수인에 의한 요청이 있거나 매도인이 운송계약을 체결하는 것이 상관행이고 매수인이 적기에 반대의 지시를 하지 아니한다면, 매도인은 매수인의 위험과 비용부담으로 통상의 조건으로 운송계약을 체결할 수 있다. 어느 경우든 매도인은 계약체결을 거절할 수 있으며, 매도인이 거절할 경우, 그는 이에 따라 즉시 매수인에게 통지해야 한다.

b)보험계약

매도인은 매수인에 대한 보험계약을 체결할 의무가 없다. 그러나 매도인은 필요하다면 매수인의 요청, 위험 그리고 비용으로 매수인이 보험계약을 체결하는데 필요한 정보를 제공하여야 한다.

해설 a) 운송계약

원칙적으로 당연 의무로 매수인이 운송계약을 체결해야 함이 원칙이다. 그러나 매수인의 요청이 있거나 매도인의 운송계약을 체결하는 것이 관행적이고, 매수인이 적기에 반대의 의사가 없는 한, 매수인의 위험과 비용부담으로 지나치게 불리하거나 지나치게 유리하지 아니하는 그러면서 통상적으로 해당물품에 적용되는 즉, 해당물품 거래업무에 종사하는 자가 통상적으로 당해 거래의 경우에 해야 하는 운송계약조건에 따라 매도인이 협조의무로서 운송계약을 체결할 수 있다. 그러나 매도인이 운송계약의 체결을 어떠한 경우에도 거절할 수 있으며, 이러한 사실 때문에 "must"가 아닌 "may"로 표현되어 있다. 다시 말해서 FCA하의 매도인의 인도의무는 매수인이 지명한 장소에서 물품을 인도하는데까지 임을 의미한다. 따라서 매도인은 운송계약체결의 의무가 없다. 그럼에도 불구하고 운송주선이 어렵고, 운임율이 매도인이나 매수인 가운데 누가 운송인과 계약을 체결하든 관계없이 거의 같다고 하면, 매수인의 위험과 비용부담으로 매도인이 운송계약을 체결하는 것이 가끔 보다 실질적일 수 있다. 대부분의 경우에 상관행이 이런 취지에서 현실적으로 이루어지고 있기에 규정이 이를 반영하고 있다고 볼 수 있다.

그러나 이미 지적한 바와 같이 매도인은 운송계약을 체결할 의무가 없음이 그리고 매수인이 매도인에게 그렇게 하도록 해서는 아니됨이 강조되어야 한다. 따라서 양 당사자들 간에 상관습이 있다면 FCA하에선 매도인이 그렇게 할 의무가 없음을 적기에 매수인이 지시하지 아니하는 한, 매수인에 대한 추가서비스로서 매도인이 운송계약을 체결할 수 있다.

그리고 매수인이 매도인보다 더 유리한 운임율을 취득하는 것이 가능하거나, 운송계약을 체결할 자신의 권리를 매수인이 행사해야 할 만한 이유, 예컨대 정부지시 등이 있다면, 이에 따라 매수인이 운송계약을 체결하되, 되도록이면 매매계약 체결시에 매도인에게 매수인은 통지해야 한다. 그렇지 아니하다면 타방이 운송계약을 체결하지 아니할 것으로 생각하고, 양당사자들이 모두 운송계약을 체결한다면, 여러 문제들과 추가비용 등이 따를 수 있다.

반면에 어떤 이유로 운송계약의 체결을 요청하는 매수인의 요청에 매도인이 따르고 싶지 아니하거나 상관습에 따르고 싶지 아니하다면, 매도인은 매수인에게 즉각적으로 통지해야 한다. 그렇지 아니한다면 적기에 운송준비와 수령의 차질을 초래한 결과로서 추가비용과 위험이 생길 수 있고, 이에 대한 분쟁의 소지가 있을 수 있다. 어쨌든 매도인은 매수인의 요청이나 상관행에 따라 운송계약을 체결할 경우 이로 인해 발생하는 일체의 위험을 부담하지 아니한다. 왜냐하면 매도인이 매수인의 요청이나 상관행에 따라 운송계약을 체결할 경우, 그 결과는 매수인의 위험과 비용부담이기 때문이다.

따라서 예컨대 만약 운송이 일시적으로 불가능하거나 보다 비싼 비용이 소요되는 경우, FCA하의 매수인은 이러한 위험을 부담해야 한다. 그러나 비록 FCA라 해도, 예컨대 매수인이 지정한 해상운송인에게 내륙지점에서부터 물품이 운송되는 경우와 같이 물품이 운송을 위해 지정된 인도장소까지 운송을 하기 위해 필요한 내륙운송계약은 당연히 매도인이 체결해야 하며, 이러한 국내운송은 당연히 매도인 부담이다.[48] 다른 F-terms와는 달리 FCA의 경우 매수인 요청에 의해 또는 매도인이 운송계약체결이 관행이 되는 또 다른 이유는 복합운송으로서 수출지의 합의한 지점에서 목적지까지의 운송계약체결의 경우, 수출지의 운송사정은 매도인이 더 잘 알 수 있고, 운송스케줄의 변경에 따른 신속한 대처가 가능하기 때문이다.

b) 보험계약

FCA하에서 보험계약은 당사자 모두 상대방에 대한 의무 사항이 아니다. 그러나 자신의 이익을 위해 인도시까지 위험대비와 수령 후 목적지까지의 운송과정에서의 위험대비를 위해 당사자들이 부보할 필요가 있을 경우 자신의 비용으로 부보하면 되나 이때 부보에 필요한 정보는 상대방이 요청하면 반드시 보험에 필요한 정보를 제공해야 한다.

1차 초안 규정의 경우 누구에 대한 운송과 보험계약 체결의무가 없음을 보다 분명히 하기 위하여 Incoterms 2000과 달리 EXW A.3의 규정과 같이 "No obligation owned by the seller to the buyer"로 변경되었다가 2차, 3차 초안의 경우 현 규정과 같이 규정되었다. 따라서 보험계약체결의 의무 당사자를 보다 분명히 한 점은 바람직한 변경이다. 보험의 However 이하의 규정의 경우, Incoterms 2000 A.10상의 둘째 절의 흡수에 따라 However가 추가되었는 바, 보험에 관한 Incoterms 2000 A.10상의 규정은 보험계약과 관련이 있기에 관련규정을 한 곳으로 통합하여 규정하므로 사용자들의 규정 이해에 도움을 주고 있다. 다만 Incoterms규정 가운데 당면의무 규정의 경우 "provide"와 "… at it's own expense"로 표현되고, 협조의무규정의 경우 "render"와 "at the latter's request, risks and expense"로 표현되었다. 그러나 상대방의 요청에 따른 일방의 협조의무의 경우 요청자의 책임을 보다 분명히 함과 동시에 위에서 언급한대로 협조의무나 필수의무의 경우 반드시 제공해야 한다는 의미에서 "provide" 표현으로 모두 통일하였다. 그러나 그 책임에 있어서는 엄연히 구분을 하고 있다.

전 Incoterms® 2010의 1차, 2차, 3차, 최종초안의 특징은 Incoterms 2000의 경우 seller나 buyer 대신 his를 사용하였으나 seller 와 buyer가 he일수도 she일수도 있기에 it으로 변경된 점이다.

최종초안의 경우 현 규정과 같이 운송의 경우 동일한 의미의 자구수정, 보험의 경우 "… provide …, at the buyer's request, risk and expense(if any), … insurance"로 변경하여 보험정보의 책임한계를 보다 분명히 하는 것으로 되었다.

문제 대안 A.4와 B.3 a)에 의하면 운송인은 반드시 매수인이 지명한 운송인 또는 다른 사람이어야 한다. 그러나 A.3 a) 단서규정의 취지에 맞게 하려면 매도인이 운송인을 지명해야 하는바, 이런 경우

48) J. Ramberg, *op. cit.,* p.52.

A.3 a)단서규정과 A.4, B.3 a)규정과 마찰할 소지가 있다. 그러나 B.3 a)와 A.4는 FCA하의 당연의무 규정을 의미하며 A.3 a)의 단서의 경우는 협조의무도 아니고 매수인이 요청하거나 그렇게 하는 것이 관례고 매수인이 적기에 반대가 없다는 전제하에 매도인이 운송계약 체결하는 경우를 의미하는 것이다. 그러나 이런 경우라도 매도인은 거절할 수도 있도록 규정되어 있어 협조의무보다 경미한 사항으로 매수인도 매도인이 운송계약을 체결하기 전에 이미 운송인을 알거나 운송계약체결 후에는 알 수 있는 사항으로 볼 수 있어 어떤 의미에선 매수인이 운송인 지명한 바와 다를바 없다고 생각하면 규정간의 모순은 없다고 볼 수 있다. 따라서 이러한 사실에 대한 분명한 해석이 필요하며 그렇지 못할 경우 오해의 소지가 있을 수 있다.

A.4 인도(Delivery)

The seller must delivery the goods to the carrier or another person nominated by the buyer at the agreed point, if any, at the named place on the agreed date or within the agreed period.

Delivery is completed:

a) If the named place is the seller's premises, when the goods have been loaded on the means of transport provided by the buyer.

b) In any other case, when the goods are placed at the disposal of the carrier or another person nominated by the buyer on the seller's means of transport ready for unloading.

If no specific point has been notified by the buyer under B7 d) within the named place of delivery, and if there are several points available, the seller may select the point that best suits its purpose.

Unless the buyer notifies the seller otherwise, the seller may delivery the goods for carriage in such a manner as the quantity and/or nature of the goods may require.

매도인은 합의한 날짜 또는 합의한 기간 내에 지정된 장소에서 합의한 지점이 있다면 합의한 지점에서 운송을 위해 매수인이 지명한 운송인 또는 제3자에게 물품을 인도해야 한다.

인도는 다음의 때에 완료된다.

a) 지정된 장소가 매도인의 거소인 경우, 물품이 매수인에 의해 제공된 운송수단에 적재 완료된 때.

b) 기타의 경우 매수인에 의해 하역할 준비가 된 매도인의 운송 수단상에서 매수인이 지명한 운송인 또는 제3자의 임의처분상태로 물품을 적치완료한 때.

지정된 장소 내에 특정지점이 B.7에 따라 매수인에 의해 통지되지 아니하고 여러 개의 인도 가능한 지점이 있을 경우 매도인은 자신의 목적에 가장 적합한 인도장소에서 지점을 선택할 수 있다.

매수인으로부터 적합한 지시가 없을 경우 매도인은 물품의 수량과/또는 선적이 필요할 수 있는 방법으로 운송을 위해 물품을 인도할 수 있다.

해설 합의 날짜 또는 기간 내에 지정된 장소에서 경우에 따라서 지정된 장소 내에 인도지점이 있을 경우 동지점에서 매수인이 지명한 운송인 또는 다른 사람에게 물품을 인도해야 한다는 FCA하의 매도인의 인도방법에 대하여 먼저 규정을 하고 있다.

그리고 이러한 인도방법에 따른 인도완료시점에 관해 매도인의 거소에서 인도의 경우 매수인이 제공한 운송수단에 적재 완료한 상태로 인도해야 하고, 기타 장소에서 인도의 경우 매도인의 운송수단상에서 매수인이 지명한 운송인 또는 다른 사람으로 하여금 양화작업을 할 수 있도록 임의처분상태로 물품을 적치완료상태로 규정하고 있다.

A.4에 따라 매도인이 인도할 경우 물품을 수령할 운송인 또는 다른 사람의 이름을, 합의한 기간 내 인도를 위한 특정시점을, 인도할 운송수단을, 인도장소내의 인도지점이 있을 경우 동지점을 필요한 경우 매수인이 매도인에게 반드시 통지해야 한다. 그러나 이러한 통지가 B.7에 의해 이루어지지 아니한 경우 자신의 인도의무를 가장 잘 이룰 수 있는 장소나 지점에서 물품의 수량과/또는 성격이 필요할 수 있는 방법으로 인도할 수 있다.

Incoterms는 인도에 관한 쌍방의 의무에 관한 통일상관습 규정이다. 그런데 권리 · 의무에 관한 통일상관습 규정이라고 하는 것은 전 Incoterms B.7의 규정 때문이다. 구체적인 발송시기와 인도지점에 대하여 계약체결 당시에 확정지을 수 없는 경우가 종종 있다. 이런 경우 추후 매수인이 확정지어 매도인에게 통지하도록 그 지명권을 매수인에게 부여하게 된다. 이러한 매수인에게 부여된 권리를 적절한 시기에 행사하지 아니하면 선택권은 매매계약의 범위내에서 매도인이 결정하게 된다. 이러한 선택권이 A.3 와 A.4에 "may select"로 반영되어 있다.

이렇게 볼 때 인도의 개념을, 인도완료시점을, 이러한 개념과 인도완료시점을 고려한 인도와 관련한 사항을 체계적으로 규정하고 있다.

이미 논문을 통해 Incoterms 2000 FCA A.4 첫째절 상의 "… on the date or within the period agreed …"의 경우 "이 날짜는 합의 날짜가 아닌가? 그런데 B.5에는 from the agreed date로 되어있어 차이가 있는 것 같다.[49]"와 같이 지적한바 있는데 Incoterms® 2010 A.4상에서는 "… the agreed date or within the period agreed …"로 수정되었다.

이번 규정을 보면 비록 매도인이 매수인의 책임으로 운송계약을 체결할 수 있다 하여도 근본적으로 운송계약과 운송의 책임은 매수인에게 있음을 강조하고 운송계약과 인도와 관련한 매수인의 통지의무를 강조하고 있다. 특히 종전 A.4에서 볼 수 있었던 "… in according with A.3 a) …"의 표현이 삭제되었다는 것이다. 이는 이러한 사실을

49) 오세창, "Incoterms 2000 F-Terms상의 문제점과 개정방안", 국제학논총, 계명대학교 국제학연구소, 2003, p.79.

뒷받침하고 있다고 볼 수 있다.

1차 초안규정은 Incoterms 2000 A.4와 비교해 볼 때 A.4 b)상에 A.3 a)단서와 보조를 맞추기 위해 "… in according with A.3 a) …"의 표현이 A.4 b)상에서 없어진 사실과 위에서 지적한 합의 날짜에 대한 표시, Incoterms 2000 A.4 a) 상의 "… or another person acting on his behalf …"의 삭제와 b)상의 "if the named place is anywhere other than a)" 대신 "In any other case"로 변경, 넷째 절상의 "Failing precise instructions from the buyer"가 "Failing agreement between the parties"로 변경된 것 등을 제외하면 Incoterms 2000 A.4와 기본적으로 같다.

2차 초안의 경우 셋째 절 말미에 1차 초안의 "… not unloaded." 대신에 "… ready for unloading by the buyer."로 변경된 것 외는 동일하다.

3차 초안경우는 넷째 절의 표현이 Incoterms2000의 넷째 표현과 같이 변경된 것 외는 2차 초안과 동일하다.

주의를 요할 것은 2차, 3차 초안 상에 명시된 b) 상의 "… ready for …"표현인바, 이는 매도인으로 하여금 적절한 방법으로 양화를 위해 준비된 물품 상태를 유지하라는 것으로 오해의 소지가 있다.

동 표현을 Incoterms 2000 DES A.4상의 "in such a way at to enable them to be moved from the vessel by unloading equipment appropriate to the nature of the goods"의 개념이다.

이미 A.3에서 설명한대로 우선 A.3 a)의 단서규정과 A.4의 규정과 모순할 수 있다. A.3 a)의 단서규정은 매도인이 운송계약을 체결할 수 있게 규정하고 있다. 이 경우 매수인이 B.7에 따라 운송인이나 기타 물품을 수령할 수 있는 사람을 지명하여 운송계약을 체결하게 하고 A.4에 따라 물품을 인도할 경우 문제가 없다. 그러나 A.3 a) 단서규정을 A.4와 B.7과 연계 없이 규정 그 자체를 보면 매도인 자신이 운송계약을 체결할 수 있고, 자신이 운송인을 지명할 수 있게 되어 있다. 이런 경우 A.3 a) 단서규정과 A.4, B.7과는 모순할 수 있다. 따라서 이러한 모순을 없애기 위해 A.3 a) 단서규정상에 "다만 운송계약은 매수인이 지명하는 자와 하여야 한다."는 식의 규정이 A.3 a) 단서규정에 추가되어야 한다.

다시 말해서 Incoterms 2000 A.3 a)의 경우 A.4 a), b)규정에 의하면 매수인은 물론이고 매도인도 운송인을 지명하여 운송계약을 체결할 수 있게 되어 있다. 그러나 Incoterms® 2010의 A.3 a)의 경우를 반드시 A.4와 B.7과를 연계시킨다면 현 규정대로 두어도 문제가 없을 수 있다. 그러나 보다 분명히 할 필요가 있다.

A.5 위험의 이전(Transfer of risks)

> The seller bears all risks of loss of or damage to the goods until they have been delivery in accordance with A4, with the exception of loss or damage in the

circumstances described in B5.

매도인은 B.5에서 규정하고 있는 상황에서 발생한 멸실이나 손상의 경우를 제외하고는 물품이 A.4에 따라 인도 완료될 때까지 물품의 멸실 또는 물품에 관한 손상의 모든 위험을 부담한다.

해설 A.4에 따른 인도방법과 인도방법에 따른 인도완료시점이 당사자들 간의 위험·비용·기능의 분기점이기 때문에 이 시점 이전까지의 물품에 관한 일체의 위험·비용·기능은 매도인의 부담이다.

오늘날 국제간의 거래는 Incoterms가 표시되고 있기에 위험이전에 관한 CISG 66조-70조까지의 규정이 실제 필요없다. 그러나 Incoterms의 규정에도 불구하고 당사자들이 특별히 합의하면 계약자유의 원칙과 계약내용우선 원칙에 의해 특별합의 내용이 우선한다. 그러나 달리 합의하지 아니하고 Incoterms와 CISG가 준거법 내지 거래조건계약으로 표시될 경우 Incoterms의 규정이 우선하여 적용된다. 왜냐하면 거래조건에의 합의가 준거법에 우선하기 때문이다.

전 Incoterms는 물품의 멸실 또는 물품에 관한 손상의 위험은 매도인이 A.4에 따라 자신의 인도의무를 이행완료한 때 매도인으로부터 매수인에게 이전한다는 동일한 대원칙에 근거하고 있다.

FOB, CFR과 CIF A.5는 물품이 선적항구 본선에 적치된 때 위험이 이전함을 상세하게 규정하고 있다.

이러한 전 Incoterms의 규정은 CISG의 위험이전에 관한 일반원칙에 일치하여 위험의 이전을 물품의 인도와 연계시키고 있지 소유권이전이나 계약체결시기와 같은 기타 상황과 연계시키고 있지 아니하다. 그러기에 Incoterms에도 CISG에도 물품에 관한 권리나 물품에 관한 기타 소유권의 이전을 다루고 있지 아니하다.

그러기에 Incoterms도 CISG도 물품에 관한 권리나 물품에 관한 기타 소유권의 이전을 다루고 있지 아니하다.

여기의 물품의 멸실 또는 물품에 관한 손상위험의 이전은 A.1과 A.9에 근거해서 볼 때, 우연적 사건의 위험과 관련이 있으며, 매도인이나 매수인에 의해 야기된 손실이나 손상, 예컨대 물품의 부절적한 포장이나 화인에 의해 일어난 손실이나 손상을 포함하지 아니한다. 따라서 비록 손상이 위험이전 후에 일어났다 해도, 물품이 계약에 일치하게 인도되지 아니한 사실에 동 손상이 기인한다면 매도인은 여전히 물품의 멸실 또는 물품의 손상위험을 책임져야 한다.

전 Incoterms의 A.5는 "B.5의 규정을 제외하고"라는 규정을 두고 있는 바, 이는 매수인이 자신의 의무를 적절하게 이행하길 해태한 이유로 조기위험이전의 결과를 초래할 수 있는 B.5에 명시된 상황하의 위험이전에 관해 대 원칙(main rule)에 대한 예외가 있음을 의미한다.[50]

Incoterms 2000과 1차, 2차 초안은 그 내용이 동일하며, 3차 초안의 경우 종전 "… until such time as they …" 대신 "until they have been …"로 변경된 것 외는 변동사항이 없으며, 변경내용간의 표현의 의미는 동일하였다.

최종초안의 경우 3차 초안상의 "subject to the provisions of B.5"표현을 동일한 의미의 보다 분명한 표현으로 변경한 것 외 내용은 동일하다.

문제대안 주의를 요할 것은 Incoterms® 2010 rules가 쌍무계약에 따라 A.3와 A.4, B.7상의 권리를 제외하고 인도와 관련한 당사자들의 의무를 규정하고 있는데 의무라면 반드시 "… must" 또는 "… has to …"가 되어야 하는바, Incoterms는 지금까지 "must"를 사용하여 왔다. 그러나 전 Incoterms® 2010 rules A.5, B.5와 관련 위험이전에 관해서는 "must bear"가 아닌 "bears"로 되어 있다. 이는 다른 의무들과 달리 위험의 이전이나 부담은 그 한계를 반드시 확정지을 수 없기 때문에 그리고 완전 인도완료 후에는 인도 시에 이미 육안으로 확인할 수 없는 그러나 분명한 위험이 존재한 경우 인도 완료시 위험이전으로 하면 위험이전의무가 끝난 것으로 되기 때문에 단순한 의무로 표현한 것 같다. 그러나 다른 의무의 경우도 이런 이유가 적용될 수 있기 때문에 그리고 위험과 비용이전과 관련하여 "계약물품으로 분명하게 충당되어야 한다."라는 이행전 이전원칙의 대전제원칙 규정이 있기 때문에 반드시 "must bear"로 할 필요가 있다.

A.6 비용의 분담(Allocation of costs)

The seller must pay

a) all costs relating to the goods until they have been delivered in accordance with A4, other than those payable by the buyer as envisaged in B6; and

b) where applicable, the costs of customs formalities necessary for export, as well as all duties, taxes, and other charges payable upon export.

매도인은 B.6의 규정에 따라 매수인이 지급할 수 있는 비용 외에 다음의 비용을 지급해야 한다.

a) 물품이 A.4에 따라 인도 완료될 때까지 물품에 관한 모든 비용; 그리고

b) 적용되는 경우 수출 시에 지급할 수 있는 모든 관세, 제세 그리고 기타 비용뿐만 아니라 수출을 위해 필요한 세관절차 비용.

해설 매도인의 비용분기점인 A.4에 따른 인도완료 시까지 물품에 관한 모든 비용의 지급은 물론이고, 인도완료를 위해 필요한 수출통관 시에 지급되는 세관절차 비용, 관세, 제세, 기타비용 등 제비용 역시 비용의 분기점인 인도완료 전에 필요한 비용으로 역시 매도인이 지급해야 한다. 다, 본 규정 마지막절의 경우 이행에 따른 당연비용부담원칙으로서 수출과 관련한 비용으로, EU간의 무역이나 자유무역지대간의 거래에

50) 오세창, 상게서, p.173.

있어서와 같이 수출이나 이에 따른 관세 등의 제 비용의 지급이 필요없는 경우에는 이 부분의 규정은 적용되지 아니한다.

세관절차에는 통관절차, 통관을 위한 보세창고 반입절차 등이 모두 포함되며 이에 따른 비용을 지급해야 한다.[51)]

1차 초안의 경우 a)의 규정은 Incoterms 2000과 동일하였고 b)의 규정은 2차, 3차 초안과 동일하였다.

최종초안의 경우 3차 초안상의 "subject to the provisions of B.6"표현은 동일한 의미의 보다 분명한 표현으로 변경한 것 외 내용은 동일하다.

문제 대안 Incoterms 2000 A.6과 비교해 볼 때 2차, 3차 초안의 경우 a)의 경우 "… until such time as they …"이 "… until they"로 아무런 의미가 없는 "such time as"가 삭제되고, b)의 경우 "… formalities as well as …"가 그 의미를 분명히 하기 위하여 "… formalities necessary for export as well as …"로 변경된 것 외는 동일하다. A.6 b)상의 비용은 거의 동시에 이루어지나 순서적으로 보면 관세, 제세, 기타 비용지급 다음에 절차 비용이 부과되기에 이렇게 배열한 것 같다. 그러나 B.6 c)의 규정을 보면 그렇지 않고 그 반대로 규정되어 있는바, 이러한 현상은 다른 Incoterms의 해당규정도 마찬가지이다. 따라서 A.6 b)의 규정과 같이 통일이 필요하다.

비용부담을 보다 분명히 하기 위하여 종전 "subject to the provisions of B.6"를 "other than those payable by the buyer as envisaged in B.6"와 같이 변경한 것은 바람직하나 분명한 의미를 강조하기 위한 표현으로 "envisaged"가 보다 일반적 표현인 "In accordance with A.4" 대신 사용되었으나 가능하다면 "envisaged" 표현보다는 A.5의 규정표현인 "described"와 같이 통일하든지 아니면 A.5의 "… the circumstances described in B.5 …" 표현 가운데 "described"를 "envisaged"로 통일할 필요가 있다. 왜냐하면 A.5나 A.6상의 표현은 이미 위에서 언급하였듯이 반드시가 아닌 발생할 수 있는 상황설명의 규정이기 때문이다. 분명한 의미가 오히려 오해의 소지가 있을 수 있다. 분명한 의미가 있다면 해설서를 통해 설명해야 한다.

A.7 매수인에게 통지(Notices to the buyer)

The seller must, at the buyer's risk and expense, give the buyer sufficient notice either that the goods have been delivered in accordance with A4 or that the carrier or another person nominated by the buyer has failed to take the goods within the time agreed.

매도인은, 매수인의 위험과 비용으로, 매수인에게 물품이 A.4에 따라 인도 완료된 사실이나 매수인이 지명한 운송인이나 제 3자가 합의한 기간 내에 물품의 수령을 해태한 사실을 충분히 통지해야 한다.

51) 오세창, 상게서, p.176.

해설 본 규정은 매도인의 입장에서 인도와 관련하여 매수인에게 통지할 사항이 있다면 A.4에 따른 인도완료사실과 매도인의 인도준비에 비해 매수인이 지명한 운송인이나 제3자가 물품의 수령을 해태한 사실이 제일 중요하다.

3차 초안의 규정과 달리 최종초안의 경우 인도와 관련하여 인도사실과 인도준비에도 불구하고 매수인이 지명한 자에 의한 수령불이행 사실의 통지에만 초점을 두고 있다. 따라서 통지와 관련한 통지시기와 방법에 따른 통지내용에 대한 규정이 전혀 없다. 이렇게 단순화 한데는 통지시기와 방법 그리고 내용이 이론적으로는 바람직하나 다양한 종류의 거래 방법에 적용된 규정을 통일적으로 기준을 정하기가 어렵기 때문이거나 아니면 "any notice", "sufficient notice"이 자체가 시기, 방법, 내용을 모두 커버할 수 있기 때문이라 생각된다.

Incoterms 2000과 1차 초안은 동일한 규정이었으나 3차 초안의 경우 2차 초안의 규정에 "… on which and as the case may be, the point at which the goods"가 추가된 것 외는 동일하며, 최종초안은 위의 설명과 같이 매우 단순화 규정으로 대폭 변경되었으나 내용적으로 보면 같다.

문제대안 동 규정에서 중요한 것은 "합리적인 통지"인 바, Incoterms 2000과 1차 초안상에서 "충분한 통지"가 2차와 3차 초안상에서 "합리적인 통지"로 변경되었다. 이는 CISG상의 통지에 관한 원칙[52]을 따르고 있는 것 같다. 이 경우 그 의미는 매수인을 대신하는 사람이 물품을 수령하는데 필요한 내용과 시기에 관해 시기적으로도 내용적으로도 충분하면서도 합리적인 통지이어야 함을 강조하는 의미이다. 그러나 F-rules의 경우 "reasonable notice"로 되어 있으나 나머지 Incoterms A.7상의 통지는 "… any notice …"로 되어 있고, 이에 상응하는 전 Incoterms B.7에 의하면 "… sufficient notice …"로 되어 있다. 따라서 그 의미는 같다 하더라도 규정표현의 통일이 필요하며, 꼭 이 규정만을 이렇게 표현해야 한다면 그 이유를 설명해야 한다. 본인의 생각으로는 통지는 주로 A.4에 따른 인도와 관련한 통지이기에 운송계약 책임자가 누구인가에 좌우될 필요없이 내용적으로 시간적으로 충분한 의미로 CISG표현인 "reasonable notice"를 사용하던지 아니면 상관습적인 표현인 "sufficient notice"의 표현으로 전체 통일하는 것이 바람직한 것 같다. 이러한 주장이 F-rules의 경우에는 반영되고 기타 rules상에는 any notice로 규정되어 있고, 전 Incoterms ® 2010 rules B.7상에는 "sufficient notice"로 통일되어 있는바, 본인의 주장의 일부 반영으로 볼 수 있다. 그러나 최종초안의 경우 그 어떤 규정에도 발견할 수 없고, 사실 불필요한 "… at the buyer's risk and expense,"가 F-rules A.7에 규정된 이유를 모르겠다. 매도인의 당연의무가 왜 매수인의 위험과 비용으로 이루어져야 하는지를 알 수 없다. 이 표현이 꼭 필요하다면 그 이유를 설명해야 한다.

왜 다른 rules와 달리 F-rules만 B.7에 의하면 매수인에게 인도지점과 시기등에 관해 결정할 권리를 허용하지 아니하고 있는가? 그리고 A.7상에 왜 "...act the buyer's risk and expense"의 표현이 필요한가? 라는 문제점이 제기될 수 있다.

52) CISG, 39.

전자의 경우 매수인이 운송계약을 체결할 의무가 있기 때문에 결정권이 필요없고, 자신이 운송계약을 체결할 의무가 있기 때문에 상대방에게 운송과 관련한 제반사항을 통지할 의무만 있을 뿐이기 때문이다.

반면에 다른 rules는 모두 매도인이 운송계약을 체결할 의무가 있고 매수인의 편의를 위해 인도시기와 수령 장소에 관해 사전합의를 통해 결정할 권리를 부여할 수 있다. 따라서 매도인은 이러한 의무에 따라 이루어진 결과를 상대방에게 통지할 의무가 있을 뿐이다.

다만 EXW의 경우 운송계약 체결에 쌍방 모두 의무가 없으나 매도인의 공장에서 물품을 수령하기 때문에, 그리고 수령하여 목적지까지 운송계약은 자신의 책임이기 때문에 운송기관과의 보조등을 위해 선택권을 매수인에게 인증해야 함이 필수적이기 때문에 수령할 시기와 장소의 선택권은 매수인에게 허용해야 함으로 그에게 선택권을 허용하고 있다.

후자의 경우 F-rules A.3 a)규정상의 단서 규정은 운송계약 체결의무에 관한 일종의 변형이다. 이러한 변형을 하고자 할 경우 서문 4. Incoterms의 변형 규정에 의하면 "....변형의 결과를 자신들의 계약서상에 지극히 분명히 할 필요가 있다."고 규정하고 있다. 따라서 현실적으로 있을 수 있는 흔한 변형의 형태를 서문 규정에 따라 의무 규정상의 명백히 하기 위해 매도인이 운송계약을 체결할 경우에도 매수인의 요청, 위험 그리고 비용부담, 즉 전적으로 매수인의 책임으로 이루어지듯이 운송 계약과 관련한 통지 의무도 매수인의 책임임을 강조하기 위한 일종의 서문상의 변형 규정에 따른 규정상의 후속 조치로 볼 수 있다.

또 다른 이유를 든다면 매수인의 전적 책임하에 운송계약의 체결을 매도인에게 요청하였기 때문에 매도인은 이에 따라 통지해야 함을 강조하기 위한 표현으로 볼 수 있다.

A.8 인도서류(Delivery document)

> The seller must provide the buyer, at the seller's expense, with the usual proof that the goods have been delivered in accordance with A4
>
> The seller must provide assistance to the buyer, at the buyer's request, risk and expense, in obtaining a transport document.
>
> 매도인은 매수인에게 자신의 비용으로 물품이 A.4에 따라 인도완료 되었다는 통상의 증거를 제공하여야 한다.
>
> 이러한 증거가 운송서류가 아니라면 매도인은 매수인에게 매수인의 요청, 위험 그리고 비용분담으로 운송서류를 취득하는데 있어 협조를 제공하여야 한다.

해설 첫째 절은 FCA가 COD거래이기에 이에 따라 필요한 인도증거의 필수제공의무를 규정하고, 둘째절의 규정에서는 모든 운송수단에 의한 거래의 가능성을 전제한 CAD거래를 대비하여 필요한 운송서류를 협조제공의무로 규정하고 있다. CISG는 30조를 통해 물품에 관한 서류를 교부하며 물품의 소유권을 이전하도록 원칙만 규정하고 있을 뿐 구체적인 서류의 종류와 소유권 이전방법을 규정하고 있지 아니하다. 그러나 국제거래에 제공되는 구체적인 서류는 Incoterms에 따라 A.1, 2, 8, 10, B.10에서보다 구체화되고, L/C에서 명시되고 있다. 이러한 관례의 구체적인 예를 제시하면 다음과 같다.

계약서상의 지급방법이 신용장에 의한 지급이고, 거래조건이 FCA의 경우 신용장상에 ....accompanied by the following documents marked X :를 통해 동 조건에 맞는 서류를 X로 표시하게 되거나 별도로 표시하게 된다.

이를 서류에 적용되는 원칙은 CPT와 CIP의 A.8과 동일하다.[53)]

이미 앞에서도 언급하였듯이 Incoterms의 양축은 EXW와 DDP이고 이 양축사이에 9가지의 인도에 관한 계약조건이자 견적(가격)조건인 정형거래조건이 있어 오늘의 국제거래가 이루어지고 있다. 그러나 다른 측면에서 Incoterms를 보면 Incoterms의 제정의 뿌리는 FOB[54)]이고 이 FOB가 두 방향으로 변형되었는바, CAD로의 변형과 원칙은 COD계약이나 합의에 의해 CAD거래로 할 수 있게 변형되어 전자에 속한 것이 EXW, FCA, FAS, FOB, DAP, DAT, DDP이고 후자에 속한 것이 CFR, CIF, CPT, CIP라 할 수 있다.

이러한 현상의 증거가 전자의 경우 B.4와 B.8, 후자의 경우 역시 B.4와 A.8을 통해 알 수 있다. 다시 말해서 전자의 경우 B.4를 통해 매수인 물품이 A.4에 따라 인도완료된 때 물품을 수령해야 하고, A.8을 통해 인도완료에 따른 통상의 인도증거를 매도인은 자신의 비용으로 준비하여 매수인에게 제공해야 하고, 매수인의 요청과 위험, 그리고 비용부담으로 통상의 인도증거 대신 운송서류를 취득하게 매수인에게 매도인이 제공해야 함을 규정하고 있다. 그리고 후자의 경우 B.4를 통해 물품의 인도에 따라 물품을 수령하는 목적지 장소내지 항구에서 운송인으로부터 물품을 수리해야 하고, A.8을 통해 처음부터 운송서류를 매도인 자신의 비용으로 취득하여 매수인에게 제공하게 하고 있다.

이러한 원리에 따라 FCA A.8의 경우 위에서 언급한 대로 첫째 절의 규정은 COD를 위한 규정이고 둘째 절의 규정은 CAD를 위한 규정이라 할 수 있다.

3차 초안의 경우 Incoterms 2000 A.8의 첫째 절 말미의 "… with usual proof of delivery of the goods in accordance with A.4" 표현 대신에 현 규정과 같이 되었으며, 1차 초안의 경우 Incoterms 2000 A.8 말미의 표현이 "… goods, whether in paper or electronic form, in accordance with A4"로 변경되었고, 2차 초안의 경우 3차 초안 말미의 "… in accordance with A4"표현 외는 2차와 같았다.

이러한 변경은 Incoterms 2000 A.8상의 "… usual proof of delivery of the goods in accordance with A.4"표현 가운데 "… delivery of the goods …"의 표현을 "… in accordance

53) 오세창, 상게서, pp.179-180.

54) 이러한 근거는 영국형 FOB에 근거한 미국형 FOB를 보면 Incoterms의 제정뿌리가 FOB임을 추정할 수 있다. 그리고 COD가 CAD로의 거래의 가능성은 1893년에 제정된 SGA 17~20조 규정과 이에 근거하여 1903년에 제정된 USA 17~20조의 규정을 통해 추정할 수 있다.

with A4"와 연계하여 구체화 한 것이라 할 수 있다.

둘째 절의 경우 동일한 의미이지만 Incoterms 2000 규정표현을 단순화한 표현으로 볼 수 있다. 다만 Incoterms 2000규정상의 "… every assistance …"상의 "every"를 삭제하였는바, 이는 이미 설명한대로 이 표현의 순수의미와 달리 매도인에게 과도한 의무부과의 느낌을 줄 수 있기 때문에 삭제되었다.

Incoterms 2000 A.8의 셋째 절의 경우 COD와 CAD에 필요한 서류는 EDI서류로 대체될 수 있다는 규정이였으나 Incoterms® 2010은 A.1상에서 언급한대로 A.1-A.10상의 모든 서류를 전자서류로 대체될 수 있다는 표현에 흡수되었다.

1차 초안의 경우 둘째 절상의 규정은 "every"를 제외하고는 Incoterms 2000의 둘째 절 규정과 일치하게 통일되었다. Incoterms 2000의 셋째 절은 A.1에 흡수되었다.

그러나 최종초안은 이미 특징에서 언급하였듯이 "render"가 "provide"로 변경된 것 외는 3차와 동일하다.

여기에서의 위험은 A.2에서의 위험과는 다르다. A.2상의 위험은 법에 의한 수출허가 취득이 어려운 경우 등에 대비한 위험이고, 여기의 위험은 적기에 취득불가능 위험이나 배달위험등과 같은 취득상의 위험이 아닌 수행과정에서 일어날 수 있는 위험이다.

A.9 확인-포장-화인(Checking-packaging-marking)

The seller must pay the costs of those checking operations (such as checking quality, measuring, weighing, counting) that are necessary for the purpose of delivering the goods in accordance with A4, as well as the costs of any pre-shipment inspection mandated by the authority of the country of export.

The seller must, at its own expense, package the goods, unless it is usual for the particular trade to transport the type of goods sold unpackaged. The seller may package the goods in the manner appropriate for their transport, unless the buyer has notified the seller of specific packaging requirements before the contract of sale is concluded. Packaging is to be marked appropriately.

매도인은 수출국정부당국의 법에 의한 모든 선적전 검사비용 뿐만 아니라 A.4에 따라 물품을 인도하는데 필요한 품질확인, 검측, 검량, 검수와 같은 확인활동 비용을 지급해야 한다.

매도인은 특수한 거래가 무포장 상태로 매각된 물품의 형태로 운송하는 것이 관례가 아니라면 자신의 비용으로 물품을 포장해야 한다. 매도인은 물품운송을 위해 적합한 방법으로 물품을 포장할 수 있다. 다만 계약이 체결되기 전에 매수인이 특정한 포장요구를 매도인에게 통지한 경우에는 그러하지 아니하다. 포장은 적절하게 화인이 되어 있어야 한다.

해설 국부의 유출에 따른 수출정부당국의 법에 따라 필요한 선적전 검사와 그 비용을 포함하여 A.4에 따라 물품을 인도하기 위해 필요한 이러한 활동의 필요성과 활동에 따른 비용지급의 필요성과 의무는 A.1의 매도인의 의무를 보완하는 성격이 있기 때문이다. 실제 신용장 상에 A.1을 보완하는 일치의 증거서류로 검사, 검량, 검측증명서를 요구하는 경우가 있다. 여기의 각종 증명서는 바로 계약의 7대 조건 가운데 하나인 품질과 수량조건에 있어 품질과 수량의 확인시기에 관한 계약서상의 묵시적 합의 규정의 결과이다. 다시 말해서 품질이나 수량의 결정시기에 관한 명시적 합의가 없는 경우로서 FCA를 결정한 경우 동 규정에 의해 품질과 수량의 결정시기는 수량과 품질의 결정시기를 선적지로 함을 묵시적으로 합의한 꼴이 되며, 이에 따라 각종서류는 합의의 입증서류가 된다. 이러한 사실은 전 Incoterms A.9에 공히 적용된다. 그리고 곡물, 철강, 목재 등의 산적화물(bulk cargo)이나 기타 화물의 성격에 따라 물품을 무포장 상태로 매각되는 물품류를 운송하는 것이 관례가 아닌 한, 컨테이너운송, liner운송, 부정기선운송 등과 같은 운송방식과 운송(단거리, 중거리, 장거리)의 목적지(항구 또는 내륙지 등)등 운송에 물품의 안전운송을 통한 내용물품의 보호를 위해 운송 상황에 걸맞는 필요한 포장을 매도인은 자신의 비용으로 준비하여 제공해야 한다. 다만 매수인이 계약서를 통해 포장에 관해 특별한 요구사항이 있으면 이에 일치해야 한다.

이런 경우 완전한 포장은 적절하게 화인(shipping marks)이 되어 있는 상태를 의미한다. 화인의 종류는 위에 언급한 대로이다.[55)]

Incoterms 2000과 1차, 2차, 3차 초안의 내용이 기본적으로 같다. 다만 다음과 같은 차이점이 있었다.

Incoterms 2000 A.9의 규정과 차이점은 먼저 Incoterms2000 A.9 첫째 절상의 "… such as which …"대신에 "… that …"로 변경된 점이다. 이는 such as … that의 문법형식에 따른 것이다. 그리고 "… in accordance with A.4"를 2차, 3차 초안상에는 "… in accordance with A.4 as well as well the costs of any pre-shipment inspection mandated by the country of export"로 변경되었는바, as well as이하의 표현의 추가는 국부의 유출에 따라 필요한 경우 수출국이 법률을 통해 선적전 검사를 요구하고 있는바 이런 규정의 제정은 이미 수출국에서 이루어지고 있는 사실의 규정화에 있다. 그리고 이러한 검사는 검사활동이 이루어지기 전에 이루어지는 것이 일반적이다.

두 번째 차이점은 Incoterms2000 둘째 절상의 "… (unless… to send the goods of the contract description unpacked) which is …" 대신에 "… (unless… to transport the type of goods sold unpacked)in the manner …"로 변경된 점이다. 이러한 변경은 Incoterms2000의 의미를 변경하는 것이 아니라 표현의 세련화(예컨대 send를 transport로의 변경)와 분명화(예컨대 the goods of the contract description unpacked를 the type of goods sold unpacked로 변경)를 가져오는 효과가 있다.

EXW에서도 언급하였듯이 어떤 운송형태에도 적용 가능한 조건이나 운송중에 전매가 가능한 해상전용조건의 경우에 있을 수 있는 후속운송을 위해 포장의 중요성과 포

55) 오세창, 상게서, p.182.

장의무를 새삼 강조하는 표현으로 전 Incoterms® 2010, 3차 초안상의 A.9 규정 가운데 표현되어 있는 "… the goods arranged by it and, where applicable, for any subsequent transport …"표현이 빠져있다. 추가할 필요가 있었다. 그러나 최종초안의 경우 3차 초안에 비해 규정적으로 보면 대폭 변경하였다. 그 내용을 보면 최종초안의 경우 3차 초안에 비하여 규정표현으로 보면 "The seller … arranged by it and, where applicable, for any subsequest transport extent that the circumstances …"를 현 규정 둘째 절과 같이 규정하므로 대폭 변경하였다. 그 내용을 보면 물품에 따라 특수한 포장이 필요한 경우 매수인은 매도인에게 계약체결전에, 요구하게 규정하고 일반적 의미의 운송에 필요한 적합한 포장을 요구하므로 포장조건에 통일적 규정을 강조하던 종전 초안과 달리 일반적인 포장의 정의를 하고, 특수한 포장이 필요한 경우 규정을 통한 통일된 규정의 불가능을 안고 당사자들이 계약체결전 사전에 통지케하므로 포장규정의 단순화를 기도하고 있다.

A.10 정보협조와 관련비용(Assistance with Information and related costs)

The seller must, where applicable, in a timely manner, provide to or render assistance in obtaining for the buyer, at the buyer's request, risk and expense, any documents and information, including security-related information, that the buyer needs for the import of the goods and/or for their transport to the final destination.

The seller must reimburse the buyer for all costs and charges incurred by the buyer in providing or rendering assistance in obtaining documents and information as envisaged in B10.

매도인은 적용되는 경우, 시의 적절한 방법으로 매수인의 요청, 위험 그리고 비용부담으로 매수인이 물품의 수입과/또는 최종목적지까지 물품의 운송을 위해 필요로 하는 모든 서류와 보안관련 정보를 포함하여 정보를 제공하거나 취득하는데 협조를 제공하여야 한다.

매도인은 매수인에게 B.10의 규정에 따라 서류와 정보를 제공하거나 취득함에 있어 협조를 제공하는데 매수인이 지급한 모든 비용을 변상하여야 한다.

해설 매도인은 자신의 의무이행, 즉 물품의 운송과 수출 그리고 제3국으로의 물품통과를 위하여 필요한 보안관련정보, 모든 서류와 정보 취득을 위해 매도인 자신이 이들을 요청하고 자신의 위험과 비용하에 매수인에 의해 이런 일들이 이루어진 경우에 이러한 자신의 협조제공요청에 따라 매수인이 지급한 모든 비용을 매수인에게 변상조치 하여야 한다.

첫째 절의 경우 Incoterms 2000과 1차, 2차, 3차 초안의 비교는 FCA의 경우 Incoterms 2000 A.10상에는 "… electronic message (other than those mentioned in A.8) issued …

country."로, EXW의 경우 Incoterms 2000 A.10 상에는 "… electronic message issued … country."로 되어 있는 것 외는 규정이 동일한바 ( )의 표현외는 EXW와 동일하다. ( )의 표현은 1차 초안시 부터 특별히 규정할 필요가 없기에 삭제되었다.

둘째 절의 경우 Incoterms 2000과 1차 초안상에는 규정되지 아니하였고, 2차 초안에 규정과 3차 초안의 규정은 그대로 이다.

Incoterms 2000 A.10에 의하면 다음과 같이 규정되어 있었다.

"매도인은 매수인의 요청과 위험과 비용부담으로 매수인이 물품의 수출입과 필요한 경우 제3국 운송을 위해 필요할지 모르는 인도국 또는 원산국에서 발급하거나 발송하는 모든 서류 또는 동등한 EDI를 취득하는데 모든 협조를 매수인에게 제공해야 한다.

매도인은 매수인의 요청에 따라 보험계약체결을 위해 필요한 정보를 매수인에게 제공해야 한다."

Incoterms 2000상의 EDI 관련표현은 다른 규정에서의 EDI 관련표현과 함께 Incoterms® 2010의 A.1으로 통합되어 표현되어 있고, 보험에 관한 정보는 전 Incoterms A.3에 통합되어 표현되어 있다. 그리고 Incoterms 2000에서의 "수출과 수입과/또는 필요한 경우 제 3국 운송을 위해 필요할지 모르는 …모든 서류는"의 표현은 "수출과/또는 수입과/또는 최종목적지까지 물품의 운송을 위해 필요로 하는 서류와 보안관련 정보를 포함하여 정보…"로 변경되었는바, Incoterms 2000보다 보안관련 정보와 기타정보 제공이 추가된 것 외는 Incoterms 2000상의 표현보다 세련된 그러나 동일한 의미의 상이한 표현이다. 즉 궁극적으로 규정의 통폐합과 대형 컨테이너 운송에 의한 신속한 수출입 통관과 운송을 위해 필요한 보안관련 정보 외에 기타정보와 서류를 요구하므로 필요한 정보추가 외는 근본적으로 Incoterms 2000 A.10과 동일한 의미로 볼 수 있다.

이상의 변경을 규정표현으로 보면 1차 초안의 규정은 Incoterms 2000 A.10의 규정과 비교해서 "국내외기래"의 적용을 위해 첫째 절 "where applicable"이 추가되고, Incoterms 2000상의 "… every assistance … any country" 대신 "…, assistance including providing security-related information, in obtaining any documents, whether in paper or electronic form, that the buyer … any country."로 변경되었다.

1차와 2차의 구분은 1차 초안상의 "… render … any document, … any country."가 "… provide to or render … security-related information, that the buyer any country."로 변경되었다.

2차 초안은 3차 초안규정과 비교해서 말미의 "… that the buyer may require for the transport, … for their transit through any country" 대신에 2차 초안 규정을 포함하는 포괄적 표현으로 "… that the buyer needs for … and/or for their transport to the final destination"으로 변경한 것을 제외하고는 동일하다. 이렇게 규정된 이유는 이미 앞에서도 언급하였듯이 일체의 운송형태에 적용되는 조건들의 경우 대부분 컨테이너로 운송되고 있으며, 대형컨테이너 수출과 수입의 경우 신속한 수출입통관을 위해 법에 따라 또는 운송계약이나 포장 등을 위해 수출입과 최종목적지까지 운송에 필요한 정보를 매도인은 필요하여 요구할 수 있기 때문이다.

그리고 Incoterms 2000과 1차 초안 상에는 없었으나 2차와 3차 초안 상에 "… in a timely fashion provide …"와 같이 "in a timely fashion"이 추가되었는바 이는 협조로 제공되는 서류나 정보를 시간적으로나 방법적으로 적절해야 함을 강조하기 위해서이다.

최종초안의 경우 3차 초안 첫째 절상의 "… in a timely fashion … for the export and/or export of the goods" 대신에 "… in a timely manner … for the import of the goods …"로 변경된 것 외는 동일하다. "fashion"의 "manner"로의 변경은 동일한 의미의 세련된 표현이고, "the export and/or"의 삭제는 수출의 허가를 매도인이 취득하기에 수출에 필요한 모든 절차는 매도인의 책임이기 때문이다.

문제 대안 A.10의 첫째 줄, "provide to or"의 삭제가 필요하다. 왜냐하면 동일의미의 상이한 표현이 아니라 양자 간의 구분을 전제로 하고 있는바, provide는 자신의 비용으로 시작하는 필수제공의 표현이고, render는 누구의 요청과 위험 · 비용부담으로 시작하는 협조의무의 표현임을 지금까지 Incoterms의 규정들을 통해 입증 되었는바, 본 규정상의 의무는 협조의 의무이지 협조나 필수의 규정이 아니기 때문이다. 전 Incoterms를 변경할 필요성이 있다.[56]

그러나 이렇게 규정한데는 비록 모든 협조가 매수인의 책임 하에 이루어지나 매도인이 아니면 아니되는 경우의 협조제공의무와 매수인이 할 수 있는 일에 대한 매도인의 협조제공의무가 있기에 전자를 위한 표현이 provide 이고 후자를 위한 표현이 render로 볼 수 있다. 그러나 예컨대 FCA A.10의 둘째 절상의 "… in providing or rending assistance in obtaining …"의 경우 B.10과 연계되기에 B.10의 규정 둘째절의 규정을 보면 역시 "… in providing or rending assistance in obtaining for the seller, at the latter's request, risk and expense …"로 규정되어 있어 양 규정을 비교해보면 필수 협조의무 규정임이 틀림이 없다. 따라서 "… providing or …"를 삭제할 필요가 있다. 그러나 providing or rending과 연계된 B.10의 "… at latter's request, risk and expense …" 표현이 매도인의 요청에 따라 매수인의 위험부담 없이 매수인이 필수적으로 제공할 수 있는 경우와 매도인의 전적 책임하에 이루어지는 경우를 모두 포함하는 의미로 필요에 따라 이원화 되는 표현으로 해석할 수 있는 표현으로 해석한다면 동 표현은 그대로 두어도 이해가 될 수 있다. 그렇다면 기타 모든 Incoterms 규정에도 A.10이나 B.10의 규정과 마찬가지로 "… provide or render …" or "… providing or rending …"과 같은 표현이 필요할 수 있다.

그러나 이미 A.2에서 설명한 대로 이미 규정을 통해 책임한계는 분명하지만 제공의 의무만은 반드시 제공해야 하기에 "provide" 또는 "providing"으로 통일하는게 바람직하다.

56) 오세창, 상게서, p.39.

B. 매수인의 의무(THE BUYER'S OBLIGATIONS)

B.1 매수인의 총칙의무(General obligations of the buyer)

The buyer must pay the price of the goods as provided in the contract of sale.
Any document referred to in. B1-B10 may be an equivalent electronic record or procedure if agreed between the parties or customary.

매수인은 매매계약상에 규정된 대로 물품의 대금을 지급하여야 한다.
B.1에서 언급하고 있는 모든 서류는 당사자들 간에 합의하거나 관례라면 동등한 전자기록이나 절차에 의해 대체될 수 있다.

해설 B.1의 규정은 매수인에 대한 A.1의 경상규정이면서 매수인의 제일의 의무규정을 규정하고 있으며, Incoterms의 모법에 해당하는 CISG 53조에서 59조까지 규정의 세부규정이라 할 수 있다. 그러나 CIGS규정에 비하면 그 내용이 지극히 단순하게 되어 있다. 그러나 CISG 53조의 규정 가운데 "… as required in contact of sale"와 달리 B.1의 규정에는 "… as provided in a contract of sale"로 규정되어 있는바, 여기서의 "… provided …"는 CISG상에서의 계약에 따라 요구할 수 있는 내용, 즉 일반적으로 계약에 따라 일반적인 요구사항에 따른 지급규정과 달리 B.1의 "… provided"는 특정계약에서 구체적으로 규정하고 있는 지급방법, 지급장소 등에 따라 지급해야 함을 규정하고 있다. 전자가 포괄적 계약규정을 의미한다면 B.1의 계약은 특정 개별계약의 성격이 강하다. 그러나 특정계약은 물품에 따라 당사자들 간의 사정에 따라 다를 수 있기에 B.1의 지급규정에 대한 시행세칙에 해당하는 해당 L/C나 계약서상에 구체적으로 규정하여 반영된다.

그리고 A.1에서 언급한대로 전 Incoterms B.1-B.10상에 규정되어 있는 서류는 B.1 둘째 절 규정과 같이 당사자들 간에 합의하거나 관례라면 종이서류와 동등한 전자기록으로 대체할 수 있다는 표현으로 대체된 것 외는 Incoterms 2000 A.1과 1차, 2차, 3차, 최종초안의 내용이 똑같이 변경된 것이 없다. 최종초안의 경우 A.1에서와 같이 "electronic record"에 "… or procedure"이 추가된 것 외는 동일한 바, 이는 이미 특징에서 언급하였듯이 종이서류와 전자서류간의 등가성과 기술 중립적 입장을 유지하고 있는 전자통신 형식 8조와 9조의 규정에 따른 모든 전자통신을 의미하기 위한 표현으로 볼 수 있다.

A.1에서 언급하였듯이 B.1의 제목자체가 Incoterms 2000, 1차, 2차상의 "payment of the price" 대신에 "General obligation of the buyer"로 변경된 것은 차이가 있으나, B.1 둘째 절상의 규정표현 때문에 제목이 이렇게 변경된 것 같다. 그러나 B.1의 제목의미와 달리 B.1의 규정은 매수인의 총칙의무규정이라기 보다는 매수인의 입장에서 볼 때 물품을 수령하여 검사를 하기 전에 먼저 지급을 해야 하기 때문에 가장 중요한 매수인

의 의무라 할 수 있으며, 나머지 규정은 A.2-A10의 A.1의 부수 규정 같은 성격이 아니라 A.2-A10의 경상의 의무, 즉 매도인의 매수인에 대한 의무에 대한 매수인의 매도인에 대한 의무규정 내지는 위험과 비용, 그리고 기능에 대한 책임의무규정이라 할 수 있다.

FCA거래에 따른 대금지급 방법이 매매계약서에 명시되어 있는바, 이에 따라 대금을 지급해야 한다. 이 조건의 경우 매매계약서 상에 지급방법이 있으면 그 방법에 따라 지급하되 만약 지급에 대한 아무런 언급이 없으면 근본적으로 COD조건이므로 동시이행(concurrent condition)을 해야 한다.

이 조건의 경우에도 L/C에 의한 지급을 계약서상에 합의하면 L/C에 의한 지급이 가능하다.

현실적으로 계약서상의 신용장에 의한 지급방법에 따라 매수인이 개설하는 신용장상에 대금지급에 대한 약속은 “We hereby issue in your favor this documentary credit which is available by negotiation(or acceptance or payment) of your draft in duplicate at drawn on … accompanied by the following document marked X......”로 표시되고 있다. 그리고 대금의 지급 장소에 관하여는 특수한 경우를 제외하고는 지급방법에 따라 결제가 이루어지는 장소인 은행이다.

이러한 사실은 CISG 57조 (11) b)의 규정을 통해 이러한 관행을 인정하고 있다. 그리고 대금의 지급시기에 관하여는 현실적으로 신용장상의 신용장 유효기간과 서류제공 유효기간에 의해 좌우되는바, 신용장의 유효기간을 초과하지 아니하는 범위 내에서, 서류제공유효기간 내에 제출하여 대금결제를 매도인이 받고 있어, 이것이 바로 대금지급 시기로 되고 있다. 대급지급 시 물품의 검사는 이미 계약서 등의 중요내용에서 설명하였듯이, 원칙적으로 선적지 아니면 양륙지에서 물품을 확인하도록 되어있다. 따라서 특수한 경우를 제외하고는 FCA의 경우 검사 장소는 선적지이며, 검사의 객관성을 유지하기 위해 A.4에 따라 물품의 인도 시에 A.9나 B.9에 따라 신용장 상에 검사증명사를 요구하므로, 대금지급시의 매수인의 물품의 검사를 대체하고 있다. 이러한 현실관행을 CISG 58조 (3)(c)의 단서가 규정하고 있다.

FCA의 경우 매매계약에 의한 A.8 둘째 절 규정에 따라 L/C에 의한 CAD거래가 현실적이다[57].

B.2 허가, 승인, 보안통관과 기타절차(Licences, authorizations, security clearances and other formalities)

> Where applicable, it is up to the buyer to obtain, at its own risk and expense, any import licence or other official authorization and carry out all customs formalities for

57) 오세창, 상게서, p.162.

> the import of the goods and for their transport through any country.
>
> 적용되는 경우, 자신의 위험과 비용으로 모든 수입허가나 기타 공식적인 승인을 취득하고 물품의 수입과 제 3국으로 물품의 운송을 위한 모든 세관 절차를 수행해야 한다.

해설 동 조건하에선 수입의 허가와 기타 공적승인의 취득과 물품의 수입과 제3국으로 물품의 통과를 위한 세관절차가 EU 지역 간이나 자유무역지대와 같이 관세를 지급할 의무가 더 이상 없고, 수출입에 제한이 없는 경우를 제외하고 이들이 필요한 경우 당연히 매수인의 책임과 부담으로 수행해야 한다.[58)]

Incoterms 2000 B.2상의 "The buyer must obtain …, and carry out, where applicable, …"표현대신 "where applicable, it in up to the buyer to obtain …"으로 표현이 변경되었으나 그 내용은 변경된 것이 없어 보인다. 그러나 중요한 변경이 있다.

이미 A.2에서도 언급하였듯이 "Where applicable"의 위치의 변경이다. 이 표현은 EU 지역 간이나 자유무역지대와 같이 수출입에 따른 허가, 승인, 세관절차가 필요없는 지역이나 국가 또는 국내거래에는 적용되지 아니하고 이러한 허가나 승인 그리고 절차가 필요한 경우에는 적용됨을 의미하고 있는바, 특정 역내·지역거래, 국내거래에 동 조건 적용에 동 규정의 적용이 불필요 하며, 역외 국가 간·역내·역외 간 거래에 동 조건 적용 시 동 규정의 적용이 필요함을 의미하는 표현이다.

그리고 Incoterms 2000의 경우 동 표현이 "… carry out, where applicable …"에 위치하고 있어 세관절차에 따른 동 표현이 적용됨을 의미하는 것으로 오해될 수 있어, 이런 오해를 역시 불식시키고 규정의 명확화를 도모하기 위해 규정 서두에 위치하게 되었다. 종전 같이 위치하다 해도 문제는 없다. 왜냐하면 세관절차 전에 허가, 승인이 반드시 이루어져야 하는 이른바 세관절차의 원인행위에 해당하는 것이 수출입허가나 승인이기 때문이다.

1차, 2차, 3차 최종초안의 규정은 변경이 없다. 다만 최종초안의 경우 3차 초안상의 "통과"가 "운송"으로 변경되었는바, 이는 큰 의미가 없다. 단지 "통과"가 "운송"의 범위에 들어가기에 일반적 표현을 사용한 것 같다.

B.3 운송과 보험계약(Contracts of carriage and Insurance)

> a) Contract of carriage
> The buyer must contract at its own expense for the carriage of the goods from the named place of delivery, except when the contract of carriage is made by the seller as

58) 오세창, 상게서, p.163.

provided for in A3 a).

b) Contract of insurance
The buyer has no obligation to the seller to make a contract of insurance.

a) 운송계약
매수인은 운송계약이 A.3 a)의 규정에 따라 매도인에 의해 체결되는 경우를 제외하고 자신의 비용으로 지정된 인도장소로부터 물품의 운송을 위해 운송계약을 체결하여야 한다.

b) 보험계약
매수인은 매도인에 대한 보험계약을 체결할 의무가 없다.

해설 a) 운송계약

A.3에서 언급하였듯이 자신이 매도인에게 요청하였거나 매도인이 운송계약을 체결하는 것이 상관행이고 자신이 이에 대하여 적기에 반대의사를 표명하지 아니한 경우를 제외하고는 자신의 비용으로 물품의 운송계약체결 의무가 매수인에게 있으며, 운송계약은 지정된 장소로부터 시작되며 일체의 사전운송은 A.3와 A.4(b)에 따라 매도인 책임이다.[59)]

Incoterms 2000 B.3 a)의 경우 A.3 a)의 단서규정에 따라 매도인이 운송계약을 체결하는 경우를 제외하고 매수인이 운송계약을 체결해야 한다는 규정을 두고 있었으나 1차, 2차, 3차 초안 모두 A.3 a)의 단서규정에 따른 매수인의 운송계약 체결의무 면제를 허용치 아니하고 있지 아니하고 있다. 이는 FCA하의 운송계약의 의무는 당연히 매수인의 의무규정으로 원칙규정을 하고, A.3 a)의 단서의 규정에 따른 매도인 운송계약 때문에 매수인의 운송계약의무를 면제시키지 아니하고 있다. 즉 협조의무 때문에 당연의무를 면제시키지 아니하고, 협조의무 때문에 당연의무가 없어지지 아니함을 의도하고 있는 것 같다. 이러한 원리는 EXW의 A.2와 B.2에도 여전히 나타나고 있다. EXW A.2에 의하면 수출허가를 매수인의 책임 하에 매도인이 취득하는데 협조해야 함에도 불구하고 B.2에 의하면 수출허가 취득의무는 매수인의 당연의무로 하고 매도인의 협조이기 때문에 매수인의 낭연의무를 면제시키고 있지 아니하고 있다. 그렇다면 FCA A.3 a) 단서규정은 협조의무규정도 아닌 "may contract"로 되어 있어 매도인의 운송계약협조는 협조의무가 아닌 그 책임에 있어 훨씬 가벼운 협조사항이다.

A.3 a)단서, A.4와 B.3 a) 규정간의 관계는 A.3 a)해설을 참조하면 이해할 수 있다.

1차, 2차, 3차 초안규정의 내용은 동일하며, Incoterms 2000과 비교해볼 때 Incoterms 2000 A.3 a)상의 "… except …A.3 a)"가 삭제되고, A.3 a)상의 "… the named place …"

59) 오세창, 상게서, p.167.

대신에 "… the named place of delivery …"로 규정하므로 지정된 장소가 무엇을 하는 장소인지를 분명히 하고 있었다. 그러나 최종 초안 상에는 Incoterms 2000상에 규정되어 있던 "…expect…" A.3 a)표현이 다시 추가되었다. 이는 A.3 a) 단서를 염두에 두고 이런 사실을 분명히 한 것은 바람직하나 A.3에서 지적한 A.4와 관련한 문제점은 여전히 있다.

b) 보험계약

FCA하에서 보험계약은 당사자 모두 상대방에 대한 의무사항이 아니다. 그러나 자신의 이익을 위해 인도 시까지 위험대비와 수령 후 목적지까지의 운송과정에서의 위험대비를 위해 당사자들이 부보할 필요가 있을 경우 자신의 비용으로 부보하면 되나 이때 부보에 필요한 정보는 상대방이 요청하면 반드시 보험에 필요한 정보를 제공해야한다.

Incoterms 2000상의 "no obligation"대신 1차 초안의 경우 누가 누구에 대한 책임이 없음을 분명히 하기 위해 "no obligation owned by the buyer to the seller" 표현되었다가, 2차, 3차의 경우 현 초안의 규정과 같이 누가 누구에게 무슨 계약을 체결할 의무가 없음을 규정하므로 1차 초안보다 규정의 표현을 더욱 분명히 하고 있다고 볼 수 있다.

그리고 Incoterms 2000과 1차 초안규정에도 없던 보험정보의 규정을 매도인의 요청에 따라 당연히 제공해야 함을 2차와 3차 초안에서 규정하고 있다.

다만 보험정보의 규정을 A.3 b)와 같이 통일 하던지 아니면 B.3 b)와 같이 통일할 필요가 있었다. 그러나 최종초안 규정에는 보험정보 규정이 삭제된 것 외는 3차 초안과 동일하나.

문제 대안 최종초안 규정에는 보험정보규정이 삭제되었다. F-rules에 해당하는 FAS, FOB에도 마찬가지이다. 이러한 사실은 F-rules의 경우 현실적으로 매도인이 운송계약을 많이 체결하기에 A.3 a)의 단서규정은 인정된다 해도 종전 Incoterms 2000에서 인정되던 보험정보의 규정은 A.3와 B.3에 반영하여 보험에 관한한 통합하여 규정하려는 Incoterms® 2010의 대원칙에 어긋난다. 반드시 부활의 필요성이 있으며, 필요없다면 그 이유를 설명해야 한다.

B.4 수령(Taking delivery)

> The buyer must take delivery of the goods when they have been delivered as envisaged in A4.
>
> 매수인은 물품이 A.4의 규정에 따라 인도 완료된 때 물품을 수령해야 한다.

해설 A.4에 따른 인도완료시 물품을 수령해야 하는바, 이는 인도방법에 따른 인도완료시점을 매도인과 매수인의 위험, 기능, 비용의 분기점으로 하는 FCA조건의 적용을 위한 매수인의 필수적인 의무이행행위이다.

매도인의 인도에 따라 물품을 인취할 자신의 의무이행 해태는 그때로부터 대금을 지급해야 할 자신의 의무를 면책시키지 아니하며, B.5, B.6에 따라 물품의 멸실 또는 손실위험의 사전이전을 초래하거나 추가비용을 지급해야 할 의무를 초래할 것이다.

원칙적으로 COD거래이므로 이때에 지급을 하거나, 인도증거(대게 D/R)나 합의에 의한 CAD거래에 따라 L/C에 의해 지급을 해야 한다. 이러한 수령 즉, 인취를 위해 매수인은 매도인이 인도를 가능케 하기 위해 합리적으로 자신에게 기대할 수 있는 모든 행위, 예컨대 양화, 컨테이너준비 등을 하여 물품을 수령하도록 CISG 60조가 규정하고 있다. 이러한 사실은 운송계약의 체결의무가 원칙적으로 자신에게 있는 경우 당연히 자신을 대리한 운송인에 의해 이러한 행위가 이루어지고 있다.[60]

Incoterms 2000, 1차, 2차, 3차 초안은 동일하며 최종초안의 경우 자구수정 외 내용은 3차 초안과 동일하다.

문제대안 자구수정의 문제점에 관해서는 이미 A.6, B.5에서 언급한대로 일반적인 표현인 "… in accordance with …" 보다는 구체적이면서 분명한 표현인 "… as envisaged in …"을 한 것으로 이해가 되나 이러한 표현의 사용배경에 대한 충분한 설명이 없으면 지금까지의 이해에 오해를 줄 수 있고 그리고 양 표현이 혼용되어 사용되고 있는 점 또한 문제이므로 통일이 필요하다.

B.5 위험의 이전(Transfer of risks)

The buyer bears all risks of loss of or damage to the goods from the time they have been delivered as envisaged in A4.

If

a) the buyer fails in accordance with B7 to notify the nomination of a carrier or another person as envisaged in A4 or to give notice; or

b) the carrier or person nominated by the buyer as envisaged in A4 fails to take the goods into its charge, then, the buyer bears all risks of loss of or damage to the goods:

(i) from the agreed date, or in the absence of an agreed date,

(ii) from the date notified by the seller under A7 within the agreed period; or, if no such date has been notified,

60) 오세창, 상게서, p.172.

(iii) from the expiry date of any agreed period for delivery, provided that the goods have been clearly identified as the contract goods.

매수인은 물품이 A.4의 규정에 따라 인도 완료된 때로부터 물품의 멸실이나 물품에 관한 손상의 모든 위험을 부담한다.

a) 매수인이 B.7에 따라, A.4에서 규정하는 운송인이나 제3자의 지명을 통지하기를 해태하거나 기타 통지를 해태한 경우; 또는

b) A.4에서 의도하는 매수인에 의해 지명된 운송인이나 제3자가 자신의 책임하에 물품을 수령하길 해태한 경우, 매수인은 다음의 때로부터 물품의 멸실이나 물품손상의 모든 위험을 부담한다.

(i) 합의한 날짜로 부터 또는 합의한 날짜가 없는 경우,

(ii) 합의한 기간 내에 A.7에 따라 매도인이 통지한 날짜로부터 또는 이러한 날짜가 통지되지 아니한 경우;

(iii) 인도를 위해 합의한 기간의 만기날짜로부터, 다만 물품은 계약물품으로 분명히 충당완료 되어야 한다.

해설 본 조건의 경우 물품이 A.4에 따라 정히 인도된 때, 즉 이행완료 된 때로부터 그리고 A.4에 따라 매수인이 자신의 의무사항인 운송인 또는 제3자의 지명을 해태한 경우, 또는 A.4에 따라 매수인에 의해 지명되거나 매도인에 의해 선정된 자가 인도키로 합의한 시기에 자신의 관리 하에 인도를 위해 운송되어진 물품을 자신의 관리 하에 두지 못한 경우, 또는 매수인이 B.7에 따라 인도와 관련해서 필요한 사항을 해태 등으로 인해 일어나는 합의한 인도만기날짜 또는 기간의 만기일자로부터의 물품의 멸실 또는 물품에 관한 손상의 모든 위험은 매수인 부담이다.

이러한 해태로 인한 위험부담을 위해서는 물품이 계약에 정히 충당되있음이 입증되어야 한다.

본 규정 역시 이행과 관련한 위험이전의 3대 원칙 즉, 위험이전의 대 원칙, 예외원칙(사전위험원칙, 이행 전 위험이전원칙), 예외원칙의 적용을 위한 대전제원칙 등 3개 원칙을 규정하고 있다. 이행 원칙은 이행완료에 따른 위험이전원칙이요, 예외원칙은 3가지의 해태로 인한 이행 전 위험이전원칙이며, 대전제 원칙은 이행 전 위험이전을 제한하는 원칙이다.[61]

본 규정은 Incoterms 2000과 비교해 볼 때 표현에 있어 보다 단순화와 이해하기 쉽게 분명하게 개조식으로 규정하고 있음이 다를 뿐 그 내용은 변경이 없는 것처럼 보이나 있다.

우선 표현상의 차이는 Incoterms 2000에서는 위험이전의 대원칙 규정과 예외원치 (이행전 위험이전원칙) 그리고 예외원칙의 대전제원칙 규정에 관해 "… duly appropriated

61) 오세창, 상게서, p.174.

… clearly set aside or … identified …"의 표현이 "…clearly identified …"로 변경되었는바, 종전 duly appropriated의 표현이 영국식 표현이라면, set aside는 특징에서도 설명하였듯이 타 화물과의 구분을 의미하는 표현이고, identified는 미국식 표현으로 운송인에게 계약물품으로 정히 인도로 볼 수 있다. 혹시 규정개정에 영국 대표단보다 미국 대표단의 발언이 더 강경했거나, 영국식 표현보다 미국식 표현이 더 합리적이라는 전 위원들의 공감에서 비롯되었는지 아니면 동일 표현의 이중 표현이 불필요해서 이렇게 되었는지는 모를 일이다. 다만 clearly의 표현은 법적표현인 duly보다 상인들이 이해하기 쉬운 동일의미의 상이한 표현으로 보면 될 것 같다.

그리고 Incoterms 2000상의 "… the carrier or another person …"이 "… the person nominated …"로 단순화 되었다가 최종초안에서 다시 3차 초안의 표현으로 되었다.

문제 대안 1차 초안은 Incoterms 2000상의 "from the time …; or …" 대신 "…; and …"로, "from time agreed date …" 대신 "where it fails … carrier or another person … with A.4, or because the carrier or party nominated by the buyer fails … into its charge on delivery, or because buyer fails to give appropriate notice … with B.7, from the agreed date or the expiry date of any agreed period for delivery, provide that the goods have been clearly identified as the contract goods"로 변경되었다.

2차 초안은 1차 초안에 비교해 "from …A.4; or" 대신에 "a) ……"로 변경과 "where …"를 "b) from the agreed date …for delivery, where:

(i) it fails … A.4, or

(ii) the person … its change, or

(iii) the buyer fails to live … B.7,

provided that the goods …"로 변경된 후, 3차 초안은 최종초안 첫째 절상의 "… as envisaged in A.4 …" 대신 "… in accordance with A.4 …"로, 둘째 절상의 "… a carrier or another person as envisaged in A.4 …"와 "… the carrier or person nominated by the buyer as envisaged in A.4 …" 대신 "… a person for transport …"와 "… the person nominated by the buyer for transport …"로 규정된 것과, 예외원칙의 대전제 원칙규정은 전 Incoterms® 2010의 B.5상에는 "… set aside or… clearly identified …"로 되어 있는데 B.5에만 "… clearly set aside… or …"로 되어 있어 통일이 필요하였는바, 최종적으로 현 규정과 같이 전 Incoterms® 2010 종전 충딩규징이 된 점이 나를 뿐이다. 이러한 변경을 보다 분명히 하려는 표현으로, 그리고 충당의 경우 특징에서도 언급하였듯이 엄격한 충당개념의 반영으로 볼 수 있다. 문제는 A.6에서도 언급하였듯이 "envisaged"의 표현이다. "in accordance with A.4"와 "as envisaged in A.4"와 과연 어떤 차이가 있는가 이다. 왜냐하면 A.6상의 "… until … delivered in accordance A.4"와 B.5상의 "… from the time they … delivered as envisaged in A.4"와 어떤 차이가 있느냐이다. A.4에 따른 인도완료 시점부터 위험이전이 분리됨을 보다 분명히 하기 위함이다. 그러나 차이가 있다면 이에 대한 설명이 필요하다.

B.6 비용분담(Allocation of costs)

The buyer must pay

a) all costs relating to the goods from the time they have been delivered as envisaged in A4, except, where applicable, the costs of customs formalities necessary for export, as well as all duties, taxes, and other charges payable upon export as referred to in A6 b);

b) any additional costs incurred, either because:

(i) the buyer fails to nominate a carrier or another person as envisaged in A4, or

(ii) the carrier or person nominated by the buyer as envisaged in A4 fails to take the goods into its charge, or

(iii) the buyer has failed to give appropriate notice in accordance with B7,

provided that the goods have been clearly identified as the contract goods; and

c) where applicable, all duties, taxes and other charges as well as the costs of carrying out customs formalities payable upon import of the goods and the costs for their transport through any country.

매수인은 다음의 비용을 지급해야 한다.

a) 적용되는 경우 A.6에 규정된 수출시에 지급할 수 있는 모든 관세, 제세 그리고 기타 비용뿐만 아니라 수출을 위해 필요한 세관절차비용을 제외하고 물품이 A.4의 의도에 따라 인도 완료된 때로부터 물품에 관한 모든 비용;

b) 다음의 사유로 지급된 모든 추가비용:

(i) 매수인이 A.4의 규정에 따라 운송인이나 제3자를 지명하길 해태하였거나,

(ii) A.4에서 의도하는 매수인에 의해 지명된 운송인이나 제3자가 물품을 자신의 책임하에 수령하길 해태하였거니,

(iii) 매수인이 B.7에 따라 적절한 통지의 해태한 경우,

다만 물품이 계약물품으로 분명하게 충당완료 되어 있어야 한다.

c) 적용되는 경우, 물품의 수입 시에 지급할 수 있는 세관절차 수행비용과 물품의 제3국통과 비용뿐만 아니라 모든 관세, 제세 그리고 기타비용.

해설 본 조건은 위험과 비용기능의 분기점이 일치하기에 즉, 매수인의 위험분기점과 비용분기점이 같기에 이행과 관련한 위험이전의 3대 원칙에 따른 비용부담 역시 같다. 따라서 B.5의 해설을 비용으로 바꾸어 생각하면 된다. 단 차이가 있다면 이행에 따른 당연비용 부담원칙으로서 매도인의 인도완료 후로서 물품의 수입과 제3국으로 물품의 통과를 위해 지급해야 할 필요가 있는 경우, 수입세관통관과 관련한 일체의 비용을 지급해야 한다.

물론 이러한 필요가 없는 경우에는 수입세관통관과 관련한 비용은 적용되지 아니한다.[62]

매수인의 요청에 따라 또는 관례에 따라 매도인이 운송계약을 체결할 경우 운임비용은 운송수단에 물품의 인도에 따라 발급되는 서류상에 운임지급란에 "collect". 즉 추심이 되기 때문에 당연히 매수인이 지급하게 된다. 그러나 이러한 사실이 매수인의 매도인에 대한 지급의무사항은 아니다.

문제대안 A.6 b)에서도 지적하였듯이, A.6 b)와 B.6 c)의 규정을 다른 Incoterms와 같이 통일할 필요가 있다. 그리고 b) (ⅲ)상의 "… appropriate notice …"의 표현은 B.7상의 "… sufficient notice …"에 따른 통지 방법 등을 통해 적절하게 이루어져야 함을 의미하는 표현이다.

2차, 3차 초안의 경우 Incoterms 2000의 규정과 비교해 a)의 단서규정을 제외하면 "… any additional …"이하의 규정을 이해하기 쉽게 체계적으로 배열함과 동시에 동일한 의미이지만 그 의미를 분명히 하고 표현 예컨대 "… the party nominated by the buyer fails …" 대신에 "the person nominated by the buyer for transport fails …"표현을, 그리고 동일한 의미의 상이한 그러면서 단순한 표현인 예컨대 "… nominated the carrier or anther person in, … A.4 …"대신 "… to nominate a person …A.4"와 같이 변경하고 있는 것 외는 실질적인 내용면에서는 동일하다. 1차 초안의 경우 "…, either because he fails …" 대신에 "… it fails …"로 변경된 것 외는 Incoterms 2000의 규정과 동일하였다.

다만 Incoterms 2000에도 1차 초안에도 없었던 A.6 a)의 단서규정은 실제 필요 없으며, 즉 규정하고 싶다면 A.6 "The seller must, subject to the provisions of B.6, pay"와 같이 B.6의 경우 "The buyer must, subject to the provisions of A.6, pay"로 함이 바람직하다. Incoterms 2000과 1차 초안과 같이 B.6의 경우 A.6와 달리 "… subject to the provisions of A.6"의 표현이 필요 없었다.

예외원칙과 대전제원칙규정을 B.5의 규정처럼 통일하던지 B.5를 B.6의 표현으로 변경하던지 통일이 필요하였다.

최종 초안은 기본적으로 3차 초안의 내용과 같으나 예컨대 "the person nominated by the buyer for transport …"대신 "… the carrier or person nominated by the buyer as envisaged in A.4 …"와 "… delivered in accordance with A.4 …"대신에 "… delivered as envisaged in A.4 …"로 변경된 것 외는 동일하나 "… in accordance with …"와는 일반적인 표현보다 분명히 하려는 의도는 이해가 되나 " in accordance with A.4"와 "envisaged in A.4"의 분명한 구분없이 혼용하고 있다는 것이다. 통일하던지 그 의미를 분명히 설명할 필요가 있다.

동 규정상의 A.5, A.6, B.5, B.6상의 문제는 전 규정상에 공히 적용되는 문제들이다.

B.7 매도인에게 통지(Notices to the seller)

The buyer must notify the seller of a) the name of the carrier or another person nominated as envisaged in A4 within

62) 오세창, 상게서, p.177.

sufficient time as to enable the seller to deliver the goods in accordance with that article;

b) where necessary, the selected time within the period agreed for delivery when the carrier or person nominated will take the goods;

c) the mode of transport to be used by the person nominated; and

d) the point of taking delivery within the named place.

매수인은 매도인에게 다음사항을 통지해야 한다.

a) 매도인으로 하여금 A.4의 규정에 따라 물품을 인도할 수 있도록 충분한 시간을 두고 A.4에 의도에 따라 지명된 운송인이나 제3자의 이름;

b) 필요한 경우 지명된 운송인이나 제3자가 물품을 수령할 경우 인도를 위해 합의한 기간 내에 선정된 시기;

c) 지명된 사람에 의해 사용된 운송형태; 그리고

d) 지정된 장소내의 수령지점.

해설 본 조항은 원칙적으로 B.4에 따라 자신이 운송계약을 체결한 경우에 매수인의 통지의무를 규정하고 있으며, 매수인에 의한 지명의 경우는 물론이고 매도인에게 운송계약을 의뢰한 경우에 대비하여 "필요한 경우........" 이하의 부분이 규정되어 있다고 볼 수 있다.

매수인은 A.4에 따라 지명된 운송인이나 제3자에 관하여 시간적으로 내용적으로 충분힌 통지를 메도인에게 해야 한다. 이러한 통지를 할 때 필요하다면 운송방법, 인도시기, 인도지점 등도 아울러 통지해야 함을 의미한다. 따라서 이 부분은 충분한 통지속에 필요한 경우 포함되는 내용으로 대개는 전자와 같이 필수적으로 통지하고 있으며, 이외에도 매도인에게 도움이 되는 내용이라면 통지해야 한다.[63)]

기본적으로 Incoterms 2000 B.7의 내용과 같다. c)에서 "지명된 사람"이란 a)와 b) 그리고 A.4에서 말하는 "운송인 또는 제3자"를 의미하므로 해설을 통해 분명히 할 필요가 있다. 그리고 a)상의 "··· sufficient time ···"란 통지할 때 시간적으로 여유를 두고 통지해야 함을 의미하나 시간적으로 충분해야 할 뿐만 아니라 내용적으로도 충분해야 하기에 이러한 양의미를 다 포함하는 표현으로 Incoterms 2000의 규정과 Incoterms® 2010의 다른 조건상의 B.7과 같이 "··· sufficient notice ···"로 "··· notify ···"의 변경과 함께 변경할 필요가 있다. 역시 a) "··· as to enable ···"은 문법적으로 맞지 아니하기에 "··· to enable ···"로 변경이 필요하다. 그리고 마지막 부분, 즉 "··· to that party"의 경우 Incoterms 2000의 경우는 "··· of the name of the party designated in A.4 ··· to that party"와 같이 "··· of the name of the person nominated ··· to that person"으로 변경될 필요, 즉 표현의 통일이 필요하였으나 최종초안에서 3차 초안상의 "··· the point within the place

63) 오세창, 상게서, pp.178-179.

where … to that porty"가 단순화 되어 d)호가 되었다.

b)상의 "… the selected time …"의 이 의미는 "… the selected date …" 보다 다소 시간적 여유가 있는 표현으로 합의한 기간 내에 일정한 시간 혹은 일정한 기간 혹은 며칠 내의 개념으로 특정 날짜보다 융통성을 부여 하려는 표현으로 해석할 수 있다.

Incoterms 2000과 1차 초안의 경우 동일하게 "The buyer must give …of party in A.4 and … specify the mode … as well as the date of period for delivering the goods to him and, as the case may be, the point … where the goods should be delivered to that party"로 규정되어 있었으나 2차 초안의 경우 "The buyer … the time within the period agreed for delivery … to that party"로 규정되어 3차 초안과의 차이점은 2차 초안상의 "… the time within the period agreed for delivery …"를 "… the selected time within … for delivery …"로 규정하므로 "인도를 위해 합의한 기간 내의 시기"를 "인도를 위해 합의한 기간 내의 선정된 시기"로 변경된 것뿐이다.

최종초안의 경우 3차 초안의 규정은 개조식으로 단순화 한 것에 불과하고 자구수정 외 내용은 기본적으로 같다.

B.8 인도의 증거(Proof of delivery)

> The buyer must accept the proof of delivery provided as envisaged in A8.
>
> 매수인은 A.8의 의도에 따라 제공되는 인도의 증거를 수령해야 한다.

해설 B.7에 의한 A.4에 따라 매수인이 지정한 또는 매도인이 선정한 운송인에게 물품을 인도하고, 매수인의 단순대리인인 운송인으로부터 발급된 인도증거서류 통상 부두수취증(dock receipt: D/R)을 매수인에게 제공하면 매수인은 이를 수령해야 하며, 이의 수령이 바로 물품의 수령을 의미하는 것으로 COD의 확대(연장)로 볼 수 있다. 그러나 L/C에 의한 CAD의 경우 A.8의 규정에 따라 D/R대신 nego서류로 운송서류를 발급받아 대금결제가 이루어지나 인도수령은 이미 이루어진 상태다. 따라서 물품이 목적지에 도착했을 때 실제물품과 운송서류상의 물품이 다를 경우 검사와 이의 제기가 가능하나, 근본 CAD거래로 물품대신 상징적 물품의 인도(symbolic delivery) 상징적 물품의 인도를 물품의 인도로 볼 수 있는 서류의 수령을 전제로 한 CFR이나 CIF하의 물품의 수령방법과는 엄연히 다르다.[64]

A.8의 인도서류가 매수인의 입장에서는 A.4에 따른 A.8의 서류가 인도의 증거가 되기에 제목을 Incoterms 2000의 "proof of delivery, transport documents or equivalent electronic message"나 1차 초안상의 "proof of delivery/ transport documents"보다 2차와

64) 오세창, 상게서, p.181.

현 초안의 제목이 바람직하다.

Incoterms 2000과 1차, 2차, 3차 초안, 최종초안의 경우 내용적으로 동일하나 표현에 있어 2차와 3차의 경우 Incoterms 2000과 1차 초안상의 "… the proof of delivery" 다음에 "provided"가 추가되고 최종초안의 경우 "provided" 다음에 "…in accordance with A.4" 대신에 "… as envisaged in A.8"로 변경되었다. 계속하여 지적하였듯이 그 의미를 보다 분명히 하기 위한 표현이 되레 혼란스럽다. 2차, 3차 초안의 표현이 바람직하다.

B.9 물품의 검사(Inspection of goods)

The buyer must pay the costs of any mandatory pre-shipment of goods inspection, except when such inspection is mandated by the authorities of the country of export.

매수인은 이러한 검사가 수출국 정부당국의 법에 의한 경우를 제외하고 모든 법에 의한 선적전검사 비용을 지급해야 한다.

해설 수출국에서 매도인이 수출을 위해 관련법에 따라 당연히 자신이 해야 하는 경우는 자신의 책임과 비용으로 하지만, 매수인 수입국의 법에 따라 필요한 경우 매수인의 요청에 의해 이루어지는 모든 선적전 검사는 매수인 비용부담임을 규정하고 있다. 따라서 매수인이 수입국법에 따라 선적전 필요한 검사의 경우 선적 전에 제3자에 의한 검사증명서를 자신의 책임 하에 매도인에게 요청해야 하며, 이러한 결과를 대금결제서류에 반영시켜야 한다.[65)]

Incoterms 2000의 B.9과 비교해 볼 때 Incoterms 2000상의 "… of any pre-shipment inspection …"대신 3차 조안은 "… of any mandated per-shipment inspection …"과 같이 "any psi "가 "mandated psi"로 변경된 것 외는 동일하다. 그러나 종전의 규정과 달리 매도인 자신의 비용으로 이루어지는 수출국의 검사법에 의한 선적전 검사 외에 매수인 자신의 필요를 위해 그리고 수입국의 법에 의해 필요한 경우, 매수인이 요청하고 매도인은 이러한 요청에 따라 매수인의 비용으로 모든 선적전 검사를 실시하고 그 증명서를 매수인에게 계약서나 L/C에 따라 제출해야 했던 Incoterms 2000상의 "any psi"의 개념은 수입국의 법에 의한 모든 psi의 개념으로 그 의미를 Incoterms® 2010에서는 분명히 하고 있다. 따라서 수입자 자신을 위해 필요한 psi의 경우 별도로 계약서나 L/C 상에서 요구하고 그 비용을 지급해야 함을 주의해야 한다.

1차, 2차 초안은 Incoterms 2000과 동일하며, 최종초안은 3차 초안과 동일하다.

---

65) 오세창, 상게서, p.182.

B.10 정보협조와 관련비용(Assistance with Information and related costs)

The buyer must, in a timely manner, advise the seller of any security information requirements so that the seller may comply with A10.

The buyer must reimburse the seller for all costs and charges incurred by the seller in providing or rendering assistance in obtaining documents and information as envisaged in A10.

The buyer must, where applicable, in a timely manner, provide to or render assistance in obtaining for the seller, at the seller's request, risk and expense, any documents and information, including security-related information, that the seller needs for the transport and export of the goods and for their transport through any country.

매수인은 매도인이 A.10을 수행하기 위하여 필요로 하는 모든 보안정보요건을 시의 적절한 방법으로 통지해야 한다.

매수인은 A.10의 규정에 따른 서류와 정보를 제공하거나 취득하는데 협조를 제공하는데 있어 매도인이 지급한 모든 비용에 대하여 매도인에게 지급해야 한다.

매수인은, 적용되는 경우, 시의 적절한 방법으로 매도인의 요청, 위험 그리고 비용부담으로 매도인이 물품의 운송과 수출을 위해 그리고 제 3국으로 물품의 운송을 위해 필요로 하는 보안관련 정보를 포함하여 모든 서류와 정보를 제공하거나 그를 위해 취득하는데 협조를 제공해야 한다.

해설 A.10에 의하면 매수인의 책임으로 물품의 수출입에 필요한 보안관련 정보나 서류 등을 취득하는데 매도인은 협조해야 한다고 규정하고 있는바, 이러한 의무수행에 있어 매도인이 필요로 할 수 있는 것으로 수입국에서의 화물보안정보를 시간적으로나 방법적으로 적절하게 제공해야 할 뿐만 아니라 매수인의 요청에 따른 매도인의 협조제공의무에 따라 매도인이 지급한 일체의 비용을 지급해야 함을 규정하고 있다.

이렇게 볼 때 A.10과 B.10의 의무규정의 경우 그 필요성은 매수인이, 그 필요에 따른 협조는 매도인이, 그리고 협조에 따른 책임과 비용은 매수인이 부담해야 함을 규정한 규정이다.

그러나 provide와 render의 표현에 관한 의견은 A.10에서 설명을 참고할 수 있다.

그리고 보안정보와 관련하여 3차 초안의 경우 A.10은 goods로, B.10은 cargo로 표현하고 있다. goods는 포장이 가능한 제조물품이고 cargo는 주로 포장이 불가능한 그러면서 대량화물인 산적화물(bulk cargo)을 의미하는바, 이들에 대한 표현의 구분 예컨대 "any goods, or cargo security information"과 같이 할 필요가 있었으나, 4차 초안 상에서 B.10상의 "… cargo …" 표현을 삭제함으로써 동 규정에서의 정보는 A.10과 연계시킬 경우 "goods"에 관한 보안정보임을 알 수 있으나, 이 경우 "cargo"의 보안정보는 필요없다는 결론을 내릴 수 있으나, 일반적으로 "cargo"도 "goods"로 표현해 온 관례를 인정한다면 문제가 없다.

Incoterms 2000 B.10의 규정은 A.10의 협조에 따른 비용지급 중심의 규정이었고, 1차 초안은 첫째 절에서 Incoterms 2000 B.10규정의 내용과 동일하나 표현에 있어 "… obtaining the documents or equivalent electronic message" 대신에 동일 표현인 "… where in paper or electronic form … and … assistance …"로 변경하고, 둘째 절에서 2차, 3차 초안규정과 같은 보안정보규정 통지의 필요성이 신설되었으나 3차 규정과 같은 "…in a timely fashion…"이 없었다.

2차 초안의 경우 첫째 절은 1차 초안 규정과 같았고 둘째 절의 경우 "The buyer must reimburse the seller for all costs and charges incurred by the seller in providing of rending assistance in obtaining documents and information in accordance with A.10"과 같이 초안함으로 Incoterms 2000 B.10의 내용과 실질적으로 동일한 내용을 3차 초안과 같이 표현하였다.

매수인은 매도인이 A.3 a) 단서규정에 의해 자신이 운송계약을 체결하거나 또는 매수인에 의한 운송계약체결에 따른 운송을 위해, 경우에 따라서 제3국을 경유하는 경우를 위해 필요할 수 있는 그리고 수출국에서의 물품의 수출을 위해 매도인이 필요로 할지 모르는 모든 서류, 정보, 보안관련 정보를 매도인의 요청과 위험 그리고 비용으로 매도인을 위해 취득하는데 협조를 시간적으로나 내용적으로 그리고 방법적으로 적절하게 제공해야 한다.

규정 가운데 "… provide to or render …"그리고 "… in providing or rendering …" 표현에 관한 설명은 EXW A.10과 FCA A.10의 내용을 통해 이해할 수 있다.

본 규정에서의 "where applicable"의 경우는 이미 설명한대로 EU지역 간 거래, 자유무역지대거래, 국내거래를 제외한 거래에 해당 규정이 필요하면 동규정이 적용되고 그렇지 아니할 경우 적용되지 아니함을 의미한다.

Incoterms 2000의 B.10의 경우 다음과 같이 규정되었다.

"The buyer must pay all costs and charges incurred in obtaining the documents or equivalent electronic messages mentioned in A.l0 and reimburse those incurred by the seller in rendering his assistance in accordance therewith and in contracting for carriage in accordance with A3 a).

The buyer must give the seller appropriate instructions whenever the seller's assistance in contracting for carriage is required in accordance with A3 a).

매수인은 A.10에 명시된 서류와 동등한 EDI를 취득하는데 지급한 모든 비용을 지급해야 하고, A.3 a)에 따른 매도인의 협조와 운송계약체결에 따라 매도인에 의해 지급된 모든 비용을 지급해야 한다.

매수인은 A.3 a)에 따라 운송계약체결에 있어 매도인의협조가 요구되는 경우 매도인에게 적절한 지시를 하여야 한다."

그러나 1차 초안의 경우 첫째 절은 A.10에서 자신의 책임하에 이루어진 정보요청과 이에 응한 매도인의 서류 취득에 지출한 비용의 지급의무와 A.10에서 매도인이 요구하는 모든 화물보안정보를 그에게 통지해야 하는 규정으로 규정되어 Incoterms 2000 B.10의 규정, 즉 A.10과 A.3 a) 단서규정에 따라 발생한 비용지급규정 가운데 A.10에 의한 지급규정 수용과 A.3 a)에 의한 지급규정 삭제와 A.10 수행에 필요한 화물보안정보 제공규정 신설로 되어 있다. 이는 Incoterms 2000 B.10상의 규정, 즉 A.10과 A.3 a)와 관련된 비용과 지시 그리고 사항 중심 규정과 상당한 차이가 있었다.

2차 초안은 3차 초안 둘째 절의 "The buyer must …, that the seller needs for the transport … and, … for their … country."대신 "The buyer must … that the seller may require for transport … and, where necessary, for their … country."로 규정함과 동시에 동 규정을 2차 초안 둘째 절 규정으로 하고, 셋째 절의 규정을 3차 초안규정의 첫째 절 셋째 줄 이하의 규정으로 배열하였다. 따라서 2차 초안 규정상의 "… and, where necessary, for their …"상의 "where necessary"가 삭제되고 규정간의 배열을 달리한 것 외는 변경된 것이 없다. 특히 2차 초안에서 상기 표현이 삭제된 것은 "… where applicable …"이 삭제된 동 표현을 수용할 수 있기 때문이다.

최종 초안은 위에서 언급한 3차 초안상의 "… cargo"의 삭제와, "… in a timely fashion …"이 "… in a timely manner …"로 변경된 것 외에 내용은 동일하다.

3) CPT

CARRIAGE PAID TO
CPT(insert named place of destination) Incoterms® 2010
: CPT(지정된 도착지 장소까지 운임지급인도규정: 운임지급규정)

안내문(GUIDANCE NOTE)

This rule may be used irrespective of the mode of transport selected and may also be used where more than one mode of transport is employed.

"Carriage Paid to" means that the seller delivers the goods to the carrier or another person nominated by the seller at an agreed place (if any such place is agreed between the parties) and that the seller must contract for and pay the costs of carriage necessary to bring the goods to the named place of destination.

When CPT, CIP, CFR or CIF are used, the seller fulfils its obligation to deliver when it hands the goods over to the carrier and not when the goods reach the place of destination.

This rule has two critical points, because risk passes and costs are transferred at different places. The parties are well advised to identify as precisely as possible in the contract both the place of delivery, where the risk passes to the buyer, and the named place of destination to which the seller must contract for the carriage. If several carriers are used for the carriage to the agreed destination and the parties do not agree on a specific point of delivery, the default position is that risk passes when the goods have been delivered to the first carrier at a point entirely of the seller's choosing and over which the buyer has no control. Should the parties wish the risk to pass at a later stage (e. g., at an ocean port or airport), they need to specify this in their contract of sale.

The parties are also well advised to identify as precisely as possible the point within the agreed place of destination, as the costs to that point are for the account of the seller. The seller is advised to procure contracts of carriage that match this choice precisely. If the seller incurs costs under its contract of carriage related to unloading at the named place of destination, the seller is not entitled to recover such costs from the buyer unless otherwise agreed between the parties.

CPT requires the seller to clear the goods for export, where applicable.

However, the seller has no obligation to clear the goods for import, pay any import duty or carry out any import customs formalities.

본 규정은 선정된 운송형태에 관계없이 사용되어질 수 있으며 하나 이상의 운송형태가 채용되는 경우에도 역시 사용되어질 수 있다.

"Carriage Paid to"는 매도인이 이러한 지점이 당사자들 간에 합의한다면 합의한 장소에서 자신에 의해 지명된 운송인이나 제3자에게 물품을 인도하고 매도인은 지정된 목적지 장소까지 물품을 운송하기 위하여 필요한 운임을 지급해야 함을 의미한다.

CPT, CIP, CFR, 그리고 CIF가 활용될 경우, 매도인은 물품이 목적지 장소에 도착할 때가 아닌 운송인에게 물품을 인도한 때를 인도해야 할 자신의 의무를 수행한 것으로 된다.

본 규정은 상이한 장소에서 위험이 이전하고 비용이 이전하기 때문에 두 개의 임계점(분기점[66])을 가진다. 당사자들에게는 위험이 매수인에게 이전하는 인도장소와 매도인이 어느 장소까지 운송을 위해 운송계약을 체결해야 하는 지정된 목적지 장소 양지를 계약서상에 가능한 한 정확하게 확인 하도록 조언한다. 여러 운송인들이 합의한 목적지까지 운송을 위해 개입하고, 당사자들이 특정인도지점에 관해 합의를 하지 아니한 경우 매수인이 통제할 수 없는 매도인이 전적으로 선택한 지점에서 물품은 최초의 운송인에게 인도 완료된 때 위험이 이전함이 보완규정(기본원칙)이다. 당사자들은 위험이 예컨대 항구와 같은 이후단계에서 이전하길 원한다면 그들은 자신의 매매계약서상에 이러한 사실을 명시할 필요가 있다.

당사자들은 목적지의 합의한 장소내의 지점을 가능한 한 정확하게 확인하는 것이 바람직하다. 왜냐하면 그 지점까지 비용은 매도인 부담이기 때문이다. 매도인에게는 그러한 선택에 정확하게 일치하는 운송계약을 확보하도록 조언한다. 매도인이 매매계약서상에 합의한 지정된 목적지장소에서 양화와 관련한 비용과 같은 운송계약에 따라 발생한 비용을 지급한다면, 매도인은 양 당사자들 간에 달리 합의가 없는 한 매수인으로부터 이러한 비용을 보상받을 권리가 없다.

CPT조건은, 적용되는 경우, 매도인에게 물품의 수출통관을 요구한다. 그러나 매도인은 물품 수입통관을 취득하거나, 모든 수입관세를 지급하거나 통관절차를 수행해야 할 의무가 없다.

해설 Incoterms 2000상의 CPT의 전문을 대폭 개정하였는바, 우선 정의를 보면 당사자들 간에 인도 장소에 관해 합의가 있는 경우 동 장소에서 매도인이 운송을 위해 지명한 사람에게 물품을 인도하고 지정된 목적지까지 물품의 운반에 필요한 운임을 지급하는 조건으로 되어 있다.

이론적으로 하면 수출항에서 부두나 본선에 물품을 인도하고 수입지 항구까지를 운송기간으로 하고 여기까지의 운임을 매도인이 부담할 경우 CFR을 포함할 수가 있다. 그러나 CPT하의 운송이나 운송에 따른 운임의 개념 자체가 수출국의 내륙에서 수입국의 내륙까지의 운송과 이에 따른 운임을 의미하기 때문에 해상과의 거래를 전제로 한 CFR과는 구분된다고 볼 수 있다. 그러기에 CPT의 경우 Carriage로 CFR의 경우 Fright로 운임의 표현을 달리하고 있다.

동 조건은 두 개의 분기점, 즉 위험과 비용의 분기점이 다름을 전제하고 이점을 감안하여 당사자들은 위험이 매수인에게 이전을 하는 장소이자 매도인이 물품의 운송을 위해 계약을 체결하고 운임을 지급해야 하는 비용의 분기점인 지정된 도착지 장소에 관해 계약서상에 가능한 한 정확하게 명시할 것을 주문하고 있다.

아울러 매수인의 경우 인도지점에 관해 합의를 해태한 경우 매수인이 관여할 수 없는 매도인의 선적전 선택권에 의해 지정된 지점에서 매도인에 의해 물품이 운송인에게 인도된 때 위험이 자신에게 이전됨을 명시해야 함을 강조하고 있다.

당사자들은 매도인이 운임을 지급해야 하는 목적지 지정된 장소 내에 인도지점에 관해 가능한 한 정확하게 할 것을 권고하고, 그 지점과 정확하게 일치할 수 있는 운송계약을 매도인에게 권고하고 있다. 이와 관련하여 매매계약상에 합의한 지정된 도착지장소에서 양화 또는 이와 관련한 조양과 관련한 비용이 운송계약에 따라 지급된 경우 당사자들 간에 달리 합의가 없는 한 매도인은 매수인으로부터 지급받지 못함을 규정하고 있어, 컨테이너 운송에 따라 종전에 빈발하였던 적재와 관련한 비용과 위험에 대한 분명한 책임관계를 규정하고 있다.

동 조건과 관련하여 여러 명의 운송인이 합의한 목적지까지의 운송에 개입할 경우 물품이 최초의 운송인에게 인도되는 경우에 위험이 이전함이 원칙이다. 따라서 위험이 예컨대 항구와 같이 마지막 단계에서 이전하길 당사자들이 원한다면 매매계약서상에 합의하여 명시할 필요가 있음을 규정하고 있다.

EU지역 간 거래, 자유무역거래, 국내거래에의 CPT의 적용의 경우 수출통관의무가 해당되지 아니하나 기타거래의 경우 수출통관 의무는 매도인에게 있으나 수입관련의무는 매도인에게 없다.[67]

Incoterms 2000 CPT의 전문은 CPT의 정의, 운송인의 정의, 후속운송인들 개입의 경우 최초는 운송인에게 물품인도가 매도인의 인도의무임의 명시, 매도인의 수출통관의무, 동 조건의 적용범위 순서로 규정되어 있다.

---

66) dividing line, or critical point.

67) 오세창, 상게서, p.33.

1차 초안의 경우 동 조건의 적용범위, 동조건의 정의, 위험과 비용 분기점에 관한 안내와 주의사항, 운송계약과 운임 그리고 목적지의 양화비용안내, 여러 운송인 개입의 경우 위험이전에 관한 안내 등으로 설명되어 있었다.

Incoterms 2000과 1차 규정간의 비교는 어려울 정도로 대폭적인 변경이라고 볼 수 있는바, 이는 그 동안 동 조건의 사용과정에서 논의가 된 부분, 특히 인도장소 관계, 복합운송에 따른 목적지 양화비용과 화물취급비용, 위험과 운임비용 이전관계에 관해 설명하면서 인도장소 내에 인도지정이 여러 개 있을 경우 이들에 대한 명확한 합의 당부와 목적지의 양화 화물취급 비용을 운송계약과 밀접한 관계에 있음의 강조, 실제 물품인도 지점과 다른 지점에서 위험이전 가능성의 경우에 대비 등에 집중적으로 설명하고 있다.

2차 초안과 3차 초안의 경우 본인의 논문을 통해서도 지적한 부분들이 그대로 반영되었다. 즉 2차 초안 첫 번째 절상의 "… to the named destination"이 3차 초안에서는 "… to the named place of destination"으로 변경되었고, 둘째 절 "… named to a carrier, … no contract"가 3차 초안에서는 "… named to the first carrier, … no contract"로 변경되었고, 다른 조건들과 같이 CPT의 사용범위에 관한 안내의 필요성이 2차 초안에서는 없었으나 3차 초안 상에 다른 조건들과 같이 첫째 절에 새로이 설명되어 있다.

이상의 내용을 제외하면 2차 초안과 3차 초안은 그 내용면에서나 표현에서 변화가 없다.

주의를 요하는 것은 2차 초안도 3차 초안도 위험이전에 관한 "pass"라는 표현을, costs에 관해서는 "transfer"라는 표현을 사용하고 있다. 이는 위험은 물리적으로 매도인으로부터 매수인에게 이전을 의미하고, costs는 매도인으로부터 매수인에게 책임이 이전하는 법적표현이다. 그러나 규정에 의하면 위험이전은 "transfer"로, 비용분담은 "allocation"으로 표현하고 있다. 따라서 위험은 "pass(passage)"로 하고, 비용분담은 "allocation"의 사용이 문제는 없으나 EXW A.6에서도 설명하였듯이 동일의미라면 상인들 간에 오랜 기간 동안 숙지되어 있는 종전 표현인 "division"이 바람직한 것 같다. 이들에 대한 설명이나 통일이 필요하다.

안내문 설명 가운데 "fault position", 즉 "보완규정"이라는 의미는 인도와 관련한 Incoterms의 모법인 인도장소와 운송을 포함하는 경우의 위험이전에 관한 CISG규정 31조, (a)와 67조에 규정에 근거한 표현이다.

최종초안의 경우 보다 그 의미를 분명히 하기 위하여 3차 초안상의 "term" 대신 "rule", "the person" 대신 "the carrier or another person", "different points" 대신 "different place", "used" 대신 "selected"로 각각 변경하고, 복수의 운송인이 개입할 경우의 인도지점에 대한 분명한 합의가 없을 경우의 인도방법에 관해 보다 분명히 하며, C-rules의 경우 도착지 규정이 아닌 선적지 규정임을 천명하는 내용의 신설 외는 기본적으로 동일하다.

문제 대안 C–rules의 경우 인도 장소는 운송계약 체결의무가 매도인에게 있기 때문에 매도인이 임으로 선택할 수 있으므로 인도장소나 지점의 경우 매수인이 특별한 장소나 지점을 원할 경우 합의의 대상이 된다. 따라서 "the agreed place of delivery"의 표현사용이 타당하다. 그러나 목적지는 사전에 'offer'를 할 때 정해지기 때문에 "the named place of destination"의 표현이 원칙이며 가끔 계약체결 후 또는 계약체결 시에 지정된 목적지장소내의 특별한 인도지점이 합의될 수 있기 때문에 "the agreed point of destination"라는 표현이 맞다. 따라서 넷째 절상의 "… the point within agreed place of destination …"은 "… the agreed point within the named place of destination…"이어야 한다.

안내문의 설명에 따른다면 위험이전에 대하여 최초운송인에게 인도시점이 아닌 이후단계에서 이전을 계약서상에 명시함으로써 위험이전시점의 변경 가능성 인정은 A.5와 이와 연계되는 A.6규정과는 거리가 먼 위험이전 원칙에 관한 변형이다. 동 규정에서 이러한 예외가 필요하다면 A.5와 A.6에 반영되어야 한다.

안내문의 설명은 복합운송의 현실성을 인정하며 인도가 법적책임이 있는 최초의 운송인에서 인도와 법적책임이 없는 운송인에게 인도 후 최초의 운송인에게 인도의 가능성을 인정하고 있는데 반해 A.4에 따른 인도와 인도에 따른 위험이전과 비용이전에 관한 A.5와 A.6의 규정은 최초의 운송인에게 인도에 초점을 맞추어져 있다. 안내문의 설명대로 하면 규정과 맞지 아니하며, 변형을 금지하고 대안을 제시하고 있는 Incoterms® 2010의 방향과도 거리가 있다. 따라서 안내문 넷째절 가운데 "… default position … their contract of sale."의 표현은 "법적책임이 있는 최초의 운송인에게 물품이 인도 완료된 때를 위험이 이전하는 시점으로 한다." 또는 이와 유사한 표현이 이루어져야 한다.

A. 매도인의 의무(THE SELLER'S OBLIGATIONS)

A.1 매도인의 총칙의무(General obligations of the seller)

The seller must provide the goods and the commercial invoice in conformity with the contract of sale and any other evidence of conformity that may be required by the contract.

매도인은 매매계약에 일치한 물품과 상업송장 그리고 계약이 요구할 수 있는 기타 일치의 증거를 제공해야 한다.

A1–A10에서 언급하고 있는 모든 서류는 당사자들 간에 합의하거나 관례라면 동등한 전자기록이나 절차에 의해 대체될 수 있다.

해설 전 Incoterms 매도인의 의무 제1조를 통해 매도인은 매매계약에 일치하는 물품[68]을 상업송장 또는 이에 갈음하는 전자서류 그리고 계약에서 요구하는 기타 일치

68) 여기서의 일치하는 물품(....the goods....in conformity with the contract of sale...)이란 SGA,

의 증거를 제공해야 하는바, 상업송장은 Walker, Rosenthal, Schmitthoff, Sassoon, UCP 등의 주장과 내용을 요약하면 선적된 물품의 명세서와 대금청구서이며, 매도인이 계약내용에 따라 제공하고 있는 물품의 매도인에 의한 진술이고, 송장 상에 명시된 물품의 인도의 증거로 정확하고 진실하게 작성되어져야 하는 서류[69]로서, 결국 상업송장의 가장 중요한 기능이자 성격은 매도인이 매매계약에 따라 자신이 매수인에게 정히 이행한 사실의 결정적 입증서류이다. 이렇게 볼 때 계약에 일치하는 물품의 제공에 대하여는 국내법과 국제법을 통하여 분명히 규정하고 있다.

기타 일치의 증거서류로는 포장명세서(packing list), 용적, 중량증명서(certificate and list of measurements and/or weight), 품질증명서(certificate of analysis) 등으로 이들 서류들은 물품의 계약에의 일치를 입증하고 보완하는 증거서류들이다.

제공서류에는 필수적으로 제공해야 하는 서류와 협조제공시기가 있으며 이들 제공서류에 관해 매도인의 의무 1조, 2조, 8조, 10조와 매수인의 의무 10조에서 언급하고 있으며, 1조, 8조가 자신의 책임 하에 제공해야 하는 필수서류관계를, 2조, 8조, 10조가 상대방의 요청과 위험과 비용부담으로 제공해야 하는 협조서류관계를 각각 규정하고 있다.

필수서류의 경우로서 인도의 증거와 운송서류 등, 즉 인도의 증거서류에 관해 매도인의 의무 8조에서 규정하고 있으며, 동시에 이 규정이 협조서류관계도 규정하고 있다. 현실적으로 대부분 L/C등에 의해 CAD거래가 이루어지고 있으므로 특약에 의해 이들 규정에서 말하는 협조서류가 필수서류가 되고 있음을 주의해야 한다.

이러한 의무는 구체적으로는 계약서상의 물품의 명세서와 계약서상의 물품의 설명과 이에 따른 신용상상의 "......covering.........."의 표현에 대한 해석내용이라 할 수 있다.

그리고 일치의 증거서류는 A.9(확인 · 포장 · 화인)과 A.10(정보협조와 관련비용) 그리고 B.9(물품의 검사)과 B.10(정보협조와 관련비용)의 규정에 따라 신용장에 ⅰ) other documents, 또는 ⅱ) special instruction 등을 통해 예컨대 beneficiary's certificate certifying that the equality of the undermentioned goods is of good standard and free of weaving defect, color shading, defect and slipperage defect. 또는 surveyor's certificate......와 같이 표현된다.

A.1의 규정은 Incoterms가 인도에 관한 매매규정이며, 각 Incoterm규정 가운데 제일 중요한 규정이다. 다른 규정들은 A.1규정의 이행을 위한 규정이다. 대금지급과 관련하

27, 13, 14(2)(3)과 UCC, 2-313-6 그리고 CISG, 30조, 35조 등의 내용을 통해 볼 때 ①설명서에 일치하고, ②적상성(merchantability)을 지녀야 하고, ③특수한 목적에 적합(fit for a particular purpose)해야 하는 물품임을 확정할 수 있는 바, 계약체결 전에 상호교환된 내용이나 이에 근거한 계약서나, 계약서에 근거한 신용장 등에 물품에 관한 내용(express or implied and conditions)과 거래관행에 근거하여 이러한 추정이 가능할 수 있고 또 가능해야 한다.

69) A. G. Walker, *op. cit.*, p.171; M. S. Rosenthal, *op. cit.*, 1910, p.140; C. M. Schmitthoff, *op. cit.*, pp.31, 66; D. M. Sassoon, *op. cit.*, p.87.

여서는 A.8의 규정이 중요하다해도 이 규정 역시 A.1을 위한 A.4에 따른 인도의 입증서류이자 대금결제서류일 뿐이다.

본인은 1차 초안과 관련한 규정을 두고 다음과 같이 주장한 바 있다.

A.1 제목을 Provision of good and commercial invoice and document(s)로 변경이 필요하다. 이는 Incoterms의 핵심조항이자 매도인의 제일의 의무이고, 나머지 조항은 A.1의 후속규정인바 동규정의 중요성 강조의 필요성과 매도인의 매매계약의무이행입증의 명확성 재고를 위해서이다. 그리고 특히 "documents"의 표현은 계약서상에 일치 증거의 보완서류인 검사증명서의 경우 예컨대 L/C상에 certificate of experts의 경우와 …of expert의 경우 제공서류의 종류가 달라질 수 있기 때문이다. 이렇게 함으로써 종전 Incoterms A.1의 제목과 규정간의 모순 제거, 상업송장의 중요성과 매매계약 이행의 중요성 강조, 이로 인해 인도와 관련하여 당사자들 간에 체결된 계약의 보충법으로서 보다 높은 이해와 투명성 제고에 기여[70]하는 Incoterms의 중요성 강조의미의 효과를 올릴 수 있다. 규정은 the seller…with contract of sale…invoice as its evidence conformity and _____."변경할 필요가 있는바, 이는 상업송장은 당사자 간 매매계약[71]에 따른 일치이행의 증거서류를 강조함과 동시에 상업송장이 법적서류임을 강조하기 위해서이다.

그리고 2차 초안과 관련하여 다음과 같이 주장한 바 있다

A.1의 'documents required by the contract'는 종전표현, 즉 'evidence of conformity which may be …' 표현이 A.1 성격과 맞다. 왜냐하면 여기의 서류는 commercial invoice를 보안하는 서류이며, commercial invoice는 매도인의 매매계약이행 증거서류이기 때문이다. 이하 전 Incoterms A.1 규정통일이 필요하다.[72]

3차 초안의 A.1의 경우 Incoterms 2000 A.1상의 "… or its equivalent electronic message" 대신에 전 Incoterms A1-A10상에 규정되어 있는 서류는 상기 초안 A.1 둘째 절 규정과 같이 당사자들 간에 합의하거나 관례라면 종이서류와 동등한 전자기록으로 대체할 수 있다는 표현으로 대체된 것 외는 Incoterms 2000 A.1과 내용이 똑같이 변경된 것이 없다. 당연한 조치라 생각된다. 사실 A.1의 규정과 같이 규정되지 아니한다면 Incoterms가 인도에 관한 국제통일매매관습이라 주장할 수가 없다.

단지 A.1의 제목자체가 1차와 2차 초안 상의 "provision of goods and documents"대신에 "General obligation of the seller"로 변경된 것은 차이가 있으나 A.1 둘째 절상에서의 규정표현 때문에 제목이 이렇게 변경된 것 같지만 제목자체의 의미는 나머지 규정의 이행은 A.1의 규정의 구체적 실현 규정이요 아울러 전 규정상에서 표현된 서류는 전자서류도 공히 인정됨을 강조하는 총칙, 즉 인도에 관한 통일국제매매관습 규정인 Incoterms의 중요한 기본원칙규정을 언급하고 있다고 볼 수 있어 타 규정에 비하여 그 중요성을 더 하는 규정이요 타 규정은 이규정의 준수를 위한 부수규정으로 보게 하는

70) H.V. Houtte, *op. cit.*, pp.173, 175.
71) 오세창, 상게서, p.30.
72) 오세창, 상게서, p.39.

의미를 지닌다고 볼 수 있다.

최종초안의 경우 "electronic record"에 "… or procedure"이 추가 된 것 외는 동일한 바, 이는 이미 특징에서 언급하였듯이 종이서류와 전자서류간의 등가성과 기술 중립적 입장을 유지하고 있는 전자통신 형식 8조와 9조의 규정에 따른 모든 전자통신을 의미하기 위한 표현으로 볼 수 있다.

A.2 허가, 승인, 보안통관과 기타절차(Licences, authorizations, security clearances and other formalities)

> Where applicable, the seller must obtain, at its own risk and expense, any export licence or other official authorization and carry out all customs formalities necessary for the export of the goods, and for .their transport through any country prior to delivery.
>
> 적용되는 경우 매도인은 자신의 위험과 비용부담으로 물품의 수출을 위해 그리고 인도하기 전에 물품의 제3국 운송을 위해 필요한 모든 수출허가나 기타 공식승인을 취득하고 모든 세관통관절차를 수행해야 한다.

해설 동 조건하에서 매도인은 자신의 책임(위험과 비용부담)으로 수출과 인도하기 전에 물품이 제3국 운송을 위해 필요한 수출허가 또는 기타 공적인 승인을 취득하고, 모든 세관절차를 수행하여야 함이 CPT하의 매도인의 의무이다. 그러나 EU간의 무역이나 기타 자유무역지대에 있어서와 같이 관세를 지급할 의무가 더 이상 없고, 수출입에 세관에 없는 경우에도 물품의 세관절차를 규정하고 있는 Incoterms를 사용하는데 지장이 없도록 하기 위해 "적용이 되는 경우"라는 표현이 Incoterms 2000에이어 전 Incoterms A.2와 B.2 뿐만 아니라 A.6과 B.6에 규정되어 있다. 따라서 이 문구가 삽입되므로 Incoterms의 사용이 더욱 용이하게 되어졌다.

모든 수출허가 또는 기타 공적승인이란 사전허가와/또는 승인 또는 일반허가 및 승인을 의미한다. 일반적으로 매매계약은 통상적으로 수출금지나 특별관세부과 등 우연적 사건의 경우에 매도인을 보호하고자 면책규정을 두고 있다. CISG와 이에 상응하는 각국 국내물품매매법에 의하면 예컨대 예측불허 또는 합리적으로 예측할 수 없는 수출금지 등은 매매계약상의 매도인의 의무로부터 면책시킬 수 있다. 그러나 이러한 면책은 계약체결후의 우연적 사건으로 인한 경우에 해당하며, 계약체결 전에 이미 예컨대 수출금지가 이루어지고 있음에도 매도인이 이를 모른체 계약을 체결하였다면 당연히 매도인의 책임으로 면책이 허용되지 아니한다. 이런 이유 때문에 "자신의 위험과 비용부담"으로 규정되어 있다.[73)]

우리나라의 경우 허가는 대외무역법과 시행령에 따라 정부의 수출입담당 해당부서장이 금지의 해제를 의미하며, 승인은 주무부서장의 위임에 따라 위임된 범위 내에서 금지의 해제를 할 때 승인이라 한다. 대게 대금지급과 연계가 있는 외국환은행에 허가와 승인권이 위임되어 있었다. 그리고 보안통관과 기타절차는 주로 세관에서 이루어지고 있는 수출통관절차 가운데 해당한다. 따라서 허가와 승인은 특수한 경우 정부 해당부서가 하지만 대게는 은행에서 세관절차는 세관에서 이루어진다.

A.2 제목 상에는 "… 보안통관과 기타절차"로 표현되어 있으나 규정에는 "… 모든 세관통관 절차"로 표현되어 있다. 규정상의 "… carry out all customs formalities …" 표현가운데 제목에 해당하는 "보안통관과 기타 절차가 모두 포함되는 것으로 이 모든 절차는 세관에서 이루어 진다."

1차, 2차, 3차 초안의 경우 Incoterms 2000상의 "where applicable"의 표현이 규정 서두에 자리를 옮겼다. 이는 Incoterms 2000의 "where applicable"은 세관절차 수행에는 적용되고 허가와 승인에는 적용되지 아니하는 의미로 해석될 소지가 있었다. 사실 세관절차 이전에 이루어지는 행위가 수출입허가와 승인임을 생각한다면 오해할 필요가 없다. 그러나 오해를 없애고 규정의 명확화를 기하기 위해 이 모든 것에 공히 적용됨을 의미하기 위해 규정의 서두에 위치하게 되었는바 이는 중요한 변경이다.

우리가 알고 있듯이 "where applicable"은 EU지역이나 자유무역지대 그리고 국내거래에서 Incoterms® 2010의 적용을 위해 A.2규정이 필요없고 기타 역내 · 역외 간 거래나 기타 국가 간 거래에는 필요함을 의미하기 위한 표현이다.

최종초안의 경우 매도인에 의해 지명된 운송인이나 제3자에게 물품을 인도하기 위하여 제3국을 경유하여 인도할 경우(이 경우 운송은 내륙운송이 된다)에 대비하여 "… and for their transport through any country prior to delivery."가 추가된 것 외는 변경이 없다.

A.3 운송과 보험계약(Contracts of carriage and insurance)

a) Contract of carriage The seller must contract or procure a contract for the carriage of the goods from the agreed point of delivery, if any, at the place of delivery to the named place of destination or, if agreed, any point at that place. The contract of carriage must be made on usual terms at the seller's expense and provide for carriage by the usual route and in a customary manner. If a specific point is not agreed or is not determined by practice, the seller may select the point of delivery and the point at the named place

73) 오세창, 상게서, p.163.

of destination that best suit its purpose.

b) Contract of insurance

The seller has no obligation to the buyer to make a contract of insurance. However, the seller must provide the buyer, at the buyer's request, risk, and expense (if any), with information that the buyer needs for obtaining insurance.

a) 운송계약

매도인은 인도 장소에 합의한 인도지점이 있다면 합의한 인도지점으로부터 목적지의 지정된 장소 또는 지정된 장소에 합의한 지점이 있다면 합의한 지점까지 물품의 운송을 위한 계약을 체결하거나 확보해야 한다. 운송계약은 매도인의 비용으로 통상조건으로 체결되어야 하며 통상경로 편으로 그리고 관례적인 방법으로 운송을 위해 제공되어야 한다. 특정지점이 합의되지 아니하거나 관례에 따라 결정되지 아니한 경우, 매도인은 자신의 목적에 가장 적합한 인도지점과 도착지 지정된 장소에서 지점을 선택할 수 있다.

b) 보험계약

매수인은 매도인에 대한 보험계약을 체결 할 의무가 없다. 그러나 매도인은 필요하다면 매수인에게 매수인의 요청, 위험 그리고 비용으로 매수인이 보험계약체결을 위해 필요한 정보를 제공하여야 한다.

해설 a) 운송계약

C-rules의 경우 운송계약의 체결의무는 매도인에게 있다. 운송계약의 조건은 사전 합의한 인도장소나 인도지점으로부터 지정된 목적지 장소 또는 사전 합의한 목적지 지점까지를 운송 구간으로 생각하고 동 구간 까지 물품의 운송을 위해 필요한 운송계약을 체결하고 운임비용을 지급해야 한다. 동 구간 운송계약의 조건은 어느 당사자에게 지나치게 유리하거나 불리하게 할 필요가 없이 통상 해당거래에 적용되는 조건[74]으로 통상경로, 즉 liner편과 관례적인 운송방법에 따라 운송이 되도록 계약을 체결하여야 한다.

목적지 인도지점이자 운송계약의 종점이 되는 지정된 목적지 지점 내지 지점이 사전에 합의되거나 계약체결 후에 합의되거나 관례적으로 지점이 정해지지 아니 할 경우 매도인은 자신의 거래목적에 가장 적합한 지점을 지정된 장소에서 선택하여 그곳까지 운송계약을 체결하고 그곳까지 물품을 운송해야 한다.

계약의 성격에 따라 운송계약체결 시에 운송의 최종목적지가 아직 합의되지 아니하고 관례에 따라 정해지지도 아니할 경우 매도인은 자신의 거래목적을 가장 잘 달성할

74) usual terms mean "What persons in the trade usually do", Incoterms 2000, Introduction, 6. Terminology, 3) usual trade.

수 있는 지점을 선택하여 운송계약을 체결할 수 있다.

Incoterms 2000과 비교해서 근본적인 내용의 변경은 없으나 Incoterms 2000의 경우 운송계약의 목적지에 관해 "… to the agreed point …"와 같이 표현함으로써 목적지만 강조하였지 물품의 인도지점이자 운송의 시발점에 관한 표현이 없었다. 그러나 Incoterms® 2010의 경우 운송계약의 구간이자 운송구간에 관해 "… from, … to …"형식으로 표현하여 이들에 관해 명시하고, 물품의 인도지점과 도착지점에 관해 안내문에서 양 지점이나 장소에 관해 가능한 상세하게 명시 내지 상호 확인하도록 강조함에 따라 운송계약 구간의 분명화와 가능한 장소내의 지점에 관해 조건의 성격 내지 원칙에도 불구하고 필요한 경우 장소와 지점을 합의토록 하여 그동안 운송계약의 목적지에 관해서는 규정되어 있으나 조건의 성격상 인도장소에 관해서는 매도인의 권리로 인정하므로 인해 운송구간, 인도장소와 동 장소에서의 하역관련 비용과 위험과 관련하여 끊임없이 제기된 문제점들을 불식시켜 장소(지점)간 운송계약구간과 관련한 오해, 동 장소에서의 하역과 관련한 비용과 위험의 분쟁을 A.4, 5, 6와 연계시켜 없애려는 노력의 흔적이 보인다.

1차 초안은 Incoterms 2000과 동일하였으나 2차 초안의 경우 운송계약의 운송조건, 비용부담, 운송의 시작과 종료지점, 또는 장소, 운송경로, 운송방법 순으로 하나의 문장으로 규정하고 있다. 반면에 3차 초안은 운송조건과 동 조건에 적용되는 운송의 시작과 종료 그리고 비용, 즉 운송구간과 동 구간에 적용되는 조건과 비용을 운송계약의 핵심으로 규정하고, 동조건과 구간에 적용되는 운송경로와 운송방법을 별도로 규정함으로써 운송계약의 핵심규정과 이에 수반하는 부수규정을 구분하여 규정하고 있음이 2차 초안과의 차이점이다.

최종초안의 경우 운송구간이자 운송시작과 종료가 되는 "from … to …"에 관해 3차 초안상의 "… from the place of delivery … to the agreed point …"에서 "… from the agreed point … to the named place of destination …"으로 변경되었는바, 이는 운송계약의 체결의무가 매도인에게 있기에 그리고 도착지는 운송수단의 도착지 지정된 장소가 되는 것이 일반적이기에 이렇게 규정하고, 이에 따라 from의 경우는 "if any"가 to의 경우 "if agreed"가 당연하기 때문이다.

b) 보험계약

CPT하에서 보험계약은 당사자 모두 상대방에 대한 의무사항이 아니다. 그러나 자신의 이익을 위해 인도시까지 위험대비와 수령 후 목적지까지의 운송과정에서의 위험대비를 위해 당사자들이 부보할 필요가 있을 경우 자신의 비용으로 부보하면 되나 이때 부보에 필요한 정보는 상대방이 요청하면 반드시 보험에 필요한 정보를 제공해야한다.

1차 초안 규정의 경우 누구에 대한 보험계약 체결의무가 없음을 보다 분명히 하기 위하여 Incoterms 2000과 달리 EXW A.3 b)의 규정과 같이 "No obligation owned by the seller to the buyer"로 변경되었다가 2차, 3차 초안의 경우 현 규정과 같이 규정되었다.

따라서 보험계약체결의 의무 당사자를 보다 분명히 한 점은 바람직한 변경이다. 보험의 However 이하의 규정의 경우, Incoterms 2000 A.10상의 둘째 절의 흡수에 따라 However가 추가되었는 바, 보험에 관한 Incoterms 2000 A.10상의 규정은 보험계약과 관련이 있기에 관련규정을 한 곳으로 통합하여 규정하므로 사용자들의 규정 이해에 도움을 주고 있다. 다만 Incoterms규정 가운데 당면의무 규정의 경우 "provide"와 "… at it's own expense"로 표현되고, 협조의무규정의 경우 "render"와 "at the latter's request, risks and expense"로 표현되었다. 그러나 상대방의 요청에 따른 일방의 협조의무의 경우 요청자의 책임을 보다 분명히 함과 동시에 위에서 언급한대로 협조의무나 필수의무의 경우 반드시 제공해야 한다는 의미에서 "provide" 표현으로 모두 통일하였다. 그러나 그 책임에 있어서는 엄연히 구분을 하고 있다.

전 Incoterms® 2010의 1차, 2차, 3차 초안의 특징은 Incoterms 2000의 경우 seller나 buyer 대신 his를 사용하였으나 seller 와 buyer가 he일수도 she일수도 있기에 it으로 변경된 점이다.

최종초안의 경우 현 규정과 같이 운송의 경우 동일한 의미의 자구수정, 보험의 경우 "… provide …, at the buyer's request, risk and expense(if any), … insurance"로 변경하여 보험정보의 책임한계를 보다 분명히 하는 것으로 되었다.

C-Rules의 경우 운송계약 체결의무가 매도인에게 있기에 매도인에게 운송계약체결에 융통성을 부여하기 위하여 "… contract or procure …"를 규정하고 있는바, 이는 해상보험계약체결 의무가 있는 CIP나 CIF하에서 매도인에게 보험계약체결의 입증증거서류로서 MIP나 MIC의 제출을 허용하는 것과 같이 매도인이 매 건별 운송계약을 체결할 수도 있고, 사전에 포괄적 운송계약을 체결하여 두고 필요할 때마다 선사에게 통지하므로 자동적으로 운송계약체결의 기능을 하게 사전에 운송수단의 space를 확보해 두는 것도 운송계약체결의무의 이행으로 간주하려는 의도에서 이다.

문제대안 이미 안내문에서 지적하였듯이 C-rules의 경우 인도장소와 인도점은 원칙적으로 매도인에게 선택권이기 때문에 이를 변경하고자 할 경우 사전에 또는 계약체결 후에 합의가 필요한 사항이다. 그러나 목적지의 경우 청약당시에 목적지가 정해져 이루어지기에 지정된 지점 내에 물품의 도착지점을 변경 하고자 할 경우에는 사전합의가 필요하다. 따라서 "… from the place of delivery …"는 "… from the agreed place of delivery"의 표현이 적합하며, 바람직하다면 "… from the place … destination"의 표현을 "from the agreed place of delivery … to the named (or agreed) place or, if any, the agreed point of destination"으로 한다면 C-rules상의 인도와 운송의 취지에 적절한 표현이 될 것 같았으나 위와 같이 위치변경과 함께 논자의 주장이 반영되었다.

A.4 인도(Delivery)

The seller must deliver the goods by handing them over to the carrier contracted in accordance with A3 on the agreed date or within the agreed period.

매도인은 합의한 날짜 또는 합의한 기간 내에 A.3에 따라 운송계약을 체결한 운송인에 물품을 인도함으로써 물품을 인도해야 한다.

해설 CISG30조 매도인의 의무요약 규정에서 물품의 인도와 관련하여 delivery와 서류의 인도와 관련하여 hand over의 개념을, 31조 인도장소 규정에서 인도의 개념을 "hand over"와 "placing the goods at the buyer's disposal"로, 34조 물품에 관한 서류에 관한 인도규정에서 인도의 개념을 "hand over"로 사용하고 있다. 결국 CISG상의 인도와 개념은 "hand over"와 "place the goods at the buyer's disposal" 양 개념을 사용하고 있다. 이에 비해 Incoterms 2000은 E, D-terms는 "place the goods at the buyer's disposal"을 인도의 개념으로, F, C-terms는 조건에 따라 다양한 "hand over"에 입각한 인도의 개념을 A.4에서 규정하고 있다.

CISG가 포괄적 인도의 개념이라면 Incoterms 2000은 포괄적 개념에 따른 다양한 개별적 인도개념을 사용하고 있다. 그러나 Incoterms상의 "hand over"의 표현은 사용하지 아니하였다. 그러나 Incoterms® 2010의 경우 CPT와 CIP의 경우 Incoterms 2000상의 "… delivery" 용어 대신 동 조건에 맞는 "hand over"의 개념을 A.4에서 처음으로 사용하고 있다[75]. 즉 "… delivery the goods by handing them over to the carrier…"로 표현함으로 delivery의 개념을 "hand over"의 개념으로 보고 있다. 동 개념은 운송인의 관리하에 물품을 인도하는 것이다. 다시 말해서 양 조건하에선 운송계약은 매도인이 운송인을 지명하고 계약을 체결함으로써 A.3에 따라 A.3에서 규정하고 있는 운송인, 즉 계속운송에 따른 최초의 운송인이건 단일 운송인에 의한 운송인이건 관계없이 A.3상의 운송인 또는 그를 대신하는 운송인에게 물품을 이들의 요구와 요구방법에 따라 인도하면 된다는 것이다. 따라서 A.3와 A.4상의 운송인 관계를 Incoterms 2000 A.3와 A.4처럼 운송인의 이원화의 개념이 아닌 단일의 운송인 개념, 즉 A.3와 A.4의 운송인에 대하여 단일의 책임 있는 운송인의 개념을 사용하고, 이들에게 이들의 요구와 방법에 따라 인도하면 된다는 것이다. 따라서 여기의 운송인의 개념은 단일 운송인 또는 door to door 운송계약에 있어서와 같이 사전운송과 주운송 모두 다 책임을 지는 운송인으로 이해해야 한다. 각 조건에 맞는 인도의 개념과 인도방법을 규정하고 있는 다른 조건들과 같이 이들의 조건에 맞는 인도의 개념과 인도방법을 규정하고 있어 Incoterms 2000보다 진일보 된 조건의 특성에 맞는 인도개념과 방법을 사용하고 있다.

75) 오세창, "Incoterms 2011 초안상의 특징과 문제점", 경영경제, 계명대학교 산업경영연구소, 2009, p.13.

저자는 이미 이런 취지로 표현의 변경을 주장한 바 있다.[76)]

특히 Incoterms 2000의 FOB, CFR, CIF의 경우 본선의 선적과 본선난간 통과의 개념을 적재와 위험, 비용의 분기점으로 사용하여 왔는바, 이들의 현대 조건이 FCA, CPT, CIP이다. 따라서 이론적으로 하면 FCA가 FOB를, CPT가 CFR을, CIP가 CIF를 포함할 수 있다는 주장을 차단하기 위하여 분류방법을 개정하여 별개인처럼 하고, FCA와 CPT, CIP의 인도방법이 같을 수 있다는 논란을 불식시키기 위해 FCA와 CPT의 A.4를 통해 인도방법의 차별화를 시도한 것 같다. 그러나 크게 보면 "hand over"의 개념인 것만은 사실이나 FCA는 합의 지점에 화물을 실은 운송수단의 도착상태를 "hand over"의 개념으로, CPT는 운송인의 책임관리 하에 인도를 "hand over"개념으로 보고 있다.

1차 초안의 경우 Incoterms 2000상의 "… or, if …there are … at the named place of the date"대신 "for transport by that carrier (or a subsequent carrier)from the point of delivery(if agreed)on the agreed date"로 변경함으로써 Incoterms 2000상의 "or, if …"와 같은 단일운송인의 개념에 대한 설명을 보완하는 의미로 "for …"표현을 사용하였다. 그리고 운송구간의 표현인 "… from … to…"의 표현을 사용함으로써 운송의 시작점이 없고 운임비용의 분기점인 목적지만 표현하고 있던 Incoterms 2000과는 구분이 있었다.

2차 초안의 규정은 1차 초안의 규정과 근본적으로 같으나 인도의 개념을 1차 초안과 달리 "hand over"의 동일의미의 상이한 표현인 "…delivery the goods by placing them in the charge of carrier …"의 개념을 사용하고, 인도시기에 관해 1차의 경우 규정말미에 배열되어 있었으나 2차의 경우 A.3 다음에 배열하므로 전후문장에 비교해서 다소 어색 하였다.

3차 초안의 경우 이상의 모든 표현을 참고하여 CPT의 성격에 맞는 단순한 그러면서 A.3와 연계시킨 분명한 표현을 규정하고 있다고 볼 수 있다.

최종초안은 3차 초안과 동일하다.

A.5 위험의 이전(Transfer of risks)

> The seller bears all risks of loss of or damage to the goods until they have been delivery in accordance with A4, with the exception of loss or damage in the circumstances described in B5.
>
> 매도인은 B.5에서 규정하고 있는 상황에서 발생한 멸실이나 손상의 경우를 제외하고는 물품이 A.4에 따라 인도완료될 때까지 물품의 멸실 또는 물품에 관한 손상의 모든 위험을 부담한다.

해설 B.5의 위험부담규정에 따라 매수인이 위험부담 하는 경우를 제외하고 A.4에

76) 오세창, 상게서, p.13.

따라 물품이 인도완료(개품 완료이자 전 물품인도완료)될 때까지 동 물품의 멸실과 손상의 위험은 매도인 부담이다.

오늘날 국제간의 거래는 Incoterms가 표시되고 있기에, 위험이전에 관한 CISG 66조-70조까지의 규정이 실제 필요 없다. 그러나 Incoterms의 규정에도 불구하고, 당사자들이 특별히 합의하면, 계약자유의원칙과 계약내용우선원칙에 의해 특별합의 내용이 우선한다. 그러나 달리 합의하지 아니하고, Incoterms와 CISG가 준거법 내지 거래조건계약으로 표시될 경우 Incoterms의 규정이 우선하여 적용된다. 왜냐하면 거래조건에의 합의가 준거법에 우선하기 때문이다.77)

안내문에 보면 위험이전과 관련하여서는 pass의 표현을 비용이전(분담)과 관련라여서는 transfer 표현을 사용하고 있다. 전자가 물리적 이전의 표현이라면 후자는 책임이전의 표현이다.

Incoterms 2000 서문 8 "물품에 관한 위험과 비용의 이전"과 관련하여 다음과 같이 주장한 바 있다.

서문 8에 의하면 물품에 관한 위험과 비용의 이전이라는 표현사용에 있어 passing을 사용하고 있고, 전 Incoterms A,B.5에 의하면 transfer of risk로 되어있다. 그러나 학자들에 따라서는 transfer를 사용하고 있다.78) 그렇다면 passing과 transfer는 어떻게 다른가? 같이 사용할 수 있는가? 라는 의문이 제기된다.

이미 안내문에서도 설명하였듯이 단순한 또는 물리적 이전표시의 경우에는 passing을, 매각 또는 기부하기 위해 한사람 또는 한 장소로부터 다른 사람 또는 장소로 이동할 경우, 또는 권리의 이전과 같이 점유권 또는 지배권을 양도받을 때에 transfer를 사용한다고79) 볼 수 있으므로 transfer는 passing과 같이 단순한 또는 물리적 이전의 경우에는 같은 의미로 사용될 수 있으나80) 권리의 이전의 경우에는 passing대신 transfer만 사용될 수 있음을 알 수 있다. 따라서 이러한 용어의 사용 시 동일한 의미와 아울러 상이한 의미를 지니는 용어에 대한 설명이 병행되거나 아니면 공식안내서를 통해 설명할 필요가 있으며, 현 규정대로 사용한다 해도, 서문과 전 Incoterms A.B.5상의 표현은 통일할 필요가 있다.81)

Incoterms® 2010 2차 초안과 관련하여서도 동일한 주장을 한바 있다82).

위험의 이전은 "passage(passing)of risks"으로, 비용의 이전은 "transfer of costs" 또는

77) 오세창, 상게서, p.284.

78) Schmitthoff, Sassoon, Ramberg, Reyolds 등은 passing of risk and property로 보고 있고, Jimenez와 Choley는 transfer of risk and property로 표현하고 있다(D. M. Sassoon, *op. cit.*, p.202; C. M. Schmitthoff, *op. cit.*, p.124; G. Jimenez, *op. cit.*, p.73; F. Reynolds, *op. cit.*, pp.24, 61; J. Ramberg, *op. cit.*, p.38; Lord Chorley and O. C. Giles, *Slater's Mercantile Law*, 17th ed., Pitman, 1977, p.231).

79) S. H. Gifis, *Law Dictionary,* 2nd ed., Brother's Educational Series, Inc, 1984, p.486.

80) G. Jimenez, *op. cit.*, p.87.

81) 오세창, 상게서, pp.96-97.

82) 오세창, 상게서, p.39.

상인들에게 익숙해있는 "division of costs" 또는 현 초안규정과 같이 "allocation of costs"로 해도 무방한 것 같다. 이 경우 transfer와 allocation은 법적이전의 의미를, division은 비용에 관한 책임분담의 의미로 결국 같은 의미이나 전자에 비해 후자가 보다 상관습적 표현이라 할 수 있다.

Incoterms 2000, 1차, 2차, 3차 초안 모두 변경없이 동일하다.

최종초안의 경우 3차 초안상의 "subject to the provisions of B.5"표현을 동일한 의미의 보다 분명한 표현으로 변경한 것 외 내용은 동일하다.

문제대안 주의를 요할 것은 Incoterms® 2010 rules가 쌍무계약에 따라 A.3와 A.4, B.7상의 권리를 제외하고 인도와 관련한 당사자들의 의무를 규정하고 있는데 의무라면 반드시 "… must" 또는 "… has to …"가 되어야 하는 바, Incoterms는 지금까지 "must"를 사용하여 왔다. 그러나 전 Incoterms® 2010 rules A.5, B.5와 관련 위험이전에 관해서는 "must bear"가 아닌 "bears"로 되어있다. 이는 다른 의무들과 달리 위험의 이전이나 부담은 그 한계를 반드시 확정지을 수 없기 때문에 그리고 완전 인도완료 후에는 인도 시에 이미 육안으로 확인할 수 없는 그러나 분명한 위험이 존재한 경우 인도 완료시 위험이전으로 하면 위험이전의무가 끝난 것으로 되기 때문에 단순한 의무로 표현한 것 같다. 그러나 다른 의무의 경우도 이런 이유가 적용될 수 있기 때문에 그리고 위험과 비용이전과 관련하여 "계약물품으로 분명하게 충당되어야 한다."라는 이행전 이전원칙의 대전제원칙 규정이 있기 때문에 반드시 "must bear"로 할 필요가 있다.

A.6 비용의 분담(allocation of costs)

The seller must pay

a) all costs relating to the goods until they have been delivered in accordance with A4, other than those payable by the buyer as envisaged in B6;

b) the freight and all other costs resulting from A3 a), including the costs of loading the goods and any charges for unloading at the place of destination that were for the seller's account under the contract of carriage; and

c) where applicable, the costs of customs formalities necessary for export, as well as all duties, taxes and other charges payable upon export, and the costs for their transport through any country that were for the seller's account under the contract of carriage.

매도인은 B.6의 규정에 따라 매수인이 지급할 수 있는 비용 외에 다음의 비용을 지급해야 한다.

a) 물품이 A.4에 따라 인도완료 될 때까지 물품에 관한 모든 비용;

b) 물품의 적재비용과 운송계약에 따라 매도인의 부담으로 되어 있는 목적지 장소에서 모든

> 양화비용을 포함하여 A.3 a)의 결과로 발생하는 운임과 모든 기타비용; 그리고
> c) 적용되는 경우, 수출 시에 지급 할 수 있는 모든 관세, 제세 그리고 기타비용뿐만 아니라 수출을 위해 필요한 세관절차비용 그리고 운송계약에 따라 매도인의 부담인 물품의 제3국 통과를 위한비용.

해설 매도인의 동 조건하의 비용부담은 다음과 같다.

i) A.4의 인도방법에 따라 인도완료시점에 따라서 인도완료 할 때까지 물품에 관한 일체비용

ii) A.4 인도방법과 관계없이 그리고 위험이전과 관계없이 매도인 부담인 운송수단에 물품의 적재비용

iii) A.3 a)의 운송계약에 따른 통상운송계약조건에 따라 liner terms 운송계약의 경우 매도인이 부담하는 일체의 양화비용

iv) 목적지까지 운송계약에 따라 T/S charges와 각종 할증료 포함한 운임

v) EU지역이나 자유무역지대, 국내거래와는 달리 수출의 때에 지급할 수 있는 관세, 제세, 기타비용, 수출을 위해 필요한 세관절차비용 그리고 운송계약에 따라 매도인 부담이 되는 물품의 제3국 운송을 위해 지급할 수 있는 비용

CPT와 CIP는 비용구성에 있어 비용의 발생시기가 원칙적으로 항만인 CFR이나 CIF와 달리 수출지 내륙에서 수입지 내륙까지임이 CFR과 CIF와 다른 점이다.

매도인부담인 비용 ii) iii)의 경우, 당사자 합의에 의한 부정기선의 운송계약의 경우, 비용부담은 매도인 아니면 매수인 또는 운송인이 될 수 있다. 그러나 A.3에 따라 정기선조건이 원칙이므로 운송계약에 따라 매도인부담이 원칙이다.

해상, 육상, 항공, 철도 등의 복합운송에 따른 각종 복합할증료가 포함되며, 환적과 같은 물품에 관한 또는 물품과 관련된 비용 역시 복합운송에 따른 유사한 복합비용이 포함되고, 적재비용 역시 복합운송에 따른 복합적재비용이 되며, 운송계약 시에 운송회사에 의해 부과되고 운임에 포함되어 매도인이 지급해야 하는 이상의 내용을 고려한 비용산정과 offer가격이라야 한다.

a)호와 b)호는 인도와 관련한 비용부담 원칙이고, c)호의 규정은 인도에 따른 당연비용부담 원칙 규정이다.[83)]

Incoterms 2000의 경우 셋째 절상의 "… the costs … payable upon export and for their transit … if they were for … carriage."로 규정되어 있었으나 3차 초안의 경우 c)호로 하여 "… the costs for their transit … that were … carriage."로 변경되었다. 이는 종전의 표현에 의하면 "… the costs …"가 수출에 따른 관세등 제세와 이와 관련한 비용, 통관절차에 따른 비용과 같은 인도에 따른 당연비용부담과 운송계약에 따른 당연비용부담을 모두 포함하는 표현이었으나 엄격하게 말하면 전자의 비용부담은 법적 당연비용부담

83) 오세창, 상게서, p.286.

이고 후자의 비용부담은 운송계약에 따른 당연비용부담이다. 따라서 매도인의 당연비용부담이나 그 법적성격이 다르기에 비용의 구분을 위한 것으로 볼 수 있다. 특히 Incoterms 2000상의 "…if they were …"가 "… that were …"로 변경된 것은 운송계약체결 시에 물품의 제3국 통과에 따른 비용을 지급하기로 한 경우 매도인 부담이나 그렇지 아니한 경우 인도 후에 일어난 비용가운데 매도인 부담인 운임부담과는 다른 성격의 제 3국 통과비용은 운송계약 시에 매도인 부담이라고 명시하지 아니하였다면 당연히 매수인 부담임을 분명히 하기 위한 표현으로 볼 수 있다. 따라서 조건절의 표현으로 인해 매도인 부담으로 해야 할지 아니해야 할지에 대하여 다소 오해의 소지를 줄 수 있는 종래 표현과 다른 의미가 아닌 실제에 있어 동일한 의미의 상이한 표현이나 운송계약의 중요성을 강조한 표현이다.

상기 표현 변경과 Incoterms 2000상의 첫째 절인 "all costs … as well as the freight … carriage"를 as well as의 전반 부분을 a)호로, 후반 부분을 b)호로 분리한 것과 둘째 절을 c)호로 한 것 외는 3차 초안과 Incoterms 20000상의 A.6의 규정은 동일하다.

1차 초안의 경우 Incoterms 2000규정과 비교해 Incoterms 2000첫째 절상의 "… unloading at the place …"를 "… unloading and the handing at …"로 변경한 것 외는 동일하였다. 이는 목적지 항에서의 양화비용은 오늘날 대부분 liner terms이기에 운임에 포함되나 목적지 항에서의 "handling charges"에 대한 논란이 그동안 끊임없이 제기되어 이의 해결차원에서 운송계약상에 이런 비용에 대하여 매도인 부담 명시여부에 좌우됨을 분명히 하기 위해 명시하였다. 2차 초안에도 동 표현이 명시되었으나 3차 초안에서 삭제되었는바, 이는 "handling charges"의 범위가 운송회사에 따라 다르기에 이런 표현에 따라 운송계약서상에 매도인 부담인 경우 그 적용범위를 두고 논란의 대상이 될 수 있기에 운송계약 체결 시에 운송회사와 화주간의 분명한 합의에 일임하는 것이 운송계약의 중요성 강조와 그 적용범위의 해석을 두고 일어날 수 있는 오해의 소지를 없애는데 도움이 될 것이라는 의미에서 삭제한 것 같다.

2차 초안은 동 표현의 삭제 외는 3차 초안과 동일하였다.

그러나 본인의 생각으로는 운송계약에 따라 운송의 임계점이 달라질 수 있음을 전제한 규정이 A.6 b)호라면 서문의 규정에 따라 "handling charges"의 표현을 1차 초안, 2차 초안 A.6 b)에서와 같이 표현하는 것이 바람직하다고 생각한 바 있다.

최종초안의 경우 3차 초안상의 "subject to the provisions of B.6"표현은 동일한 의미의 보다 분명한 표현으로 변경 한 것 외 내용은 동일하다. 그러나 일반적인 표현인 "… in accordance with A.4"가 보다 구체적인 표현인 "… as envisaged in A.4"로 변경되었으나 구체적으로 그 의미에 대하서는 오해의 소지가 있는 바, FCA A.6상의 문제 · 대안을 참고할 필요가 있다.

A.7 매수인에게 통지(Notices to the buyer)

> The seller must notify the buyer that the goods have been delivered in accordance with A4.
>
> The seller must give the buyer any notice needed in order to allow the buyer to take measures that are normally necessary to enable the buyer to take the goods.
>
> 매도인은 매수인에게 물품이 A.4의 규정에 따라 인도완료 된 사실을 통지해야 한다.
>
> 매도인은 매수인으로 하여금 물품을 수령 할 수 있게 하는데 일반적으로 필요한 조치를 매수인에게 허용하기 위하여 필요한 모든 통지를 매수인에게 해야 한다.

해설 매도인은 A.3 a)상의 자신의 의무인 운송계약체결과 이에 따른 A.4에 따라 물품의 인도를 완료하고 인도를 완료한 사실과 목적지에서 매수인이 물품의 성격과 운송수단과 방법을 고려하여 물품을 수령하는데 필요한 조치들을 취할 수 있도록 하는데 필요한 통지를 해야 할 의무가 있다. 이때 필요한 통지는 시간적으로나 내용적으로나 충분하여야 한다. 무역실무에 있어 상호간의 합리적인 통지는 매우 중요한 것으로 이는 모든 법과 관습의 일반원칙이다.

이미 FCA A.7에서 언급한 내용대로 Incoterms A.7상의 통지는 "… any notice …"로 되어있고. 이에 상응하는 전 Incoterms B.7에 의하면 "… sufficient notice …"로 되어있다. 따라서 그 의미는 같다 하더라도 규정표현의 통일이 필요하며, 꼭 이 규정만을 이렇게 표현해야 한다면 그 이유를 설명해야 한다. 본인의 생각으로는 통지는 주로 A.4에 따른 인도와 관련한 통지이기에 운송계약 책임자가 누구인가에 좌우 될 필요 없이 내용적으로 시간적으로 충분한 의미로 CISG표현인 "reasonable notice"를 사용하던지 아니면 상관습적인 표현인 "sufficient notice"의 표현으로 전체 통일하는 것이 바람직한 것 같다.

Incoterms 2000과 1차 초안은 똑같으며, 2차 초안의 경우 "… such as the estimated time of arrive"를 삭제[84)]하면 Incoterms 2000과 1차, 2차 초안은 모두 똑같다.

Incoterms 2000과 1차, 2차 초안의 A.7은 A.4에 따른 "인도사실"과 "물품수령에 필요한 조치"를 위한 통지였으나 3차 초안은 매수인이 인도된 물품을 수령하는데 필요한 조치를 취하는데 필요한 통지를 해야 함을 규정하고 있었다. 이는 Incoterms 2000과 1차, 2차 규정과는 다른 인상을 줄 수 있었다. 그러나 사실은 3차 초안의 표현이 단순화하면서 분명하다. 왜냐하면 Incoterms 2000과 1차, 2차 초안상의 통지의 내용은 두 가지, 즉 "인도사실"과 "수령에 필요한 조치준비"차원의 통지에 초점이 있다. 그러나 인도사실은 수령에 필요한 조치준비를 취하도록 하는 통지 내용 속에 포함된다. 즉 인도라는 전제가 없다면 수령이 있을 수 없다. 따라서 인도사실의 통지는 자동적으로 수령

84) 본인은 이미 삭제를 주장한 바 있다. 오세창, 상게서, p.42.

을 위해 필요한 조치준비를 위한 통지 속에 당연히 포함된다고 보아야 한다. 따라서 Incoterms 2000, 1차, 2차 초안상의 통지규정의 통지의 내용구분보다 인도를 대전제로 인도한 물품의 수령을 위해 필요한 조치를 취하는데 필요할 수 있는 통지의 규정이 자연스러워 보인다.

최종초안의 경우 3차 초안의 규정 외에 물품이 A.4에 따라 인도완료된 사실을 매수인에게 통지해야 한다는 첫째 절의 규정이 추가되었다.

문제대안 CIP와 더불어 첫째 절의 규정은 별도로 규정할 필요가 없다. 왜냐하면 둘째 절 규정이 첫째 절 규정을 모두 포함할 수 있고, 아니면 다른 규정들과 같이 둘째 절 규정 속에 포함할 수 있기 때문이다.

A.8 인도서류(Delivery document)

If customary or at the buyer's request, the seller must provide the buyer, at the seller's expense, with the usual transport document[s] for the transport contracted in accordance with A3.

This transport document must cover the contract goods and be dated within the period agreed for shipment, if agreed or customary, the document must also enable the buyer to claim the goods from the carrier at the named place of destination and enable the buyer to sell the goods in transit by the transfer of the document to a subsequent buyer or by notification to the carrier.

When such a transport document is issued in negotiable form and in several originals, a full set of originals must be presented to the buyer.

관례 또는 매수인의 요청에 따라, 매도인은 매수인에게 자신의 비용으로 A.3에 따라 체결한 운송에 대한 통상의 운송서류 또는 운송서류들을 제공해야 한다.

이 서류는 계약물품을 표시하고 있어야 하고, 선적을 위해 합의한 기간 내에 일부가 되어 있어야 한다. 합의가 있거나 관례라면, 이 서류는 매수인으로 하여금 지정된 도착지 장소에서 운송인으로부터 물품을 청구할 수 있는 것이라야 하고, 매수인으로 하여금 후속 매수인에게 운송서류의 양도에 의해 또는 운송인에게 통지함으로써 운송 중에 있는 물품을 역시 매각할 수 있어야 한다.

이러한 운송서류가 유통가능 형식과 복수의 원본으로 발급되는 경우, 전통의 원본이 매수인에게 제공되어야 한다.

해설 제공서류의 형태와 관련하여 CFR이나 CIF와 같이 "지체 없이"라는 표현 대신 CPT와 CIP A.8에서 "관례 또는 매수인의 요청에 따른다"는 것은 권리증권인 B/L을 제외한 서류의 경우 굳이 이 서류들 없이도 물품의 수령이 가능하고 운송방법에 따른 관례 또는 매수인의 요청에 따라 발급되는 서류가 다양하다는 의미이다. 그러나 이들 서류는 운송계약의 증거와 물품수령증의 기능을 하고 있음을 알아야 한다. 이러한 의미의 표현이 둘째 절의 첫째 문장[85]으로 표현되어 있으며, 이는 전통적으로 복합운송서류들이 가지는 법적인 성격이다.

그리고 운송서류들의 제공시기에 관해 CFR이나 CIF상에는 "Without delay"로, CPT나 CIP의 경우 "if customary or at the buyer's request"로 규정되어 있는 바, 이러한 표현의 차이는 다음과 같이 생각할 수 있다.

"Without delay"가 "if customary"에 포함된다고 말할 수 있으며, 이러한 사실은 오늘날 대부분 은행을 통해 대금결제가 이루어지는 경우 L/C나 기타계약서상에 "서류제공유효기일"을 통해 추정할 수가 있다. 즉 UCP 600, 14조 c)호 규정에 의하면, 서류제공유효기일이 명시된 경우 "지체 없이"의 기준은 동기간이 되며, 명시가 없는 경우 선적 후 늦어도 "21일"이 "지체 없이"의 기준이 됨을 규정하고 있다. 이러한 사실은 "21일"이 운송서류제출을 위한 최대의 "관례적" 기간으로 볼 수 있고 "지체 없이"의 최장기간으로 볼 수도 있다.

그리고 "매수인의 요청에 따라"는 운송서류의 성격이나 종류에 따라 L/C나 계약서상에 매수인이 요구하는 서류를 "지체 없이" 아니면 "관례적"으로 요구하는 내용의 표현으로 보면 된다.

그리고 제공서류의 성격에 관해 원칙은 아니지만 예외의 의미로 둘째 절상의 "if agreed or customary"라는 표현은 CFR이나 CIF상의 특별한 합의가 없는, 즉 예외적인 경우가 아니라면 일반적 의미인 "unless otherwise agreed"를 대신하고 있다. 이는 이런 표현이 없으면 CFR이나 CIF하에서 전통적으로 제공되는 운송서류와 달리 CPT나 CIP하의 제공 운송서류는 본선 상에 물품의 인도증거, 운송계약의 증거, 제3자에게 종이서류의 이전을 통해 운송중인 물품의 권리를 이전시키는 수단, 즉 물품의 점유권과 소유권을 가지는 권리증권[86] 기능 가운데 달리 합의가 없는 한 원칙적으로 권리증권 기능이 없으므로 유통불능운송서류이기에[87] 이들 규정 하에 발급되는 운송서류 가운데는 달리 합의가 없다면 이들 서류 없이도 물품의 수하인임이 입증만 되면 반출이 가능하고, 운송 중에 매각이 불가능한 운송서류임을 입증하는 표현이다. 반면에 이들 표현이 들어가므로 CFR하의 선하증권과 같은 유통가능형태의 운송서류발급을 허용하여 거래한다는 예외적인 의미의 표현, 즉 CFR이나 CIF상의 "unless otherwise agreed" 표현에 상응하는, 즉 반대의 예외적인 표현으로 보아야 한다. 그리고 동 표현은 어떤 의미에선 CPT거래를 하면서 CFR의 운송서류에 의해 결제하길 원하는 현실 거래의 인정과

85) Incoterms® 2010, CPT, A.8. "This transport documents must cover the contract goods and be dated within the period agreed for shipment."

86) S. Williston, *op. cit.*, p.508; D. M. Sassoon, *op. cit.*, 4th ed., p.88; Incoterms 2000, Introduction, 19. The Bill of Lading and Electronic Commerce.

87) S. Williston, *op. cit.*, pp.222-223, 523; Incoterms 2000, Introduction 20. Nonnegotiable transport documents instead of bill of lading.

이에 따른 UCP규정의 반영으로 볼 수 있다. 따라서 서류거래이면서 CFR이나 CIF하의 A.8규정과는 다른 CPT와 CIP A.8상의 규정 때문에 서류거래에 동 A.8의 적용이 매우 어려웠고, CPT나 CIP A.8상의 B/L의 경우 Incoterms 2000 서문상의 B/L의 정의와 CFR이나 CIF A.8상의 규정을 원용하여 적용해야 하는 어려움이 있었다.[88] 그러나 Incoterms® 2010 rules하의 CPT나 CIP A.8의 경우 원칙적으로 비유통 서류이나 L/C등에 의한 명시적 합의나 동일내용의 명시적 합의의 반복사용의 결과인 묵시적 합의로서의 기능을 하는 관례에 의해 CFR이나 CIF A.8의 규정에 준하는 유통서류의 발급이 가능함을 규정하므로 서류거래이면서 현실거래에 적용상의 어려움을 극복하게 되었다.

Incoterms 2000의 CIF와 CFR의 규정에는 규정되어 있었으나 서류거래이면서 그리고 어떤 의미에선 CFR과 CIF의 발전 형태이면서 CFR이나 CIF A.8상의 운송서류요건에 관한 규정인 둘째 절과 복수원본발급시의 제공방법에 관한 규정이 없었다. 이러한 사실에 대한 문제점을 본인은 이미 지적하였고 그 대안을 제시한바 있으며, 이번에 반영되었다.[89]

발급되는 운송서류의 요건과 복수원본발급에 관한 규정을 요약하면 다음과 같다.

① 이들 서류들은 계약물품을 표시하고 있어야 하며(운송계약의 증거로서의 역할)

② 선적을 위해 합의된 기간 내의 일부가 명시되어 있어야 하고,

③ 합의가 있거나 관례라면 이 서류들은 목적지에서 운송인으로부터 이들 서류와 교환으로 매수인이 청구할 수 있어야 하며(화물수취증으로서의 역할)

④ 합의가 있거나 관례라면 이 서류들은 후속매수인에게 양도하거나 EDI B/L의 경우 운송인에게 통지함으로써, 운송 중에 있는 물품의 전매가 가능해야 하고(물품의 권리증권으로서의 역할)

⑤ 복본의 원본으로 발급된 경우 전통이 매수인에게 지체 없이[90] 제공되어야 하며[91],

⑥ A.1의 규정에 따라 당사자들의 사전 합의에 따라 이들 운송서류 대신에 전자운송서류를 발급받아 매수인에게 제공할 수 있다.

해상운송서류와 관련한 주의사항을 다음과 같이 말할 수 있다.

대부분의 경우 정규선사에 의해 운송예정인 물품은 물론 가능은 하지만, 운송 중에 추가매매의 주체가 되지 아니할 것이다. 그러나 용선에 적재되어 운송되는 물품에 관해선 상황은 정규선의경우와 전혀 다르다. 예컨대 용선에 물품이 적재되어 물품이 현

---

88) 이러한 사실은 Incoterms 2000, CPT, CIP, CFR, CIF A.8규정과 그동안 논자가 주장해 온 논문을 보면 알 수 있다.

89) 오세창, 상게서, p. 291; 오세창, 상게서 p.32.

90) 지체없이의 기준은 L/C상의 서류제고 유효기일이 명시되어 있으면 그 기일 내에, 명시되어 있지 아니하면 선적 후 늦어도 21일내에 제출하도록 하고 있다(UCP 600,14,c).

91) UCP, 23. a. v; 24. a. v; 25. a. vi; 26. a. iv 및 L/C규정, 즉 "full set of clean on board ocean bill of lading…" 등을 통해 이 원칙이 준수되고 있으며, "Scott v. Barclays Bank [1932] 2 K.B. 1"사건에서도 입증되었다(D. M. Sassoon, *op. cit.*, p.144).

물시장에서 매각되는 경우, 물품이 도착지에 도착하기 전에 여러 번 매각이 된다.

이런 경우 유통가능 B/L이 전통적으로 대단히 중요하다. 왜냐하면 이 B/L의 점유가 후속 매수인으로 하여금 목적지에서 운송인으로부터 물품의 청구를 가능케 할 수 있기 때문이다. 따라서 도착 전에 매각되는 경우 후속매수인은 물품과 교환으로 운송인에게 B/L 원본을 양도함으로써 물품의 청구를 가능케 할 수 있다.

그러나 운송 중에 물품을 매각할 의사가 아닌 경우로서 목적지에서 운송인으로부터 물품을 청구할 매수인의 권리가 해상화물운송장에 대한 CMI통일규칙을 매매계약에 언급하는 것과 같은 기타 수단에 의해 보증이 된다면, B/L을 사용할 필요가 없다.

반면에 운송 중에 후속 매수인에게 물품을 매각할 의사인 매수인은 자신의 매도인으로부터 유통 가능한 B/L을 청구할 권리를 C-terms하에선 가진다. 그러나 이러한 운송 중의 매각 역시 B/L없이 물품의 매각이 가능할 수 있다. 즉 후속 매수인의 임의처분상태로 물품을 인도하도록 하는 지시에 따르도록 운송인에게 요청하는 제도, 예컨대 지시식으로 발행된 항공화물운송장 전통제공이나 항공화물운송장 상에 매도인의 운송지시중지 용어의 사용 등의 방법을 관계당사자들이 사용한다면 운송 중에 매각이 가능할 수 있으나 근본적으로 권리증권이 아니기에 불가능하다고 보아야 한다.

A.1에 따라 당사자들이 소위 paperless거래를 하기 원할 수 있음을 생각하고 있다.

따라서 당사자들이 전자방식으로 통신하길 합의한다면 지금까지 종이서류가 제시되어야 한다는 요건이 더 이상 필수적이 아니다. 물론 전통적인 B/L은 종이 없는 거래를 향한 현대적인 발전과 관련이 있다. 이런 이유에서 이미 언급한 바 있는 1990년에 EDI B/L에 대한 통일규칙을 제정하였는바, 이 규칙은 관계 당사자들간의 전자 메세지가 전통적인 종이 B/L의 필요를 대체할 수 있는 상황을 규정하고 있다.

이러한 통일규칙은 A.8에서 "운송인에게 통지(notification to the carrier[92])"란 말과 똑같은 목적을 나타내는 운송인에게 대한 전자 메시지에 근거한다. 그러나 전자 B/L을 사용하길 원치 아니하는 당사자들은 유통가능 B/L을 요구하는 전통적인 관습을 계속해야 한다. 불행히도 복수 B/L발행의 배임행위가 상당한 해상사기위험을 발생시킨다는 사실에도 불구하고 주장되고 있다. 따라서 직접 혹은 은행을 통해 물품의 대금을 지급하는 매수인은 복수의 B/L이 발급된 경우 전통(full set)을 자신이 수령하는지를 반드시 확인해야 한다.

1차 초안의 경우 Incoterms 2000 A.8둘째 절상의 전자운송서류에 관한 표현과 첫째 절상의 "… ( )for the transport contracted …A.3"대신에 "… ( ), whether in paper or electronic form, for the transport …A.3"과 같이 규정하므로 표현상에 차이는 있으나 그 내용은 동일하였다.

Incoterms 2000 둘째 절상의 전자서류 삭제 대신 복수원본 발급에 따른 제공방법을 CFR과 CIF와 같이 규정하였다.

---

92) 이러한 표현은 CMI규칙에 근거한 전자메시지, 즉 전자서류를 위한 것임을 Ramberg교수는 말하고 있다(J. Ramberg, *op. cit.*, p.32).

2차 초안의 경우 1차와 Incoterms 2000 첫째 절상의 "… ( ) …A.3"규정 가운데 운송서류를 예시하고 있는 ( )의 내용삭제와 A.1에 따른 전자서류의 종이서류 인정에 따라 "whether in paper or electronic form"의 삭제 외는 동일하다. 이러한 표현의 삭제는 운송서류의 경우 과거10연간 업자들에게 충분히 숙지되었다는 점에서, 그리고 "종이 또는 전자형식"의 표현은 이미 운송서류 자체가 UNCUEIC 8조와 CISG 13조에 의하여 전자서류를 포함하는 의미를 반영한 규정이 A.1에 반영되어 있다는 점에서 삭제한 것 같다.

3차 초안의 경우 Incoterms 2000, 1차, 2차 규정상의 제공시기에 관해 "… at the buyer's request …"가 추가되었으며, 지금까지 규정되지 아니하였던 운송서류요건에 관해 둘째 절상에 CFR과 CIF와 같이 규정한 점이 다르고, 제공방법 규정은 Incoterms 2000에는 없는 규정이었으나 1차, 2차 초안규정의 내용과 동일한 규정을 하고 있다.

최종초안의 경우 도착지에서 운송인으로부터 물품의 청구를 서류에 의해 가능토록 하고 운송중에 전매를 가능하게 하기 위한 서류의 발급을 가능케 하기 위하여 CFR과 CIF와 같은 서류이나 근본적으로 반급되는 서류자체에 차이가 있음을 나타내는 중요한 표현으로 "if agreed or customary"가 특별한 합의가 없는 한 근본적으로 의미가 없었던 CFR과 CIF하의 "unless otherwise agreed"표현을 대신 한 점이 3차 초안과의 차이점인데 중요한 차이점이다. 즉, C-rules내의 복합운송형태 적용을 위한 C-rules와 해상이나 내수로 전용 C-rules간의 분명히 구분하는 점이다. 따라서 양 C-rules는 서류거래이나 발급되는 서류는 양 C-rules의 특징을 그대로 반영하게 되었다.

문제대안 같은 복합운송조건인데 FCA에는 "… a transport document"로, CPT나 CIP에는 "… with the usual transport documents for the transport contracted in accordance with A.3"로, 같은 서류거래인데 CFR이나 CIF에는 "… with usual transport document for the agreed port of destination"로 규정되어 있다. 이모든 서류들이 운송계약에 대한 도착지에서 물품의 수령을 청구용이라면 "… a transport document for the transport contracted in accordance with A.3 and for the agreed place or port of destination …" 또는 "… a transport document for transport contracted as envisaged in A.3 and for … of destination"과 같이 통일할 필요가 있으며, 차이가 있다면 이를 설명하여 오해가 없도록 해야 한다.

그리고 Incoterms 2000 CPT와 CIP A.8과 달리 둘째 절상에 운송서류요건에 관한 규정은 이미 언급한대로 다행이나 Incoterms 2000과 달리 운송중 매각과 관련하여 "…(negotiable bill of loading)"의 표현이 3차 초안규정에도 최종초안에도 없다는 것이다. 물론 B/L이외의 서류의 경우도 전매가 가능함을 이미 위에서도 설명하였지만 그것은 B/L의 법적성격에 근거한 것이 아닌 당사자들의 사용방법에 따른 것이었다. 따라서 B/L의 법적성격에 입각한 운송중에 매각한 서류의 경우를 위해선 ( )의 내용이 반드시 필요하다. 그러나 빠진 것은 "…if agreed or customary…"에서 그 이유를 찾을 수 있다. 이러한 표현에 따라 예컨대 offer상에 payment에 관해 L/C에 의한 지급을 약속, 즉 합의하고, 이에 따른 L/C발급을 통해 선하증권은 물론이고 선하증권과 같은 성격을 지니는 운송서류의 발급을 요청할 수 있다.

그리고 이런 표현에 따라 매도인이 준비하는 Nego서류는 전통적인 선하증권의 형식을 갖춘 서류를 제출하게 되며, 이런 경우 선하증권 외 기타 운송서류들은 전통적인 선하증권의 법적성격을 갖춘 운송서류로 취급되어 거래될 수 있다. 그렇다면 굳이 "…by the transper of the document to a subsequent buyer"를 "…buyer(the negotiable bill of lading)의 추가 표기가 필요 없음을 "…if agreed or customary…"합류하고 있다고 볼 수 있다.

A.9 확인-포장-화인(Checking-packaging-marking)

The seller must pay the costs of those checking operations (such as checking quality, measuring, weighing, counting) that are necessary for the purpose of delivering the goods in accordance with A4, as well as the costs of any pre-shipment inspection mandated by the authority of the country of export.

The seller must, at its own expense, package the goods, unless it is usual for the particular trade to transport the type of goods sold unpackaged. The seller may package the goods in the manner appropriate for their transport, unless the buyer has notified the seller of specific packaging requirements before the contract of sale is concluded, packaging is to be marked appropriately.

매도인은 수출국정부당국의 법에 의한 모든 선적전 검사비용 뿐만 아니라 A.4에 따라 물품을 인도하는데 필요한 품질확인, 검측, 검량, 검수와 같은 확인활동 비용을 지급해야 한다.

매도인은 특수한 거래가 무포장 상태로 매각된 물품의 형태로 운송하는 것이 관례가 아니라면 매도인은 물품의 운송을 위해 적합한 방법으로 물품을 포장 할 수 있다. 다만 계약이 체결되기 전에 매수인이 특정한 포장을 매도인에게 통지한 경우에는 그러하지 아니하다. 포장은 적절하게 화인이 되어 있어야 한다.

해설 동 조건하의 매도인은 지정된 인도장소에서 운송인에게 물품을 인도하기 위해 필요한 품질확인, 물품에 따른 물품의 계량과 같은 행위를 하고, 이에 따른 비용과 수출국 당국의 법에 의해 이루어지는 선적전 검사비용을 지급해야 하는바, 이는 매매계약에 일치하는 물품과 상업송장 그리고 기타 일체의 증거제공을 위해 필요한 행위이며, 운송계약에 따른 적재와 운임 그리고 운송서류 발급을 위해 필요한 조치이다.

그리고 매도인이 체결한 운송계약에 따라 운송계약 체결 전에 자신에게 알려진 운송 형태, 목적지등을 고려하여 자신이 준비한 물품의 운송과 후속운송을 하기 위해, 즉 계약체결되기 전에 매수인이 특별히 포장에 관해 요구사항이 있으면 이에 따르고 그렇지 아니하면 물품의 운송을 위해 적합한 방법으로 필요한 포장을 자신의 비용으로 제공해야 하는바, 이때의 포장은 다양한 운송수단에 의한 장거리운송이므로 장거리운송에 따른 물품을 보호할 필요성이 있다. 따라서 이에 걸맞는 포장을 해야 한다. 물론 특수 컨테이너에 적재되는 양곡 같은 bulk cargo인 경우 포장이 필요 없다. 포장의 경우 타 화물과의 구분, 사용편의 등을 고려하여 포장 면에 적절히 화인이 되어 있어야 한다.

L/C나 계약서상에 달리 합의가 없으면, 동 조항에 의해 품질과 중량의 증명시기가 선적지조건(shipment quality and quantity terms)임을 알 수 있다.

이 조항과 B.9조항은 A.1의 기타일치 증거서류와 주로 관련이 있다.[93)]

Incoterms 2000 A.9의 규정과 차이점은 먼저 Incoterms 2000 A.9 첫째 절상의 "… such as which …"대신에 "… that …"로 변경된 점이다. 이는 such as … that의 문법형식에 따른 것이다. 그리고 "… in accordance with A.4"를 "… in accordance with A.4 as well as well the costs of any pre-shipment inspection mandated by the country of export"로 변경되었는바, as well as이하의 표현의 추가는 국부의 유출에 따라 필요한 경우 수출국이 법률을 통해 선적전 검사를 요구하고 있는바 이런 규정의 제정은 이미 수출국에서 이루어지고 있는 사실의 규정화에 있다. 그리고 이러한 검사는 검사활동이 이루어지기전에 이루어지는 것이 일반적이다.

두 번째 차이점은 Incoterms 2000 둘째 절상의 "… (unless… to send the goods of the contract description unpacked) which is …"대신에 "… (unless… to transport the type of goods sold unpacked)in the manner …"로 변경된 점이다. 이러한 변경은 Incoterms 2000의 의미를 변경 하는 것이 아니라 표현의 세련화(예컨대 send를 transport로의 변경)와 분명화(예컨대 the goods of the contract description unpacked를 the type of goods sold unpacked로 변경)를 가져오는 효과가 있다.

Incoterms 2000과 3차 초안 둘째 절과의 또 다른 차이점은 둘째 절상의"… for the transport of the goods agreed by him"이 "… by it and, where applicable, for any subsequent transport to the extent that the circumstances relating to the transport (for example modalities, destination)are made knows to the seller before the contract of sale is concluded"로 변경된 점이다.

먼저 by him이 by it로 변경된 것은 seller가 여성일수도 남성일수도 있기에 3인칭인 it을 사용하였다고 볼 수 있다. 그리고 "… and …"이하의 표현이 FCA A.9의 규정처럼 새로 추가된 것은 매도인이 자기가 제조한 물품의 운송을 위해 자신이 운송계약을 체결하기에 자신이 알아서 자신이 준비한 물품의 운송에 필요한 포장을 할 것으로 생각할 수 있으나 이미 EXW와 FCA에서도 언급하였듯이 동 조건은 운송형태에 관계없이 사용될 수 있고 복합운송이 전제이기 때문에 후속운송을 고려한 포장의 필요성을 재삼 강조하기 위해, 그리고 운송계약을 체결하는 매도인의 포장의무에 대한 인식을 재고 하 위한 의미에서 새로이 추가된 것으로 볼 수 있다.

Incoterms 2000과 1차, 2차, 3차 초안과의 차이점을 보면 다음과 같다.

먼저 Incoterms 2000과 1차 초안의 경우 Incoterms 2000 첫째 절상의 "… which are

93) 오세창, 상게서, p.295.

…"가 "… that are …"로 변경된 점이 다르고, 둘째 절상의 "… which is required for …" 가 "… required for"로 "… by him"이 "… by it"로 변경된 것 외는 동일하다.

1차 초안과 2차 초안간의 차이점은 1차 초안 첫째 절상의 마지막 부분인 "… with A.4"가 3차 초안과 같이 "… with A.4 as well as … of export."로 변경된 점과, 1차 초안 둘째 절상의 "… of goods arranged by it"가 "… of goods, to the extent that … concluded."로 변경점이 다르다.

2차 초안과 3차 초안의 차이는 2차 초안 둘째 절상의 "… of goods, to the extent … concluded"가 "… goods arranged by it and, where applicable, … concluded."로 변경된 점이다. 그러나 최종초안의 경우 3차 초안에 비해 규정적으로 보면 대폭 변경하였다. 그 내용을 보면 최종초안의 경우 3차 초안에 비하여 규정표현으로 보면 "The seller … arranged by it and, where applicable, for any subsequent transport extent that the circumstances …"를 현 규정 둘째 절과 같이 규정하므로 대폭 변경하였다. 그 내용을 보면 물품에 따라 특수한 포장이 필요한 경우 매수인은 매도인에게 계약체결 전에, 요구하게 규정하고 일반적 의미의 운송에 필요한 적합한 포장을 요구하므로 포장조건에 통일적 규정을 강조하던 종전 초안과 달리 일반적인 포장의 정의를 하고, 특수한 포장이 필요한 경우 규정을 통한 통일된 규정의 불가능을 안고 당사자들이 계약체결 전 사전에 통지하게 하므로 포장규정의 단순화를 기도하고 있다. 사실 EXW A.9과 전 Incoterms® 2010 rules A.9 내용은 동일하다.

A.10 정보협조와 관련비용(Assistance with information and related costs)

The seller muse, where applicable, in a timely manner, provide to or render assistance in obtaining for the buyer, at the buyer's request, risk and expense, any documents and information, including security-related information, that the buyer needs for the import of the goods and/or for their transport to the final destination.

The seller must reimburse the buyer for all costs and charges incurred by the buyer in providing or rendering assistance in obtaining documents and information as envisaged in B10.

매도인은, 적용되는 경우, 시의 적절한 방법으로 매수인의 요청, 위험 그리고 비용부담으로 매수인이 물품의 수입 과/또는 최종목적지까지 물품의 운송을 위해 필요로 하는 모든 서류와 보안관련 정보를 포함하여 정보를 제공하거나 취득하는데 협조를 제공하여야 한다.

매도인은 매수인에게 B.10의 규정에 따라 서류와 정보를 제공하거나 취득함에 있어 협조를 제공하는데 매수인이 지급한 모든 비용을 변상하여야 한다.

해설 매도인은 자신의 의무이행, 즉 물품의 운송과 수입 그리고 제3국으로의 물품

통과를 위하여 필요한 보안관련정보, 모든 서류와 정보 취득을 위해 매도인 자신이 이들을 요청하고 자신의 위험과 비용 하에 매수인에 의해 이런 일들이 이루어진 경우에 이러한 자신의 협조제공요청에 따라 매수인이 지급한 모든 비용을 매수인에게 변상조치 하여야 한다.

첫째 절의 경우 Incoterms 2000과 1차, 2차, 3차 초안의 비교는 CPT의 경우 Incoterms 2000 A.10상에는 "… electronic message (other than those mentioned in A.8) issued … country."로 EXW의 경우 Incoterms 2000 A.10 상에는 "… electronic message issued … country."로 되어있는 것 외는 규정이 동일한바 ( )의 표현 외는 EXW와 동일하다. ( )의 표현은 1차 초안 시 부터 특별히 규정할 필요가 없기에 삭제되었다.

둘째 절의 경우 Incoterms 2000과 1차 초안 상에는 규정되지 아니하였고, 2차 초안에 규정과 3차 초안의 규정은 그대로 이다.

Incoterms 2000 A.10에 의하면 다음과 같이 규정되어 있었다.

"매도인은 매수인의 요청과 위험과 비용부담으로 매수인이 물품의 수출입과 필요한 경우 제3국 운송을 위해 필요할지 모르는 인도국 또는 원산국에서 발급하거나 발송하는 모든 서류 또는 동등한 EDI를 취득하는데 모든 협조를 매수인에게 제공해야 한다.

매도인은 매수인의 요청에 따라 보험계약체결을 위해 필요한 정보를 매수인에게 제공해야 한다.

Incoterms 2000상의 EDI 관련표현은 다른 규정에서의 EDI 관련표현과 함께 Incoterms ® 2010의 A.1으로 통합되어 표현되어 있고, 보험에 관한 정보는 전 Incoterms A.3에 통합되어 표현되어 있다. 그리고 Incoterms 2000에서의 "수출과/또는 수입과 필요한 경우 세 3국 운송을 위해 필요할지 모르는 …모든 서류는"의 표현은 "수출과/또는 수입과/또는 최종목적지까지 물품의 운송을 위해 필요로 하는 서류와 보안관련 정보를 포함하여 정보…"로 변경되었는바, Incoterms 2000보다 보안관련 정보와 기타정보 제공이 추가된 것 외는 Incoterms 2000상의 표현보다 세련된 그러나 동일한 의미의 상이한 표현이다. 즉 궁극적으로 규정의 통폐합과 대형 컨테이너 운송에 의한 신속한 수출입 통관과 운송을 위해 필요한 보안관련 정보 외에 기타정보와 서류를 요구하므로 필요한 정보추가 외는 근본적으로 Incoterms 2000 A.10과 동일한 의미로 볼 수 있다.

이상의 변경을 규정표현으로 보면 1차 초안의 규정은 Incoterms 2000 A.10의 규정과 비교해서 "국내외거래"의 적용을 위해 첫째 절 "where applicable"이 추가 되고, Incoterms 2000상의 "… every assistance … any country"대신 "…, assistance including providing security-related information, in obtaining any documents, whether in paper or electronic form, that the buyer … any country."로 변경되었다.

1차와 2차의 구분은 1차 초안상의 "… render … any document, … any country."가 "… provide to or render … security-related information, that the buyer any country."로 변경되었다.

2차 초안은 3차 초안규정과 비교해서 말미의 "… that the buyer may require for the transport, … for their transit through any country" 대신에 2차 초안 규정을 포함하는 포괄적 표현으로 "… that the buyer needs for … and/or for their transport to the final destination"으로 변경 한 것을 제외하고는 동일하다. 이렇게 규정된 이유는 이미 앞에서도 언급하였듯이 일체의 운송형태에 적용되는 조건들의 경우 대부분 컨테이너로 운송되고 있으며, 대형컨테이너 수출과 수입의 경우 신속한 수출입통관을 위해 법에 따라 또는 운송계약이나 포장 등을 위해 수출입과 최종목적지까지 운송에 필요한 정보를 매도인은 필요하여 요구할 수 있기 때문이다.

그리고 Incoterms 2000과 1차 초안 상에는 없었으나 2차와 3차 초안 상에 "… in a timely fashion provide …"와 같이 "in a timely fashion"이 추가되었는바 이는 협조로 제공되는 서류나 정보를 시간적으로나 방법적으로 적절해야 함을 강조하기 위해서이다.

최종초안의 경우 3차 초안 첫째 절상의 "… in a timely fashion … for the export and/or export of the goods" 대신에 "… in a timely manner … for the import of the goods …"로 변경된 것 외는 동일하다. "fashion"의 "manner"로의 변경은 동일한 의미의 세련된 표현이고, "the export and/or"의 삭제는 수출의 허가를 매도인이 취득하기에 수출에 필요한 모든 절차는 매도인의 책임이기 때문이다.

문제 대안 A.10의 첫째 줄, "provide to or"의 삭제가 필요하다. 왜냐하면 동일의미의 상이한 표현이 아니라 양자 간의 구분을 전제로 하고 있는바, provide는 자신의 비용으로 시작하는 필수제공의 표현이고, render는 누구의 요청과 위험·비용부담으로 시작하는 협조의무의 표현임을 지금까지 Incoterms의 규정들을 통해 입증 되었는바, 본 규정상의 의무는 협조의 의무이지 협조나 필수의 규정이 아니기 때문이다. 전 Incoterms를 변경할 필요성이 있다.[94]

그러나 이렇게 규정한데는 비록 모든 협조가 매수인의 책임 하에 이루어지나 매도인이 아니면 아니되는 경우의 협조제공의무와 매수인이 할 수 있는 일에 대한 매도인의 협조제공 의무가 있기에 전자를 위한 표현이 provide 이고 후자를 위한 표현이 render로 볼 수 있다. 그러나 예컨대 FCA A.10의 둘째 절상의 "… in providing or rending assistance in obtaining …"의 경우 B.10과 연계되기에 B.10의 규정 둘째 절의 규정을 보면 역시 "… in providing or rending assistance in obtaining for the seller, at the latter's request, risk and expense …"로 규정되어 있어 양 규정을 비교해보면 필수 협조의무 규정임이 틀림이 없다. 따라서 "… providing or …"를 삭제할 필요가 있다. 그러나 providing or rending과 연계된 B.10의 "… at latter's request, risk and expense …" 표현이 매도인의 요청에 따라 매수인의 위험 없이 매수인이 필수적으로 제공할 수 있는 경우와 매도인의 전적 책임 하에 이루어지는 경우를 모두 포함하는 의미로 필요에 따라 이원화 되는 표현으로 해석할 수 있는 표현으로 해석한다면 동 표현은 그대로 두어도 이해가 될 수 있다. 그렇다면 기타 모든 Incoterms 규정에도 A.10이나 B.10의 규정과 마찬가지로 "… provide or render …" or "… providing or rending …"과 같은 표현이 필요할 수 있다.

1차 초안 상에는 "… whether in paper or electronic form, (other them those mentioned in

94) 오세창, "Incoterms 2011 2차 초안의 특징과 문제점", 경영경제, 제43집 제1호, 계명대학교 산업경영연구소, 2010, p.39.

A.8)that the buyer may …"로 규정되어 있었으나 2차부터는 특별히 규정할 필요가 없어 삭제되었다.

그러나 이미 A.2에서 설명한 대로 이미 규정을 통해 책임한계는 분명하지만 제공의 의무만은 반드시 제공해야 하기에 "provide" 또는 "providing"으로 통일하는게 바람직하다.

B. 매수인의 의무(THE BUYER'S OBLIGATIONS)

B.1 매수인의 총칙의무(General obligations of the buyer)

> The buyer must pay the price of the goods as provided in the contract of sale.
> Any document referred to in. B1-B10 may be an equivalent electronic record or procedure if agreed between the parties or customary.
>
> 매수인은 매매계약상에 규정된 대로 물품의 대금을 지급하여야 한다.
> B.1에서 언급하고 있는 모든 서류는 당사자들 간에 합의하거나 관례라면 동등한 전자기록이나 절차에 의해 대체될 수 있다.

해설 B.1의 규정은 매수인에 대한 A.1의 경상규정이면서 매수인의 제일의 의무규정을 규정하고 있으며, Incoterms의 모법에 해당하는 CISG 53조에서 59조까지 규정의 세부 규정이라 할 수 있다. 그러나 CIGS규정에 비하면 그 내용이 지극히 단순하게 되어있다. 그러나 CISG 53조의 규정 가운데 "… as required in contact of sale"와 달리 B.1의 규정에는 "… as provided in a contract of sale"로 규정되어 있는바, 여기서의 "… provided …"는 CISG상에서의 계약에 따라 요구할 수 있는 내용, 즉 일반적으로 계약에 따라 일반직인 요구사힝에 따른 지급규정과 달리 B.1의 "… provided"는 특정계약에시 구체적으로 규정하고 있는 지급방법, 지급장소 등에 따라 지급해야 함을 규정하고 있다. 전자가 포괄적 계약규정을 의미한다면 B.1의 계약은 특정 개별계약의 성격이 강하다. 그러나 특정계약은 물품에 따라 당사자들 간의 사정에 따라 다를 수 있기에 B.1의 지급규정에 대한 시행세칙에 해당하는 해당 L/C나 계약서상에 구체적으로 규정하여 반영된다.

그리고 A.1에서 언급한대로 전 Incoterms B.1-B.10상에 규정되어 있는 서류는 B.1 둘째 절 규정과 같이 당사자들 간에 합의하거나 관례라면 종이서류와 동등한 전자기록으로 대체 할 수 있다는 표현으로 대체된 것 외는 Incoterms 2000 A.1과 1차, 2차, 3차, 최종초안의 내용이 똑같이 변경된 것이 없다. 최종초안의 경우 A.1에서와 같이 "electronic record"에 "… or procedure"이 추가된 것 외는 동일한바, 이는 이미 특징에서 언급하였듯이 종이서류와 전자서류간의 등가성과 기술 중립적 입장을 유지하고 있는 전자통신 형식 8조와 9조의 규정에 따른 모든 전자통신을 의미하기 위한 표현으로 볼 수 있다.

A.1에서 언급하였듯이 B.1의 제목자체가 Incoterms 2000, 1차, 2차상의 "payment of the price" 대신에 "General obligation of the buyer"로 변경된 것은 차이가 있으나, B.1 둘째 절상의 규정표현 때문에 제목이 이렇게 변경된 것 같다. 그러나 B.1의 제목의미와 달리 B.1의 규정은 매수인의 총칙의무규정이라기 보다는 매수인의 입장에서 볼 때 물품을 수령하여 검사를 하기 전에 먼저 지급을 해야 하기 때문에 가장 중요한 매수인의 의무라 할 수 있으며, 나머지 규정은 A.2-A10의 A.1의 부수 규정 같은 성격이 아니라 A.2-A10의 경상의 의무, 즉 매도인의 매수인에 대한 의무에 대한 매수인의 매도인에 대한 의무규정 내지는 위험과 비용, 그리고 기능에 대한 책임의무규정이라 할 수 있다.

FCA거래에 따른 대금지급 방법이 매매계약서에 명시되어 있는바, 이에 따라 대금을 지급해야 한다. 이조건의 경우 매매계약서 상에 지급방법이 있으면 그 방법에 따라 지급하되 만약 지급에 대한 아무런 언급이 없으면 근본적으로 COD조건이므로 동시이행(concurrent condition)을 해야 한다.

이 조건의 경우에도 L/C에 의한 지급을 계약서상에 합의하면 L/C에 의한 지급이 가능하다.

현실적으로 계약서상의 신용장에 의한 지급방법에 따라 매수인이 개설하는 신용장상에 대금지급에 대한 약속은 "We hereby issue in your favor this documentary credit which is available by negotiation(or acceptance or payment) of your draft in duplicate at drawn on … accompanied by the following document marked X......"로 표시되고 있다. 그리고 대금의 지급 장소에 관하여는 특수한 경우를 제외하고는 지급방법에 따라 결제가 이루어지는 장소인 은행이다.

이러한 사실은 CISG 57조 (11) b)의 규정을 통해 이러한 관행을 인정하고 있다. 그리고 대금의 지급시기에 관하여는 현실적으로 신용장상의 신용장 유효기간과 서류제공 유효기간에 의해 좌우되는바, 신용장의 유효기간을 초과하지 아니하는 범위 내에서, 서류제공유효기간 내에 제출하여 대금결제를 매도인이 받고 있어, 이것이 바로 대금지급 시기로 되고 있다. 대급지급 시 물품의 검사는 이미 계약서 등의 중요내용에서 설명하였듯이, 원칙적으로 선적지 아니면 양륙지에서 물품을 확인하도록 되어있다. 따라서 특수한 경우를 제외하고는 FCA의 경우 검사 장소는 선적지이며, 검사의 객관성을 유지하기 위해 A.4에 따라 물품의 인도 시에 A.9나 B.9에 따라 신용장 상에 검사증명사를 요구하므로, 대금지급시의 매수인의 물품의 검사를 대체하고 있다. 이러한 현실관행을 CISG 58조 (3)(c)의 단서가 규정하고 있다.

CPT의 경우 매매계약에 의한 A.8 둘째 절 규정에 따라 L/C에 의한 CAD거래가 현실적이다.[95)]

95) 오세창, 상게서, p.162.

B.2 허가, 승인, 보안통관과 기타절차(Licences, authorizations, security clearances and other formalities)

> Where applicable, it is up to the buyer to obtain, at its own risk and expense, any import licence or other official authorization and carry out all customs formalities for the import of the goods and for their transport through any country.
>
> 적용되는 경우 자신의 위험과 비용으로 모든 수입허가나 기타 공식적인 승인을 취득하고 물품의 수입과 제 3국으로 물품의 통과를 위한 모든 세관 절차를 수행해야 한다.

해설 동 조건하에선 수입의 허가와 기타공적승인의 취득과 물품의 수입과 제3국으로 물품의 통과를 위한 세관절차가 EU 지역간이나 자유무역지대와 같이 관세를 지급할 의무가 더 이상 없고, 수출입에 제한이 없는 경우를 제외하고 이들이 필요한 경우 당연히 매수인의 책임과 부담으로 수행해야 한다.[96]

Incoterms 2000 B.2상의 "The buyer must obtain …, and carry out, where applicable, …"표현대신 "where applicable, it in up to the buyer to obtain …"으로 표현이 변경되었으나 그 내용은 변경된 것이 없어 보인다. 그러나 중요한 변경이 있다.

이미 A.2에서도 언급하였듯이 "Where applicable"의 위치의 변경이다. 이 표현은 EU 지역 간이나 자유무역지대와 같이 수출입에 따른 허가, 승인, 세관절차가 필요 없는 지역이나 국가 또는 국내거래에는 적용되지 아니하고 이러한 허가나 승인 그리고 절자가 필요한 경우에는 적용됨을 의미하고 있는바, 특정 역내 · 지역거래, 국내거래에 동 조건 적용에 동 규정의 적용이 불필요 하며, 역외 국가 간 · 역내 · 역외 간 거래에 동 조건 적용 시 동 규정의 적용이 필요함을 의미하는 표현이다.

그리고 Incoterms 2000의 경우 동 표현이 "… carry out, where applicable …"에 위치하고 있어 세관절차에 따른 동 표현이 적용됨을 의미하는 것으로 오해 될 수 있어, 이런 오해를 역시 불식 시키고 규정의 명확화를 도모하기 위해 규정 서두에 위치하게 되었다. 종전 같이 위치한다 해도 문제는 없다. 왜냐하면 세관절차 전에 허가, 승인이 반드시 이루어져야 하는 이른바 세관절차의 원인행위에 해당하는 것이 수출입허가나 승인이기 때문이다.

1차, 2차, 3차 최종초안의 규정은 변경이 없다.

---

96) 오세창, 상게서, p.163.

B.3 운송과 보험계약(Contracts of carriage and insurance)

> a) Contract of carriage
> The buyer has no obligation to the seller to make a contract of carriage.
>
> b) Contract of insurance
> The buyer has no obligation to the seller to make a contract of insurance. However, the buyer must provide the seller, upon request, with the necessary information for obtaining insurance.
>
> a) 운송계약
> 매수인은 매도인에 대하여 운송계약을 체결할 의무가 없다.
>
> b) 보험계약
> 매수인은 매도인에 대하여 보험계약을 체결할 의무가 없다. 그러나 매수인은 매도인에게 그의 요청에 따라 보험계약 체결을 위해 필요한 정보를 제공해야 한다.

해설 a) 운송계약

CPT조건 하에서 목적지장소 또는 지점까지 통상의 조건으로 운송계약을 체결할 의무는 A.3 a)의 규정에 따라 매도인에게 있다.

b) 보험계약

CPT하에서 보험계약은 물품의 선적 후 목적지까지 운송해 가는 과정에서 발생할 수 있는 위험에 대비하여 자신의 비용으로 매수인은 보험에 부보할 수 있으며, 실제 부보하고 있다. 그러나 이런 행위가 상대방인 매도인에 대한 의무사항은 아니다.[97]

그러나 자신의 이익을 위해 인도시까지 위험대비, 수령 후 목적지까지의 운송과정에서의 위험대비를 위해 당사자들이 부보할 필요가 있을 경우 자신의 비용으로 부보하면 되나 이때 부보에 필요한 정보는 상대방이 요청하면 반드시 보험에 필요한 정보를 제공해야 한다.

Incoterms 2000상의 "no obligation" 대신 1차 초안의 경우 누가 누구에 대한 책임이 없음을 분명히 하기 위해 "no obligation owned by the buyer to the seller" 표현되었다가, 2차, 3차의 경우 현 초안의 규정과 같이 누가 누구에게 무슨 계약을 체결할 의무가 없음을 규정하므로 1차 초안보다 규정의 표현을 더욱 분명히 하고 있다고 볼 수 있다.

그리고 Incoterms 2000과 1차 초안규정에도 없던 보험정보의 규정을 매도인의 요청에 따라 당연히 제공해야 함을 2차와 3차 초안에서 규정하고 있다.

---

97) 오세창, 상게서, p.280.

다만 보험정보의 규정을 A.3 b)와 같이 통일하던지 아니면 B.3 b)와 같이 통일할 필요가 있다.

최종초안의 규정은 동일내용의 자구수정 외 3차 초안과 동일한 내용이다.

B.4 수령(Taking delivery)

> The buyer must take delivery of the goods when they have been delivered as envisaged in A4 and receive them from the carrier at the named place of destination.
>
> 매수인은 물품이 A.4의 규정에 따라 인도완료 된 때로부터 물품의 인도를 수령하고 지정된 도착지장소에서 운송인으로부터 물품을 수취해야 한다.

해설 Incoterms 2000상의 C-Terms였던 CPT, CIP, CFR, CIF, 즉 CAD거래조건과 F-Terms였던 FAS, FCA, FOB 그리고 D-Terms였던 DAF, DES, DEQ, DDU, DDP, 즉 원칙적으로 COD(순수와 확대 COD)거래이나 당사자들 간의 합의에 의해 CAD거래[98]가 가능한 조건들 간의 주요한 차이점이 있다면 B.4와 A.8의 규정이었다.

C-terms의 경우 B.4에 의하면 "… accept …and receive …"로, F-terms와 D-terms의 경우 B.4에 의하면 "… take delivery …"로 각각 규정되어 COD와 CAD를 전제하고 있고, A.8, B.8의 경우 C-terms의 경우 규정 전체가 CAD를 전제하고 있으며, F-terms의 경우 원칙적으로 COD를, 합의에 의해 CAD가 가능함을, D-terms의 경우 COD를 원칙으로 함을 각각 규정하고 있었다.

이런 규정의 표현은 Incoterms 2000이나 1차, 2차, 3차, 최종초안 모두 마찬가지이다.

특히 B.4의 경우 F와 D-terms의 경우 COD의 거래원칙에 따라서 A.4에 따라 최초의 운송인에게 물품의 인도가 완료되면 물품을 인도 시점에서 수령해야 함을 규정하고 있다.

반면에 C-terms의 경우 Incoterms 2000의 경우 1차, 2차, 3차 초안과 달리 A.4에 따라 물품의 인도가 완료되면 인도사실을 인정(accept)하고 목적지 지정된 장소 또는 항구에 도착하면 운송인으로부터 자신이 인정한 물품을 수리(수령, receive)하도록 하였다. 이는 CAD거래이기 때문에 A.4에 따라 물품이 인도되면 인도된 사실을 인정하고 물품이 도착하면 이유 불문하고 물품을 대표하는 서류와 교환으로 물품을 수리, 즉 수령한 후, 검사결과 문제가 있으면 상업송장, 운송서류, 보험서류 등의 순서로 이의를 제기할 수 있고, 책임소재에 따라 당사자들을 상대로 계약위반을 이유로 클레임 등을 제기할 수 있게 되어있다. 이러한 사실은 CIF의 경우 서류거절권과 물품의 거절권은 구분

98) 그러나 D-terms의 경우 규정에 의하면 순수 내지 확대 COD만을 전제로 하고 있다. 특수한 경우 CAD가 가능하다.

되며, 대금지급으로 매수인의 서류거절권은 종료되고, 대금을 지급함으로써 물품의 검사권이 발생하며 물품을 검사하여 하자가 발견되면 물품의 거절권을 행사할 수 있음을 의미한다. 즉 대금지급으로 서류거절권이 종료되고 서류거절권이 물품의 거절권으로 전환됨을 의미한다는 Schmitthoff교수의 주장을 뒷받침하는 표현 규정이다.

문제 대안 Incoterms 2000과 1차, 2차, 3차, 최종초안 규정간의 차이점은 C-rules의 경우 "… accept …"가 "… take …"로 변경되었고, 똑같은 C-terms거래인데 CFR과 CIF상에는 "… named port of destination"로 규정되어 있었으나, CPT와 CIP의 경우 "… named place"로 규정되어 지정된 장소가 어떤 장소인지가 현실적으로 당사자들 간에는 알지만 규정적으로 보면 불투명하여 오해를 줄 수 있다. 그러나 1차를 제외하고 2차, 3차, 최종초안에서는 "… named place of destination"로 변경되어 오해의 소지를 불식시키는 효과를 주고 있다.

Incoterms 2000 B.4의 규정과 달리 1차, 2차, 3차, 최종초안의 경우 공히 "… accept …"대신 "take delivery of …"로 표현하고 있는바, 동일의미의 상이한 표현이라 해도 전자의 표현은 서류거래의 경우 "물품의 인도를 인정"하는 표현으로 "물품의 인도를 수령"하는 표현보다 훨씬 CAD거래의 특색을 나타내는 표현이라 할 수 있다. 후자의 표현대로 하면 A.4에 따라 "물품의 인도를 COD거래의 A.4처럼 물리적으로 수령"하고 목적지에서 "운송인으로부터 물품을 물리적으로 수리, 즉 수령"해야 한다는 물리적 수령의 개념으로 해석되어 CAD거래의 특색을 퇴색시킬 수 있다.

B.5 위험의 이전(Transfer of risks)

The buyer bears all risks of loss of or damage to the goods from the time they have been delivered as envisaged in A4.

If the buyer fails to give notice in accordance with B7, it must bear all risks of loss of or damage to the goods from the agreed date or the expiry date of the agreed period for delivery, provided that the goods have been clearly identified as the contract goods.

매수인은 물품이 A.4의 규정에 따라 인도완료 된 때로부터 물품의 멸실 또는 물품에 대한 손상의 모든 위험을 부담한다.

매수인이 B.7에 따라 통지를 해태한 경우 그는 인도를 위해 합의한 날짜 또는 합의한 기간의 만기 날짜로부터 물품의 멸실이나 물품에 대한 손상의 모든 위험을 부담해야 한다. 다만 물품이 계약물품으로 분명하게 충당되어 있어야 한다.

해설 운송인에게 인도완료 된 때로부터 물품에 대한 위험을 부담해야 하며, 물품의 발송시기와 도착지에 관해 B.7에 따라 충분한 시간적 여유를 두고 충분한 내용으로 통지해야 하며, 이러한 매수인의 통지의무의 해태는 위험의 조기이전을 초래할 수 있다. 다시 말해서 매매계약 체결 시에 의도했던 것보다 더 오래 위험의 이전과 인도를 지연하는 것은 매수인에게 허용되지 아니한다. 따라서 B.7에 따른 매수인의 통지해태는 인도를 위해 합의한 날짜 또는 인도를 위해 합의한 기간의 만기날짜로부터 위험을 이전시키는 원인이 된다.

그러나 이미 언급한 바와 같이 이러한 조기위험이전의 대전제조건인 물품이 계약물품으로 다른 물품과 구분이 되어 있거나 달리 계약에 정히 충당되어 있지 아니하다면 위험은 이전하지 아니한다. 구분 또는 충당이란 예컨대 물품이 불특정물품이거나 매도인이 여러 매수인에게 인도할 특정한 종류의 물품인 경우 동 물품이 계약에 정히 제공되기 위하여 다른 불특정물품 또는 특정물품과 구분되어 있거나 정히 계약에 제공된 때만이 충당이 일어난다.[99)]

Incoterms 2000 B.6의 경우 다른 규정과 달리 CPT와 CIP의 경우만 유일하게 "… bear all risks of the goods …"되어 있어 이의 시정을 요구한바 있었다.[100)]

Incoterms® 2010의 경우 CPT와 CIP의 B.5상에 다른 조건들과 같이 "… bear all risks of costs of or damage to goods …"로 통일되었다.

Incoterms 2000과 1차 초안간의 차이는 Incoterms 2000상의 "The buyer must, should he …, bear all risks of the goods … the period fixed, provided, however, that … duly appropriated …, that is to say, clearly set aside or otherwise … goods."에서 조기위험이전 원칙의 대전제조건원칙, 즉 조기위험이전의 예외원칙인 "… provided, however …"이하의 규정이 EXW와 FCA와 같이 "… provided that the goods have been clearly identified as the contract goods"로 변경된 것 외는 동일하다. "fixed"가 "agreed"로 변경된 것은 동일의미의 상이한 표현을 하고 이로 인한 오해의 소지를 없애기 위해 앞의 "agreed date …"와 보조를 맞추기 위한 것으로 볼 수 있다. 그리고 대전제조건의 규정이 Incoterms 2000의 경우 엄격한 의미에서 보면 구분이 되나 크게 보면 동일한 의미가 세 번 강조되는 표현으로 되어 있었으나 1차 초안에서 분명한 의미의 표현 한번으로 단순화[101)] 시켜 동일 의미의 상이한 표현을 두고 오해의 소지가 있을 수 있음을 예방하는 효과가 있다.

1차와 2차와의 차이점은 Incoterms 2000의 규정에서 "… all risks of the goods …"이 "… all risks of cost of or damage to the goods …"로, "The buyer must, should he … bear … period fixed …"가 "… should the buyer …, it must bear … period agreed …"로 변경되었다.

조기위험이전원칙의 범위에 대하여 "물품의 모든 위험"에서 "물품의 멸실 또는 물품에 대한 손상의 모든 위험"으로 규정함으로써 조기위험이전원칙 범위의 확대와 다른 규정과의 균형을 기하였고, 매수인이 he 일수도 she일수도 있기에 그 대명사인 it을

99) 오세창, 상게서, p.285.
100) 오세창, 상게서, p.284.
101) 이미 EXW에서도 동 표현과 관련하여 설명하였듯이 엄격하게 보면 충당개념의 제한이라 할 수 있다.

사용한 점이 다른 점이다.

2차 초안과 3차 초안간의 차이점은 "… provided …"표현이 다른 규정과 같이 "… provided that the goods have been set aside or otherwise clearly identified …"로 표현함으로써 조기위험원칙의 대전조건으로 EXW B.5에서도 언급하였듯이 "계약물품으로 다른 물품과의 구분"이 되어 있거나 "계약물품으로 분명히 충당"되어 있어야 함을 규정하므로 예컨대 "운송인에게 인도하므로 계약물품으로 정히 충당시킨 경우" 또는 "매도인의 창고 등에 계약물품으로 운송인에게 인도하기 위해 따른 물품과 달리 포장 등을 하여 별도로 구분하여 장치시켜 놓은 경우" 모두를 포함하는 의미로 조기위험이전의 대전제원칙을 다소 확대하고 있다. 이는 매도인의 입장을 고려한 표현이라 할 수 있다.

최종초안의 경우 "in accordance with A.4" 대신 "as envisaged in A.4"로, 대전제조건상의 확대 충당개념인 "… set aside or otherwise clearly identified …"가 엄격한 충당의 의미표현인 "… clearly identified …"로 변경된 것 외는 3차 초안의 내용과 동일하나 이에 다른 rules에서도 언급하였듯이, 일반적인 표현보다 분명한 표현을 위해 사용된 "envisaged"와 "in accordance with"와의 차이점에 대한 해설이 필요하다.

문제 대안 주의를 요할 것은 Incoterms® 2010 rules가 쌍무계약에 따라 A.3와 A.4, B.7상의 권리를 제외하고 인도와 관련한 당사자들의 의무를 규정하고 있는데 의무라면 반드시 "… must" 또는 "… has to …"가 되어야 하는바, Incoterms는 지금까지 "must"를 사용하여 왔다. 그러나 전 Incoterms® 2010 rules A.5, B.5와 관련 위험이전에 관해서는 CPT와 CIP 둘째 절을 제외하고 "must bear"가 아닌 "bears"로 되어 있다. 이는 다른 의무들과 달리 위험의 이전이나 부담은 그 한계를 반드시 확정지을 수 없기 때문에 단순한 의무로 표현한 것 같다. 그러나 다른 의무의 경우도 이런 이유가 적용될 수 있기에 반드시 "must bear"로 할 필요가 있다. 이러한 사실은 전 Incoterms rule A.5와 B.5에 공통되는 사항이다.

다른 Rules B.5와 달리 CPT와 CIP의 경우 둘째 절상에는 "must bear"로 되어 있다. 이 규정만은 "must bear"로 해야 할 이유가 있다면 그 이유를 설명하던지 아니면 통일해야 한다.

B.6 비용의 분담(Allocation of costs)

> The buyer must, subject to the provisions of A3 a), Pay
>
> a) all costs relating to the goods from the time they have been delivered as envisaged in A4, except, -where applicable, the costs of customs formalities necessary for export, as well as all duties, taxes, and other charges payable upon export as referred to in A6 c);
>
> b) all costs and charges relating to the goods while in transit until their arrival at the agreed place of destination, unless such costs and charges were for the seller's account under the contract of carriage;

c) unloading costs, unless such costs were for the seller's account under the contract of carriage;

d) any additional costs incurred if the buyer fails to give notice in accordance with B7, from the agreed date or the expiry date of the agreed period for dispatch, provided that the goods have been clearly identified as the contract goods; and

e) where applicable, all duties, taxes and other charges, as well as the costs of carrying out customs formalities payable upon import of the goods and the costs for their transport through any country, unless included within the cost of the contract of carriage.

매수인은 A.3 a)의 규정을 제외하고는 다음의 비용을 지급해야 한다.

a) 적용되는 경우 A.6 c)호에 언급된 수출 시에 지급할 수 있는 모든 관세, 제세와 기타비용 뿐만 아니라 수출을 위해 필요한 세관절차비용을 제외하고 물품이 A.4의 규정에 따라 인도완료된 때로부터 물품에 관한 모든 비용;

b) 이런 비용이 운송계약 하에서 매도인부담이 아니라면 물품이 도착지의 합의한 장소에 도착할 때 까지 운송중인 물품에 관한 모든 비용;

c) 이러한 비용이 운송계약 하에서 매도인 부담이 아니라면 양화비용;

d) 매수인이 B.7에 따라 통지를 해태한 경우 발송을 위해 합의한 날짜 또는 합의한 기간 만기 날짜로부터 발생한 물품에 관한 모든 추가비용. 다만 물품이 계약물품으로 구분되어 있거나 달리 분명하게 충당되어야 한다.

e) 적용되는 경우 물품의 수입 시에 지급할 수 있는 세관절차수행비용과 운송계약비용 가운데 포함되어 있지 아니하다면 물품의 제 3국 통과비용뿐만 아니라 모든 관세, 제세 그리고 기타비용

해설 a)호의 규정은 A.4의 인도방법에 따라 물품이 인도완료된 때로부터 물품에 관한 모든 비용으로 b)호의 규정과 비교해 볼 때, 본 규정에서의 비용은 운송계약과 관련이 있다. 따라서 매도인이 운송계약에 따라 지급해야 하는 비용, 예컨대 T/S charges 등 이와 관련한 비용, bulk surcharges, currency surcharges 등 각종 할증료를 제외한 즉, 운송계약하의 매도인 부담인 비용부담을 제외한 비용으로 물품의 인도 후에 물품에 대해 발생하는 모든 비용, 예컨대 선적 후 좌초충돌, 파업, 정부명령, 얼음이나 기후의 이상상태로 인한 장애와 같은 우연적 사건의 결과로서 운송인이 부과하는 일체의 비용 등을 의미한다. 따라서 A.3 a)상의 통상조건과 통상경로에 근거한 운송계약에 따라 매도인이 일반적으로 지급하는 비용을 제외하고 목적지 지점에 도착할 때까지 운송중에 물품에 관한 모든 비용 예컨대 위에서 언급한대로 T/S charges와 이와 관련한 비용, currency surcharges, bulker surcharges 등을 지급해야 한다.

c)호의 경우 A.3 a)상의 통상조건과 통상경로에 근거한 운송계약에 따라 매도인이 지급해야 하는 도착지 장소의 창고사용료, 양화장비 사용료 등 양화비용을 지급해야 한다.

d)호의 경우 B.7에 따라 매도인에게 통지해야 할 자신의 통지의무 해태로 인해 발생할 모든 추가비용, 예컨대 합의한 발송지의 창고료, 화재로 인한 비용 등 자신의 통지해태로 매도인이 이행할 수 없으므로 인해 발생한 사건과 관련한 비용 또는 이행할 수 없음으로 인해 지급하는 비용을 부담해야 한다. 단 이러한 이행 전 위험이전을 위한 대 전제원칙으로 물품이 물품계약에 정히 충당되어 있어야 한다.

e)호의 경우 적용되는 경우, 물품의 제3국 통과비용, 수입 시 지급할 수 있는 세관절차 수행비용뿐만 아니라 모든 관세, 제세 그리고 기타비용을 지급해야 하는바, 특히 제3국 통과비용의 경우, 이러한 비용이 운송계약에 따라 매도인이 지급하는 운송계약비용 가운데 이러한 비용이 포함되어 있지 아니하면 이러한 비용을 매수인이 지급해야 한다.[102)]

Incoterms 2000 B.6의 규정과 비교해 볼 때 표현의 차이 내지 보다 분명한 비용부담을 표시하기 위해 추가 표현한 것 외는 내용면에서 차이가 없다.

우선 Incoterms 2000의 규정과 비교해 볼 때 a)호의 경우, A.6 c)의 규정, 즉 수출시 부과되는 관세, 제세, 기타비용 그리고 운송계약에 따라 매도인 부담인 물품의 제3국 통과비용을 제외하고 A.4에 따라 인도완료 될 때까지의 물품에 관한 비용을 부담하게 하는 표현, 즉 "… extent, where applicable, …A.6 c)." 표현이 추가되었다. 이는 Incoterms 2000의 첫째 절 규정에 의하면 A.4에 따라 물품이 인도완료 될 때 까지 물품에 관한 비용으로 되어 있던 규정, 즉 "all costs … A.4."와 비교해보면, Incoterms 2000의 경우 A.6의 규정을 반드시 이해한 경우에만 B.6의 첫째 절 규정이 분명해진다. A.6의 이해 없이 B.6의 첫째 절 규정을 보면 Incoterms® 2010의 "… extent … A.6 c)."의 비용은 누구 부담인지가 불분명하다. 따라서 CPT거래의 경우 매수인의 경우 자신의 의무에 관한 규정만으로도 비용에 대한 이해를 분명히 하기 위한 표현으로 볼 수 있다.

Incoterms 2000 넷째 절상의 "… he … the period foxed … provided, however, … duly appropriated … goods"가 "… it … the agreed period that the goods have been clearly identified …"로 변경되었는바 그 이유는 이미 설명한 대로이다.

1차 초안의 경우 Incoterms 2000과의 차이점은 Incoterms 2000상의 셋째 절상의 "unloading costs …"가 "unloading and handling costs …"로, 넷째 절상의 "… if he … provide, however, that the goods …"가 "… if it … provide that the goods have been clearly identified at …"로 변경되었는바, "handling"이 추가된 것은 A.6에서 설명한 대로이다. 그 외는 동일하다.

2차 초안의 경우 3차 초안과 비교해서 a)호 상의 "… A.6 b) …"가 "… A.6 c) …"로 변경되었는바, 이는 잘못된 인용의 정정으로 이해된다.

그리고 c)호상의 "unloading and handling …"이 3차 초안에서 "… handling …"이 삭제되었는바, 이유는 A.6에서 설명한 대로이다.

---

102) 오세창, 상게서, pp.288-289.

최종초안은 a) 상의 "… in accordance with A.4 …"대신 "… as envisaged in A.4 …"로 보다 구체적인 자국의 변경 외는 3차 초안과 동일하다. 양 표현에 대한 논자의 생각은 B.5와 같다.

문제 대안 EXW와 FCA의 B.6의 경우 "… appropriate notice …"로 규정되어 있으나 기타 조건들의 경우 "… notice …"로 되어 있는바, EXW와 FCA에서 설명한대로 "appropriate"의 삽입을 통한 규정들의 통일이 필요하다.

B.7 매도인에게 통지Notice to the seller)

The buyer must, whenever it is entitled to determine the time for dispatching the goods and/or the named place of destination or the point of receiving the goods within that place, give the seller sufficient notice thereof.

매수인은 자신이 물품을 발송할 시기와/또는 도착지의 지정된 장소 또는 동 장소 내에 물품을 수령하는 지점 등을 결정할 권리를 유보하고 있다면 언제든지 매도인에게 이에 대한 충분한 통지를 해야 한다.

해설 동 조건하에서 매수인은 물품의 발송시기와 도착지를 결정할 권리를 가진 경우, 이에 대하여 내용적으로, 시간적으로 충분한 통지는 매도인의 입장에선 인도시기 내에 지정된 도착지장소까지 물품의 발송을 위한 운송계약과 이에 따른 인도를 위해 대단히 중요할 수 있다. 그리고 매수인의 입장에선 시판사정, 국내운송사정, 창고사정, 내금결제 등을 고려할 때 역시 발송시기와 도착지가 중요할 수 있으므로 이러한 통지가 필요하므로 동 조건하에선 발송시기와 도착지를 선택할 권리를 매수인의 권리로 합의할 수 있다. 따라서 통지는 쌍방 모두에게 중요하다.

물론 합의에 따라 선택할 권리를 가졌다 해도, 통지는 의무이며, 합의에 따라 발송시기와 도착지의 결정을 의무로 한 경우도 통지는 의무사항이다.

단 차이가 있다면 의무로 선택한 경우 이의 해태는 B.5, B.6의 위험과 비용부담이 되나, 권리로 선택한 경우 이의 해태는 A.3 a)와 A.4에 따라 매도인에게 선택권을 부여하게 되고, 역시 B.5, B.6규정에 따르게 된다.[103)]

이미 FCA A.4에서 언급하였듯이 Incoterms는 인도에 관한 쌍방의 의무에 관한 통일상관습규정이다. 그런데 권리·의무에 관한 통일상관습규정이라고 하는 것은 전 Incoterms B,7의 규정 때문이다. 구체적인 발송시기와 인도지점에 대하여 계약체결 당시에 확정지을 수 없는 경우가 종종 있다. 이런 경우 추후 매수인이 확정지어 매도인

103) 오세창, 상게서, p.290.

에게 통지하도록 그 지명권을 매수인에게 부여하게 된다. 이러한 매수인에게 부여된 권리를 적절한 시기에 행사하지 아니하면 선택권은 매매계약의 범위 내에서 매도인이 결정하게 된다. 이러한 선택권이 A.3와 A.4에 "may select"로 반영되어 있다.

Incoterms 2000, 1차, 2차, 3차 초안의 규정이 동일하다.

최종초안의 경우 3차 초안과 기본적으로 같지만 "… the point within the named place of destination, …" 대신 "… to named place of destination or the point of receiving the goods within that place …"로 지정된 장소와 지정된 장소내의 수령지점을 분리하여 규정하였다. 이는 종전의 지정된 도착장소내의 지점을 운송수단의 최종도착장소와 물품을 수령하는 지점을 분리하여 규정하므로 복합운송의 성격에 보다 맞는 표현이라 할 수 있다.

B.8 인도의 증거(Proof of delivery)

The buyer must accept the transport document provided as envisaged in A8 if it is in conformity with the contract.

매수인은 운송서류가 매매계약에 일치한다면, A.8에 따라 제공되는 운송서류를 수령해야 한다.

해설 운송서류가 계약에 일치하고 A.8의 요구에 일치하는 한, 매수인은 운송서류를 수령해야 한다. 만약 매수인이 예컨대, L/C에 따라 매도인에게 지급을 못하도록 은행 앞으로의 지시를 통해 운송서류를 거절한다면, 매수인은 계약위반을 하게 되며, 이러한 위반은 매매계약에 따라 이러한 위반에 대해 이용 가능한 구제권을 매도인에게 주게 된다.

반면에 이러한 구제는 예컨대, 계약취소권이나 손해배상청구권을 포함할 수 있다.

그러나 매수인은 적절한 인도증거를 제공하지 못하는 서류, 예컨대 물품이 하자품이라든가 합의한 수량보다 부족하게 제공되었음을 입증하는 서류상의 정도를 나타내고 있는 서류를 인정할 의무는 없다. 이런 서류는 고장부 서류라 부른다.

Incoterms 2000 1차, 2차, 3차, 최종초안의 규정이 통일이 필요하다.

문제대안 "… if it is in conformity with the contract"의 표현이 다른 조건들에는 없고, C-rules에만 동 표현이 Incoterms 2000부터 되었는데 무엇 때문이며, 이러한 표현이 지니는 의미는 무엇인가? 하는 의문이 제기될 수 있다.

이는 CAD거래의 특성상 계약서상에서 요구하고 있는 물품을 싣고 있다는 내용이 운송서류 상에 표시되어 있다면 실물 존재 여부와 관계없이 수령해야 함을 의미하므로 C-terms가 CAD거래임을 다시 한 번 강조하는 표현으로 볼 수 있다. 그렇다면 이 표현이 C-terms에만 있는 이유는 다음과 같다.

CFR이나 CIF는 서류에 대한 대금지급을 해야만 비로소 물품의 검사권이 생긴다.

이는 서류에 의한 대금지급 전에 물품의 검사권을 부여하면 계약물품과 다를 경우 서류에 의한 대금지급을 거절할 것이고, 이렇게 되면 서류거래자체를 어렵게 만들 수 있기 때문이다. 따라서 CFR이나 CIF의 변형이자 현대 운송기법과 서비스의 발달에 따른 CFR과 CIF의 발전적 형태인 CPT나 CIP를 포함한 전 C-terms의 경우 운송서류가 계약서와 일치한다면 실제 물품의 일치여부와 관계없이 무조건 수령하고 대금을 지급해야 비로소 물품의 검사권이 발생하여 실물을 검사할 수 있고, 검사에 따라 문제가 있으면 상업송장에 의해 매도인에게, 운송서류에 근거해서 운송인에게 그리고 마지막으로 보험서류에 의해 보험업자를 상대로 claim의 청구가 가능하다.

이와는 달리 해석할 수 있다. C-terms가 서류거래이면서 계약서에 의한 거래보다 L/C에 의한 거래가 대부분이다. L/C에 의한 CAD의 경우 L/C의 내용이 계약서의 내용과 일치하지 아니할 경우 매도인은 L/C의 내용에 따라 서류를 제공하면 대금결제를 받을 수 있으나 계약서 위반이 될 수 있어 매수인으로부터 클레임을 받을 수 있다. 따라서 Incoterms 2000에서 새로이 추가된 내용은 매매계약과 일치한 L/C가 개설되도록 하여 L/C의 내용과 매매계약의 내용을 둘 다 만족시키는 서류를 발급하게 하므로 결제 후의 매매당사자들 간에 발생할 수 있는 문제점을 없애려는 의도에서 추가되었을 수도 있다.[104]

이러한 추정적 해석은 원칙적으로 COD거래이나 합의에 의해 CAD거래가 가능한 기타조건의 경우에도 확대 적용된다고 볼 수 있다.

B.9 물품의 검사(Inspection of goods)

The buyer must pay the costs of any mandatory pre-shipment inspection, except when such inspection is mandated by the authorities of the country of export.

매수인은 이러한 검사가 수출국 정부당국의 법에 의한 경우를 제외하고 모든 법에 의한 선적전 검사 비용을 지급해야 한다.

해설 수출국에서 매도인이 수출을 위해 관련법에 따라 당연히 자신이 해야 하는 경우는 자신의 책임과 비용으로 하지만, 매수인 수입국의 법에 따라 필요한 경우 매수인의 요청에 의해 이루어지는 모든 선적전 검사는 매수인 비용부담임을 규정하고 있다. 따라서 매수인이 수입국법에 따라 선적전 필요한 검사의 경우 선적 전에 제3자에 의한 검사증명서를 자신의 책임 하에 매도인에게 요청해야 하며, 이러한 결과를 대금결제서류에 반영시켜야 한다.[105]

Incoterms 2000의 B.9과 비교해 볼 때 Incoterms 2000상의 "… of any pre-shipment inspection …"대신 3차 초안은 "… of any mandated per-shipment inspection …"와 같이 "any psi"가 "mandated psi"로 변경된 것 외는 동일하다. 그러나 종전의 규정과 달리 매

104) 오세창, 상게서, pp.293-4.

105) 오세창, 상게서, p.182.

도인 자신의 비용으로 이루어지는 수출국의 검사법에 의한 선적전 검사 외에 매수인 자신의 필요를 위해 그리고 수입국의 법에 의해 필요한 경우 매수인이 요청하고 매도인은 이러한 요청에 따라 매수인의 비용으로 모든 선적전 검사를 실시하고 그 증명서를 매수인에게 계약서나 L/C에 따라 제출해야 했던 Incoterms 2000상의 "any psi"의 개념은 수입국의 법에 의한 모든 psi의 개념으로 그 의미를 Incoterms® 2010에서는 분명히 하고 있다. 따라서 수입자 자신을 위해 필요한 psi의 경우 별도로 계약서나 L/C상에서 요구하고 그 비용을 지급해야 함을 주의해야 한다.

1차, 2차 초안은 Incoterms 2000과 동일하다.

A.9상의 checking과 B.9상의 inspection에 대하여 Incoterms 2000용어 해설[106]에 의하면 동일의미라고 하고 있으나 전자의 의미는 이행에 따른 확인의 성격을 가지기 때문에 수출자 공장내에서의 자체검사로 볼 수 있다면, 후자는 수출입국법이나 매수인의 필요에 따라 이루어지는 검사로 주로 공인된 기관에서 이루어지는 검사라 할 수 있다.

B.10 정보협조와 관련비용(Assistance with information and related costs)

The buyer must, in a timely manner, advise the seller of any security information requirements so that the seller may comply with A10.

The buyer must reimburse the seller for all costs and charges incurred by the seller in providing or rendering assistance in obtaining documents and information as envisaged in A10.

The buyer must, where applicable, in a timely manner, provide to or render assistance in obtaining for the seller, at the seller's request, risk and expense, any documents and information, including security-related information, that the seller needs for the transport and export of the goods and for their transport through any country.

매수인은 매도인이 A.10을 수행하기 위하여 필요로 하는 모든 화물보안정보요건을 시의 적절한 방법으로 통지해야 한다.

매수인은 A.10의 규정에 따른 서류와 정보를 제공하거나 취득하는데 협조를 제공하는데 있어 매도인이 지급한 모든 비용에 대하여 매도인에게 지급해야 한다.

매수인은, 적용되는 경우, 시의 적절한 방법으로 매도인의 요청, 위험 그리고 비용부담으로 매도인이 물품의 운송과 수출을 위해 그리고 제 3국으로 물품의 통과를 위해 필요로 하는 보안관련 정보를 포함하여 모든 서류와 정보를 제공하거나 그를 위해 취득하는데 협조를 제공해야 한다.

해설 A.10에 의하면 매수인의 책임으로 물품의 수출입에 필요한 보안관련 정보나 서류 등을 취득하는데 매도인은 협조해야 한다고 규정하고 있는바, 이러한 의무수행

106) Incoterms2000, Introduction, Terminology, 7) checking and inspection.

에 있어 매도인이 필요로 할 수 있는 것으로 수입국에서의 화물보안정보를 시간적으로나 방법적으로 적절하게 제공해야 할 뿐만 아니라 매수인의 요청에 따른 매도인의 협조제공의무에 따라 매도인이 지급한 일체의 비용을 지급해야 함을 규정하고 있다.

이렇게 볼 때 A.10과 B.10의 의무규정의 경우 그 필요성은 매수인이, 그 필요에 따른 협조는 매도인이, 그리고 협조에 따른 책임과 비용은 매수인이 부담해야 함을 규정한 규정이다.

그러나 provide와 render의 표현에 관한 의견은 A.10에서 설명하였지만 이렇게 표현할 수밖에 없다면 그 이유를 해설을 통해서나 아니면 선택이 추후에 이루어져야 할 것이다.

그리고 보안정보와 관련하여 A.10은 goods로, B.10은 cargo로 표현하고 있다. goods는 포장이 가능한 제조물품이고 cargo는 주로 포장이 불가능한 그러면서 대량화물인 산적화물(bulk cargo)을 의미하는바, 이들에 대한 표현의 구분 예컨대 “any good, or cargo security information”과 같이 할 필요가 있다.

Incoterms 2000 B.10의 규정은 A.10의 협조에 따른 비용지급 중심의 규정이었고, 1차 초안은 첫째 절에서 Incoterms 2000 B.10규정의 내용과 동일하나 표현에 있어 “… obtaining the documents or equivalent electronic message” 대신에 동일 표현인 “… where in paper or electronic form … and … assistance …”로 변경하고, 둘째 절에서 현 초안규정과 같은 보안정보규정 통지의 필요성이 신설되었으나 현 규정과 같은 “… in a timely fashion … ”이 없었다.

2차 초안의 경우 첫째 절은 1차 초안 규정과 같았고 둘째 절의 경우 “The buyer must reimburse the seller for all costs and charges incurred by the seller in providing of rending assistance in obtaining documents and information in accordance with A.10”과 같이 초안함으로 Incoterms2000 B.10의 내용과 실질적으로 동일한 내용을 상기와 같이 표현하였다.

매수인은 매도인이 자신이 A.3 a) 단서규정에 의해 자신이 운송계약을 체결하거나 또는 매수인에 의한 운송계약체결에 따른 운송을 위해, 경우에 따라서 제3국을 경유하는 경우를 위해 필요할 수 있는 그리고 수출국에서의 물품의 수출을 위해 자신이 필요로 할지 모르는 모든 서류, 정보, 보안관련 정보를 매도인의 요청과 위험 그리고 비용으로 매도인을 위해 취득하는데 협조를 시간적으로나 내용적으로 그리고 방법적으로 적절하게 제공해야 한다.

규정 가운데 “… provide to or render …”그리고 “… in providing or rendering …” 표현에 관한 설명은 EXW A.10과 FCA A.10의 내용을 통해 이해할 수 있다.

본 규정에서의 “where applicable”의 경우는 이미 설명한대로 EU지역 간 거래, 자유무역지대거래, 국내거래를 제외한 거래에 해당 규정이 필요하면 동규정이 적용되고 그렇지 아니할 경우 적용되지 아니함을 의미한다.

Incoterms 2000의 B.10의 경우 다음과 같이 규정되었다.

“The buyer must pay all costs and charges incurred in obtaining the documents or equivalent electronic messages mentioned in A.l0 and reimburse those incurred by the seller in rendering his assistance in accordance therewith and in contracting for carriage in accordance with A3 a).

The buyer must give the seller appropriate instructions whenever the seller's assistance in contracting for carriage is required in accordance with A3 a).

매수인은 A.10에 명시된 서류와 동등한 EDI를 취득하는데 지급한 모든 비용을 지급해야 하고, A.3 a)에 따른 매도인의 협조와 운송계약체결에 따라 매도인에 의해 지급된 모든 비용을 지급해야 한다.

매수인은 A.3 a)에 따라 운송계약체결에 있어 매도인의 협조가 요구되는 경우 매도인에게 적절한 지시를 하여야 한다."

그러나 1차 초안의 경우 첫째 절은 A.10에서 자신의 책임 하에 이루어진 정보요청과 이에 응한 매도인의 서류 취득에 지출한 비용의 지급의무와 A.10에서 매도인이 요구하는 모든 화물보안정보를 그에게 통지해야하는 규정으로 규정되어 Incoterms 2000 B.10의 규정, 즉 A.10과 A.3 a) 단서 규정에 따라 발생한 비용지급 규정 가운데 A.10에 의한 지급규정 수용과 A.3 a)에 의한 지급규정 삭제와 A.10 수행에 필요한 화물보안정보 제공규정 신설로 되어있다. 이는 Incoterms 2000 B.10상의 규정, 즉 A.10과 A.3 a)와 관련된 비용과 지시사항 중심 규정과 상당한 차이가 있었다.

2차 초안은 3차 초안 둘째 절의 "The buyer must …, that the seller needs for the transport … and, where necessary for their … country" 대신 "The buyer must … that the seller may require for transport … and, where necessary, for their … country"로 규정함과 동시에 동 규정을 2차 초안 둘째 절 규정으로 하고, 셋째 절의 규정을 3차 초안규정의 첫째 절 셋째 줄 이하의 규정으로 배열하였다. 따라서 2차 초안 규정상의 "… and, where necessary, for their …" 상의 "where necessary"가 삭제되고 규정간의 배열을 달리한 것 외는 변경된 것이 없다. 특히 2차 초안에서 상기 표현이 삭제된 것은 "… where applicable …"이 삭제된 동 표현을 수용할 수 있기 때문이다.

4차 초안의 경우 FCA에서도 언급한 대로 "… cargo …"의 삭제와, "… in a timely fashion …" 대신 "… in a timely manner …"로, "… in accordance with A.4 …" 대신, "… as envisaged in A.4 …"로 변경된 외에 내용은 동일하다.

이들에 대한 삭제이유와 표현의 변경 그리고 문제점은 이미 위에서 언급한 대로이다.

4) CIP

CARRIAGE AND INSURANCE PAID TO
CIP(insert named place of destination) Incoterms® 2010

: CIP(도착지 지정된 장소까지 운임보험지급인도규정): 운임보험지급규정

안내문(GUIDANCE NOTE)[107)]

This rule may be used irrespective of the mode of transport selected and may also be used where more than one mode of transport is employed.

"Carriage and Insurance Paid to" means that the seller delivers the goods to the carrier or another person nominated by the seller at an agreed place (if any such place is agreed between the parties) and that the seller must contract for and pay the costs of carriage necessary to brine the goods to the named place of destination.

The seller also contracts for insurance cover against the buyer's risk of loss of or damage to the goods during the carriage. The buyer should note that under CIP the seller is required to obtain insurance only on minimum cover. Should the buyer wish to have more insurance protection, it will need either to agree as much expressly with the seller or to make its own extra insurance arrangements.

When CPT, CIP, CFR or CIF are used, the seller fulfils its obligation to deliver when it hands the goods over to the carrier and not when the goods reach the place of destination.

This rule has two critical points, because risk passes and costs are transferred at different places. The parties are well advised to identify as precisely as possible in the contract both the place of delivery, where the risk passes to the buyer, and the named place of destination to which the seller must contract for carriage. If several carriers are used for the carriage to the agreed destination and the parties do not agree on a specific point of delivery, the default position is that risk passes when the goods have been delivered to the first carrier at a point entirely of the seller's choosing and over which the buyer has no control, Should the parties wish the risk to pass at a later stage (e. g., at an ocean port or an airport), they need to specify this in their contract of sale.

The parties are also well advised to identify as precisely as possible the point within the agreed place of destination, as the costs to that point are for the account of the seller. The seller is advised to procure contracts of carriage that match this choice precisely. If the seller incurs costs under its contract of carriage related to unloading at the named place of destination, the seller is not entitled to recover such costs from the buyer unless otherwise agreed between the parties.

CIP requires the seller to clear the goods for export, where applicable. However, the seller has no obligation to clear the goods for import, pay any import duty or carry out any import customs formalities.

본 규정은 선정된 운송형태에 관계없이 사용되어질 수 있으며 하나 이상의 운송형태가 사용되는 경우에도 역시 사용되어질 수 있다.

"Carriage and Insurance Paid to"는 매도인이 이러한 지점이 당사자들 간에 합의한다면 합의한 장소에서 자신에 의해 지명된 운송인이나 제3자에게 물품을 인도하고 매도인은 지정된 목적지 장소까지 물품을 운송하기 위하여 필요한 운임을 지급해야 함을 의미한다.

매도인은 운송동안 매수인의 물품의 멸실 또는 손상에 대한 보험부보를 위해 보험계약을 체결해야 한다. 매수인은 CIP조건하에서의 매도인은 최소부보로만 보험을 취득하면 됨을 주의해야 한다. 매수인이 보다 부보범위가 넓은 보험보호를 받기 위한다면 그는 매도인과 명시적으로 원하는 만큼을 합의하거나 자신이 추가로 보험계약을 체결할 필요가 있다.

CPT, CIP, CFR 그리고 CIF가 활용된 경우, 매도인은 물품이 도착지 장소에 도착할 때가 아닌 운송인에게 물품을 인도한 때를 인도해야 할 자신의 의무를 수행한 것으로 된다.

본 규정은 상이한 장소에서 위험이 이전하고 비용이 이전하기 때문에 두 개의 임계점(분기점)을 가진다. 당사자들에게는 위험이 매수인에게 이전하는 인도장소와 매도인이 어느 장소까지 운송을 위해 운송계약을 체결해야 하는 지정된 목적지 장소 양자를 계약서상에 가능한 한 정확하게 확인 하도록 조언한다. 여러 운송인들이 합의한 목적지까지 운송을 위해 개입하고, 당사자들이 특정인도 지점에 관해 합의를 하지 아니한 경우 매수인이 통제할 수 없는 매도인이 선적으로 선택한 지점에서 물품은 최초의 운송인에게 인도완료 된 때 위험이 이전함이 보완규정(채무 불이행규정; 보완적 입장)이다.

당사자들은 목적지의 합의한 장소내의 지점을 가능한 한 정확하게 확인하는 것이 바람직하다. 왜냐하면 그 지점까지 비용은 매도인 부담이기 때문이다. 매도인에게는 그러한 선택에 정확하게 일치하는 운송계약을 확보하도록 조언한다. 매도인이 매매계약서상에 합의한 지정된 목적지장소에서 양화와 관련한 비용과 같은 운송계약에 따라 발생한 비용을 지급한다면, 매도인은 양 당사자들 간에 달리 합의가 없는 한 매수인으로부터 이러한 비용을 보상받을 권리가 없다.

CIP조건은, 적용되는 경우, 매도인에게 물품의 수출통관을 요구한다. 그러나 매도인은 물품의 수입통관을 하거나 모든 수입관세를 지급하거나 통관절차를 수행해야 할 의무가 없다.

해설 보험부보의무가 매도인에게 추가될 것 외에는 CPT와 같다.

보험에 관한 안내문의 내용을 보면, 운송 중에 일어난 물품의 멸실과 물품의 손상에 대한 매수인의 위험에 대비하여 매도인은 보험계약을 체결할 의무가 있음을 규정하고 있다.

그리고 이러한 보험부보 의무에 따라 매수인의 물품에 대한 멸실과 물품의 손상위험에 대비하여 요구되는 보험부보조건은 최소한의 부보조건만을 요구하고 있다. 이렇게 하는 데는 이미 특징에서 언급하였듯이 다음과 같은 이유가 있다.

첫째로 어떤 나라들은 자국의 수출자 들에게 국내보험업의 육성을 위해 국내보험업자와 보험계약을 체결토록 정책적으로 요구할 수 있다. 그런데 국가 정책이니까 이해

107) CIP조건은 기본적으로 CPT조건에 보험에 관해 안내문, 보험계약에 관해 A.3 b), B.3, A.6, B.6의 내용에 있어 약간 다를 뿐 기타 내용은 동일하기 때문에 차이가 나는 부분에 대하여만 설명하고자 한다.

할 수 있다 해도, 이런 보험회사들 가운데 어떤 회사들은 국제사회에서의 그 신뢰가 떨어지므로 인해 당사자들은 보다 신뢰할 수 있는 보험회사로부터의 부보를 원할 수 있다. 이런 경우 최저부보의무는 매도인으로 하여금 만족스럽지 못한 보험회사와의 거래에 따라 지출되는 보험금액을 최소화 할 수 있다.

둘째로 물품이 가끔 운송 중에 매각되는 경우가 있으며, 이런 경우 후속매수인은 자신들이 원하는 보험회사와 계약을 체결하길 원할 수 있으며, 이로 인해 구입대금에 포함되는 보험금액을 가능한 한 최소화시키길 원할 수 있다.

셋째로 Incoterms의 규정이 최대공약수적인 상관행[108]이자 널리 보급되는 국제무역관행[109]인 자율규제로 상인들의 편의를 위한 규정[110]임을 생각한다면 누구에게나 적용될 수 있는 보편적인 규정이 되려면 그 규정의 성격 자체가 최소한의 의무를 규정해야 한다. 사실 Incoterms의 규정들이 이러한 원칙을 준수하고 있다. 그런데 보험계약에 관한 한 최대한의 의무를 규정한다면 Incoterms의 제정취지와 취지에 따라 규정된 기타 규정들과 모순된다. 따라서 보험계약에 의한 보험부보도 최소한이라야 한다. 그러나 매수인이 보다 부보 범위가 넓은 보험보호를 받길 원한다면 매도인과 명시적으로 원하는 만큼을 합의하거나 자신이 추가로 보험 계약을 체결할 필요가 있다.

이 경우 매도인에게 추가 보험요청은 변형이 아니다. 왜냐하면 보험은 운송 중에 일어나는 물품의 위험에 대비하는 경제제도인데, Incoterms 자체가 최저조건 규정이라는 이유로 어쩔 수 없이 보험규정도 원칙에 따라 최저규정을 기본 의무로 하고, 다만 최저 조건만으로는 도저히 위험에 대한 대비가 불가능하다는 누군가가 반드시 대비해야 한다. 왜냐하면 이런 경우 매수인의 전적 책임 하에 매도인이 협조하거나 아니면 매수인 자신이 대비하는 길 외에는 달리 길이 없기 때문이다.

주의를 요할 것은 보험계약에 관한 규정인 A.3 b)에 따른 최저부보의 경우 공동해손이 당연히 부보된다 해도, 그 자체가 물품 자체의 해상중의 손상을 완벽히 보장해 줄 수가 없다. 물론 전쟁위험(War Risk: W/R)과 파업위험(Strike, Riot & Civil Commotion Risks: SRCC)을 포함한 전위험담보조건(All Risk: A/R)인 경우 자연적 손해와 불법 등에 의한 손해 등을 제외하고는 공동해손은 물론이고 기타 분손 등 일체의 위험을 보상해 주므로 수출물품에 대한 적절한 보호가 될 수 있다. 그러나 CIF와 CIP조건에서 요구하고 있는 최저부보조건에 비해 보험료가 비싼 것이 흠이다. 이렇게 볼 때 CIF와 CIP 어느 조건이든 적절한 부보를 제공하지 못하고 있음을 알 수 있다. 그러나 CIF와 CIP거래의 경우 보험계약에 관한 규정에도 불구하고 당사자들 간의 합의를 통해 구입하는 물품에 적절한 보상조건을 정해야 함을 묵시하고 있음에도 불구하고, Incoterms 규정을 통해 기본적인 보상조건과 필요에 따라 추가적인 보상조건의 필요성을 인식하게 하고 있음을 알 수 있다. 물론 추가보험을 매수인이 필요로 할 경우 매도인은 이에

108) Incoterms 1953, Basis of Revision, b) Incoterms 2000, Introduction, 11. Variants of Incoterms.
109) G. Jimenez, *op. cit.*, p.74.
110) Indira Carr, *op. cit.*, p.1.

따른 보험료를 수출가격에 반영시켜야 한다.[111)]

매수인이 별도로 추가보험에 부보할 경우엔 자신의 비용으로 자신이 원하는 만큼의 보험에 부보할 수 있다.

보험에 관해 Incoterms 2000과 3차 초안과를 비교하면 우선 Incoterms 2000 첫째 절과 둘째 절상의 매도인의 부보의무에 관해 "··· However ··· carriage. consequently, ··· premium."이 3차 초안 둘째 절상에서 "The seller ··· during the carriage."로, 매도인의 부보범위에 관해 Incoterms 2000 셋째 절상의 "Should the buyer ··· greater cover, ··· insurance arrangements."가 3차 초안 셋째 절상에서 "Should the buyer ··· more insurance protection, ··· insurance arrange."로 변경되었다.

2차 초안의 1차 초안간의 비교는 부보의무에 관해 1차 초안 둘째 절상에 "This means ··· during carriage."가 2차 초안 둘째 절상에서 3차 초안과 같이 설명되어 있고, 부보조건에 관해 2차 초안의 설명은 3차 초안과 똑같다.

결국 2차, 3차 초안의 경우 보험에 관한 표현은 똑같다.

이렇게 볼 때 보험에 관한 규정은 표현상에 다소 변화는 있으나 어디까지나 표현의 단순화와 명료화에 있을 뿐 그 내용은 변화된 것이 없었다.

최종초안의 경우 보다 그 의미를 분명히 하기 위하여 3차 초안상의 "term" 대신 "rule", "the person" 대신 "the carrier or another person", "different place", "used" 대신 "selected"로, 그리고 최저부 보험조건을 강조하기 위하여 "··· on the minimum cover ···" 대신 "··· only on the minimum cover ···"로 각각 변경하고, 복수의 운송인이 개입할 경우의 인도지점에 대한 분명한 합의가 없을 경우의 인도방법에 관해 보다 분명히 하며, C-rules의 경우 도착지규정이 아닌 선적 시 규정임을 천명하는 내용의 신설 외는 기본적으로 동일하다.

A. 매도인의 의무(THE SELLER'S OBLIGATIONS)

A.1 매도인의 총칙의무(General obligations of the seller)

The seller must provide the goods and the commercial invoice in conformity with the contract of sale and any other evidence of conformity that may be required by the contract.

매도인은 매매계약에 일치한 물품과 상업송장 그리고 계약이 요구할 수 있는 기타 일치의 증거를 제공해야 한다.

A1-A10에서 언급하고 있는 모든 서류는 당사자들 간에 합의하거나 관례라면 동등한 전자기록이나 절차에 의해 대체될 수 있다.

111) 오세창, 「Incoterms 2000의 실무적 해설」, 삼영사, 2007, pp.67-68.

해설 전 Incoterms 매도인의 의무 제1조를 통해 매도인은 매매계약에 일치하는 물품[112)]을 상업송장 또는 이에 갈음하는 전자서류 그리고 계약에서 요구하는 기타 일치의 증거를 제공해야 하는바, 상업송장은 Walker, Rosenthal, Schmitthoff, Sassoon, UCP 등의 주장과 내용을 요약하면 선적된 물품의 명세서와 대금청구서이며, 매도인이 계약내용에 따라 제공하고 있는 물품의 매도인에 의한 진술이고, 송장 상에 명시된 물품의 인도의 증거로 정확하고 진실하게 작성되어져야 하는 서류[113)]로서, 결국 상업송장의 가장 중요한 기능이자 성격은 매도인이 매매계약에 따라 자신이 매수인에게 정히 이행한 사실의 결정적 입증서류이다. 이렇게 볼 때 계약에 일치하는 물품의 제공에 대하여는 국내법과 국제법을 통하여 분명히 규정하고 있다.

기타 일치의 증거서류로는 포장명세서(packing list), 용적, 중량증명서(certificate and list of measurements and/or weight), 품질증명서(certificate of analysis) 등으로 이들 서류들은 물품의 계약에의 일치를 입증하고 보완하는 증거서류들이다.

제공서류에는 필수적으로 제공해야 하는 서류와 협조제공시기가 있으며 이들 제공서류에 관해 매도인의 의무 1조, 2조, 8조, 10조와 매수인의 의무 10조에서 언급하고 있으며, 1조, 8조가 자신의 책임 하에 제공해야 하는 필수서류관계를, 2조, 8조, 10조가 상대방의 요청과 위험과 비용부담으로 제공해야 하는 협조서류관계를 각각 규정하고 있다.

필수서류의 경우로서 인도의 증거와 운송서류 등, 즉 인도의 증거서류에 관해 매도인의 의무 8조에서 규정하고 있으며, 동시에 이 규정이 협조서류관계도 규정하고 있다. 현실적으로 대부분 L/C등에 의해 CAD거래가 이루어지고 있으므로 특약에 의해 이들 규정에서 말하는 협조서류가 필수서류가 되고 있음을 주의해야 한다.

이러한 의무는 구체적으로는 계약서상의 물품의 명세서와 계약서상의 물품의 설명과 이에 따른 신용장상의 "……covering……"의 표현에 대한 해석내용이라 할 수 있다.

그리고 일치의 증거서류는 A.9(확인 · 포장 · 화인)과 A.10(정보협조와 관련비용) 그리고 B.9(물품의 검사)과 B.10(정보협조와 관련비용)의 규정에 따라 신용장에 ⅰ) other documents, 또는 ⅱ) special instruction 등을 통해 예컨대 beneficiary's certificate certifying that the equality of the undermentioned goods is of good standard and free of weaving defect, color shading, defect and slipperage defect. 또는 surveyor's certificate……와 같이 표현된다.

---

112) 여기서의 일치하는 물품(....the goods....in conformity with the contract of sale...)이란 SGA, 27, 13, 14(2)(3)과 UCC, 2-313-6 그리고 CISG, 30조, 35조 등의 내용을 통해 볼 때 ①설명서에 일치하고, ②적상성(merchantability)을 지녀야 하고, ③특수한 목적에 적합(fit for a particular purpose)해야 하는 물품임을 확정할 수 있는 바, 계약체결 전에 상호 교환된 내용이나 이에 근거한 계약시나, 계약시에 근거한 신용장 등에 물품에 관한 내용(express or implied and conditions)과 거래관행에 근거하여 이러한 추정이 가능할 수 있고 또 가능해야 한다.

113) A. G. Walker, *op. cit.*, p.171; M. S. Rosenthal, *op. cit.*, 1910, p.140; C. M. Schmitthoff, *op. cit.*, pp.31, 66; D. M. Sassoon, *op. cit.*, p.87.

A.1의 규정은 Incoterms가 인도에 관한 매매규정이며, 각 Incoterm규정 가운데 제일 중요한 규정이다. 다른 규정들은 A.1규정의 이행을 위한 규정이다. 대금지급과 관련하여서는 A.8의 규정이 중요하다해도 이규정 역시 A.1을 위한 A.4에 따른 인도의 입증서류이자 대금결제서류일 뿐이다.

본인은 1차 초안과 관련한 규정을 두고 다음과 같이 주장한 바 있다.

A.1 제목을 Provision of good and commercial invoice and document(s)로 변경이 필요하다. 이는 Incoterms의 핵심조항이자 매도인의 제일의 의무이고, 나머지 조항은 A.1의 후속규정인바 동규정의 중요성 강조의 필요성과 매도인의 매매계약의무이행입증의 명확성 재고를 위해서이다. 그리고 특히 "documents"의 표현은 계약서상에 일치 증거의 보완서류인 검사증명서의 경우 예컨대 L/C상에 certificate of experts의 경우와 …of expert의 경우 제공서류의 종류가 달라질 수 있기 때문이다. 이렇게 함으로써 종전 Incoterms A.1의 제목과 규정간의 모순 제거, 상업송장의 중요성과 매매계약 이행의 중요성 강조, 이로 인해 인도와 관련하여 당사자들 간에 체결된 계약의 보충법으로서 보다 높은 이해와 투명성 제고에 기여[114]하는 Incoterms의 중요성 강조의미의 효과를 올릴 수 있다. 규정은 the seller…with contract of sale…invoice as its evidence conformity and ____." 변경할 필요가 있는바, 이는 상업송장은 당사자 간 매매계약[115]에 따른 일치 이행의 증거서류를 강조함과 동시에 상업송장이 법적서류임을 강조하기 위해서이다.

그리고 2차 초안과 관련하여 다음과 같이 주장한 바 있다

A.1의 'documents required by the contract'는 종전표현, 즉 'evidence of conformity which may be …' 표현이 A.1 성격과 맞다. 왜냐하면 여기의 서류는 commercial invoice를 보안하는 서류이며, commercial invoice는 매도인의 매매계약이행증거 서류이기 때문이다. 이하 전 Incoterms A.1 규정통일이 필요하다[116].

3차 초안의 A.1의 경우 Incoterms 2000 A.1상의 "… or its equivalent electronic message" 대신에 전 Incoterms A1-A10상에 규정되어 있는 서류는 상기 초안 A.1 둘째 절 규정과 같이 당사자들 간에 합의하거나 관례라면 종이서류와 동등한 전자기록으로 대체 할 수 있다는 표현으로 대체된 것 외는 Incoterms 2000 A.1과 내용이 똑같이 변경된 것이 없다. 당연한 조치라 생각된다. 사실 A.1의 규정과 같이 규정되지 아니한다면 Incoterms가 인도에 관한 국제통일매매관습이라 주장할 수가 없다.

단지 A.1의 제목자체가 1차와 2차 초안 상의 "provision of goods and documents" 대신에 "General obligation of the seller"로 변경된 것은 차이가 있으나 A.1 둘째 절상에서의 규정표현 때문에 제목이 이렇게 변경된 것 같지만 제목자체의 의미는 나머지 규정의 이행은 A.1의 규정의 구체적 실현 규정이요 아울러 전 규정상에서 표현된 서류는 전자서류도 공히 인정됨을 강조하는 총칙, 즉 인도에 관한 통일국제매매관습 규정인

114) H.V. Houtte, *op. cit.*, pp.173, 175.
115) 오세창, 상게서, p.30.
116) 오세창, 상게서, p.39.

Incoterms의 중요한 기본원칙규정을 언급하고 있다고 볼 수 있어 타 규정에 비하여 그 중요성을 더 하는 규정이요 타 규정은 이규정의 준수를 위한 부수 규정으로 보게 하는 의미를 지닌다고 볼 수 있다.

최종초안의 경우 "electronic record"에 "… or procedure"이 추가 된 것 외는 동일한바, 이는 이미 특징에서 언급하였듯이 종이서류와 전자서류간의 등가성과 기술 중립적 입장을 유지하고 있는 전자통신 형식 8조와 9조의 규정에 따른 모든 전자통신을 의미하기 위한 표현으로 볼 수 있다.

A.2 허가, 승인, 보안통관과 기타절차(Licences, authorizations, security clearances and other formalities)

Where applicable, the seller must obtain, at its own risk and expense, any export licence or other official authorization and carry out all customs formalities necessary for the export of the goods, and for .their transport through any country prior to delivery.

적용되는 경우 매도인은 자신의 위험과 비용부담으로 물품의 수출을 위해 그리고 인도하기 전에 물품의 제3국 운송을 위해 필요한 모든 수출허가나 기타 공식승인을 취득하고 모든 세관통관절차를 수행해야 한다.

해설 동 조건하에서 매도인은 자신의 책임(위험과 비용부담)으로 수출과 인도하기 전에 물품이 제3국 운송을 위해 필요한 수출허가 또는 기타 공적인 승인을 취득하고, 모든 세관절차를 수행하여야 함이 CIP하의 매도인의 의무이다. 그러나 EU간의 무역이나 기타 자유무역지대에 있어서와 같이 관세를 지급할 의무가 더 이상 없고, 수출입에 세관에 없는 경우에도 물품의 세관절차를 규정하고 있는 Incoterms를 사용하는데 지장이 없도록 하기 위해 "적용이 되는 경우"라는 표현이 Incoterms 2000에 이어 전 Incoterms A.2와 B.2 뿐만 아니라 A.6과 B.6에 규정되어 있다. 따라서 이 문구가 삽입되므로 Incoterms의 사용이 더욱 용이하게 되어졌다.

모든 수출허가 또는 기타 공적승인이란 사전허가와/또는 승인 또는 일반허가 및 승인을 의미한다. 일반적으로 매매계약은 통상적으로 수출금지나 특별관세부과 등 우연적 사건의 경우에 매도인을 보호하고자 면책규정을 두고 있다. CISG와 이에 상응하는 각국 국내물품매매법에 의하면 예컨대 예측불허 또는 합리적으로 예측할 수 없는 수출금지 등은 매매계약상의 매도인의 의무로부터 면책시킬 수 있다. 그러나 이러한 면책은 계약체결후의 우연적 사건으로 인한 경우에 해당하며, 계약체결 전에 이미 예컨대 수출금지가 이루어지고 있음에도 매도인이 이를 모른체 계약을 체결하였다면 당연히 매도인의 책임으로 면책이 허용되지 아니한다. 이런 이유 때문에 "자신의 위험과

비용부담"으로 규정되어 있다.117)

우리나라의 경우 허가는 대외무역법과 시행령에 따라 정부의 수출입담당 해당부서장이 금지의 해제를 의미하며, 승인은 주무부서장의 위임에 따라 위임된 범위 내에서 금지의 해제를 할 때 승인이라 한다. 대게 대금지급과 연계가 있는 외국환은행에 허가와 승인권이 위임되어 있었다. 그리고 보안통관과 기타절차는 주로 세관에서 이루어지고 있는 수출통관절차 가운데 해당한다. 따라서 허가와 승인은 특수한 경우 정부 해당부서가 하지만 대게는 은행에서 세관절차는 세관에서 이루어진다.

A.2 제목 상에는 "… 보안통관과 기타절차"로 표현되어 있으나 규정에는 "… 모든 세관통관 절차"로 표현되어 있다. 규정상의 "… carry out all customs formalities …" 표현 가운데 제목에 해당하는 "보안통관과 기타 절차가 모두 포함되는 것으로 이 모든 절차는 세관에서 이루어진다."

1차, 2차, 3차 초안의 경우 Incoterms 2000상의 "where applicable"의 표현이 규정서두에 자리를 옮겼다. 이는 Incoterms 2000의 "where applicable"은 세관절차 수행에는 적용되고 허가와 승인에는 적용되지 아니하는 의미로 해석될 소지가 있었다. 사실 세관절차 이전에 이루어지는 행위가 수출입허가와 승인임을 생각한다면 오해할 필요가 없다. 그러나 오해를 없애고 규정의 명확화를 기하기 위해 이 모든 것에 공히 적용됨을 의미하기 위해 규정의 서두에 위치하게 되었는 바 이는 중요한 변경이다.

우리가 알고 있듯이 "where applicable"은 EU지역이나 자유무역지대 그리고 국내거래에서 Incoterms® 2010의 적용을 위해 A.2규정이 필요없고 기타 역내·역외간 거래나 기타 국가 간 거래에는 필요함을 의미하기 위한 표현이다.

최종초안의 경우 매도인에 의해 지명된 운송인이나 제3자에게 물품을 인도하기 위하여 제3국을 경유하여 인도할 경우(이 경우 운송은 내륙운송이 된다)에 대비하여 "… and for their transport through any country prior to delivery."가 추가된 것 외는 변경이 없다.

A.3 운송과 보험계약(Contracts of carriage and insurance)

a) Contract of carriage

The seller must contract or procure a contract for the carriage of the goods from the agreed point of delivery, if any, at the place of delivery to the named place of destination or, if agreed, any point at that place. The contract of carriage must be made on usual terms at the seller's expense and provide for carriage by the usual route and in a customary manner. If a specific point is not agreed or is not determined by practice, the seller may select the point of delivery and the point at the named place

117) 오세창, 상게서, p.163.

of destination that best suit its purpose.

b) Contract of insurance

The seller must obtain at its own expense cargo insurance complying at least with the minimum cover as provided by Clauses (C) of the institute Cargo Clauses (LMA/IUA) or any similar clauses. The insurance shall be contracted with underwriters or an insurance company of good repute and entitle the buyer, or any other person having an insurable interest in the goods, to claim directly from the insurer.

When required by the buyer, the seller shall, subject to the buyer providing any necessary information requested by the seller, provide at the buyer's expense any additional cover, if procurable, such as cover as provided by Clauses (A) or (B) of the Institute Cargo Clauses (LMA/IUA) or any similar clauses, and/or cover complying with the Institute War Clauses and/or Institute Strikes Clauses (LMA/IUA) or any similar clauses.

The insurance shall cover, at a minimum, the price provided in the contract plus 10% (i. e., 110%) and shall be in the currency of the contract.

The insurance shall cover the goods from the point of delivery set out in A4 and A5 to at least the named place of destination.

The seller must provide the buyer -with the insurance policy or other evidence of insurance cover.

Moreover, the seller must provide the buyer, at the buyer's request, risk, and expense (if any), with information that the buyer needs to procure any additional insurance.

a) 운송계약

매도인은 인도장소에 합의한 인도지점이 있다면 합의한 인도지점으로부터 목적지의 지정된 장소 또는 지정된 장소에 합의한 지점이 있다면 합의한 지점까지 물품의 운송을 위한 계약을 체결하거나 확보해야 한다. 운송계약은 매도인의 비용으로 통상조건으로 체결되어야 하며 통상경로 편으로 그리고 관례적인 방법으로 운송을 위해 제공되어야 한다. 특정지점이 합의되지 아니하거나 관례에 따라 결정되지 아니한 경우, 매도인은 자신의 목적에 가장 적합한 인도지점과 도착지 지정된 장소에서 지점을 선택할 수 있다.

b) 보험계약

매도인은 자신의 비용으로 로이즈시장협회(LMA)나 국제보험업협회(IUA)가 제정한 협회화물약관상의 「C」약관이나 이와 유사한 약관상에서 규정하고 있는 최저부보조건에 일치하는 화물보험을 취득해야 한다. 보험은 평판이 좋은 보험업자 또는 보험회사와 계약이 체결되어야 하며 물품의 피보험이익을 가지는 매수인 또는 기타 사람에게 보험자로부터 직접적으로 보험금을 청구할 권리를 부여해야 한다.

매수인이 요구할 경우 매도인은 자신이 요청한 모든 필요한 정보를 매수인이 제공하는 것을 조건으로 가능하다면 매수인의 비용으로 LMU나 IUA가 제정한 협회화물약관 상의 「A」약관이나 「B」약관이나 이와 유사한 약관이 규정한 부보조건과/또는 LMU나 IUA가 제정한 협회전쟁약관과/또는 동맹파업약관이나 이와 유사한 약관에 일치하는 부보조건과 같은 추가부보를 제공해야 한다.

보험은 계약에 규정된 가격에 10%(즉 110%)을 더한 금액을 최소한의 금액으로 하고 계약통화로 부보해야 한다.

보험은 A.4와 A.5규정되어 있는 인도지점으로부터 적어도 도착지의 지정된 장소까지 물품을 부보해야 한다.

매도인은 매수인에게 보험증권 또는 기타 보험부보증거를 제공해야 한다.

더욱이 매도인은 필요하다면 매수인에게 매수인의 요청, 위험 그리고 비용으로 매수인이 추가보험계약체결에 필요한 정보를 매수인에게 제공하여야 한다.

해설 a) 운송계약

C-terms의 경우 운송계약의 체결의무는 매도인에게 있다. 운송계약의 조건은 사전 합의한 인도장소나 인도지점으로부터 지정된 목적지 장소 또는 사전 합의한 목적지 지점까지를 운송 구간으로 생각하고 동 구간까지 물품의 운송을 위해 필요한 운송계약을 체결하고 운임비용을 지급해야 한다. 동 구간 운송계약의 조건은 어느 당사자에게 지나치게 유리하거나 불리하게 할 필요가 없이 통상 해당거래에 적용되는 조건[118]으로 통상경로, 즉 liner편과 관례적인 운송방법에 따라 운송이 되도록 계약을 체결하여야 한다.

목적지 인도지점이자 운송계약의 종점이 되는 지정된 목적지 지점내지 지점이 사전에 합의되거나 계약체결 후에 합의되거나 관례적으로 지점이 정해지지 아니 할 경우 매도인은 자신의 거래목적에 가장 적합한 지점을 지정된 장소에서 선택하여 그곳까지 운송계약을 체결하고 그곳까지 물품을 운송해야 한다.

계약의 성격에 따라 운송계약체결 시에 운송의 최종목적지가 아직 합의되지 아니하고 관례에 따라 정해지지도 아니할 경우 매도인은 자신의 거래목적을 가장 잘 달성할 수 있는 지점을 선택하여 운송계약을 체결할 수 있다.

Incoterms 2000과 비교해서 근본적인 내용의 변경은 없으나 Incoterms 2000의 경우 운송계약의 목적지에 관해 "… to the agreed point …"와 같이 표현함으로써 목적지만 강조하였지 물품의 인도지점이자 운송의 시발점에 관한 표현이 없었다. 그러나 Incoterms® 2010의 경우 운송계약의 구간이자 운송구간에 관해 "… from, … to …"형식으로 표현

118) usual terms mean "What persons in the trade usually do", Incoterms 2000, Introduction, 6. Terminology, 3) usual trade.

하여 이들에 관해 명시하고, 물품의 인도지점과 도착지점에 관해 안내문에서 양 지점이나 장소에 관해 가능한 상세하게 명시내지 상호 확인하도록 강조함에 따라 운송계약 구간의 분명화와 가능한 장소내의 지점에 관해 조건의 성격 내지 원칙에도 불구하고 필요한 경우 장소와 지점을 합의토록 하여 그동안 운송계약의 목적지에 관해서는 규정되어 있으나 조건의 성격상 인도장소에 관해서는 매도인의 권리로 인정하므로 인해 운송구간, 인도장소와 동 장소에서의 하역관련 비용과 위험과 관련하여 끊임없이 제기된 문제점들을 불식시켜 장소(지점)간 운송계약구간과 관련한 오해, 동 장소에서의 하역과 관련한 비용과 위험의 분쟁을 A.4, 5, 6와 연계시켜 없애려는 노력의 흔적이 보인다.

1차 초안은 Incoterms 2000과 동일하였으나 2차 초안의 경우 운송계약의 운송조건, 비용부담, 운송의 시작과 종료지점, 또는 장소, 운송경로, 운송방법 순으로 하나의 문장으로 규정하고 있다. 반면에 3차 초안은 운송조건과 동 조건에 적용되는 운송의 시작과 종료 그리고 비용, 즉 운송구간과 동 구간에 적용되는 조건과 비용을 운송계약의 핵심으로 규정하고, 동조건과 구간에 적용되는 운송경로와 운송방법을 별도로 규정함으로써 운송계약의 핵심규정과 이에 수반하는 부수규정을 구분하여 규정하고 있음이 2차 초안과의 차이점이다.

최종초안의 경우 운송구간이자 운송시작과 종료가 되는 "from … to …"에 관해 3차 초안상의 "… from the place of delivery … to the agreed point …"에서 "… from the agreed point … to the named place of destination …"으로 변경되었는바, 이는 운송계약의 체결의무가 매도인에게 있기에 그리고 도착지는 운송수단의 도착지 지정된 장소가 되는 것이 일반적이기에 이렇게 규정하고, 이에 따라 from의 경우는 "if any"기 to의 경우 "if agreed"가 당연하기 때문이다.

b) 보험규정

보험규정은 기본적인 보험조건과 관련하여 매도인의 보험부보 의무규정에 따라 부보의무와 보상조건의 범위, 부보할 경우 보험회사의 선정요건, 매도인의 기본적인 당연부보의무 외에 필요에 따라 매수인의 요청과 비용으로 추가 보험요건을 첫째와 둘째 절에서 규정하고 있다. 그리고 셋째 절에서는 보험금액 한도를, 넷째 절에서는 보험기간을, 다섯째 절에서는 보험계약체결에 따른 이행증거서류 제공의무를, 여섯째 절에서는 매수인의 요청이 있을 경우 그로 하여금 추가 보험체결에 필요한 정보제공 등의 순서로 특히 Incoterms 2000 CIP상의 A.10규정과 B.10상의 추가보험을 위한 보험정보 제공에 관한 규정을 보험회사 선정기준과 보상조건, 추가보험조건 등에 관해 규정하고 있는 A.3 b)로 통합하여 규정함으로써 보험에 관한 가장 중요한 그러면서 기본적인 일체의 의무를 일목요연하게 규정하고 있다.

우선 매도인의 보험부보의무에 따라 최저부보조건을 기본부보의무로 하면서 Incoterms 2000상에는 런던보험업자가 제정한 협회화물약관상의 최저조건으로 되어 있었다. 그러나 3차 초안의 경우 로이스시장협회 외에 국제보험업협회가 제정한 협회화물약관 또는 영국을 제외한 국가의 보험관계 기관이 제정한 이와 유사한 약관상의 최저조건인 「C」를 최저조건으로 함을 명시하고 있어 Incoterms 2000보다 부보조건에 있어 부보조건의 명시와 적용되는 약관의 확대를 시도함으로써 부보를 둘러싼 오해의 소지를 없애는데 Incoterms 2000보다 더 분명하게 하고 있다는 점이다. 그리고 부보한 경우 부보회사의 선정요건에 관해서는 Incoterms 2000과 같이 피보험이익을 가지는 자가 보험업자를 상대로 직접 보험금을 청구할 권리를 가질 수 있는 저명한 보험회사여야 함을 규정하고 있다. 그리고 매도인의 기본 부보의무 외에 매수인이 필요하여 전쟁위험과 피난위험과 파업위험에 대비하여 추가 부보를 매도인에게 요구할 경우 매도인에게 매수인이 필요한 정보를 매수인이 제공하는 조건으로 그리고 추가부보가 매도인 측에서 가능함을 전제로 매수인의 비용으로 매도인이 추가보험에 부보할 수 있음을 규정하고 있다.

이러한 사실을 규정적으로 보면 Incoterms 2000의 경우 부보의무와 보험계약체결에 따른 이행증거서류에 관해 규정하고 있는 첫째 절과 부보회사 선정기분과 보상조건, 추가보험조건 등에 관해 규정하고 있는 “The seller … insurance cover. The insurance shall be … accordance with minimum cover of The Institute Cargo Clause(Institute of Londen Underwriter) or any similar set of clauses. … When … if procurable.”이 “The seller … cargo insurance … at least with the minimum cover as provided by clauses(C) of Institute Cargo Clauses(LUM/IUA)or any similar set of clauses. the insurance … to claim directly from the insurance.”로 변경된 사실을 보아 알 수 있다.

동 조건하에서 매도인의 보험부보의무에 따라 보험 부보금액의 한도는 오늘날 국제거래에 있어 장·단기적으로 이익의 폭이 차이가 있을 수 있으나, 기본적으로 국제상거래의 경우 10%의 이익이 생김을 전제로 하기 때문에 100%의 계약금액, 즉 송장가격에다 10%의 희망이익을 더한 110%를 기본적으로 하고 있다. 이 경우 110%는 화주측 입장에서 볼 때 보험목적물에 손해가 발생하였을 때 피보험가자 가질 수 있는 피보험이익인 화물과 희망이익의 손실에 대한 최소보상한도액으로 100%의 화물과 10%의 희망이익을 합한 금액, 즉 100%의 화물보험과 10% 희망이익보험이라는 두 개의 보험을 합한 것으로 초과보험도 아니요 중복보험도 아니다. 경우에 따라선 수입되는 화물의 운송중 멸실의 경우 궁극적으로 피보험자가 되는 수입자가 입을 손실이 매우 크기에 보험부보의 한도를 120%또는 130% 또는 그 이상을 요구 할 수 있고, 매도인은 이에 응할 수 있다. 그러나 이런 경우 수입되는 물품의 이익이 매우 큰 것임을 매도인에게 암암리에 매수인이 알리는 격이 되고 매도인으로 하여금 이다음 거래 시에 계약가격의 인상을 가능케 하는 구실을 제공하기 때문에 매수인의 입장에선 수입국에서 별도로 추가부보 하는 것이 바람직하다.

그리고 부보통화는 계약통화라야 한다. 왜냐하면 계약상의 통화와 보험부보 통화와의 상이에 따른 환차손을 방지하기 위함이다.

보험부보금액의 한도에 관한 Incoterms 2000상의 둘째 절 마지막 부분의 "The minimum insurance … contract."가 3차 초안 둘째 절상의 "The Insurance …, at a minimum, … and … contract."로 변경된 규정을 통해 알 수 있다. 부보금액의 한도에 관해 약간의 표현변경 외에 기본적으로 내용이 변경된 것 은 없다.

보험기간에 관해서는 수령과 수령에 따른 위험이전시기의 규정을 감안하여 보험기간이 개시되어 최종 도착 시 지정된 장소에 도착할 때가 적어도 최소의 보험기간이다. 이 보험기간도 무역계약과 보험계약 그리고 협회약관에 따라 확대될 수 있다.

그러나 이러한 보험기간이 최대의 기간인지 최소의 기간인지가 불분명하여 보험기간에 대한 오해의 소지가 있었으나 3차 규정에서는 보상조건과 부보금액한도 같이 보험기간도 최소를 강조함으로써 보험조건 가운데 가장 기본적인 보험조건인 보상조건, 부보금액, 부보기간에 있어 최소를 기준으로 통일을 기하므로 오해의 소지를 없애고 있다.

보험기간과 관련하여 Incoterms 2000의 경우 "… with B.5 and B.4"로 규정되어 있었는바, 위험이전 후 인도가 되는 CIF와 달리 CIP의 경우 인도와 동시에 위험이 이전하기에 "… with B.4 and B.5"로 규정되어야 함으로 이의 시정을 요구[119]한 바 있었는데 3차 초안에서는 정상적으로 "… with A.4 and A.5"로 되었다.

규정적으로 보면 보험기간에 관하여 매도인 입장에서의 물품의 인도시점과 매수인 입장에서의 물품의 수령지점을 중심한 Incoterms 2000 둘째 절상의 "The duration of insurance cover … with B.5 and B.4"가 보험기간의 시작과 종기를 보다 분명히 하기 위해 3차 초안 셋째 절상에 "The insurance cover … from … in A.4 and A.5 to at least the named place of destination."으로 변경됨으로 본인의 시정요구가 반영됨과 동시에 보험기간에 대한 보다 분명한 표현을 하기 위해 인도와 동시에 위험이 이전하기에 A.4 and A.5로 된 것 같으나 내용적으로 같은 의미이다.

보험계약에 따라 매도인이 제공해야 하는 이행증거서류로 보험증권 또는 기타 보험부보증거를 제공해야 하는바, Incoterms 2000과 같이 매도인의 보험계약에 따라 계약을 이행한 사실을 증거하는 제공서류의 종류만을 언급하고 있다.

규정적으로 보면 Incoterms 2000의 경우 제공서류에 관해 부보의무와 이러한 의무이행에 따른 제공서류종류와 이들 서류의 요건을 함께 첫째 절에서 "… and provide the buyer … cover."가 3차 초안의 경우 독자적으로 셋째 절상에 "the seller must provide… cover."로 규정하고 있을 뿐 내용과 표현은 동일하다.

Incoterms 2000 A.10과 B.10에 규정되어 있던 보험정보 규정의 경우 추가보험조건과 관련한 B.10의 규정은 3차 규정 첫째 절상의 추가보험요건 규정에 반영되었고, A.10의 규정이 3차 규정 다섯째 절에 약간의 표현 변경 외 동일한 내용으로 그대로 반영되었다.

Incoterms 2000 CIP A.3 b)의 규정보다 3차 규정이 오해의 소지를 없애기 위해 분명

119) 오세창, 상게서, p.266; 오세창, 상게서, p.32.

하게 그리고 보험에 관해 동 규정을 통해 모두 이해할 수 있게 일목요연하게 규정하고 있음이 사실이나 기본적인 취지에 있어서는 동일하다 하겠다.

1차 초안의 경우 Incoterms 2000의 첫째 절상의 "The seller must … cargo insurance as agreed in the contract …" 대신에 "… insurance to the named place of destination …"로 변경한 것 외는 동일하고, 둘째 절상의 "… The duration of insurance cover … B.5 and B.4"가 "The insurance cover … B.5 and B.4"로 변경된 것 외는 동일하다.

2차 초안의 경우 1차 초안의 규정을 3차 초안의 규정과 기본적으로 같은 골격으로 변경하였는바, 3차 초안과 비교하면 첫째 절의 경우 최저보상조건에 적용되는 약관에 IUA외에 LMA가 3차 초안에 추가되었다. 그리고 추가보험요건에 관하여 2차 초안의 경우 "… if procurable, for additional perils such as war, … terrorism or incident caused by a political, ideological or religious motive."로 규정되었으나, 3차 초안의 경우 "… if procurable, comply with the institute war clauses and/or institute strikes clauses(LMA/IUA) or any similar set of clauses"로 변경되었는바, 이는 2차 초안 상에서 보상하려는 위험은 보험규정으로 규정은 가능하나 실제적용과 해석상에 상당한 오해와 어려움이 예상될 정도로 규정이 너무 추상적이기에 삭제되고 3차 규정과 같이 규정된 것으로 알고 있다.

2차 초안의 경우 부보금액한도에 관해 "In any event, the insurance … contract."규정이 3차 초안에서는 "The insurance… contract."로 변경되었는바, 2차 초안상의 "In any event"가 삭제된 것 외는 변경이 없다. 동 표현의 삭제를 주장[120] 하였는바, 이는 애매한 표현일 뿐 아니라 경우에 따라서는 매도인의 부보한도가 110%이상일 수 있음을 의미할 수 있기 때문이다. 꼭 필요하다면 "unless otherwise agreed"또는 이와 유사한 표현의 삽입이 필요하다.

2차 초안의 경우 보험기간에 관해 "The duration of insurance cover will start no latter than the point of delivery set out in A.4 and A.5 and continue at least until the goods have reached the named place of destination."이 3차 초안의 규정과 같이 동일 내용의 명료한 표현으로 변경되었다. 나머지 규정은 동일하였다.

최종초안의 경우 추가보험 조건에 관해 전쟁과 동맹파업의 부보를 매수인의 요청과 비용으로 가능하다면 매도인에 협조 하에 제공토록 한 3차 초안과 달리 추가보험 조건에 「A」조건과 「B」조건을 추가하였다. 이는 현실적으로 「C」조건은 특수한 경우를 제외하고는 거의 없고 대부분 「A」조건에다 필요에 따라 전쟁, 파업 부보조건이 추가되어 추가보험이나 기타 추가로 이루어지고 있는 현실을 고려하여 이 모든 조건들은 가능하다면 매수인이 요청하고 그의 비용 부담으로 매도인이 추가 부보에 협조하도록 현실화 하였다.

그리고 보험기간에 관한 동일한 의미의 상이한 표현, 즉 "The insurance cover shall

---

120) 오세창, 상게서, p.14.

attract …"가 "The insurance shall cover the goods …"로 보다 세련된 표현으로 변경되었으며, 추가보험정보에 관해 "…, upon request"가 "… at buyer's request, risk, and expense (if any) …"로 변경되었는바, 이는 필요한 경우 협조한다 해도 정보취득에 비용이나 위험이 따를 수 있는 경우의 책임한계를 분명히 하려는데 있다.

문제대안 보험규정 가운데 보험내용에 관해 다른 규정들과 달리 shall을 사용하고 있는가에 대하여는 보험부보는 매도인의 당연의무이나 보험회사 선정기준이나 부보내용은 강요할 수 없는 사항이기에 그러나 매수인의 강한 의지의 표현으로 shall을 사용하고 있다고 생각할 수 있다.

그리고 shall의 표현과 더불어 오해의 소지가 있는 표현으로 역시 첫째 절 가운데 추가보험과 관련한 표현, 즉 "… when required by the buyer … at the buyer's expense … if procurable"을 들 수 있는바, 이 경우 의미는 다른 협조규정의 경우와 같이 "매수인의 요청과 위험과 비용부담으로 …"의 의미와 같이 해석할 수 있는가? 그렇지 아니하면 그 의미가 다른가?

보험부보와 관련하여 다른 규정들과는 달리 shall 표현 사용의 의미와 이와 관련한 표현에 관한 문제점의 경우 문제점에서 제기된 "… when required by the buyer … if procurable …"의 의미는 얼핏 보면 다른 협조규정과 같이 해석할 수 있으나, 같이 해석할 성격이 아니다. 왜냐하면 다른 협조규정의 경우 타방은 반드시 일방의 책임 하에 협조해야 되지만, 이미 언급하였듯이 보험내용은 일방의 책임 하에 반드시 요구하는 대로 협조해야 할 의무사항이 아니며, 일방은 타방이 가능하다면 그렇게 해달라는 강력한 의지의 표현으로 이렇게 규정하고 있음을 알아야 한다. 따라서 이러한 표현이 있다고 해서 CIP의 변형이 아님을 알아야 한다. 왜냐하면 보험의 경우 매수인이 원하는 대로의 이행이 매도인이 입장에서 불가능하며, 매수인이 얼마든지 추가 보험에 들 수 있기 때문이다. 그러기에 강한 의지의 shall 표현으로 되어 있다.

그리고 Incoterms 2000의 경우 보험기간과 관련하여 보험은 위험과 비용 모두가 보험목적물의 멸실 또는 손상에 따라 부보 범위에 해당하나 원칙적으로 위험에 대비한 것이 보험이라 생각할 때, 위험부담의 분기가 되는 B.4가 B.5에 신행된다고 생각되므로 규정을 "B.4 and B.5"로 개정할 필요가 있어 B.4 and B.5의 다른 표현인 A.4 and A.5로 변경되었다.

매수인의 요청이 있고 비용부담으로 가능하다면 전쟁, 스트라이크위험에 대한 보험을 제공해야 한다면 당연 의무의 표현인 "… provide …"가 아니고 협조의무인 "render"로 해야 다른 규정과의 균형이 맞지 아니한가? 하는 문제가 제기될 수 있다.

협조를 요청하는 다른 규정에서와 같이 "… at latter's required, risk and expense …"와 다른 점을 부각시키기 위해, 즉 가능하다면 협조사항이 아닌 당연히 제공해야 하는 의무를 나타내기 위한 표현이라 볼 수 있다. 다시 말해서 매수인의 요청, 비용부담이고 가능하다면 허가나 승인등과 달리 매도인은 당연히 해줄 수 있기에 일반협조의무규정 표현과 달리 provide를 사용하고 있다고 볼 수 있고 이렇게 되지 아니한다 해도 매수인에게는 위험이 없기 때문에 일반협조규정의 표현인 render 대신에 provide를 사용하고 있다고 볼 수 있다. 그러나 render와 provide에 대한 새로운 인식이 필요한바 그 이유는 이미 위에서 언급한 대로 이다. 그리고 이러한 사항은 당연 의무사항이 아니지만 할 수만 있다면 반드시 해달라는 강한 의지의 표현이 "… shall … provide … if procurable …"표현으로 볼 수 있다.

A.4 인도(Delivery)

The seller must deliver the goods by handing them over to the carrier contracted in accordance with A3 on the agreed date or within the agreed period.

매도인은 합의한 날짜 또는 합의한 기간 내에 A.3에 따라 운송계약을 체결한 운송인에 물품을 건네줌으로서 물품을 인도해야 한다.

해설 CISG 30조 매도인의 의무요약 규정에서 물품의 인도와 관련하여 delivery와 서류의 인도와 관련하여 hand over의 개념을, 31조 인도장소규정에서 인도의 개념을 "hand over"와 "placing the goods at the buyer's disposal"로, 34조 물품에 관한 서류에 관한 인도규정에서 인도의 개념을 "hand over"로 사용하고 있다. 결국 CISG상의 인도의 개념은 "hand over"와 "place the goods at the buyer's disposal" 양 개념을 사용하고 있다. 이에 비해 Incoterms 2000은 E, D-terms는 "place the goods at the buyer's disposal"을 인도의 개념으로, F, C-terms는 조건에 따라 다양한 "hand over"에 입각한 인도의 개념을 A.4에서 규정하고 있다.

CISG가 포괄적 인도의 개념이라면 Incoterms 2000은 포괄적 개념에 따른 다양한 개별적 인도개념을 사용하고 있다. 그러나 Incoterms상의 "hand over"의 표현은 사용하지 아니하였다. 그러나 Incoterms® 2010의 경우 CPT와 CIP의 경우 Incoterms 2000상의 "… delivery"용어대신 동 조건에 맞는 "hand over"의 개념을 A.4에서 처음으로 사용하고 있다[121]. 즉 "… delivery the goods by handing them over to the carrier…"로 표현함으로 delivery의 개념을 "hand over"의 개념으로 보고 있다. 동 개념은 운송인의 관리 하에 물품을 인도하는 것이다. 다시 말해서 양 조건하에선 운송계약은 매도인이 운송인을 지명하고 계약을 체결함으로써 A.3에 따라 A.3에서 규정하고 있는 운송인, 즉 계속운송에 따른 최초의 운송인이건 단일 운송인에 의한 운송인이건 관계없이 A.3상의 운송인 또는 그를 대신하는 운송인에게 물품을 이들의 요구와 요구방법에 따라 인도하면 된다는 것이다. 따라서 A.3와 A.4상의 운송인 관계를 Incoterms 2000 A.3와 A.4처럼 운송인의 이원화의 개념이 아닌 단일의 운송인 개념, 즉 A.3와 A.4의 운송인에 대하여 단일의 책임 있는 운송인의 개념을 사용하고, 이들에게 이들의 요구와 방법에 따라 인도하면 된다는 것이다. 따라서 여기의 운송인의 개념은 단일 운송인 또는 door to door 운송계약에 있어서와 같이 사전운송과 주운송 모두 다 하는 운송인으로 이해해야 한다. 각 조건에 맞는 인도의 개념과 인도방법을 규정하고 있는 다른 조건들과 같이 이들의 조건에 맞는 인도의 개념과 인도방법을 규정하고 있어 Incoterms 2000보다 진일보 된 조건의 특성에 맞는 인도개념과 방법을 사용하고 있다.

121) 본인은 Incoterms 2011 2차 초안의 특징과 문제점에서 이미 주장한 바 있다. 오세창, "Incoterms 2011 초안상의 특징과 문제점", 경영경제, 계명대학교 산업경영연구소, 2009, p.13.

저자는 이미 이런 취지로 표현의 변경을 주장한 바 있다.122)

특히 Incoterms 2000의 FOB, CFR, CIF의 경우 본선의 선적과 본선난간 통과의 개념을 적재와 위험, 비용의 분기점으로 사영하여 왔는바, 이들의 현대 조건이 FCA, CPT, CIP이다. 따라서 이론적으로 하면 FCA가 FOB를 CPT가 CFR을, CIP가 CFP를 포함할 수 있다는 주장을 차단하기 위하여 분류방법을 개정하여 별개인 것처럼 하고, FCA와 CPT, CIP의 인도방법이 같을 수 있다는 논란을 불식시키기 위해 FCA와 CPT, CIP의 A.4를 통해 인도방법의 차별화를 시도한 것 같다. 그러나 크게 보면 "hand over"의 개념인 것만은 사실이나 FCA는 합의 지점에 화물을 싣은 운송수단의 도착상태를 "hand over"의 개념으로, CIP는 운송인의 책임관리 하에 인도를 "hand over"개념으로 보고 있다.

1차 초안의 경우 Incoterms 2000상의 "… or, if …there are … at the named place of the date"대신 "for transport by that carrier (or a subsequent carrier)from the point of delivery(if agreed on) the agreed date"로 변경함으로써 Incoterms 2000상의 "or, if …"와 같은 단일운송인의 개념에 대한 설명을 보완하는 의미로 "for …"표현을 사용하였다. 그리고 운송구간의 표현인 "… from … to…"의 표현을 사용함으로써 운송의 시작점이 없고 운임비용의 분기점인 목적지만 표현하고 있던 Incoterms 2000과는 구분이 있었다.

2차 초안의 규정은 1차 초안의 규정과 근본적으로 같으나 인도의 개념을 1차 초안과 달리 "hand over"의 동일의미의 상이한 표현인 "…delivery the goods by placing them in the charge of carrier …"의 개념을 사용하고, 인도시기에 관해 1차의 경우 규정말미에 배열되어 있었으나 2차의 경우 A.3 다음에 배열하므로 전후문장에 비교해서 다소 어색하였다.

3차 초안의 경우 이상의 모는 표현을 참고하여 CIP의 성격에 맞는 난순한 그러면서 A.3와 연계시킨 분명한 표현을 규정하고 있다고 볼 수 있다.

최종초인은 3차 초인과 동일하다.

A.5 위험의 이전(Transfer of risks)

> The seller bears all risks of loss of or damage to the goods until they have been delivered in accordance with A4, with the exception of loss or damage in the circumstances described in B5.
>
> 매도인은 B.5의 규정을 제외하고는 물품이 A.4에 따라 인도완료 될 때까지 물품의 멸실이나 물품에 관한 손상의 모든 위험을 부담해야 한다.

해설 B.5의 위험부담규정에 따라 매수인이 위험부담하는 경우를 제외하고 A.4에

122) 오세창, 상게서, p.13.

따라 물품이 인도완료(개품 완료이자 전 물품인도완료)될 때까지 동 물품의 멸실과 손상의 위험은 매도인 부담이다.

오늘날 국제간의 거래는 Incoterms가 표시되고 있기에, 위험이전에 관한 CISG 66조-70조까지의 규정이 실제 필요 없다. 그러나 Incoterms의 규정에도 불구하고, 당사자들이 특별히 합의하면, 계약자유의원칙과 계약내용우선원칙에 의해 특별합의 내용이 우선한다. 그러나 달리 합의하지 아니하고, Incoterms와 CISG가 준거법 내지 거래조건계약으로 표시될 경우 Incoterms의 규정이 우선하여 적용된다. 왜냐하면 거래조건에의 합의가 준거법에 우선하기 때문이다.[123)]

안내문에 보면 위험이전과 관련하여서는 pass의 표현을 비용이전(분담)과 관련하여서는 transfer 표현을 사용하고 있다. 전자가 물리적 이전의 표현이라면 후자는 책임이전의 표현이다.

Incoterms 2000 서문 8 "물품에 관한 위험과 비용의 이전"과 관련하여 다음과 같이 주장한바 있다.

서문 8에 의하면 물품에 관한 위험과 비용의 이전이라는 표현사용에 있어 passing을 사용하고 있고, 전 Incoterms A.B.5에 의하면 transfer of risk로 되어있다. 그러나 학자들에 따라서는 transfer를 사용하고 있다.[124)] 그렇다면 passing과 transfer는 어떻게 다른가? 같이 사용할 수 있는가? 라는 의문이 제기된다.

이미 안내문에서도 설명하였듯이 단순한 또는 물리적 이전표시의 경우에는 passing을, 매각 또는 기부하기 위해 한사람 또는 한 장소로부터 다른 사람 또는 장소로 이동할 경우, 또는 권리의 이전과 같이 점유권 또는 지배권을 양도받을 때에 transfer를 사용한다고[125)] 볼 수 있으므로 transfer는 passing과 같이 단순한 또는 물리적 이전의 경우에는 같은 의미로 사용될 수 있으나[126)] 권리의 이전의 경우에는 passing대신 transfer만 사용될 수 있음을 알 수 있다. 따라서 이러한 용어의 사용 시 동일한 의미와 아울러 상이한 의미를 지니는 용어에 대한 설명이 병행되거나 아니면 공식안내서를 통해 설명할 필요가 있으며, 현 규정대로 사용한다 해도, 서문과 전 Incoterms A.B.5상의 표현은 통일할 필요가 있다.[127)]

Incoterms® 2010 2차 초안과 관련하여서도 동일한 주장을 한 바 있다.[128)]

위험의 이전은 "passage(passing)of risks"으로, 비용의 이전은 "transfer of costs" 또는

123) 오세창, 상게서, p.284.

124) Schmitthoff, Sassoon, Ramberg, Reyolds 등은 passing of risk and property로 보고 있고, Jimenez와 Choley는 transfer of risk and property로 표현하고 있다(D. M. Sassoon, *op. cit.*, p.202; C. M. Schmitthoff, *op. cit.*, pp.124, 24; G. Jimenez, *op. cit.*, p.73; F. Reynolds, *op. cit.*, p.24, 61, J. Ramberg, *op. cit.*, p.38, Lord Chorley and O. C. Giles, *Slater's Mercantile Law*, 17th ed., Pitman, 1977, p.231).

125) S. H. Gifis, *Law Dictionary* 2nd ed., Brother's Educational Series, Inc, 1984, p.486.

126) G. Jimenez, *op. cit.*, p.87.

127) 오세창, 상게서, pp.96-97.

128) 오세창, 상게서, p.39.

상인들에게 익숙해있는 "division of costs"또는 현 초안규정과 같이 "allocation of costs"로 해도 무방한 것 같다. 이 경우 transfer와 allocation은 법적이전의 의미를, division은 비용에 관한 책임분담의 의미로 결국 같은 의미이나 전자에 비해 후자가 보다 상관습적 표현이라 할 수 있다.

Incoterms 2000, 1차, 2차, 3차 초안 모두 변경없이 동일하다.

최종초안의 경우 3차 초안상의 "subject to the provisions of B.5"표현을 동일한 의미의 보다 분명한 표현으로 변경한 것 외 내용은 동일하다.

문제 대안 주의를 요할 것은 Incoterms® 2010 rules가 쌍무계약에 따라 A.3와 A.4, B.7상의 권리를 제외하고 인도와 관련한 당사자들의 의무를 규정하고 있는데 의무라면 반드시 "… must" 또는 "… has to …"가 되어야 하는바, Incoterms는 지금까지 "must"를 사용하여왔다. 그러나 전 Incoterms® 2010 rules A.5, B.5와 관련 위험이전에 관해서는 "must bear"가 아닌 "bears"로 되어있다. 이는 다른 의무들과 달리 위험의 이전이나 부담은 그 한계를 반드시 확정지을 수 없기 때문에 그리고 완전 인도완료 후에는 인도 시에 이미 육안으로 확인할 수 없는 그러나 분명한 위험이 존재한 경우 인도 완료시 위험이전으로 하면 위험이전 의무가 끝난 것으로 되기 때문에 단순한 의무로 표현한 것 같다. 그러나 다른 의무의 경우도 이런 이유가 적용될 수 있기 때문에 그리고 위험과 비용이전과 관련하여 "계약물품으로 분명하게 충당되어야 한다."라는 이행전 이전원칙의 대전제 원칙 규정이 있기 때문에 반드시 "must bear"로 할 필요가 있다.

A.6 비용의 분담(Allocation of costs)

The seller must pay

a) all costs relating to the goods until they have been delivered in accordance with A4, other than those payable by the buyer as envisaged in B6;

b) the freight and all other costs resulting from A3 a), including the costs of loading the goods and any charges for unloading at the place of destination that were for the seller's account under the contract of carriage;

c) the costs of insurance resulting from A3 b); and

d) where applicable, the costs of customs formalities necessary for export, as well as all duties, taxes and other charges payable upon export, and the costs for their transport through any country that were for the seller's account under the contract of carriage.

매도인은 B.6의 규정을 제외하고 다음의 비용을 지급해야 한다.

a) 물품이 A.4에 따라 인도완료 될 때까지 물품에 관한 모든 비용

b) 물품의 적재비용과 운송계약에 따라 매도인의 부담으로 되어 있는 목적지 장소에서 모든

양화비용을 포함하여 A.3 a)의 결과로 발생하는 운임과 모든 기타비용
c) A.3 b)로 인해 발생한 보험비용; 그리고
d) 적용되는 경우, 수출 시에 지급 할 수 있는 모든 관세, 제세 그리고 기타비용 뿐만 아니라 수출을 위해 필요한 세관절차 비용과 그리고 운송계약에 따라 매도인의 부담인 물품의 제3국통과를 위한 비용

해설 매도인의 동 조건하의 비용부담은 다음과 같다.

i) A.4의 인도방법에 따라 인도완료시점에 따라서 인도완료 할 때까지 물품에 관한 일체비용

ii) A.4 인도방법과 관계없이 그리고 위험이전과 관계없이 매도인 부담인 운송수단에 물품의 적재비용

iii) A.3 a)의 운송계약에 따른 통상운송계약조건에 따라 liner terms 운송계약의 경우 매도인이 부담하는 일체의 양화비용

iv) 목적지까지 운송계약에 따라 T/S charges와 각종 할증료 포함한 운임

v) EU지역이나 자유무역지대, 국내거래와는 달리 수출의 때에 지급할 수 있는 관세, 제세, 기타비용, 수출을 위해 필요한 세관절차비용 그리고 운송계약에 따라 매도인 부담이 되는 물품의 제3국 운송을 위해 지급할 수 있는 비용

CPT와 CIP는 비용구성에 있어 비용의 발생시기가 원칙적으로 항만인 CFR이나 CIF와 달리 수출지 내륙에서 수입지 내륙까지임이 CFR과 CIF와 다른 점이다.

매도인부담인 비용 ii) iii)의 경우, 당사자 합의에 의한 부정기선의 운송계약의 경우, 비용부담은 매도인 아니면 매수인 또는 운송인이 될 수 있다. 그러나 A.3에 따라 정기선조건이 원칙이므로 운송계약에 따라 매도인부담이 원칙이다.

해상, 육상, 항공, 철도 등의 복합운송에 따른 각종 복합할증료가 포함되며, 환적과 같은 물품에 관한 또는 물품과 관련된 비용 역시 복합운송에 따른 유사한 복합비용이 포함되고, 적재비용 역시 복합운송에 따른 복합적재비용이 되며, 운송계약 시에 운송회사에 의해 부과되고 운임에 포함되어 매도인이 지급해야 하는 이상의 내용을 고려한 비용 산정과 offer가격이라야 한다.

a)호와 b)호는 인도와 관련한 비용부담 원칙이고, c)호의 규정은 인도에 따른 당연비용부담 원칙 규정이다.[129)]

Incoterms 2000의 경우 셋째 절상의 "… the costs … payable upon export and for their transit … if they were for … carriage."로 규정되어 있었으나 3차 초안의 경우 c)호로 하여 "… the costs for their transit … that were … carriage."로 변경되었다. 이는 종전의 표현에 의하면 "… the costs …"가 수출에 따른 관세 등 제세와 이와 관련한 비용, 통관절차에 따른 비용과 같은 인도에 따른 당연비용부담과 운송계약에 따른 당연비용부담

129) 오세창, 상게서, p.286.

을 모두 포함하는 표현 이였으나 엄격하게 말하면 전자의 비용부담은 법적 당연비용부담이고 후자의 비용부담은 운송계약에 따른 당연비용부담이다. 따라서 매도인의 당연비용부담이나 그 법적성격이 다르기에 비용의 구분을 위한 것으로 볼 수 있다. 특히 Incoterms 2000상의 "…if they were …"가 "… that were …"로 변경된 것은 운송계약체결 시에 물품의 제3국 통과에 따른 비용을 지급하기로 한 경우 매도인 부담이나 그렇지 아니한 경우 인도 후에 일어난 비용가운데 매도인 부담인 운임부담과는 다른 성격의 제 3국 통과비용은 운송계약 시에 매도인 부담이라고 명시하지 아니하였다면 당연히 매수인 부담임을 분명히 하기 위한 표현으로 볼 수 있다. 따라서 조건절의 표현으로 인해 매도인 부담으로 해야 할지 아니 해야 할지에 대하여 다소 오해의 소지를 줄 수 있는 종래표현과 다른 의미가 아닌 실제에 있어 동일한 의미의 상이한 표현이나 운송계약의 중요성을 강조한 표현이다.

상기 표현 변경과 Incoterms 2000상의 첫째 절인 "all costs … as well as the freight … carriage"를 as well as의 전반 부분을 a)호로, 후반 부분을 b)호로 분리하였는 것과 둘째 절을 c)호로 한 것 외는 3차 초안과 Incoterms 20000상의 A.6의 규정은 동일하다.

1차 초안의 경우 Incoterms 2000규정과 비교해 Incoterms 2000첫째 절상의 "… unloading at the place …"를 "… unloading and the handing at …"로 변경한 것 외는 동일하였다. 이는 목적지 항에서의 양화비용은 오늘날 대부분 liner terms 이기에 운임에 포함되나 목적지항에서의 "handling charges"에 대한 논란이 그동안 끊임없이 제기되어 이의 해결차원에서 운송계약상에 이런 비용에 대하여 매도인 부담 명시여부에 좌우됨을 분명히 하기위해 명시하였다. 2차 초안에도 동 표현이 명시 되었으나 3차 초안에서 삭제되었는바, 이는 "handling charges"의 범위가 운송회사에 따라 다르기에 이런 표현에 따라 운송계약서상에 매도인 부담인 경우 그 적용범위를 두고 논란의 대상이 될 수 있기에 운송계약 체결 시에 운송회사와 화주간의 분명한 합의에 일임하는 것이 운송계약의 중요성 강조와 그 적용범위의 해석을 두고 일어날 수 있는 오해의 소지를 없애는데 도움이 될 것이라는 의미에서 삭제한 것 같다.

2차 초안은 동 표현의 삭제 외는 3차 초안과 동일하다.

그러나 본인의 생각으로는 운송계약에 따라 운송의 임계점이 달라질 수 있음을 전제한 규정이 A.6 b)호라면 서문의 규정에 따라 "handling charges"의 표현을 1차 초안, 2차 초안 A.6 b)에서와 같이 표현하는 것이 바람직하다.

특히 c)의 비용은 A.3 b)호에 따라 매도인이 보험계약을 체결하고 이에 따라 보험료를 지급해야 함을 의미한다.

최종초안의 경우 3차 초안상의 "subject to the provisions of B.6"표현은 동일한 의미의 보다 분명한 표현으로 변경한 것 외 내용은 동일하나 표현상의 문제점에 대하여는 EXW A.6를 참고할 필요가 있다.

A.7 매수인에게 통지(Notices to the buyer)

> The seller must notify the buyer that the goods have been delivered in accordance with A4.
>
> The seller must give the buyer any notice needed in order to allow the buyer to take measures that are normally necessary to enable the buyer to take the goods.
>
> 매도인은 매수인에게 물품이 A.4의 규정에 따라 인도완료 된 사실을 통지해야 한다.
>
> 매도인은 매수인으로 하여금 물품을 수령할 수 있게 하는데 일반적으로 필요한 조치를 매수인에게 허용하기 위하여 필요한 모든 통지를 매수인에게 해야 한다.

해설 매도인은 A.3 a)상의 자신의 의무인 운송계약체결과 이에 따른 A.4에 따라 물품의 인도를 완료하고 인도를 완료한 사실과 목적지에서 매수인이 물품의 성격과 운송수단과 방법을 고려하여 물품을 수령하는데 필요한 조치들을 취할 수 있도록 하는데 필요한 통지를 해야 할 의무가 있다. 이때 필요한 통지는 시간적으로나 내용적으로나 충분하여야 한다. 무역실무에 있어 상호간의 합리적인 통지는 매우 중요한 것으로 이는 모든 법과 관습의 일반원칙이다.

이미 FCA A.7에서 언급한 내용대로 Incoterms A.7상의 통지는 "… any notice …"로 되어있고. 이에 상응하는 전 Incoterms B.7에 의하면 "… sufficient notice …"로 되어 있다. 따라서 그 의미는 같다 하더라도 규정표현의 통일이 필요하며, 꼭 이 규정만을 이렇게 표현해야 한다면 그 이유를 설명해야 한다. 본인의 생각으로는 통지는 주로 A.4에 따른 인도와 관련한 통지이기에 운송계약 책임자가 누구인가에 좌우될 필요없이 내용적으로 시간적으로 충분한 의미로 CISG 표현인 "reasonable notice"를 사용하던지 아니면 상관습적인 표현인 "sufficient notice"의 표현으로 전체 통일하는 것이 바람직한 것 같다.

Incoterms 2000과 1차 초안은 똑같으며, 2차 초안의 경우 "… such as the estimated time of arrive"를 삭제[130]하면 Incoterms 2000과 1차, 2차 초안은 모두 똑같다.

Incoterms 2000과 1차, 2차 초안의 A.7은 A.4에 따른 "인도사실"과 "물품수령에 필요한 조치"를 위한 통지였으나 3차 초안은 매수인이 인도된 물품을 수령하는데 필요한 조치를 취하는데 필요한 통지를 해야 함을 규정하고 있었다. 이는 Incoterms 2000과 1차, 2차 규정과는 다른 인상을 줄 수 있었다. 그러나 사실은 3차 초안의 표현이 단순화하면서 분명하다. 왜냐하면 Incoterms 2000과 1차, 2차 초안상의 통지의 내용은 두 가지, 즉 "인도사실"과 "수령에 필요한 조치준비" 차원의 통지에 초점이 있다. 그러나 인도사실은 수령에 필요한 조치준비를 취하도록 하는 통지 내용 속에 포함된다. 즉 인도라는 전제가 없다면 수령이 있을 수 없다. 따라서 인도사실의 통지는 자동적으로 수령

130) 본인은 이미 삭제를 주장한 바 있다. 오세창, 상게서, p.42.

을 위해 필요한 조치준비를 위한 통지 속에 당연히 포함된다고 보아야 한다. 따라서 Incoterms 2000, 1차, 2차 초안상의 통지규정의 통지의 내용구분보다 인도를 대전제로 인도한 물품의 수령을 위해 필요한 조치를 취하는데 필요할 수 있는 통지의 규정이 자연스러워 보인다.

최종초안의 경우 3차 초안의 규정 외에 물품에 A.4에 따라 인도완료 된 사실을 매수인에게 통지해야 한다는 첫째 절의 규정이 추가되었다.

문제 대안 CPT와 더불어 첫째 절의 규정은 별도로 규정할 필요가 없다. 왜냐하면 둘째 절규정이 첫째 절 규정을 모두 포함할 수 있고, 아니면 다른 규정들과 같이 둘째 절 규정 속에 포함할 수 있기 때문이다.

A.8 인도서류(Delivery document)

If customary or at the buyer's request, the seller must provide the buyer, at the seller's expense, with the usual transport document[s] for the transport contracted in accordance with A3.

This transport document must cover the contract goods and be dated within the period agreed for shipment, if agreed or customary, the document must also enable the buyer to claim the goods from the carrier at the named place of destination and enable the buyer to sell the goods in transit by the transfer of the document to a subsequent buycr or by notification to thc carricr.

When such a transport document is issued in negotiable form and in several originals, a full set of originals must be presented to the buyer.

관례 또는 매수인의 요청에 따라, 매도인은 매수인에게 자신의 비용으로 A.3에 따라 체결된 운송에 대한 통상의 운송서류 또는 서류들을 제공해야 한다.

이 서류는 계약물품을 표시하고 있어야 하고, 선적을 위해 합의한 기간 내에 일부가 되어 있어야 한다.

합의가 있거나 관례라면, 이 서류는 매수인으로 하여금 지정된 도착지 장소에서 운송인으로부터 물품을 청구할 수 있는 것이라야 하고, 매수인으로 하여금 후속 매수인에게 운송서류의 양도에 의해 또는 운송인에게 통지함으로써 운송 중에 있는 물품을 역시 매각할 수 있어야 한다.

이러한 운송서류가 유통가능 형식과 복수의 원본으로 발급되는 경우, 전통의 원본이 매수인에게 제공되어야 한다.

해설 제공서류의 형태와 관련하여 CFR이나 CIF와 같이 "지체 없이"라는 표현 대신 CPT와 CIP A.8에서 "관례 또는 매수인의 요청에 따른다"는 것은 권리증권인 B/L을 제외한 서류의 경우 굳이 이 서류들 없이도 물품의 수령이 가능하고 운송방법에 따른 관례 또는 매수인의 요청에 따라 발급되는 서류가 다양하다는 의미이다. 그러나 이들 서류는 운송계약의 증거와 물품수령증의 기능을 하고 있음을 알아야 한다. 이러한 의미의 표현이 둘째 절의 첫째 문장[131)]으로 표현되어 있으며, 이는 전통적으로 복합운송서류들이 가지는 법적인 성격이다.

그리고 운송서류들의 제공시기에 관해 CFR이나 CIF상에는 "Without delay"로, CPT나 CIP의 경우 "if customary or at the buyer's request"로 규정되어 있는 바, 이러한 표현의 차이는 다음과 같이 생각할 수 있다.

"Without delay"가 "if customary"에 포함된다고 말할 수 있으며, 이러한 사실은 오늘날 대부분 은행을 통해 대금결제가 이루어지는 경우 L/C나 기타계약서상에 "서류제공유효기일"을 통해 추정할 수가 있다. 즉 UCP 600, 14조 c)호 규정에 의하면, 서류제공유효기일이 명시된 경우 "지체 없이"의 기준은 동기간이 되며, 명시가 없는 경우 선적 후 늦어도 "21일"이 "지체 없이"의 기준이 됨을 규정하고 있다. 이러한 사실은 "21일"이 운송서류제출을 위한 최대의 "관례적" 기간으로 볼 수 있고 "지체 없이"의 최장기간으로 볼 수도 있다.

그리고 "매수인의 요청에 따라"는 운송서류의 성격이나 종류에 따라 L/C나 계약서상에 매수인이 요구하는 서류를 "지체 없이" 아니면 "관례적"으로 요구하는 내용의 표현으로 보면 된다.

그리고 제공서류의 성격에 관해 원칙은 아니지만 예외의 의미로 둘째 절상의 "if agreed or customary"라는 표현은 CFR이나 CIF상의 특별한 합의가 없는, 즉 예외적인 경우가 아니라면 일반적 의미인 "unless otherwise agreed"를 대신하고 있다. 이는 이런 표현이 없으면 CFR이나 CIF하에서 전통적으로 제공되는 운송서류와 달리 CPT나 CIP하의 제공 운송서류는 본선 상에 물품의 인도증거, 운송계약의 증거, 제3자에게 종이서류의 이전을 통해 운송중인 물품의 권리를 이전시키는 수단, 즉 물품의 점유권과 소유권을 가지는 권리증권[132)] 기능 가운데 달리 합의가 없는 한 원칙적으로 권리증권 기능이 없으므로 유통불능운송서류이기에[133)] 이들 규정 하에 발급되는 운송서류 가운데는 달리 합의가 없다면 이들 서류 없이도 물품의 수하인임이 입증만 되면 반출이 가능하고, 운송중에 매각이 불가능한 운송서류임을 입증하는 표현이다. 반면에 이들 표현이 들어가므로 CFR하의 선하증권과 같은 유통가능형태의 운송서류발급을 허용하여 거래한다는 예외적인 의미의 표현, 즉 CFR이나 CIF상의 "unless otherwise agreed" 표현에 상응하는, 즉 반대의 예외적인 표현으로 보아야 한다. 그리고 동 표현은 어떤 의미에선 CPT거래를 하면서 CFR의 운송서류에 의해 결제하길 원하는 현실 거래의 인정과

131) Incoterms® 2010, CPT, A.8. "This transport documents must cover the contract goods and be dated within the period agreed for shipment."

132) S. Williston, *op. cit.*, p.508; D. M. Sassoon, *op. cit.*, 4th ed., p.88; Incoterms 2000, Introduction, 19. The Bill of Lading and Electronic Commerce.

133) S. Williston, *op. cit.*, pp.222-223, 523; Incoterms 2000, Introduction 20. Nonnegotiable transport documents instead of bill of lading.

이에 따른 UCP규정의 반영으로 볼 수 있다. 따라서 서류거래이면서 CFR이나 CIF하의 A.8규정과는 다른 CPT와 CIP A.8상의 규정 때문에 서류거래에 동 A.8의 적용이 매우 어려웠고, CPT나 CIP A.8상의 B/L의 경우 Incoterms 2000 서문상의 B/L의 정의와 CFR이나 CIF A.8상의 규정을 원용하여 적용해야 하는 어려움이 있었다.[134] 그러나 Incoterms® 2010 rules하의 CPT나 CIP A.8의 경우 원칙적으로 비유통 서류이나 L/C등에 의한 명시적 합의나 동일내용의 명시적 합의의 반복사용의 결과인 묵시적 합의로서의 기능을 하는 관례에 의해 CFR이나 CIF A.8의 규정에 준하는 유통서류의 발급이 가능함을 규정하므로 서류거래이면서 현실거래에 적용상의 어려움을 극복하게 되었다.

Incoterms 2000의 CIF와 CFR의 규정에는 규정되어 있었으나 서류거래이면서 그리고 어떤 의미에선 CFR과 CIF의 발전 형태이면서 CFR이나 CIF A.8상의 운송서류요건에 관한 규정인 둘째 절과 복수원본발급시의 제공방법에 관한 규정이 없었다. 이러한 사실에 대한 문제점을 본인은 이미 지적하였고 그 대안을 제시한바 있으며, 이번에 반영되었다.[135]

발급되는 운송서류의 요건과 복수원본발급에 관한 규정을 요약하면 다음과 같다.

① 이들 서류들은 계약물품을 표시하고 있어야 하며(운송계약의 증거로서의 역할)

② 선적을 위해 합의된 기간 내의 일부가 명시되어 있어야 하고,

③ 합의가 있거나 관례라면 이 서류들은 목적지에서 운송인으로부터 이들 서류와 교환으로 매수인이 청구할 수 있어야 하며(화물수취증으로서의 역할)

④ 합의가 있거나 관례라면 이 서류들은 후속매수인에게 양도하거나 EDI B/L의 경우 운송인에게 통지함으로써, 운송 중에 있는 물품의 전매가 가능해야 하고(물품의 권리증권으로서의 역할)

⑤ 복본의 원본으로 발급된 경우 전통이 매수인에게 지체 없이[136] 제공되어야 하며[137],

⑥ A.1의 규정에 따라 당사자들의 사전 합의에 따라 이들 운송서류 대신에 전자운송서류를 발급받아 매수인에게 제공할 수 있다.

해상운송서류와 관련한 주의사항을 다음과 같이 말할 수 있다.

대부분의 경우 정기선사에 의해 운송예정인 물품은 물론 가능은 하지만, 운송 중에 추가매매의 주체가 되지 아니할 것이다. 그러나 용선에 적재되어 운송되는 물품에 관해선 상황은 정기선의 경우와 전혀 다르다. 예컨대 용선에 물품이 적재되어 물품이 현

---

134) 이러한 사실은 Incoterms 2000, CPT, CIP, CFR, CIF A.8규정과 그동안 논자가 주장해 온 논문을 보면 알 수 있다.

135) 오세창, 상게서, p.291; 오세창, 상게서 p.32.

136) 지체 없이의 기준은 L/C상의 서류제공 유효기일이 명시되어 있으면 그 기일 내에, 명시되어 있지 아니하면 선적 후 늦어도 21일내에 제출하도록 하고 있다(UCP 600,14,c).

137) UCP, 23. a. v : 24. a. v : 25. a. vi : 26. a. iv 및 L/C규정, 즉 full set of clean on board ocean bill of lading··· 등을 통해 이 원칙이 준수되고 있으며, "Scott v. Barlays Bank [1932] 2. K. B. 1"사건에서도 입증되었다(D. M. Sassoon, *op. cit.*, p.144).

물시장에서 매각되는 경우, 물품이 도착지에 도착하기 전에 여러 번 매각이 된다.

이런 경우 유통가능 B/L이 전통적으로 대단히 중요하다. 왜냐하면 이 B/L의 점유가 후속 매수인으로 하여금 목적지에서 운송인으로부터 물품의 청구를 가능케 할 수 있기 때문이다. 따라서 도착 전에 매각되는 경우 후속매수인은 물품과 교환으로 운송인에게 B/L 원본을 양도함으로써 물품의 청구를 가능케 할 수 있다.

그러나 운송 중에 물품을 매각할 의사가 아닌 경우로서 목적지에서 운송인으로부터 물품을 청구할 매수인의 권리가 해상화물운송장에 대한 CMI통일규칙을 매매계약에 언급하는 것과 같은 기타 수단에 의해 보증이 된다면, B/L을 사용할 필요가 없다.

반면에 운송 중에 후속 매수인에게 물품을 매각할 의사인 매수인은 자신의 매도인으로부터 유통 가능한 B/L을 청구할 권리를 C-terms하에선 가진다. 그러나 이러한 운송 중의 매각 역시 B/L없이 물품의 매각이 가능할 수 있다. 즉 후속 매수인의 임의처분상태로 물품을 인도하도록 하는 지시에 따르도록 운송인에게 요청하는 제도, 예컨대 지시식으로 발행된 항공화물운송장 전통제공이나 항공화물운송장 상에 매도인의 운송지시중지 용어의 사용 등의 방법을 관계당사자들이 사용한다면 운송 중에 매각이 가능할 수 있으나 근본적으로 권리증권이 아니기에 불가능하다고 보아야 한다.

A.1에 따라 당사자들이 소위 paperless거래를 하기 원할 수 있음을 생각하고 있다.

따라서 당사자들이 전자방식으로 통신하길 합의한다면 지금까지 종이서류가 제시되어야 한다는 요건이 더 이상 필수적이 아니다. 물론 전통적인 B/L은 종이 없는 거래를 향한 현대적인 발전과 관련이 있다. 이런 이유에서 이미 언급한 바 있는 1990년에 EDI B/L에 대한 통일규칙을 제정하였는바, 이 규칙은 관계 당사자들 간의 전자 메세지가 전통적인 종이 B/L의 필요를 대체할 수 있는 상황을 규정하고 있다.

이러한 통일규칙은 A.8에서 "운송인에게 통지(notification to the carrier[138])"란 말과 똑같은 목적을 나타내는 운송인에게 대한 전자메시지에 근거한다. 그러나 전자 B/L을 사용하길 원치 아니하는 당사자들은 유통가능 B/L을 요구하는 전통적인 관습을 계속해야 한다. 불행히도 복수 B/L발행의 배임행위가 상당한 해상사기위험을 발생시킨다는 사실에도 불구하고 주장되고 있다. 따라서 직접 혹은 은행을 통해 물품의 대금을 지급하는 매수인은 복수의 B/L이 발급된 경우 전통(full set)을 자신이 수령하는지를 반드시 확인해야 한다.

1차 초안의 경우 Incoterms 2000 A.8둘째 절상의 전자운송서류에 관한 표현과 첫째 절상의 "··· ( ) for the transport contracted ···A.3" 대신에 "··· ( ), whether in paper or electronic form, for the transport ···A.3"과 같이 규정하므로 표현상에 차이는 있으나 그 내용은 동일하였다.

Incoterms 2000 둘째 절상의 전자서류 삭제 대신 복수원본 발급에 따른 제공방법을 CFR과 CIF와 같이 규정하였다.

---

138) 이러한 표현은 CMI규칙에 근거한 전자메시지, 즉 전자서류를 위한 것임을 Ramberg교수는 말하고 있다(J. Ramberg, *op. cit.*, p.32).

2차 초안의 경우 1차와 Incoterms 2000 첫째 절상의 "… ( ) …A.3"규정 가운데 운송서류를 예시하고 있는 ( )의 내용삭제와 A.1에 따른 전자서류의 종이서류 인정에 따라 "whether in paper or electronic form"의 삭제 외는 동일하다. 이러한 표현의 삭제는 운송서류의 경우 과거 10년간 업자들에게 충분히 숙지되었다는 점에서, 그리고 "종이 또는 전자형식"의 표현은 이미 운송서류 자체가 UNCUECIC 8조와 CISG 13조에 의하여 전자서류를 포함하는 의미를 반영한 규정이 A.1에 반영되어 있다는 점에서 삭제한 것 같다.

3차 초안의 경우 Incoterms 2000, 1차, 2차 규정상의 제공시기에 관해 "… at the buyer's request …"가 추가되었으며, 지금까지 규정되지 아니하였던 운송서류요건에 관해 둘째 절상에 CFR과 CIF와 같이 규정한 점이 다르고, 제공방법 규정은 Incoterms 2000에는 없는 규정이었으나 1차, 2차 초안규정의 내용과 동일한 규정을 하고 있다.

최종초안의 경우 도착지에서 운송인으로부터 물품의 청구를 서류에 의해 가능토록 하고 운송 중에 전매를 가능하게 하기 위한 서류의 발급을 가능케 하기 위하여 CFR과 CIF와 같은 서류이나 근본적으로 반급되는 서류자체에 차이가 있음을 나타내는 중요한 표현으로 "if agreed or customary"가 특별한 합의가 없는 한 근본적으로 의미가 없었던 CFR과 CIF하의 "unless otherwise agreed"표현을 대신 한 점이 3차 초안과의 차이점인데 중요한 차이점이다. 즉, C-rules내의 복합운송형태 적용을 위한 C-rules와 해상이나 내수로 전용 C-rules간의 분명히 구분하는 점이다. 따라서 양 C-rules는 서류거래이나 발급되는 서류는 양 C-rules의 특징을 그대로 반영하게 되었다.

문제대안 같은 복합운송조건인데 FCA에는 "… a transport document"로, CPT나 CIP에는 "… with the usual transport documents for the transport contracted in accordance with A.3"로, 같은 서류거래인데 CFR이나 CIF에는 "with usual transport document for the agreed port of destination"로 규정되어 있다. 이모든 서류들이 운송계약에 대한 도착지에서 물품의 수령청구용이라면 "… a transport document for the transport contracted in accordance with A.3 and for the agreed place or port of destination …" 또는 "… a transport document for transport contracted as envisaged in A.3 and for … of destination"과 같이 통일할 필요가 있으며, 차이가 있다면 이를 설명하여 오해가 없도록 해야 한다.

그리고 Incoterms 2000 CPT와 CIP A.8와 달리 둘째 절상에 운송서류요건에 관한 규정은 이미 언급한대로 다행이나 Incoterms 2000과 달리 운송 중 매각과 관련하여 "…(negotiable bill of loading)"의 표현이 3차 초안규정에도 최종초안에도 없다는 것이다. 물론 B/L이외의 서류의 경우도 전매가 가능함을 이미 위에서도 설명하였지만 그것은 B/L의 법적성격에 근거한 것이 아닌 당사자들의 사용방법에 따른 것이었다. 따라서 B/L의 법적성격에 입각한 운송에 매각한 서류의 경우를 위해선 ( )의 내용이 반드시 필요하나. 그러나 빠진 것은 "… If agreed or customary …"에서 그 이유를 찾을 수 있다. 이러한 표현에 따라 예컨대 offer상에 payment에 관해 L/C에 의한 지급을 약속, 즉 합의하고, 이에 따른 L/C발급을 통해 선하증권은 물론이고 선하증권과 같은 성격을 지니는 운송서류의 발급을 요청할 수 있다.

그리고 이런 표현에 따라 매도인이 준비하는 Nego서류는 전통적인 선하증권의 형식을 갖춘 서류를 제출하게 되며, 이런 경우 선하증권 외 기타 운송서류들은 전통적인 선하증권의 법적성격을 갖춘 운송서류로 취급되어 거래될 수 있다. 그렇다면 굳이 "… by the transper of the document to a subsequent buyer"를 "… buyer(the negotiable bill of lading)의 추가 표기가 필요 없음을 "… if agreed or customary …"합류하고 있다고 볼 수 있다.

A.9 확인-포장-화인(Checking-packaging-marking)

The seller must pay the costs of those checking operations (such as checking quality, measuring, weighing, counting) that are necessary for the purpose of delivering the goods in accordance with A4, as well as the costs of any pre-shipment inspection mandated by the authority of the country of export.

The seller must, at its own expense, package the goods, unless it is usual for the particular trade to transport the type of goods sold unpackaged. The seller may package the goods in the manner appropriate for their transport, unless the buyer has notified the seller of specific packaging requirements before the contract of sale is concluded, packaging is to be marked appropriately.

매도인은 수출국정부당국의 법에 의한 모든 선적전 검사비용 뿐만 아니라 A.4에 따라 물품을 인도하는데 필요한 품질확인, 검측, 검량, 검수와 같은 확인활동 비용을 지급해야 한다.

매도인은 특수한 거래가 무포장 상태로 매각된 물품의 형태로 운송하는 것이 관례가 아니라면 매도인은 물품의 운송을 위해 적합한 방법으로 물품을 포장할 수 있다. 다만 계약이 체결되기 전에 매수인이 특정한 포장을 매도인에게 통지한 경우에는 그러하지 아니하다. 포장은 적절하게 화인이 되어 있어야 한다.

해설 동 조건하의 매도인은 지정된 인도장소에서 운송인에게 물품을 인도하기 위해 필요한 품질확인, 물품에 따른 물품의 계량과 같은 행위를 하고, 이에 따른 비용과 수출국 당국의 법에 의해 이루어지는 선적전 검사비용을 지급해야 하는바, 이는 매매계약에 일치하는 물품과 상업송장 그리고 기타 일체의 증거제공을 위해 필요한 행위이며, 운송계약에 따른 적재와 운임 그리고 운송서류 발급을 위해 필요한 조치이다.

그리고 매도인이 체결한 운송계약에 따라 운송계약 체결 전에 자신에게 알려진 운송 형태, 목적지등을 고려하여 자신이 준비한 물품의 운송과 후속운송을 하기 위해, 즉 계약체결되기 전에 매수인이 특별히 포장에 관해 요구사항이 있으면 이에 따르고 그렇지 아니하면 물품의 운송을 위해 적합한 방법으로 필요한 포장을 자신의 비용으로 제공해야 하는바, 이때의 포장은 다양한 운송수단에 의한 장거리운송이므로 장거리운송에 따른 물품을 보호할 필요성이 있다. 따라서 이에 걸맞는 포장을 해야 한다.

물론 특수 컨테이너에 적재되는 양곡 같은 bulk cargo인 경우 포장이 필요없다. 포장의 경우 타 화물과의 구분, 사용편의 등을 고려하여 포장 면에 적절히 화인이 되어 있어야 한다.

L/C나 계약서상에 달리 합의가 없으면, 동 조항에 의해 품질과 중량의 증명시기가 선적지조건(shipment quality and quantity terms)임을 알 수 있다.

이 조항과 B.9조항은 A.1의 기타일치 증거서류와 주로 관련이 있다.[139)]

Incoterms 2000 A.9의 규정과 차이점은 먼저 Incoterms 2000 A.9 첫째 절상의 "… such as which …" 대신에 "… that …"로 변경된 점이다. 이는 "such as … that"의 문법형식에 따른 것이다. 그리고 "… in accordance with A.4"를 "… in accordance with A.4 as well as well the costs of any pre-shipment inspection mandated by the country of export"로 변경되었는바, as well as이하의 표현의 추가는 국부의 유출에 따라 필요한 경우 수출국이 법률을 통해 선적전 검사를 요구하고 있는바 이런 규정의 제정은 이미 수출국에서 이루어지고 있는 사실의 규정화에 있다. 그리고 이러한 검사는 검사활동이 이루어지기전에 이루어지는 것이 일반적이다.

두 번째 차이점은 Incoterms 2000 둘째 절상의 "… (unless… to send the goods of the contract description unpacked) which is …" 대신에 "… (unless… to transport the type of goods sold unpacked)in the manner …"로 변경된 점이다. 이러한 변경은 Incoterms 2000의 의미를 변경하는 것이 아니라 표현의 세련화(예컨대 send를 transport로의 변경)와 분명화(예컨대 the goods of the contract description unpacked를 the type of goods sold unpacked로 변경)를 가져오는 효과가 있다.

Incoterms 2000과 3차 초인 둘째 절과의 또 디른 차이점은 둘째 절상의 "… for thc transport of the goods agreed by him"이 "… by it and, where applicable, for any subsequent transport to the extent that the circumstances relating to the transport (for example modalities, destination)are made knows to the seller before the contract of sale is concluded"로 변경된 점이다.

먼저 by him이 by it로 변경된 것은 seller가 여성일수도 남성일수도 있기에 3인칭인 it을 사용하였다고 볼 수 있다. 그리고 "… and …"이하의 표현이 FCA A.9의 규정처럼 새로 추가된 것은 매도인이 자기가 제조한 물품의 운송을 위해 자신이 운송계약을 체결하기에 자신이 알아서 자신이 준비한 물품의 운송에 필요한 포장을 할 것으로 생각할 수 있으나 이미 EXW와 FCA에서도 언급하였듯이 동 조건은 운송형태에 관계없이 사용될 수 있고 복합운송이 전제이기 때문에 후속운송을 고려한 포장의 필요성을 재삼 강조하기 위해, 그리고 운송계약을 체결하는 매도인의 포장의무에 대한 인식을 재고 하 위한 의미에서 새로이 추가된 것으로 볼 수 있다.

Incoterms 2000과 1차, 2차, 3차 초안과의 차이점을 보면 다음과 같다.

139) 오세창, 상게서, p.295.

먼저 Incoterms 2000과 1차 초안의 경우 Incoterms 2000 첫째 절상의 "… which are …"가 "… that are …"로 변경된 점이 다르고, 둘째 절상의 "… which is required for …"가 "… required for"로 "… by him"이 "… by it"로 변경된 것 외는 동일하다.

1차 초안과 2차 초안간의 차이점은 1차 초안 첫째 절상의 마지막 부분인 "… with A.4"가 3차 초안과 같이 "… with A.4 as well as … of export."로 변경된 점과, 1차 초안 둘째 절상의 "… of goods arranged by it"가 "… of goods, to the extent that … concluded."로 변경점이 다르다.

2차 초안과 3차 초안의 차이는 2차 초안 둘째 절상의 "… of goods, to the extent … concluded"가 "… goods arranged by it and, where applicable, … concluded."로 변경된 점이다. 그러나 최종초안의 경우 3차 초안에 비해 규정적으로 보면 대폭 변경하였다. 그 내용을 보면 최종초안의 경우 3차 초안에 비하여 규정표현으로 보면 "The seller … arranged by it and, where applicable, for any subsequent transport extent that the circumstances …"를 현 규정 둘째 절과 같이 규정하므로 대폭 변경하였다. 그 내용을 보면 물품에 따라 특수한 포장이 필요한 경우 매수인은 매도인에게 계약체결 전에, 요구하게 규정하고 일반적 의미의 운송에 필요한 적합한 포장을 요구하므로 포장조건에 통일적 규정을 강조하던 종전 초안과 달리 일반적인 포장의 정의를 하고, 특수한 포장이 필요한 경우 규정을 통한 통일된 규정의 불가능을 안고 당사자들이 계약체결 전 사전에 통지하게 하므로 포장규정의 단순화를 기도하고 있다. 사실 EXW A.9과 전 Incoterms® 2010 rules A.9 내용은 동일하다.

A.10 정보협조와 관련비용(Assistance with information and related costs)

The seller must, where applicable, in a timely manner, provide to or render assistance in obtaining for the buyer, at the buyer's request, risk and expense, any documents and information, including security-related information, that the buyer needs for the import of the goods and/or for their transport to the final destination.

The seller must reimburse the buyer for all costs and charges incurred by the buyer in providing or rendering assistance in obtaining documents and information as envisaged in B10.

매도인은, 적용되는 경우, 시의 적절한 방법으로 매수인의 요청, 위험 그리고 비용부담으로 매수인이 물품의 수입과/또는 최종목적지까지 물품의 운송을 위해 필요로 하는 모든 서류와 보안관련 정보를 포함하여 정보를 제공하거나 취득하는데 협조를 제공하여야 한다.

매도인은 매수인에게 B.10의 규정에 따라 서류와 정보를 제공하거나 취득함에 있어 협조를 제공하는데 매수인이 지급한 모든 비용을 변상하여야 한다.

해설 매도인은 자신의 의무이행, 즉 물품의 운송과 수입 그리고 제3국으로의 물품 통과를 위하여 필요한 보안관련정보, 모든 서류와 정보 취득을 위해 매도인 자신이 이들을 요청하고 자신의 위험과 비용 하에 매수인에 의해 이런 일들이 이루어진 경우에 이러한 자신의 협조제공요청에 따라 매수인이 지급한 모든 비용을 매수인에게 변상조치 하여야 한다.

첫째 절의 경우 Incoterms 2000과 1차, 2차, 3차 초안의 비교는 CIP의 경우 Incoterms 2000 A.10상에는 "… electronic message (other than those mentioned in A.8) issued … country."로 EXW의 경우 Incoterms 2000 A.10 상에는 "… electronic message issued … country."로 되어있는 것 외는 규정이 동일한바 ( )의 표현 외는 EXW와 동일하다. ( )의 표현은 1차 초안 시 부터 특별히 규정할 필요가 없기에 삭제되었다.

둘째 절의 경우 Incoterms 2000과 1차 초안 상에는 규정되지 아니하였고, 2차 초안에 규정과 3차 초안의 규정은 그대로 이다.

Incoterms 2000 A.10에 의하면 다음과 같이 규정되어 있었다.

"매도인은 매수인의 요청과 위험과 비용부담으로 매수인이 물품의 수출입과 필요한 경우 제3국 운송을 위해 필요할지 모르는 인도국 또는 원산국에서 발급하거나 발송하는 모든 서류 또는 동등한 EDI를 취득하는데 모든 협조를 매수인에게 제공해야 한다.

매도인은 매수인의 요청에 따라 보험계약체결을 위해 필요한 정보를 매수인에게 제공해야 한다.

Incoterms 2000상의 EDI 관련표현은 다른 규정에서의 EDI 관련표현과 함께 Incoterms® 2010의 A.1으로 통합되어 표현되어 있고, 보험에 관한 정보는 전 Incoterms A.3에 통합되어 표현되어 있다. 그리고 Incoterms 2000에서의 "수출과/또는 수입과 필요한 경우 제 3국 운송을 위해 필요할지 모르는 …모든 서류는"의 표현은 "수출과/또는 수입과/또는 최종목적지까지 물품의 운송을 위해 필요로 하는 서류와 보안관련 정보를 포함하여 정보…"로 변경되었는바, Incoterms 2000보다 보안관련 정보와 기타정보 제공이 추가된 것 외는 Incoterms 2000상의 표현보다 세련된 그러나 동일한 의미의 상이한 표현이다. 즉 궁극적으로 규정의 통폐합과 대형 컨테이너 운송에 의한 신속한 수출입 통관과 운송을 위해 필요한 보안관련 정보 외에 기타정보와 서류를 요구하므로 필요한 정보추가 외는 근본적으로 Incoterms 2000 A.10과 동일한 의미로 볼 수 있다.

이상의 변경을 규정표현으로 보면 1차 초안의 규정은 Incoterms 2000 A.10의 규정과 비교해서 "국내외거래"의 적용을 위해 첫째 절 "where applicable"이 추가되고, Incoterms 2000상의 "… every assistance … any country" 대신 "…, assistance including provide security-related information, in obtaining any documents, whether in paper or electronic form, that the buyer … any country."로 변경되었다.

1차와 2차의 구분은 1차 초안상의 "… render … any document, … any country."가 "… provide to or render … security-related information, that the buyer … any country."로 변경되었다.

2차 초안은 3차 초안규정과 비교해서 말미의 "… that the buyer may require for the transport, … for their transit through any country" 대신에 2차 초안 규정을 포함하는 포괄적 표현으로 "… that the buyer needs for … and/or for their transport to the final destination"으로 변경한 것을 제외하고는 동일하다. 이렇게 규정된 이유는 이미 앞에서도 언급하였듯이 일체의 운송형태에 적용되는 조건들의 경우 대부분 컨테이너로 운송되고 있으며, 대형컨테이너 수출과 수입의 경우 신속한 수출입통관을 위해 법에 따라 또는 운송계약이나 포장 등을 위해 수출입과 최종목적지까지 운송에 필요한 정보를 매도인은 필요하여 요구할 수 있기 때문이다.

그리고 Incoterms 2000과 1차 초안 상에는 없었으나 2차와 3차 초안 상에 "… in a timely fashion provide …"와 같이 "in a timely fashion"이 추가되었는바 이는 협조로 제공되는 서류나 정보를 시간적으로나 방법적으로 적절해야 함을 강조하기 위해서이다.

최종초안의 경우 3차 초안 첫째 절상의 "… in a timely fashion … for the export and/or export of the goods"대신에 "… in a timely manner … for the import of the goods …"로 변경된 것 외는 동일하다. "fashion"의 "manner"로의 변경은 동일한 의미의 세련된 표현이고, "the export and/or"의 삭제는 수출의 허가를 매도인이 취득하기에 수출에 필요한 모든 절차는 매도인의 책임이기 때문이다.

문제대안 A.10의 첫째 줄, "provide to or"의 삭제가 필요하다. 왜냐하면 동일의미의 상이한 표현이 아니라 양자 간의 구분을 전제로 하고 있는바, provide는 자신의 비용으로 시작하는 필수제공의 표현이고, render는 누구의 요청과 위험・비용부담으로 시작하는 협조의무의 표현임을 지금까지 Incoterms의 규정들을 통해 입증 되었는바, 본 규정상의 의무는 협조의 의무이지 협조나 필수의 규정이 아니기 때문이다. 전 Incoterms를 변경할 필요성이 있다.[140)]

그러나 이렇게 규정한데는 비록 모든 협조가 매수인의 책임 하에 이루어지나 매도인이 아니면 아니 되는 경우의 협조제공의무와 매수인이 할 수 있는 일에 대한 매도인의 협조제공 의무가 있기에 전자를 위한 표현이 provide 이고 후자를 위한 표현이 render로 볼 수 있다. 그러나 예컨대 FCA A.10의 둘째 절상의 "… in providing or rending assistance in obtaining …"의 경우 B.10과 연계되기에 B.10의 규정 둘째 절의 규정을 보면 역시 "… in providing or rending assistance in obtaining for the seller, at the latter's request, risk and expense …"로 규정되어 있어 양 규정을 비교해보면 필수 협조의무 규정임이 틀림이 없다. 따라서 "… providing or …"를 삭제 할 필요가 있다. 그러나 providing or rending과 연계된 B.10의 "… at latter's request, risk and expense …"표현이 매도인의 요청에 따라 매수인의 위험없이 매수인이 필수적으로 제공할 수 있는 경우와 매도인의 전적 책임 하에 이루어지는 경우를 모두 포함하는 의미로 필요에 따라 이원화되는 표현으로 해석할 수 있는 표현으로 해석한다면 동 표현은 그대로 두어도 이해가 될 수 있다. 그렇다면 기타 모든 Incoterms 규정에도 A.10이나 B.10의 규정과 마찬가지로 "… provide or

140) 오세창, "Incoterms 2011 2차 초안의 특징과 문제점", 경영경제, 제43집 제1호, 계명대학교 산업경영연구소, 2010, p.39.

render …" or "… providing or rending …"과 같은 표현이 필요할 수 있다.

1차 초안 상에는 "… whether in paper or electronic form, (other them those mentioned in A.8)that the buyer may …"로 규정되어 있었으나 2차부터는 특별히 규정할 필요가 없어 삭제되었다.

그러나 이미 A.2에서 설명한 대로 이미 규정을 통해 책임한계는 분명하지만 제공의 의무만은 반드시 제공해야 하기에 "provide" 또는 "providing"으로 통일하는 것이 바람직하다.

B. 매수인의 의무(THE BUYER'S OBLIGATIONS)

B.1 매수인의 총칙의무(General obligations of the buyer)

> The buyer must pay the price of the goods as provided in the contract of sale.
>
> Any document referred to in. B1-B10 may be an equivalent electronic record or procedure if agreed between the parties or customary.
>
> 매수인은 매매계약상에 규정된 대로 물품의 대금을 지급하여야 한다.
>
> B.1에서 언급하고 있는 모든 서류는 당사자들 간에 합의하거나 관례라면 동등한 전자기록이나 절차에 의해 대체될 수 있다.

해설 B.1의 규정은 매수인에 대한 A.1의 경상규정이면서 매수인의 제일의 의무규정을 규정하고 있으며, Incoterms의 모법에 해당하는 CISG 53조에서 59조까지 규정의 세부 규정이라 할 수 있다. 그러나 CIGS규정에 비하면 그 내용이 지극히 단순하게 되어있다. 그러나 CISG 53조의 규정 가운데 "… as required in contact of sale"와 달리 B.1의 규정에는 "… as provided in a contract of sale"로 규정되어 있는바, 여기서의 "… provided …"는 CISG상에서의 계약에 따라 요구할 수 있는 내용, 즉 일반적으로 계약에 따라 일반적인 요구사항에 따른 지급규징과 달리 B.1의 "… provided"는 특정계약에서 구체적으로 규정하고 있는 지급방법, 지급장소 등에 따라 지급해야 함을 규정하고 있다. 전자가 포괄적 계약규정을 의미한다면 B.1의 계약은 특정 개별계약의 성격이 강하다. 그러나 특정계약은 물품에 따라 당사자들 간의 사정에 따라 다를 수 있기에 B.1의 지급규정에 대한 시행세칙에 해당하는 해당 L/C나 계약서상에 구체적으로 규정하여 반영된다.

그리고 A.1에서 언급한대로 전 Incoterms B.1-B.10상에 규정되어 있는 서류는 B.1 둘째 절 규정과 같이 당사자들 간에 합의하거나 관례라면 종이서류와 동등한 전자기록으로 대체할 수 있다는 표현으로 대체 된 것 외는 Incoterms 2000 A.1과 1차, 2차, 3차, 최종초안의 내용이 똑같이 번경된 것이 없다. 최종초안의 경우 A.1에시와 같이 "electronic record"에 "… or procedure"이 추가된 것 외는 동일한바, 이는 이미 특징에서 언급하였듯이 종이서류와 전자서류간의 등가성과 기술 중립적 입장을 유지하고 있는 전자통신 형식 8조와 9조의 규정에 따른 모든 전자통신을 의미하기 위한 표현으로 볼 수 있다.

A.1에서 언급하였듯이 B.1의 제목자체가 Incoterms 2000, 1차, 2차상의 "payment of the price" 대신에 "General obligation of the buyer"로 변경된 것은 차이가 있으나, B.1 둘째 절상의 규정표현 때문에 제목이 이렇게 변경된 것 같다. 그러나 B.1의 제목의미와 달리 B.1의 규정은 매수인의 총칙의무규정이라기 보다는 매수인의 입장에서 볼 때 물품을 수령하여 검사를 하기 전에 먼저 지급을 해야 하기 때문에 가장 중요한 매수인의 의무라 할 수 있으며, 나머지 규정은 A.2-A10의 A.1의 부수 규정 같은 성격이 아니라 A.2-A10의 경상의 의무, 즉 매도인의 매수인에 대한 의무에 대한 매수인의 매도인에 대한 의무규정 내지는 위험과 비용, 그리고 기능에 대한 책임의무규정이라 할 수 있다.

FCA거래에 따른 대급지급 방법이 매매계약서에 명시되어 있는바, 이에 따라 대금을 지급해야 한다. 이 조건의 경우 매매계약서 상에 지급방법이 있으면 그 방법에 따라 지급하되 만약 지급에 대한 아무런 언급이 없으면 근본적으로 COD조건이므로 동시이행(concurrent condition)을 해야 한다.

이 조건의 경우에도 L/C에 의한 지급을 계약서상에 합의하면 L/C에 의한 지급이 가능하다.

현실적으로 계약서상의 신용장에 의한 지급방법에 따라 매수인이 개설하는 신용장상에 대금지급에 대한 약속은 "We hereby issue in your favor this documentary credit which is available by negotiation(or acceptance or payment) of your draft in duplicate at drawn on … accompanied by the following document marked X......"로 표시되고 있다. 그리고 대금의 지급 장소에 관하여는 특수한 경우를 제외하고는 지급방법에 따라 결제가 이루어지는 장소인 은행이다.

이러한 사실은 CISG 57조 (11) b)의 규정을 통해 이러한 관행을 인정하고 있다. 그리고 대금의 지급시기에 관하여는 현실적으로 신용장상의 신용장 유효기간과 서류제공 유효기간에 의해 좌우되는바, 신용장의 유효기간을 초과하지 아니하는 범위 내에서, 서류제공유효기간 내에 제출하여 대금결제를 매도인이 받고 있어, 이것이 바로 대금지급 시기로 되고 있다. 대급지급 시 물품의 검사는 이미 계약서 등의 중요내용에서 설명하였듯이, 원칙적으로 선적지 아니면 양륙지에서 물품을 확인하도록 되어있다. 따라서 특수한 경우를 제외하고는 FCA의 경우 검사 장소는 선적지이며, 검사의 객관성을 유지하기 위해 A.4에 따라 물품의 인도 시에 A.9나 B.9에 따라 신용장 상에 검사증명사를 요구하므로, 대금지급시의 매수인의 물품의 검사를 대체하고 있다. 이러한 현실관행을 CISG 58조 (3)(c)의 단서가 규정하고 있다.

CPT의 경우 매매계약에 의한 A.8 둘째 절 규정에 따라 L/C에 의한 CAD거래가 현실적이다.[141)]

B.2 허가, 승인, 보안통관과 기타절차(Licences, authorizations, security clearances and other formalities)

> Where applicable, it is up to the buyer to obtain, at its own risk and expense, any import licence or other official authorization and carry out all customs formalities for the import of the goods and for their transport through any country.
>
> 적용되는 경우 자신의 위험과 비용으로 모든 수입허가나 기타 공식적인 승인을 취득하고 물품의 수입과 제 3국으로 물품의 통과를 위한 모든 세관 절차를 수행해야 한다.

해설 동 조건하에선 수입의 허가와 기타공적승인의 취득과 물품의 수입과 제3국으로 물품의 통과를 위한 세관절차가 EU 지역 간이나 자유무역지대와 같이 관세를 지급할 의무가 더 이상 없고, 수출입에 제한이 없는 경우를 제외하고 이들이 필요한 경우 당연히 매수인의 책임과 부담으로 수행해야 한다.[142)]

Incoterms 2000 B.2상의 "The buyer must obtain …, and carry out, where applicable, …"표현대신 "where applicable, it in up to the buyer to obtain …"으로 표현이 변경되었으나 그 내용은 변경된 것이 없어 보인다. 그러나 중요한 변경이 있다.

이미 A.2에서도 언급하였듯이 "Where applicable"의 위치의 변경이다. 이 표현은 EU 지역 간이나 자유무역지대와 같이 수출입에 따른 허가, 승인, 세관절차가 필요 없는 지역이나 국가 또는 국내거래에는 적용되지 아니하고 이러한 허가나 승인 그리고 절차가 필요한 경우에는 적용됨을 의미하고 있는바, 특정 역내 · 지역거래, 국내거래에 동 조건 적용에 동 규정의 적용이 불필요하며, 역외 국가 간 · 역내 · 역외 간 거래에 동 조건 적용 시 동 규정의 적용이 필요함을 의미하는 표현이다.

그리고 Incoterms 2000의 경우 동 표현이 "… carry out, where applicable …"에 위치하고 있어 세관절차에 따른 동 표현이 적용됨을 의미하는 것으로 오해 될 수 있어, 이런 오해를 역시 불식 시키고 규정의 명확화를 도모하기 위해 규정 서두에 위치하게 되었다. 종전 같이 위치한다 해도 문제는 없다. 왜냐하면 세관절차 전에 허가, 승인이 반드시 이루어 져야 하는 이른바 세관절차의 원인행위에 해당하는 것이 수출입허가나 승인이기 때문이다.

1차, 2차, 3차 최종초안의 규정은 변경이 없다.

---

141) 오세창, 상게서 p.162.
142) 오세창, 상게서, p.163.

B.3 운송과 보험계약(Contracts of carriage and insurance)

a) Contract of carriage

The buyer has no obligation to the seller to make a contract of carriage.

b) Contract of insurance

The buyer has no obligation to the seller to make a contract of insurance. However, the buyer must provide the seller, upon request, with any information necessary for the seller to procure any additional insurance requested by the buyer as envisaged in A3 b).

a) 운송계약

매수인은 매도인에 대하여 운송계약을 체결할 의무가 없다.

b)보험계약

매수인은 매도인에 대한 보험계약을 체결할 의무가 없다. 그러나 매수인은 매도인의 요청에 따라 매도인이 A.3 b)에 따라 매수인이 요청하는 추가보험을 체결하는데 필요한 모든 정보를 매도인에게 제공해야 한다.

해설 a) 운송계약

CIP조건 하에서 목적지 장소 또는 지점까지 통상의 조건으로 운송계약을 체결할 의무는 A.3 a)의 규정에 따라 매도인에게 있다.

b) 보험계약

Incoterms 2000 A.3 b)에 의하면 매도인에게 매수인의 요청과 비용부담으로 가능하다면 매도인이 매수인을 위해 추가보험에 부보할 것을 규정하고 있으나 이러한 추가부보에 대한 비용부담에 대한 규정과 매도인으로 하여금 추가부보에 따른 고지의무의 준수를 위해 필요한 정보제공에 대한 규정이 이를 요청하는 B.3 b)에서 규정되어 있지 아니한 것을 3차 초안에서는 B.3과 B.6을 통해 상기의 내용을 분명히 하고 있다.

3차 초안 B.3 b)의 규정은 Incoterms 2000 B.3 b)호에는 규정되지 아니한 규정으로 누가 누구에게 보험계약을 체결할 의무가 없는지에 대한 분명한 규정을 할 뿐만 아니라 A.3 b)의 규정에 따라 매수인이 필요로 하여 전쟁과 파업위험과 같은 추가보험을 매도인으로 하여금 부보 하여 주길 원할 경우 매도인이 추가보험 계약체결 시에 필요로 할 수 있는 모든 정보를 매도인의 요청이 있으면 그에게 제공해야 한다. 이는 매수인의 요청에 의해 매수인의 비용부담으로 매도인이 체결한다 해도 결국 보험계약의 당사자는 매도인과 보험회사이며, 이 경우 보험계약에 필수적인 조건인 "고지의무"에 매도인으로 하여금 충실하게 임하게 하기 위함이다.

Incoterms 2000과 3차 초안을 비교하면 전자의 경우 "no obligation"으로 되어 있으나

3차 초안, 2차 초안은 동일하게 현 규정이 신설되었다. 1차 초안의 경우 단순히 "누가 누구에게 의무가 없다"는 Incoterms 2000의 규정을 보다 구체적으로 명시하는 의미의 no obligation owed by the buyer to the seller"로 규정되어 있을 뿐 그 의미는 현실적으로 Incoterms 2000의 규정과 동일한 의미이다.

최종초안의 경우 동일의미의 자구수정 외는 변동이 없다.

B.4 수령(Taking delivery)

> The buyer must take delivery of the goods when they have been delivered as envisaged in A4 and receive them from the carrier at the named place of destination.
>
> 매수인은 물품이 A.4의 규정에 따라 인도완료 된 때로부터 물품의 인도를 수령하고 지정된 도착지장소에서 운송인으로부터 물품을 수취해야 한다.

해설 Incoterms 2000상의 C-Terms였던 CPT, CIP, CFR, CIF, 즉 CAD거래조건과 F-Terms였던 FAS, FCA, FOB 그리고 D-Terms였던 DAF, DES, DEQ, DDU, DDP, 즉 원칙적으로 COD(순수와 확대 COD)거래이나 당사자들 간의 합의에 의해 CAD거래[143]가 가능한 조건들 간의 주요한 차이점이 있다면 B.4와 A.8의 규정이 있다.

C-terms의 경우 B.4에 의하면 "··· accept ···and receive ···"로, F-terms와 D-terms의 경우 B.4에 의하면 "··· take delivery ···"로 각각 규정되어 COD와 CAD를 전제하고 있고, A.8, B.8의 경우 C-terms의 경우 규정 전체가 CAD를 전제하고 있으며, F-terms의 경우 원칙적으로 COD를, 합의에 의해 CAD가 가능함을, D-terms의 경우 COD를 원칙으로 함을 각각 규정하고 있다.

이런 규정의 표현은 Incoterms 2000이나 1차, 2차, 3차 초안 모두 마찬가지이다.

특히 B.4의 경우 F와 D-Terms의 경우 COD의 거래원칙에 따라서 A.4에 따라 최초의 운송인에게 물품의 인도가 완료되면 물품을 인도 시점에서 수령해야 함을 규정하고 있다.

반면에 C-terms의 경우 Incoterms 2000의 경우 1차, 2차, 3차 초안과 달리 A.4에 따라 물품의 인도가 완료되면 인도사실을 인정(accept)하고 목적지 지정된 장소 또는 항구에 도착하면 운송인으로부터 자신이 인정한 물품을 수리(수령, receive)하도록 하였다. 이는 CAD거래이기 때문에 A.4에 따라 물품이 인도되면 인도된 사실을 인정하고 물품이 도착하면 이유 불문하고 물품을 대표하는 서류와 교환으로 물품을 수리, 즉 수령한 후, 검사결과 문제가 있으면 상업송장, 운송서류, 보험서류 등의 순서로 이의를 제기할 수 있고, 책임소재에 따라 당사자들을 상대로 계약위반을 이유로 클레임 등을 제기

143) 그러나 D-terms의 경우 규정에 의하면 순수 내지 확대 COD만을 전제로 하고 있다. 특수한 경우 CAD가 가능하다.

할 수 있게 되어있다. 이러한 사실은 CIF의 경우 서류거절권과 물품의 거절권은 구분되며, 대금지급으로 매수인의 서류거절권은 종료되고, 대금을 지급함으로써 물품의 검사권이 발생하며 물품을 검사하여 하자가 발견되면 물품의 거절권을 행사할 수 있음을 의미한다. 즉 대금지급으로 서류거절권이 종료되고 서류거절권이 물품의 거절권으로 전환됨을 의미한다는 Schmitthoff교수의 주장을 뒷받침하는 표현 규정이다.

문제 대안 Incoterms 2000과 1차, 2차, 3차 최종초안 규정간의 차이점은 "… accept …"가 "… take …"로 변경되고, 똑같은 C-terms거래인데 CFR과 CIF상에는 "… named port of destination"로 규정되어 있었으나, CPT와 CIP의 경우 "… named place"로 규정되어 지정된 장소가 어떤 장소인지가 현실적으로 당사자들 간에는 알지만 규정적으로 보면 불투명하여 오해를 줄 수 있었다. 그러나 1차, 2차, 3차 초안에서는 "… named place of destination"로 변경되어 오해의 소지를 불식시키는 효과를 주고 있다.

Incoterms 2000 B.4의 규정과 달리 1차, 2차, 3차 최종초안의 경우 공히 "… accept …"대신 "take delivery of …"로 표현하고 있는바, 동일의미의 상이한 표현이라 해도 전자의 표현은 서류거래의 경우 "물품의 인도를 인정"하는 표현으로 "물품의 인도를 수령"하는 표현보다 훨씬 CAD거래의 특색을 나타내는 표현이라 할 수 있다. 후자의 표현대로 하면 A.4에 따라 "물품의 인도를 COD거래의 A.4처럼 물리적으로 수령"하고 목적지에서 "운송인으로부터 물품을 물리적으로 수리, 즉 수령"해야 한다는 물리적 수령의 개념으로 해석되어 CAD거래의 특색을 퇴색시킬 수 있다.

B.5 위험의 이전(Transfer of risks)

The buyer bears all risks of loss of or damage to the goods from the time they have been delivered as envisaged in A4.

If the buyer fails to give notice in accordance with B7, it must bear all risks of loss of or damage to the goods from the agreed date or the expiry date of the agreed period for delivery, provided that the goods have been clearly identified as the contract goods.

매수인은 물품이 A.4의 규정에 따라 인도완료 된 때로부터 물품의 멸실 또는 물품에 대한 손상의 모든 위험을 부담해야 한다.

매수인이 B.7에 따라 통지를 해태한 경우 그는 인도를 위해 합의한 날짜 또는 합의한 기간의 만기 날짜로부터 물품의 멸실이나 물품에 대한 손상의 모든 위험을 부담해야 한다. 다만 물품이 계약물품으로 분명하게 충당되어 있어야 한다.

해설 운송인에게 인도완료 된 때로부터 물품에 대한 위험을 부담해야 하며, 물품의 발송시기와 도착지에 관해 B.7에 따라 충분한 시간적 여유를 두고 충분한 내용으로 통지해야 하며, 이러한 매수인의 통지의무의 해태는 위험의 조기이전을 초래할 수 있다. 다시 말해서 매매계약 체결 시에 의도했던 것 보다 더 오래 위험의 이전과 인도를 지연하는 것은 매수인에게 허용되지 아니한다. 따라서 B.7에 따른 매수인의 통지해태는 인도를 위해 합의한 날짜 또는 인도를 위해 합의한 기간의 만기날짜로부터 위험을 이전시키는 원인이 된다.

그러나 이미 언급한 바와 같이 이러한 조기위험이전의 대전제조건인 물품이 계약물품으로 다른 물품과 구분이 되어 있거나 달리 계약에 정히 충당되어 있지 아니하다면 위험은 이전하지 아니한다. 구분 또는 충당이란 예컨대 물품이 불특정물품이거나 매도인이 여러 매수인에게 인도할 특정한 종류의 물품인 경우 동 물품이 계약에 정히 제공되기 위하여 다른 불특정물품 또는 특정물품과 구분되어 있거나 정히 계약에 제공된 때만이 충당이 일어난다.[144]

Incoterms 2000 B.6의 경우 다른 규정과 달리 CPT와 CIP의 경우만 유일하게 "… bear all risks of the goods …"되여 있어 이의 시정을 요구한바 있었다.[145]

Incoterms® 2010의 경우 CPT와 CIP의 B.5상에 다른 조건들과 같이 "… bear all risks of costs of or damage to goods …"로 통일되었다.

Incoterms 2000과 1차 초안간의 차이는 Incoterms 2000상의 "The buyer must, should he …, bear all risks of the goods … the period fixed, provided, however, that … duly appropriated …, that is to say, clearly set aside or otherwise … goods."에서 조기위험이전원칙의 대전제조건원칙, 즉 조기위험이전의 예외원칙인 "… provided, however …" 이하의 규정이 EXW와 FCA와 같이 "… provided that the goods have been clearly identified as the contract goods"로 변경된 것 외는 동일하다. "fixed"가 "agreed"으로 변경된 것은 동일의미의 상이한 표현을 하고 이로 인한 오해의 소지를 없애기 위해 앞의 "agreed date …"와 보조를 맞추기 위한 것으로 볼 수 있다. 그리고 대전제조건의 규정이 Incoterms 2000의 경우 엄격한 의미에서 보면 구분이 되나 크게 보면 동일한 의미가 세 번 강조되는 표현으로 되어 있었으나 1차 초안에서 분명한 의미의 표현 한번으로 단순화[146]시켜 동일 의미의 상이한 표현을 두고 오해의 소지가 있을 수 있음을 예방하는 효과가 있다.

1차와 2차와의 차이점은 Incoterms 2000의 규정에서 "… all risks of the goods …"이 "… all risks of cost of or damage to the goods …"로, "The buyer must, should he … bear … period fixed …"가 "… should the buyer …, it must bear … period agreed …"로 변경되었다.

조기위험이전원칙의 범위에 대하여 "물품의 모든 위험"에서 "물품의 멸실 또는 물품에 대한 손상의 모든 위험"으로 규정함으로써 조기위험이전원칙 범위의 확대와 다

144) 오세창, 상게서, p.285.
145) 오세창, 상게서, p.284.
146) 이미 EXW에서도 동 표현과 관련하여 설명하였듯이 엄격하게 보면 충당개념의 제한이라 할 수 있다.

른 규정과의 균형을 기하였고, 매수인이 he 일수도 she일수도 있기에 그 대명사인 it을 사용한 점이 다른 점이다.

2차 초안과 3차 초안간의 차이점은 "… provided …" 표현이 다른 규정과 같이 "… provided that the goods have been set aside or otherwise clearly identified …"로 표현함으로써 조기위험원칙의 대전조건으로 EXW B.5에서도 언급하였듯이 "계약물품으로 다른 물품과의 구분"이 되어 있거나 "계약물품으로 분명히 충당"되어 있어야 함을 규정하므로 예컨대 "운송인에게 인도하므로 계약물품으로 정히 충당시킨 경우" 또는 "매도인의 창고등에 계약물품으로 운송인에게 인도하기 위해 따른 물품과 달리 포장 등을 하여 별도로 구분하여 장치시켜 놓은 경우"모두를 포함한 의미로 조기위험이전의 대전제원칙을 다소 확대하고 있다. 이는 매도인의 입장을 고려한 표현이라 할 수 있다.

최종초안의 경우 "in accordance with A.4" 대신 "as envisaged in A.4"로, 대전제조건상의 확대 충당개념인 "… set aside or otherwise clearly identified …"가 엄격한 충당의 의미표현인 "… clearly identified …"로 변경된 것 외는 3차 초안의 내용과 동일하나 이에 다른 rules에서도 언급하였듯이, 일반적인 표현보다 분명한 표현을 위해 사용된 "envisaged"와 "in accordance with"와의 차이점에 대한 해설이 필요하다.

B.6 비용의 분담(Allocation of costs)

The buyer must, subject to the provisions of A 3a), pay

a) all costs relating to the goods from the time they have been delivered as envisaged in A4, except, where applicable, the costs of customs formalities necessary for export, as well as all duties taxes and other charges payable upon export as referred to in A6 d);

b) all costs and charges relating to the goods while in transit until their arrival at the agreed place of destination, unless such costs and charges were for the seller's account under the contract of carriage;

c) unloading costs, unless such costs were for the seller's account under the contract of carriage;

d) any additional costs incurred if it fails to give notice in accordance with B7, from the agreed date or the expiry date of the agreed period for dispatch, provided that the goods have been clearly identified as the contract goods;

e) where applicable, all duties, taxes and other charges as well as the costs of carrying out customs formalities payable upon import of the goods and the costs for their transport through any country, unless included within the cost of the contract of carriage; and

f) the costs of any additional insurance procured at the buyer's request under A3 and B3.

매수인은 A.3 a)의 규정을 제외하고는 다음의 비용을 지급해야 한다.
a) 적용되는 경우 A.6 c)호에 언급된 수출 시에 지급할 수 있는 모든 관세, 제세와 기타비용 뿐만 아니라 수출을 위해 필요한 세관절차비용을 제외하고 물품이 A.4의 규정에 따라 인도 완료된 때로부터 물품에 관한 모든 비용;
b) 이런 비용이 운송계약 하에서 매도인부담이 아니라면 물품이 도착지의 합의한 장소에 도착할 때 까지 운송중인 물품에 관한 모든 비용;
c) 이러한 비용이 운송계약 하에서 매도인 부담이 아니라면 양화비용;
d) 매수인이 B.7에 따라 통지를 해태한 경우 발송을 위해 합의한 날짜 또는 합의한 기간 만기 날짜로부터 발생한 물품에 관한 모든 추가비용. 다만 물품이 계약물품으로 구분되어 있거나 달리 분명하게 충당되어야 한다.
e) 적용되는 경우 물품의 수입시에 지급할 수 있는 세관절차수행비용과 운송계약비용 가운데에 포함되어 있지 아니하다면 물품의 제3국 통과비용 뿐만 아니라 모든 관세, 제세 그리고 기타 비용
f) A.3과 B.3규정하의 매수인의 요청에 따라 체결한 추가보험비용.

해설 a)호의 규정은 A.4의 인도방법에 따라 물품이 인도완료된 때로부터 물품에 관한 모든 비용으로 b)호의 규정과 비교해 볼 때, 본 규정에서의 비용은 운송계약과 관련이 있다. 따라서 매도인이 운송계약에 따라 지급해야 하는 비용, 예컨대 T/S charges 등 이와 관련한 비용, bulk surcharges, currency surcharges 등 각종 할증료를 제외한 즉, 운송계약하의 매도인 부담인 비용부담을 제외한 비용으로 물품의 인도 후에 물품에 대해 발생하는 모든 비용, 예컨대 선적 후 좌초, 충돌, 파업, 정부명령, 얼음이나 기후의 이상상태로 인한 장애와 같은 우연적 사건의 결과로서 운송인이 부과하는 일체의 비용 등을 의미한다. 따라서 A.3 a)상의 통상조건과 통상경로에 근거한 운송계약에 따라 매도인이 일반적으로 지급하는 비용을 제외하고 목적지 지점에 도착할 때까지 운송 중에 물품에 관한 모든 비용, 예컨대 위에서 언급한대로 T/S charges와 이와 관련한 비용, currency surcharges, bulker surcharges 등을 지급해야 한다.

c)호의 경우 A.3 a)상의 통상조건과 통상경로에 근거한 운송계약에 따라 매도인이 지급해야 하는 도착지 장소의 창고사용료, 양화장비 사용료 등 양화비용을 지급해야 한다.

d)호의 경우 B.7에 따라 매도인에게 통지해야 할 자신의 통지의무 해태로 인해 발생할 모든 추가비용, 예컨대 합의한 발송지의 창고료, 화재로 인한 비용 등 자신의 통지 해태로 매도인이 이행할 수 없으므로 인해 발생한 사건과 관련한 비용 또는 이행할 수 없음으로 인해 지급하는 비용을 부담해야 한다. 단 이러한 이행 전 위험이전을 위한 대 전제원칙으로 물품이 물품계약에 정히 충당되어 있어야 한다.

e)호의 경우 적용되는 경우, 물품의 제3국 통과비용, 수입시 지급할 수 있는 세관절

차 수행비용 뿐만 아니라 모든 관세, 제세 그리고 기타비용을 지급해야 하는바, 특히 제3국 통과비용의 경우, 이러한 비용이 운송계약에 따라 매도인이 지급하는 운송계약 비용 가운데 이러한 비용이 포함되어 있지 아니하면 이러한 비용을 매수인이 지급해야 한다.147)

Incoterms 2000 B.6의 규정과 비교해 볼 때 표현의 차이 내지 보다 분명한 비용부담을 표시하기 위해 추가 표현한 것 외는 내용면에서 차이가 없다.

우선 Incoterms 2000의 규정과 비교해 볼 때 a)호의 경우, A.6 c)의 규정, 즉 수출시 부과되는 관세, 제세, 기타비용 그리고 운송계약에 따라 매도인 부담인 물품의 제3국 통과비용을 제외하고 A.4에 따라 인도 완료될 때까지의 물품에 관한 비용을 부담하게 하는 표현, 즉 "… extent, where applicable, …A.6 c)." 표현이 추가 되었다. 이는 Incoterms 2000의 첫째 절 규정에 의하면 A.4에 따라 물품이 인도완료 될 때 까지 물품에 관한 비용으로 되어 있던 규정, 즉 "all costs … A.4."와 비교해보면, Incoterms 2000의 경우 A.6의 규정을 반드시 이해한 경우에만 B.6의 첫째 절 규정이 분명해진다. A.6의 이해 없이 B.6의 첫째 절 규정을 보면 Incoterms® 2010의 "… extent … A.6 c)"의 비용은 누구 부담인지가 불분명하다. 따라서 CIP거래의 경우 매수인의 경우 자신의 의무에 관한 규정만으로도 비용에 대한 이해를 분명히 하기 위한 표현으로 볼 수 있다.

Incoterms 2000 넷째 절상의 "… he … the period foxed … provided, however, … duly appropriated … goods"가 "… it … the agreed period that the goods have been clearly identified …"로 변경되었는바 그 이유는 이미 설명한 대로이다.

1차 초안의 경우 Incoterms 2000과의 차이점은 Incoterms 2000상의 셋째 절상의 "unloading costs …"가 "unloading and handling costs …"로, 넷째 절상의 "… if he … provide, however, that the goods …"가 "… if it … provide that the goods have been clearly identified at …"로 변경되었는바, "handling"이 추가된 것은 A.6에서 설명한 대로이다. 그 외는 동일하다.

2차 초안의 경우 3차 초안과 비교해서 a)호 상의 "… A.6 b) …"가 "… A.6 c) …"로 변경되었는바, 이는 잘못된 인용의 정정으로 이해된다.

그리고 c)호상의 "unloading and handling …"이 3차 초안에서 "… handling …"이 삭제되었는바, 이유는 A.6에서 설명한 대로이다.

EXW와 FCA의 B.6의 경우 "… appropriate notice …"로 규정되어 있으나 기타조건들의 경우 "… notice …"로 되어 있는바, EXW와 FCA에서 설명한대로 "appropriate"의 삽입을 통한 규정들의 통일이 필요하다.

f)호의 경우 A.3과 B.3규정에 따라 매수인이 필요로 하여 매도인에게 요청한 추가보험을 매도인이 부보한 경우 부보에 따른 추가위험부분에 따라 매도인이 지급한 모든 비용은 매수인의 당연한 부담이다.

---

147) 오세창, 상게서, pp.288-289.

f)호의 경우 Incoterms 2000, 1차, 2차에서는 규정되어 있지 아니하였고 3차 초안에서 규정이 처음이다.

문제대안 전 Incoterms 안내문 가운데 FAS, DDP, DAP, EXW, FCA상에는 "The parties are well advised to specify as possible as …"로 규정되어 있고, CPT와 CIP의 경우 "The parties are also advised identify as precisely or possible as …"로 규정되어 있으며, FOB, CFR, CIF, DEQ의 경우 이런 규정자체가 없다.

이런 규정이 조건에 따라 필요한 경우 동일한 표현의 상이한 표현으로 인한 불필요한 오해를 막기 위해 표현의 통일을 기할 필요가 있다. 물론 FOB, CFR, CIF의 경우에는 조건의 특성상 동 표현이 필요 없을 수 있다. 그러나 DEQ의 경우 FAS의 역경상의 조건으로 이런 표현이 필요한데도 규정이 없다. 이에 대한 설명이 필히 안내서를 통해 이루어져야 할 것이다.

B.7 매도인에게 통지Notices to the seller)

The buyer must, whenever it is entitled to determine the time for dispatching the goods and/or the named place of destination or the point of receiving the goods with that place, give the seller sufficient notice thereof.

매수인은 자신이 물품을 발송할 시기와/또는 도착지의 지정된 장소내의 지점을 결정할 권리를 유보하고 있다면 언제든지 매도인에게 이에 대한 충분한 통지를 해야 한다.

해설 동 조건하에서 매수인은 물품의 발송시기와 도착지를 결정할 권리를 가진 경우, 이에 대하여 내용적으로, 시간적으로 충분한 통지는 매도인의 입장에선 인도시기 내에 지정된 도착지장소까지 물품의 발송을 위한 운송계약과 이에 따른 인도를 위해 대단히 중요할 수 있다. 그리고 매수인의 입장에선 시판사정, 국내운송사정, 창고사정, 대금결제 등을 고려할 때 역시 발송시기와 도착지가 중요할 수 있으므로 이러한 통지가 필요하므로 동 조건하에선 발송시기와 도착지를 선택할 권리를 매수인의 권리로 합의할 수 있다. 따라서 통지는 쌍방 모두에게 중요하다.

물론 합의에 따라 선택할 권리를 가졌다 해도, 통지는 의무이며, 합의에 따라 발송시기와 도착지의 결정을 의무로 한 경우도 통지는 의무사항이다.

단 차이가 있다면 의무로 선택한 경우 이의 해태는 B.5, B.6의 위험과 비용부담이 되나, 권리로 선택한 경우 이의 해태는 A.3 a)와 A.4에 따라 매도인에게 선택권을 부여하게 되고, 역시 B.5, B.6규정에 따르게 된다.[148]

이미 FCA A.4에서 언급하였듯이 Incoterms는 인도에 관한 쌍방의 의무에 관한 통일

---

148) 오세창, 상게서, p.290.

상관습규정이다. 그런데 권리・의무에 관한 통일상관습규정이라고 하는 것은 전 Incoterms B.7의 규정 때문이다. 구체적인 발송시기와 인도지점에 대하여 계약체결 당시에 확정지을 수 없는 경우가 종종 있다. 이런 경우 추후 매수인이 확정지어 매도인에게 통지하도록 그 지명권을 매수인에게 부여하게 된다. 이러한 매수인에게 부여된 권리를 적절한 시기에 행사 하지 아니하면 선택권은 매매계약의 범위 내에서 매도인이 결정하게 된다. 이러한 선택권이 A.3와 A.4에 "may select"로 반영되어 있다.

Incoterms 2000, 1차, 2차, 3차 초안의 규정이 동일하다.

최종초안의 경우 3차 초안과 기본적으로 같지만 "… the point within the named place of destination, …"대신 "… to named place of destination or the point of receiving the goods within that place …"로 지정된 장소와 지정된 장소내의 수령지점을 분리하여 규정하였다. 이는 종전의 지정된 도착장소내의 지점을 운송수단의 최종도착장소와 물품을 수령하는 지점을 분리하여 규정함으로써 복합운송의 성격에 보다 맞는 표현이라 할 수 있다.

B.8 인도의 증거(Proof of delivery)

> The buyer must accept the transport document provided as envisaged in A8 if it is in conformity with the contract.
>
> 매수인은 운송서류가 매매계약에 일치 한다면, A.8에 따라 제공되는 운송서류를 수령해야 한다.

해설 운송서류가 계약에 일치하고 A.8의 요구에 일치하는 한, 매수인은 운송서류를 수령해야 한다. 만약 매수인이 예컨대, L/C에 따라 매도인에게 지급을 못하도록 은행 앞으로의 지시를 통해 운송서류를 거절한다면, 매수인은 계약위반을 하게 되며, 이러한 위반은 매매계약에 따라 이러한 위반에 대해 이용 가능한 구제권을 매도인에게 주게 된다.

반면에 이러한 구제는 예컨대, 계약취소권이나 손해배상청구권을 포함할 수 있다.

그러나 매수인은 적절한 인도증거를 제공하지 못하는 서류, 예컨대 물품이 하자품이라든가 합의한 수량보다 부족하게 제공되었음을 입증하는 서류상의 정도를 나타내고 있는 서류를 인정할 의무는 없다. 이런 서류는 고장부 서류라 부른다.

Incoterms 2000 1차, 2차, 3차 최종초안의 규정이 통일이 필요하다.

문제대안 "… if it is in conformity with the contract"의 표현이 다른 조건들에는 없고, C-terms에만 동 표현이 Incoterms 2000부터 되었는데 무엇 때문이며, 이러한 표현이 지니는 의미는 무엇인가? 하는 의문이 제기될 수 있다.

이는 CAD거래의 특성상 계약서상에서 요구하고 있는 물품을 싣고 있다는 내용이 운송서류 상에 표시되어 있다면 실물 존재 여부와 관계없이 수령해야 함을 의미하므로 C-terms가 CAD거래임을 다시 한 번 강조하는 표현으로 볼 수 있다. 그렇다면 이 표현이 C-terms에만 있는 이유는 다음과 같다.

CFR이나 CIF는 서류에 대한 대금지급을 해야만 비로소 물품의 검사권이 생긴다.

이는 서류에 의한 대금지급 전에 물품의 검사권을 부여하면 계약물품과 다를 경우 서류에 의한 대금지급을 거절할 것이고, 이렇게 되면 서류거래자체를 어렵게 만들 수 있기 때문이다. 따라서 CFR이나 CIF의 변형이자 현대 운송기법과 서비스의 발달에 따른 CFR과 CIF의 발전적 형태인 CPT나 CIP를 포함한 전 C-terms의 경우 운송서류가 계약서와 일치한다면 실제 물품의 일치여부와 관계없이 무조건 수령하고 대금을 지급해야 비로소 물품의 검사권이 발생하여 실물을 검사할 수 있고, 검사에 따라 문제가 있으면 상업송장에 의해 매도인에게, 운송서류에 근거해서 운송인에게 그리고 마지막으로 보험서류에 의해 보험업자를 상대로 claim의 청구가 가능하다.

이와는 달리 해석할 수 있다. C-terms가 서류거래이면서 계약서에 의한 거래보다 L/C에 의한 거래가 대부분이다. L/C에 의한 CAD의 경우 L/C의 내용이 계약서의 내용과 일치하지 아니할 경우 매도인은 L/C의 내용에 따라 서류를 제공하면 대금결제를 받을 수 있으나 계약서 위반이 될 수 있어 매수인으로부터 클레임을 받을 수 있다. 따라서 Incoterms 2000에서 새로이 추가된 내용은 매매계약과 일치한 L/C가 개설되도록 하여 L/C의 내용과 매매계약의 내용을 둘 다 만족시키는 서류를 발급하게 하므로 결제 후의 매매당사자들 간에 발생할 수 있는 문제점을 없애려는 의도에서 추가되었을 수도 있다.[149)]

이러한 추정적 해석은 원칙적으로 COD거래이나 합의에 의해 CAD거래가 가능한 기타조건의 경우에도 확대 적용된다고 볼 수 있다.

B.9 물품의 검사(Inspection of goods)

> The buyer must pay the costs of any mandatory pre-shipment inspection, except when such inspection is mandated by the authorities of the country of export.
>
> 매수인은 이러한 검사가 수출국 정부당국의 법에 의한 경우를 제외하고 모든 법에 의한 선적 전 검사 비용을 지급해야 한다.

해설 수출국에서 매도인이 수출을 위해 관련법에 따라 당연히 자신이 해야 하는 경우는 자신의 책임과 비용으로 하지만, 매수인 수입국의 법에 따라 필요한 경우 매수인의 요청에 의해 이루어지는 모든 선적 전 검사는 매수인 비용부담임을 규정하고 있다. 따라서 매수인이 수입국법에 따라 선전적 필요한 검사의 경우 선적 전에 제3자에 의한 검사증명서를 자신의 책임 하에 매도인에게 요청해야 하며, 이러한 결과를 대금결제서류에 반영시켜야 한다.[150)]

149) 오세창, 상게서, pp.293-294.

Incoterms 2000의 B.9과 비교해 볼 때 Incoterms 2000상의 "… of any pre-shipment inspection …"대신 3차 초안은 "… of any mandated per-shipment inspection …"와 같이 "any psi "가 "mandated psi"로 변경된 것 외는 동일하다. 그러나 종전의 규정과 달리 매도인 자신의 비용으로 이루어지는 수출국의 검사법에 의한 선적 전 검사 외에 매수인 자신의 필요를 위해 그리고 수입국의 법에 의해 필요한 경우 매수인이 요청하고 매도인은 이러한 요청에 따라 매수인의 비용으로 모든 선적 전 검사를 실시하고 그 증명서를 매수인에게 계약서나 L/C에 따라 제출해야 했던 Incoterms 2000상의 "any psi"의 개념은 수입국의 법에 의한 모든 psi의 개념으로 그 의미를 Incoterms® 2010에서는 분명히 하고 있다. 따라서 수입자 자신을 위해 필요한 psi의 경우 별도로 계약서나 L/C상에서 요구하고 그 비용을 지급해야 함을 주의해야 한다.

1차, 2차 초안은 Incoterms 2000과 동일하다.

A.9상의 checking과 B.9상의 inspection에 대하여 Incoterms2000용어 해설[151]에 의하면 동일의미라고 하고 있으나 전자의 의미는 이행에 따른 확인의 성격을 가지기 때문에 수출지 공장 내에서의 자체검사로 볼 수 있다면, 후자는 수출입국법이나 매수인의 필요에 따라 이루어지는 검사로 주로 공인된 기간에서 이루어지고 검사라 할 수 있다.

B.10 정보협조와 관련비용(Assistance with Information and related costs)

The buyer must, in a timely manner, advise the seller of any security information requirements so that the seller may comply with A10.

The buyer must reimburse the seller for all costs and charges incurred by the seller in providing or rendering assistance in obtaining documents and information as envisaged in A10.

The buyer must, where applicable, in a timely manner, provide to or render assistance in obtaining for the seller, at the seller's request, risk and expense, any documents and information, including security-related information, that the seller needs for the transport and export of the goods and for their transport through any country.

매수인은 매도인이 A.10을 수행하기 위하여 필요로 하는 모든 화물보안정보요건을 시의 적절한 방법으로 통지해야 한다.

매수인은 A.10에 따른 서류와 정보를 취득하는데 협조를 제공하는데 있어 매도인이 지급한 모든 비용에 대하여 매도인에게 지급해야 한다.

매수인은, 적용되는 경우, 시의 적절한 방법으로 매도인의 요청, 위험 그리고 비용부담으로 매

150) 오세창, 상게서, p.182.

151) Incoterms2000, Introduction, Terminology, 7) checking and inspection.

도인이 물품의 운송과 수출을 위해 그리고 제 3국으로 물품의 통과를 위해 필요로 하는 보안관련 정보를 포함하여 모든 서류와 정보를 제공하거나 그를 위해 취득하는데 협조를 제공해야 한다.

해설 A.10에 의하면 매수인의 책임으로 물품의 수출입에 필요한 보안관련 정보나 서류 등을 취득하는데 매도인은 협조해야 한다고 규정하고 있는바, 이러한 의무수행에 있어 매도인이 필요로 할 수 있는 것으로 수입국에서의 화물보안정보를 시간적으로나 방법적으로 적절하게 제공해야 할 뿐만 아니라 매수인의 요청에 따른 매도인의 협조제공의무에 따라 매도인이 지급한 일체의 비용을 지급해야 함을 규정하고 있다.

이렇게 볼 때 A.10과 B.10의 의무규정의 경우 그 필요성은 매수인이 그 필요에 따른 협조는 매도인이, 그리고 협조에 따른 책임과 비용은 매수인이 부담해야 함을 규정한 규정이다.

그러나 provide와 render의 표현에 관한 의견은 A.10에서 설명하였지만 이렇게 표현할 수밖에 없다면 그 이유를 해설을 통해서나 아니면 선택이 추후에 이루어져야 할 것이다.

그리고 보안정보와 관련하여 A.10은 goods로, B.10은 cargo로 표현하고 있다. goods는 포장이 가능한 제조물품이고 cargo는 주로 포장이 불가능한 그러면서 대량화물인 산적화물(bulk cargo)을 의미하는바, 이들에 대한 표현의 구분 예컨대 "any good, or cargo security information"과 같이 할 필요가 있다.

Incoterms 2000 B.10의 규정은 A.10의 협조에 따른 비용지급 중심의 규정이었고, 1차 초안은 첫째 절에서 Incoterms 2000 B.10규정의 내용과 동일하나 표현에 있어 "… obtaining the documents or equivalent electronic message" 대신에 동일 표현인 "… where in paper or electronic form … and … assistance …"로 변경하고, 둘째 절에서 현 초안규정과 같은 보안정보규정 통지의 필요성이 신설되었으나 현 규정과 같은 "…in a timely fashion…"이 없었다.

2차 초안의 경우 첫째 절은 1차 초안 규정과 같았고 둘째 절의 경우 "The buyer must reimburse the seller for all costs and charges incurred by the seller in providing of rending assistance in obtaining documents and information in accordance with A.10"과 같이 초안함으로 Incoterms 2000 B.10의 내용과 실질적으로 동일한 내용을 상기와 같이 표현하였다.

매수인은 매도인이 자신이 A.3 a) 단서규정에 의해 자신이 운송계약을 체결하거나 또는 매수인에 의한 운송계약체결에 따른 운송을 위해, 경우에 따라서 제3국을 경유하는 경우를 위해 필요할 수 있는 그리고 수출국에서의 물품의 수출을 위해 자신이 필요로 할지 모르는 모든 서류, 정보, 보안관련 정보를 매도인의 요청과 위험 그리고 비용으로 매도인을 위해 취득하는데 협조를 시간적으로나 내용적으로 그리고 방법적으로 적절하게 제공해야 한다.

규정 가운데 "… provide to or render …"그리고 "… in providing or rendering …" 표현에 관한 설명은 EXW A.10과 FCA A.10의 내용을 통해 이해할 수 있다.

본 규정에서의 "where applicable"의 경우는 이미 설명한대로 EU지역 간 거래, 자유무역지대거래, 국내거래를 제외한 거래에 해당 규정이 필요하면 동 규정이 적용되고 그렇지 아니할 경우 적용되지 아니함을 의미한다.

Incoterms 2000의 B.10의 경우 다음과 같이 규정되었다.

"The buyer must pay all costs and charges incurred in obtaining the documents or equivalent electronic messages mentioned in A.l0 and reimburse those incurred by the seller in rendering his assistance in accordance therewith and in contracting for carriage in accordance with A3 a).

The buyer must give the seller appropriate instructions whenever the seller's assistance in contracting for carriage is required in accordance with A3 a).

매수인은 A.10에 명시된 서류와 동등한 EDI를 취득하는데 지급한 모든 비용을 지급해야 하고, A.3 a)에 따른 매도인의 협조와 운송계약체결에 따라 매도인에 의해 지급된 모든 비용을 지급해야 한다.

매수인은 A.3 a)에 따라 운송계약체결에 있어 매도인의 협조가 요구되는 경우 매도인에게 적절한 지시를 하여야 한다."

그러나 1차 초안의 경우 첫째 절은 A.10에서 자신의 책임 하에 이루어진 정보요청과 이에 응한 매도인의 서류 취득에 지출한 비용의 지급의무와 A.10에서 매도인이 요구하는 모든 화물보안정보를 그에게 통지해야 하는 규정으로 규정되어 Incoterms 2000 B.10의 규정, 즉 A.10과 A.3 a) 단서 규정에 따라 발생한 비용지급 규정 가운데 A.10에 의한 지급규정 수용과 A.3 a)에 의한 지급규정 삭제와 A.10 수행에 필요한 화물보안정보 제공규정 신설로 되어 있다. 이는 Incoterms 2000 B.10상의 규정, 즉 A.10과 A.3 a)와 관련된 비용과 지시사항 중심 규정과 상당한 차이가 있었다.

2차 초안은 3차 초안 둘째 절의 "The buyer must …, that the seller needs for the transport … and, where necessary for their … country" 대신 "The buyer must … that the seller may require for transport … and, where necessary, for their … country"로 규정함과 동시에 동 규정을 2차 초안 둘째 절 규정으로 하고, 셋째 절의 규정을 3차 초안규정의 첫째 절 셋째 줄 이하의 규정으로 배열하였다. 따라서 2차 초안 규정상의 "… and, where necessary, for their …"상의 "where necessary"가 삭제되고 규정간의 배열을 달리 한 것 외는 변경된 것이 없다. 특히 2차 초안에서 상기 표현이 삭제된 것은 "… where applicable …"이 삭제된 동 표현을 수용할 수 있기 때문이다.

4차 초안의 경우 FCA에서도 언급한 대로 "… cargo …"의 삭제와, "… in a timely fashion …" 대신 "… in a timely manner …"로, "… in accordance with A.4 …" 대신, "… as envisaged in A.4 …"로 변경된 외에 내용은 동일하다.

이들에 대한 삭제이유와 표현의 변경 그리고 문제점은 이미 위에서 언급한 대로이다.

5) DAT

DELIVERED AT TERMINAL

DAT(insert named terminal at port or place of destination) Incoterms® 2010

: DAT(도착지 항구 또는 장소의 지정된 터미널인도규정): 도착지 터미널인도규정

안내문(GUIDANCE NOTE)

This rule may be used irrespective of the mode of transport selected and may also be used -where more than one mode of transport is employed.

"Delivered at Terminal" means that the seller delivers when the goods, once unloaded from the arriving means of transport, are placed at the disposal of the buyer at a named terminal at the named port or place of destination. "Terminal" includes any place, whether covered or not, such as a quay, warehouse, container yard or road, rail or air cargo terminal. The seller bears all risks involved in bringing the goods to and unloading them at the terminal at the named port or place of destination.

The parties are well advised to specify as clearly as possible the terminal and, if possible, a specific point within the terminal at the agreed port or place of destination, as the risks to that point are for the account of the seller. The seller is advised to procure a contract of carriage that matches this choice precisely.

Moreover, if the parties intend the seller to bear the risks and costs involved in transporting and handling the goods from the terminal to another place, then the DAP or DDP rules should be used.

DAT requires the seller to clear the goods for export, where applicable. However, the seller has no obligation to clear the goods for import, pay any import duty or carry out any import customs formalities.

본 규정은 선정된 운송형태에 관계없이 사용되어 질 수 있으며 하나이상의 운송수단이 채용되는 경우에도 역시 사용되어질 수 있다.

"Delivered at Terminal"은 매도인이 도착운송수단으로부터 양화한 물품을 도착지의 지정된 항구 또는 장소에의 지정된 터미널에서 매수인의 임의처분상태로 적치한 때를 인도로 함을 의미한다.

"Terminal"은 지붕 유무를 불문하고, 부두, 창고, 컨테이너 야드 또는 도로, 철도 또는 항공화물 터미널과 같은 일체의 장소를 포함한다. 매도인은 도착지 지정된 항구 또는 장소의 터미널까지 물품을 운반하고 거기서 물품을 양화하는데 수반되는 모든 위험을 부담한다.

당사자들은 터미널과 가능하다면 도착지의 합의한 항구 또는 장소의 터미널내의 특정지점을 가능한 한 분명하게 명시하는 것이 바람직하다. 왜냐하면 그 지점까지 위험은 매도인 부담이기 때문이다. 매도인은 그러한 선택에 정확하게 일치하는 운송계약을 확보하는 것이 바람직하다.

> 더욱이, 당사자들이 터미널에서 다른 장소까지 물품을 운송하고 취급하는데 수반하는 모든 위험과 비용을 매도인이 부담하길 의도하는 경우, DAP 또는 DDP규정이 사용되어야 한다.
> DAT는 적용되는 경우에 매도인에게 물품의 수출통관을 요구한다. 그러나 매도인은 물품의 수입통관을 취득하고, 수입관세를 지급하거나 모든 수입세관절차를 수행할 의무가 없다.

해설 이미 Incoterms® 2010 rules의 주요특징에서 언급하였듯이 Incoterms 2000상의 DAF, DES, DDU에서 요구되던 인도장소를 DAP상의 Place로 통일함과 동시에 도착지의 장소(지정, 항구)등을 모든 운송수단의 수입지 최종도착지의 터미널이라는 장소와 기타장소를 구분하여 터미널에서의 양화하여 임의처분상태로 인도하는 규정과 기타장소에서 양화 준비된 임의처분상태로의 인도하는 규정으로 다시 이원화하여 전자를 위한 규정으로 DAT를, 후자를 위한 규정으로 DAP로 세분화하여 2차 초안에서 새로이 초안된 DEQ를 DAT에 흡수시킨 것 같다.

사실 1차 초안에서 DAP에 흡수되었다가 2차, 3차 초안에서 DAP가 복합운송을 위한 지정된 도착지 육상인도를 전제한 포괄적 의미의 도착지 지정된 인도장소 규정인 DAP와 해상운송을 위한 도착지 부두라는 터미널을 전제한 DAP로 분리한 후, 후자의 DAP를 확대하여 모든 운송수단의 도착지 최종터미널에서 화물을 양화한 후 인도를 전제하여 DAT로 변경하여 3차 초안상의 DEQ는 물론이고 기타운송형태까지 도착지 최종터미널을 포함하여 도착지 최종터미널에서 양화한 후 임의처분상태로 인도하는 규정으로 변경된 것 같다. 따라서 DAT는 모든 운송형태의 운송방법에 따라 최종도착지의 최종 터미널에서 물품을 양화한 후 매수인의 임의처분상태로 인도하는 규정으로 Incoterms 2000상의 DEQ상의 부두라는 터미널에서 양화한 후 인도라는 개념을 모든 운송형태에 확대한 것 같다.

이런 의미에서는 도착지인도조건으로 Incoterms® 2010 rules의 양축의 하나인 DDP를 제외하고 도착지에서 인도하는 조건으로 DAP터미널 인도조건과 DAP기타 장소 인도조건으로 1차 초안 시 Incoterms 2000상의 DDP를 제외한 DAF, DES, DEQ, DDU를 모두 포함하는 DAP가 둘로 나누어져 도착지 터미널 인도용 DAP와 도착지 기타장소 인도용 DAP로 이원화됨과 동시에 도착지 터미널인도용 DAP와 도착지 기타장소인도용 DAP의 구분을 위해 전자의 경우 양화하여 매수인의 임의처분상태로 물품을 인도하는 규정으로, 후자의 경우 양화 준비된 상태에서 매수인의 임의처분상태로 인도하는 규정으로 그 인도방법을 구분하여 양자의 차별화를 시도하였으며, 전자의 경우 Incoterms 2000상의 해상전용 터미널인 부두에서 물품을 양화 인도하는 DEQ를 모체로 한 다양한 운송형태에 따른 터미널 인도규정인 확대개편 되었다고 볼 수 있다. 따라서 Incoterms® 2010 2차와 3차 초안상의 DEQ는 DAT의 모체로 하여 설명하고자 한다.

문제대안 이미 Incoterms® 2010 rules 주요특징에서도 언급하였듯이 DAT상의 양화한 후 매수인의 임의처분상태로 인도할 경우 임의처분상태의 범위이다.

원칙은 도착지터미널에서 바로 양화한 후 매수인의 임의처분상태가 원칙이나 현실을 고려하여 양화장소가 창고등인 경우 DAP가 되어야 한다. 그러나 DAP하에서는 양화의 책임이 매수인에게 있지 매도인에게 있지 아니하므로 DAP적용이 어렵고 DAT를 하자니 규정에 어긋나는 문제가 발생할 수 있다. 현실성을 고려하여 Incoterms 2000 D-terms를 효과적으로 이원화 하여 인도방법에 관해 터미널과 기타장소로 이원화 한 것은 매우 바람직하나 고려되지 못한 현실부분의 문제는 여전히 남는바, 이에 대한 대안으로 DAT의 경우 원칙은 최종터미널에서 물품을 양화한 후 매수인의 임의처분상태가 원칙이나 터미널사정에 의해 지정창고 등에서 인도할 경우를 고려할 필요가 있다.

본 규정에서 터미널은 최종터미널을 의미하지만 도착지에 터미널이 여러 개 있을 수 있고, 이런 경우 어떤 터미널인지를 분명히 하기 위해 본 안내문이나 규정에서의 터미널은 최종터미널이라는 해석이 필요하다.

그리고 둘째 절상의 "… at the named terminal at the named port or place of destination …"의 경우 "… at the named terminal within the name port or place of destination …"으로, "The seller bears all risks involved …"의 경우 "The seller bears all risks and costs involved …"로, "… at the terminal at the named port or place of destination …"은 "… at the named terminal within the name of port or place of destination …"으로 각각 변경하는 것이 규정의 통일을 위해 그리고 항구나 장소 내에 위치하고 있는 지정된 터미널이라는 의미에서 필요할 것 같다.

A. 매도인의 의무(THE SELLER'S OBLIGATIONS)

A.1 매도인의 총칙의무(General obligations of the seller)

> The seller must provide the goods and the commercial invoice in conformity with the contract of sale and any other evidence of conformity that may be required by the contract.
>
> Any document referred to in A1-A10 may be an equivalent electronic record or procedure if agreed between the parties or customary.
>
> 매도인은 매매계약에 일치한 물품과 상업송장 그리고 계약이 요구할 수 있는 기타 일치의 증거를 제공해야 한다.
>
> A1-A10에서 언급하고 있는 모든 서류는 당사자들 간에 합의하거나 관례라면 동등한 전자기록이나 절차에 의해 대체될 수 있다.

해설 먼저 Incoterms 매도인의 의무 제1조를 통해 매도인은 매매계약에 일치하는 물품[152]을 상업송장 또는 이에 갈음하는 전자서류 그리고 계약에서 요구하는 기타 일치

152) 여기서의 일치하는 물품(.... the goods.... in conformity with the contract of sale...)이란 SGA,

의 증거를 제공해야 하는바, 상업송장은 Walker, Rosenthal, Schmitthoff, Sassoon, UCP 등의 주장과 내용을 요약하면 선적된 물품의 명세서와 대금청구서이며, 매도인이 계약내용에 따라 제공하고 있는 물품의 매도인에 의한 진술이고, 송장 상에 명시된 물품의 인도의 증거로 정확하고 진실하게 작성되어져야 하는 서류[153]로서, 결국 상업송장의 가장 중요한 기능이자 성격은 매도인이 매매계약에 따라 자신이 매수인에게 정히 이행한 사실의 결정적 입증서류이다. 이렇게 볼 때 계약에 일치하는 물품의 제공에 대하여는 국내법과 국제법을 통하여 분명히 규정하고 있다.

기타 일치의 증거서류로는 포장명세서(packing list), 용적, 중량증명서(certificate and list of measurements and/or weight), 품질증명서(certificate of analysis) 등으로 이들 서류들은 물품의 계약에의 일치를 입증하고 보완하는 증거서류들이다.

제공서류에는 필수적으로 제공해야 하는 서류와 협조제공시기가 있으며 이들 제공서류에 관해 매도인의 의무 1조, 2조, 8조, 10조와 매수인의 의무 10조에서 언급하고 있으며, 1조, 8조가 자신의 책임 하에 제공해야 하는 필수서류관계를, 2조, 8조, 10조가 상대방의 요청과 위험과 비용부담으로 제공해야 하는 협조서류관계를 각각 규정하고 있다.

필수서류의 경우로서 인도의 증거와 운송서류 등, 즉 인도의 증거서류에 관해 매도인의 의무 8조에서 규정하고 있으며, 동시에 이 규정이 협조서류관계도 규정하고 있다. 현실적으로 대부분 L/C등에 의해 CAD거래가 이루어지고 있으므로 특약에 의해 이들 규정에서 말하는 협조서류가 필수서류가 되고 있음을 주의해야 한다.

이러한 의무는 구체적으로는 계약서상의 물품의 명세서와 계약서상의 물품의 설명과 이에 따른 신용장상의 "......covering.........."의 표현에 대한 해석내용이라 할 수 있다.

그리고 일치의 증거서류는 A.9(확인・포장・화인)과 A.10(정보협조와 관련비용) 그리고 B.9(물품의 검사)과 B.10(정보협조와 관련비용)의 규정에 따라 신용장에 ⅰ) other documents, 또는 ⅱ) special instruction 등을 통해 예컨대 beneficiary's certificate certifying that the equality of the undermentioned goods is of good standard and free of weaving defect, color shading, defect and slipperage defect. 또는 surveyor's certificate......와 같이 표현된다.

A.1의 규정은 Incoterms가 인도에 관한 매매규정이며, 각 Incoterm규정 가운데 제일 중요한 규정이다. 다른 규정들은 A.1규정의 이행을 위한 규정이다. 대금지급과 관련하여서는 A.8의 규정이 중요하다해도 이규정 역시 A.1을 위한 A.4에 따른 인도의 입증서

27, 13, 14(2)(3)과 UCC, 2-313-6 그리고 CISG, 30조, 35조 등의 내용을 통해 볼 때 ①설명서에 일치하고, ②적상성(merchantability)을 지녀야 하고, ③특수한 목적에 적합(fit for a particular purpose)해야 하는 물품임을 확정할 수 있는 바, 계약체결 전에 상호교환 된 내용이나 이에 근거한 계약서나, 계약서에 근거한 신용장 등에 물품에 관한 내용(express or implied and conditions)과 거래관행에 근거하여 이러한 추정이 가능할 수 있고 또 가능해야 한다.

153) A. G. Walker, *op. cit.*, p.171; M. S. Rosenthal, *op. cit.*, 1910, p.140; C. M. Schmitthoff, *op. cit.*, pp.31, 66; D. M. Sassoon, *op. cit.*, p.87.

류이자 대금결제서류일 뿐이다.

본인은 1차 초안과 관련한 규정을 두고 다음과 같이 주장한 바 있다.

A.1 제목을 Provision of good and commercial invoice and document(s)로 변경이 필요하다. 이는 Incoterms의 핵심조항이자 매도인의 제일의 의무이고, 나머지 조항은 A.1의 후속규정인바 동규정의 중요성 강조의 필요성과 매도인의 매매계약의무이행입증의 명확성 재고를 위해서이다. 그리고 특히 "documents"의 표현은 계약서상에 일치증거의 보완서류인 검사증명서의 경우 예컨대 L/C상에 certificate of experts의 경우와 …of expert의 경우 제공서류의 종류가 달라질 수 있기 때문이다. 이렇게 함으로써 종전 Incoterms A.1의 제목과 규정간의 모순 제거, 상업송장의 중요성과 매매계약 이행의 중요성 강조, 이로 인해 인도와 관련하여 당사자들 간에 체결된 계약의 보충법으로서 보다 높은 이해와 투명성 재고에 기여[154]하는 Incoterms의 중요성 강조의미의 효과를 올릴 수 있다. 규정은 "the seller…with contract of sale…invoice as its evidence conformity and _____." 변경할 필요가 있는바, 이는 상업송장은 당사자 간 매매계약[155] 에 따른 일치이행의 증거서류를 강조함과 동시에 상업송장이 법적서류임을 강조하기 위해서이다.

그리고 2차 초안과 관련하여 다음과 같이 주장한 바 있다

A.1의 'documents required by the contract'는 종전표현, 즉 'evidence of conformity which may be …' 표현이 A.1 성격과 맞다. 왜냐하면 여기의 서류는 commercial invoice를 보안하는 서류이며, commercial invoice는 매도인의 매매계약이행증거 서류이기 때문이다. 이하 전 Incoterms A.1 규정통일이 필요하다.[156]

3차 초안의 A.1의 경우 Incoterms 2000 A.1상의 "… or its equivalent electronic message" 내신에 전 Incoterms A1-A10상에 규정되어 있는 서류는 상기 초인 A.1 둘째 절 규정과 같이 당사자들 간에 합의 하거나 관례라면 종이서류와 동등한 전자기록으로 대체 할 수 있다는 표현으로 대체된 것 외는 Incoterms 2000 A.1과 내용이 똑같이 변경된 것이 없다. 당연한 조치라 생각된다. 사실 A.1의 규정과 같이 규정되지 아니한다면 Incoterms가 인도에 관한 국제통일매매관습이라 주장할 수가 없다.

단지 A.1의 제목자체가 1차와 2차 초안 상의 "provision of goods and documents"대신에 "General obligation of the seller"로 변경된 것은 차이가 있으나 A.1 둘째 절상에서의 규정표현 때문에 제목이 이렇게 변경된 것 같지만 제목자체의 의미는 나머지 규정의 이행은 A.1의 규정의 구체적 실현 규정이요 아울러 전 규정상에서 표현된 서류는 전자서류도 공히 인정됨을 강조하는 총칙, 즉 인도에 관한 통일국제매매관습 규정인 Incoterms의 중요한 기본원칙규정을 언급하고 있다고 볼 수 있어 타 규정에 비하여 그

---

154) H.V. Houtte, *The Law of Int'l Trade*, 2nd ed., Sweet of Maxwell, 2002, pp.173, 175.

155) 오세창, "Incoterms 3000 초안의 특징과 문제점", 경영경제 제42집 제2호, 계명대학교 산업경영연구소, 2009, p.30.

156) 오세창, "Incoterms 2011 2차 초안의 특징과 문제점", 경영경제, 제43집 제1호, 계명대학교 산업경영연구소, 2010, p.39.

중요성을 더 하는 규정이요 타 규정은 이 규정의 준수를 위한 부수 규정으로 보게 하는 의미를 지닌다고 볼 수 있다.

최종초안의 경우 "electronic record"에 "… or procedure"이 추가된 것 외는 동일한바, 이는 이미 특징에서 언급하였듯이 종이서류와 전자서류간의 등가성과 기술 중립적 입장을 유지하고 있는 전자통신 형식 8조와 9조의 규정에 따른 모든 전자통신을 의미하기 위한 표현으로 볼 수 있다.

A.2 허가, 승인, 보안통관과 기타 절차(Licences, authorizations, security clearances and other formalities)

> Where applicable, the seller must obtain, at its own risk and expense, any export licence and other official authorization and carry out all customs formalities necessary for the export of the goods and for their transport through any country prior to delivery.
>
> 적용되는 경우 매도인은 자신의 위험과 비용부담으로 수출을 위해 그리고 인도하기 전에 물품의 제3국 운송을 위해 필요한 모든 수출허가와 기타 공식승인을 취득하고 모든 세관통관절차를 수행해야 한다.

해설 A.2의 내용은 Incoterms 2000의 DES, DDU, DAF, DEQ와 거의 비슷하다. 목적지에 도착하여 물품을 매수인의 임의처분상태로 둘 때까지 사전운송, 주운송, 계속운송에 필요한 수출국에서의 수출허가와 기타 수출에 필요한 정부나 단체의 승인을 매도인 자신의 위험과 비용으로 취득 할 뿐만 아니라 반드시 수출허가와 승인취득 후에 수출의 마지막 단계로 이루어지는 모든 세관통관절차와 최종목적지국을 향하여 운송해가는 과정에서 제3국의 국경을 경유할 경우에 대비하여 물품의 통과운송에 필요한 세관절차를 취득해야 한다. 이러한 제3국 세관 절차는 수출국에서 일괄 취할 수도 있고 해당 국가를 경유할 때마다 필요한 절차를 취할 수도 있다. 이는 수출입국과 제3국간의 통관절차 협정여부에 좌우된다.

대게 제3국 경유의 경우 통과세 부과정도에서 세관절차가 끝나고 있으며, 통과국의 입장에서 보면 통과에 따른 세금이나 기타 서비스의 제공에 따른 외환수입이 이루어지므로 무형무역이자 통과무역이 된다.

DDP와 달리 A.2규정 말미에 "… prior to delivery"가 추가된 것은 어떤 의미에선 DAP의 전신이라 할 수 있는 조건으로 동구 국가를 전체로 제정된 DAF와 EU역내국가를 전제하여 제정된 DDU의 경우를 포함함에 따른 이들 국가 특히 동구국가의 지형적 특성을 고려하여 추가된 것으로 추정된다.

"where applicable"은 이미 언급한대로 국경통과를 포함한 국제거래에만 A.2가 적용됨을 분명히 하기 위함이며, EU와 국내거래, 자유무역지대에서 이루어지는 거래에는 적용되지 아니한다.

1차 초안의 경우 "where applicable … any export licence and other official authorization or other documents and carry out … through any country"로, 2차와 3차는 1차 초안 가운데 "… or other documents"가 삭제되고 말미에 "… through any country" 다음에 "other than the country of destination"의 추가된 점이 다르다.

1차 초안상에 Incoterms 2000 DAP A.2상에 규정되었던 "or other documents"가 규정된 것은 A.2상의 "export licence"와 이의 대안서류인 "other official authorization" 그리고 이들 서류의 대안서류인 "other documents"로 이해가 필요하다.

E/L은 대부분의 국가에서 수출하는 물품에 대하여 요구하고 있는 대표적인 수출허가(승인)를 의미하고, other official authorization은 나라에 따라 물품에 따라 E/L대신 이에 갈음하는 서류(예컨대 차관에 의한 물품의 수출의 경우 해당부서장이 발급하는 승인서)를 발급하는 경우의 서류를 말하며 이때의 승인서는 E/L을 대신하는 서류이다.

이들 양서류들은 물품이 제3국을 경유하지 아니하고 바로 목적지 항에 도착하는 경우에 매도인이 취득해야하는 서류이다.

반면에 other documents는 위의 양서류를 대신하는 서류들로서 물품이 제3국을 경유하는 경우 합의한 목적지항(장소)에서 물품을 인도하기 위해선 수출허가서나 이에 갈음하는 기타 승인서는 물론이고 통과증명서까지 취득해야할 의무가 있기에 이런 경우를 대비하여 other documents가 명시(혹은 추가)되어 있으며, 이들 서류들에는 다른 조건들과 달리 당연히 E/L이나 other official documents외에 통과증명서 등이 포함되기에 복수로 되어 있다고 볼 수 있다.[157)]

1차 초안 규정에 의하면 이들 서류가 대안관계가 아닌 "and"로 규정되어 있었으며, 2차, 3차 초안의 경우 기타서류가 삭제된 것 외에는 여전히 1차 초안과 같이 서류 간에 "and"로 되어 있는바 국가에 따라서는 이들 서류들이 대안관계가 있을 수 있고, E/L을 취득하기 전에 승인을 먼저 받게 할 수도 있기에 "and/or"로 변경 하는 것이 바람직 할 것 같다. 예컨대 우리나라의 경우 과거 심한 입초국가인 일본으로부터 수입의 경우 당시 수출입 주무부서였던 상공부로부터 사전수입승인을 받고 이에 근거하여 외국환은행을 통해 수입허가를 받은 경우가 있었다. 이런 경우 "or"가 아닌 "and" 관계이다.

그러나 "other documents"의 삭제는 이해하기 어려운 부분이다.

이미 위에서도 언급되었지만 수출허가등은 사전에 매도인이 확인치 못하므로 수출이 법에 따라 금지되는 경우 계약위반에 따른 손해배상청구의 대상이 될 수 있는 위험이 따르기 때문에 그리고 필요한 절차에 비용이 따르기 때문에 자신의 위험과 비용으로 되어있다.

최종초안의 경우 DEQ 3차 초안상의 "… and for their transit through any country

157) 오세창, 상게서, p.319.

other then the country of destination"가 "… and their transport through any country prior to delivery."로 변경되었는바, A.6 b)와의 통일 및 표현의 단순화와 세련된 표현으로 볼 수 있다.

A.3 운송과 보험계약(Contracts of carriage and insurance)

a) Contract of carriage

The seller must contract at its own expense for the carriage of the goods to the named terminal .at the agreed port or place of destination. If a specific terminal is not agreed or is not determined by practice, the seller may select the terminal at the agreed port or place of destination that best suits its purpose.

b) Contract of insurance

The seller has no obligation to the buyer to make a contract of insurance. However, the seller muse provide the buyer, at the buyer's request, risk, and expense (if any), with information that the buyer needs for obtaining insurance.

a) 운송계약

매도인은 자신의 비용으로 도착지의 합의한 항구 또는 장소의 지정된 터미널까지 물품을 운송하기 위해 운송계약을 체결해야 한다.

특정터미널이 합의되지 아니하였거나 관례에 의해 결정되지 아니하는 경우 매도인은 합의한 항구나 장소에서 자신의 목적에 가장 적합한 터미널을 선택할 수 있다.

b)보험계약

매도인은 매수인에 대한 보험계약을 체결할 의무가 없다. 그러나 매도인은 필요하다면, 매수인에게 매수인의 요청, 위험 그리고 비용부담으로 매수인이 보험계약을 체결하는데 필요한 정보를 제공하여야 한다.

해설 a) 운송계약

전 D-rules하에선 매도인은 물품이 도착지에 실질적으로 도착해야 함을 보장해야 한다. 매도인이 물품의 운송을 준비하고 운임을 지급해야 함은 이런 이유에서이다. 따라서 D-rules하에서 매도인의 운송선택은 이러한 선택이 운송인으로부터 물품을 수령할 매수인의 의무에 영향을 미치는 한 매수인에게 가장 중요하다. 만약 매도인이 매수인으로 하여금 운송인으로부터 물품을 수령하는데 있어서 보다 어렵게 만들거나 비용이 많이 들게 하는 특수한 운송수단을 선택한다면 매도인의 운송수단선택에 따라 일어나는 일체의 추가비용이나 위험은 매도인 부담이다.

일반적으로 D-terms 다음에 언급된 지점은 물품이 도착지에서 인도되어야 하는 터미널을 나타낸다. 그러나 인도되어야 하는 곳이 여러 개 있고 매수인이 인도장소와 시기에 관해 선택권을 가졌으나 이러한 선택권 행사를 해태하고 있고 인도장소는 여러 곳이 있는 경우 예컨대 DEQ Busan Terminal 경우 매매계약이나 상관습이 매도인이 선택해야하는 지점을 나타내고 있지 아니한 경우, 매도인은 도착지의 합의한 항구 또는 장소내에서 자신의 목적을 가장 잘 이룰 수 있는 터미널을 선택할 수 있다.[158)]

Incoterms 2000 2차, 3차 공히 동일하다.

최종초안은 DAT로의 변경에 따라 새로이 초안되었으나 DEQ A.3를 근간으로 개정되었는바, DEQ 3차 초안상의 "quay"가 "terminal"로, "… at the named port of destination"이 "… at the agreed port or place of destination …"으로 각각 변경된 것 외는 동일하다.

b) 보험계약

DAT하에서 보험계약은 당사자 모두 상대방에 대한 의무 사항이 아니다. 그러나 자신의 이익을 위해 인도 시까지 위험대비와 수령 후 목적지까지의 운송과정에서의 위험대비를 위해 당사자들이 부보할 필요가 있을 경우 자신의 비용으로 부보하면 되나 이때 부보에 필요한 정보는 상대방이 요청하면 반드시 보험에 필요한 정보를 제공해야한다.

1차 초안 규정의 경우 누구에 대한 운송과 보험계약 체결의무가 없음을 보다 분명히 하기 위하여 Incoterms 2000과 달리 EXW A.3의 규정과 같이 "No obligation owned by the seller to the buyer"로 변경되었다가 2차, 3차 초안의 경우 현 규정과 같이 규정되었나. 따라서 보험계약체결의 의무 당사자를 보다 분명히 힌 점은 바람직힌 변경이다. 보험의 However 이하의 규정의 경우, Incoterms 2000 A.10상의 둘째 절의 흡수에 따라 However가 추가 되었는바, 보험에 관한 Incoterms 2000 A.10상의 규정은 보험계약과 관련이 있기에 관련규정을 한 곳으로 통합하여 규정하므로 사용자들의 규정 이해에 도움을 주고 있다. 다만 지금까지 Incoterms규정 가운데 당면의무 규정의 경우 "provide"와 "… at it's own expense"로 표현되고, 협조의무규정의 경우 "render"와 "at the latter's request, risks and expense"로 표현되었다. 그러나 상대방의 요청에 따른 일방의 협조의무의 경우 요청자의 책임을 보다 분명히 함과 동시에 위에서 언급한대로 협조의무나 필수의무의 경우 반드시 제공해야 한다는 의미에서 "provide" 표현으로 모두 통일하였다. 그러나 그 책임에 있어서는 엄연히 구분을 하고 있다.

전 Incoterms® 2010의 1차, 2차, 3차 초안의 특징은 Incoterms 2000의 경우 seller나 buyer 대신 his를 사용하였으나 seller와 buyer가 he일수도 she일수도 있기에 it으로 변경된 점이다.

Incoterms 2000의 "no obligation"을 다른 조건들과 같이 2차 초안상의 경우 누구누구

158) 오세창, 상게서 p.321.

에게 보험계약을 체결할 의무가 없음의 표현을 "There is no obligation by the seller … insurance. However …"로 규정되었다가, 3차 초안의 경우 동일의미의 상이한 표현으로 3차 초안이 되었다.

최종초안의 경우 현 규정과 같이 운송의 경우 동일한 의미의 자구수정, 보험의 경우 "… provide …, at the buyer's request, risk and expense(if any), … insurance"로 변경하여 보험정보의 책임한계를 보다 분명히 하는 것으로 되었다.

문제대안 사소한 문제이나 "… to the named terminal at the port or place of destination"의 경우 "… to the named terminal within the agreed port or place of destination"으로 변경할 필요성이 있다. 왜냐하면 항구 내에 여러 터미널이 있을 수 있기 때문이다.

A.4 인도(Delivery)

> The seller must unload the goods from the arriving means of transport and must then deliver them by placing them at the disposal of the buyer at the named terminal referred to in A3 a) at the port or place of destination on the agreed date or within the agreed period.
>
> 매도인은 물품을 도착운송수단으로부터 양화하고 물품을 합의한 날짜에 또는 합의한 기간 내에 도착지의 항구나 장소에서 A.3 a)에 언급하고 있는 지정된 터미널에서 매수인의 임의처분상태로 물품을 적치해야 한다.

해설 매도인은 물품을 도착운송수단으로부터 양화하는 것이 인도를 위한 기본전제조건이고, 당사자들 간에 합의한 날짜에 또는 합의한 기간 내에 도착지의 지정된 항구에서 물품을 매수인의 임의처분상태로 적치함으로써 자신의 인도의무를 수행해야 한다. 동 조건 하의 물품의 인도를 위한 정확한 지점은 본 조건 다음에 명시된 항구나 장소이므로 본 규정에 따라 물품을 지정된 도착지 항구나 장소에 위치하고 있는 화물터미널에서 매수인의 임의처분상태로 적치되어야 한다. 그러나 도착지 지정된 항구나 장소 내에 인도장소가 다양한 경우 A.3에 따라 인도장소를 선택할 수 있다.[159)]

DEQ에 관한 Incoterms 2000과 2차, 3차 초안상의 항구의 부두라는 해상전용 터미널이 도착지 항구나 장소의 지정된 터미널로 변경된 것 외는 기본적인 인도의 방법에 있어 인도의 대전제조건인 물품의 양화와 그리고 인도장소로 터미널로 이원화하여 규정하므로 같이 규정한 Incoterms 2000 DEQ나 2차, 3차 초안상의 DEQ와 약간 차이가 있을 뿐 기본적으로 성격이 변경된 게 없다.

159) 오세창, 상게서, p.369.

A.5 위험의 이전(Transfer of risks)

> The seller bears all risks of loss of or damage to the goods until they have been delivered in accordance with A4, with the exception of loss or damage in the circumstances described in B5.
>
> 매도인은 B.5에서 규정하고 있는 상황에서 발생한 멸실이나 손상의 경우를 제외하고는 물품이 A.4에 따라 인도완료 될 때까지 물품의 멸실이나 물품에 관한 손상의 모든 위험을 부담한다.

해설 B.5의 위험부담규정에 따라 매수인이 위험부담하는 경우를 제외하고 A.4에 따라 물품이 인도완료(개품 완료이자 전 물품인도완료)될 때까지 동 물품의 멸실과 손상의 위험은 매도인 부담이다.

오늘날 국제간의 거래는 Incoterms가 표시되고 있기에, 위험이전에 관한 CISG 66조-70조까지의 규정이 실제 필요없다. 그러나 Incoterms의 규정에도 불구하고, 당사자들이 특별히 합의하면, 계약자유의원칙과 계약내용우선원칙에 의해 특별합의 내용이 우선한다. 그러나 달리 합의하지 아니하고, Incoterms와 CISG가 준거법 내지 거래조건계약으로 표시될 경우 Incoterms의 규정이 우선하여 적용된다. 왜냐하면 거래조건에의 합의가 준거법에 우선하기 때문이다.[160)]

안내문에 보면 위험이전과 관련하여서는 pass의 표현을 비용이전(분담)과 관련하여서는 transfer 표현을 사용하고 있다. 전자가 물리적 이전의 표현이라면 후자는 책임이진의 표헌이다.

Incoterms 2000 서문 8 "물품에 관한 위험과 비용의 이전"과 관련하여 다음과 같이 주장한바 있다.

서문 8에 의하면 물품에 관한 위험과 비용의 이전이라는 표현사용에 있어 passing을 사용하고 있고, 전 Incoterms A,B.5에 의하면 transfer of risk로 되어 있다. 그러나 학자들에 따라서는 transfer를 사용하고 있다.[161)] 그렇다면 passing과 transfer는 어떻게 다른가? 같이 사용할 수 있는가? 라는 의문이 제기된다.

이미 안내문에서도 설명하였듯이 단순한 또는 물리적 이전표시의 경우에는 passing을, 매각 또는 기부하기 위해 한사람 또는 한 장소로부터 다른 사람 또는 장소로 이동할 경우, 또는 권리의 이전과 같이 점유권 또는 지배권을 양도받을 때에 transfer를 사용한다고[162)] 볼 수 있으므로 transfer는 passing과 같이 단순한 또는 물리적 이전의 경

160) 오세창, 상게서, p.284.

161) Schmitthoff, Sassoon, Ramberg, Reyolds 등은 passing of risk and property로 보고 있고, Jimenez와 Choley는 transfer of risk and property로 표현하고 있다(D. M. Sassoon, *op. cit.*, p.202; C. M. Schmitthoff, *op. cit.*, pp.124, 24; G. Jimenez, *op. cit.*, p.73; F. Reynolds, *op. cit.*, pp.24, 61; J. Ramberg, *op. cit.*, p.38; Lord Chorley and O. C. Giles, *Slater's Mercantile Law*, 17th ed., Pitman, 1977, p.231).

우에는 같은 의미로 사용될 수 있으나[163] 권리의 이전의 경우에는 passing 대신 transfer만 사용될 수 있음을 알 수 있다. 따라서 이러한 용어의 사용 시 동일한 의미와 아울러 상이한 의미를 지니는 용어에 대한 설명이 병행되거나 아니면 공식안내서를 통해 설명할 필요가 있으며, 현 규정대로 사용한다 해도, 서문과 전 Incoterms A.B.5상의 표현은 통일할 필요가 있다.[164]

Incoterms® 2010 2차 초안과 관련하여서도 동일한 주장을 한 바 있다.[165]

위험의 이전은 "passage(passing)of risks"으로, 비용의 이전은 "transfer of costs" 또는 상인들에게 익숙해있는 "division of costs" 또는 현 초안규정과 같이 "allocation of costs"로 해도 무방한 것 같다. 이 경우 transfer와 allocation은 법적이전의 의미를, division은 비용에 관한 책임분담의 의미로 결국 같은 의미이나 전자에 비해 후자가 보다 상관습적 표현이라 할 수 있다.

Incoterms 2000상의 D-Terms 가운데 DDP를 제외한 조건들과 1차, 2차, 3차 초안은 모두 동일하다.

여기의 물품의 멸실 또는 물품에 관한 손상위험의 이전은 A.1과 A.9에 근거해서 볼 때 우연적 사건의 위험과 관련이 있으며 매도인이나 매수인에 의해 야기된 손실이나 손상, 예컨대 물품의 부절적한 포장이나 화인에 의해 일어난 손실이나 손상을 포함하지 아니한다. 따라서 비록 손상이 위험이전 후에 일어났다 해도, 물품이 계약에 일치하게 인도되지 아니한 사실에 동 손상이 기인한다면 매도인은 여전히 물품의 멸실 또는 물품의 손상위험을 책임져야 한다.

전 Incoterms의 A.5는 "B.5의 규정을 제외하고"라는 규정을 두고 있는 바 이는 매수인이 자신의 의무를 적절하게 이행하길 해태한 이유로 조기 위험이전의 결과를 초래할 수 있는 B.5에 명시된 상황 하의 위험이전에 관한 대원칙(main rule)에 대한 예외가 있음을 의미한다.[166]

Incoterms 2000, 1차, 2차, 3차 초안 모두 변경 없이 동일하다.

최종초안의 경우 3차 초안상의 "subject to the provisions of B.5"표현을 동일한 의미의 보다 분명한 표현으로 변경한 것 외 내용은 동일하다.

문제대안 주의를 요할 것은 Incoterms® 2010 rules가 쌍무계약에 따라 A.3와 A.4, B.7상의 권리를 제외하고 인도와 관련한 당사자들의 의무를 규정하고 있는데 의무라면 반드시 "… must"또는 "… has to …"가 되어야 하는바, Incoterms는 지금까지 "must"를 사용하여 왔다. 그러나 전 Incoterms® 2010 rules A.5, B.5와 관련 위험이전에 관해서는 "must bear"가 아닌 "bears"로 되

162) S. H. Gifis, *Law Dictionary,* 2nd ed., Brother's Educational Series, Inc, 1984, p.486.
163) G. Jimenez, *op. cit.*, p.87.
164) 오세창, 상게서, pp.96-97.
165) 오세창, 상게서, p.39.
166) 오세창, 상게서, p.327.

어있다. 이는 다른 의무들과 달리 위험의 이전이나 부담은 그 한계를 반드시 확정지을 수 없기 때문에 그리고 완전 인도완료 후에는 인도시에 이미 육안으로 확인 할 수 없는 그러나 분명한 위험이 존재한 경우 인도 완료시 위험이전으로 하면 위험이전의무가 끝난 것으로 되기 때문에 단순한 의무로 표현한 것 같다. 그러나 다른 의무의 경우로 이런 이유가 적용될 수 있기 때문에 그리고 위험과 비용이전과 관련하여 "계약물품으로 분명하게 충당되어야 한다"라는 이행전 이전원칙의 대전제원칙 규정이 있기 때문에 반드시 "must bear"로 할 필요가 있다.

A.6 비용의 분담(Allocation of costs)

> The seller must pay
>
> a) in addition to costs resulting from A3 a), all costs relating to the goods until they have been delivered in accordance with A4, other than those payable by the buyer as envisaged in B6; and
>
> b) where applicable, the costs of customs formalities necessary for export as well as all duties, taxes and other charges payable upon export and the costs for their transport through any country, prior to delivery in accordance with A4.
>
> 매도인은 다음의 비용을 지급해야 한다.
>
> a) A.3 a)의 결과로 발생하는 비용에 추가하여 B.6의 규정에 따라 매수인이 지급할 수 있는 비용을 제외하고 물품이 A.4에 따라 부두에서 인도완료 될 때까지 물품에 관한 모든 비용; 그리고
>
> b) 적용되는 경우, 물품의 수출시와 A.4에 따라 부두에서 인도전에 물품의 제 3국 통과를 위해 지급할 수 있는 관세, 제세 또는 기타 비용뿐만 아니라 수출을 위해 필요한 세관절차 비용

해설 물품의 멸실 또는 물품에 관한 손상위험의 이전의 경우에 있어서와 같이 전 Incoterms는 비용분담은 인도지점에서 일어난다는 하나의 원칙에 따르고 있다. 따라서 매도인이 A.4에 따라 부두에서 인도해야 할 자신의 의무를 이행완료하기 전에 일어난 모든 비용은 자신의 부담이며, 반면에 그 후 비용은 매수인부담이다(비용이전의 대원칙). 이러한 원칙은 B.6의 규정을 전제로 하는 바, 동 규정에 의하면 매수인은 매도인에게 적절한 통지의 해태로 인해 발생한 추가비용을 부담해야 할지 모름을 규정하고 있다(조기비용이전의 원칙).

D-rules에 의하면 매도인은 물품이 실제 목적지인도지점에 도착하여 매수인의 임의처분상태로 적치될 때까지 자신의 의무를 이행한 상태가 아니기 때문에, 매도인은 이러한 적치를 달성하기 위해 필요한 모든 일을 해야 한다.

전 D-rules상의 A.3은 매도인은 운송계약을 체결해야 함을 역시 규정하고 있다. 따라서 전 D-rules A.6은 물품의 운송을 위해 A.3에 기인한 비용을 매도인은 지급해야 하

고, 계속해서 설명하여 왔듯이 EU지역이나 자유무역지대 간의 거래의 경우를 제외하고는 A.4에 따라 부두에서 인도 전에 세관절차에 관한 비용, 관세, 제세 그리고 기타 비용을 매도인이 지급해야 함을 역시 규정하고 있다. 물론 인도 후에 일어난 모든 통과비용은 매수인 부담이다.167)

Incoterms 2000, 2차, 3차 초안 규정이 동일하다. 다만 Incoterms 2000의 경우 다른 D-rules의 경우 "where application"의 말미에 "in accordance with A"가 명시되어 있었으나 DEQ상에는 규정되어 있지 아니하여 이의 시정을 요구하였는바, 2차, 3차 초안의 경우 다른 D-rules와 같이 동일하게 표현하고 있다.

DEQ를 근거한 DAT의 최종초안의 경우 DEQ 3차 초안 a)호상의 "… on the quay(wharf) …"를 제외하면 DEQ와 기본적으로 동일하다.

문제대안 DAP나 DDP의 A.6와 같이 양화용에 관한 규정이 없다. 물론 a)호를 통해서도 충분히 이해할 수 있으나 DAP와 DDP의 균형을 기하기 위하여 양화에 관한 규정을 신설할 필요가 있다. 그러나 그렇게 된 경우 위험과 비용의 분기가 각기 다를 수 있어 원칙적으로 COD거래인 D-rules의 기본정신에 어긋나는 일종의 변형이 된다. 따라서 현 규정대로 두는 것이 바람직하다.

"envisaged"표현상의 문제점에 대하여는 EXW A.6을 참고할 필요가 있다.

A.7 매수인에게 통지(Notices to the buyer)

The seller must give the buyer any notice needed in order to allow the buyer to take measures that are normally necessary to enable the buyer to take delivery of the goods.

매도인은 매수인에게 물품의 수령을 가능케 하는데 일반적으로 필요한 조치를 매수인에게 허용하기 위하여 필요한 모든 통지를 해야 한다.

해설 매도인은 매수인으로 하여금 B.4에 따라 적기에 물품의 수령준비를 하도록 하기 위해 필요한 모든 통지 예컨대 선박의 예정 도착시기(ETD)와 기타 필요한 통지에 관해 충분한 시간적 여유를 두고 매수인에게 통지해야 한다. 그러나 Incoterms 상에는 이러한 통지에 대한 매도인의 해태 결과에 관한 규정이 전혀 없다. 그러나 이러한 통지의 매도인의 해태는 계약위반을 구성함이 Incoterms를 통한 추정인 바, 이는 매매계약에 적용되는 준거법에 따라 매도인은 계약위반에 의해 책임을 질 수 있음을 의미한다.168)

167) 오세창, 상게서, pp.372-373.
168) 오세창, 상게서, pp.374-375.

DEQ 2차 초안은 Incoterms 2000과 거의 같으나 통지의 내용에 대하여 A.4에 따라 지명된 선박의 ETA에 관한 충분한 통지와 매수인으로 하여금 물품의 수령을 하는데 필요한 조치를 매수인으로 하여금 취하도록 하는데 일반적으로 필요로 하는 예컨대 ETA와 같은 기타 통지를 해야 함을 규정하므로 Incoterms 2000과 달리 A.4에 따른 충분한 ETA통지와 기타 통지로 ETA통지를 필히 강조하고 있는바, 이는 결국 매수인으로 하여금 물품을 수령하는데 일반적으로 필요할 수 있는 조치를 취하도록 하는데 필요한 모든 통지(any notice)에 포함된다고 볼 수 있다. 통지의 내용에 대한 규정내지 예시가 업종이나 선박의 종류, 항구의 구조 등에 따라 달라질 수 있고, 통지내용의 중요도가 달라질 수 있기 때문에 3차 초안은 이러한 상황을 고려하여 일반적인 규정, 즉 매수인이 물품을 수령하는데 필요로 할 수 있는 모든 정보를 규정에는 없으나 통지 내용은 시간적으로 내용적으로 충분해야 한다는 일반적인, 즉 기본적인 규정표현으로 볼 수 있는 "any notice"만을 강조하고 있다. 그러나 오해의 소지를 없애기 위하여 B.5,6,7의 규정과 관련한 any notice, sufficient notice, resonable notice 등에 대한 분명한 그 한계의 설명이 필요하다.

최종초안은 DEQ의 3차 초안과 동일하다.

A.8 인도서류(Delivery document)

> The seller must provide the buyer, at the seller's expense, with a document enabling the buyer to take delivery of the goods as envisaged in A4/B4.
>
> 매도인은 매수인에게 자신의 비용으로 매수인으로 하여금 A.4/B.4의 규정에 따라 물품의 수령을 가능케 하는 서류를 제공하여야 한다.

해설 Incoterms 2000의 경우 구체적인 종이서류와 그 대안으로 EDI서류를 실제적으로 규정하고 있었다.

대부분의 경우 매수인은 운송인으로부터 물품을 취득할 수 있게 하기 위하여 서류를 요구할 것이다. 전통적으로 관련서류는 유통가능 B/L이며, 이 서류는 DEQ가 산적화물을 위해 사용될 때 여전히 중요한 서류이다. 왜냐하면 이 서류 없이는 자신의 물품을 신속하게 수령할 수 없기 때문이다. 그러나 이러한 B/L은 총 B/L수량을 여러 명의 매수인을 위해 소량으로 분할하는 D/O에 의해 종종 대체되고 있다고 주장하고 있다. 그러나 본인의 생각으로는 부두 상에서의 COD거래이나 bulk화물을 제외한 기타화물의 경우 부두 상에서의 COD거래가 현실적으로 어려울 뿐만 아니라 오히려 신속한 물품의 수령을 지체시킬 수 있기에 신속한 물품의 수령을 위해 부두 상에서의 COD거래가 서류에 의한 부두 또는 더 현실적으로 창고에서의 COD거래로 (확대COD의미) 확대 연장되어지기에 그리고 합의에 따라 L/C 등에 의한 CAD거래로서 대금결제를 하

기 위해 이렇게 규정되어 있다고 볼 수 있다.[169]

그러나 DDP나 DAP와 마찬가지로 DAT의 경우 인도장소와 목적지의 지정된 항구 내지는 장소의 터미널이라는 특수성 때문에 인도와 동시에 물품의 수령을 가능케 함으로써 합의에 따라 계약서나 L/C등에 의한 CAD거래가 가능할 수 있으나 동 조건의 인도장소와 동 조건의 특수성을 고려하여 순수 내지는 확대 COD가 원칙적으로 준수될 수 있도록 COD거래임을 강조하기 위해 종전 DAF, DES, DAP, DDU, DDP와는 다르게 규정을 하고 있는 것 같으나 내용적으로 같다고 볼 수 있다. 왜냐하면 이미 개정 특징에서 언급한 대로 운송서류에 대한 충분한 이해를 전제로 CAD거래가 가능하나 원칙적으로 COD거래임을 강조한데 불과하기 때문이다. 따라서 동 조건하에선 특수한 사전 합의가 없는 한 목적지장소 내지 지점에서 물품의 인도와 동시에 수령이 이루어 지도록 해야 하며, 이를 가능케 하는 서류 예컨대 B.2와 물품의 도착 등을 고려하여 확대COD를 가능케 하는 D/O나 B/L등이 인도서류이다. 특히 E-rule과 F-rules와 달리 A.4/B.4의 표현은 CAD거래가 가능할 수 있으나, 확대 COD가 대전제임을 강조하기 위한 것으로 볼 수 있다. 이에 비해 원칙적으로 COD거래이나 F-rules는 CAD거래를 염두에 둔 rules이기에 이런 표현이 필요없다고 볼 수 있고, E-rule은 순수 COD가 전제이기 때문에 이러한 표현이 실제 필요없다.

또 다른 이유를 든다면 수출지에서의 물품인도와는 달리 수입지의 경우 수입화물이 도착하자마자 수입지 항구에 혼잡을 피하기 위하여 보세창고나 장치장 등에 바로 입고되는 바, 이런 경우 창고 등에 입고 된 물품을 수령하기 위해선 D/O나 B/L과 같은 창고증권이나 기타 유가증권이 아니면 물품을 수령할 수 없기 때문에 CAD거래가 가능하나 이보다는 확대 COD적 성격을 지니는 이들 서류를 요구하고 있고, 또 이들 서류가 필요하다고 볼 수 있다. 그러기에 이러한 성격의 표현인 A.4/B.4와 관련한 서류인 확대COD의 현실적 반영 표현인 “a document”가 언급되어 있다고 볼 수 있다.

이러한 사실은 B.8의 규정 가운데 “...the delivery document...”의 표현을 통해서도 입증된다.

Incoterms 2000의 경우 이와 같은 이유에서 DEQ에 필요한 서류들을 예시하고 이의 대안으로 EDI서류를 요구하고 있었으나, 2차와 3차 초안의 경우 A.4, B.4에 따라 필요한 서류의 제공을 요구하고 있어 다양한 운송서류와 운송서류에 대한 인식의 다양화, 운송서류의 인식의 보편화에 따라 서류표현의 단순화를 기하고 있다.

주의를 요한 것은 동 규정에서 요구하는 서류는 물품의 수령을 A.4, B.4에 따라 도착지 지정된 항구나 장소내의 터미널에서 수령하는데 필요한 서류들은 현실적으로 위에서 언급한 서류일 경우가 높다.

최종초안의 경우 3차 초안상의 보다 일반적인 표현인 “… in accordance with A.4.B.4”가 보다 구체적인 표현으로 볼 수 있는 “… as envisaged in A4/B4.”로 변경된 것 외는

169) 오세창, 상게서, p.376.

내용의 변경은 없다. 이러한 변경의 문제점에 대하여는 이미 FCA B.5에서 언급한 바 있다.

A.9 확인 – 포장 – 화인(Checking – packing – marking)

> The seller must pay the costs of those checking operations (such as checking quality, measuring, weighing, counting) that are necessary for the purpose of delivering the goods in accordance with A4, as well as the costs of any pre-shipment inspection mandated by the authority of the country of export.
>
> The seller must, at its own expense, package the goods, unless it is usual for the particular trade to transport the type of goods sold unpackaged. The seller may package the goods in the manner appropriate for their transport, unless the buyer has notified the seller of specific packaging requirements before the contract of sale is concluded. Packaging is to be marked appropriately.
>
> 매도인은 수출국정부당국의 법에 의한 모든 선적전검사비용 뿐만 아니라 A.4에 따라 물품을 인도하는데 필요한 품질확인, 검측, 검량, 검수와 같은 확인활동 비용을 지급해야 한다.
>
> 매도인은 특수한 거래가 무포장 상태로 매각된 물품의 형태로 운송하는 것이 관례가 아니라면 매도인은 물품의 운송을 위해 적합한 방법으로 물품을 포장할 수 있다. 다만 계약이 체결되지 전에 매수인이 특정한 포장을 매도인에게 통지한 경우에는 그러하지 아니하다. 포장은 적절하게 화인이 되어 있어야 한다.

해설 국부의 유출에 따라 수출국 당국의 법에 따라 선적전검사를 해야 하는 경우 검사비용과 A.4의 규정에 따라 물품을 인도하기 위하여 필요한 확인활동, 즉 검질, 검측, 검량, 검수와 같은 행위에 따른 비용을 지급해야 한다. bulk cargo와 같이 포장이 필요 없이 매각되는 물품을 운송하는 것이 관례인 특수무역의 경우를 제외하고는 자신이 준비한 물품의 운송을 위해 필요한 경우 운송중 전매나 복합운송등 후속운송을 위해 필요한 방법으로 물품을 포장하되 포장의 수준은 매매계약체결 전에 자신이 알고 있는 운송에 관한 상황 예컨대 운송방식이나 도착지등을 고려하여 포장을 하도록 규정하고 있으며, 포장 시 반드시 이미 언급한 내용대로 적절하게 화인이 되어야 한다.

동 규정의 표현은 도착지까지 운송계약의 책임이 있는 CPT와 CIP의 규정과 동일하다. 다만 인도방법이 다를 뿐이다. 따라서 포장의 정도와 이에 따른 포장의비용 역시 상기 상황뿐만 아니라 A.3와 A.4를 고려한 정도와 비용의 결과이어야 한다.

Incoterms 2000상의 비용지급에 관해 as well as이하의 규정을 2차 초안이 추가하였는 바, 이는 비용지급에 관한 분명한 책임을 규정하기 위한 규정으로 바람직하다 하겠다. 둘째 절의 경우 "(… delivery the goods of contract description …)" 대신에 "(…

delivery the type of goods sold …)"로 변경되었는바 이는 "the goods of contract description"이 해당계약에 국한되는 의미라면, 후자의 "the type of goods sold"의 표현은 일반적 포괄적 표현으로 볼 수 있는바 DEQ라는 당해 조건에 해당하는 규정이라면 전자의 표현이 바람직하다고 생각된다.

이렇게 볼 때 2차 초안의 경우 비용면에서는 분명화를 시도한 반면에 포장방법에 관해 분명화보다는 포괄적 표현을 하고 있어 상호 괴리의 모습이다.

3차 초안과 2차 초안을 비교하여보면, 표현상의차이 외는 동일하다. 즉 2차 초안상의 첫째 절상의 "… must provide … packing …"을 3차 초안은 "… must, …, package …"로 변경시켜 포장제공의 강조에서 포장자체의 성격을 강조하는 표현으로 변경시켜 규정의 성격에 맞는 표현으로의 변경으로 바람직하게 생각된다.

그러나 최종초안의 경우 3차 초안에 비해 규정적으로 보면 대폭 변경하였다. 그 내용을 보면 최종초안의 경우 3차 초안에 비하여 규정표현으로 보면 "The seller … arranged by it and, where applicable, for any subsequent transport extent that the circumstances …"를 현 규정 둘째 절과 같이 규정하므로 대폭 변경하였다. 그 내용을 보면 물품에 따라 특수한 포장이 필요한 경우 매수인은 매도인에게 계약체결전에, 요구하게 규정하고 일반적 의미의 운송에 필요한 적합한 포장을 요구하므로 포장조건에 통일적 규정을 강조하던 종전 초안과 달리 일반적인 포장의 정의를 하고, 특수한 포장이 필요한 경우 규정을 통한 통일된 규정의 불가능을 안고 당사자들이 계약체결 전 사전에 통지케 하므로 포장규정의 단순화를 기도하고 있다. 사실 EXW A.9과 전 Incoterms® 2010 rules A.9 내용은 동일하다.

A.10 정보협조와 관련비용(Assistance with information and related costs)

The seller must, where applicable, in a timely manner, provide to or render assistance in obtaining for the buyer, at the buyer's request, risk and expense, any documents and information, including security-related information, that the buyer needs for the import of the goods and/or for their transport to the final destination.

The seller must reimburse the buyer for all costs and charges incurred by the buyer in providing or rendering assistance in obtaining documents and information as envisaged in B10.

매도인은, 적용되는 경우, 시의 적절한 방법으로 매수인의 요청, 위험 그리고 비용부담으로 매수인이 물품의 수입과/또는 최종목적지까지 물품의 운송을 위해 필요로 하는 모든 서류와 보안관련 정보를 포함하여 정보를 제공하거나 취득하는데 협조를 제공하여야 한다.

매도인은 매수인에게 B.10의 규정에 따라 서류와 정보를 제공하거나 취득함에 있어 협조를 제공하는데 매수인이 지급한 모든 비용을 변상하여야 한다.

해설 매도인은 자신의 의무이행, 즉 물품의 운송과 수입 그리고 제3국으로의 물품 통과를 위하여 필요한 보안관련정보, 모든 서류와 정보 취득을 위해 매도인 자신이 이들을 요청하고 자신의 위험과 비용하에 매수인에 의해 이런 일들이 이루어진 경우에 이러한 자신의 협조제공요청에 따라 매수인이 지급한 모든 비용을 매수인에게 변상조치 하여야 한다.

첫째 절의 경우 Incoterms 2000과 1차, 2차, 3차 초안의 비교는 CIP의 경우 Incoterms 2000 A.10상에는 "… electronic message (other than those mentioned in A.8) issued … country."로 EXW의 경우 Incoterms 2000 A.10 상에는 "… electronic message issued … country."로 되어있는 것 외는 규정이 동일한바 ( )의 표현 외는 EXW와 동일하다. ( )의 표현은 1차 초안 시 부터 특별히 규정할 필요가 없기에 삭제되었다.

둘째 절의 경우 Incoterms 2000과 1차 초안 상에는 규정되지 아니하였고, 2차 초안에 규정과 3차 초안의 규정은 그대로 이다.

Incoterms 2000 A.10에 의하면 다음과 같이 규정되어 있었다.

"매도인은 매수인의 요청과 위험과 비용부담으로 매수인이 물품의 수출입과 필요한 경우 제3국 운송을 위해 필요할지 모르는 인도국 또는 원산국에서 발급하거나 발송하는 모든 서류 또는 동등한 EDI를 취득하는데 모든 협조를 매수인에게 제공해야 한다.

매도인은 매수인의 요청에 따라 보험계약체결을 위해 필요한 정보를 매수인에게 제공해야 한다.

Incoterms 2000상의 EDI 관련표현은 다른 규정에서의 EDI 관련표현과 함께 Incoterms® 2010의 A.1으로 통합되어 표현되어 있고, 보험에 관한 정보는 전 Incoterms A.3에 통합되어 표현되어 있다. 그리고 Incoterms 2000에서의 "수출과/또는 수입과 필요한 경우 제 3국 운송을 위해 필요할지 모르는 …모든 서류는"의 표현은 "수출과/또는 수입과/또는 최종목적지까지 물품의 운송을 위해 필요로 하는 서류와 보안관련 정보를 포함하여 정보…"로 변경되었는바, Incoterms 2000보다 보안관련 정보와 기타정보 제공이 추가된 것 외는 Incoterms 2000상의 표현보다 세련된 그러나 동일한 의미의 상이한 표현이다. 즉 궁극적으로 규정의 통폐합과 대형 컨테이너 운송에 의한 신속한 수출입 통관과 운송을 위해 필요한 보안관련 정보 외에 기타정보와 서류를 요구하므로 필요한 정보추가 외는 근본적으로 Incoterms 2000 A.10과 동일한 의미로 볼 수 있다.

이상의 변경을 규정표현으로 보면 1차 초안의 규정은 Incoterms 2000 A.10의 규정과 비교해서 "국내외거래"의 적용을 위해 첫째 절 "where applicable"이 추가되고, Incoterms 2000상의 "… every assistance … any country" 대신 "…, assistance including provide security-related information, in obtaining any documents, whether in paper or electronic form, that the buyer … any country."로 변경되었다.

1차와 2차의 구분은 1차 초안상의 "… render … any document, … any country."가 "… provide to or render … security-related information, that the buyer … any country."로 변경되었다.

2차 초안은 3차 초안규정과 비교해서 말미의 "… that the buyer may require for the transport, … for their transit through any country" 대신에 2차 초안 규정을 포함하는 포괄적 표현으로 "… that the buyer needs for … and/or for their transport to the final destination"으로 변경한 것을 제외하고는 동일하다. 이렇게 규정된 이유는 이미 앞에서도 언급하였듯이 일체의 운송형태에 적용되는 조건들의 경우 대부분 컨테이너로 운송되고 있으며, 대형컨테이너 수출과 수입의 경우 신속한 수출입통관을 위해 법에 따라 또는 운송계약이나 포장 등을 위해 수출입과 최종목적지까지 운송에 필요한 정보를 매도인은 필요하여 요구할 수 있기 때문이다.

그리고 Incoterms 2000과 1차 초안 상에는 없었으나 2차와 3차 초안 상에 "… in a timely fashion provide …"와 같이 "in a timely fashion"이 추가되었는바 이는 협조로 제공되는 서류나 정보를 시간적으로나 방법적으로 적절해야 함을 강조하기 위해서이다.

최종초안의 경우 3차 초안 첫째 절상의 "… in a timely fashion … for the export and/or export of the goods" 대신에 "… in a timely manner … for the import of the goods …"로 변경된 것 외는 동일하다. "fashion"의 "manner"로의 변경은 동일한 의미의 세련된 표현이고, "the export and/or"의 삭제는 수출의 허가를 매도인이 취득하기에 수출에 필요한 모든 절차는 매도인의 책임이기 때문이다.

문제대안 A.10의 첫째 줄, "provide to or"의 삭제가 필요하다. 왜냐하면 동일의미의 상이한 표현이 아니라 양자 간의 구분을 전제로 하고 있는바, provide는 자신의 비용으로 시작하는 필수제공의 표현이고, render는 누구의 요청과 위험·비용부담으로 시작하는 협조의무의 표현임을 지금까지 Incoterms의 규정들을 통해 입증 되었는바, 본 규정상의 의무는 협조의 의무이지 협조나 필수의 규정이 아니기 때문이다. 전 Incoterms를 변경할 필요성이 있다.[170)]

그러나 이렇게 규정한데는 비록 모든 협조가 매수인의 책임 하에 이루어지나 매도인이 아니면 아니 되는 경우의 협조제공의무와 매수인이 할 수 있는 일에 대한 매도인의 협조제공 의무가 있기에 전자를 위한 표현이 provide이고 후자를 위한 표현이 render로 볼 수 있다. 그러나 예컨대 FCA A.10의 둘째 절상의 "… in providing or rending assistance in obtaining …"의 경우 B.10과 연계되기에 B.10의 규정 둘째 절의 규정을 보면 역시 "… in providing or rending assistance in obtaining for the seller, at the latter's request, risk and expense …"로 규정되어 있어 양 규정을 비교해보면 필수 협조의무 규정임이 틀림이 없다. 따라서 "… providing or …"를 삭제할 필요가 있다. 그러나 providing or rending과 연계된 B.10의 "… at latter's request, risk and expense …"표현이 매도인의 요청에 따라 매수인의 위험 없이 매수인이 필수적으로 제공할 수 있는 경우와 매도인의 전적 책임 하에 이루어지는 경우를 모두 포함하는 의미로 필요에 따라 이원화되는 표현으로 해석할 수 있는 표현으로 해석한다면 동 표현은 그대로 두어도 이해가 될 수 있다. 그렇다면 기타 모든 Incoterms 규정에도 A.10이나 B.10의 규정과 마찬가지로 "… provide or

170) 오세창, "Incoterms 2011 2차 초안의 특징과 문제점", 경영경제, 제43집 제1호, 계명대학교 산업경영연구소, 2010, p.39.

render …" or "… providing or rending …"와 같은 표현이 필요할 수 있다.

1차 초안 상에는 "… whether in paper or electronic form, (other them those mentioned in A.8)that the buyer may …"로 규정되어 있었으나 2차부터는 특별히 규정할 필요가 없어 삭제되었다.

그러나 이미 A.2에서 설명한 대로 이미 규정을 통해 책임한계는 분명하지만 제공의 의무만은 반드시 제공해야 하기에 "provide" 또는 "providing"으로 통일하는게 바람직하다.

B. 매수인의 의무(THE BUYER'S OBLIGATIONS)

B.1 매수인의 총칙의무(General obligations of the buyer)

The buyer must pay the price of the goods as provided in the contract of sale.

Any document referred to in B1-B10 may be an equivalent electronic record or procedure if agreed between the parties or customary.

매수인은 매매계약상에 규정된 대로 물품의 대금을 지급하여야 한다.

B.1에서 언급하고 있는 모든 서류는 당사자들 간에 합의하거나 관례라면 동등한 전자기록에 의해 대체될 수 있다.

해설 B.1의 규정은 매수인에 대한 A.1의 경상규정이면서 매수인의 제일의 의무규정을 규정하고 있으며, Incoterms의 모법에 해당하는 CISG 53조에서 59조까지 규정의 세부 규정이라 할 수 있다. 그러나 CIGS규정에 비하면 그 내용이 지극히 단순하게 되어있다. 그러나 CISG 53조의 규정 가운데 "… as required in contact of sale"와 달리 B.1의 규정에는 "… as provided in a contract of sale"로 규정되어 있는바, 여기서의 "… provided …"는 CISG상에서의 계약에 따라 요구할 수 있는 내용, 즉 일반적으로 계약에 따라 일반적인 요구사항에 따른 지급규정과 달리 B.1의 "… provided"는 특정계약에서 구체적으로 규정하고 있는 지급방법, 지급장소 등에 따라 지급해야 함을 규정하고 있다. 전자가 포괄적 계약규정을 의미한다면 B.1의 계약은 특정 개별계약의 성격이 강하다. 그러나 특정계약은 물품에 따라 당사자들 간의 사정에 따라 다를 수 있기에 B.1의 지급규정에 대한 시행세칙에 해당하는 해당 L/C나 계약서상에 구체적으로 규정하여 반영된다.

그리고 A.1에서 언급한대로 전 Incoterms B.1-B.10상에 규정되어 있는 서류는 B.1 둘째 절 규정과 같이 당사자들 간에 합의하거나 관례라면 종이서류와 동등한 전자기록으로 대체할 수 있다는 표현으로 대체된 것 외는 Incoterms 2000 A.1과 1차, 2차, 3차 초인의 내용이 똑같이 변경된 것이 없다.

A.1에서 언급하였듯이 B.1의 제목자체가 Incoterms 2000, 1차, 2차상의 "payment of the price" 대신에 "General obligation of the Buyer"로 변경된 것은 차이가 있으나, B.1

둘째 절상의 규정표현 때문에 제목이 이렇게 변경된 것 같다. 그러나 B.1의 제목의미와 달리 B.1의 규정은 매수인의 총칙의무규정이라기 보다는 매수인의 입장에서의 물품을 수령하여 검사를 하기 전에 먼저 지급을 해야 하기 때문에 가장 중요한 매수인의 의무라 할 수 있으며, 나머지 규정은 A.2-A10의 A.1의 부수 규정 같은 성격이 아니라 A.2-A10의 경상의 의무, 즉 매도인의 매수인에 대한 의무에 대한 매수인의 매도인에 대한 의무규정내지는 위험과 비용, 그리고 기능에 대한 책임의무규정이라 할 수 있다.

B.2 허가, 승인, 보안통관과 기타 절차(Licences, authorizations, security clearances and other formalities)

> Where applicable, the buyer must obtain, at its own risk and expense, any import licence or other official authorization and carry out all customs formalities for the Import of the goods.
>
> 적용되는 경우 매수인은 자신의 위험과 비용으로 모든 수입허가나 기타 공식승인을 취득하고 물품의 수입을 위한 모든 세관절차를 수행해야 한다.

해설 매수인은 수입에 필요한 수입허가나 기타 공식승인을 은행이나 정부기관을 통해 취득하고 수입허가에 따른 세관통관절차를 세관을 통해 수행해야 하며 이와 관련한 모든 비용과 위험을 부담해야 한다. 따라서 매매계약서 상에 이에 대한 수입금지는 매수인으로 하여금 물품에 대하여 지급해야 할 자신의 의무를 면책시키지 아니한다. 일반적으로 이러한 면책조항은 준거법 하에 인정되는 기간 연장이나 계약해제권을 규정할 수 있다.171)

where application에 대한 설명은 이미 앞에서 이루어졌으며, 2차의 경우 Incoterms 2000과 동일하였고, "… necessary for …"의 경우 for가 necessary의 의미를 지니기에 "necessary"를 삭제한 것 외는 똑같다.

최종초안은 DEQ 3차 초안의 내용과 동일하다.

문제대안 D-rules의 경우 허가 등의 취득의무에 관한 표현은 다른 rules와 달리 "the buyer must obtain …"으로 표현하고 있다. 비록 동일한 의미의 상이한 표현이라 해도 표현의 통일이 필요하다.

171) 오세창, 상게서, p.385.

B.3 운송과 보험계약(Contracts of carriage and insurance)

a) Contract of carriage
The buyer has no obligation to the seller to make a contract of carriage.

b) Contract of insurance
The buyer has no obligation to the seller to make a contract of insurance. However, the buyer must provide the seller, upon request, with the necessary information for obtaining insurance.

a) 운송계약
매수인은 매도인에 대한 운송계약을 체결할 의무가 없다.

b) 보험계약
매수인은 매도인에 대한 보험계약을 체결할 의무가 없다. 그러나 매수인은 매도인에게 그의 요청에 따라 보험계약 체결을 위해 필요한 정보를 제공해야 한다.

해설 a) 운송계약
도착 시 지정된 장소 내지 지점에서 물품을 인도하는 조건이므로 인도지점까지의 사전운송, 주운송, 계속운송의 책임은 매도인에게 있으므로 매수인의 입장에서 운송계약에 대한 책임은 없다. 다만 경우에 따라서 수령 장소가 매수인이 거주하는 영업장소까지의 거리가 있는 경우 수령 후 계속운송의 책임은 매수인 자신에게 있지 매도인에 대한 의무 사항은 아니다.

b) 보험계약
운송계약과 마찬가지로 인도이전까지는 매도인이 운송과정에서의 위험에 대비한 보험 계약은 자신의 이익을 위한 것이지 이 자체가 매수인에 대한 의무사항이 아니듯이 매수인 역시 물품의 수령 후 자신의 이익을 위해 위험에 대비한 보험부보는 자신의 책임 하에 있으며 이 자체가 매도인에 대한 의무사항이 아니다.

1차 초안의 경우 누가 누구에 대한 책임이 없음을 분명히 하기 위해 “no obligation owned by the buyer to the seller” 표현되었다가, 2차, 3차의 경우 현 초안의 규정과 같이 누가 누구에게 운송계약을 체결할 의무가 없음을 규정하므로 1차 초안보다 규정의 표현을 더욱 분명히 하고 있다고 볼 수 있다.

그리고 Incoterms 2000과 1차 초안규정에도 없던 보험정보의 규정을 매도인의 요청에 따라 당연히 제공해야 함을 2차와 3차 초안에서 규정하고 있다.

다만 보험정보의 규정을 A.3 b)와 같이 통일하던지 아니면 B.3 b)와 같이 통일할 필요가 있다.

2차 초안의 경우 보험정보 제공의무를 제외하면 그 내용에 있어 Incoterms 2000 DAF, DES, DEQ, DDU, DDP와 동일하다.

최종초안의 규정은 동일내용의 자구수정 외 DEQ 3차 초안과 동일하다.

B.4 수령(Taking delivery)

> The buyer must take delivery of the goods when they have been delivered as envisaged in A4.
>
> 매수인은 A.4의 규정에 따라 물품이 인도완료 된 때 물품을 수령해야 한다.

해설 물품이 A.4에 따라 자신의 임의처분상태로 적치완료 즉시 매수인은 물품을 인취해야 한다는 표현을 하고 있다. 즉, 임의상태로 인도완료시의 개념을 즉시로 해석하여 수령해야 한다.

그러나 B.4와 동일한 표현이 EXW B.4에 사용되고 있으나 EXW 하에서는 매수인의 임의처분상태로의 물품의 적치가 대개 매도인의 거소에서 이루어지기에 임의처분상태로 인도완료시의 개념은 즉시의 개념이 아닌 막연한, 즉 일반적인 개념인 인도완료 된 때로 보아야 한다. 따라서 즉시 인취를 위해서는 A.4에 따라 매도인은 합의한 날짜 또는 기간 내에 매수인의 임의처분상태로 물품을 적치해야 한다.

만약 물품이 합의 보다 조기에 매수인의 임의처분상태로 적치되는 경우 비록 그렇게 하는 것이 자신의 이해에 맞다해도 매수인은 합의한 시기 전에 인취할 의무가 없다. 만약 물품이 너무 늦게 매수인의 임의처분상태로 적치된 경우 매수인은 준거법에 따라 계약위반에 대한 책임을 매도인에게 주장할 수 있다. 그리고 매수인은 역시 그런 경우 준거법에 따라 매도인으로부터 손해배상금을 받거나 주요한 위반인 경우 계약을 취소시킬 수 있다.[172)]

Incoterms 2000, 2차, 3차 초안의 규정은 동일하다.

최종초안은 자구수정 외 내용적으로 동일하다. 자구수정 상의 문제점에 대하여는 이미 다른 규정에서 언급한 바 있다.

B.5 위험의 이전(Transfer of risks)

> The buyer bears all risks of loss of or damage to the goods from the time they have been delivered as envisaged in A4.

172) 오세창, 상게서, p.369.

If

a) the buyer fails to fulfil its obligations in accordance with B2, then it bears all resulting risks of loss of or damage to the goods; or

b) the buyer fails to give notice in accordance with B7, then it bears all risks of loss of or damage to the goods from the agreed date or the expiry date of the agreed period for delivery, provided that the goods have been clearly identified as the contract goods.

매수인은 물품이 A.4의 규정에 따라 인도완료 된 때로부터 물품의 멸실이나 물품에 관한 손상의 모든 위험을 부담해야 한다.

만약

a) 매수인이 B.2에 따라 자신의 의무를 해태한 경우, 매수인은 이로 인해 발생한 물품에 대한 모든 멸실에 관한 손상위험을 부담한다; 또는

b) 매수인이 B.7에 따라 자신의 의무를 해태 한 경우, 매수인은 인도를 위해 합의한 날짜 또는 합의한 기간의 만기 날짜로부터 물품의 멸실이나 물품에 관한 손상의 모든 위험을 부담한다. 다만 물품이 계약물품으로 분명하게 충당되어 있어야 한다.

해설 A.5에 따라 매도인이 인도지점까지 물품의 멸실 또는 물품에 대한 손상의 모든 위험을 부담해야 하는 반면에 B.5의 위험이전 대원칙에 따라 매수인은 인도지점 후부터 위험을 부담해야 한다(위험이전의 대원칙).

인도지점은 조건에 따라 다르다. EXW와 전 D-rules하에서 물품은 단순히 관련지점(해당지점)에서 매수인의 임의처분상태로 적치한다. 반면에 F와 C-terms 하에서 인도지점은 발송국이나 선적국에서 운송인에게 물품을 교부와 관련된다. 따라서 해상 편으로 운송되어질 물품을 위해 사용되는 조건에 있어선 지정된 선박선측(FAS)에 인도나 본선갑판(FOB, CFR, CIF)에 인도가 인도지점이 된다.

이렇게 볼 때 E, D-rules의 경우는 해당 지점에서 물품의 임의처분상태이고, F와 C-terms는 인도지점이 상이할 수 있고, 인도의 방법 역시 인도지점에서 운송수단 등에 따라 다소 차이가 있어도 결국 hand over적 성격을 지니고 있음을 알 수 있어 CISG와 그 맥을 같이 하고 있으나, Incoterms가 hand over에 따라 세분되어 있는 점이 다르다.

EXW와 D-rules하에서 매도인은 매수인의 임의처분상태로 물품의 적치 행위에 의해서만 위험을 이전시킬 수 있는데 비하여, 매도인은 B.7에 다른 매수인의 통지해태로 인해 위험을 이전시킬 수 있을지 모른다. 이러한 사실은 물품이 자신의 임의처분상태로 적치되는 규정된 기간 내의 시기와 인도장소를 결정하는 것이 매수인의 책임인 경우에 일어날 수 있다. 따라서 이러한 업무의 이행해대는 사전위험이전을 낳게 된다. 그럼에도 불구하고 매수인은 매매계약체결 시에 규정된 기간보다 더 오래 인도와 위험이전을 지연시킬 수 있어야 한다는 것은 인정될 수 없다. 따라서 B.7에 따른 매수인

의 통지해태는 "인도를 위해 합의한 날짜 또는 합의한 기간의 만기일자로부터" 위험을 이전시킨다. 그러나 이러한 매수인의 통지해태에 따른 조기위험이전원칙에도 불구하고, 물품이 계약에 정히 충당될 때까지 위험은 이전할 수 없다(조기 위험이전의 대전제원칙). 예컨대 만약 물품이 불특정인 경우, 즉 매도인이 물품을 목적지에서 여러 매수인에게 인도해야 하는 특정종류의 물품, 예컨대 기름, 곡류, 석탄 등의 경우 물품이 분명하게 계약에 충당된 경우에만 충당이 일어난다. 그런데 이러한 충당은 매도인이 운송을 위해 물품을 인도하고 매수인을 위한 것으로 화인된 때 일반적으로 이루어진다. 그러나 화물이 선적으로 운송되고 도착지에서 물품의 도착 시에만 여러 매수인간에 충당되는 경우에는 그러하지 아니하다.

그리고 매수인은 B.2에 따라 물품의 수입통관을 취득할 의무가 있다. 만약 매수인이 이러한 의무를 해태한 경우 매도인은 합의한 인도지점에 도착이 불가능할지 모른다. 이로 인해 발생하는 물품의 멸실 또는 물품에 관한 손상의 추가위험은 매수인부담이다. 따라서 물품이 합의한 인도지점에 도착하기 전 예컨대 수입통관을 수행해야 할 매수인의 의무이행 해태로 인해 세관구내에 물품이 억류되는 때에 위험이 이전할 수 있다.

이러한 의무위반에 대해 특별히 규정하고 있는 것은 DAT의 경우 도착지 지정된 터미널에서 물품을 인도해야 하는데 그러기 위해서는 수입통관이 되지 아니하면 다른 조건들과는 달리 합의한 터미널에서의 물품의 인도자체가 불가능하기 때문이다.[173)]

DEQ 2차 초안은 "buyer"가 "it"로, 사전위험이전의 대전제원칙표현이 약간의 변경과 위치의 변경 외는 Incoterms 2000 DDU와 동일하다.

DEQ 2차와 3차 초안 간에는 동일한 의미의 상이한 그러면서 단순화한 표현상의 차이, 즉 2차 초안 둘째 절상의 "…, bear all additional … incurred thereby"대신에 "… bear all resulting additional … to the goods"로 변경된 것 외는 동일하다. 3차 초안의 표현이 2차 초안 표현보다 단순한 표현으로 볼 수 있다.

2차 초안과 3차 초안 간에는 2차 초안 둘째 절상의 "… additional …"을 삭제하고 위험이전의 대전제원칙의 표현을 다른 조건들과 같이 하면서 FCA의 B.5와 같이 규정을 배열한 점이 차이가 있을 뿐 내용은 동일하다. "additional"의 삭제는 "resulting"이라는 표현자체가 B.2의 해태에 따른 모든 결과적 위험을 의미하기에 삭제된 것 같다.

DEQ 3차 초안의 겨우 Incoterms 2000 DDU B.5의 규정과 실질적으로 동일한 규정이었다. Incoterms 2000과 2차 초안간의 차이점은 동 조건하의 수입허가 취득의무의 해태에 대비한 규정을 신설한 것이다. 그 이유는 위의 설명대로이다.

DEQ 2차 초안의 경우 적용범위의 차이가 있을 뿐 내용면에서는 실질적으로 같은 DAP B.5와 비교해보면 DAP B.5의 1.의 경우 "… all resulting additional risks …"로 2.의 경우 "… all risks …"로 규정된데 비하여 DEQ는 "… all additional risks …"와 "… all risks …"로 규정되었다가 3차의 경우 DAP와 같이 "… all resulting risks …"로 통일되

173) 오세창, 상게서, pp.390-391.

었다. "… all resulting additional risks …"의 표현은 "수입허가를 취득하지 못한 결과로 파생되는 추가위험"임을, "all resulting risks"는 "수입허가를 취득하지 못하는데 따른 모든 파생위험"을 의미하기에 후자의 표현이 규정의 정신에 맞는 표현이다. 그 외는 충당에 관한 약간 구성상의 차이와 충당개념의 범위에서 2차가 "분명한 충당"을, 3차가 "구분이나 분명한 충당"을 규정하고 있는 것 외는 내용은 동일하다.

최종초안의 겨우 DEQ 3차 초안의 규정과 비교해서 동일의미의 자구수정외는 동일하다.

B.6 비용의 분담(Allocation of costs)

> The buyer must pay
>
> a) all costs relating to the goods from the time they have been delivered as envisaged in A4;
>
> b) any additional costs incurred by the seller if the buyer fails to fulfil its obligations in accordance with B2, or to give notice in accordance with B7, Provided that the goods have been clearly identified as the contract goods; and
>
> c) where applicable, the costs of customs formalities as well as all duties, taxes and other charges payable upon import of the goods.
>
> 매수인은 다음의 비용을 지급해야 한다.
>
> a) 물품이 A 4의 규정에 따라 인도 완료된 때로부터 물품에 관한 모든 비용;
>
> b) 매수인이 B.2에 따라 자신의 의무나 B.7에 따라 통지를 해태함으로 매도인이 지급한 모든 추가 비용 다만 물품이 계약물품으로 분명하게 충당되어 있어야 한다; 그리고
>
> c) 적용되는 경우 물품의 수입 시에 지급할 수 있는 모든 관세, 제세와 기타 비용뿐만 아니라 세관절차 비용

해설 DAP 1차 초안 시 Incoterms 2000 DDU의 둘째 절상에 A.4에 따라 인도완료된 후의 물품에 관한 모든 비용 외에 추가로 셋째절로 하여 현실적으로 인도장소의 여러 사정으로 인해 다른 장소에서 인도에 따라 있을 수 있는 국내의 후속운송이나 창고나 터미널에 저장을 위해서 규정상의 인도장소인 지정된 항구에서의 물품의 모든 하역비용을 매수인의 비용부담으로 신설 한 것을 제외하면 Incoterms 2000의 DDU규정과 동일하였고, 2차, 3차 규정 역시 동일하였다. 그러나 1차, 2차, 3차 상의 DAP가 최종단계에서 DAT와 DAP로 분류됨에 따라 DAT는 Incoterms 2000 DDU상의 둘째 절 규정으로 다시 환원하고, DAP는 초안 구성과 같이 규정되었다. 그리고 Incoterms 2000 DEQ 셋째 절상의 수입허가와 인도와 관련한 표현과 동일한 의미의 상이한 표현으로의 규정과 충당개념의 제한, 그리고 현실적으로 제 3국 운송을 의미하는 마지막 절상

의 "… and for their subsequent transport"의 삭제를 제외하면 역시 2차와 3차 초안의 규정 역시 동일하다. 이렇게 볼 때 매수인은 사전에 합의된 도착지 지정된 항구에서 물품의 인도 후의 모든 추가비용을 지급해야 한다.(인도와 관련한 비용이전의 대원칙).

매수인은 합의에 따라 수령을 해태하거나 B.7에 따른 인도시기와 장소를 매도인에게 통지하길 해태하므로 발생할 수 있는 모든 추가비용을 지급해야 한다. DEQ 하에선 B.2에 따른 매수인의 수입통관해태는 매도인으로 하여금 합의한 인도지점에 도착을 못하게 하거나 추가비용을 야기할 수 있다. 그런 경우 매수인은 이러한 사건의 결과를 책임져야 하고 이로 인해 발생한 모든 추가비용을 지급해야 한다. 이러한 상황 하에서 추가비용을 지급할 매수인의 의무는 계약물품으로 물품의 충당을 조건으로 한다.

B.2에서도 언급한 바와 같이 매수인은 물품의 수입통관을 취득할 의무가 있다. 따라서 B.6은 매수인이 이와 관련해서 발생하는 비용은 모든 관세, 제세와 기타 비용뿐만 아니라 세관절차비용을 역시 지급해야 함을 선언하고 있다. 그리고 매수인은 물품이 A.4에 따라 매도인에 의해 인도완료 된 후 현실적으로 일어나고 있는 국내 후속운송이나 터미널 창고에 저장을 위해 도착지 지정된 항구에서 이루어지는 물품의 모든 하역비를 지급해야 한다. 특히 2차와 3차 규정에서 도착지 지정된 항구에서 매수인의 영업장소나 선사나 부두자리 등으로 인해 현실적으로 이루어지고 있는 하역비용에 대하여 규정함으로써 그동안 하역비용의 책임문제로 논란이 되어온 문제점을 해소하게 되었다.[174]

DAP에서도 설명하였듯이 B.7의 관련한 B.5, B.6상의 표현은 통일 시킬 필요가 있다.

DEQ에 근거한 최종초안은 3차 초안상의 현실을 고려한 현실의 인도장소가 되고 있는 창고에서의 인도를 고려한 a)호 상의 "… including … terminal …"의 삭제 외는 동일의미의 자구수정과 b)호상의 비용지급주체를 분명히 하기 위하여 DAP A.6와 마찬가지로 3차 초안상의 "… incurred …"대신에 "… incurred by the seller …"를 추가한 것 외는 동일하다.

B.7 매도인에게 통지(Notices to the seller)

The buyer must, whenever it is entitled to determine the time within an agreed period and/or the point of taking delivery at the named terminal, give the seller sufficient notice thereof.

매수인은 자신이 지정된 터미널에서 합의한 기간 내의 수령시기와/또는 지점을 결정할 권리를 갖고 있다면 그것에 관하여 매도인에게 충분한 통지를 해야 한다.

174) 오세창, 상게서, p.394.

해설 B.5와 B.6에서 언급한 바와 같이, 수령시기와 장소에 대한 매도인에게 매수인의 통지해태는 매매계약서 상에 매수인이 이러한 문제에 관해 결정할 선택권을 가진 경우 물품이 A.4에 따라 인도완료되기 전에 물품의 멸실 또는 물품에 대한 손상의 위험을 이전시키는 원인이 될 수 있다. 이 뿐만 아니라 이러한 해태는 매수인의 통지해태의 결과로서 매도인이 지급한 모든 추가비용을 지급할 의무가 매수인에게 있게 할 수 있으며 매도인에게 수령시기와 지점을 결정하는 선택권을 허용하는 결과를 초래할 수 있고 의무의 위반은 계약위반을 구성하게 된다. 그러나 현실적으로 시기와 장소는 L/C 등을 통해 사전에 정해지고 있으며, 특수한 경우 계약에 의해 추후 통지할 수가 있으며 이 경우 서문 13의 규정에 따라 권리와 의무로 할 수 있다.[175)]

Incoterms 2000, 2차, 3차 규정과 동일하였다.

DEQ에 근거한 최종초안은 해상전용인 DEQ 3차 초안상의 "… at the named port of destination, …" 대신 모든 운송형태에 적용을 위해 "… at the named terminal, …"로 변경된 것 외는 동일하다.

B.8 인도의 증거(Proof of delivery)

> The buyer must accept the delivery document provided as envisaged in A8.
>
> 매수인은 A.8에 따라 제공되는 인도서류를 수령해야 한다.

해설 매수인은 A8상의 인도서류가 매수인에게는 A.4에 따른 인도의 증거가 되기 때문에 동 서류가 계약에 일치하는 물품의 인도서류가 분명하다면 A.4에 따른 인도증거 서류로 제공되는 서류를 수령해야 한다(확대 COD, 즉 서류에 의한 COD의미). 이러한 서류수령의 대 전제는 소선의 성격상 신속한 물품의 수령 내시는 내급 시급이나. 만약 매수인이 동 서류를 거절하는 경우(특수한 경우 예컨대 L/C하의 매도인에게 지급하지 말도록 은행 앞으로 지시하는 등) 매수인은 매매계약 하의 이러한 위반에 대해 청구 가능한 구제권을 매도인에게 부여하게 되는 계약위반을 저지르게 되며 이러한 구제권은, 예컨대 계약취소권이나 위반에 대한 손해배상금청구권을 포함할 수 있다. 그러나 매수인인 적절한 인도증거를 제공하지 못하는 서류, 예컨대 물품에 하자가 있다거나 물품이 합의한 수량보다 적게 제공되었음을 서류 상에 표시하고 있는 서류를 수령할 의무는 없다. 이런 경우 동 서류는 고장부 서류이다.[176)]

2차와 3차 초안의 규정은 동일한 규정으로 Incoterms 2000상의 D/O와 운송서류를 당사자들의 특수한 경우로서 합의한 경우의 L/C거래들을 포함하는 표현이지만 원칙적으

175) 오세창, 상게서, p.375.
176) 오세창, 상게서, p.337.

로 거래조건의 성격에 맞는 표현인 인도의 증거(… accept the proof of delivery …)로 변경하였다. 이표현은 COD를 위한 서류는 물론이고 CAD를 위한 서류역시 이 의미에 포함된다. 그러나 이렇게 표현한 것은 이 거래조건의 경우 특수한 경우를 제외하고 COD거래조건임을 강조 하는 의미가 있다.

DEQ에 근거한 최종초안은 3차 초안상의 "… the proof of delivery …" 대신에 "… the delivery document …"로 변경된 것 외 동일하다. 이러한 변경에 대한 문제대안은 DAP B.8에서와 같다.

B.9 물품의 검사(Inspection of goods)

> The buyer must pay the costs of any mandatory pre-shipment inspection, except when such inspection Is mandated by the authorities of the country of export.
>
> 매수인은 이러한 검사가 수출국 정부당국의 법에 의한 경우를 제외하고 모든 법에 의한 선적전 검사비용을 지급해야 한다.

해설 수출국에서 매도인이 수출을 위해 관련법에 따라 당연히 자신이 해야 하는 경우는 자신의 책임과 비용으로 하지만, 매수인 수입국의 법에 따라 필요한 경우 매수인의 요청에 의해 이루어지는 모든 선적전 검사는 매수인 비용부담임을 규정하고 있다. 따라서 매수인이 수입국법에 따라 선적전 필요한 검사의 경우 선적 전에 제3자에 의한 검사증명서를 자신의 책임 하에 매도인에게 요청해야 하며, 이러한 결과를 대금결제서류에 반영시켜야 한다.[177)]

Incoterms 2000의 B.9과 비교해 볼 때 Incoterms 2000상의 "… of any pre-shipment inspection …" 대신 3차 초안은 "… of any mandated per-shipment inspection …"와 같이 "any psi "가 "mandated psi"로 변경된 것 외는 동일하다. 그러나 종전의 규정과 달리 매도인 자신의 비용으로 이루어지는 수출국의 검사법에 의한 선적전 검사 외에 매수인 자신의 필요를 위해 그리고 수입국의 법에 의해 필요한 경우 매수인이 요청하고 매도인은 이러한 요청에 따라 매수인의 비용으로 모든 선적전 검사를 실시하고 그 증명서를 매수인에게 계약서나 L/C에 따라 제출해야 했던 Incoterms 2000상의 "any psi"의 개념은 수입국의 법에 의한 모든 psi의 개념으로 그 의미를 Incoterms® 2010에서는 분명히 하고 있다. 따라서 수입자 자신을 위해 필요한 psi의 경우 별도로 계약서나 L/C상에서 요구하고 그 비용을 지급해야 함을 주의해야 한다.

1차, 2차 초안은 Incoterms 2000과 동일하였다.

A.9상의 checking과 B.9상의 inspection에 대하여 Incoterms2000용어 해설[178)]에 의하

---

177) 오세창, 상게서, p.182.

면 동일의미라고 하고 있으나 전자의 의미는 이행에 따른 확인의 성격이고, 후자는 수출입국법이나 매수인의 필요에 따라 이루어지는 검사로 주로 공인된 기관에서 이루어지는 검사라면, 전자는 수출자 공장 내에서의 자체검사로 볼 수 있다.

2차 초안의 경우 Incoterms 2000 B.9 규정과 동일하며, 위와 같은 이유로 3차 초안상의 PSI에 "mandated"가 추가된 것 외는 2차와 3차가 동일하다.

DEQ에 근거한 최종초안은 3차 초안과 동일하다.

B.10 정보협조와 관련비용(Assistance with Information and related costs)

> The buyer must, in a timely manner, advise the seller of any security information requirements so that the seller may comply with A10.
>
> The buyer must reimburse the seller for all costs and charges incurred by the seller in providing or rendering assistance in obtaining documents and information as envisaged in A10.
>
> The buyer must, where applicable, in a timely manner, provide to or render assistance In obtaining for the seller, at the seller's request, risk and expense, any documents and information, including security-related information, that the seller needs for the transport and export of the goods and for their transport through any country.
>
> 매수인은 매도인이 A.10을 수행하기 위하여 필요로 하는 모든 화물보안정보요건을 시의 적절하게 통지해야 한다.
>
> 매수인은 A.10에 따른 서류와 정보를 제공하거나 취득하는데 협조를 제공하는데 있어 매도인이 지급한 모든 비용 대하여 매도인에게 지급해야 한다.
>
> 매수인은, 적용되는 경우, 시의 저절하게 매도인의 요청, 위험 그리고 비용부담으로 매도인이 물품의 운송과 수출을 위해 그리고 필요한 경우 제 3국으로 물품의 통과를 위해 필요로 하는 보안관련 정보를 포함하여 모든 서류와 정보를 제공하거나 그를 위해 취득하는데 협조를 제공해야 한다.

해설 A.10에 의하면 적용되는 경우, 매수인이 물품의 수입과 최종도착지까지 물품의 운송에 필요한 보안관련 정보를 포함하여 모든 정보와 서류를 매수인 책임 하에 취득하는데 정보와 서류의 성격에 따라 필수적으로 또는 협조적으로 반드시 시의 적절하게 매도인은 제공해야 한다. 그리고 역으로 매도인이 운송과 물품의 수출 그리고 물품의 제 3국 경유를 위해 필요로 하는 보안정보를 포함하여 모든 정보와 서류를 매도인의 책임하에 정보와 서류의 성격에 따라 필수적으로 또는 협조적으로 매수인은 반드시 시의 적절하게 제공해야 하는바, 이에 따라 매수인이 지급한 비용을 매수인에게

178) Incoterms 2000, Introduction, Terminology, 7) checking and inspection.

매도인은 지급해야 한다. B.10은 이러한 A.10의 정반대 현상, 즉 매도인이 A.10을 통해 매수인에게 운송, 수출, 제3국 경우를 위해 요구할 수 있는 보안정보를 포함한 기타 정보와 서류를 필요한 시기에 필요한 방법으로 통지 하거나 필수 또는 협조의무로 매수인은 제공해야 하고, 자신의 필요에 의해 자신의 책임 하에 매도인에게 요청한 정보와 서류의 취득이나 제공에 따라 매도인에 의해 발생한 비용을 지급해야 함을 B.10에 규정하고 있다. 결국 A.10과 B.10은 각자에게 주어진 의무를 수행하는데 필요한 사항으로 상대의 협조없이 불가능한 경우 요청하고 요청에 따라 상대가 지급한 비용을 지급해야 함을 규정하고 있다.

A.10와 B.10에서 요구하는 서류 등은 이미 FAS에 설명한 바 있다.

결국 2차, 3차 초안규정은 동일한 규정으로 매수인이 수입을 위해 필요로 해서 수출국에서 발급내지 발송되는 서류 취득에 매도인의 협조와 추가보험을 위한 정보제공에 매도인의 협조를 규정하고 있던 Incoterms 2000 A.10상의 서류 취득 협조제공에 따른 비용지급 중심의 B.10규정으로 구성되어 있던 Incoterms 2000의 A.10, B.10의 규정에 정보 등의 추가에 따른 비용지급과 서류와 보안정보를 포함한 기타정보의 필수 또는 협조를 제공해야 할 필요성에 따른 제공협조와 협조시기, 제공방법을 그리고 제공에 따라 상대가 지급한 비용 등에 관한 규정이 추가된 규정이라 볼 수 있다.

DEQ에 근거한 최종초안의 경우 3차 초안 셋째 절상에 막연한 제공시기와 방법보다 분명한 제공시기와 방법을 제시하기 위해 "… in a timely manner …"를 추가하고, 표현의 단순화를 위해 "… seller may require … and, where necessary, … for …"가 "… seller … needs for …"로 변경된 것 외 기본적으로 같다.

6) DAP

> DELIVERED AT PLACE
> DAP(insert named place of destination) Incoterms® 2010
> : DAP(도착지 지정된 장소 인도규정): 도착지인도규정
>
> 안내문(GUIDANCE NOTE)
>
> This rule may be used irrespective of the mode of transport selected and may also be used -where more than one mode of transport is employed.
>
> "Delivered at Place" means that the seller delivers when the goods are placed at the disposal of the buyer on the arriving means of transport ready for unloading at the named place of destination. The seller bears all risks involved in bringing the goods to the named place.

The parties are well advised to specify as clearly as possible the point within the agreed place of destination, as the risks to that point are for the account of the seller. The seller is advised to procure contracts of carriage that match this choice precisely. If the seller incurs costs under its contract of carriage related to unloading at the place of destination, the seller is not entitled to recover such costs from the buyer unless otherwise agreed between the parties.

DAP requires the seller to clear the goods for export, where applicable. However, the seller has no obligation to clear the goods for import, pay any import duty or carry out any import customs formalities. If the parties wish the seller to clear the goods for import, pay any import duty and carry out any import customs formalities, the DDP term should be used.

본 조건은 사용되는 운송형태에 관계없이 사용되어 질 수 있으며 하나 이상의 운송형태가 사용되는 경우에도 역시 사용되어질 수 있다.

"Delivered at Place"는 물품이 도착지의 지정된 장소에서 양화를 준비해야 하는 도착운송수단 상에서 매수인의 임의처분상태로 적치된 때를 인도로 하는 조건이다. 매도인은 지정된 장소까지 물품의 운반과 관련한 모든 위험을 부담한다.

당사자들은 도착지의 지정된 장소내의 지점을 가능한 한 분명하게 명시하는 것이 바람직하다. 왜냐하면 그 지점까지의 위험은 매도인 부담이기 때문이다. 매도인에게는 그러한 선택에 정확하게 일치하는 운송계약을 확보도록 조언한다.

매도인이 매매계약서상에 합의한 목적지장소에서 양화와 관련한 비용과 같은 운송계약에 따라 발생한 비용을 지급한다면, 매도인은 양 당사자들 간에 달리 합의가 없는 한 매수인으로부터 이러한 비용을 보상받을 권리가 없다.

DAP는, 적용되는 경우, 매도인에게 물품의 수출통관을 요구한다. 그러나 매도인은 물품의 수입통관을 취득하거나, 모든 수입관세를 지급하거나 모든 수입통관절차를 수행할 의무가 없다.

만약 당사자들이 매도인에게 물품의 수입통관을 취득하고 모든 수입관세를 지급하여 모든 수입통관절차를 수행하길 원한다면, DDP규정이 활용되어야 한다.

해설 수입통관절차를 매수인의 부담으로 하고 도착운송수단 상에서 매수인의 임의처분 상태로 인도하는 지정된 목적지 장소 인도조건인 DAP는 역시 수입통관절차와 도착운송수단으로부터의 양화책임을 매수인의 부담으로 공동으로 규정하고 있던 종전 착선인도조건인 DES, 국경인도 조건인 DAF, 목적지 합의한 장소에서 인도하는 조건인 DDU를 통합한 조건으로 목적항, 선상, 국경, 목적지 장소(지점)를 당사자들의 합의에 따라 지정될 수 있는 하나의 장소로 보고 통폐합한 특징이 있는 조건이다. 따라서 동 조건은 지정된 목적지 장소에서 매수인이 양화준비를 하는데 지장이 없도록 도착운송수단 상에 매수인의 임의처분상태로 물품이 적치된 때를 매도인의 인도의무로 하는 조건임을 명시하고 있다.

당사자들은 위험과 비용의 분기점이 되는 합의한 목적지 장소내의 인도지점을 가능한 한 분명히 명시할 것을 권고하고 있다. 왜냐하면 동지점까지 물품에 관한 위험과 비용은 매도인 부담이기 때문이다. 동 조건하에선 매도인은 이러한 지점과 운송계약이 정확하게 일치하게 운송계약을 체결할 필요가 있다.

종전 DES, DAF, DDU의 통합조건으로 동 조건상의 인도장소인 도착항 본선갑판, 국경장소(지점), 도착지 합의한 지점을 하나로 통합하여 하나의 장소와 장소 내 지점으로 하여 운송, 인도, 위험, 비용 등의 방법과 이전에 관해 규정하고 있는 점이 특징이다.[179)]

이론적으로나 현실적으로나 DAT도 DAP에 당연히 포함시킬 수 있으나 이미 특징에서 언급하였듯이 운송형태에 따라 최종도착지인 터미널에서 매수인의 임의처분상태로의 인도 규정인 DAT와 기타장소에서의 매수인의 임의처분상태로의 인도규정인 DAP로 구분하였다. 이렇게 볼때 3차 초안상의 DEQ가 해상·내수로 전용의 선박터미널만을 전제한다면 DAT는 모든 운송형태에 터미널을 전제하여 일체의 운송형태에 적용을 위한 규정이므로 DEQ를 포함한다고 볼 수 있어 DEQ의 확대규정이라 할 수 있다. 그러나 이보다는 DEQ가 삭제되고 DAP의 이원화로 볼 수 있다.

다른 조건들의 경우에도 마찬가지이다.

Incoterms 2000 1차, 2차, 3차 초안 간을 비교하면 당사자들이 매도인에게 도착된 운송수단으로부터 물품의 양화에 대하여 책임을 부담하고 양화위험과 비용을 부담토록 원할 경우 이러한 사실이 계약서상에 명시적 표현으로 추가가 됨으로서 분명히 해야 한다는 일종의 변형을 당사자들에게 Incoterms 2000 DAF 전문이 허용하고 있다는 사실을 제외하면 다소의 표현 변경 외는 기본적으로 그 내용에 있어 변경이 없다고 볼 수 있다.

Incoterms® 2010의 특징 중 하나를 들면 CPT를 제외하고는 Incoterms 2000서문에서와 같은 당사자들의 의무를 이전시키는 변형을 허용하고 있지 아니하고 있다는 것이다.

근본 취지는 같으나 명칭 자체가 변경됨으로 DAF와의 비교는 어려우나 DAF상의 "국경(frontier)"을 제3국을 포함한 수출국의 최전방이자 수입국의 관세선 밖의 국경지점으로 생각지 아니하고 목적지 지정된 장소(the named place of destination)로 생각하고 place가 Incoterms 2000 DAF상의 도착지(frontier), DES상의 도착항의 본선상(on the ship), DEQ상의 도착항 부두상(on the quay) DDU상의 도착지 장소나 지점(place or point)으로 각각 생각하면 주요 내용면에서 비교가 가능할 수도 있다.

본서에서는 기본적으로 DAF를 기본으로 하여 제정되었기 때문에 필요한 경우에는 DAF와 비교하지만 그 외에는 초안간의 비교에 국한하려 한다.

Incoterms 2000의 전문은 변형을 DAF전문에서 인정하여 인도장소가 도착지 본선 갑판이나 부두라면 DAF대신 DES나 DEQ의 사용을 권장하고 있었다. 그러나 Incoterms®

179) 오세창, "Incoterms 2011 2차 초안의 특징과 문제점", 경영경제, 제43집 제1호, 계명대학교 산업경영연구소, 2010, p.34.

2010은 이를 허용하고 있지 아니한다. 왜냐하면 Incoterms® 2010에는 DAP조건 자체가 DDU를 포함하여 이들을 모두 포함할 수 있게 되어있기 때문이다. 운송형태에 관계없이 적용가능조건, 도착지에 도착한 운송수단 상에서 매수인 임의처분상태로 인도, 양화비용 매수인부담, 이때까지의 일체의 위험·비용은 매도인 부담, 수입통관에 따른 일체의 비용은 매수인 부담, 정확한 인도장소의 계약서상에 명시 등은 기본적으로 Incoterms 2000상의 DAF의 전문과 Incoterms® 2010의 DAP의 안내문의 내용은 같다고 볼 수 있다.

1차 초안의 경우 운송형태에 관계없이 적용이 가능한 조건임을 규정한 첫째 절과 DAP의 정의를 하고 있는 둘째 절은 3차 초안과 동일하다.

DAP가 국제거래에 적용될 경우 수입통관과 관련한 절차와 비용에 관해 매수인 부담임을 규정하고 있는 1차 초안의 셋째 절에 비하여 Incoterms® 2010은 넷째 절상에 국제거래에 따른 수출과 수입의 의무를 분리하여 수출통관 의무는 매도인에게 수입과 관련한 절차와 비용은 매수인 부담임을 규정하고 있어 근본내용면에서는 동일하나 표현면에서 예컨대 1차의 경우 "if delivery is international …"로 규정되어 있다면 3차 초안의 경우"If the carriage is international …"과 같이, 그리고 수출입통관절차와 관련한 표현의 경우, 1차의 경우 "… no obligation to clear the goods for import or to carry out … for import."로 규정되어 있다면, 3차 초안의 경우 "… The DAP requires the seller to clear the goods for export. However the seller has no obligation to clear the goods … formalities …"로 규정되어 있다.

도착지 인도장소와 양화 관련한 1차 초안상의 셋째 절상의 표현은 정확한 장소의 명시를 강조하는 "The parties … as clearly as possible …"로 규정하고 있었으니, 3차 초안 규정 셋째 절의 경우 정확한 인도장소의 명시와 이유를 추가하여 "The parties … as clearly as possible … as the costs all risks to that point …"와 같이 규정하고 있으며, 양화와 관련한 비용에 관하여 1차 초안의 경우 "… handing at or beyond the place of destination …"로 규정되어 있었으나, 3차 초안의 경우 "… at the place of destination …"로 규정되어 있다. 이렇게 볼 때 기본적으로 내용은 같으나 중요성을 강조한 점에 있어 3차 초안이 바람직한 규정이다. 다만 "… at the place of destination …"의 경우 "… at the named place of destination …"로 되어 있으면 보다 분명할 것 같다. 그리고 불필요한 오해를 없애기 위해 합의한 도착지에서 인도를 전제로 한 조건이 DAP이기 때문에 "… at or beyond …"를 "… at …"로 변경한 것 역시 바람직하다.

2차 초안의 경우 1차와 2차 그리고 Incoterms 2000상에 명시되어 있는 DAP의 적용가능 범위에 관한 규정이 없었다. 나머지는 3차 초안과 동일하다.

3차 초안상의 목적지의 양화 관련하여 매매계약상에 합의한 목적지장소에서 양화와 이와 관련한 비용으로서 운송계약에 따라 매도인이 지급해야 한다면 달리 합의가 없는 한 매수인으로부터 이러한 비용을 반환받을 수 없음을 분명히 하므로 복합운송에 따라 빈번한 문제였던 운송과 비용에 관한 책임관계를 분명히 하고 있었다. 그러나 최종초안에서는 동 표현이 삭제되었다. 이는 동 안내문상의 내용이 A.6 b)에 반영이 되어 있기 때문에 삭제되었다고 볼 수 있다. 그리고 3차 초안상의 "If the carriage is international"이 다른 규정과의 통일을 위해 "Where applicable"로 변경되었으며, 3차 초안상의 "모든 비용과 위험"의 표현이 "모든 위험"으로 변경되었는바, 동 표현은 3차 초안의 표현으로 재현되어야 COD규정으로서의 동 규정의 성격과 일치하게 된다. 3차 초안상에 규정되지 아니하였던 DAP의 대안조건으로 DDP를 제시하고 있다. 역시 변형을 제시하지 아니하고 있다.

문제 대안 사소한 문제이나 둘째 절과 셋째 절에 보면 "··· all risks ···", "as the risks to that point ···"로 되어 있는 바, Incoterms상의 당사자들의 의무순서에 따라 위험과 비용으로 표시되면 좋을 것 같다. 역시 사소한 문제이나 "DDP term"의 표시는 다른 안내문에서와 같이 "DDP rule"로의 변경이 필요하다.

A. 매도인의 의무(THE SELLER'S OBLIGATIONS)

A.1 매도인의 총칙의무(General obligations of the seller)

> The seller must provide the goods and the commercial invoice in conformity with the contract of sale and any other evidence of conformity that may be required by the contract.
>
> Any document referred to in A1-A10 may be an equivalent electronic record or procedure if agreed between the parties or customary.
>
> 매도인은 매매계약에 일치한 물품과 상업송장 그리고 계약이 요구할 수 있는 기타 일치의 증거를 제공해야 한다.
>
> A1-A10에서 언급하고 있는 모든 서류는 당사자들 간에 합의하거나 관례라면 동등한 전자기록이나 절차에 의해 대체될 수 있다.

해설 전 Incoterms 매도인의 의무 제1조를 통해 매도인은 매매계약에 일치하는 물품[180]을 상업송장 또는 이에 갈음하는 전자서류 그리고 계약에서 요구하는 기타 일치

180) 여기서의 일치하는 물품(....the goods....in conformity with the contract of sale...)이란 SGA, 27, 13, 14(2)(3)과 UCC, 2-313-6 그리고 CISG, 30조, 35조 등의 내용을 통해 볼 때 ① 설명서에 일치하고, ② 적상성(merchantability)을 지녀야 하고, ③ 특수한 목적에 적합(fit for a particular purpose)해야 하는 물품임을 확정할 수 있는 바, 계약체결 전에 상호교환 된 내용이나 이에 근거한 계약서나, 계약서에 근거한 신용장 등에 물품에 관한 내용(express or implied and conditions)과 거래관행에 근거하여 이러한 추정이 가능할 수 있고 또 가능해야 한다.

의 증거를 제공해야 하는바, 상업송장은 Walker, Rosenthal, Schmitthoff, Sassoon, UCP 등의 주장과 내용을 요약하면 선적된 물품의 명세서와 대금청구서이며, 매도인이 계약내용에 따라 제공하고 있는 물품의 매도인에 의한 진술이고, 송장 상에 명시된 물품의 인도의 증거로 정확하고 진실하게 작성되어져야 하는 서류[181]로서, 결국 상업송장의 가장 중요한 기능이자 성격은 매도인이 매매계약에 따라 자신이 매수인에게 정히 이행한 사실의 결정적 입증서류이다. 이렇게 볼 때 계약에 일치하는 물품의 제공에 대하여는 국내법과 국제법을 통하여 분명히 규정하고 있다.

기타 일치의 증거서류로는 포장명세서(packing list), 용적, 중량증명서(certificate and list of measurements and/or weight), 품질증명서(certificate of analysis) 등으로 이들 서류들은 물품의 계약에의 일치를 입증하고 보완하는 증거서류들이다.

제공서류에는 필수적으로 제공해야 하는 서류와 협조제공시기가 있으며 이들 제공서류에 관해 매도인의 의무 1조, 2조, 8조, 10조와 매수인의 의무 10조에서 언급하고 있으며, 1조, 8조가 자신의 책임 하에 제공해야 하는 필수서류관계를, 2조, 8조, 10조가 상대방의 요청과 위험과 비용부담으로 제공해야 하는 협조서류관계를 각각 규정하고 있다.

필수서류의 경우로서 인도의 증거와 운송서류 등, 즉 인도의 증거서류에 관해 매도인의 의무 8조에서 규정하고 있으며, 동시에 이 규정이 협조서류관계도 규정하고 있다. 현실적으로 대부분 L/C등에 의해 CAD거래가 이루어지고 있으므로 특약에 의해 이들 규정에서 말하는 협조서류가 필수서류가 되고 있음을 주의해야 한다.

이러한 의무는 구체적으로는 계약서상의 물품의 명세서와 계약서상의 물품의 설명과 이에 따른 신용장상의 "……covering……"의 표현에 대한 해석내용이라 할 수 있다.

그리고 일지의 증거서류는 A.9(확인 · 포장 · 화인)과 A.10(정보협조와 관련비용) 그리고 B.9(물품의 검사)과 B.10(정보협조와 관련비용)의 규정에 따라 신용장에 ⅰ) other documents, 또는 ⅱ) special instruction 등을 통해 예컨대 beneficiary's certificate certifying that the equality of the undermentioned goods is of good standard and free of weaving defect, color shading, defect and slipperage defect. 또는 surveyor's certificat……와 같이 표현된다.

A.1의 규정은 Incoterms가 인도에 관한 매매규정이며, 각 Incoterms 규정 가운데 제일 중요한 규정이다. 다른 규정들은 A.1규정의 이행을 위한 규정이다. 대금지급과 관련하여서는 A.8의 규정이 중요하다해도 이규정 역시 A.1을 위한 A.4에 따른 인도의 입증서류이자 대금결제서류일 뿐이다.

본인은 1차 초안과 관련한 규정을 두고 다음과 같이 주장한 바 있다.

A.1 제목을 Provision of good and commercial invoice and document(s)로 변경이 필요하다. 이는 Incoterms의 핵심조항이자 매도인의 제일의 의무이고, 나머지 조항은 A.1의 후속규정인바 동규정의 중요성 강조의 필요성과 매도인의 매매계약의무이행입증의 명확성 재고를 위해서이다. 그리고 특히 "documents"의 표현은 계약서상에 일치증거의

181) A. G. Walker, *op. cit.*, p.171; M. S. Rosenthal, *op. cit.*, 1910, p.140; C. M. Schmitthoff, *op. cit.,* pp.31, 66; D. M. Sassoon, *op. cit.*, p.87.

보완서류인 검사증명서의 경우 예컨대 L/C상에 certificate of experts의 경우와 …of expert의 경우 제공서류의 종류가 달라질 수 있기 때문이다. 이렇게 함으로써 종전 Incoterms A.1의 제목과 규정간의 모순 제거, 상업송장의 중요성과 매매계약 이행의 중요성 강조, 이로 인해 인도와 관련하여 당사자들 간에 체결된 계약의 보충법으로서 보다 높은 이해와 투명성 재고에 기여[182]하는 Incoterms의 중요성 강조의미의 효과를 올릴 수 있다. 규정은 the seller…with contract of sale…invoice as its evidence conformity and ____." 변경할 필요가 있는바, 이는 상업송장은 당사자 간 매매계약[183]에 따른 일치 이행의 증거서류를 강조함과 동시에 상업송장이 법적서류임을 강조하기 위해서이다.

그리고 2차 초안과 관련하여 다음과 같이 주장한 바 있다.

A.1의 'documents required by the contract'는 종전표현, 즉 'evidence of conformity which may be …' 표현이 A.1 성격과 맞다. 왜냐하면 여기의 서류는 commercial invoice를 보안하는 서류이며, commercial invoice는 매도인의 매매계약이행증거 서류이기 때문이다. 이하 전 Incoterms A.1 규정통일이 필요하다.[184]

3차 초안의 A.1의 경우 Incoterms 2000 A.1상의 "… or its equivalent electronic message" 대신에 전 Incoterms A1-A10상에 규정되어 있는 서류는 상기 초안 A.1 둘째 절 규정과 같이 당사자들 간에 합의 하거나 관례라면 종이서류와 동등한 전자기록으로 대체 할 수 있다는 표현으로 대체된 것 외는 Incoterms 2000 A.1과 내용이 똑같이 변경된 것이 없다. 당연한 조치라 생각된다. 사실 A.1의 규정과 같이 규정되지 아니한다면 Incoterms가 인도에 관한 국제통일매매관습이라 주장할 수가 없다.

단지 A.1의 제목자체가 1차와 2차 초안 상의 "provision of goods and documents"대신에 "General obligation of the seller"로 변경된 것은 차이가 있으나 A.1 둘째 절상에서의 규정표현 때문에 제목이 이렇게 변경된 것 같지만 제목자체의 의미는 나머지 규정의 이행은 A.1의 규정의 구체적 실현 규정이요 아울러 전 규정상에서 표현된 서류는 전자서류도 공히 인정됨을 강조하는 총칙, 즉 인도에 관한 통일국제매매관습 규정인 Incoterms의 중요한 기본원칙규정을 언급하고 있다고 볼 수 있어 타 규정에 비하여 그 중요성을 더 하는 규정이요 타 규정은 이규정의 준수를 위한 부수 규정으로 보게 하는 의미를 지닌다고 볼 수 있다.

최종초안의 경우 "electronic record"에 "… or procedure"이 추가된 것 외는 동일한 바, 이는 이미 특징에서 언급하였듯이 종이서류와 전자서류간의 등가성과 기술 중립적 입장을 유지하고 있는 전자통신 형식 8조와 9조의 규정에 따른 모든 전자통신을 의미하기 위한 표현으로 볼 수 있다.

---

182) H.V. Houtte, *The Law of Int'l Trade*, 2nd ed., Sweet of Maxwell, 2002, pp.173, 175.

183) 오세창, "Incoterms 3000 초안의 특징과 문제점", 경영경제 제42집 제2호, 계명대학교 산업경영연구소, 2009, p.30.

184) 오세창, "Incoterms 2011 2차 초안의 특징과 문제점", 경영경제, 제43집 제1호, 계명대학교 산업경영연구소, 2010, p.39.

A.2 허가, 승인, 보안통관과 기타절차(Licences, authorizations, security clearances and other formalities)

> Where applicable, the seller must obtain, at its own risk and expense, any export licence and other official authorization and carry out all customs formalities necessary for the export of the goods and for their transport through any country prior to delivery.
>
> 적용되는 경우 매도인은 자신의 위험과 비용부담으로 수출을 위해 그리고 인도하기 전에 물품의 제3국 운송을 위해 필요한 모든 수출허가와 기타 공식승인을 취득하고 모든 세관통관절차를 수행해야 한다.

해설 A.2의 내용은 Incoterms 2000의 DES, DDU, DAF, DEQ와 거의 비슷하다. 목적지에 도착하여 물품을 매수인의 임의처분상태로 둘 때까지 사전운송, 주운송, 계속운송에 필요한 수출국에서의 수출허가와 기타 수출에 필요한 정부나 단체의 승인을 매도인 자신의 위험과 비용으로 취득할 뿐만 아니라 반드시 수출허가와 승인취득 후에 수출의 마지막 단계로 이루어지는 모든 세관통관절차와 최종목적지국을 향하여 운송해가는 과정에서 제3국의 국경을 경유할 경우에 대비하여 물품의 통과운송에 필요한 세관절차를 취득해야 한다. 이러한 제3국 세관 절차는 수출국에서 일괄 취할 수도 있고 해당 국가를 경유할 때마다 필요한 절차를 취할 수도 있다. 이는 수출입국과 제3국간이 통관절차 협정여부에 좌우된다.

대게 제3국 경유의 경우 통과세 부과정도에서 세관절차가 끝나고 있으며, 통과국의 입장에서 보면 통과에 따른 세금이나 기타 서비스의 제공에 따른 외환수입이 이루어지므로 무형무역이자 통과무역이 된다.

DDP와 달리 A.2규정 말미에 "… prior to delivery"이 추가된 것은 어떤 의미에선 DAP의 전신이라 할 수 있는 조건으로 동구 국가를 전체로 제정된 DAF와 EU역내국가를 전제하여 제정된 DDU의 경우를 포함함에 따른 이들 국가 특히 동구국가의 지형적 특성을 고려하여 추가된 것으로 추정된다.

"where applicable"은 이미 언급한대로 국경통과를 포함한 국제거래에만 A.2가 적용됨을 분명히 하기 위함이며, EU와 국내거래, 자유무역지대에서 이루어지는 거래에는 적용되지 아니한다.

1차 초안의 경우 "where applicable … any export licence and other official authorization or other documents and carry out … through any country"로, 2차와 3차는 1차 초안 가운데 "… or other documents"가 삭제되고 말미에 "… through any country" 다음에 "other than the country of destination"의 추가된 점이 다르다.

1차 초안 상에 Incoterms 2000 DAP A.2상에 규정되었던 "or other documents"가 규정

된 것은 A.2상의 "export licence"와 이의 대안서류인 "other official authorization" 그리고 이들 서류의 대안서류인 "other documents"로 이해가 필요하다.

E/L은 대부분의 국가에서 수출하는 물품에 대하여 요구하고 있는 대표적인 수출허가(승인)를 의미하고, other official authorization은 나라에 따라 물품에 따라 E/L대신 이에 갈음하는 서류(예컨대 차관에 의한 물품의 수입의 경우 해당부서장이 발급하는 승인서)를 발급하는 경우의 서류를 말하며 이때의 승인서는 E/L을 대신하는 서류이다.

이들 양서류들은 물품이 제3국을 경유하지 아니하고 바로 목적지 항에 도착하는 경우에 매도인이 취득해야 하는 서류이다.

반면에 other documents는 위의 양서류를 대신하는 서류들로서 물품이 제3국을 경유하는 경우 합의한 목적지항(장소)에서 물품을 인도하기 위해선 수출허가서나 이에 갈음하는 기타 승인서는 물론이고 통과증명서까지 취득해야할 의무가 있기에 이런 경우를 대비하여 other documents가 명시(혹은 추가)되어 있으며, 이들 서류들에는 다른 조건들과 달리 당연히 E/L이나 other official documents외에 통과증명서 등이 포함되기에 복수로 되어 있다고 볼 수 있다.[185)]

1차 초안 규정에 의하면 이들 서류가 대안관계가 아닌 "and"로 규정되어 있었으며, 2차, 3차 초안의 경우 기타서류가 삭제된 것 외에는 여전히 1차 초안과 같이 서류 간에 "and"로 되어 있는바 국가에 따라서는 이들 서류들이 대안관계가 있을 수 있고, E/L을 취득하기 전에 승인을 먼저 받게 할 수도 있기에 "and/or"로 변경 하는 것이 바람직 할 것 같다. 예컨대 우리나라의 경우 과거 심한 입초국가인 일본으로부터 수입의 경우 당시 수출입 주무부서였던 상공부로부터 사전수입승인을 받고 이에 근거하여 외국환은행을 통해 수입허가를 받은 경우가 있었다. 이런 경우 "or"가 아닌 "and" 관계다.

그러나 "other documents"의 삭제는 이해하기 어려운 부분이다.

이미 위에서도 언급되었지만 수출허가 등은 사전에 매도인이 확인치 못하므로 수출이 법에 따라 금지되는 경우 계약위반에 따른 손해배상청구의 대상이 될 수 있는 위험이 따르기 때문에 그리고 필요한 절차에 비용이 따르기 때문에 자신의 위험과 비용으로 되어있다.

최종초안의 경우 3차 초안상의 "… and for their transit through any country other then the country of destination"이 "… and their transport through any country prior to delivery."로 변경되었는바, A.6 b)와의 통일 및 표현의 단순화와 세련된 표현으로 볼 수 있다.

A.3 운송과 보험계약(Contracts of carriage and insurance)

a) Contract of carriage The seller must contract at its own expense for the carriage of the goods to the

185) 오세창, 상게서, p.319.

named place of destination or to the agreed point, if any, at the named place of destination. If a specific point is not agreed or is not determined by practice, the seller may select the point at the named place of destination that best suits its purpose.

b) Contract of insurance

The seller has no obligation to the buyer to make a contract of insurance. However, the seller must provide the buyer, at the buyer's request, risk, and expense (if any), with information that the buyer needs for obtaining insurance.

a) 운송계약

매도인은 자신의 비용으로 도착지 지정된 장소까지 또는 도착지 지정된 장소에 합의한 지점이 있다면 합의한 지점까지 물품의 운송을 위해 계약을 체결해야 한다. 만약 특정지점이 합의되지 아니하였거나 관례에 의해 결정되지 아니한 경우, 매도인은 도착지 지정된 장소에서 자신의 목적에 가장 적합한 지점을 선택할 수 있다.

b) 보험계약

매도인은 매수인에 대한 보험계약을 체결할 의무가 없다. 그러나 매도인은 필요하다면 매수인에게 매수인의 요청, 위험 그리고 비용으로 매수인이 보험계약을 체결하는데 필요한 정보를 제공하여야 한다.

해설 a) 운송계약

전 D-terms 하에선 매도인은 물품이 도착지에 실질적으로 도착해야 함을 보장해야 한다. 매도인이 물품의 운송을 준비하고 운임을 지급해야 함은 이런 이유에서이다. 따라서 D-terms 하에서 매도인의 운송선택은 이러한 선택이 운송인으로부터 물품을 수령할 매수인의 의무에 영향을 미치는 한 매수인에게 가장 중요하다. 만약 매도인이 매수인으로 하여금 운송인으로부터 물품을 수령하는데 있어서 보다 어렵게 만들거나 비용이 많이 들게 하는 특수한 운송수단을 선택한다면 매도인의 운송수단 선택에 따라 일어나는 일체의 추가비용이나 위험은 매도인 부담이다.

일반적으로 D-terms 다음에 언급된 지점은 물품이 도착지에서 인도되어야 하는 장소를 나타낸다. 그러나 인도되어야 하는 곳이 여러 개 있고 매수인이 인도장소와 시기에 관해 선택권을 가졌으나 이러한 선택권 행사를 해태하고 있고, 인도장소가 여러 곳이 있는 경우 예컨대 DAF Busan Terminal의 경우 매매계약이나 상관습이 매도인이 선택해야 하는 지점을 나타내고 있지 아니한 경우, 매도인은 자신의 목적을 가장 잘 적합 시킬 수 있는 지정된 인도장소 내의 지점을 선택할 수 있다.[186]

1차 초안과 2차 초안 상에는 3차 초안상의 "… or to the agreed point, if any, at the

186) 오세창, 상게서, p.321.

named place of destination …"의 표현이 없었다. 이 표현이 추가된 것은 사전에 도착지 지정된 장소가 있으면 그 장소까지 운송계약을 체결하면 되나 동 장소 내에 합의한 지점이 있다면 그 지점까지 운송계약을 체결해야 함을 규정하므로 예컨대 선박과 같은 일정한 제한된 공간이 아닌 인도장소가 광범위할 수 있는 인도장소의 특성상 D-Terms의 경우 인도장소의 중요성을 강조하는 표현으로 안내문상의 인도지점에 관해 가능한 한 분명히 하라는 표현의 반영으로 해석된다.

A.3의 규정은 Incoterms 2000상의 DES, DEQ, DDU의 A.3규정과 유사하다. Incoterms 2000상의 DAF A.3에 의하면 당사자들이 국경을 넘어 통상의 조건으로 운송계약을 체결할 것을 바라는 매수인의 요청에 합의할 수 있는 경우를 a) ⅱ)를 통해 규정하고 있다. 그러나 사실 이러한 원칙, 즉 규정은 Incoterms정신의 이탈이므로 이렇게 하길 당사자들이 원할 경우 당사자들 간에 명시적 합의를 필요로 한다. 더욱이 Incoterms® 2010상에서는 당사자들 간에 혹 Incoterms 2000 DAF A.3 a) ⅱ)에 따른 운송을 원하여 당사자들 간에 명시적으로 합의한다 해도 이에 대비한 규정을 하고 있지 아니 하므로 만약 매도인이 도착지 지점을 넘어 계속운송을 원하지 아니 할 경우 이에 따라 매수인에게 즉시 통지할 의무가 DAF A.3 a) ⅱ)와 같이 없다는 것을 주의해야 한다.

b) 보험계약

DAP하에서 보험계약은 당사자 모두 상대방에 대한 의무 사항이 아니다. 그러나 자신의 이익을 위해 인도 시까지 위험대비, 수령 후 목적지까지의 운송과정에서의 위험대비를 위해 당사자들이 부보한 필요가 있을 경우 자신의 비용으로 부보하면 되나 이때 부보에 필요한 정보는 상대방이 요청하면 반드시 보험에 필요한 정보를 제공해야 한다.

1차 초안 규정의 경우 누구에 대한 운송과 보험계약 체결의무가 없음을 보다 분명히 하기 위하여 Incoterms 2000과 달리 EXW A.3의 규정과 같이 "No obligation owned by the seller to the buyer"로 변경되었다가 2차, 3차 초안의 경우 현 규정과 같이 규정되었다. 따라서 보험계약체결의 의무 당사자를 보다 분명히 한 점은 바람직한 변경이다. 보험의 However 이하의 규정의 경우, Incoterms 2000 A.10상의 둘째 절의 흡수에 따라 However가 추가되었는 바, 보험에 관한 Incoterms 2000 A.10상의 규정은 보험계약과 관련이 있기에 관련규정을 한 곳으로 통합하여 규정하므로 사용자들의 규정 이해에 도움을 주고 있다. 다만 지금까지 Incoterms규정 가운데 당면의무 규정의 경우 "provide"와 "… at it's own expense"로 표현되고, 협조의무규정의 경우 "render"와 "at the latter's request, risks and expense"로 표현되었다. 그러나 상대방의 요청에 따른 일방의 협조의무의 경우 요청자의 책임을 보다 분명히 함과 동시에 위에서 언급한대로 협조의무나 필수의무의 경우 반드시 제공해야 한다는 의미에서 "provide" 표현으로 모두 통일하였다. 그러나 그 책임에 있어서는 엄연히 구분을 하고 있다.

전 Incoterms® 2010의 1차, 2차, 3차 초안의 특징은 Incoterms 2000의 경우 seller나

buyer 대신 his를 사용하였으나 seller 와 buyer가 he일수도 she일수도 있기에 it으로 변경된 점이다.

최종초안의 경우 현 규정과 같이 운송의 경우 동일한 의미의 자구수정, 보험의 경우 "… provide …, at the buyer's request, risk and expense(if any), … insurance"로 변경하여 보험정보의 책임한계를 보다 분명히 하는 것으로 되었다.

A.4 인도(Delivery)

The seller must deliver the goods by placing them at the disposal of the buyer on the arriving means of transport ready for unloading at the agreed point, if any, at the named place of destination on the agreed date or within the agreed period.

매도인은 물품을 합의한 날짜 또는 합의한 기간 내에 도착지의 지정된 장소에 합의한 지점이 있다면 합의한 지점에서 매수인에 의해 양화 할 준비가 된 도착 운송수단 상에서 매수인의 임의처분상태로 물품을 적치함으로써 인도해야 한다.

해설 1차 초안 DAP상의 A.4는 Incoterms 2000 DES의 A.4와 거의 유사한 취지의 규정이었다. 따라서 DAP의 경우 FCA A.4 b)와 같이 물품의 성격에 적절한 양화장비를 통해 양화를 할 수 있는 상태로 물품 상태를 유지할 의무(in such a way as to enable them to be moved from the arriving means of transport by unloading equipment appropriate to the nature of goods.)가 매도인에게 있었다. 이러한 취지의 규정은 Incoterms 2000 DES A.4와 유사하나 Incoterms 2000 DEQ, DDU 그리고 DAF의 인도 방법에서 이탈이다. 왜냐하면 동 조건 들에 의하면 DES와 같이 이런 의무를 명시하고 있지 아니하기 때문이다. Incoterms 2000 DDU A.4에 의하면 매수인의 임의처분상태로 적치를 규정한 DES, DEQ와 달리 매수인 또는 매수인이 지명한 제3자의 임의처분상태로 물품이 적치 되어야 함을 규정하고 있다. 어쨌건 대부분의 사건에서 대부분의 재판관할하에서 이러한 표현은 권리의 양도에 관한 일반원칙, 즉 규정과 관련이 있는 표현이다. 따라서 FCA A.4 b)나 DAP A.4 그리고 DDP A.4상의 이러한 표현의 삽입이 포함되어야 할 정도로 실질적인 의미를 지니는 지의 여부는 불분명하다.

비록 2차, 3차 규정에서는 동 표현대신에 "… ready for unloading …"로 단순화 된 것 뿐 그 의미는 1차 초안의 표현과 동일하며 어떤 의미에선 더 오해의 소지가 있는 표현이다.

어쨌건 동 조건하에서의 매도인의 인도의무는 합의한 날짜 또는 기간 내에 도착지 지정된 장소에서 지정된 지점이 있다면 동 지점에서 양화준비가 매도인에 의해 이루어지나 실제는 도착운송수단으로부터 양화작업을 매수인이 할 수 있는 그러한 상태로 물품을 임의처분상태로 적치하는 것이 매도인의 인도의무이다.

1차 초안의 경우 3차 초안과 비교해 볼 때 3차 초안상의 "… disposal of the buyer …" 대신에 "… disposal of the buyer, or at that of another person named by the buyer, …"로, "… of transport ready for unloading by buyer … at the agreed period" 대신에 "… not unloaded at … agreed period, in such a way as to enable them to be removed from the arriving means of transport by unloading equipment appropriate to the nature of goods."로 규정되어 있어 매수인 또는 매수인 대신에 매수인이 지명한 제3자의 임의처분상태로 인도도 가능함을, 그리고 read for와 유사의미인 "… in such … of goods."로 규정되어 있음의 차이이다. 그러나 내용면에서 거의 유사하다.

2차 초안의 경우 1차 초안상의 "… or at that of another person … by the buyer."의 삭제와 "… not unloading … in such … goods." 대신에 "ready for unloading"이 2차 초안상의 "… arriving means of transport"와 "by the buyer …" 사이에 삽입된 것 외는 동일하다.

이렇게 볼 때 1차, 2차, 3차 초안의 경우 궁극적으로 "매수인이 지명한 제3자의 임의처분상태"의 삭제 외는 그 내용면에서 변화됨이 없다.

A.4상의 'at the agreed point, if any, at the named place of destination' 표현대신 'at the named place of destination'로 하든지 아니면 앞의 표현으로 대체할 필요가 있는바, 이는 규정의 명확성 제고에 있다.[187]

최종초안의 경우 단순화를 위해 3차 초안상의 "… unloading by the buyer at …"가 "… unloading at …"로 변경된 것 외는 동일하다.

A.5 위험의 이전(Transfer of risks)

> The seller bears all risks of loss of or damage to the goods until they have been delivered in accordance with A4, with the exception of loss or damage in the circumstances described in B5.
>
> 매도인은 B.5에서 규정하고 있는 상황에서 발생한 멸실이나 손상의 경우를 제외하고는 물품이 A.4에 따라 인도완료 될 때까지 물품의 멸실이나 물품에 관한 손상의 모든 위험을 부담한다.

해설 B.5의 위험부담규정에 따라 매수인이 위험부담하는 경우를 제외하고 A.4에 따라 물품이 인도완료(개품 완료이자 전 물품인도완료)될 때까지 동 물품의 멸실과 손상의 위험은 매도인 부담이다.

오늘날 국제간의 거래는 Incoterms가 표시되고 있기에, 위험이전에 관한 CISG 66조-70조까지의 규정이 실제 필요 없다. 그러나 Incoterms의 규정에도 불구하고, 당사자들

187) 오세창, "Incoterms 2011 2차 초안의 특징과 문제점", 경영경제, 제43집 제1호, 계명대학교 산업경영연구소, 2010, pp.42-43.

이 특별히 합의하면, 계약자유의원칙과 계약내용우선원칙에 의해 특별합의 내용이 우선한다. 그러나 달리 합의하지 아니하고, Incoterms와 CISG가 준거법 내지 거래조건계약으로 표시될 경우 Incoterms의 규정이 우선하여 적용된다. 왜냐하면 거래조건에의 합의가 준거법에 우선하기 때문이다.[188]

안내문에 보면 위험이전과 관련하여서는 pass의 표현을 비용이전(분담)과 관련하여서는 transfer 표현을 사용하고 있다. 전자가 물리적 이전의 표현이라면 후자는 책임이전의 표현이다.

Incoterms 2000 서문 8 "물품에 관한 위험과 비용의 이전"과 관련하여 다음과 같이 주장한바 있다.

서문 8에 의하면 물품에 관한 위험과 비용의 이전이라는 표현사용에 있어 passing을 사용하고 있고, 전 Incoterms A,B.5에 의하면 transfer of risk로 되어있다. 그러나 학자들에 따라서는 transfer를 사용하고 있다.[189] 그렇다면 passing과 transfer는 어떻게 다른가? 같이 사용할 수 있는가? 라는 의문이 제기된다.

이미 안내문에서도 설명하였듯이 단순한 또는 물리적 이전표시의 경우에는 passing을, 매각 또는 기부하기 위해 한사람 또는 한 장소로부터 다른 사람 또는 장소로 이동할 경우, 또는 권리의 이전과 같이 점유권 또는 지배권을 양도받을 때에 transfer를 사용한다고[190] 볼 수 있으므로 transfer는 passing과 같이 단순한 또는 물리적 이전의 경우에는 같은 의미로 사용될 수 있으나,[191] 권리의 이전의 경우에는 passing대신 transfer만 사용될 수 있음을 알 수 있다. 따라서 이러한 용어의 사용 시 동일한 의미와 아울러 상이한 의미를 지니는 용어에 대한 설명이 병행되거나 아니면 공식안내서를 통해 설명힐 필요가 있으며, 현 규정대로 사용한다 해도, 서문과 전 Incoterms A.B.5상의 표현은 통일할 필요가 있다.[192]

Incoterms® 2010 2차 초안과 관련하여서도 동일한 주장을 하바 있다.[193]

위험의 이전은 "passage(passing)of risks"으로, 비용의 이전은 "transfer of costs"또는 상인들에게 익숙해있는 "division of costs"또는 현 초안규정과 같이 "allocation of costs"로 해도 무방한 것 같다. 이 경우 transfer와 allocation은 법적이전의 의미를, division은 비용에 관한 책임분담의 의미로 결국 같은 의미이나 전자에 비해 후자가 보다 상관습적 표현이라 할 수 있다.

---

188) 오세창, 상게서, p.284.

189) Schmitthoff, Sassoon, Ramberg, Reyolds 등은 passing of risk and property로 보고 있고, Jimenez와 Choley는 transfer of risk and property로 표현하고 있다(D. M. Sassoon, *op. cit.*, p.202; C. M. Schmitthoff, *op. cit.*, pp.124, 24; G. Jimenez, *op. cit.*, p.73; F. Reynolds, *op. cit.*, pp.24, 61; J. Ramberg, *op. cit.*, p.38; Lord Chorley and O. C. Giles, *Slater's Mercantile Law*, 17th ed., Pitman, 1977, p.231).

190) S. H. Gifis, *Law Dictionary*, 2nd ed., Brother's Educational Series, Inc, 1984, p.486.

191) G. Jimenez, *op. cit.*, p.87.

192) 오세창, 상게서, pp.96-97.

193) 오세창, 상게서, p.39.

Incoterms 2000상의 D-Terms 가운데 DDP를 제외한 조건들과 1차, 2차, 3차 초안은 모두 동일하다.

여기의 물품의 멸실 또는 물품에 관한 손상위험의 이전은 A.1과 A.9에 근거해서 볼 때 우연적 사건의 위험과 관련이 있으며 매도인이나 매수인에 의해 야기된 손실이나 손상, 예컨대 물품의 부절적한 포장이나 화인에 의해 일어난 손실이나 손상을 포함하지 아니한다. 따라서 비록 손상이 위험이전 후에 일어났다 해도, 물품이 계약에 일치하게 인도되지 아니한 사실에 동 손상이 기인한다면 매도인은 여전히 물품의 멸실 또는 물품의 손상위험을 책임져야 한다.

전 Incoterms의 A.5는 "B.5의 규정을 제외하고"라는 규정을 두고 있는 바 이는 매수인이 자신의 의무를 적절하게 이행하길 해태한 이유로 조기 위험이전의 결과를 초래할 수 있는 B.5에 명시된 상황 하의 위험이전에 관한 대원칙(main rule)에 대한 예외가 있음을 의미한다.[194)]

Incoterms 2000, 1차, 2차, 3차 초안 모두 변경없이 동일하다.

최종초안의 경우 3차 초안상의 "subject to the provisions of B.5" 표현을 동일한 의미의 보다 분명한 표현으로 변경한 것 외 내용은 동일하다.

문제 대안 주의를 요할 것은 Incoterms® 2010 rules가 쌍무계약에 따라 A.3와 A.4, B.7상의 권리를 제외하고 인도와 관련한 당사자들의 의무를 규정하고 있는데 의무라면 반드시 "… must" 또는 "… has to …"가 되어야 하는바, Incoterms는 지금까지 "must"를 사용하여 왔다. 그러나 전 Incoterms® 2010 rules A.5, B.5와 관련 위험이전에 관해서는 "must bear"가 아닌 "bears"로 되어 있다. 이는 다른 의무들과 달리 위험의 이전이나 부담은 그 한계를 반드시 확정지을 수 없기 때문에 그리고 완전 인도완료 후에는 인도 시에 이미 육안으로 확인 할 수 없는 그러나 분명한 위험이 존재한 경우 인도 완료시 위험이전으로 하면 위험이전의무가 끝난 것으로 되기 때문에 단순한 의무로 표현한 것 같다. 그러나 다른 의무의 경우로 이런 이유가 적용될 수 있기 때문에 그리고 위험과 비용이전과 관련하여 "계약물품으로 분명하게 충당되어야 한다."라는 이행전 이전원칙의 대전제원칙 규정이 있기 때문에 반드시 "must bear"로 할 필요가 있다.

A.6 비용의 분담(Allocation of costs)

> The seller must pay
>
> a) in addition to costs resulting from A3 a), all costs relating to the goods until they have been delivered in accordance with A4, other than those payable by the buyer as envisaged in B6
>
> b) any charges for unloading at the place of destination that were for the seller's

194) 오세창, 상게서, p.327.

account under the contract of carriage; and

c) where applicable, the costs of customs formalities necessary for export as well as all duties, taxes and other charges payable upon export and the costs for their transport through any country, prior to delivery in accordance with A4.

매도인은 다음의 비용을 지급해야 한다.

a) A.3 a)의 결과로 발생하는 비용에 추가하여 B.6의 규정에 따라 매수인이 지급할 수 있는 비용을 제외하고 물품이 A.4에 따라 인도완료 될 때까지 물품에 관한 모든 비용; 그리고

b) 운송계약에 따라 매도인의 부담인 도착지 장소에서 양화를 위한 모든 비용;

c) 적용되는 경우, 물품의 수출시에 지급할 수 있는 모든 관세, 제세와 기타비용 그리고 A.4에 따라 인도전에 도착지국가외에 물품의 제3국 운송을 위한 비용뿐만 아니라 수출을 위해 필요한 세관절차비용

해설 물품의 멸실 또는 물품에 관한 손상위험의 이전의 경우에 있어서와 같이 전 Incoterms는 비용분담은 인도지점에서 일어난다는 하나의 원칙에 따르고 있다. 따라서 매도인이 A.4에 따라 인도해야 할 자신의 의무를 이행완료하기 전에 일어난 모든 비용은 자신의 부담이며, 반면에 그 후 비용은 매수인부담이다(비용이전의 대원칙). 이러한 원칙은 B.6의 규정을 전제로 하는 바, 동 규정에 의하면 매수인은 매도인에게 적절한 통지의 해태와 매수인 자신의 의무인 수입허가로 인해 발생한 추가비용을 부담해야 할지 모름을 규정하고 있다(조기 비용이전의 원칙).

D-rules에 의하면 매도인은 물품이 실제 목적지인도지점에 도착하여 양화될 준비가 된 도착운송수단 상에서 매수인의 임의처분상태로 적치될 때까지 자신의 의무를 이행한 상태가 아니기 때문에 매도인은 이러한 적치를 달성하기 위해 필요한 모든 일을 해야 한다.

A.3 a)는 매도인이 운송계약을 체결해야 함을 역시 규정하고 있어 A.6은 물품의 운송을 위해 A.3에 기인한 운임과 기타비용 그리고 물품의 적제비용, 운송계약에 따라 매도인부담인 양하를 위한 비용을 매도인은 지급해야 하고, 계속해서 설명하여 왔듯이 국내거래, EU지역이나 자유무역지대 간의 거래의 경우를 제외하고 국제거래의 경우 A.4에 따라 인도전에 세관절차에 관한 비용, 관세, 제세, 기타비용, 그리고 도착지국가 외에 물품의 제3국통과에 필요한 비용을 매수인이 지급해야 함을 역시 규정하고 있다. 물론 인도 후에 일어난 모든 통과비용은 매수인 부담이다.[195]

특히 양화비용이 운송계약에 따라 매도인 부담인 한 매수인으로부터 양화비용을 회수하지 못한다.

제3국 통과비용은 인도전에 매도인이 지급할 수도 있고 인도 후에 매수인이 지급할

195) 오세창, 상게서, pp.329-330.

수도 있는 바, 이는 A.2에서 설명하였듯이 수출입국과 제3국간의 관세절차협정 여부에 따라 좌우된다.

1차 초안은 Incoterms 2000 DAF, DES, DEQ, DDU와 동일하였다. 2차 초안의 경우 1차 초안과 달리 3차 초안과 유사한 체계로 1차 초안을 변경하였는 바, 3차 초안과의 차이점은 a)호는 동일하고 b)호의 경우 3차 초안상의 "… for unloading at…" 대신 "… for unloading and handling at …"로 "handling"이 추가된 점 외는 같다.

3차 초안에서 "handling"의 삭제와 그 대안에 관해서는 이미 CPT와 CIP A.6에서 설명한 것과 같다.

c)호의 경우 3차 초안상의 "… through any country other than the country of destination period to …"대신 "… through any country period to …"로 되어 3차 초안상의 "… other than the country of destination …"이 규정되어 있지 아니하다. 3차 초안에서 동 표현이 추가된 것은 A.2에서 설명한 대로이다.

최종초안의 경우 3차 초안상의 a)호와 b)호 상의 a)호 상에 명시된 A.3 a)와 A.4와 관련된 비용에 대한 b)호상의 중복표현을 피하기 위하여 b)호의 규정을 단순화한 점이다.

문제 대안 A.5에 의하면 물품은 양화 준비 완료할 때까지 위험부담은 매도인에게 있고, 운송계약 체결 의무가 매도인에게 있기에 운송계약에 따라 있을 수 있는 내용을 전제로 C-rules와 같이 A.6와 B.6을 보면 현실을 인정하여 매도인이 양하비를 지급할 수 있는 경우도 예상하고 있다. 그러나 이는 일종의 변형이라 할 수 있다. 왜냐하면 D-rules는 근본적으로 rule에 따라 물품 인도시 위험과 비용이 이전하는 COD거래이며, COD거래의 경우 인도 시 위험과 비용이 이전함이 원칙이기 때문이다. 따라서 이러한 변형의 허용은 비록 이러한 현실을 인정하여 양하비용의 한계를 분명히 하기 위해 안내문과 규정상에 반영하고 있다 해도 변형으로 Incoterms® 2010의 서문이나 해당규정의 안내문의 원칙과는 배치된다. 이러한 현상은 DDP도 마찬가지이다. 특히 DDP의 경우 안내문상에 임의처분상태로의 인도가 위험과 비용의 분기임을 안내하면서 동일한 안내문상의 운임과 관련한 비용의 변형을 허용함은 안내문 상호간에 모순하고 Incoterms의 양축의 하나인 EXW의 정반대의 축인 DDP라는 특징에도 어울리지 아니한다. 왜냐하면 근본적으로 위험과 비용이 분리이전하므로 운임을 매도인이 부담해야 하는 C-rules의 경우와 달리 DDP는 인도의 특성상 운송계약의 체결의무가 매도인에게 있어 운임의 지급은 매도인의 의무요 양하책임은 매수인의 의무임이 분명하기에 이에 따른 비용의 책임한계를 규정을 통해 분명히 하면 문제될 것이 없기 때문이다. 이는 경우에 따라서는 현실인정이 필요하다해도 관행화되기 전의 현실은 수시로 변하는 것이나 해당 rule은 일정기간 변경이 불가능한 바, 상호충돌의 경우 규정이 현실에 우선한다고 보아야 한다.

이에 대비하여 규정에 우선하는 계약자유의 원칙에 따른 합의에 우선을 안내문이나 규정상에 명시하고 있다 해도 이 자체가 현실을 인정한 변형이기 때문이다. Incoterms의 경우 별도 합의에 의해 당사자들 간에 달리 운영될 수 있다 해도 Incoterms자체가 최저 기본조건이었기 때문에 변형을 금하고 대안을 제시하고 있다. 따라서 안내문이나 규정에서의 변형 허용은 서문이나 대안을 제시하고 있는 안내문의 근본정신과 Incoterms의 정신에 반하는 것이다.

"envisaged" 표현상의 문제점에 대하여는 EXW A.6를 참고할 필요가 있다.

A.7 매수인에게 통지(Notices to the buyer)

> The seller must give the buyer any notice needed in order to allow the buyer to take measures chat are normally necessary to enable the buyer to take delivery of the goods.
>
> 매도인은 매수인에게 물품의 수령을 가능하게 하는데 일반적으로 필요한 조치를 매수인에게 허용하기 위하여 필요한 모든 통지를 해야 한다.

해설 매도인은 매수인이 B.4에 따라 적기에 물품의 수령을 위한 사전 준비를 취할 수 있도록 A.4에 따라 물품이 합의 또는 선택된 인도지점에서 양화할 준비가 된 운송수단 상에서 자신의 임의처분상태로 인도될 시기에 관해 매수인에게 시간적으로 내용적으로 충분한 통지를 해야 한다.

매도인의 이러한 통지의 해태결과에 대해 Incoterms 상에 명시규정은 없다. 그러나 매도인의 해태는 계약위반을 구성함이 Incoterms를 통한 추정이다.

이러한 사실은 매매계약의 준거법에 따라 매도인은 계약위반에 대해 책임을 질 수 있음을 의미한다.[196)]

1차 초안의 경우 Incoterms 2000 DAF A.7상의 "… place at the frontier …"가 1차 초안 DAP상에는 "… place of destination …"으로, "… which …"가 "… that …"로, "… to enable him it to take …"가 "… to enable him to take …"로 변경된 것 외는 필수적인 내용은 동일하다. DDU A.7상의 "… dispatch of the goods as well as …"가 "… dispatch of the goods to the named place of destination as well as …"로, DES와 DEQ A.7상의 "… sufficient notice of the estimated time of arrived … with A.4 as well as …"가 "… sufficient notice of the dispatch of the goods to the named place of destination as well as …"로 각각 변경되거나 삭제되어 DAP 1차 초안이 되었다. 특히 DEQ와 DES상에 언급되었다가 삭제된 ETA부분은 DAF, DES, DEQ, DDU A.7 a)상의 "…as well as any other notice required in other to allow the buyer … take delivery of goods"에 포함되는 내용이라 볼 수 있어 폐지되었다고 볼 수 있다.

2차 초안과 1차 초안과의 차이점은 1차 초안의 말미에 "…, such as the estimated time of arrival"이 추가된 점 외는 1차와 2차가 동일하다. 이런 표현은 위에서 언급한 바와 같이 "… any other notice …"에 포함될 수 있는 내용이 예로서 별로도 언급된 것으로 볼 수 있다. 따라서 그 삭제는 당연하다 할 수 있다.

3차 초안과 2차 초안과의 차이점은 3차 초안상의 "… any notice …"가 2차 초안상의 "… dispatch of the goods, …"나 "… any other notice …"를 모두 포함 할 수 있기 때문

---

196) 오세창, 상게서, p.332.

에 2차 초안 상에 규정되어 있던 구체적인 통지 내용을 삭제하고 "… any notice need in order to allow …"와 같이 단순화 하였다고 볼 수 있으며, 이 때문에 "ant notice need"에 상당히 주의를 해야 한다. 다시 말해서 매수인이 물품을 수령하는데 필요한 조치를 취하는데 필요한 모든 통지가 이루어져야 함을 알아야 한다.

최종초안은 3차 초안과 동일하다.

문제대안 Incoterms 2000의 공통의 문제이기도 한 것으로, Ramberg교수는 Incoterms A.B.5, 6과 관련해서 계약위반을 언급하고 있으나,[197] A.7의 해설에 의하면 유일하게 "매도인의 통지해태는 계약위반을 구성함이 Incoterms를 통한 추정이다"라고 주장하고 있는 바, 이의 진정한 의미는 무엇이며, 통지의무 해태가 위반이라면 다른 규정위반은 계약위반이 아닌가하는 문제가 제기된다.

A.7의 경우 Guide To Incoterms 2000의 공식 안내서를 집필한 Ramberg교수의 A.7 해설상의 "매도인의 통지해태는 계약위반을 구성함이 Incoterms를 통한 추정이다"라는 해설의 의미는 인도와 관련한 위험・비용・기능의 분기를 10가지의 의무로 규정을 하고 있는 것이 Incoterms인데 이러한 의무를 성실히 수행하도록 하기 위해 필요한 통지의 해태는 Incoterms의 중심인 인도자체를 불가능하게 만들기에 명시규정은 없어도 계약위반을 구성할 수 있음을 추정할 수 있다는 의미이다. 그렇다면 다른 규정의 위반은 계약위반이 아닌가? 라는 질문이 제기될 수 있으나 Incoterms자체가 정형화된 계약내용이기에 어느 규정위반이라도 계약위반이 된다. 그러나 통지는 보다 중요함을 강조하기 위한 뜻으로 보아야 하므로 이에 대한 설명이 필요하다.[198]

A.8 인도서류(Delivery document)

The seller must provide the buyer, at the seller's expense, with a document enabling the buyer to take delivery of the goods as envisaged in A4/B4.

매도인은 매수인에게 자신의 비용으로 매수인으로 하여금 A.4/B.4의 규정에 따라 물품의 수령을 가능케 하는 서류를 제공하여야 한다.

해설 DDP나 DAT와 마찬가지로 DAP의 경우 인도장소가 목적지의 지정된 장소 내지는 지점이라는 특수성 때문에 인도와 동시에 물품의 수령을 가능케 함으로써 합의에 따라 계약서나 L/C등에 의한 CAD거래가 가능할 수 있으나 동 조건의 인도장소와 동 조건의 특수성을 고려하여 순수 내지는 확대 COD가 원칙적으로 준수될 수 있도록 COD거래임을 강조하기 위해 종전 DAF, DES, DEQ, DDU, DDP와는 다르게 규정을 하고 있는 것 같으나 내용적으로 같다고 볼 수 있다. 왜냐하면 이미 개정특징에서 언급한 대로 운송서류에 대한 충분한 이해를 전제로 CAD거래가 가능하나 원칙적으로

197) J. Ramberg, *op. cit.*, p.12.
198) 오세창, 상게서, pp.332-333.

COD거래임을 강조한데 불과하기 때문이다. 따라서 동 조건하에선 특수한 사전 합의가 없는 한 목적지 장소 내지 지점에서 물품의 인도와 동시에 수령이 이루어지도록 해야 하며, 이를 가능케 하는 서류 예컨대 B,2와 물품의 도착 등을 고려하여 확대COD를 가능케 하는 D/O나 B/L등이 인도서류이다.

이런 이유에서 인도장소에서의 인도방법에 있어 DAP와 비슷한 성격을 지니는 DAT, DDP에서도 DAP와 같이 규정말미에 "A.4/B.4"를 규정하고 있다.

1차 초안의 경우 DES, DEQ, DDU A.8상의 필수적인 내용을 동일하다. 중요한 차이가 있다면 전개형식과 그 내용에 있어 주요 서류로서 "usual document or other evidence of the delivery of the goods"언급을 하고 괄호를 통해 D/O와/또는 다양한 형태의 운송서류를 규정하고 있다는 것이다. 그리고 1차 초안 DAP의 첫째 절은 DAF, DES, DEA, DDU의 A.8 ⅰ)의 시작 규정같이 시작하고 아울러 DES, DEQ, DDU의 규정을 포함하고 있다.

목적지 지점을 넘어 이루어지는 계속운송에 대비한 DAF A.8 ⅱ)의 규정은 당사자들이 국경외에 도착지의 특정지점에서의 인도를 합의할 수 있는 경우를 가정한 규정이다. ⅱ)의 규정은 ⅰ)의 규정 이탈을 위한 규정을 DAP에서 하는 것이 불필요하다고 생각되는 특수지점에서의 인도를 위한 규정으로 DAP 1차 초안에서는 고려하지 아니하므로 시간, 비용, 위험 등의 점에서 매수인에게 장점이 되나 DAF의 성격을 상당히 변형시키는 결과를 초래할 수 있다는 의미에서 DAP A.8 ⅱ)의 경우는 초안 단계에서 고려한 대상에서 삭제된 것 같다.

2차 초안과 3차 초안은 동일한 규정으로 동 조건의 성격에 맞게 그리고 필요한 표현이 단순하면서도 충분한 의미를 지니고 있다고 볼 수 있다.

최종초안의 경우 3차 초안상의 보다 일반적인 표현인 "… in accordance with A.4/B.4"가 보다 구체적인 표현으로 볼 수 있는 "… as envisaged in A.4/B.4"로 변경된 것 외는 내용의 변경은 없다. 이러한 변경의 문제점에 대하여는 이미 FCA B.5에서 언급한 바 있다.

A.9 확인-포장-화인(Checking-packaging-marking)

> The seller must pay the costs of those checking operations (such as checking quality, measuring, weighing, counting) that are necessary for the purpose of delivering the goods in accordance with A4, as well as the costs of any pre-shipment inspection mandated by the authority of the country of export.
>
> The seller must, at its own expense, package the goods, unless it is usual for the particular trade to transport the type of goods sold unpackaged. The seller may package the goods in the manner appropriate for their transport, unless the buyer has

notified the seller of specific packaging requirements before the contract of sale is concluded, packaging is to be marked appropriately.

매도인은 수출국정부당국의 법에 의한 모든 선적전검사비용 뿐만 아니라 A.4에 따라 물품을 인도하는데 필요한 품질확인, 검측, 검량, 검수와 같은 확인활동 비용을 지급해야 한다.

매도인은 특수한 거래가 무포장 상태로 매각된 물품의 형태로 운송하는 것이 관례가 아니라면 매도인은 물품의 운송을 위해 적합한 방법으로 물품을 포장할 수 있다. 다만 계약이 체결되기 전에 매수인이 특정한 포장을 매도인에게 통지한 경우에는 그러하지 아니하다. 포장은 적절하게 화인이 되어 있어야 한다.

해설 동 조건하의 매도인은 지정된 인도장소에서 운송인에게 물품을 인도하기 위해 필요한 품질확인, 물품에 따른 물품의 계량과 같은 행위를 하고, 이에 따른 비용과 수출국 당국의 법에 의해 이루어지는 선적전 검사비용을 지급해야 하는 바, 이는 매매계약에 일치하는 물품과 상업송장 그리고 기타 일체의 증거제공을 위해 필요한 행위이며, 운송계약에 따른 적재와 운임 그리고 운송서류 발급을 위해 필요한 조치이다.

그리고 매도인이 체결한 운송계약에 따라 운송계약 체결 전에 자신에게 알려진 운송 형태, 목적지등을 고려하여 자신이 준비한 물품의 운송과 후속운송을 하기 위해, 즉 계약체결되기 전에 매수인이 특별히 포장에 관해 요구사항이 있으면 이에 따르고 그렇지 아니하면 물품의 운송을 위해 적합한 방법으로 필요한 포장을 자신의 비용으로 제공해야 하는 바, 이때의 포장은 다양한 운송수단에 의한 장거리운송이므로 장거리운송에 따른 물품을 보호할 필요성이 있다. 따라서 이에 걸맞는 포장을 해야 한다. 물론 특수 컨테이너에 적재되는 양곡 같은 bulk cargo인 경우 포장이 필요 없다. 포장의 경우 타 화물과의 구분, 사용편의 등을 고려하여 포장면에 적절히 화인이 되어 있어야 한다.

L/C나 계약서상에 달리 합의가 없으면, 동 조항에 의해 품질과 중량의 증명시기가 선적지조건(shipment quality and quantity terms)임을 알 수 있다.

이 조항과 B.9조항은 A.1의 기타일치 증거서류와 주로 관련이 있다.[199]

Incoterms 2000 A.9의 규정과 차이점은 먼저 Incoterms 2000 A.9 첫째 절상의 "… such as which …" 대신에 "… that …"로 변경된 점이다. 이는 such as … that의 문법형식에 따른 것이다. 그리고 "… in accordance with A.4"를 "… in accordance with A.4 as well as well the costs of any pre-shipment inspection mandated by the country of export"로 변경되었는바, as well as이하의 표현의 추가는 국부의 유출에 따라 필요한 경우 수출국이 법률을 통해 선적 전 검사를 요구하고 있는바 이런 규정의 제정은 이미 수출국에서 이루어지고 있는 사실의 규정화에 있다. 그리고 이러한 검사는 검사활동이 이루어지

199) 오세창, 상게서, p.295.

기 전에 이루어지는 것이 일반적이다.

두 번째 차이점은 Incoterms 2000 둘째 절상의 "… (unless… to send the goods of the contract description unpacked) which is …" 대신에 "… (unless… to transport the type of goods sold unpacked)in the manner …"로 변경된 점이다. 이러한 변경은 Incoterms 2000의 의미를 변경하는 것이 아니라 표현의 세련화(예컨대 send를 transport로의 변경)와 분명화(예컨대 the goods of the contract description unpacked를 the type of goods sold unpacked로 변경)를 가져오는 효과가 있다.

Incoterms 2000과 3차 초안 둘째 절과의 또 다른 차이점은 둘째 절상의 "… for the transport of the goods agreed by him"이 "… by it and, where applicable, for any subsequent transport to the extent that the circumstances relating to the transport (for example modalities, destination)are made knows to the seller before the contract of sale is concluded"로 변경된 점이다.

먼저 by him이 by it로 변경된 것은 seller가 여성일수도 남성일수도 있기에 3인칭인 it을 사용하였다고 볼 수 있다. 그리고 "… and …" 이하의 표현이 FCA A.9의 규정처럼 새로 추가된 것은 매도인이 자기가 제조한 물품의 운송을 위해 자신이 운송계약을 체결하기에 자신이 알아서 자신이 준비한 물품의 운송에 필요한 포장을 할 것으로 생각할 수 있으나 이미 EXW와 FCA에서도 언급하였듯이 동 조건은 운송형태에 관계없이 사용될 수 있고 복합운송이 전제이기 때문에 후속운송을 고려한 포장의 필요성을 재삼 강조하기 위해, 그리고 운송계약을 체결하는 매도인의 포장의무에 대한 인식을 재고하기 위한 의미에서 새로이 추가된 것으로 볼 수 있다.

Incoterms 2000과 1차, 2차, 3차 초안과의 차이점을 보면 다음과 같다.

먼저 Incoterms 2000과 1차 초안의 경우 Incoterms 2000 첫째 절상의 "… which are …"가 "… that are …"로 변경된 점이 다르고, 둘째 절상의 "… which is required for …"가 "… required for"로 "… by him"이 "… by it"로 변경된 것 외는 동일하다.

1차 초안과 2차 초안간의 차이점은 1차 초안 첫째 절상의 마지막 부분인 "… with A.4"가 3차 초안과 같이 "… with A.4 as well as … of export."로 변경된 점과, 1차 초안 둘째 절상의 "… of goods arranged by it"가 "… of goods, to the extent that … concluded."로 변경점이 다르다.

2차 초안과 3차 초안의 차이는 2차 초안 둘째 절상의 "… of goods, to the extent … concluded"가 "… goods arranged by it and, where applicable, … concluded."로 변경된 점이다. 그러나 최종초안의 경우 3차 초안에 비해 규정적으로 보면 대폭 변경하였다. 그 내용을 보면 최종초안의 경우 3차 초안에 비하여 규정표현으로 보면, "The seller … arranged by it and, where applicable, for any subsequent transport extent that the circumstances …"를 현 규정 둘째 절과 같이 규정하므로 대폭 변경하였다. 그 내용을 보면 물품에 따라 특수한 포장이 필요한 경우 매수인은 매도인에게 계약체결 전에, 요구하게 규정하고 일반적 의미의 운송에 필요한 적합한 포장을 요구하므로 포장조건에 통일적 규정을 강조하던 종전 초안과 달리 일반적인 포장의 정의를 하고, 특수한 포장이 필요한 경우 규정을 통한 통일된 규정의 불가능을 안고 당사자들이 계약체결전 사전에 통지하게 하므로 포장규정의 단순화를 기도하고 있다. 사실 EXW A.9과 전 Incoterms® 2010 rules A.9 내용은 동일하다.

A.10 정보협조와 관련비용(Assistance with information and related costs)

The, seller must, where applicable, in a timely manner, provide to or render assistance in obtaining for the buyer, at the buyer's request, risk and expense, any documents and information, including security-related information, that the buyer needs for the import of the goods and/or for their transport to the final destination.

The seller must reimburse the buyer for all costs and charges incurred by the buyer in providing or rendering assistance in obtaining documents and information as envisaged in B10.

매도인은, 적용되는 경우, 시의 적절한 방법으로 매수인의 요청, 위험, 그리고 비용부담으로 매수인이 물품의 수입과/또는 최종 도착지까지 물품의 운송을 위해 필요로 하는 보안관련 정보를 포함하여 모든 서류와 정보를 제공하거나 매수인을 위해 취득하는데 협조를 제공하여야 한다.

매도인은 매수인에게 B.10에 따라 서류와 정보를 제공하거나 취득함에 있어 협조를 제공하는데 매수인이 지급한 모든 비용을 변상하여야 한다.

해설 이미 설명한 EXW, FCA, CPT, CIP의 A.10의 해설과 다를 바 없이 같다.

다만 차이가 있다면 상기 조건들의 경우 첫째 절상에 "… needs for the export and/or import of the goods … and/or for their transport …"가운데 "… the export and/or …"와 마지막 " …and/or… "가운데 "… /or …"가 삭제된 것 외는 동일한 표현이다.

DAP의 경우에도 다른 조건들과 같이 "… needs for the export and/or import of the goods …"의 표현이 필요하다고 할 수 있으나, 목적지 조건은 목적지 도착 시까지 일체의 위험과 비용은 매도인의 책임이기 때문에 수출과 관련한 보안정보는 필요없고 법에 따라 필요할 수 있는 수입과 최종목적지까지 운송을 위해 보안정보가 필요하기 때문에, 3차 초안과 같이 규정이 되었다고 볼 수 있다.

1차 초안 A.10의 둘째 절은 보험정보 제공에 관한 규정으로 Incoterms 2000 DAF, DES, DEQ, DDU A.10상의 둘째 절과 동일하다.

1차 초안 A.10 첫째 절의 경우 다음과 같은 두 가지 점에서 DES, DEQ, DDU의 첫째 절에 추가되었다.

첫째 추가는 이미 설명한 대로 "where applicable"이 서류가 필요없는 경우나 국내 운송만 있는 경우와 같이 모든 경우에 반드시 적용되는 규정이 아님을 나타내기 위해 추가되었다.

두 번째 추가는 초안 규정말미에 DAF에는 있으나 DES, DEQ, DDU에는 없었던 "… for their transit."가 포함되었다. 왜냐하면 "for their transit"의 표현이 DAP조건의 경우에 있을 수 있기 때문이다.

3차 초안의 경우 2차 초안과 동일하나 하나의 추가와 하나의 변경이 이루어졌다. 즉 2차 초안 상에 "… in a timely fashion, …"표현이 없었으나 3차 초안에는 이런 표현의 필요성이 제기되어 추가되었다. 그리고 2차 초안 상에 기타의무의 필요성을 규정한 표현, 즉 "… that the buyer may require for import of the goods and for their transport beyond the agreed point, if any, at the named place of destination, and where necessary, for their transit through any country."가 3차 초안과 같이 변경되었는바, 이는 동일한 의미의 표현의 단순화라 볼 수 있다.

최종초안의 경우 3차 초안상의 "… in a timely fashion …"이 "… in a timely manner …"로, 변경된 것 뿐 내용면에서 변경된 것은 없는 바, 이러한 변경은 동일한 의미의 세련된 표현이라기보다는 막연한 제공시기와 방법표현보다 분명한 제공시기와 방법을 표현하기 위한 것이라 할 수 있다.

"… provide or render …" or "… providing or rendering …"표현에 관해서는 지금까지 언급된 내용을 참고할 필요가 있다.

B. 매수인의 의무(THE BUYER'S OBLIGATIONS)

B.1 매수인의 총칙의무(General obligations of the buyer)

The buyer must pay the price of the goods as provided in the contract of sale.

Any document referred to in B1-B10 may be an equivalent electronic record or procedure if agreed between the parties or customary.

매수인은 매매계약상에 규정된 대로 물품의 대금을 지급하여야 한다.

B.1에서 언급하고 있는 모든 서류는 당사자들 간에 합의하거나 관례라면 동등한 전자기록에 의해 대체될 수 있다.

해설 B.1의 규정은 매수인에 대한 A.1의 경상규정이면서 매수인의 제일의 의무규정을 규정하고 있으며, Incoterms의 모법에 해당하는 CISG 53조에서 59조까지 규정의 세부규정이라 할 수 있다. 그러나 CIGS규정에 비하면 그 내용이 지극히 단순하게 되어있다. 그러나 CISG 53조 규정 가운데 "… as required in contact of sale"와 달리 B.1의 규정에는 "… as provided in a contract of sale"로 규정되어 있는 바, 여기서의 "… provided …"는 CISG상에서의 계약에 따라 요구할 수 있는 내용, 즉 일반적으로 계약에 따라 일반적인 요구사항에 따른 지급규정과 달리 B.1의 "… provided"는 특정계약에서 구체적으로 규정하고 있는 지급방법, 지급장소 등에 따라 지급해야 함을 규정하고 있다. 전자가 포괄적 계약규정을 의미한다면 B.1의 계약은 특정 개별계약의 성격이 강하다. 그러나 특정계약은 물품에 따라 당사자들 간의 사정에 따라 다를 수 있기에 B.1의 지급규정에 대한 시행세칙에 해당하는 해당 L/C나 계약서상에 구체적으로 규정하여 반영된다.

그리고 A.1에서 언급한대로 전 Incoterms B.1-B.10상에 규정되어 있는 서류는 B.1 둘째 절 규정과 같이 당사자들 간에 합의하거나 관례라면 종이서류와 동등한 전자기록으로 대체 할 수 있다는 표현으로 대체된 것 외는 Incoterms 2000 A.1과 1차, 2차, 3차 초안의 내용이 똑같이 변경된 것이 없다.

A.1에서 언급하였듯이 B.1의 제목자체가 Incoterms 2000, 1차, 2차상의 "payment of the price" 대신에 "General obligation of the buyer"로 변경된 것은 차이가 있으나, B.1 둘째 절상의 규정표현 때문에 제목이 이렇게 변경된 것 같다. 그러나 B.1의 제목의미와 달리 B.1의 규정은 매수인의 총칙의무규정이라기 보다는 매수인의 입장에서의 물품을 수령하여 검사를 하기 전에 먼저 지급을 해야 하기 때문에 가장 중요한 매수인의 의무라 할 수 있으며, 나머지 규정은 A.2-A10의 A.1의 부수 규정 같은 성격이 아니라 A.2-A10의 경상의 의무, 즉 매도인의 매수인에 대한 의무에 대한 매수인의 매도인에 대한 의무규정 내지는 위험과 비용, 그리고 기능에 대한 책임의무규정이라 할 수 있다.

B.2 허가, 승인, 보안통관과 기타절차(Licences, authorizations, security clearances and other formalities)

> Where applicable, the buyer must obtain, at its own risk and expense, any import licence or other official authorization and carry out all customs formalities for the import of the goods.
>
> 적용되는 경우, 매수인은 자신의 위험과 비용으로 모든 수입허가나 기타 공식승인을 취득하고 물품의 수입을 위한 모든 세관절차를 수행해야 한다.

해설 매수인은 수입에 필요한 수입허가나 기타 공식승인을 은행이나 정부기관을 통해 취득하고 수입허가에 따른 세관통관 절차를 세관을 통해 수행해야 하며 이와 관련한 모든 비용과 위험을 부담해야 한다. 따라서 매매계약서상에 이에 대한 수입금지는 매수인으로 하여금 물품에 대하여 지급해야 할 자신의 의무를 면책시키지 아니한다. 일반적으로 이러한 면책조항은 준거법 하에 인정되는 기간 연장이나 계약해제권을 규정할 수 있다.[200)]

DAP B.2상의 "where applicable"에 대한 설명은 이미 앞에서 다루어 졌으며, 1차 초안의 경우 "where applicable"의 위치변경을 제외하면 Incoterms 2000 DES, DEQ, DDU B.2와 똑같다. 2차 초안의 경우 1차 초안상의 "… or other documents …"를 삭제한 규정과 같고 3차의 경우 2차 초안 "… formalities necessary …" 상의 "necessary"를 삭제한 내용과 똑같다. 결국 3차 초안이 Incoterms 2000 DES, DEQ, DDP상의 "or other documents"와 "necessary"를 삭제하였는데, 전자를 삭제한 것은 이미 A.2에서 설명하였듯이 앞의 두 서류의 대안 내지 기타서류, 예컨대 통과증명서 같은 서류를 D-Terms거래의 특성상 필요하다고 생각된다. 그리고 후자의 삭제는 "necessary" 다음의 "for"로서 충분하기 때문이다.

최종초안은 3차 초안과 동일하다.

문제 대안 DAT에서도 언급하였듯이 D-rules의 경우 허가 등의 취득의무에 관한 표현은 다른 rules와 달리 "the buyer must obtain …"으로 표현하고 있다. 비록 동일한 의미의 상이한 표현이라 해도 표현의 통일이 필요하다.

B.3 운송과 보험계약(Contracts of carriage and insurance)

a) Contract of carriage
The buyer has no obligation to the seller to make a contract of carriage.

b) Contract of insurance
The buyer has no obligation to the seller to make a contract of insurance. However, the buyer must provide the seller, upon request, with the necessary information for obtaining insurance.

a) 운송계약
매수인은 매도인에 대한 운송계약을 체결할 의무가 없다.

b) 보험계약
매수인은 매도인에 대한 보험계약을 체결할 의무가 없다. 그러나 매수인은 매도인에게 그의 요청에 따라 보험계약 체결을 위해 필요한 정보를 제공해야 한다.

해설 a) 운송계약

도착 시 지정된 장소 내지 지점에서 물품을 인도하는 조건이므로 인도지점까지의 사전운송, 수운송, 계속운송의 책임은 매도인에세 있으므로 매수인의 입장에서 운송계약에 대한 책임은 없다. 다만 경우에 따라서 수령 장소가 매수인이 거주하는 영업장소

200) 오세창, 상게서, p.385.

까지의 거리가 있는 경우 수령 후 계속운송의 책임은 매수인 자신에게 있지 매도인에 대한 의무사항은 아니다.

b) 보험계약

운송계약과 마찬가지로 인도이전까지는 매도인이 운송과정에서의 위험에 대비한 보험 계약은 자신의 이익을 위한 것이지 이 자체가 매수인에 대한 의무사항이 아니듯이 매수인 역시 물품의 수령 후 자신의 이익을 위해 위험에 대비한 보험부보는 자신의 책임 하에 있으며 이 자체가 매도인에 대한 의무사항이 아니다.

1차 초안의 경우 누가 누구에 대한 책임이 없음을 분명히 하기 위해 "no obligation owned by the buyer to the seller"로 표현되었다가, 2차, 3차의 경우 현 초안의 규정과 같이 누가 누구에게 운송계약을 체결할 의무가 없음을 규정하므로 1차 초안보다 규정의 표현을 더욱 분명히 하고 있다고 볼 수 있다.

그리고 Incoterms 2000과 1차 초안규정에도 없던 보험정보의 규정을 매도인의 요청에 따라 당연히 제공해야 함을 2차와 3차 초안에서 규정하고 있다.

다만 보험정보의 규정을 A.3 b)와 같이 통일하던지 아니면 B.3 b)와 같이 통일할 필요가 있다.

1차, 2차 초안의 경우 보험정보 제공의무를 제외하면 그 내용에 있어 Incoterms 2000 DAF, DES, DEQ, DDU와 동일하다.

최종초안의 규정은 동일내용의 자구수정 외 3차 초안과 동일한 내용이다.

B.4 수령(Taking delivery)

> The buyer must take delivery of the goods when they have been delivered as envisaged in A4.
>
> 매수인은 A.4의 규정에 따라 물품이 인도완료된 때 물품을 수령해야 한다.

해설 B.4는 매수인은 물품의 A.4에 따라 자신의 임의처분상태로 인도되는 즉시 수령해야 한다는 취지를 표현하고 있다. 이에 따라 매도인은 "합의한 날짜 또는 기간 내에" 매수인의 임의처분 상태로 물품을 인도해야 한다. 만약 물품이 합의한 날짜 또는 기간보다 일찍이 매수인의 임의처분상태로 인도되면, 이렇게 하는 것이 일반적으로 자신을 위한 것이라 해도, 매수인은 합의한 기간 전에 수령할 의무는 없다.

반면에 만약 물품이 너무 늦게 매수인의 임의처분상태로 인도되면, 매수인은 준거법에 따라 계약위반에 대한 책임을 매도인에게 주장할 수 있다. 이 경우 그는 역시 주요한 위반의 경우 매도인으로부터 손해배상금을 청구하거나 계약을 취소시킬 수 있다.[201)]

본 규정은 Incoterms 2000 DAF, DES, DEQ, DDU와 동일하다.

최종초안은 DEQ의 3차 초안과 비교하여 볼 때 자구수정 외 그 내용은 동일하다. 자구수정의 문제점은 이미 위에서도 언급한 바 있다.

B.5 위험의 이전(Transfer of risks)

> The buyer bears all risks of loss of or damage to the goods from the time they have been delivered as envisaged in A4.
>
> If
>
> a) the buyer fails to fulfil its obligations in accordance with B2, then it bears all resulting risks of loss of or damage to the goods; or
>
> b) the buyer fails to give notice in accordance with B7, then it bears all risks of loss of or damage to the goods from the agreed date or the expiry date of the agreed period for delivery,
>
> provided that the goods have been clearly identified as the contract goods.
>
> 매수인은 물품이 A.4의 규정에 따라 인도완료된 때로부터 물품의 멸실이나 물품에 관한 손상의 모든 위험을 부담해야 한다.
>
> 만약
>
> a) 매수인이 B.2에 따라 자신의 의무를 해태한 경우, 매수인은 이로 인해 발생한 물품에 대한 모든 멸실에 관한 손상위험을 부담한다. 또는
>
> b) 매수인이 B.7에 따라 자신의 의무를 해태 한 경우, 매수인은 인도를 위해 합의한 날짜 또는 합의한 기간의 만기 날짜로부터 물품의 멸실이나 물품에 관한 손상의 모든 위험을 부담한다.
>
> 다만 물품이 계약물품으로 분명하게 충당되어 있어야 한다.

해설 A.5에 따라 매도인이 인도지점까지 물품의 멸실 또는 물품에 대한 손상의 모든 위험을 부담해야 하는 반면에 B.5의 위험이전 대원칙에 따라 매수인은 인도지점 후부터 위험을 부담해야 한다(위험이전의 대원칙).

인도지점은 조건에 따라 다르다. EXW와 전 D-rules하에서 물품은 단순히 관련지점(해당지점)에서 매수인의 임의처분상태로 적치한다. 반면에 F와 C-rules하에서 인도지점은 발송국이나 선적국에서 운송인에게 물품을 교부와 관련된다. 따라서 해상편으로 운송되어질 물품을 위해 사용되는 조건에 있어선 지정된 선박선측(FAS)에 인도나 본선갑판(FOB, CFR, CIF)에 인도가 인도지점이 된다.

이렇게 볼 때 E, D-rules의 경우는 해당 지점에서 물품의 처분상태이고, F와 C-rules는 인도지점이 상이할 수 있고, 인도의 방법 역시 인도지점에서 운송수단 등에 따라

201) 오세창, 상게서, p.325.

다소 차이가 있어도 결국 hand over적 성격을 지니고 있음을 알 수 있어 CISG와 그 맥을 같이 하고 있으나, Incoterms가 hand over에 따라 세분되어 있는 점이 다르다.

EXW와 D-rules하에서 매도인은 매수인의 임의처분상태로 물품의 적치행위에 의해서만 위험을 이전시킬 수 있는데 비하여, 매도인은 B.7에 다른 매수인의 통지해태로 인해 위험을 이전시킬 수 있을지 모른다. 이러한 사실은 물품이 자신의 임의처분상태로 적치되는 규정된 기간 내의 시기와 인도장소를 결정하는 것이 매수인의 책임인 경우에 일어날 수 있다. 따라서 이러한 업무의 이행해태는 사전위험이전을 낳게 된다. 그럼에도 불구하고 매수인은 매매계약체결 시에 규정된 기간보다 더 오래 인도와 위험이전을 지연시킬 수 있어야 한다는 것은 인정될 수 없다. 따라서 B.7에 따른 매수인의 통지해태는 "인도를 위해 합의한 날짜 또는 합의한 기간의 만기일자로부터" 위험을 이전시킨다. 그러나 이러한 매수인의 통지해태에 따른 조기위험이전원칙에도 불구하고, 물품이 계약에 정히 충당될 때까지 위험은 이전할 수 없다(조기 위험이전의 대전제원칙). 예컨대 만약 물품이 불특정인 경우, 즉 매도인이 물품을 목적지에서 여러 매수인에게 인도해야 하는 특정종류의 물품, 예컨대 기름, 곡류, 석탄 등의 경우 물품이 분명하게 계약에 충당된 경우에만 충당이 일어난다. 그런데 이러한 충당은 매도인이 운송을 위해 물품을 인도하고 매수인을 위한 것으로 화인된 때 일반적으로 이루어진다. 그러나 화물이 선적으로 운송되고 도착지에서 물품의 도착 시에만 여러 매수인간에 충당되는 경우에는 그러하지 아니하다.

그리고 매수인은 B.2에 따라 물품의 수입통관을 취득할 의무가 있다. 만약 매수인이 이러한 의무를 해태한 경우 매도인은 합의한 인도지점에 도착이 불가능할지 모른다. 이로 인해 발생하는 물품의 멸실 또는 물품에 관한 손상의 추가위험은 매수인부담이다. 따라서 물품이 합의한 인도지점에 도착하기 전 예컨대 수입통관을 수행해야 할 매수인의 의무이행 해태로 인해 세관구내에 물품이 억류되는 때에 위험이 이전할 수 있다.

이러한 의무위반에 대해 특별히 규정하고 있는 것은 DAP의 경우 도착지 합의한 지점에서 물품을 인도해야 하는데 그러기 위해서는 수입통관이 되지 아니하면 다른 조건들과는 달리 합의한 지점에서의 물품의 인도자체가 불가능하기 때문이다.[202)]

1차 초안은 "buyer"가 "it"로, 사전위험이전의 대전제원칙표현이 약간의 변경과 위치의 변경 외는 Incoterms 2000 DDU와 동일하다.

1차와 2차 초안 간에는 동일한 의미의 상이한 그러면서 단순화한 표현상의 차이, 즉 1차 초안 둘째 절상의 "…, bear all additional … incurred thereby" 대신에 "… bear all resulting additional … to the goods."로 변경된 것 외는 동일하다. 2차 초안의 표현이 1차 초안 표현보다 단순화 표현으로 볼 수 있다.

2차 초안과 3차 초안 간에는 2차 초안 둘째 절상의 "… additional …"을 삭제하고 위험이전의 대전제원칙의 표현을 다른 조건들과 같이 하면서 FCA의 B.5와 같이 규정을

202) 오세창, 상게서, pp.390-391.

배열한 점이 차이가 있을 뿐 내용은 동일하다. "additional" 의 삭제는 "resulting"이라는 표현 자체가 B.2의 해태에 따른 모든 결과적 위험, 즉 additional, incurred thereby의 의미를 함축하기에 삭제된 것 같다.

그리고 B.7과 관련한 통지에 관해 1차와 2차는 "통지"로, 3차는 "의무"로, 최종초안은 "통지"로 표현하고 있는 바, B.7과 관련한 의무보다 통지의 표현이 규정의 성격에 맞다.

사소한 것이지만 충당과 관련한 규정 구성과 충당범위에 관해 1차의 경우 충당규정을 규정말미에 구분·충당·확인으로, 2차의 경우 규정말미에 분명한 충당으로, 3차의 경우 사전이전규정 전에 구분·확인으로 최종초안의 경우 2차 규정과 같이 분명한 충당으로 각각 표현하고 있다.

문제대안 다른 rules의 경우 B.5에 의하면 "위험이전의 대원칙"에 관해서는 "… bear …"로 "사전위험이전원칙"과 관련하여서는 "… must bear …"로 규정되어 있는데 반하여, D-rules만은 B.5에 의하면 모두 "bear"로 되어있다. 이는 다른 의무들과 달리 위험의 이전이나 부담은 그 한계를 반드시 확정지을 수 없기 때문에 단순한 의무로 표현한 것 같다. 그러나 다른 의무의 경우도 이런 이유가 적용될 수 있기에 반드시 "must bear"로 할 필요가 있다. 이러한 사실은 전 Incoterms rule A.5와 B.5에 공통되는 사항이다.

B.6 비용의 분담(Allocation of costs)

The buyer must pay

a) all costs relating to the goods from the time they have been delivered as envisaged in A4;

b) all costs of unloading necessary to take delivery of the goods from the arriving means of transport at the named place of destination, unless such costs were for the seller's account under the contract of carriage;

c) any additional costs incurred by the seller if the buyer fails to fulfil its obligations in accordance with B2 or to give notice in accordance with B7, provided that the goods have been clearly identified as the contract goods; and

d) where applicable, the costs of customs formalities, as well as all duties, taxes and other charges payable upon import of the goods.

매수인은 다음의 비용을 지급해야 한다.

a) 물품이 A.4의 규정에 따라 인도완료 된 때로부터 물품에 관한 모든 비용;

b) 도착지 지정된 장소에서 도착운송수단으로부터 물품을 수령하는데 필요한 모든 양하비용. 다만 이러한 비용이 운송계약 하에서 매도인부담인 경우 그러하지 아니한다;

c) 매수인이 B.2에 따라 자신의 의무나 B.7에 따라 통지를 해태하므로 매도인이 지급한 모든 추가비용, 다만 물품이 계약물품으로 분명하게 충당되어 있어야 한다; 그리고
d) 적용되는 경우, 물품의 수입 시에 지급할 수 있는 모든 관세, 제세 그리고 기타비용 뿐만 아니라 세관절차 비용

해설 A.4의 규정에 따라 물품이 도착지의 지정된 인도장소(지점)에서 매수인의 임의처분상태로 인도된 경우 매수인은 이러한 방식으로 물품이 자신의 임의처분상태로 인도된 때로부터 모든 양하비용을 지급해야 한다.

매수인은 합의한 지점과 시기에 물품을 수령해야 한다. 그러나 실질적인 의미에서 DAT B.6에서도 언급하였듯이 인도장소의 여러 사정으로 인해 임의처분 상태가 어려운 경우, 임의처분상태로 하기 위해 다른 장소로의 이동이 필요한 경우가 있다. 이런 경우 실질적인 인도가 없다해도 예컨대 운송수단이 합의한 인도지점을 통과할 때 물품이 동일한 운송수단에 존치되어 있다 하여도 이러한 원칙이 적용된다. 따라서 만약 매수인이 필요에 따라 계속운송을 위해 필요한 조치를 해태하거나 인취를 해태한 경우 매수인은 이로 인해 발생한 모든 추가비용을 지급해야 한다.

산적화물의 경우 인도단계에서 매도인은 일반적으로 충당을 통해 물품을 계약물품으로 확인시킬 것이다. 그러나 매도인이 그렇게 하지 못한 경우 예컨대 물품이 D/O나 기타 방법에 의해 나중에 충당을 위해 산적상태로 도착지(목적지 지점)에 도착할 경우, 물품이 정히 충당 완료될 때까지 매수인은 물품에 관한 모든 추가비용은 부담하지 아니한다.

충당이 될 것을 전제로 매수인은 B.7에 따른 수령장소나 시기에 대한 매도인에게 통지해태의 결과로 발생한 모든 추가비용 예컨대 추가보관료와 보험료 등을 지급해야 한다.

B.2에서 언급한 바와 같이 매수인은 물품의 수입통관 의무를 가진다. 따라서 B.6은 물품의 수입통관과 관련해서 발생하는 비용(통관절차비용, 모든 관세, 제세 그리고 기타비용)을 매수인이 역시 지급해야 함을 선언하고 있다.[203)]

1차 초안 둘째 절의 경우 Incoterms 2000 DAF, DES, DEQ의 규정과 비교해 필수적인 부분에 있어 동일하며, 이러한 비용이 매수인의 지급의무임을 분명히 하기 위하여 DDU B.6상의 첫째 절상에 표현되어 있지 아니한 "양화"에 대한 규정을 추가하여, 셋째 절 규정으로 하고 있었으며, 셋째 절 규정은 DDU의 둘째 절 규정과 동일하였다.

1차 초안과 2차 초안을 비교해보면 규정상의 차이를 제외하면 내용면에서도 양 규정 모두 동일하다.

3차 초안은 2차 초안과 동일하다.

EXW와 FCA의 경우 B.7과 관련한 B.6상의 규정에는 "appropriate notice"로, 그리고

---

203) 오세창, 상게서, p.331.

CPT와 CIP의 경우 B.7과 관련한 B.5와 B.6규정에는 "notice"로 되어 있고, 나머지 조건들의 경우 B.5와 B.6상의 규정에 B.7과 관련하여 "notice"와 "appropriate notice"로, 되어 있는 바, 이미 EXW와 FCA에서도 설명하였듯이 B.7규정에 따른 통지는 시간과 내용적으로 충분한 통지를, 이와 관련한 B.5, B.6의 규정에는 "appropriate notice"가 필요할 것 같다.

B.6의 규정체계를 B.5의 규정 체계로 통일할 수 있으면 좋겠다.

3차 초안 가운데 위험과 비용이전의 대전제조건 규정 표현의 경우 B.5의 규정과 B.6의 규정이 상이한 바 통일시킬 필요가 있다.

최종초안의 경우 3차 초안상의 B.2의무와 관련하여 지급한 비용의 주체를 보다 분명히 하기 위해 "… by seller …"를 "… incurred …"에 추가한 것과 이와 관련한 3차 초안상의 "any …"를 "all …"로 변경한 것 외는 3차 초안과 내용면에서는 동일하다.

B.7 매도인에게 통지(Notices to the seller)

> The buyer must, whenever it is entitled to determine the time within an agreed period and/or the point of taking delivery within the named place of destination, give the seller sufficient notice thereof.
>
> 매수인은 자신이 합의한 기간 내의 시기와/또는 도착지 지정된 장소 내에서 수령 지점을 결정할 권리를 갖고 있다면 언제든지 매도인에게 이에 대한 충분한 통지를 해야 한다.

해설 B.5와 B.6에서 언급한 바와 같이 도착지 지정된 장소 내에서 물품의 수령시기와 장소내의 지점에 대한 매도인에게 매수인의 통지해대는 매매계약서상에 메수인이 이러한 문제에 관해 결정할 선택권을 가진 경우 물품이 A.4에 따라 인도완료되기 전에 물품의 멸실 또는 물품에 대한 손상의 위험을 이전시키는 원인이 될 수 있다. 이뿐만 아니라 이러한 해태는 매수인의 통지해태의 결과로서 매도인이 지급한 모든 추가비용을 지급할 의무가 매수인에게 있게 할 수 있으며 매도인에게 수령시기와 지점을 결정하는 선택권을 허용하는 결과를 초래할 수 있고 의무의 위반은 계약위반을 구성하게 된다.204)

물론 이렇게 되기 위해선 위험과 비용의 이행전이전원칙의 대전제원칙, 즉 이행전이전 원칙의 예외원칙인 다른 화물과의 구분 내지는 계약에 정히 충당되어야 한다.

이미 다른 조건에서도 설명하였듯이 B.7조항 때문에 Incoterms를 인도에 관한 권리의무규정이라 하고 있다.

1차 초안은 DAF, DES, DEQ, DDU의 B.7의 내용의 핵심부분, 즉 시기와 장소에 관

---

204) 오세창, 상게서, p.333.

한 결정권 부분에 있어 동일하다.

1차 초안의 경우 Incoterms 2000 B.7의 규정 가운데 "지정된 장소" 대신 "도착지 지정된 장소"로 변경한 것 외는 동일하며, 2차, 3차 초안은 1차와 동일하다.

최종초안의 경우 3차 초안상의 "… at the named place of destination …" 대신 "… within the named place of destination …"로 변경된 것 외는 동일하다. at이 within으로 변경된 것은 지정된 인도지점내의 혼잡 등을 고려하여 다소 융통성을 부여하려는 의도에서 변경된 것 같다.

B.8 인도의 증거(Proof of delivery)

> The buyer must accept the delivery document provided as envisaged in A8.
>
> 매수인은 A.8의 규정에 따라 제공되는 인도서류를 수령해야 한다.

해설 매수인은 A.8상의 인도서류가 매수인에게는 A.4에 따른 인도의 증거가 되기 때문에 동 서류가 계약에 일치하는 물품의 인도서류임이 분명하다면 A.4에 따른 인도증거서류로 제공되는 서류를 수령해야 한다(확대 COD, 즉 서류에 의한 COD의미). 이러한 서류수령의 대 전제는 조건의 성격상 신속한 물품의 수령 내지는 대금지급이다. 만약 매수인이 동 서류를 거절하는 경우(특수한 경우, 예컨대 L/C 하의 매도인에게 지급하지 말도록 은행 앞으로 지시하는 등) 매수인은 매매계약 하의 이러한 위반에 대해 청구 가능한 구제권을 매도인에게 부여하게 되는 계약위반을 저지르게 되며 이러한 구제권은, 예컨대 계약취소권이나 위반에 대한 손해배상금청구권을 포함할 수 있다. 그러나 매수인인 적절한 인도증거를 제공하지 못하는 서류, 예컨대 물품에 하자가 있다거나 물품이 합의한 수량보다 적게 제공되었음을 서류상에 표시하고 있는 서류를 수령할 의무는 없다. 이런 경우 동 서류는 고장부 서류이다.[205)]

1차 초안의 경우 Incoterms 2000 DAF와 DDU에 명시적으로 언급하고 있는 서류를 종합하여 "D/O 또는 운송서류와/또는 기타 인도증거(… accept the appropriate delivery order or transport document and/or other evidence of delivery …)"를 포함하고 있었다. 그러나 2차와 3차 초안의 경우 이들 서류를 당사자들의 특수한 경우로서 합의한 경우의 L/C거래들을 포함하는 표현이지만 원칙적으로 거래조건의 성격에 맞는 표현인 인도의 증거(… accept the proof of delivery …)로 변경하였다. 이표현은 COD를 위한 서류는 물론이고 CAD를 위한 서류역시 이 의미에 포함된다. 그러나 이렇게 표현한 것은 이 거래조건의 경우 특수한 경우를 제외하고 COD거래조건임을 강조하는 의미가 있다.

최종초안은 3차 초안과 달리 3차 초안상의 "인도증거" 대신 "인도서류"로 변경하였다.

---

205) 오세창, 상게서, p.337.

문제대안 원칙적으로 서류거래인 C-rules의 경우 "운송서류"로 통일하였고, 기타 rules의 경우 원칙적으로 COD거래이기에 "인도증거"로 통일되어 있었으나 최종초안에서 DAP와 DAT만 유일하게 "인도증거"라는 제목 하에 "인도서류"로 표시하고 있다. "인도증거"도 결국 문서형태로 인증되기에 "인도서류"로 한 것 같다. 그렇다면 C-rules외 기타규정의 경우에도 통일되어야 하는데 그렇지 못하는바, 이렇게 구별하는 특별한 이유가 있다면 그 사유를 설명할 필요가 있다.

B.9 물품의 검사(Inspection of goods)

The buyer must pay the costs of any mandatory pre-shipment inspection, except when such Inspection is mandated by the authorities of the country of export.

매수인은 이러한 검사가 수출국 정부당국의 법에 의한 경우를 제외하고 모든 법에 의한 선적전검사 비용을 지급해야 한다.

해설 수출국에서 매도인이 수출을 위해 관련법에 따라 당연히 자신이 해야 하는 경우는 자신의 책임과 비용으로 하지만, 매수인 수입국의 법에 따라 필요한 경우 매수인의 요청에 의해 이루어지는 모든 선적전검사는 매수인 비용부담임을 규정하고 있다. 따라서 매수인이 수입국법에 따라 선전적 필요한 검사의 경우 선적 전에 제3자에 의한 검사증명서를 자신의 책임 하에 매도인에게 요청해야 하며, 이러한 결과를 대금결제서류에 반영시켜야 한다.206)

Incoterms 2000의 B.9과 비교해 볼 때 Incoterms 2000상의 "… of any pre-shipment inspection …" 대신 3차 초안은 "… of any mandated per-shipment inspection …"와 같이 "any psi "가 "mandated psi"로 변경된 것 외는 동일하다. 그러나 종선의 규정과 달리 매도인 자신의 비용으로 이루어지는 수출국의 검사법에 의한 선적전검사 외에 매수인 자신의 필요를 위해 그리고 수입국의 법에 의해 필요한 경우 매수인이 요청하고 매도인은 이러한 요청에 따라 매수인의 비용으로 모든 선적전검사를 실시하고 그 증명서를 매수인에게 계약서나 L/C에 따라 제출해야 했던 Incoterms 2000상의 "any psi"의 개념은 수입국의 법에 의한 모든 psi의 개념으로 그 의미를 Incoterms® 2010에서는 분명히 하고 있다. 따라서 수입자 자신을 위해 필요한 psi의 경우 별도로 계약서나 L/C상에서 요구하고 그 비용을 지급해야 함을 주의해야 한다.

1차, 2차 초안은 Incoterms 2000과 동일하다.

A.9상의 checking과 B.9상의 inspection에 대하여 Incoterms 2000용어 해설207)에 의하면 동일의미라고 하고 있으나 전자의 의미는 이행에 따른 확인의 성격이고, 후자는 수

206) 오세창, 상게서, p.182.
207) Incoterms 2000, Introduction, Terminology, 7) checking and inspection.

출입국법이나 매수인의 필요에 따라 이루어지는 검사로 주로 공인된 기간에서 이루어지고 검사라면 전자는 수출지 공장 내에서의 자체검사로 볼 수 있다.

1차 초안의 경우 Incoterms 2000 DAF, DES, DEQ, DDU에 "where applicable"을 추가한 것 외는 동일하였다.

2차, 3차 초안의 경우 Incoterms 2000 B.9규정이 동일하며, 위와 같은 이유로 3차 초안상의 PSI에 "mandated"가 추가된 것 외는 2차와 3차 초안이 동일하다.

최종초안 역시 동일의미의 자구수정, 즉 "any mandated …" 대신에 "any mandatory …"로 수정된 것 외는 3차 초안과 동일하다.

B.10 정보협조와 관련비용(Assistance with information and related costs)

The buyer must, in a timely manner, advise the seller of any security information requirements so that the seller may comply with A10.

The buyer must reimburse the seller for all costs and charges incurred by the seller in providing or rendering assistance in obtaining documents and information as envisaged In A10.

The buyer must, where applicable, in a timely manner, provide to or render assistance in obtaining for the seller, at the seller's request, risk and expense, any documents and information, including security-related information, that the seller needs for the transport and export of the goods and for their transport through any country.

매수인은 매도인이 A.10을 수행하기 위하여 필요로 하는 모든 화물보안정보요건을 시의 적절하게 통지해야 한다.

매수인은 A.10에 따른 서류와 정보를 제공하거나 취득하는데 협조를 제공하는데 있어 매도인이 지급한 모든 비용 대하여 매도인에게 지급해야 한다.

매수인은, 적용되는 경우, 시의 적절하게 매도인의 요청, 위험 그리고 비용부담으로 매도인이 물품의 운송과 수출을 위해 그리고 필요한 경우 제 3국으로 물품의 통과를 위해 필요로 하는 보안관련 정보를 포함하여 모든 서류와 정보를 제공하거나 그를 위해 취득하는데 협조를 제공해야 한다.

해설 A.10에 의하면 매수인의 책임으로 물품의 수출입에 필요한 보안관련정보나 서류등을 취득하는데 매도인은 협조해야 한다고 규정하고 있는 바, 이러한 의무수행에 있어 매도인이 필요로 할 수 있는 것으로 수입국에서의 화물보안정보를 시간적으로나 방법적으로 적절하게 제공해야 할 뿐만 아니라 매수인의 요청에 따른 매도인의 협조제공의무에 따라 매도인이 지급한 일체의 비용을 지급해야 함을 규정하고 있다.

이렇게 볼 때 A.10과 B.10의 의무규정의 경우 그 필요성은 매수인이, 그 필요에 따른 협조는 매도인이, 그리고 협조에 따른 책임과 비용은 매수인이 부담해야 함을 규정한 규정이다.

그러나 provide와 render의 표현에 관한 의견은 A.10에서 설명하였지만 이렇게 표현할 수밖에 없다면 그 이유를 해설을 통해서나 아니면 선택이 추후에 이루어져야 할 것이다.

그리고 보안정보와 관련하여 A.10은 goods로, B.10은 cargo로 표현하고 있다. goods는 포장이 가능한 제조물품이고 cargo는 주로 포장이 불가능한 그러면서 대량화물인 산적화물(bulk cargo)을 의미하는 바, 이들에 대한 표현의 구분 예컨대 "any good, or cargo security information"과 같이 할 필요가 있다.

Incoterms 2000 B.10의 규정은 A.10의 협조에 따른 비용지급 중심의 규정이었고, 1차 초안은 첫째 절에서 Incoterms 2000 B.10규정의 내용과 동일하나 표현에 있어 "… obtaining the documents or equivalent electronic message" 대신에 동일 표현인 "… where in paper or electronic form … and … assistance …" 으로 변경하고, 둘째 절에서 현 초안 규정과 같은 보안정보규정 통지의 필요성이 신설되었으나 현 규정과 같은 "…in a timely fashion…"이 없었다.

2차 초안의 경우 첫째 절은 1차 초안 규정과 같았고 둘째 절의 경우 "The buyer must reimburse the seller for all costs and charges incurred by the seller in providing of rending assistance in obtaining documents and information in accordance with A.10"과 같이 초안함으로 Incoterms 2000 B.10의 내용과 실질적으로 동일한 내용을 상기와 같이 표현하였다.

매수인은 매도인이 자신이 A.3 a) 단서규정에 의해 자신이 운송계약을 체결하거나 또는 매수인에 의한 운송계약체결에 따른 운송을 위해, 경우에 따라서 제3국을 경유하는 경우를 위해 필요할 수 있는 그리고 수출국에서의 물품의 수출을 위해 자신이 필요로 할지 모르는 모든 서류, 정보, 보안관련 정보를 매도인의 요청과 위험 그리고 비용으로 매도인을 위해 취득하는데 협조를 시간적으로나 내용적으로 그리고 방법적으로 적절하게 제공해야 한다.

규정가운데 "… provide to or render …"그리고 "… in providing or rendering …" 표현에 관한 설명은 EXW A.10과 FCA A.10의 내용을 통해 이해할 수 있다.

본 규정에서의 "where applicable"의 경우는 이미 설명한대로 EU지역간 거래, 자유무역지대거래, 국내거래를 제외한 거래에 해당 규정이 필요하면 동규정이 적용되고 그렇지 아니할 경우 적용되지 아니함을 의미한다.

Incoterms 2000의 B.10의 경우 다음과 같이 규정되었다.

"The buyer must pay all costs and charges incurred in obtaining the documents or equivalent electronic messages mentioned in A.10 and reimburse those incurred by the seller in rendering his assistance in accordance therewith and in contracting for carriage in accordance with A3 a).

The buyer must give the seller appropriate instructions whenever the seller's assistance in contracting for carriage is required in accordance with A3 a).

매수인은 A.10에 명시된 서류와 동등한 EDI를 취득하는데 지급한 모든 비용을 지급해야 하고, A.3 a)에 따른 매도인의 협조와 운송계약체결에 따라 매도인에 의해 지급된 모든 비용을 지급해야 한다.

매수인은 A.3 a)에 따라 운송계약체결에 있어 매도인의 협조가 요구되는 경우 매도인에게 적절한 지시를 하여야 한다."

그러나 1차 초안의 경우 첫째 절은 A.10에서 자신의 책임 하에 이루어진 정보요청과 이에 응한 매도인의 서류취득에 지출한 비용의 지급의무와 A.10에서 매도인이 요구하는 모든 화물보안정보를 그에게 통지해야 하는 규정으로 규정되어 Incoterms 2000 B.10의 규정, 즉 A.10과 A.3 a) 단서규정에 따라 발생한 비용지급 규정 가운데 A.10에 의한 지급규정 수용과 A.3 a)에 의한 지급규정 삭제와 A.10 수행에 필요한 화물보안정보 제공규정 신설로 되어있다. 이는 Incoterms 2000 B.10상의 규정, 즉 A.10과 A.3 a)와 관련된 비용과 지시사항 중심 규정과 상당한 차이가 있었다.

다른 규정들과 달리 DAF와 DDP상에만 B.10 마지막 부분에 "and where necessary, for …"로 규정되어 있었는데, "where necessary"의 표현은 "… needs …"가 표현할 수 있기에 삭제시켜 다른 규정과 통일할 필요가 있었다. 다행히 최종초안은 이 부분이 그대로 반영되었다.

1차 초안의 경우 Incoterms 2000 DES, DEA, DDU B.10상의 필수적인 부분에 있어 동일하다. 그리고 DAF B.10상에서 규정하고 있던 A.3 a) ii)와 이에 따른 A.8 ii)의 경우를 대비한 둘째 절 규정을 위한 규정의 경우는 A.3 a) i)와 이에 따른 A.8 i)의 원칙을 넘어서는 특별한 합의의 경우를 위한 규정이었다. 따라서 특정거래조건에 특수한 경우를 위한 규정을 DAF, DES, DEQ, DDU를 통합하는 규정에서 규정할 필요가 없어 1차 초안 규정에도 규정되어 있지 아니하였다.

2차 초안과 3차 초안간의 차이는 3차 초안상의 B.10 첫째 절과 셋째 절상의 "…, in a timely fashion …"이 2차 초안에는 없었으며, 2차 초안 셋째 절상의 "… seller may require … and where necessary, for … any country"가 3차 초안에는 "… seller needs … country"로 변경된 점이 다르다. in a timely fashion표현의 추가는 규정의 성격에 맞는 표현이며, many require가 needs로의 변경은 동일한 의미의 단순화된 표현으로 볼 수 있다.

최종초안의 경우 3차 초안 첫째와 셋째 절상의 보다 일반적인 제공시기와 방법표현인 "… in a timely fashion …" 대신에 분명한 제공시기와 방법을 표시하기위해 "… in a timely manner …"로, 둘째 절상의 보다 일반적인 표현인 "… in accordance with A.10"이 보다 구체적인 표현인 "… as envisaged In A.10"로 변경된 것 외는 내용면에서 동일하다. 그러나 이미 FCA B.5, B.6에서도 언급하였듯이 보다 분명한 표현이 문제가 있다.

7) DDP

DELIVERED DUTY PAID

DDP(insert named place of destination) Incoterms® 2010

: DDP(도착지 지정된 장소 관세지급인도규정): 반입인도규정

안내문(GUIDANCE NOTE)

This rule may be used irrespective of the mode of transport selected and may also be used -where more than one mode of transport is employed.

"Delivered Duty Paid" means that the seller delivers the goods when the goods are placed at the disposal of the buyer, cleared for import on the arriving means of transport ready for unloading at the named place of destination. The seller bears all the costs and risks involved in bringing the goods to the place of destination and has an obligation to clear the goods not only for export but also for import, to pay any duty for both export and import and to carry out all customs formalities.

DDP represents the maximum obligation for the seller.

The parties are well advised to specify as clearly as possible the point within the agreed place of destination, as the costs and risks to that point are for the account of the seller. The seller is advised to procure contracts of carriage that match this choice precisely. If the seller incurs costs under its contract of carriage related to unloading at the place of destination, the seller is not entitled to recover such costs from the buyer unless otherwise agreed between the parties.

The parties are well advised not to use DDP if the seller is unable directly or indirectly to obtain import clearance.

If the parties wish the buyer to bear all risks and costs of import clearance, the DAP rule should be used.

Any VAT or other taxes payable upon import are for the seller's account unless expressly agreed otherwise in the sales contract.

본 규정은 사용되는 운송형태에 관계없이 사용되어질 수 있으며, 하나 이상의 운송형태가 사용되는 경우에도 역시 사용되어질 수 있다.

"Delivered Duty Paid"는 매도인의 매수인에게 도착지의 지정된 장소에서 양화를 준비해야 하는 도착운송수단 상에서 수입통관된 물품이 매수인의 임의처분상태로 적치된 때를 인도로 하는 조건이다. 매도인은 도착지 장소까지 물품의 운반과 관련한 모든 비용과 위험을 부담해야 하며, 물품의 수출뿐만 아니라 수입통관을 취득하고, 모든 수출입관세를 지급하며, 모든 세관절차를 수행해야 한다.

DDP는 매도인에 대한 최대의무를 나타내고 있다.

> 당사자들에게는 도착지의 합의한 장소내의 지점을 가능한 한 분명하게 명시하는 것이 바람직하다. 왜냐하면 그 지점까지의 비용과 위험은 매도인 부담이기 때문이다. 매도인은 그러한 선택에 정확하게 일치하는 운송계약을 확보하는 것이 바람직하다.
>
> 매도인이(매매계약서상에 합의한) 도착지장소에서 양화와 관련한 운송계약의 비용을 지급한 경우, 매도인은 양 당사자들 간에 달리 합의가 없는 한 매수인으로부터 이러한 비용을 보상받을 권리가 없다.
>
> 당사자들은 매도인이 직·간접으로 수입통관을 취득할 수 없다면 DDP를 활용하지 아니하는 것이 바람직하다.
>
> 만약 당사자들이 매수인으로 하여금 수입의 모든 위험과 비용을 부담하길 원한다면 DAP조건이 활용되어져야 한다.
>
> 수입 시에 지급할 수 있는 모든 부가가치세나 이와 유사한 세금을 계약서상에 명시규정으로 달리 합의가 없는 한 매도인의 부담이다.

해설 EXW의 정반대의 조건으로 EXW가 매수인의 최대의무와 매도인의 최소의무인 반면에 DDP는 매도인의 최대의무와 매수인의 최소의무로 하는 조건으로 동조건의 경우 지정된 도착지장소에서 도착운송수단 상에 수입통관 된 물품을 매수인이 양화할 수 있도록 그의 임의처분상태로 물품을 인도하는 조건으로 매도인은 그 장소에서 물품을 인도할 때까지의 물품에 관한 일체의 비용과 위험을 자신이 부담해야하는 조건이다. 따라서 당사자들은 위험과 비용의 분기점이 되는 합의한 목적지 장소내의 인도지점을 가능한 한 분명히 명시할 것을 권고하고 있다. 왜냐하면 동지점까지 물품에 관한 위험과 비용은 매도인 부담이기 때문이다. 동 조건하에선 매도인은 이러한 지점과 운송계약이 정확하게 일치하게 운송계약을 체결할 필요가 있으며, 매매계약상에 합의한 목적지장소에서 양화 및 이와 관련한 비용으로서 운송계약에 따라 매도인이 지급해야 한다면 달리 합의가 없는 한 매수인으로부터 이러한 비용을 반환받을 수 없음을 분명히 하므로 복합운송에 따라 빈번한 문제였던 운송과 비용에 관한 책임관계를 분명히 하고 있다.

동 조건의 경우 매도인이 직·간접으로 수입통관을 취득할 수 없다면 DDP를 사용해서는 아니되며 수입통관에 따른 모든 비용과 이에 따른 위험을 매수인이 부담하길 원할 경우 DAP를 사용할 것을 권장하고 있다.

이렇게 볼 때 DDP의 경우 종전 DDP와 비교해 볼 때 양화 및 이와 관련한 비용에 관해 보다 분명히 한 것 외는 크게 변화된 것이 없다.[208)]

Incoterms 2000의 규정과 1차 초안을 비교해 볼 때 핵심내용, 즉 매도인의 최대의무 차원의 규정임을 전제한 내용에 있어 동일하다. 다만 중요한 차이가 있다면 Incoterms 2000상에는 둘째 절을 통해 DDP의 변형, 즉 수입에 따른 일부비용과 위험을 매도인의 의무에서 제외시키고자 할 경우 계약서상에 이를 명시적으로 합의하도록 함과 동시에

---

208) 오세창, 상게서, pp.34-35.

셋째 절을 통해 당사자들이 도착지 항구나 본선상에서 물품을 인도하는 조건으로 거래하고 싶다면 대안으로 DES나 DEQ를 사용해야 한다는 제안을 하고 있었다. 그러나 1차 초안의 경우 이런 경우 DDP의 대안으로 이 모든 사항을 수용하고 있는 DAP를 사용하도록 변형과 대안을 통합하여 하나의 대안을 허용하고 있다. 이는 조건적용에 오해를 불러올 수 있는 일체의 변형을 허용하지 아니하겠다는 의미로 해석할 수 있는 바, 매도인의 최대의무조건에 걸맞는 규정이라 할 수 있다. 따라서 만약의 경우를 대비하여 수입국의국내예산제도(수입시 부과되는 VAT와 같은)와 관련한 모든 비용의 지급을 당사자들이 제외하는 것이 바람직할 수 있다. 왜냐하면 이렇게 하지 아니한 경우, 거주자들에게만 이용 가능한 이러한 비용에 대한 공제를 받을 권리나 특정세 우대로부터 특혜를 받을 권리를 잃게 될 수 있기 때문이다. 따라서 제외시키고자 하는 비용은 예컨대 "DDP VAT unpaid"와 같은 문구를 사용하므로 매매계약서 상에 DDP와 관련하여 분명하게 할 수 있었던 Incoterms 2000과는 분명히 다름을 알아야 한다.[209)]

2차 초안의 경우 3차 초안과 비교해 볼 때 DDP의 적용영역에 관한 규정이 1차에 있었으나 2차에 삭제되었다가 3차 초안에 부활된 점, 1차와 2차 초안 상에 명시되어있는 "… unloading and han이ing …"이 3차 초안 상에는 "handling"이 다른 조건에서의 설명에 따라 삭제된 점, 그리고 3차 초안 상에 수입에 따라 지금 할 수 있는 부가가치세나 이와 유사한 세금까지도 매도인의 부담인 점을 마지막 절에 신설한 점 등이 차이이다. 결국 3차 초안이 보다 DDP의 성격을 잘 반명한 표현이라 할 수 있다.

최종초안의 경우 3차 초안의 구성과 내용상에 예컨대 넷째 절상의 "… such as those …", "… to unloading at the place of destination agreed in the sale contract …"상의 "… agreed in the sale of contract …" 표현과 같은 불필요한 표현의 삭세와 DDP하의 물품의 양화의 주체를 굳이 표현할 필요가 없으므로 둘째 절상의 "… for unloading by the …"상의 "… by the buyer …"와 같은 불필요한 표현의 삭제, 그리고 매도인의 최대의무의 상징적 의미를 지니는 수출입통관의무를 분명히 하기 위하여 둘째 절상의 "… to clear the goods for import and to pay any import duty and for any customs formalities."를 "… to clear the goods not only for export but also for import, to pay any duty for both export and import and to carry out all customs formalities."로 변경한 것 외는 내용면에서 변경된 것이 없이 동일하다. 따라서 최종초안은 DDP가 사용될 수 있는 운송형태, 인도방법, 위험과 비용부담, 당사자들의 기능과 관련한 의무, 동 규정하의 매도인의 의무의 한계, 인도지점과 운송계약 그리고 운임책임, DDP의 대안, 기타비용 등의 순으로 체계적이면서, 분명하고 단순한 표현을 사용하고 있다.

문제내안 다만 표현상에 있어 "… to that place …"의 경우 다른 조건들과 같이 "… to the named place …"로 변경하여 통일을 기하는 것이 바람직하다.

---

209) 오세창, 상게서, p.405.

이미 다른 조건에서 언급하였듯이 셋째 절상의 "… at the costs and risks …"의 표현은 규정의 표현과 통일을 기하기 위하여 "… as all risks and costs …"로 함이 바람직하다.

A. 매도인의 의무(THE SELLER'S OBLIGATIONS)

A.1 매도인의 총칙의무(General obligations of the seller)

> The seller must provide the goods and the commercial invoice in conformity with the contract of sale and any other evidence of conformity that may be required by the contract.
>
> Any document referred to in A1-A10 may be an equivalent electronic record or procedure if agreed between the parties or customary.
>
> 매도인 매매계약에 일치한 물품과 상업송장 그리고 계약이 요구할 수 있는 기타 일치의 증거를 제공해야 한다.
>
> A1-A10에서 언급하고 있는 모든 서류는 당사자들 간에 합의하거나 관례라면 동등한 전자기록이나 절차에 의해 대체될 수 있다.

해설 전 Incoterms 매도인의 의무 제1조를 통해 매도인은 매매계약에 일치하는 물품[210]을 상업송장 또는 이에 갈음하는 전자서류 그리고 계약에서 요구하는 기타 일치의 증거를 제공해야 하는 바, 상업송장은 Walker, Rosenthal, Schmitthoff, Sassoon, UCP 등의 주장과 내용을 요약하면 선적된 물품의 명세서와 대금청구서이며, 매도인이 계약내용에 따라 제공하고 있는 물품의 매도인에 의한 진술이고, 송장 상에 명시된 물품의 인도의 증거로 정확하고 진실하게 작성되어져야 하는 서류[211]로서, 결국 상업송장의 가장 중요한 기능이자 성격은 매도인이 매매계약에 따라 자신이 매수인에게 정히 이행한 사실의 결정적 입증서류이다. 이렇게 볼 때 계약에 일치하는 물품의 제공에 대하여는 국내법과 국제법을 통하여 분명히 규정하고 있다.

기타 일치의 증거서류로는 포장명세서(packing list), 용적, 중량증명서(certificate and list of measurements and/or weight), 품질증명서(certificate of analysis) 등으로 이들 서류

---

210) 여기서의 일치하는 물품(....the goods....in conformity with the contract of sale...)이란 SGA, 27, 13, 14(2)(3)과 UCC, 2-313-6 그리고 CISG, 30조, 35조 등의 내용을 통해 볼 때 ①설명서에 일치하고, ②적상성(merchantability)을 지녀야 하고, ③특수한 목적에 적합(fit for a particular purpose)해야 하는 물품임을 확정할 수 있는 바, 계약체결 전에 상호교환된 내용이나 이에 근거한 계약서나, 계약서에 근거한 신용장 등에 물품에 관한 내용(express or implied and conditions)과 거래관행에 근거하여 이러한 추정이 가능할 수 있고 또 가능해야 한다.

211) A. G. Walker, *op. cit.*, p.171; M. S. Rosenthal, *op. cit.*, 1910, p.140; C. M. Schmitthoff, *op. cit.*, pp.31, 66; D. M. Sassoon, *op. cit.*, p.87.

들은 물품의 계약에의 일치를 입증하고 보완하는 증거서류들이다.

제공서류에는 필수적으로 제공해야 하는 서류와 협조제공시기가 있으며 이들 제공서류에 관해 매도인의 의무 1조, 2조, 8조, 10조와 매수인의 의무 10조에서 언급하고 있으며, 1조, 8조가 자신의 책임 하에 제공해야 하는 필수서류관계를, 2조, 8조, 10조가 상대방의 요청과 위험과 비용부담으로 제공해야 하는 협조서류관계를 각각 규정하고 있다.

필수서류의 경우로서 인도의 증거와 운송서류 등, 즉 인도의 증거서류에 관해 매도인의 의무 8조에서 규정하고 있으며, 동시에 이 규정이 협조서류관계도 규정하고 있다. 현실적으로 대부분 L/C등에 의해 CAD거래가 이루어지고 있으므로 특약에 의해 이들 규정에서 말하는 협조서류가 필수서류가 되고 있음을 주의해야 한다.

이러한 의무는 구체적으로는 계약서상의 물품의 명세서와 계약서상의 물품의 설명과 이에 따른 신용장상의 "......covering.........."의 표현에 대한 해석내용이라 할 수 있다.

그리고 일치의 증거서류는 A.9(확인・포장・화인)과 A.10(정보협조와 관련비용) 그리고 B.9(물품의 검사)과 B.10(정보협조와 관련비용)의 규정에 따라 신용장에 ⅰ) other documents, 또는 ⅱ) special instruction 등을 통해 예컨대 beneficiary's certificate certifying that the equality of the undermentioned goods is of good standard and free of weaving defect, color shading, defect and shipperage defect. 또는 surveyor's certificate......와 같이 표현된다.

A.1의 규정은 Incoterms가 인도에 관한 매매규정이며, 각 Incoterms 규정 가운데 제일 중요한 규정이다. 다른 규정들은 A.1규정의 이행을 위한 규정이다. 대금지급과 관련하여서는 A.8의 규정이 중요하나해도 이 규정 역시 A.1을 위한 A.4에 따른 인도의 입증서류이자 대금결제서류일 뿐이다.

본인은 1차 초안과 관련한 규정을 두고 다음과 같이 주장한 바 있다.

A.1 제목을 Provision of good and commercial invoice and document(s)로 변경이 필요하다. 이는 Incoterms의 핵심조항이자 매도인의 제일의 의무이고, 나머지 조항은 A.1의 후속규정인바 동규정의 중요성 강조의 필요성과 매도인의 매매계약의무 이행입증의 명확성 재고를 위해서이다. 그리고 특히 "documents"의 표현은 계약서상에 일치증거의 보완서류인 검사증명서의 경우 예컨대 L/C상에 certificate of experts의 경우와 …of expert의 경우 제공서류의 종류가 달라질 수 있기 때문이다. 이렇게 함으로써 종전 Incoterms A.1의 제목과 규정간의 모순 제거, 상업송장의 중요성과 매매계약 이행의 중요성 강조, 이로 인해 인도와 관련하여 당사자들 간에 체결된 계약의 보충법으로서 보다 높은 이해와 투명성 제고에 기여[212]하는 Incoterms의 중요성 강조의미의 효과를 올릴 수 있다. 규정은 "the seller…with contract of sale…invoice as its evidence conformity and _____." 변경할 필요가 있는 바, 이는 상업송장은 당사자 간 매매계약[213]에 따른 일

212) H. V. Houtte, *The Law of Int'l Trade*, 2nd ed., Sweet of Maxwell, 2002, pp.173, 175.

213) 오세창, "Incoterms 3000 초안의 특징과 문제점", 경영경제 제42집 제2호, 계명대학교 산업

치이행의 증거서류를 강조함과 동시에 상업송장이 법적서류임을 강조하기 위해서이다.

그리고 2차 초안과 관련하여 다음과 같이 주장한 바 있다.

A.1의 'documents required by the contract'는 종전표현, 즉 'evidence of conformity which may be …' 표현이 A.1 성격과 맞다. 왜냐하면 여기의 서류는 commercial invoice를 보안하는 서류이며, commercial invoice는 매도인의 매매계약 이행증거서류이기 때문이다. 이하 전 Incoterms A.1 규정통일이 필요하다.[214)]

3차 초안의 A.1의 경우 Incoterms 2000 A.1상의 "… or its equivalent electronic message" 대신에 전 Incoterms A1-A10상에 규정되어 있는 서류는 상기 초안 A.1 둘째 절 규정과 같이 당사자들 간에 합의하거나 관례라면 종이서류와 동등한 전자기록으로 대체할 수 있다는 표현으로 대체된 것 외는 Incoterms 2000 A.1과 내용이 똑같이 변경된 것이 없다. 당연한 조치라 생각된다. 사실 A.1의 규정과 같이 규정되지 아니한다면 Incoterms가 인도에 관한 국제통일매매관습이라 주장할 수가 없다.

단지 A.1의 제목자체가 1차와 2차 초안 상의 "provision of goods and documents" 대신에 "General obligation of the seller"로 변경된 것은 차이가 있으나 A.1 둘째 절상에서의 규정표현 때문에 제목이 이렇게 변경된 것 같지만 제목자체의 의미는 나머지 규정의 이행은 A.1의 규정의 구체적 실현 규정이요 아울러 전 규정상에서 표현된 서류는 전자서류도 공히 인정됨을 강조하는 총칙, 즉 인도에 관한 통일국제매매관습 규정인 Incoterms의 중요한 기본원칙규정을 언급하고 있다고 볼 수 있어 타 규정에 비하여 그 중요성을 더 하는 규정이요 타 규정은 이규정의 준수를 위한 부수 규정으로 보게 하는 의미를 지닌다고 볼 수 있다.

최종초안의 경우 "electronic record"에 "… or procedure"이 추가된 것 외는 동일한 바, 이는 이미 특징에서 언급하였듯이 종이서류와 전자서류간의 등가성과 기술 중립적 입장을 유지하고 있는 전자통신 형식 8조와 9조의 규정에 따른 모든 전자통신을 의미하기 위한 표현으로 볼 수 있다.

A.2 허가, 승인, 보안통관과 기타절차(Licences, authorizations, security clearances and other formalities)

Where applicable, the seller must obtain, at its own risk and expense, any export and import licence and other official authorization and carry out all customs formalities necessary for the export of the goods, for their transport through any country and for their import.

경영연구소, 2009, p.30.

214) 오세창, "Incoterms 2011 2차 초안의 특징과 문제점", 경영경제, 제43집 제1호, 계명대학교 산업경영연구소, 2010, p.39.

> 적용되는 경우, 매도인은 자신의 위험과 비용으로 물품의 수출을 위해, 인도하기 전에 물품의 제3국 운송을 위해 그리고 물품의 수입을 위해 모든 수출과 수입허가와 기타 공식승인을 취득하고 모든 세관절차를 수행해야 한다.

해설 DDP 조건은 도착지계약의 조건이기 때문에 매도인은 인도를 위해 합의한 장소에 물품의 도착을 위해 필요할 수 있는 모든 것을 해야 하는 바, 이는 매도인이 제3국으로 물품의 통과뿐만 아니라 물품의 수출입통관에 대해 책임이 있다. 따라서 DDP 조건으로 물품을 매각하기로 합의하기 전에 매도인은 매수인 국가의 법이 비거주자로서 자신에게 모든 필요한 수입허가신청이 허용되는지를 반드시 확인해야 한다.

일반적으로 이러한 어려움을 만나지 아니한다. 왜냐하면 허가신청을 매도인을 대신하는 화물주선인이나 관세사를 통해 이루어질 수 있기 때문이다.

DDP 하에서는 매도인의 의무가 합리적으로 예측할 수 있는 상황의 결과로서 예상보다는 더 많아질지 모른다. 그러나 매매계약은 이러한 경우에 매도인이 자신을 보호하기 위한 규정을 대개 두고 있다.

CISG와 이에 상응하는 다양한 국내매매법의 규정에 의하면, 예측불허 또는 합리적으로 예측할 수 없는 수출금지는 매도인으로 하여금 매매계약 하의 자신의 의무를 면제시키고 있다. 만약 매도인이 물품의 수입 통관의무를 면하고자 한다면, 그는 다른 대안조건을 선택해야 하며 변형은 금지됨을 알아야 한다.[215)]

Incoterms 2000과 비교해 볼 때 1차 초안의 경우 Incoterms 2000 A.2상에 "… and carry out, where applicable, all customs formalities …"와 같이 표현되므로 "where applicable"이 마치 세관절차와만 관련이 있는 것으로 오해할 수 있었다. 그러나 거래가 국제거래에 해당하는 경우에만 A.2 의무가 적용됨을 보다 분명히 하기 위하여 규정초두에 배치된 것 외는 동일하다.

그러나 2차와 3차 초안의 경우 1차 초안 가운데 "… or other document …"는 실제에 있어 의미 없기에 삭제된 것 외는 동일하다.

최종초안의 경우 3차 초안상의 "… for their transit …" 대신에 "… for their transport …"로 변경된 것 외는 동일한 바, transit가 transport로 변경된 것은 큰 의미는 없고 통과 그 자체가 운송을 의미하기에 동규정이 도착지까지의 운송을 전제하기에 동 표현을 사용한 것 같다.

---

215) 오세창, 상게서, pp.404-405.

A.3 운송과 보험계약(Contracts of carriage and insurance)

a) Contract of carriage

The seller must contract at its own expense for the carriage of the goods to the named place of destination or to the agreed point, if any, at the named place of destination, if a specific point is not agreed or is not determined by practice, the seller may select the point at the named place of destination that best suits its purpose.

b) Contract of insurance

The seller has no obligation to the buyer to make a contract of insurance. However, the seller must provide the buyer, at the buyer's request, risk, and expense (if any), with information that the buyer needs for obtaining insurance.

a) 운송계약

매도인은 자신의 비용으로 도착지 지정된 장소까지 또는 도착지 지정된 장소에 합의한 지점이 있다면 합의한 지점까지 물품의 운송을 위해 계약을 체결해야 한다. 만약 특정지점이 합의되지 아니하였거나 관례에 의해 결정되지 아니한 경우, 매도인은 도착지 지정된 장소에서 자신의 목적에 가장 적합한 지점을 선택할 수 있다.

b) 보험계약

매도인은 매수인에 대한 보험계약을 체결할 의무가 없다. 그러나 매도인은 필요하다면, 매수인에게 매수인의 요청, 위험 그리고 비용으로 매수인이 보험계약을 체결하는데 필요한 정보를 제공하여야 한다.

해설 a) 운송계약

DDP에 의하면 매도인은 물품이 도착지에 실질적으로 도착해야 함을 보장해야 한다. 매도인이 물품의 운송을 준비하고 운임을 지급해야 함은 이런 이유에서이다. 따라서 DDP 하에서 매도인의 운송선택은 이러한 선택이 운송인으로부터 물품을 수령할 매수인의 의무에 영향을 미치는 한 매수인에게 가장 중요하다. 만약 매도인이 매수인으로 하여금 운송인으로부터 물품을 수령하는데 있어서 보다 어렵게 만들거나 비용이 많이 들게 하는 특수한 운송수단을 선택한다면 매도인의 운송수단선택에 따라 일어나는 일체의 추가비용이나 위험은 매도인 부담이다.

따라서 이러한 요청이 있는 경우 매도인은 매수인의 위험과 비용으로 매수인이 지정한 최종도착지까지 국경의 지정된 장소(지점포함)를 넘어 계속운송계약을 주선해 줄 수 있다.

그러나 이러한 경우 매도인은 거절할 수 있으며, 거절에 따라 즉각적 통지가 의무는 아니나 매수인의 입장을 고려하여 즉시 통지해주어야 한다.

일반적으로 DDP 다음에 언급된 지점은 물품이 도착지에서 인도되어야 하는 장소를 나타낸다. 그러나 인도되어야 하는 곳이 여러 개 있는 경우 예컨대 DDP Busan Terminal의 경우로서 매매계약이나 상관습이 매도인이 선택해야 하는 지점을 나타내고 있지 아니한 경우, 매도인은 자신의 목적을 가장 잘 달성할 수 있는 지정된 인도장소 내의 지점을 선택할 수 있다.

도착지의 지정된 장소가 대개 매수인의 영업장소나 창고 또는 거소의 경우 문제는 없으나 부두나 항구와 같이 되는 경우 변형이 아닌 DAP가 대안임을 알아야 한다.[216]

1차 초안과 2차 초안 상에는 3차 초안상의 "… or to the agreed point, if any, at the named place of destination …"의 표현이 없었다. 이 표현이 추가된 것은 사전에 도착지 지정된 장소가 있으면 그 장소까지 운송계약을 체결하면 되나 동 장소 내에 합의한 지점이 있다면 그 지점까지 운송계약을 체결해야 함을 규정하므로 예컨대 선박과 같은 일정한 제한된 공간이 아닌 인도장소가 광범위할 수 있는 인도장소의 특성상 D-Terms의 경우 인도장소의 중요성을 강조하는 표현으로 안내문상의 인도지점에 관해 가능한 한 분명히 하라는 표현의 반영으로 해석된다.

1차 초안, 2차 초안 그리고 Incoterms 2000과는 상기표현 외는 운송계약에 관한 한 동일하다.

b) 보험계약

DDP에서 보험계약은 당사자 모두 상대방에 대한 의무사항이 아니다. 그러나 자신의 이익을 위해 인도 시까지 위험대비, 수령 후 목적지까지의 운송과정에서의 위험대비를 위해 당사자들이 부보할 필요가 있을 경우 자신의 비용으로 부보하면 되나 이때 부보에 필요한 정보는 상대방이 요청하면 반드시 보험에 필요한 정보를 제공해야 한다.

보험계약의 경우 1차 초안은 표현의 변경외엔 내용은 Incoterms 2000과 동일하였으나 2차와 3차 초안은 CIP와 CIF를 제외한다는 조건들과 같이 변경되었다.

최종초안의 경우 현 규정과 같이 운송의 경우 동일한 의미의 자구수정, 보험의 경우 "… provide …, at the buyer's request, risk and expense(if any), … insurance"로 변경하여 보험정보의 책임한계를 보다 분명히 하는 것으로 되었다. 그러나 상대방의 요청에 따른 일방의 협조의무의 경우 요청자의 책임을 보다 분명히 함과 동시에 위에서 언급한 대로 협조의무나 필수의무의 경우 반드시 제공해야 한다는 의미에서 "provide" 표현으로 모두 통일하였다. 그러나 그 책임에 있어서는 엄연히 구분을 하고 있다.

A.4 인도(Delivery)

The seller must deliver the goods by placing them at the disposal of the buyer on

216) 오세창, 상게서, p.406.

the arriving means of transport ready for unloading at the agreed point, if any, at the named place of destination on the agreed date or within the agreed period.

매도인은 물품을 합의한 날짜 또는 합의한 기간 내에 도착지의 지정된 장소에 합의한 지점이 있다면 합의한 지점에서 매수인에 의해 양화할 준비가 된 도착운송수단 상에서 물품을 이동할 수 있도록 매수인의 임의처분상태로 물품을 적치함으로서 인도해야 한다.

해설 DAP의 인도방법과 기본적으로 같으나 인도방법에 있어 "물품의 성격에 어울리는 적절한 양화 장비를 통해 도착운송수단으로부터 물품을 이동할 수 있도록" 제3자가 아닌 매수인의 임의처분상태로 물품을 적치하도록 규정하고 있어 인도방법을 DDP조건에 맞게, 즉 매도인의 최대의무답게 인도방법을 구체적으로 규정하고 있는 점이 DAP와 차이점이다.

1차 초안의 경우 상기의 구체적인 인도방법 표현의 제외와 표현상의 차이, 즉 "… or at that of another person named by the buyer …"의 삭제와, "… in such a way … of the goods"의 추가 그리고 "… transport not unloading, at …"대신 "… transport ready for unloading by the buyer at …"로 변경된 것을 제외하면 Incoterms 2000과 동일하다.

2차 초안과 1차 초안 간에는 안내문의 설명에 따라 인도장소 또는 인도장소 내에 인도지점이 있다면 동지점에서 인도할 수 있도록 인도장소에 대하여 보다 구체적, 즉 "… for unloading by the buyer at the agreed point, if any, at the named place of destination …"로 변경하므로 보다 분명히 언급하고 있는 점을 제외하면 동일하며, 3차 초안은 변동이 없다.

최종초안의 경우 3차 초안상의 "…, in such a way as to enable them in be removed from the arriving means of transport by unloading equipment appropriate to the nature of the goods"가 삭제되었는 바, 이는 도착지의 양화방법에 있어 같은 DAP와 규정의 통일을 기함과 동시에 매도인이 도착운송 수단에서 물품을 양화할 준비를 하면 매도인의 인도의무는 끝나고 그 이후의 책임은 매수인에게 있기 때문에 다시 말해서 수령의 의무가 있는 매수인의 물품의 수령의무에 관한 모법인 CISG 60조, 매수인의 물품수령의무에 삭제된 부분의 의무가 포함되어 있기 때문에 삭제된 것 같다.

A.5 위험의 이전(Transfer of risks)

The seller bears all risks of loss of or damage to the goods until they have been delivered in accordance with A4, with the exception of loss or damage in the circumstances described in B5.

> 매도인은 B.5에서 규정하고 있는 상황에서 발생하는 멸실이나 손상의 경우를 제외하고는 물품이 A.4에 따라 인도완료 될 때까지 물품의 멸실이나 물품에 관한 손상의 모든 위험을 부담해야 한다.

해설 B.5의 위험부담규정에 따라 매수인이 위험부담 하는 경우를 제외하고 A.4에 따라 물품이 인도완료(개품 완료이자 전 물품인도완료)될 때까지 동 물품의 멸실과 손상의 위험은 매도인 부담이다.

오늘날 국제간의 거래는 Incoterms가 표시되고 있기에, 위험이전에 관한 CISG 66조-70조까지의 규정이 실제 필요없다. 그러나 Incoterms의 규정에도 불구하고, 당사자들이 특별히 합의하면, 계약자유의 원칙과 계약내용우선원칙에 의해 특별합의 내용이 우선한다. 그러나 달리 합의하지 아니하고, Incoterms와 CISG가 준거법 내지 거래조건계약으로 표시될 경우 Incoterms의 규정이 우선하여 적용된다. 왜냐하면 거래조건에의 합의가 준거법에 우선하기 때문이다.[217)]

안내문에 보면 위험이전과 관련하여서는 pass의 표현을 비용이전(분담)과 관련하여서는 transfer 표현을 사용하고 있다. 전자가 물리적 이전의 표현이라면 후자는 책임이전의 표현이다.

Incoterms 2000 서문 8 "물품에 관한 위험과 비용의 이전"과 관련하여 다음과 같이 주장한바 있다.

서문 8에 의하면 물품에 관한 위험과 비용의 이전이라는 표현사용에 있어 passing을 사용하고 있고, 전 Incoterms A,B.5에 의하면 transfer of risk로 되어있다. 그러나 학자들에 따라서는 transfer를 사용하고 있다.[218)] 그렇다면 passing과 transfer는 어떻게 다른가? 같이 사용할 수 있는가? 라는 의문이 제기된다.

이미 안내문에서도 설명하였듯이 단순한 또는 물리적 이전표시의 경우에는 passing을, 매각 또는 기부하기 위해 한사람 또는 한 장소로부터 다른 사람 또는 장소로 이동할 경우, 또는 권리의 이전과 같이 점유권 또는 지배권을 양도받을 때에 transfer를 사용한다고[219)] 볼 수 있으므로 transfer는 passing과 같이 단순한 또는 물리적 이전의 경우에는 같은 의미로 사용될 수 있으나[220)] 권리의 이전의 경우에는 passing대신 transfer만 사용될 수 있음을 알 수 있다. 따라서 이러한 용어의 사용 시 동일한 의미와 아울러 상이한 의미를 지니는 용어에 대한 설명이 병행되거나 아니면 공식안내서를 통해 설

---

217) 오세창, 상게서, p.284.

218) Schmitthoff, Sassoon, Ramberg, Reyolds 등은 passing of risk and property로 보고 있고, Jimenez와 Choley는 transfer of risk and property로 표현하고 있다(D. M. Sassoon, *op. cit.*, p.202; C. M. Schmitthoff, *op. cit.*, pp.124, 24; G. Jimenez, *op. cit.*, p.73; F. Reynolds, *op. cit.*, pp.24, 61; J. Ramberg, *op. cit.*, p.38; Lord Chorley and O. C. Giles, *op. cit.*, p.231).

219) S. H. Gifis, *op. cit.*, p.486.

220) G. Jimenez, *op. cit..*, p.87.

명할 필요가 있으며, 현 규정대로 사용한다해도, 서문과 전 Incoterms A.B.5상의 표현은 통일할 필요가 있다.[221)]

Incoterms® 2010 2차 초안과 관련하여서도 동일한 주장을 한 바 있다.[222)]

위험의 이전은 "passage(passing) of risks"로, 비용의 이전은 "transfer of costs" 또는 상인들에게 익숙해있는 "division of costs" 또는 현 초안규정과 같이 "allocation of costs"로 해도 무방한 것 같다. 이 경우 transfer와 allocation은 법적 이전의 의미를, division은 비용에 관한 책임분담의 의미로 결국 같은 의미이나 전자에 비해 후자가 보다 상관습적 표현이라 할 수 있다.

Incoterms 2000, 1차, 2차, 3차 초안 모두 변경없이 동일하다.

전 Incoterms는 물품의 멸실 또는 물품에 관한 손상의 위험은 매도인이 A.4에 따라 자신의 인도의무를 이행완료한 때 매도인으로부터 매수인에게 이전한다는 동일한 대원칙에 근거하고 있다. FOB, CFR과 CIF A.5는 물품이 선적항구 본선난간을 통과완료한 때 위험이 이전함을 상세하게 규정하고 있다. 이러한 전 Incoterms의 규정은 CISG의 위험이전에 관한 일반원칙에 일치하여 위험의 이전을 물품의 인도와 연계시키고 있지 소유권이전이나 계약체결시기와 같은 기타상황과 연계시키고 있지 아니하다. 그러기에 Incoterms에도 CISG에도 물품에 관한 권리나 물품에 관한 기타 소유권의 이전을 다루고 있지 아니하다.

여기의 물품의 멸실 또는 물품에 관한 손상위험의 이전은 A.1과 A.9에 근거해서 볼 때, 우연적 사건의 위험과 관련이 있으며, 매도인이나 매수인에 의해 야기된 손실이나 손상, 예컨대 물품의 부적절한 포장이나 화인에 의해 일어난 손실이나 손상을 포함하지 아니한다. 따라서 비록 손상이 위험이전 후에 일어났다 해도, 물품이 계약에 일치하게 인도되지 아니한 사실에 동 손상이 기인한다면 매도인은 여전히 물품의 멸실 또는 물품의 손상위험을 책임져야 한다.

전 Incoterms의 A.5는 "B.5의 규정을 제외하고"라는 규정을 두고 있는 바 이는 매수인이 자신의 의무를 적절하게 이행하길 해태한 이유로 조기위험이전의 결과를 초래할 수 있는 B.5에 명시된 상황 하의 위험이전에 관한 대원칙(main rule)에 대한 예외가 있음을 의미한다.[223)]

최종초안의 경우 3차 초안상의 "subject to the provisions of B.5"표현을 동일한 의미의 보다 분명한 표현으로 변경한 것 외 내용은 동일하다.

문제 대안 주의를 요할 것은 Incoterms® 2010 rules가 쌍무계약에 따라 A.3와 A.4, B.7상의 권리를 제외하고 인도와 관련한 당사자들의 의무를 규정하고 있는데 의무라면 반드시 "… must" 또는 "… has to …"가 되어야 하는 바, Incoterms는 지금까지 "must"를 사용하여 왔다. 그러나 전

221) 오세창, 상게서, pp.96-97.
222) 오세창, 상게서, p.39.
223) 오세창, 상게서, p.409.

Incoterms® 2010 rules A.5, B.5와 관련 위험이전에 관해서는 "must bear"가 아닌 "bears"로 되어 있다. 이는 다른 의무들과 달리 위험의 이전이나 부담은 그 한계를 반드시 확정지을 수 없기 때문에 그리고 완전 인도완료 후에는 인도 시에 이미 육안으로 확인할 수 없는 그러나 분명한 위험이 존재한 경우 인도 완료시 위험이전으로 하면 위험이전의무가 끝난 것으로 되기 때문에 단순한 의무로 표현한 것 같다. 그러나 다른 의무의 경우로 이런 이유가 적용될 수 있기 때문에 그리고 위험과 비용이전과 관련하여" 계약물품으로 분명하게 충당되어야 한다."라는 이행전 이전원칙의 대전제원칙 규정이 있기 때문에 반드시 "must bear"로 할 필요가 있다.

A.6 비용의 분담(Allocation of costs)

The seller must pay

a) in addition to costs resulting from A3 a), all costs relating to the goods until they have been delivered in accordance with A4, other than those payable by the buyer as envisaged in B6;

b) any charges for unloading at the place of destination that were for the seller's account under the contract of carriage; and

c) where applicable, the costs of customs formalities necessary for export and import as -well as all duties, taxes and other charges payable upon export and import of the goods, and the costs for their transport through any country prior to delivery in accordance with A4.

매도인은 다음의 비용을 지급해야 한다.

a) A.3 a)결과로 발생하는 비용에 추가하여 B.6의 규정에 따라 매수인이 지급할 수 있는 비용을 제외하고 물품이 A.4에 따라 인도완료될 때까지 물품에 관한 모든 비용; 그리고

b) 운송계약에 따라 매도인의 부담인 도착지 장소에서 양하를 위한 모든비용; 그리고

c) 적용되는 경우, 물품의 수출과 수입 시 A.4에 따라 인도진에 물품의 제 3국 운송을 위해 지급할 수 있는 관세, 제세 또는 기타 비용뿐만 아니라 수출과 수입을 위해 필요한 세관절차 비용

해설 물품의 멸실 또는 물품에 관한 손상위험의 이전의 경우에 있어서와 같이 전 Incoterms는 비용분담은 인도지점에서 일어난다는 하나의 원칙에 따르고 있다. 따라서 매도인이 A.4에 따라 인도해야 할 자신의 의무를 이행완료하기 전에 일어난 모든 비용은 자신의 부담이며, 반면에 그 후 비용은 매수인부담이다(비용이전의 대원칙). 이러한 원칙은 B.6의 규정을 전제로 하는 바, 동 규정에 의하면 매수인은 매도인에게 적절한 통지의 해태로 인해 발생한 추가비용을 부담해야 할지 모름을 규정하고 있다(조기비용이전의 원칙).

D-terms에 의하면 매도인은 물품이 실제 목적지인도지점에 도착하여 양화 준비가 된 도착운송수단으로부터 물품의 성격에 적절한 양화를 통해 물품을 이동할 수 있도

록 매수인의 임의처분상태로 적치될 때까지 자신의 의무를 이행한 상태가 아니기 때문에, 매도인은 이러한 적치를 달성하기 위해 필요한 모든 일을 해야 한다.

A.3 a)는 매도인이 운송계약을 체결해야 함을 역시 규정하고 있어 A.6은 물품의 운송을 위해 A.3에 기인한 비용 외에 물품의 적재비용과 운송계약 하에 매도인의 부담인 도착지 장소에서 양화를 위한 비용을 포함하여 A.3 a)에 기인하는 운임과 기타비용을 지급해야 한다. 계속해서 설명하여 왔듯이 EU지역이나 자유무역지대 간의 거래와 국내거래의 경우를 제외하고는 A.4에 따라 인도전에 세관절차에 관한 비용, 관세, 제세 그리고 기타 비용을 매도인이 지급해야 함을 역시 규정하고 있다.[224)]

1차 초안은 Incoterms 2000과 동일하며, 2차 초안은 1차 초안 첫째 절과 둘째 절 사이에 첫째 절상에서 규정하고 있는 비용과 구분되는 적재비용, 양화, 운임비용에 관한 규정을 신설하여 첫째 절상의 비용, 즉 운송계약체결과 관련하여 발생할 수 있는 계약체결전 비용과 운송계약체결 결과로 발생하는, 즉 계약체결후 발생하는 비용을 별도로 신설하여 규정함으로써 비용부담, 특히 양화 등과 관련하여 제기되었던 문제들을 해결하는데 큰 도움이 될 것으로 생각된다. 그 외는 1차와 동일하다.

3차 초안의 경우 2차 초안과 동일하나 둘째 절, 즉 b)호상에 명시되어 있던 "… and handling …"이 삭제되었는 바, 이는 CPT A.6에서도 설명하였듯이 운송회사마다 handling charges의 범위가 다르기에 운송계약을 통해 당사자들의 분명한 합의에 일임하는 것이 운송계약서의 중요성을 강조하고, 매도인 부담의 적용범위의 해석을 두고 일어날 수 있는 논란의 여지를 차단하는 차원에서 삭제된 것으로 알고 있다. 그러나 본인의 생각으로는 서문상의 "handling charges"에 관한 규정에 따라 동 표현은 부활시키는 것이 바람직할 것 같다.

b)호상의 "… at the place …"는 보다 분명히 하고 다른 규정과의 통일을 위해 "… at the named place …"로 변경할 필요가 있다.

최종초안의 경우 3차 초안상의 a)호와 b)호상의 a)호 상에 명시된 A.3 a)와 A.4와 관련된 비용에 대한 b)호상의 중복표현을 피하기 위하여 b)호의 규정을 단순화한 점이다.

문제대안 A.5에 의하면 물품은 양화할 준비 완료 때까지 위험부담은 매도인에게 있고, 운송계약체결의무가 매도인에게 있기에 운송계약에 따라 있을 수 있는 내용을 전제로 C-rules와 같이 A.6와 B.6을 보면 매수인이 양화비용을 지급할 수 있는 경우도 예상하고 있다. 그러나 이는 일종의 변형이라 할 수 있다. 왜냐하면 D-rules는 근본적으로 COD거래이며, COD거래의 경우 인도 시 위험과 비용이 이전함이 원칙이기 때문이다. 따라서 이러한 변형의 허용은 비록 이러한 현실을 인정하여 Incoterms® 2010의 서문이나 해당규정의 안내문의 양화비용의 한계를 분명히 하기 위해 안내문과 규정상에 반영하고 있다해도 변형으로 원칙과는 배치된다.
"envisaged" 표현상의 문제점에 대하여는 EXW A.6를 참고할 필요가 있다.

224) 오세창, 상게서, p.412.

A.7 매수인에게 통지(Notices to the buyer)

> The seller must give the buyer any notice needed in order to allow the buyer to take measures that are normally necessary to enable the buyer to take delivery of the goods.
>
> 매도인은 매수인에게 물품의 수령을 가능하게 하는데 일반적으로 필요한 조치를 매수인에게 허용하기 위하여 필요한 모든 통지를 해야 한다.

해설 매도인은 매수인이 B.4에 따라 적기에 물품의 수령을 위한 사전 준비를 취할 수 있도록 A.4에 따라 물품이 합의 또는 선택된 인도지점에서 양화할 준비가 된 도착 운송수단 상에서 물품의 성격에 적절한 양화를 통해 운송수단으로부터 물품을 이동할 수 있도록 자신의 임의처분상태로 인도될 시기에 관해 매수인에게 시간적으로 내용적으로 충분한 통지를 해야 한다.

매도인의 이러한 통지의 해태결과에 대해 Incoterms 상에 명시규정은 없다. 그러나 매도인의 해태는 계약위반을 구성함이 Incoterms를 통한 추정이다.

이러한 사실은 매매계약의 준거법에 따라 매도인은 계약위반에 대해 책임을 질 수 있음을 의미한다.

1차 초안과 Incoterms 2000과를 비교해볼 때 Incoterms 2000상의 "… the goods as well as … which … delivery of the goods"가 "… the goods to the named peace of destination as well as … that … delivery of the goods"로 변경된 것 외는 동일한 비, 변경을 통해 통지의 대상이 되는 발송시기 가운데 발송의 종료지점을 추가함으로써 발송시기의 의미를 보다 분명히 하였다고 볼 수 있다.

1차 초안의 경우 Incoterms 2000 DAF A.7상의 "… place at the frontier …"가 1차 초안 DAP상에는 "… place of destination …"으로, "… which …"가 "… that …"로, "… to enable him it to take …"가 "… to enable him to take …"로 변경된 것 외는 필수적인 내용은 동일하다. DDU A.7상의 "… dispatch of the goods as well as …"가 "… dispatch of the goods to the named place of destination as well as …"로, DES와 DEQ A.7상의 "… sufficient notice of the estimated time of arrived … with A.4 as well as …"가 "… sufficient notice of the dispatch of the goods to the named place of destination as well as …"로 각각 변경되거나 삭제되어 DAP 1차 초안이 되었다. 특히 DEQ와 DES상에 언급되었다가 삭제된 ETA부분은 DAF, DES, DEQ, DDU A.7 a)상의 "…as well as any other notice required in other to allow the buyer … take delivery of goods"에 포함되는 내용이라 볼 수 있어 폐지되었다고 볼 수 있다.

2차 초안과 1차 초안과의 차이점은 1차 초안의 말미에 "…, such as the estimated time of arrival"이 추가된 점 외는 1차와 2차가 동일하다. 이런 표현은 위에서 언급한 바와 같이 "… any other notice …"에 포함될 수 있는 내용이 예로서 별도로 언급된 것으로 볼 수 있다. 따라서 그 삭제는 당연하다고 할 수 있다.

3차 초안과 2차 초안과의 차이점은 3차 초안상의 "… any notice …"가 2차 초안상의 "… dispatch of the goods, …"나 "… any other notice …"를 모두 포함할 수 있기 때문에 2차 초안상에 규정되어 있던 구체적인 통지내용을 삭제하고 "… any notice need in order to allow …"와 같이 단순화 하였다고 볼 수 있으며, 이 때문에 "ant notice need"에 상당히 주의를 해야 한다. 다시 말해서 매수인이 물품을 수령하는데 필요한 조치를 취하는데 필요한 모든 통지가 이루어져야 함을 알아야 한다.

최종초안은 3차 초안과 동일하다.

문제대안 Incoterms 2000의 공통의 문제이기도 한 것으로, Ramberg교수는 Incoterms A/B, 5/6과 관련해서 계약위반을 언급하고 있으나,[225] A.7의 해설에 의하면 유일하게 "매도인의 통지해태는 계약위반을 구성함이 Incoterms를 통한 추정이다"라고 주장하고 있는바, 이의 진정한 의미는 무엇이며, 통지의무 해태가 위반이라면 다른 규정위반은 계약위반이 아닌가 하는 문제가 제기된다.

A.7의 경우 Guide To Incoterms 2000의 공식 안내서를 집필한 Ramberg교수의 A.7 해설상의 "매도인의 통지해태는 계약위반을 구성함이 Incoterms를 통한 추정이다"라는 해설의 의미는 인도와 관련한 위험・비용・기능의 분기를 10가지의 의무로 규정을 하고 있는 것이 Incoterms인데 이러한 의무를 성실히 수행하도록 하기 위해 필요한 통지의 해태는 Incoterms의 중심인 인도자체를 불가능하게 만들기에 명시규정은 없어도 계약위반을 구성할 수 있음을 추정할 수 있다는 의미이다. 그렇다면 다른 규정의 위반은 계약위반이 아닌가? 라는 질문이 제기될 수 있으나 Incoterms 자체가 정형화된 계약내용이기에 어느 규정위반이라도 계약위반이 된다. 그러나 통지는 보다 중요함을 강조하기 위한 뜻으로 보아야 하므로 이에 대한 설명이 필요하다.[226]

A.8 인도서류(Delivery document)

The seller must provide the buyer, at the seller's expense, with a document enabling the buyer to take delivery of the goods as envisaged in A4/B4.

매도인은 매수인에게 자신의 비용으로 매수인으로 하여금 A.4. B.4의 규정에 따라 물품의 수령을 가능하게 하는 서류를 제공하여야 한다.

해설 DDP나 DEQ와 마찬가지로 DAP의 경우 인도장소가 목적지의 지정된 장소 내지는 지점이라는 특수성 때문에 인도와 동시에 물품의 수령을 가능케 함으로써 합의에 따라 계약서나 L/C등에 의한 CAD거래가 가능 할 수 있으나 동 조건의 인도장소와

225) J. Ramberg, *op. cit.*, p.12.
226) 오세창, 상게서, pp.332-333.

동 조건의 특수성을 고려하여 순수 내지는 확대 COD가 원칙적으로 준수될 수 있도록, COD거래임을 강조하기 위해 종전 DAF, DES, DEQ, DDU, DDP와는 다르게 규정을 하고 있는 것 같으나 내용적으로 같다고 볼 수 있다. 왜냐하면 이미 개정특징에서 언급한 대로 운송서류에 대한 충분한 이해를 전제로 CAD거래가 가능하나 원칙적으로 COD거래임을 강조한데 불과하기 때문이다. 따라서 동 조건하에선 특수한 사전 합의가 없는 한 목적지 장소 내지 지점에서 물품의 인도와 동시에 수령이 이루어지도록 해야 하며, 이를 가능케 하는 서류 예컨대 B.2와 물품의 도착 등을 고려하여 확대COD를 가능케 하는 D/O나 B/L등이 인도서류이다.

이런 이유에서 인도장소에서의 인도방법에 있어 규정말미에 "A.4/B.4"를 규정하고 있다.

1차 초안의 경우 Incoterms 2000 DES, DEQ, DDU, DDP A.8상의 필수적인 내용을 동일하다. 중요한 차이가 있다면 전개형식과 그 내용에 있어 주요 서류로서 "usual document or other evidence of the delivery of the goods"를 언급하고 괄호를 통해 D/O와/또는 다양한 형태의 운송서류를 규정하고 있다는 것이다.

2차 초안과 3차 초안은 동일한 규정으로 동 조건의 성격에 맞게 그리고 필요한 표현이 단순하면서도 충분한 의미를 지니고 있다고 볼 수 있다.

최종초안의 경우 3차 초안과 비교해서 위에서도 언급한 바 있는 3차 초안상의 "… in accordance with A.4/B.4." 대신에 "… as envisaged in A4/B4."로 변경된 것외 내용면에서 변경은 없다.

A.9 확인 – 포장 – 화인(Checking – packing – marking)

The seller must pay the costs of those checking operations (such as checking quality, measuring, weighing, counting) that are necessary for the purpose of delivering the goods in accordance with A4, as well as the costs of any pre-shipment inspection mandated by the authority of the country of export or of import.

The seller must, at its own expense, package the goods, unless it is usual for the particular trade to transport the type of goods sold unpackaged. The seller may package the goods in the manner appropriate for their transport, unless the buyer has notified the seller of specific packaging requirements before the contract of sale is concluded. Packaging is to be marked appropriately.

매도인은 수출국 정부당국의 법에 의한 모든 선적전검사 비용뿐만 아니라 A.4에 따라 물품을 인도하는데 필요한 품질확인, 검측, 검량, 검수와 같은 확인활동 비용을 지급해야 한다.

매도인은 특수한 거래가 무포장 상태로 매각된 물품의 형태로 운송하는 것이 관례가 아니라면 매도인은 물품의 운송을 위해 적합한 방법으로 물품을 포장할 수 있다. 다만 계약이 체결되기 전에 매수인이 특정한 포장을 매도인에게 통지한 경우에는 그러하지 아니하다. 포장은 적절하게 화인이 되어 있어야 한다.

해설 국부의 유출에 따라 수출국 당국의 법에 따라 선적전검사를 해야 하는 경우 검사비용과 A.4의 규정에 따라 물품을 인도하기 위하여 필요한 확인활동, 즉 검질, 검측, 검량, 검수와 같은 행위에 따른 비용을 지급해야 한다. bulk cargo와 같이 포장이 필요없이 매각되는 물품을 운송하는 것이 관례인 특수무역의 경우를 제외하고는 자신이 준비한 물품의 운송을 위해 필요한 경우 운송중 전매나 복합운송 등 후속운송을 위해 필요한 방법으로 물품을 포장하되 포장의 수준은 매매계약체결 전에 자신이 알고 있는 운송에 관한 상항, 예컨대 운송방식이나 도착지등을 고려하여 포장을 하도록 규정하고 있으며, 포장시 반드시 이미 언급한 내용대로 적절하게 화인이 되어야 한다.

동 규정의 표현은 도착지까지 운송계약의 책임이 있는 CPT와 CIP의 규정과 동일하다. 다만 인도방법이 다를 뿐이다. 따라서 포장의 정도와 이에 따른 포장의비용 역시 상기 상황뿐만 아니라 A.3와 A.4를 고려한 정도와 비용의 결과이어야 한다.

1차 초안은 Incoterms 2000 첫째 절상의 "… which …"가 "… that …"로, 둘째 절상의 "… which are required …"가 "… required …"로 변경된 것외 내용은 동일하였다.

1차 초안과 2차 초안을 비교해보면, 2차 초안의 경우 1차 초안 첫째 절상의 "… with A.4"를 "… with A.4 as well as costs of any pre-shipment inspection mandated by the authority of the country of export"로 변경하였는 바, 이는 종전 확인비용에 수출국에서 이루어지는 선적전검사비용을 추가하였다고 볼 수 있다.

포장비용과 관련하여 1차 초안 둘째 절상의 "…(… to delivery the goods of contract description unpacked) required for the delivery of the goods"를 "…(… to delivery the type of goods sold unpacked) required for the delivery of the goods at the place of destination and, where applicable for any subsequent transport to the extent that the circumstances (…) are … concluded."로 변경하여 규정하고 있는 바, DAP에서도 언급하였듯이 포장비용면에서 분명화를 시도하고 있으나 포장방법에 관해서는 포괄적인 표현을 하고 있어 상호 괴리의 모습이다.

3차 초안과 2차 초안을 비교하여보면, 표현상의 차이 외는 동일하다. 즉 2차 초안상의 첫째 절상의 "… must provide … packing …"을 3차 초안은 "… must, …, package …"로 변경시켜 포장제공의 강조에서 포장자체의 성격을 강조하는 표현으로 변경시켜 규정의 성격에 맞는 표현으로의 변경으로 바람직하게 생각된다.

그러나 최종초안의 경우 3차 초안에 비해 규정적으로 보면 대폭 변경하였다. 그 내용을 보면 최종초안의 경우 3차 초안에 비하여 규정표현으로 보면 "The seller … arranged by it and, where applicable, for any subsequent transport extent that the circumstances …"를 현 규정 둘째 절과 같이 규정하므로 대폭 변경하였다. 그 내용을 보면 물품에 따라 특수한 포장이 필요한 경우 매수인은 매도인에게 계약체결 전에, 요구하게 규정하고 일반적 의미의 운송에 필요한 적합한 포장을 요구하므로 포장조건에 통일적 규정을 강조하던 종전 초안과 달리 일반적인 포장의 정의를 하고, 특수한 포장이 필요한 경우 규정을 통한 통일된 규정의 불가능을 안고 당사자들이 계약체결 전 사전에 통지하게 하므로 포장규정의 단순화를 기도하고 있다. 사실 EXW A.9와 전 Incoterms® 2010 rules A.9 내용은 동일하다.

A.10 정보협조와 관련비용(Assistance with information and related costs)

> The seller must, where applicable, in a timely manner, provide to or render assistance in obtaining for the buyer, at the buyer's request, risk and expense, any documents and information, including security-related information, that the buyer needs for the transport of the goods to the final destination, where applicable, from the named place of destination.
>
> The seller must reimburse the buyer for all costs and charges incurred by the buyer in providing or rendering assistance in obtaining documents and information as envisaged in B10.
>
> 매도인은, 적용되는 경우, 매수인의 요청, 위험 그리고 비용부담으로 매수인이, 도착지 지정된 장소로부터 최종도착지까지 물품의 운송을 위해 필요로 하는 보안관련 정보를 포함하여 모든 서류와 정보를 매수인을 위해 취득하는데 협조를 시의 적절하게 제공해야 한다.
>
> 매도인은 매수인에게 B.10에 따라 서류와 정보를 취득함에 있어 협조를 제공하는데 매수인이 지급한 모든 비용을 지급해야 한다.

해설 이미 설명한 EXW, FCA, CPT, CIP A.10의 해설과 거의 같다. 다만 차이가 있다면 DDP의 경우 매수인의 입장에선 물품의 수출과 수입을 위해 필요한 정보나 서류 등은 수출입허가와 통관절차 자체가 매도인의 책임이기 때문에 매수인은 이들을 위한 정보나 서류들이 필요없기 때문에 A.10에서 흔히 표현되던 "… for the export and/or import of goods and/or …"의 표현이 필요없게 되어 표현되어 있지 않을 뿐이다. 왜냐하면 보안정보를 포함한 일체의 책임이 매도인의 책임 하에 이루어지고 물품의 수출입에 필요한 모든 정보는 자신이 사전에 숙지하고 있기 때문이다.

DDP A.10상의 매도인의 의무는 수입통관이 완료된 물품을 매수인이 원하는 최종도착지까지 물품을 운송하는데 필요한 예컨대 검문소 통과 등에 대비한 서류와 보안관련 정보 등이 필요할 수 있는 바, 이러한 서류와 정보의 취득은 당연히 매수인이 요청하고 그 결과에 따라 책임과 비용도 당연히 부담해야 한다. 이들 정보나 서류는 매도인이 아니면 할 수 없는 경우 당면의무로, 매수인이 할 수 있는데 매도인의 협조의 경우 협조의무로 이루어져야 한다.

Incoterms 2000 A.10의 경우 매도인이 매수인에게 물품을 인도하는데 필요로 하는 서류로서 매수인 국가에서 발급되거나 발송되는 서류의 취득에 매수인은 매도인의 요청, 위험 그리고 비용부담에 따라 매도인에게 협조해야 하고 이러한 매수인의 협조에 대한 비용은 매도인이 부담해야 한다. 매수인의 요청에 따른 보험정보 제공 중심의 규정이었다.

1차 초안은 Incoterms 2000과 동일한 표현의 상이한 표현 그러면서 현대식 표현 예컨대, “documents or equivalent electronic message”를 “whether in paper or electronic form”으로, “… rendering his assistance herewith.”을 “rendering his assistance to the seller in accordance herewith.”로 변경한 것 외는 동일하다.

2차 초안의 경우 매도인이 매수인에게 협조 제공해야 하는 정보나 서류 등이 누가 왜 필요로 하는지에 관해 “… that the buyer may require for the transport of the goods beyond the agreed point, if any, at the named place of destination and, where necessary, for their transit through any country.”와 같이 장황하게 설명하고 있으나 3차 초안의 경우 간략하면서 명료하게 “that the buyer needs for the transport of the goods to the final destination.”로 변경한 것 외는 동일하다.

최종초안의 경우 매도인의 최대의무를 나타내는 DDP성격에 따라 당사자들이 합의한 도착지 지정된장소로부터 최종도착지까지 국내 계속운송의 경우에 따라 필요할 수 있는 경우를 대비하여 3차 초안 첫째 절상의 “… to the final destination” 대신에 “… to the final destination, where applicable, from the named place of destination.”로 변경되고, DAP조건에서도 언급하였듯이 분명한 제공시기와 방법을 표현하기 위해 첫째 절상의 “… in a timely fashion …”이 “… in a timely manner …”로, 역시 둘째 절상의 “… transit …”이 포괄적 의미인, “… transport …”로 변경되었다.

“… provide or render …” or “… providing or rendering … ”표현에 관해서는 지금까지 언급된 내용을 참고할 필요가 있다.

B. 매수인의 의무(THE BUYER'S OBLIGATIONS)

B.1 매수인의 총칙의무(General obligations of the buyer)

The buyer must pay the price of the goods as provided in the contract of sale.

Any document referred to in B1-B10 may be an equivalent electronic record or procedure if agreed between the parties or customary.

매수인은 매매계약상에 규정된 대로 물품의 대금을 지급하여야 한다.

> B.1에서 언급하고 있는 모든 서류는 당사자들 간에 합의하거나 관례라면 동등한 전자기록이나 절차에 의해 대체될 수 있다.

해설 B.1의 규정은 매수인에 대한 A.1의 경상규정이면서 매수인의 제일의 의무규정을 규정하고 있으며, Incoterms의 모법에 해당하는 CISG 53조에서 59조까지 규정의 세부규정이라 할 수 있다. 그러나 CIGS 규정에 비하면 그 내용이 지극히 단순하게 되어있다. 그러나 CISG 53조의 규정 가운데 "… as required in contact of sale"와 달리 B.1의 규정에는 "… as provided in a contract of sale"로 규정되어 있는 바, 여기서의 "… provided …"는 CISG상에서의 계약에 따라 요구할 수 있는 내용, 즉 일반적으로 계약에 따라 일반적인 요구사항에 따른 지급규정과 달리 B.1의 "… provided"는 특정계약에서 구체적으로 규정하고 있는 지급방법, 지급장소 등에 따라 지급해야 함을 규정하고 있다. 전자가 포괄적 계약규정을 의미한다면 B.1의 계약은 특정 개별계약의 성격이 강하다. 그러나 특정계약은 물품에 따라 당사자들 간의 사정에 따라 다를 수 있기에 B.1의 지급규정에 대한 시행세칙에 해당하는 해당 L/C나 계약서상에 구체적으로 규정하여 반영된다.

그리고 A.1에서 언급한대로 전 Incoterms B.1-B.10상에 규정되어 있는 서류는 B.1 둘째 절 규정과 같이 당사자들 간에 합의하거나 관례라면 종이서류와 동등한 전자기록으로 대체할 수 있다는 표현으로 대체된 것 외는 Incoterms 2000 A.1과 1차, 2차, 3차, 최종초안의 내용이 똑같이 변경된 것이 없다. 최종초안의 경우 A.1에서와 같이 "clcctronic rccord"에 "… or procedure"가 추가된 것 외는 동일한 바, 이는 이미 특징에서 언급하였듯이 종이서류와 전자서류간의 등가성과 기술 중립적 입장을 유지하고 있는 전자통신 형식 8조와 9조의 규정에 따른 모든 전자통신을 의미하기 위한 표현으로 볼 수 있다.

A.1에서 언급하였듯이 B.1의 제목자체가 Incoterms 2000, 1차, 2차상의 "payment of the price" 대신에 "General obligation of the buyer"로 변경된 것은 차이가 있으나, B.1 둘째 절상의 규정표현 때문에 제목이 이렇게 변경된 것 같다. 그러나 B.1의 제목의미와 달리 B.1의 규정은 매수인의 총칙의무규정이라기 보다는 매수인의 입장에서 볼 때 물품을 수령하여 검사를 하기 전에 먼저 지급을 해야 하기 때문에 가장 중요한 매수인의 의무라 할 수 있으며, 나머지 규정은 A.2-A10의 A.1의 부수규정 같은 성격이 아니라 A.2-A10의 경상의 의무, 즉 매도인의 매수인에 대한 의무에 대한 매수인의 매도인에 대한 의무규정 내지는 위험과 비용, 그리고 기능에 대한 책임의무규정이라 할 수 있다.

B.2 허가, 승인, 보안통관과 기타절차 (Licences, authorizations, security clearances and other formalities)

> Where applicable, the buyer must provide assistance to the seller, at the seller's request, risk and expense, in obtaining any import licence or other official authorization for the import of the goods.
>
> 적용되는 경우, 매수인은 매도인의 요청, 위험과 비용부담으로 물품의 수입을 위해 필요한 모든 수입허가 또는 기타 공식승인을 취득하는데 있어 매도인에게 협조를 제공해야 한다.

해설 매수인은 물품의 수입을 위해 필요한 수입허가나 기타 공식승인을 매도인이 취득하는데 필요한 협조를 매수인만이 할 수 있는 경우 매수인은 매도인의 책임 하에, 즉 매도인의 요청, 위험, 비용부담으로 협조를 제공해야 한다. 협조의 결과는 매도인의 책임이기 때문에 매수인은 요청이 있으면 반드시 협조를 해야 한다.

1차 초안과 Incoterms 2000을 비교하면, "where applicable"의 경우 EU역내거래나 자유무역지대거래, 국내거래에는 해당하지 아니하고 국제거래에만 B.2가 필요함을 강조하기 위해 규정 모두로 위치를 변경하였고, 이미 앞에서도 언급하였듯이 Incoterms 2000상의 "every assistance"의 경우 협조에 너무 가중한 부담을 주는 것을 피하기 위해 "assistance"로 변경된 것 외는 동일하다.

동일한 내용 표현이나 1차 초안의 규정 가운데 "… render the seller at the latter's request …, assistance in …"이 "… render assistance to the seller at … in …"으로 변경된 2차 초안의 경우 수입허가나 기타 공식승인은 취득하는데 협조해야 할 이유를 설명하는 표현인 "… necessary for the import the goods" 상의 "necessary"를 삭제한 것 외는 3차 초안과 동일하다. 이러한 삭제는 "for" 자체가 "necessary"의 의미를 포함하고 있기 때문이다.

최종초안은 3차 초안과 동일하다.

B.3 운송과 보험계약(Contracts of carriage and insurance)

> a) Contract of carriage
> The buyer has no obligation to the seller to make a contract of carriage.
>
> b) Contract of insurance
> The buyer has no obligation to the seller to make a contract of insurance. However, the buyer must provide the seller, upon request, with the necessary information for

obtaining insurance.

a) 운송계약
매수인은 매도인에 대한 운송계약을 체결 할 의무가 없다.

b) 보험계약
매수인은 매도인에 대한 보험계약을 체결할 의무가 없다. 그러나 매수인은 매도인에게 그의 요청에 따라 보험계약체결을 위해 필요한 정보를 제공하여야 한다.

해설 a)운송계약

매수인의 의무가 아니라 해도, 목적지항으로부터 내륙운송(계속운송)이 대부분의 경우에 필요하며, 이러한 목적을 위해 필요한 것이 있다면 무엇이든지 해야 하는 것은 매수인의 의무이다. 그러나 물품의 추가운송과는 관계가 없으며 추가운송에 관해 매수인은 매도인에 대해 의무를 지지 아니한다.227)

b)보험계약

DDP하에서 보험계약은 당사자 모두 상대방에 대한 의무 사항이 아니다. 그러나 자신의 이익을 위해 인도 시까지 위험대비, 수령 후 목적지까지의 운송과정에서의 위험대비를 위해 당사자들이 부보할 필요가 있을 경우 자신의 비용으로 부보하면 되나 이때 부보에 필요한 정보는 상대방이 요청하면 반드시 보험에 필요한 정보를 제공해야 한다.

Incoterms 2000상의 "no obligation"대신 1차 초안의 경우 누가 누구에 대한 책임이 없음을 분명히 하기위해 "no obligation owned by the buyer to the seller" 표현되었다가, 2차, 3차의 경우 현 초안의 규정과 같이 누가 누구에게 보험계약을 체결할 의무가 없음을 규정하므로 1차 초안보다 규정의 표현을 더욱 분명히 하고 있다고 볼 수 있다.

그리고 Incoterms 2000과 1차와 2차 초안규정에도 없었던 보험정보규정을 매도인의 요청에 따라 당연히 제공해야 함을 3차 초안에서 규정하고 있다.

다만 보험정보의 규정을 A.3 b)와 같이 통일하던지 아니면 B.3 b)와 같이 통일할 필요가 있다.

최종초안의 규정은 동일내용의 자구수정외 3차 초안과 동일한 내용이다.

B.4 수령(Taking delivery)

The buyer must take delivery of the goods when they have been delivered as envisaged in A4.

227) 오세창, 상계서, p.407.

> 매수인은 물품이 B.4의 규정에 따라 인도완료된 때 물품을 수령해야 한다.

해설 물품이 A.4에 따라 합의한 날짜 또는 합의한 기간 내에 도착지의 지정된 장소에서 합의한 지점이 있다면 합의한 지점에서 자신에 의해 양화 준비가 된 도착운송수단 상에서 물품의 성격에 적절한 양화 통해 도착운송수단으로부터 이동할 수 있도록 물품이 자신의 임의처분상태로 적치완료 된 때 매수인은 물품을 수령해야 한다.

만약 물품이 합의 보다 조기에 매수인의 임의처분상태로 적치되는 경우 비록 그렇게 하는 것이 자신의 이해에 맞다 해도 매수인은 합의한 시기 전에 수령할 의무가 없다. 만약 물품이 너무 늦게 매수인의 임의처분상태로 적치된 경우 매수인은 준거법에 따라 계약위반에 대한 책임을 매도인에게 주장할 수 있다. 그리고 매수인은 역시 그런 경우 준거법에 수단 상에서 물품의 성격에 적절한 양화를 통해 도착 운송수단으로 이동할 수 있도록 물품이 따라 매도인으로부터 손해배상금을 받거나 주요한 위반인 경우 계약을 취소시킬 수 있다.[228]

Incoterms 2000 1차, 2차, 3차 초안은 동일하다.

최종규정은 3차 초안상의 규정과 그 내용면에서 변경이 없으나, 자구수정의 문제점은 이미 언급한 바 있다.

B.5 위험의 이전(Transfer of risks)

> The buyer bears all risks of loss of or damage to the goods from the time they have been delivered as envisaged in A4.
>
> If
>
> a) the buyer fails to fulfil its obligations in accordance with B2, then it bears all resulting risks of loss of or damage to the goods; or
>
> b) the buyer fails to give notice in accordance with B7, then it bears all risks of loss of or damage to the goods from the agreed date or the expiry date of the agreed period for delivery,
>
> provided that the goods have been clearly identified as the contract goods.
>
> 매수인은 물품이 A.4의 규정에 따라 인도완료 된 때로부터 물품의 멸실이나 물품에 관한 손상의 모든 위험을 부담한다.
>
> 만약
>
> a) 매수인이 B.2에 따라 자신의 의무를 해태한 경우, 매수인은 이로 인해 발생한 물품에 대한 모든 멸실이나 손상위험을 부담한다; 또는

228) 오세창, 상게서, p.408.

b) 매수인이 B.7에 따라 통지를 해태한 경우, 매수인은 인도를 위해 합의한 날짜 또는 합의한 기간의 만기 날짜로부터 이로 인해 발생한 물품에 대한 멸실이나 손상의 모든 위험을 부담한다. 다만 물품이 계약물품으로 분명하게 충당되어 있어야 한다.

해설 A.5에 따라 매도인이 인도지점까지 물품의 멸실 또는 물품에 대한 손상의 모든 위험을 부담해야 하는 반면에 B.5의 위험이전대원칙에 따라 매수인은 인도지점 후부터 위험을 부담해야 한다(위험이전의 대원칙).

인도지점은 조건에 따라 다르다. EXW와 전 D-terms하에서 물품은 단순히 관련지점(해당지점)에서 매수인의 임의처분상태로 적치한다. 반면에 F와 C-terms 하에서 인도지점은 발송국이나 선적국에서 운송인에게 물품을 교부와 관련된다. 따라서 해상 편으로 운송되어질 물품을 위해 사용되는 조건에 있어선 지정된 선박선측(FAS)에 인도나 본선갑판(FOB, CFR, CIF)에 인도로 인도지점이 된다. 이렇게 볼 때 E, D-terms의 경우는 해당지점에서 물품의 처분상태이고, F와 C-terms는 인도지점이 상이할 수 있고, 인도의 방법 역시 인도지점에서 운송수단 등에 따라 다소 차이가 있어도 결국 hand over적 성격을 지니고 있음을 알 수 있다. 이는 CISG와 그 맥을 같이 하고 있으나, Incoterms가 hand over에 따라 세분되어 있는 점이 다르다.

EXW와 D-Terms 하에서 매도인은 매수인의 임의처분상태로 물품의 적치 행위에 의해서만 위험을 이전시킬 수 있는데 비하여, 매도인은 B.7에 다른 매수인의 통지해태로 위한 위험을 이전시킬 수 있을지도 모른다. 이러한 사실은 물품이 자신의 임의처분상태로 적치되는 규정된 기간 내의 시가와 인도장소를 결정하는 것이 매수인의 책임인 경우에 일어날 수 있다. 따라서 이러한 업무의 이행해태는 사전 위험이전을 낳게 된다. 그럼에도 불구하고 매수인은 매매계약체결 시에 규정된 기간보다 더 오래 인도와 위험이전을 지연시킬 수 있어야 한다는 것은 인정될 수 없다. 따라서 B.7에 따른 매수인의 통지해태는 "인도를 위해 합의한 날짜 또는 합의한 기간의 만기일자로부터" 위험을 이전시킨다. 그러나 이러한 매수인의 통지해태에 따른 조기위험이전원칙에도 불구하고, 물품이 계약에 정히 충당될 때까지 위험은 이전할 수 없다(조기위험이전의 대전제 원칙). 예컨대 만약물품이 불특정인 경우, 즉 매도인이 물품을 목적지에서 여러 매수인에게 인도해야 하는 특정종류의 물품, 예컨대 기름, 곡류, 석탄 등의 경우 물품이 분명하게 계약에 충당된 경우에만 충당이 일어난다. 그런데 이러한 충당은 매도인이 운송을 위해 물품을 교부하고 매수인을 위한 것으로 화인된 때 일반적으로 이루어진다. 그러나 화물이 산적으로 운송되고 도착지에서 물품의 도착 시에만 여러 매수인간에 충당되는 경우에는 그러하지 아니하다.[229)]

1차 조안은 "buyer"가 "it"로, 사전위험이전의 대전제원칙 표현이 약간의 변경과 위치 변경 외는 Incoterms 2000 DDP와 동일하다.

229) 오세창, 상계서, pp.410-411.

1차 초안과 2차 초안은 동일하며, 3차 초안과 2차 초안 간은 2차 초안상의 셋째 절에 조기위험이전원칙의 대전제 조건이 규정되어 있었으나 "… set aside or otherwise …"가 전제조건에 추가되어 둘째 절로 3차 초안에 규정되어 있는 것 외는 동일하다.

DAP의 경우 B.2와 B.7에 따른 의무를 모두 "it's obligation"로 표현하고 있고, DDP의 경우 B.2와 관련하여서는 "it's obligation"으로, B.7과 관련하여서는 "notice"로 각기 다르게 표현하고 있는 바 반드시는 아니나 통일할 필요가 있다.

최종초안의 경우 B.2와 관련하여서는 "it's obligation"으로, B.7과 관련하여서는 "notice"로 통일되었다. 그리고 3차 초안상의 1.상의 "… resulting incurred thereby; and"가 "then …; or"로 변경되었는 바, then의 의미가 1.상의 의미를 포함할 수 있으므로 표현의 단순화를 기하였고, a)호와 b)호는 "and"의 관계가 아닌 "or"이어야 하기 때문에 변경된 것 같다. 왜냐하면 a)호에 따라 B.2에 의해 수입국에서 허가를 받으면 b)호가 필요 없거나 당연히 연락되기 때문이다. 그러나 a)호에 따라 A.2에 의해 수입국의 허가를 받지 못하면 당연히 매수인에게 그 사실을 통지해야 하기 때문이다. 그 외 내용은 동일의미의 상이한 표현 외 내용상에 변경은 없다. "and"가 "or"로 변경된 사유는 DAT, DAP에도 마찬가지이다.

B.6 비용의 분담(Allocation of costs)

The buyer must pay

a) all costs relating to the goods from the time they have been delivered as envisaged in A4;

b) all costs of unloading necessary to take delivery of the goods from the arriving means of transport at the named place of destination, unless such costs were for the seller's account under the contract of carriage; and

c) any additional costs incurred if it fails to fulfil its obligations in accordance with B2 or to give notice in accordance with B7, provided that the goods have been clearly identified as the contract goods.」

매수인은 다음의 비용을 지급해야 한다.

a) 물품이 A.4의 규정에 따라 인도완료된 때로부터 물품에 관한 모든 비용;

b) 도착지 지정된 장소에서 도착운송수단으로부터 물품을 수령하는데 필요한 모든 양화비용. 다만 이러한 비용이 운송계약 하에서 매도인부담인 경우 그러하지 아니 한다; 그리고

c) 매수인이 B.2에 따라 자신의 의무나 B.7에 따라 통지를 해태하므로 발생한 모든 추가비용. 다만 물품이 계약물품으로 구분되어 있거나 달리 분명하게 충당되어야 한다.

해설 DAP에서는 인도장소가 조건 자체에 지정된 국경, 기타 합의한 도착지 내륙장소가 붙어 있다. 반면에 DDP하에서 당사자들은 인도장소를 자신들이 명시해야 한다.

더욱이 매수인은 그 장소까지 물품의 인도 후의 모든 추가비용을 지급해야 한다(인도와 관련한 비용이전의 대원칙).

매수인은 자신이 합의에 따라 수령을 해태하거나 B.7에 따라 인도시기와 장소를 매도인에게 통지하길 해태할 경우 발생할 수 있는 모든 추가비용을 지급해야 한다(인도와 관련한 사전 비용이전원칙)

이런 경우에 추가비용을 지급해야 하는 매수인의 의무는 계약물품으로서 물품의 충당이 대전제이다(인도와 관련한 조기위험이전의 대전제원칙).

DDP 하에서 매도인은 물품의 수입통관절차를 수행해야 하기 때문에 매수인은 이와 관련한 모든 비용을 지급할 필요는 없다.[230)]

3차 초안의 경우 B.6의 규정체계를 B.5의 규정체계로 통일할 수 있으면 좋겠다고 생각하였다.

Incoterms 2000과 1차 차이는 변경된 게 없다. 다만 대전제조건상의 표현이 다소 차이가 있을 뿐이다.

2차와 1차 초안간의 차이는 1차 초안 둘째 절 말미에 "… unless such costs were for the seller's account under the contract of carriage; and"가 추가되었는 바, 이런 표현의 추가는 양화에 관한 오해를 줄이기 위해 계약서상에 이런 비용에 대한 분명한 명시를 강조하고 있다고 볼 수 있다.

최종초안의 경우 3차 초안의 내용과 동일하다.

B.7 매도인에게 통지(Notices to the seller)

> The buyer must, whenever it is entitled to determine the time within an agreed period and/or the point of taking delivery within the named place of destination, give the seller sufficient notice thereof.
>
> 매수인은 자신이 합의한 기간 내의 시기와/또는 도착지 지정된 장소 내에서 수령 지점을 결정할 권리를 갖고 있다면 언제든지 매도인에게 이에 대한 충분한 통지를 해야 한다.

해설 B.5와 B.6에서 언급한 바와 같이 도착지 지정된 장소에서 물품의 수령시기와 장소내의 지점에 대한 매도인에게 매수인의 통지해태는 매매계약서 상에 매수인이 이러한 문제에 관해 결정할 선택권을 가진 경우 물품이 A.4에 따라 인도완료되기 전에 물품의 멸실 또는 물품에 대한 손상의 위험을 이전시키는 원인이 될 수 있다. 이 뿐만 아니라 이러한 해태는 매수인의 통지해태의 결과로서 매도인이 지급한 모든 추가비용을 지급할 의무가 매수인에게 있게 할 수 있으며 매도인에게 수령시기와 지점을 결정

230) 오세창, 상게서, pp.412-413.

하는 선택권을 허용하는 결과를 초래할 수 있고 의무의 위반은 계약위반을 구성하게 된다.[231]

물론 이렇게 되기 위해선 위험과 비용의 이행전이전원칙의 대전제원칙, 즉 이행전이전원칙의 예외원칙인 다른 화물과의 구분 내지는 계약에 정히 충당되어야 한다.

이미 다른 조건에서도 설명하였듯이 B.7조항 때문에 Incoterms를 인도에 관한 권리의무규정이라 하고 있다.

Incoterms 2000과 1차 초안간의 차이는 "… at the named place"가 1차 초안에서는 지정된 장소를 분명히 하기 위해서 "… at the named place of destination"로 변경된 것 외는 동일하며, 2차 3차 초안은 1차 초안과 동일하다.

최종초안의 경우 3차 초안상의 "… at the named place of …" 대신에 "… within the named place of …"로 변경된 것 외는 변경이 없이 동일한 바, 이러한 변경은 지정된 장소내의 다양한 인도지점이 있을 수 있음을 전제한 융통성이 있는 표현이다.

B.8 인도의 증거(Proof of delivery)

> The buyer must accept the proof of delivery provided as envisaged in A8.
>
> 매수인은 A.8에 따라 제공되는 인도의 증거를 수령해야 한다.

해설 매수인은 A.8상의 인도서류가 매수인에게는 A.4에 따른 인도의 증거가 되기 때문에 동 서류가 계약에 일치하는 물품의 인도서류가 분명하다면 A.4에 따른 인도증거서류로 제공되는 서류를 수령해야 한다(확대 COD, 즉 서류에 의한 COD의미). DAT나 DAP상의 "...the delivery document..."와 달리 "....the proof of delivery..."로 되어 있다. 동 표현은 순수 COD와 확대 COD를 의미하는 것으로 이 경우 확대 COD는 DAT나 DAP에서 말하는 대게 D/O나 B/L이지만 E-rule B.8과 보조를 맞추는 표현으로 이렇게 표현하였다고 보면 된다. 그러나 그 내용은 DAT나 DAP의 표현과 같은 의미로 보면 된다. 이러한 서류수령의 대전제는 조건의 성격상 신속한 물품의 수령 내지는 대금지급이다. 만약 매수인이 동 서류를 거절하는 경우(특수한 경우 예컨대 L/C 하의 매도인에게 지급하지 말도록 은행 앞으로 지시하는 등) 매수인은 매매계약 하의 이러한 위반에 대해 청구 가능한 구제권을 매도인에게 부여하게 되는 계약위반을 저지르게 되며 이러한 구제권은, 예컨대 계약취소권이나 위반에 대한 손해배상금청구권을 포함할 수 있다. 그러나 매수인인 적절한 인도증거를 제공하지 못하는 서류, 예컨대 물품에 하자가 있다거나 물품이 합의한 수량보다 적게 제공되었음을 서류상에 표시하고 있는 서류를 수령할 의무는 없다. 이런 경우 동 서류는 고장부 서류이다.[232]

---

231) 오세창, 상게서, p.333.

1차 초안의 경우 Incoterms 2000 DAF와 DDU에 명시적으로 언급하고 있는 서류를 종합하여 "D/O 또는 운송서류와/또는 기타 인도증거(… accept the appropriate delivery order or transport document and/or other evidence of delivery …)"를 포함하고 있었다. 그러나 2차와 3차 초안의 경우 이들 서류를 당사자들의 특수한 경우로서 합의한 경우의 L/C거래들을 포함하는 표현이지만 원칙적으로 거래조건의 성격에 맞는 표현인 인도의 증거(… accept the proof of delivery …)로 변경하였다. 이 표현은 COD를 위한 서류는 물론이고 CAD를 위한 서류 역시 이 의미에 포함된다. 그러나 이렇게 표현한 것은 이 거래조건의 경우 특수한 경우를 제외하고 COD거래조건임을 강조하는 의미가 있다.

최종초안의 경우 3차 초안과 동일하다. 다만 DAP에서 설명하였듯이 DAT와 DAP는 "인도서류"로, DDP는 "인도증거"로 되어 있는 점에 대한 해설은 동일하다.

B.9 물품의 검사(Inspection of goods)

The buyer has no obligation to the seller to pay the costs of any mandatory pre-shipment inspection mandated by the authority of the country of export or of import.

매수인은 매도인에게 수출국이나 수입국의 정부당국의 법에 의한 선적전검사 비용을 지급할 의무가 없다.

해설 Incoterms 2000과 1차, 2차 초안 간에는 변경이 수출국의 법에 의한 사전검사를 제외하고 매수인이 자신의 이익을 위해 필요한 선적전검사에 따른 검사비용을 매수인이 지급토록 하였다. 그러나 3차 초안은 DDP하의 매도인의 의무 극대화와 매수인의 의무 극소를 보나 분명히 하기 위하여 수출국과 수입국에서 법에 의해 선적전검사를 요구하고 있을 경우 수출입통관의 책임을 지고 있는 매도인이 자신의 위험과 비용으로 이를 수행하도록 하였다.

최종초안의 경우 3차 초안상의 "… to pay for any …"를 "… to pay the costs of any …"로 변경하여 그 의미를 분명히 한 것 외는 변경사항은 없다.

B.10 정보협조와 관련비용(Assistance with Information and related costs)

The buyer must, in a timely manner, advise the seller of any security information requirements so that the seller may comply with A10.

The buyer must reimburse the seller for all costs and charges incurred by the seller

232) 오세창, 상게서, p.337.

in providing or rendering assistance in obtaining documents and information as envisaged In A10.

The buyer must, where applicable, in a timely manner, provide to or render assistance In obtaining for the seller, at the seller's request, risk and expense, any documents and information, including security-related information, that the seller needs for the transport, export and Import of the goods and for their transport through any country.

매수인은 매도인이 A.10을 수행하기 위하여 필요로 하는 모든 화물보안정보요건을 시의 적절하게 통지해야 한다.

매수인은 A.10에 따른 서류와 정보를 취득하는데 협조를 제공하는데 있어 매도인이 지급한 모든 비용 대하여 매도인에게 지급해야 한다.

매수인은 적용되는 경우, 매도인이 물품의 운송, 수출과 수입을 위해 그리고 물품의 제3국 운송을 위해 필요로 하는 보안관련 정보를 포함하여 모든 서류와 정보를 매도인의 요청, 위험 그리고 비용부담으로 그를 위해 취득하는데 협조를 시의 적절하게 제공해야 한다.

해설 수입통관에 필요해서가 아니라 지정된 장소 또는 지점에서 수령한 후 자신의 영업장소나 기타 필요로 하는 지점까지 계속운송을 하는데 컨테이너에 적재되어 있는 물품의 검문소 통과 등을 위해 보안관련 정보나 서류가 필요할 수 있다. 이런 경우에 대비하여 매수인이 A.10에 따라 매도인에게 요구할 경우 이런 요청에 대한 매도인의 협조 내지 필수제공의무에 따라 지급된 비용을 매도인에게 적절한 시기에 적절한 방법으로 지급해야 한다.

반면에 EU지역 내 거래나 국내거래의 경우를 제외하고 국제거래의 경우, 매도인이 지정된 도착지의 지정지점에서 물품을 인도하기 위해 수출입통관 내지 제3국 경유에 따라 매도인이 필요한 서류로서 매수인이 협조해야 하거나 매도인의 요청이 있을 경우 반드시 매수인이 제공해야 하는 서류나 정보 등에 관해 매수인은 적절한 시기에 적절한 방법으로 매도인에게 제공해야 한다.

1차 초안의 경우 가중한 의무감을 주는 의미를 지닐 수 있는 “every” 표현의 삭제, 필요한 서류의 형태와 이들 서류의 발송지 내지 발송이 무엇에 필요한지를 나타내는 “… in obtaining any documents or equivalent electronic message issued or transported in the country of import which …”를 “… in obtaining any documents, whether in paper or electronic form, that …”로 동일의미의 상이한 표현으로 Incoterms 2000을 변경한 것 외에는 근본 의미는 동일하다.

2차 초안은 1차 초안과 Incoterms 2000에 없었던 내용, 즉 A.10에 따른 매도인의 협조나 필수제공의무에 따라 그에 의해 지급된 비용지급에 관한 규정의 신설과 매도인이 A.10에 따라 자신의 의무를 이해하는데 필요로 할 수 있는 물품의 보안정보요건을 매도인에게 통지해야 한다는 규정의 신설이 있었다. 그러나 후자의 경우는 현실적으로 매수인이 제공할 수 있는 성격의 것이 못된다. 따라서 동 내용이 초안되어 있던 첫째 절 규정이 삭제되고 전자의 내용을 둘째 절로 하고 1차 초안과 Incoterms 2000에 초안되어 있던 규정을 첫째 절로 하는 3차 초안이 제정되었다.

최종초안의 경우 3차 초안 상에 규정되어 있지 아니하던 A.10에 따라 매도인이 지급한 정보와 관련한 비용에 대한 매수인의 지급의무를 EXW를 제외한 기타 규정들과 같이 추가한 것 외는 동일하다. 다만 DDP의 경우 매도인의 의무 최대이기에 매도인이 필요로 하는 정보 역시 최대여야 하기에 매수인에게 수입에 필요한 정보까지 제공토록 한 것이 다를 뿐이다.

3. 해상과 내수로 운송에 적용가능한 규정 (RULES FOR SEA AND INLAND WATERWAY TRANSPORT)

1) FAS

FREE ALONGSIDE SHIP
FAS(insert named port at shipment) Incoterms® 2010
: FAS(지정된 선적항 선측인도규정): 선측인도규정

안내문(GUIDANCE NOTE)

This rule is to be used only for sea or inland waterway transport.

"Free Alongside Ship" means that the seller delivers when the goods are placed alongside the vessel (e. g., on a quay or a barge) nominated by the buyer at the named port of shipment. The risk of loss of or damage to the goods passes when the goods are alongside the ship, and the buyer bears all costs from that moment onwards.

The parties are well advised to specify as clearly as possible the loading point at the named port of shipment, as the costs and risks to that point are for the account of the seller and these costs and associated handling charges may vary according to the practice of the port.

The seller is required either to deliver the goods alongside the ship or to procure goods already so delivered for shipment. The reference to "procure" here caters for multiple sales down a chain ("string sales"), particularly common in the commodity trades.

Where the goods are in containers, it is typical for the seller to hand the goods over to the carrier at a terminal and not alongside the vessel. In such situations, the FAS rule would be inappropriate, and the FCA rule should be used.

FAS requires the seller to clear the goods for export, where applicable. However, the seller has no obligation to clear the goods for import, pay any import. duty or carry out any import. customs formalities.

본 규정은 해상이나 내수로 운송을 위해서만 사용될 수 있다.

"Free Alongside Ship"은 물품이 지정된 선적항에서 매수인에 의해 지정된 선측(예컨대 부두나 종선상에) 적치된 때를 매도인의 인도로 하는 조건이다. 물품의 멸실이나 물품에 관한 손상의 위험은 물품이 선측에 적치된 때 이전하며 매수인은 그 시점 이후로부터 모든 비용을 부담한다.

당사자들은 인도지점까지의 비용과 위험은 매도인 부담이고 이러한 비용과 이러한 비용과 연관된 하역비용은 항구의 관례에 따라 다양할 수 있기 때문에 지정된 선적항에서의 적재지점을 가능한 한 분명히 명시하는 것이 바람직하다.

매도인에게는 물품을 선측에 인도하거나 선적을 위해 그렇게 인도가 된 물품의 조달이 요구된다. 여기서의 "조달"(procure)은 특히 일차상품거래에 흔한 복수의 "연속매매"(string sales)를 위한 것이다.

물품이 컨테이너에 적재되는 경우, 매도인은 선측이 아닌 터미널에서 운송인에게 물품을 인도하는 것이 전형적이다. 이런 경우 FAS는 적절하지 아니하며 FCA가 사용되어져야 한다.

FAS 조건은 적용되는 경우, 매도인에게 물품의 수출통관을 요구하고 있다. 그러나 매도인은 물품의 수입통관을 하거나 모든 수입관세를 지급하거나 모든 세관절차를 수행할 의무가 없다.

해설 다른 조건과 마찬가지로 FAS조건의 활용범위를 분명히 함과 동시에 지극히 제한적 사용을 의도하고, 선측의 현대적 의미를 정의함으로써 인도와 관련하여 현실적으로 FCA와 FOB, FAS의 혼돈을 방지하는 의미를 강조하고 있다. 다시 말해서 컨테이너 화물을 FAS로 거래할 경우 선측이 아닌 터미널에서 운송인에게 인도를 선측으로 간주하지 아니함으로써 혼용될 우려가 있는 것을 방지하고 있다. 그렇지 아니할 경우 세 가지 조건의 경우 인도가 같을 수도 있다.

그리고 부두에 입항한 선박의 선측 외에 해상에 정박해 있는 선박의 경우에 대비하여 현실적으로 인정되고 있었으나 규정적으로 되어있지 아니하였던 선측의 예를 "on a quay or a barge"로 표시함으로써 선측의 범위를 명시하고 있다. 그리고 예컨대 석탄과 같은 물품의 인도방법은 개별상품의 경우 건별 선측에 적치되지만 일차상품 무역에 보편화되고 있는 연속매매에 대비하여 선측에 이미 확보되어 있는 것도 선측인도의 방법으로 인정하고 있다.

선측인도 시까지 위험과 비용을 매도인이 부담해야 할 경우 이와 관련하여 논란의 대상이 되었던 인도비용이나 조양비용(handling charges)등은 항구의 관례에 따라 다양할 수 있는 바, 동 비용 역시 매도인 부담임을 분명히 하고 있다. 따라서 적재지점의 사전명시를 강조하고 있다.[233)]

선측에서의 인도가 아닌 컨테이너에 적재되어 인도되는 경우에는 FAS보다 FCA가 바람직한 대안임을 제시하고 있다.

수출과 관련한 수출통관과 이와 관련한 비용은 매도인 부담이지만 수입통관과 이에 따른 과세지급과 수입지 세관통관절차의 수행은 매수인 부담이다.

최종초안은 3차 초안에 비해 선측의 지명권을 구체적으로 둘째 절에서 언급하므로 오해의 소지를 없애고 있으며, 3차 초안과 달리 선측인도까지의 위험과 부담과 비용을 분리하여 설명하고 있고, 현실적으로 있을 수 있는 선측인도 방법에 대하여 연속적 매매에 대비하여 기 선측에 조달된 물품도 선측인도로 간주함을 추가하고 있다.

문제 대안 이미 앞에서도 지적 하였듯이 안내문 가운데 "… as the costs and risks …"를 "… as the risks and costs …"로 변경할 필요가 있다. 가능하다면 그 의미를 분명히 하기 위해 인도지점까지의 비용과 위험표시로 "the costs and risks" 대신 1차 초안의 표시대로 "all the costs and risks"로 할 필요성이 있다. 이는 A.7,5,6의 표현과 통일을 기하고, 인도지점까지의 비용과 위험의 한계의 논란을 방지하기 위해서이다. 지금까지의 운송형태에 관계없이 적용가능한 조건의 경우에도 마찬가지이다. 이런 경우에도 costs와 risks의 위치 변경이 필요하다.[234]

동일한 의미임에도 불구하고 3차 초안상의 FAS의 정의와 관련한 위험과 비용표현이 최종초안에서는 분리하여 설명하고 있는 바, COD의 특성상 같이 표현한 3차 초안의 내용이 바람직하다. 특히 3차 초안 마지막 절상의 "… to pay any import duty or for any customs formalities."의 경우 "… for any customs"가 pay에 연결되어 그 의미가 어색하였다. 그러나 최종초안에서는 "…, pay any import. duty or carry out any import. customs formalities."로 변경됨으로 그 의미가 분명하게 되었다.

A. 매도인의 의무(THE SELLER'S OBLIGATIONS)

A.1 매도인의 총칙의무(General obligations of the seller)

The seller must provide the goods and the commercial invoice in conformity with the contract of sale and any other evidence of conformity that may be required by the contract.

Any document referred to in A1-A10 may be an equivalent electronic record or procedure if agreed bet-ween the parties or customary.

매도인 매매계약에 일치한 물품과 상업송장 그리고 계약이 요구할 수 있는 기타 일치의 증거를 제공해야 한다.

A1-A10에서 언급하고 있는 모든 서류는 당사자들 간에 합의하거나 관례라면 동등한 전자기록이나 절차에 의해 대체될 수 있다.

---

233) 오세창, 상게서, p.35.

234) 오세창, 상게서, p.44.

해설 전 Incoterms 매도인의 의무 제1조를 통해 매도인은 매매계약에 일치하는 물품[235)]을 상업송장 또는 이에 갈음하는 전자서류 그리고 계약에서 요구하는 기타 일치의 증거를 제공해야 하는바, 상업송장은 Walker, Rosenthal, Schmitthoff, Sassoon, UCP 등의 주장과 내용을 요약하면 선적된 물품의 명세서와 대금청구서이며, 매도인이 계약내용에 따라 제공하고 있는 물품의 매도인에 의한 진술이고, 송장 상에 명시된 물품의 인도의 증거로 정확하고 진실하게 작성되어져야 하는 서류[236)]로서, 결국 상업송장의 가장 중요한 기능이자 성격은 매도인이 매매계약에 따라 자신이 매수인에게 정히 이행한 사실의 결정적 입증서류이다. 이렇게 볼 때 계약에 일치하는 물품의 제공에 대하여는 국내법과 국제법을 통하여 분명히 규정하고 있다.

기타 일치의 증거서류로는 포장명세서(packing list), 용적 · 중량증명서(certificate and list of measurements and/or weight), 품질증명서(certificate of analysis) 등으로 이들 서류들은 물품의 계약에의 일치를 입증하고 보완하는 증거서류들이다.

제공서류에는 필수적으로 제공해야 하는 서류와 협조제공시기가 있으며 이들 제공서류에 관해 매도인의 의무 1조, 2조, 8조, 10조와 매수인의 의무 10조에서 언급하고 있으며, 1조, 8조가 자신의 책임 하에 제공해야 하는 필수서류관계를, 2조, 8조, 10조가 상대방의 요청과 위험과 비용부담으로 제공해야 하는 협조서류관계를 각각 규정하고 있다.

필수서류의 경우로서 인도의 증거와 운송서류 등, 즉 인도의 증거서류에 관해 매도인의 의무 8조에서 규정하고 있으며, 동시에 이 규정이 협조서류관계도 규정하고 있다. 현실적으로 대부분 L/C등에 의해 CAD거래가 이루어지고 있으므로 특약에 의해 이들 규정에서 말하는 협조서류가 필수서류가 되고 있음을 주의해야 한다.

이러한 의무는 구체적으로는 계약서상의 물품의 명세서와 계약서상의 물품의 설명과 이에 따른 신용장상의 "......covering.........."의 표현에 대한 해석내용이라 할 수 있다.

그리고 일치의 증거서류는 A.9(확인 · 포장 · 화인)과 A.10(정보협조와 관련비용) 그리고 B.9(물품의 검사)과 B.10(정보협조와 관련비용)의 규정에 따라 신용장에 ⅰ) other documents, 또는 ⅱ) special instruction 등을 통해 예컨대 "beneficiary's certificate certifying that the equality of the undermentioned goods is of good standard and free of weaving defect, color shading, defect and shipperage defect." 또는 "surveyor's certificate......"와 같이 표현된다.

---

235) 여기서의 일치하는 물품(....the goods....in conformity with the contract of sale...)이란 SGA, 27, 13, 14(2)(3)과 UCC, 2-313-6 그리고 CISG, 30조, 35조 등의 내용을 통해 볼 때 ①설명서에 일치하고, ②적상성(merchantability)을 지녀야 하고, ③특수한 목적에 적합(fit for a particular purpose)해야 하는 물품임을 확정할 수 있는 바, 계약체결 전에 상호교환 된 내용이나 이에 근거한 계약서나, 계약서에 근거한 신용장 등에 물품에 관한 내용(express or implied and conditions)과 거래관행에 근거하여 이러한 추정이 가능할 수 있고 또 가능해야 한다.

236) A. G. Walker, *op. cit.*, p.171; M. S. Rosenthal, *op. cit.*, 1910, p.140; C. M. Schmitthoff, *op. cit.*, pp.31, 66; D. M. Sassoon, *op. cit.*, p.87.

A.1의 규정은 Incoterms가 인도에 관한 매매규정이며, 각 Incoterms 규정 가운데 제일 중요한 규정이다. 다른 규정들은 A.1규정의 이행을 위한 규정이다. 대금지급과 관련하여서는 A.8의 규정이 중요하다해도 이규정 역시 A.1을 위한 A.4에 따른 인도의 입증서류이자 대금결제서류일 뿐이다.

본인은 1차 초안과 관련한 규정을 두고 다음과 같이 주장한 바 있다.

A.1 제목을 Provision of good and commercial invoice and document(s)로 변경이 필요하다. 이는 Incoterms의 핵심조항이자 매도인의 제일의 의무이고, 나머지 조항은 A.1의 후속규정인 바, 동 규정의 중요성 강조의 필요성과 매도인의 매매계약의무이행입증의 명확성 재고를 위해서이다. 그리고 특히 "documents"의 표현은 계약서상에 일치증거의 보완서류인 검사증명서의 경우 예컨대 L/C상에 certificate of experts의 경우와 …of expert의 경우 제공서류의 종류가 달라질 수 있기 때문이다. 이렇게 함으로써 종전 Incoterms A.1의 제목과 규정간의 모순 제거, 상업송장의 중요성과 매매계약 이행의 중요성 강조, 이로 인해 인도와 관련하여 당사자들 간에 체결된 계약의 보충법으로서 보다 높은 이해와 투명성 재고에 기여[237]하는 Incoterms의 중요성 강조의미의 효과를 올릴 수 있다. 규정은 the seller…with contract of sale…invoice as its evidence conformity and _____." 변경할 필요가 있는 바, 이는 상업송장은 당사자 간 매매계약[238]에 따른 일치이행의 증거서류를 강조함과 동시에 상업송장이 법적서류임을 강조하기 위해서이다.

그리고 2차 초안과 관련하여 다음과 같이 주장한 바 있다.

A.1의 'documents required by the contract'는 종전표현, 즉 'evidence of conformity which may be …' 표현이 A.1 성격과 맞다. 왜냐히면 여기의 서류는 commercial invoice를 보안히는 서류이며, commercial invoice는 매도인의 매매계약이행증거 서류이기 때문이다. 이하 전 Incoterms A.1 규정통일이 필요하다.[239]

3차 초안의 A.1의 경우 Incoterms 2000 A.1상의 "… or its equivalent electronic message" 대신에 전 Incoterms A1-A10상에 규정되어 있는 서류는 상기 초안 A.1 둘째 절 규정과 같이 당사자들 간에 합의 하거나 관례라면 종이서류와 동등한 전자기록으로 대체 할 수 있다는 표현으로 대체된 것 외는 Incoterms 2000 A.1과 내용이 똑같이 변경된 것이 없다. 당연한 조치라 생각된다. 사실 A.1의 규정과 같이 규정되지 아니한다면 Incoterms가 인도에 관한 국제통일매매관습이라 주장할 수가 없다.

단지 A.1의 제목자체가 1차와 2차 초안 상의 "provision of goods and documents" 대신에 "General obligation of the seller"로 변경된 것은 차이가 있으나 A.1 둘째 절상에서의 규정표현 때문에 제목이 이렇게 변경된 것 같지만 제목자체의 의미는 나머지 규정

237) H. V. Houtte, *op. cit.*, pp.173, 175.

238) 오세창, "Incoterms 3000 초안의 특징과 문제점", 경영경제 제42집 제2호, 계명대학교 산업경영연구소, 2009, p.30.

239) 오세창, "Incoterms 2011 2차 초안의 특징과 문제점", 경영경제, 제43집 제1호, 계명대학교 산업경영연구소, 2010, p.39.

의 이행은 A.1의 규정의 구체적 실현 규정이요 아울러 전 규정상에서 표현된 서류는 전자서류도 공히 인정됨을 강조하는 총칙, 즉 인도에 관한 통일국제매매관습 규정인 Incoterms의 중요한 기본원칙규정을 언급하고 있다고 볼 수 있어 타 규정에 비하여 그 중요성을 더 하는 규정이요 타 규정은 이 규정의 준수를 위한 부수 규정으로 보게 하는 의미를 지닌다고 볼 수 있다.

최종초안의 경우 "electronic record"에 "… or procedure"이 추가된 것 외는 동일한 바, 이는 이미 특징에서 언급하였듯이 종이서류와 전자서류간의 등가성과 기술 중립적 입장을 유지하고 있는 전자통신 형식 8조와 9조의 규정에 따른 모든 전자통신을 의미하기 위한 표현으로 볼 수 있다.

A.2 허가, 승인, 보안통관과 기타절차(Licences, authorizations, security clearances and other formalities)

> Where applicable, the seller must obtain, at its own risk and expense, any export licence or other official authorization and carry out all customs formalities necessary for the export. of the goods.
>
> 적용되는 경우 매도인은 자신의 위험과 비용부담으로 물품의 수출을 위해 필요한 모든 수출허가나 기타 공식승인을 취득하고 모든 세관통관절차를 수행해야 한다.

해설 동 조건하에서 매도인은 자신의 책임(위험과 비용부담)으로 수출에 필요한 수출허가 또는 기타 공적인 승인을 취득하고, 모든 세관절차를 수행하여야 함이 FAS하의 매도인의 의무이다. 그러나 EU간의 무역이나 기타 자유무역지대에 있어서와 같이 관세를 지급할 의무가 더 이상 없고, 수출입에 세관에 없는 경우에도 물품의 세관절차를 규정하고 있는 Incoterms를 사용하는데 지장이 없도록 하기 위해 "적용이 되는 경우"라는 표현이 Incoterms 2000에 이어 전 Incoterms A.2와 B.2 뿐만 아니라 A.6과 B.6에 규정되어 있다. 따라서 이 문구가 삽입되므로 Incoterms의 사용이 더욱 용이하게 되어졌다.

모든 수출허가 또는 기타 공적승인이란 사전허가와/또는 승인 또는 일반허가와/또는 승인을 의미한다. 일반적으로 매매계약은 통상적으로 수출금지나 특별관세부과 등 우연적 사건의 경우에 매도인을 보호하고자 면책규정을 두고 있다. CISG와 이에 상응하는 각국 국내물품매매법에 의하면 예컨대 예측불허 또는 합리적으로 예측할 수 없는 수출금지 등은 매매계약상의 매도인의 의무로부터 면책시킬 수 있다. 그러나 이러한 면책은 계약체결후의 우연적 사건으로 인한 경우에 해당하며, 계약체결 전에 이미 예컨대 수출금지가 이루어지고 있음에도 매도인이 이를 모른체 계약을 체결하였다면 당연히 매도인의 책임으로 면책이 허용되지 아니한다. 이런 이유 때문에 "자신의 위험과

비용부담"으로 규정되어 있다.240)

우리나라의 경우 허가는 대외무역법과 시행령에 따라 정부의 수출입 담당 해당부서장이 금지의 해제를 의미하며, 승인은 주무부서장의 위임에 따라 위임된 범위 내에서 금지의 해제를 할 때 승인이라 한다. 대게 대금지급과 연계가 있는 외국환은행에 허가와 승인권이 위임되어 있었다. 그리고 보안통관과 기타절차는 주로 세관에서 이루어지고 있는 수출통관절차 가운데 해당한다. 따라서 허가와 승인은 특수한 경우 정부 해당부서가 하지만 대게는 은행에서 세관절차는 세관에서 이루어진다.

A.2 제목 상에는 "… 보안통관과 기타절차"로 표현되어 있으나 규정에는 "… 모든 세관통관 절차"로 표현되어 있다. 규정상의 "… carry out all customs formalities …" 표현 가운데 제목에 해당하는 "보안통관과 기타 절차가 모두 포함되는 것으로 이 모든 절차는 세관에서 이루어진다."

1차, 2차, 3차 초안의 경우 Incoterms 2000상의 "where applicable"의 표현이 규정 서두에 자리를 옮겼다. 이는 Incoterms 2000의 "where applicable"은 세관절차 수행에는 적용되고 허가와 승인에는 적용되지 아니하는 의미로 해석될 소지가 있었다. 사실 세관절차 이전에 이루어지는 행위가 수출입허가와 승인임을 생각한다면 오해할 필요가 없다. 그러나 오해를 없애고 규정의 명확화를 기하기 위해 이 모든 것에 공히 적용됨을 의미하기 위해 규정의 서두에 위치하게 되었는 바, 이는 중요한 변경이다.

우리가 알고 있듯이 "where applicable"은 EU지역이나 자유무역지대 그리고 국내거래에서 Incoterms® 2010의 적용을 위해 A.2규정이 필요없고 기타 역내・역외 간 거래나 기타 국가 간 거래에는 필요함을 의미하기 위한 표현이다.

최종초안의 경우 3차 초안과 동일하다.

A.3 운송과 보험계약(Contracts of carriage and Insurance)

a) Contract of carriage

The seller has no obligation to the buyer to make a contract of carriage. However, if requested by the buyer or if it is commercial practice and the buyer does not give an instruction to the contrary in due time, the seller may contract for carriage on usual terms at the buyer's risk and expense. In either case, the seller may decline to make the contract of carriage and, if it does, shall promptly notify the buyer

b) Contract of insurance

The seller has no obligation to the buyer to make a contract of insurance. However, the seller must provide the buyer, at the buyer's request, risk, and expense (if any),

240) 오세창, 상게서, p.163.

with information that the buyer needs for obtaining insurance.

a) 운송계약

매도인은 매수인에 대한 운송계약을 체결할 의무가 없다. 그러나 매수인에 의한 요청이 있거나 매도인이 운송계약을 체결하는 것이 상관행이고 매수인이 적기에 반대의 지시를 하지 아니한다면, 매도인은 매수인의 위험과 비용부담으로 통상의 조건으로 운송계약을 체결할 수 있다. 어느 경우든 매도인은 계약체결을 거절할 수 있으며, 매도인이 거절할 경우, 그는 이에 따라 즉시 매수인에게 통지해야 한다.

b) 보험계약

매도인은 매수인에 대한 보험계약을 체결할 의무가 없다. 그러나 매도인은 필요하다면 매수인의 요청, 위험 그리고 비용부담으로 매수인이 보험계약을 체결하는데 필요한 정보를 제공해야 한다.

해설 a) 운송과 보험계약

FAS하의 매도인은 운송과 보험계약에 대하여 매수인에게 아무런 의무가 없다. 그러나 Incoterms 2000상의 "no obligation" 대신 누가 누구에 대한 운송과 보험계약체결 의무가 없음을 보다 분명히 하기 위해 "no obligation owned by the seller to the buyer"로 변경되어 초안되었다가 2차 초안 시 운송의 경우는 "There is no obligation owned by the seller to the buyer to make a contract of carriage"로, 보험의 경우 "… a contract of insurance. However, the seller must provide the buyer upon request, with the necessary information for procuring insurance"로 변경되었다가 3차 초안의 경우 상기 규정과 같이 변경되었다.

운송과 보험계약체결의 의무 당사자를 보다 분명히 한 점은 바람직한 변경이다. 보험의 However 이하의 규정의 경우, Incoterms 2000 A.10상의 둘째 절의 흡수에 따라 However가 추가 되었는 바, 보험에 관한 Incoterms 2000 A.10상의 규정은 보험계약과 관련이 있기에 관련규정을 한 곳으로 통합하여 규정하므로 사용자들의 규정 이해에 도움을 주고 있다. 다만 Incoterms규정 가운데 당연의무 규정의 경우 "provide"와 "… at it's own expense"로 표현되고, 협조의무규정의 경우 "render"와 "at the latter's request, risks and expense"로 표현되었다. 이런 맥락에서 볼 때 본 규정의 경우 "… upon request" 표현만 있는 것은 다른 협조의무규정과 달리 보험정보 제공에는 위험과 비용이 따르지 않기 때문이다. 그리고 이러한 요청이 있으면 매도인이 본인 의무로 제공할 필요가 있기에 "provide"가 규정되어 있다.

최종초안의 경우 운송계약의 경우 FCA와 같이 변경되었는바, FCA 해설을 참고하면 된다. 보험의 경우 "… provide the buyer, at the buyer's request, risk, and expense (if any), … insurance."로 변경하여 보험정보의 책임한계를 보다 분명히 하게 되었다.

A.4 인도(Delivery)

The seller must deliver the goods either by placing them alongside the ship nominated by the buyer at the loading point, if any, indicated by the buyer at the named port of shipment or by procuring the goods so delivered. In either case, the seller must deliver the goods on the agreed date or within the agreed period and in the manner customary at the port.

If no specific loading point has been indicated by the buyer, the seller may select the point within the named port of shipment that best suits its purpose. If the parties have agreed that delivery should take place within a period, the buyer has the option to choose the date within that period.

매도인은 물품을 지정된 선적항에서 매수인이 지시하는 적재지점이 있다면 그 지점에서 매수인이 지정한 선측에 물품을 적치하거나 그렇게 이미 인도된 물품을 조달함으로써 인도해야 한다. 어느 경우든 합의한 날짜 또는 합의한 기간 내에 물품을 그 항구의 관례적인 방법에 따라 인도해야 한다.

특정한 적재지점이 매수인에 의해 지시되지 아니한 경우, 매도인은 자신의 목적에 가장 적합한 지점을 선택할 수 있다. 당사자들이 인도가 일정한 기간 내에 이루어져야 함을 합의한 경우, 매수인은 그 기간 내에 날짜를 선택할 선택권을 가진다.

해설 동 조건하의 인도의 대 원칙을 설명하고 있는 조건으로 인도를 위해선 우선 인도시기를 상호 합의해야 하는 바, 합의의 경우 인도 시기는 특정날짜가 될 수도 있고 특정기간일 수도 있다. 따라서 본문상의 on the date는 정해진 날짜 그 자체가 합의한 날짜임을 알 수 있다. 이러한 규칙이 현실적으로 계약서에 명시되는 인도 시기는 특정날짜의 경우 "… on May 20, 2001"과 같이, 특정기간의 경우 "… on or about 20th May, 2001", "in the beginning of July, 2001", "… in Jan/Feb, 2001", "… during March, 2001", "… within 90 days after receipt of L/C" or "… by the 30th April, 2001"과 같이 계약서상에 표시된다. 그리고 이러한 계약서상의 인도시기 규정에 따라 L/C상의 "Latest" 다음에 이러한 시기가 표시된다.

B.3 a)에 따라 운송계약은 매수인의 의무이다. 따라서 B.7에 따라 매수인이 운송에 관한 모든 사항, 예컨대 선적항, 적재장소나 지점, 선박명, 선적시기 등을 통지하면 매도인은 매수인의 지시에 따라 선측에서 물품의 인도나 이미 선측에 제3자등에 의해 인도완료 된 물품을 확보 하되 Incoterms 2000 서문 12(항구 외 특정무역의 관습)에 따라 절대 최소한의 범위 내에의 항구의 관례에 따라 물품을 인도해야 한다. 운송계약을 매수인이 체결하기에 계약서나 L/C상에 사전에 선적항 적재장소, 선적시기 등이 합의되고 있다. 이런 경우 Incoterms 의 규정보다 계약이나 L/C 규정이 우선한다.

L/C에 의한 거래가 이루어질 경우 L/C 상에 선적항, 선적시기 또는 날짜 등은 사전

에 명시되고 추후에 매수인이 인도에 필요한 기타사항을 통지해올 경우 이에 따라 인도가 이루어지거나, 매도인이 인도에 필요한 사항 가운데 매수인이 선명을 지명해 올 경우 자국 내 해당선박의 본 지점이 있는 경우 선사와 연락하여 구체적으로 적재장소, 시기, 방법 등을 정하여 실시하고 있다.[241)]

전통적인 해상전용조건인 FAS, FOB, CFR, CIF의 경우 A.4상의 "the seller must deliver the goods or procure goods delivered"의 경우 "procure goods delivered"의 개념이 각기 다르다. FAS의 경우 예컨대 매도인 아닌 제3자, 즉 하청제조업자가 매도인의 요청에 따라 제품을 제조하여 선측에 인도할 경우에 대비한 의미이고, FOB의 경우 초기 FOB의 개념, 즉 매도인이 주문한 물품이 매도인이 지정한 본선에 무사히 적재된 경우에 대비한 의미이며, CFR과 CIF는 Incoterms 2000 서문에서 인정한 기적품(afloat goods)과 연쇄판매계약의 경우 제3자에 의해 기적된 물품에 대비한 의미이다. 따라서 이들의 개념에 대한 분명한 설명이 있어야 한다. 특히 일차상품의 경우 산적화물(bulk cargo)이 대부분인데 제조물품인 goods로 표시되어 있어 이에 대한 구분을 표시할 필요가 있다.[242)]

Incoterms 2000 A.4와 비교해 볼 때 우선 인도해야 하는 물품의 인도 방법을 매도인이 직접인도도 가능하고 제 3자에 의해 이에 인도된 물품의 간접인도도 가능하게 하므로 인도방법의 범위에 대하여 분명화를 도모하고 있다. 그리고 적재장소를 적재지점으로 변경함으로써 계약상의 적재장소와 실제 인도지점간의 괴리를 두고 논란이 되어 왔는 바, 안내문에 따라 인도지점으로 정확한 인조지점이 합의되지 아니한 경우 인도장소 내에 여러 인도가능 지점이 있을 경우 매도인의 선택권을 인정하여 그가 지정한 지점이 바로 인도장소가 되게 한정하므로 매매계약의 중요성 제고와 인도장소에 대한 논란 방지, 인도장소에 대한 서로의 인식차이로 인한 위험과 비용에 관한 문제 등을 해결할 수 있게 하고 있다.

1차 초안의 경우 인도방법에 관한 합의가 없을 경우를 대비하여 인도 방법에 대한 규정으로 "failing agreement between the parties … with A.4"를 두고 있는 점을 제외하면 Incoterms 2000 A.4와 동일하다.

2차 초안의 경우 1차 초안과는 달리 상기의 원칙에 따라 초안된 3차 초안과 내용면에서 동일하나 표현상에 있어 동일 의미의 상이한 표현, 즉 2차 초안상의 "… loading point named by the buyer, if any such point is named, at the named point of shipment …" 대신 3차 초안 상에는 "… loading point if any, indicated by the buyer at the named port of …"로 표현되어 있다.

최종초안의 경우 건별선측인도 방법과 연속매매에 대비한 인도방법을 하나의 문장으로 표현하였다. 3차 초안의 표현을 하나의 문장으로 연결하되 별도로 인도방법을 제시함으로써 3차 초안보다 인도방법상에 오해를 방지하고 단순화 · 분명화를 시도하였

241) 오세창, 상게서, p.191.
242) 오세창, 상게서, pp.44-45.

다. 그리고 3차 초안상의 특정인도지점이 합의되지 아니한 경우에 대한 매도인의 선택규정 외에 인도가 일정기간 내에 이루어져야 하는 경우의 그 기간 내에 인도날짜의 선택권을 매도인에게 허용함을 추가 규정함으로써 선적항의 혼잡과 선박사정을 고려한 매도인의 이행을 원활히 하도록 돕고 있다.

A.5 위험의 이전(Transfer of risks)

> The seller bears all risks of loss of or damage to the goods until they have been delivered in accordance with A4 with the exception of loss or damage in the circumstances described in B5.
>
> 매도인은 B.5에서 규정하고 있는 상황에서 발생한 멸실이나 손상의 경우를 제외하고는 물품이 A.4에 따라 인도완료될 때까지 물품의 멸실이나 물품에 대한 손상의 모든 위험을 부담한다.

해설 오늘날 국제간의 거래는 Incoterms가 표시되고 있기에 위험이전에 관한 CISG 66조-70조까지의 규정이 실제 필요 없다. 그러나 Incoterms의 규정에도 불구하고 당사자들이 특별히 합의하면 계약자유의 원칙과 계약내용우선원칙에 의해 특별합의 내용이 우선한다. 그러나 달리 합의하지 아니하고 Incoterms와 CISG가 준거법 내지 거래조건계약으로 표시될 경우 Incoterms의 규정이 우선하여 적용된다. 왜냐하면 거래조건에의 합의가 준거법에 우선하기 때문이다.

전 Incoterms는 물품의 멸실 또는 물품에 관한 손상의 위험은 매도인이 A.4에 따라 자신의 인도의무를 이행완료한 때 매도인으로부터 매수인에게 이전한다는 동일한 대원칙에 근거하고 있다.

FOB, CFR과 CIF A.5는 물품이 선적항구 본선난간을 통과완료한 때 위험이 이전함을 상세하게 규정하고 있다.

이러한 전 Incoterms의 규정은 CISG의 위험이전에 관한 일반원칙에 일치하여 위험의 이전을 물품의 인도와 연계시키고 있지 소유권이전이나 계약체결시기와 같은 기타 상황과 연계시키고 있지 아니하다. 그러기에 Incoterms에도 CISG에도 물품에 관한 권리나 물품에 관한 기타 소유권의 이전을 다루고 있지 아니하다.

여기의 물품의 멸실 또는 물품에 관한 손상위험의 이전은 A.1과 A.9에 근거해서 볼 때, 우연적 사건의 위험과 관련이 있으며, 매도인이나 매수인에 의해 야기된 손실이나 손상, 예컨대 물품의 부절적한 포장이나 화인에 의해 일어난 손실이나 손상을 포함하지 아니한다.

따라서 비록 손상이 위험이전 후에 일어났다 해도, 물품이 계약에 일치하게 인도되지 아니한 사실에 동 손상이 기인한다면 매도인은 여전히 물품의 멸실 또는 물품의 손상위험을 책임져야 한다.

전 Incoterms의 A.5는 B.5의 규정을 제외하고"라는 규정을 두고 있는 바, 이는 매수인이 자신의 의무를 적절하게 이행하길 해태한 이유로 조기위험이전의 결과를 초래할 수 있는 B.5에 명시된 상황 하의 위험이전에 관한 대원칙(main rule)에 대한 예외가 있음을 의미한다.[243)]

Incoterms 2000과 1차, 2차, 3차 초안의 내용은 동일하다. 다만 표현상에 있어 Incoterms 2000 전 A.5상에 불필요한 표현이었던 "… until such time as …"를 삭제한 점에 차이가 있을 뿐이다.

최종초안의 경우 3차 초안상의 "subject to the provision of B.5"의 표현을 동일한 의미의 보다 분명한 표현으로 변경 된 것 외는 내용상에 변경된 것은 없다. 다만 "… must bear …"가 "… bear …"로 변경과 "… in accordance with A.4"가 "… in the circumstances described in B.5"로 변경에 대한 문제점은 이미 다른 규정에서 언급한대로다.

A.6 비용의 이전(Allocation of costs)

The seller must pay

a) all costs relating to the goods until they have been delivered in accordance with A4, other than those payable by the buyer as envisaged in B6; and

b) where applicable, the costs of customs formalities necessary for export as well as all duties, taxes and other charges payable upon export.

매도인은 다음의 비용을 지급해야 한다.

a) 물품이 B.6의 규정에 따라 매수인이 지급받을 수 있는 비용 외에 A.4에 따라 인도 완료될 때까지 물품에 관한 모든 비용; 그리고

b) 적용되는 경우 수출 시에 지급할 수 있는 모든 관세, 제세 그리고 기타비용뿐만 아니라 수출을 위해 필요한 세관절차비용.

해설 매도인의 비용분기점인 A.4에 따른 인도완료 시까지 물품에 관한 모든 비용의 지급은 물론이고, 인도완료를 위해 필요한 수출통관시에 지급되는 세관절차 비용, 관세, 제세, 기타비용 등 제비용 역시 비용의 분기점인 인도완료 전에 필요한 비용으로 역시 매도인이 지급해야 한다.

단, 본 규정 마지막 절 규정의 경우 이행에 따른 당연비용부담원칙으로서 수출과 관련한 비용으로, EU간의 무역이나 자유무역지대간의 거래에 있어서와 같이 수출이나 이에 따른 관세 등의 제 비용의 지급이 필요없는 경우에는 이 부분의 규정은 적용되지 아니한다.

세관절차에는 통관절차, 통관을 위한 보세창고 반입절차 등이 모두 포함되며 이에

243) 오세창, 상게서, pp.192-193.

따른 비용을 지급해야 한다.[244)]

1차, 2차 3차 초안의 내용은 동일하나 Incoterms 2000과 비교해 볼 때 상기 위험이전에서 언급한 바와 같이 불필요한 표현의 삭제와 추정적으로 당연히 알 수 있으나 규정자체로 보면 Incoterms 2000상의 "통관절차비용"이 수출과 수입 중 어느 것을 의미하는지에 대해 불분명하였다. 1차, 2차, 3차 초안의 경우 "… the costs of customs formalities necessary for export …"로 표현하므로 추정의 의미를 구체적으로 명시화한 점이 다르다.

최종초안의 경우 3차 초안상의 "subject to the provision of B.5" 표현은 동일한 의미의 보다 분명한 표현으로 변경된 점과 역시 일반적 표현인 "… in accordance with A.4" 대신에 보다 분명한 표현으로 된 "… as envisaged in B.6"로 변경된 것 외 내용상의 변경은 없다. 그러나 이들에 대한 문제 · 대안은 이미 다른 규정에서 언급한 대로이다.

A.7 매수인에게 통지(Notices to the buyer)

The seller must, at the buyer's risk and expense, give the buyer sufficient notice either that the goods have been delivered in accordance with A4 or that the vessel has failed to take the goods within the time agreed.

매도인은, 매수인의 위험과 비용으로, 물품이 A.4에 따라 인도완료 된 사실이나 본선이 합의한 시기 내에 물품을 수령하지 못한 사실을 매수인에게 충분한 통지를 해야 한다.

해설 Incoterms 2000의 경우 매도인에 의해 물품이 인도완료 된 사실의 통지를 규정하고 있어, 이는 B.7에 의한 결과적 사실을 염두에 둔 규정이다. 그러나 현 규정은 결과적 사실의 통지보다는 B.7에 의해 대개 L/C나 계약시등을 통해 사전에 합의되는 인도 기간 내에 물품이 언제, 어느 지점에서 인도될 예정임을 매수인에게 합리적으로 통지하므로 매수인으로 하여금 B.3에 따른 운송계약과 B.7에 따른 통지에 차질이 없게 하도록 하고 있다. 이는 운송계약체결의무가 원칙적으로 매수인에게 있고 이런 계약체결에 따라 매수인이 매도인에게 선박명과 인도지점등을 통지하면 매도인은 수동적으로 인도하고 인도된 사실의 통지보다는 오히려 매도인이 비록 매수인의 요청과 관례에 따라 자신이 운송계약을 체결하는 경우를 제외하고는 원칙적으로 운송계약체결의무는 없다해도 적극적으로 매수인의 운송계약체결과 그 결과의 통지를 보다 용이하게 해주는 효과가 있다. 따라서 Incoterms 2000의 수동적 규정보다는 현 규정이 적극적이고 효과적인 통지규정이라 할 수 있다.

특히 매수인에 이해 지명된 선박이 적기에 입항하지 못할 경우 통지하게 하므로 무역거래에 있어 ABC에 해당하는 중요한 사실이지만 소홀히 하기 쉬운 통지의 중요성

---

244) 오세창, 상게서, p.195.

제고와 B.6에 의한 사전위험이전을 줄여 결국 매수인으로 하여금 이행전 위험이전에 따른 추가 손실이나 손상의 방지와 나아가 경비의 절감을 가져오는 효과가 있다.

1차 초안은 Incoterms 2000과 동일하게 수동적으로 인도사실에 초점을 둔 규정을 하였으나 2차 초안의 경우 인도기간이 합의된 경우 물품이 인도될 날짜에 관해 합리적 통지의 의무를 FAS하의 매도인의 중요한 통지의무를 규정하였다. 3차 초안의 경우 위와 같은 이유에서 2차 초안보다 인도날짜, 인도장소, 지명 선박불착 등 실질적으로 중요한 매도인의 통지의무를 규정하고 있다.

최종초안의 경우 3차 초안상의 규정을 단순하면서도 분명한 규정으로 표현변경 외 내용적으로는 본선적기 불착의 경우 3차 초안의 경우 지체없이 통지하도록 하고 있었으나 최종초안 상에는 이런 표현은 없다. 그러나 매수인은 물론이고 매도인도 경우에 따라서는 운송계약 체결의무가 있기에 이런 경우 "지체없이"(without delay) 통지할 필요성이 있기에 동 표현의 삭제는 통지의 적시성을 두고 논란의 여지가 있다.

A.8 인도서류(Delivery document)

The seller must provide the buyer, at the seller's expense, with the usual proof that the goods have been delivered in accordance with A4.

Unless such proof is a transport document, the seller must provide assistance to the buyer, at the buyer's request, risk and expense, in obtaining a transport document.

매도인은 매수인에게 자신의 비용으로 물품이 A.4에 따라 인도완료 되었다는 통상의 증거를 제공하여야 한다.

이러한 증거가 운송서류가 아니라면 매도인은 매수인에게 매수인의 요청, 위험 그리고 비용분담으로 운송서류를 취득하는데 있어 협조를 제공하여야 한다.

해설 첫째 절은 FAS가 COD거래이기에 이에 따라 필요한 인도증거의 필수제공의무를 규정하고, 둘째 절의 규정에서는 모든 운송수단에 의한 거래의 가능성을 전제한 CAD거래를 대비하여 필요한 운송서류를 협조제공의무로 규정하고 있다. CISG는 30조를 통해 물품에 관한 서류를 교부하며 물품의 소유권을 이전하도록 원칙만 규정하고 있을 뿐 구체적인 서류의 종류와 소유권 이전방법을 규정하고 있지 아니하다. 그러나 국제거래에 제공되는 구체적인 서류는 Incoterms에 따라 A.1, 2, 8, 10, B.10에서보다 구체화되고, L/C에서 명시되고 있다. 이러한 관례의 구체적인 예를 제시하면 다음과 같다.

계약서상의 지급방법이 신용장에 의한 지급이고, 거래조건이 FAS의 경우 신용장 상에 "... accompanied by the following documents marked X ..."를 통해 동 조건에 맞는 서류를 X하게 되거나 별도로 표시하게 된다.

이를 서류에 적용되는 원칙은 CFR과 CIF의 A.8과 동일하다.[245)]

이미 앞에서도 언급하였듯이 Incoterms의 양축은 EXW와 DDP이고 이 양축 사이에 9가지의 인도에 관한 계약조건이자 견적(가격)조건인 정형거래조건이 있어 오늘의 국제거래가 이루어지고 있다. 그러나 다른 측면에서 Incoterms를 보면 Incoterms의 제정의 뿌리는 FOB이고 이 FOB가 두 방향으로 변형되었는바, CAD로의 변형과 원칙은 COD계약이나 합의에 의해 CAD거래로 할 수 있게 변형되어 전자에 속한 것이 EXW, FCA, FAS, FOB, DAP, DEQ, DDP이고 후자에 속한 것이 CFR, CIF, CPT, CIP라 할 수 있다.

이러한 현상의 증거가 전자의 경우 B.4와 B.8, 후자의 경우 역시 B.4와 A.8을 통해 알 수 있다. 다시 말해서 전자의 경우 B.4를 통해 매수인 물품이 A.4에 따라 인도완료된 때 물품을 수령해야 하고, A.8을 통해 인도완료에 따른 통상의 인도증거를 매도인은 자신의 비용으로 준비하여 매수인에게 제공해야 하고, 매수인의 요청과 위험, 그리고 비용부담으로 통상의 인도증거 대신 운송서류를 취득하게 매수인에게 매도인이 제공해야 함을 규정하고 있다. 그리고 후자의 경우 B.4를 통해 물품의 인도에 따라 물품을 수령하는 목적지 장소내지 항구에서 운송인으로부터 물품을 수리해야 하고, A.8을 통해 처음부터 운송서류를 매도인 자신의 비용으로 취득하여 매수인에게 제공하게 하고 있다.

이러한 원리에 따라 FAS A.8의 경우 위에서 언급한 대로 첫째 절의 규정은 COD를 위한 규정이고 둘째 절의 규정은 CAD를 위한 규정이라 할 수 있다.

3차 초안의 경우 Incoterms 2000 A.8의 첫째 절 말미의 "… with usual proof of delivery of the goods in accordance with A.4" 표현 대신에 현 규정과 같이 되었으며, 1차 초안의 경우 Incoterms 2000 A.8 말미의 표현이 "… goods, whether in paper or electronic form, in accordance with A4"로 변경되었고, 2차 초안의 경우 3차 초안 말미의 "… in accordance with A4" 표현 삭제로 현 규정과 같이 되었다.

이러한 변경은 Incoterms 2000 A.8상의 "… usual proof of delivery of the goods in accordance with A.4" 표현 가운데 "… delivery of the goods …"의 표현을 "… in accordance with A4"와 연계하여 구체화한 것이라 할 수 있다.

둘째 절의 경우 동일한 의미이지만 Incoterms 2000 규정표현을 단순화한 표현으로 볼 수 있다. 다만 Incoterms 2000 규정상의 "… every assistance …" 상의 "every"를 삭제하였는 바, 이는 이미 설명한대로 이 표현의 순수의미와 달리 매도인에게 과도한 의무부과의 느낌을 줄 수 있기 때문에 삭제되었다.

Incoterms 2000 A.8의 셋째 절의 경우 COD와 CAD에 필요한 서류는 EDI서류로 대체될 수 있다는 규정이었으나 Incoterms® 2010은 A.1상에서 언급한대로 A.1-A.10상의 모든 서류를 전자서류로 대체될 수 있다는 표현에 흡수되었다.

1차 초안의 경우 둘째 절상의 규정은 "every"를 제외하고는 Incoterms 2000의 둘째 절 규정과 일치하게 통일되었다. Incoterms 2000의 셋째 절은 A.1에 흡수되었다.

최종초안의 경우 3차 초안과 동일하다.

---

245) 오세창, 상게서, pp.179-180.

A.9 확인 – 포장 – 화인(Checking – packaging – marking)

The seller must pay the costs of those checking operations (such as checking quality, measuring, weighing, counting) that are necessary for the purpose of delivering the goods in accordance with A4, as well as the costs of any pre-shipment inspection mandated by the authority of the country of export.

The seller must, at its own expense, package the goods, unless it is usual for the particular trade to transport the type of goods sold unpackaged. The seller may package the goods in the manner appropriate for their transport, unless the buyer has notified the seller of specific packaging requirements before the contract of sale is concluded, packaging is to be marked appropriately.

매도인은 수출국정부당국의 법에 의한 모든 선적전검사비용 뿐만 아니라 A.4에 따라 물품을 인도하는데 필요한 품질확인, 검측, 검량, 검수와 같은 확인활동 비용을 지급해야 한다.

매도인은 특수한 거래가 무포장 상태로 매각된 물품의 형태로 운송하는 것이 관례가 아니라면 매도인은 물품의 운송을 위해 적합한 방법으로 물품을 포장할 수 있다. 다만 계약이 체결되기 전에 매수인이 특정한 포장을 매도인에게 통지한 경우에는 그러하지 아니하다. 포장은 적절하게 화인이 되어 있어야 한다.

해설 A.4에 따라 물품을 인도하기 위해 필요한 이러한 활동의 필요성과 활동에 따른 비용지급의 필요성과 의무는 A.1의 매도인의 의무를 보완하는 성격이 있기 때문이다. 실제 신용장 상에 A.1을 보완하는 일치의 증거서류로 검사, 검량, 검측증명서를 요구하는 경우가 있다. 여기의 각종 증명서는 바로 계약의 7대 조건 가운데 하나인 품질과 수량조건에 있어 품질과 수량의 확인시기에 관한 계약서상의 묵시적 합의 규정의 결과이다. 다시 말해서 품질이나 수량의 결정시기에 관한 명시적 합의가 없는 경우로서 FAS를 결정한 경우 동 규정에 의해 품질과 수량의 결정시기는 수량과 품질의 결정시기를 선적지로 함을 묵시적으로 합의한 꼴이 되며, 이에 따라 각종서류는 합의의 입증서류가 된다. 이러한 사실은 전 Incoterms A.9에 공히 적용된다. 그리고 곡물, 철강, 목재 등의 산적화물(bulk cargo)이나 기타 화물의 성격에 따라 물품을 무포장상태로 발송하는 것이 관례가 아닌 한, 컨테이너운송, liner운송, 부정기선운송 등과 같은 운송방식과 운송(단거리, 중거리, 장거리)의 목적지(항구 또는 내륙지 등)등 운송에 관한 상황을 계약체결 전에 매도인이 알고 있는 한, 그 범위 내에서 물품의 안전운송을 통한 내용물품의 보호를 위해 운송상황에 걸맞는 필요한 포장을 매도인은 자신의 비용으로 준비하여 제공해야 한다.

이런 경우 완전한 포장은 적절하게 화인(shipping marks)이 되어 있는 상태를 의미한다. 화인의 종류는 위에 언급한 대로이다.[246)]

Incoterms 2000 A.9의 내용과 1차, 2차, 3차 초안의 내용이 기본적으로 같다. 실제

Incoterms 2000 A.9규정과 1차, 2차 초안의 규정은 Incoterms 2000 A.9 첫째 절상의 문법상의 문제가 있는 "… which are …"를 "… that are …"로, 그리고 둘째 절상의 표현 가운데 "… which is required for" 대신 "… required …"로 변경된 것 외에는 같다. 그러나 3차 초안의 경우 첫째 절의 경우 상기 Incoterms 2000의 규정 표현을 살리되 첫째 절상의 말미 표현으로 that에 연결된 "… for the purpose of placing the goods …" 표현은 이미 A.4에 언급이 되어 있기에 이중표현을 피하면서 A.4의 규정 자체의 실현을 위해 필요한 검사 활동이여야 한다는 의미에서 동 표현 대신에 "… for the purpose of delivering the goods in accordance with A.4"로 변경되었는바, 바람직한 변경이다.

둘째 절의 경우 Incoterms 2000 1차, 2차 초안상의 "… provide …packaging"의 표현 대신에 동일의미의 단순한 그러면서 포장의 의미는 강조하는 표현인 "… package the goods"로, 그리고 Incoterms 2000 1차, 2차 초안상의 "… for the transport of goods" 대신에 "… for the transport of goods arranged by it"로 변경하므로 물품의 운송이 누구에 의해 준비된 물품임을 강조하고 자신이 준비한 물품의 운송에 필요한 포장을 하도록 강조하는 표현을 하고 있으며, Incoterms 2000의 1차, 2차 초안상의 "… to the extent that …" 대신에 "… where applicable for any subsequent transport to the extent that"로 변경하므로 필요한 경우, 즉 어떤 운송 형태에도 적용가능한 조건의 경우나 운송 중 전매를 허용하고 있는 해상전용조건의 경우에 있을 수 있는 후속 운송까지 염두에 두고 포장을 하도록 강조하고 있다.

따라서 "… arranged by it …"나 "… where applicable, for the subgequest transport …"의 추가는 포장의 중요성과 포장의무를 새삼 강조하는 표현이라 할 수 있다.

이렇게 볼 때 포장으로 인한 분쟁 예방에 발전을 기하면서 A.4와 A.9의 관계를 연계시키므로 규정간의 이해의 폭을 증대시키고 있다.

그러나 최종초안의 경우 3차 초안에 비해 규정적으로 보면 대폭 변경하였다. 그 내용을 보면 최종초안의 경우 3차 초안에 비하여 규정표현으로 보면 "The seller … arranged by it and, where applicable, for any subsequent transport extent that the circumstances …"를 현 규정 둘째 절과 같이 규정하므로 대폭 변경하였다. 그 내용을 보면 물품에 따라 특수한 포장이 필요한 경우 매수인은 매도인에게 계약체결 전에, 요구하게 규정하고 일반적 의미의 운송에 필요한 적합한 포장을 요구하므로 포장조건에 통일적 규정을 강조하던 종전 초안과 달리 일반적인 포장의 정의를 하고, 특수한 포장이 필요한 경우 규정을 통한 통일된 규정의 불가능을 안고 당사자들이 계약체결 전 사전에 통지하게 하므로 포장규정의 단순화를 기도하고 있다.

246) 오세창, 상게서, pp.201-202.

A.10 정보협조와 관련비용(Assistance with Information and related costs)

The seller must, where applicable, in a timely manner, provide to or render assistance in obtaining for the buyer, at the buyer's request, risk and expense, any documents and information, including security-related information, that the buyer needs for the import of the goods and/or for their transport to the final destination.

The seller must reimburse the buyer for all costs and charges incurred by the buyer in providing or rendering assistance in obtaining documents and information as envisaged in B10.

매도인은, 적용되는 경우, 시의 적절한 방법으로 매수인의 요청, 위험 그리고 비용부담으로 매수인이 물품의 수입과 최종도착지까지 물품의 운송을 위해 필요로 하는 모든 서류와 보안관련 정보를 포함하여 정보를 제공하거나 취득하는데 협조를 제공하여야 한다.

매도인은 매수인에게 B.10에 따라 서류와 정보를 제공하거나 취득함에 있어 협조를 제공하는데 매수인이 지급한 모든 비용을 변상하여야 한다.

해설 A.10의 성격은 표현상의 차이는 있어도 매도인은 매수인의 요청과 위험과 비용부담으로 매수인이 물품을 수입하거나 필요한 경우 최종목적지까지 운송에 필요할 수 있는 서류, 예컨대 원산지증명서, 무고장부품증명서, 보건증명서, 검역증명서 등이 인도국이나 원산국 또는 인도국과 원산국에서만 발급되거나 발송되는 경우, 인도국이나 원산국에 있는 매도인은 이들 서류와 보안관련정보를 포함한 정보를 취득하는데 협조를 그리고 수출입에 필요한 보안정보를 매수인에게 제공해야 한다는 것이 전 Incoterms의 기본정신이다. 그러나 일체의 운송형태에 적용되는 조건들과 보안정보를 포함한 일체의 책임을 매도인이 부담하는 DDP와 달리 해상전용조건들의 경우 컨테이너와 달리 선적 시 또는 인도 시 육안으로 보안점검이 가능하기에 수출을 위한 보안정보는 필요없고 수입을 위한 보안정보만 필요하기에 수입과 최종목적지까지 운송에 필요한 정보만 요구된다.

이렇게 인도국이나 원산국 또는 인도국과 원산국에서 발급되거나 발송되는 서류의 취득을 요구하는 것은 수입국의 입장에서 볼 때 일종의 수입규제일 수도 있다.

전 Incoterms를 통해 매도인이나 매수인이 상대방에 대하여 제공해야 할 의무의 경우 자신의 책임 하에 본인으로서 제공할 의무를 필수제공의무(당연의무)로 하여 provide로 표시하고, 상대방의 요청과 위험과 비용부담(상대방 책임)으로 대리인으로서 제공할 의무를 협조제공의무로 하여 render로 표시하고 있음을 주의해야 한다. 그리고 협조제공의무건 필수제공의무건 제공의무는 필수적이다. 여기의 서류 가운데 B.9상의 검사증명서들도 포함할 수 있으며, 이 경우 이 서류들은 품질이나 수량의 증명방법에 관해 계약서상에 달리 언급이 없는 경우 동 조건의 A.9에 따라 선적지 증명방법임을 입증하는 서류가 된다. 이러한 사실은 전 Incoterms A.10에 모두 적용된다.[247]

1차 초안의 경우 EU등을 전제한 “where applicable”의 표현, 제공방법과 시기의 표현, 보안정보표현, “전자서류인정” 표현 등의 신설과 과중한 협조부담을 줄이기 위해 “every”의 삭제, 불필요한 “A.8서류” 표현의 삭제를 제외하면 Incoterms 2000과 동일하다.

2차 초안의 경우 1차 초안내용의 표현단순화 예컨대 종이서류와 전자서류의 일치의 인정에 따른 “whether in paper or electronic form”의 삭제와 제공의무에 있어 필수와 협조가 있을 수 있기에 “render”를, “… provide to or render …”로의 변경, 보험정보의 A.3 b)의 규정에 따라 보험정보 제공규정의 삭제, B.10에 따른 매수인의 협조의무에 따른 비용지급규정의 신설외는 1차와 동일하며, 3차 초안의 경우 표현의 단순화 예컨대 “… that the buyer many require …” 대신 “… that the buyer needs for …”로 변경 외는 2차와 동일하다.

둘째 절상의 “… in providing or rending assistance in obtaining …”의 경우 B.10과 연계되기에 B.10의 규정 둘째 절의 규정을 보면 역시 “… in providing or rending assistance in obtaining for the seller, at the latter's request, risk and expense …”로 규정되어 있어 양 규정을 비교해보면 필수 협조의무 규정임이 틀림이 없다. 따라서 “… providing or …”를 삭제 필요가 있다. 그러나 providing or rending과 연계된 B.10의 “… at latter's request, risk and expense …” 표현이 매도인의 요청에 따라 매수인의 위험 없이 매수인이 필수적으로 제공할 수 있는 경우와 매도인의 전적 책임 하에 이루어지는 경우를 모두 포함하는 의미로 필요에 따라 이원화 되는 표현으로 해석할 수 있는 표현으로 해석한다면 동 표현은 그대로 두어도 이해가 될 수 있다. 그렇다면 기타 모든 Incoterms 규정에도 A.10이나 B.10의 규정과 마찬가지로 “… provide or render …” or “… providing or rending …”과 같은 표현이 필요할 수 있다.

최종초안의 경우 3차 초안상의 “… in a timely fashion …”이 “… in a timely manner …”로, 변경된 것 뿐 내용면에서 변경된 것은 없는 바, 이러한 변경은 동일한 의미의 세련된 표현이라기 보다는 막연한 제공시기와 방법표현보다 분명한 제공시기와 방법을 표현하기 위한 것이라 할 수 있다.

B. 매수인의 의무(THE BUYER'S OBLIGATIONS)

B.1 매수인의 총칙의무(General obligations of the buyer)

> The buyer must pay the price of the goods as provided in the contract of sale.
> Any document referred to In B1-B10 nay be an equivalent electronic record or procedure if agreed between the parties or customary.

247) 오세창, 상게서, p.203.

> 매수인은 매매계약상에 규정된 대로 물품의 대금을 지급하여야 한다.
> B.1에서 언급하고 있는 모든 서류는 당사자들 간에 합의하거나 관례라면 동등한 전자기록에 의해 대체될 수 있다.

해설 B.1의 규정은 매수인에 대한 A.1의 경상규정이면서 매수인의 제일의 의무규정을 규정하고 있으며, Incoterms의 모법에 해당하는 CISG 53조에서 59조까지 규정의 세부규정이라 할 수 있다. 그러나 CIGS 규정에 비하면 그 내용이 지극히 단순하게 되어있다. 그러나 CISG 53조규정 가운데 "… as required in contact of sale"와 달리 B.1의 규정에는 "… as provided in a contract of sale"로 규정되어 있는 바, 여기서의 "… provided …"는 CISG상에서의 계약에 따라 요구할 수 있는 내용, 즉 일반적으로 계약에 따라 일반적인 요구사항에 따른 지급규정과 달리 B.1의 "… provided"는 특정계약에서 구체적으로 규정하고 있는 지급방법, 지급장소 등에 따라 지급해야 함을 규정하고 있다. 전자가 포괄적 계약규정을 의미한다면 B.1의 계약은 특정 개별계약의 성격이 강하다. 그러나 특정계약은 물품에 따라 당사자들간의 사정에 따라 다를 수 있기에 B.1의 지급규정에 대한 시행세칙에 해당하는 해당 L/C나 계약서상에 구체적으로 규정하여 반영된다.

그리고 A.1에서 언급한대로 전 Incoterms B.1-B.10상에 규정되어 있는 서류는 B.1 둘째 절 규정과 같이 당사자들 간에 합의하거나 관례라면 종이서류와 동등한 전자기록으로 대체될 수 있다는 표현으로 대체된 것 외는 Incoterms 2000 A.1과 1차, 2차, 3차, 최종초안의 내용이 똑같이 변경된 것이 없다.

A.1에서 언급하였듯이 B.1의 제목자체가 Incoterms 2000, 1차, 2차상의 "payment of the price" 대신에 "General obligation of the buyer"로 변경된 것은 차이가 있으나, B.1 둘째 절상의 규정표현 때문에 제목이 이렇게 변경된 것 같다. 그러나 B.1의 제목의미와 달리 B.1의 규정은 매수인의 총칙의무규정이라기 보다는 매수인의 입장에서의 물품을 수령하여 검사를 하기 전에 먼저 지급을 해야 하기 때문에 가장 중요한 매수인의 의무라 할 수 있으며, 나머지 규정은 A.2-A10의 A.1의 부수규정 같은 성격이 아니라 A.2-A10의 경상의 의무, 즉 매도인의 매수인에 대한 의무에 대한 매수인의 매도인에 대한 의무규정 내지는 위험과 비용, 그리고 기능에 대한 책임의무규정이라 할 수 있다.

B.2 허가, 승인, 보안통관과 기타절차(Licences, authorizations, security clearances and other formalities)

> Where applicable, it Is up to the buyer to obtain, at its own risk and expense, any import licence or other official authorization and carry out all customs formalities for

> the import of the goods and for their transport through any country.
>
> 적용되는 경우, 자신의 비용으로 모든 수입허가나 기타 공식적인 승인을 취득하고 물품의 수입과 제 3국으로 물품의 운송을 위한 모든 세관 절차를 수행해야 한다.

해설 동 조건하에선 수입의 허가와 기타공적승인의 취득과 물품의 수입과 제3국으로 물품의 통과를 위한 세관절차가 EU 지역 간이나 자유무역지대와 같이 관세를 지급할 의무가 더 이상 없고, 수출입에 제한이 없는 경우를 제외하고 이들이 필요한 경우 당연히 매수인의 책임과 부담으로 수행해야 한다.[248)]

Incoterms 2000 B.2상의 "The buyer must obtain …, and carry out, where applicable, …" 표현 대신 "where applicable, it in up to the buyer to obtain …"으로 표현이 변경되었으나 그 내용은 변경된 것이 없어 보인다. 그러나 중요한 변경이 있다.

이미 A.2에서도 언급하였듯이 "Where applicable"의 위치의 변경이다. 이 표현은 EU 지역 간이나 자유무역지대와 같이 수출입에 따른 허가, 승인, 세관절차가 필요없는 지역이나 국가 또는 국내거래에는 적용되지 아니하고 이러한 허가나 승인 그리고 절차가 필요한 경우에는 적용됨을 의미하고 있는 바, 특정 역내·지역거래, 국내거래에 동 조건 적용에 동 규정의 적용이 불필요하며, 역외 국가 간·역내·역외 간 거래에 동 조건 적용 시 동 규정의 적용이 필요함을 의미하는 표현이다.

그리고 Incoterms 2000의 경우 동 표현이 "… carry out, where applicable …"에 위치하고 있어 세관절차에 따른 동 표현이 적용됨을 의미하는 것으로 오해될 수 있어, 이런 오해를 역시 불식시키고 규정의 명확화를 도모하기 위해 규정 서두에 위치하게 되었다. 종전 같이 위치한다 해도 문제는 없다. 왜냐하면 세관절차전에 허가, 승인이 반드시 이루어져야 하는 이른바 세관절차의 원인행위에 해당하는 것이 수출입허가나 승인이기 때문이다.

1차, 2차, 3차 초안의 규정은 변경이 없이 동일하며, 최종초안은 동일의미의 일반적 표현으로의 자구수정 외 변경된 것이 없다.

B.3 운송과 보험계약(Contracts of carriage and Insurance)

> a) Contract of carriage
>
> The buyer must contract, at its own expense for the carriage at the goods from the named port of shipment, except where the contract of carriage is made by the seller as provided for in A3 a).

---

248) 오세창, 상게서, p.163.

b) Contract of insurance

The buyer has no obligation to the seller to make a contract of insurance.

a) 운송계약

매수인은 운송계약이 A.3 a)의 규정에 따라 매도인에 의해 체결되는 경우를 제외하고, 자신의 비용으로 지정된 인도장소로부터 물품의 운송을 위해 운송계약을 체결하여야 한다.

b) 보험계약

매수인은 매도인에 대한 보험계약을 체결할 의무가 없다.

해설 a) 운송계약

A.3 a)와 A.4에 따라 매수인의 요청과 관례가 아니라면 원칙적으로 운송계약체결의무는 매수인의 당연 의무이다.

b) 보험계약

보험계약의 경우 매도인에 대한 의무사항은 아니나 매수인 자신의 이익을 위해 필요하다면 자신의 비용으로 보험계약은 자신이 취득해야 한다.[249]

FAS하에서 보험계약은 당사자 모두 상대방에 대한 의무 사항이 아니다. 그러나 자신의 이익을 위해 인도 시까지 위험대비, 수령 후 목적지까지의 운송과정에서의 위험대비를 위해 당사자들이 부보할 필요가 있을 경우 자신의 비용으로 부보하면 되나 이때 부보에 필요한 정보는 상대방이 요청하면 반드시 보험에 필요한 정보를 제공해야한다.

Incoterms 2000 상의 "no obligation" 대신 1차 초안의 경우 누가 누구에 대한 책임이 없음을 분명히 하기 위해 "no obligation owned by the buyer to the seller"로 표현되었다가, 2차, 3차의 경우 현 초안의 규정과 같이 누가 누구에게 무슨 계약을 체결할 의무가 없음을 규정하므로 1차 초안보다 규정의 표현을 더욱 분명히 하고 있다고 볼 수 있다.

그리고 Incoterms 2000과 1차 초안규정에도 없던 보험정보의 규정을 매도인의 요청에 따라 당연히 제공해야 함을 2차와 3차 초안에서 규정하고 있다.

다만 보험정보의 규정을 A.3 b)와 같이 통일 하던지 아니면 B.3 b)와 같이 통일할 필요가 있었다.

문제대안 최종초안 규정에는 보험정보규정이 삭제되었다. F-rules에 해당하는 FCA, FOB에도 마찬가지이다. 이러한 사실은 F-rules의 경우 현실적으로 매도인이 운송계약을 많이 체결하기에 A.3 a)의 단서규정은 인정된다 해도 종전 Incoterms 2000에서 인정되던 보험정보의 규정은 A.3과 B.3에 반영하여 보험에 관한 한 통합하여 규정하려는 Incoterms® 2010의 대원칙에 어긋난다. 반드시

249) 오세창, 상게서, p.190.

부활의 필요성이 있으며, 필요없다면 그 이유를 설명해야 한다. 그러나 최종초안규정에는 보험정보 규정이 삭제되었다.

B.4 수령(Taking delivery)

> The buyer must take delivery of the goods when they have been delivered as envisaged in A4.
>
> 매수인은 물품이 A.4의 규정에 따라 인도완료된 때 물품을 수령해야 한다.

해설 A.4에 따라 물품이 정히 인도된 경우 매수인은 물품을 수령하고 대금을 지급해야 한다.

이러한 수령 행위의 해태는 대금지급을 해야 할 자신의 의무를 면제시키지 못하며, B.5, B.6에 따라 물품의 멸실 또는 물품에 대한 손상위험의 조기이전과 추가비용의 지급의무를 초래할 수 있다.

물론 인수증과 교환으로 지급(인취의 확장)하거나 합의에 의한 L/C에 따라 지급이 가능할 수 있다. 후자의 경우 원칙은 COD거래이나 합의에 의한 CAD거래를 의미한다.[250]

Incoterms 2000 1차, 2차, 3차 초안은 동일하며, 최종초안의 경우 자구수정 외 내용은 3차 초안과 동일하다.

문제 대안 자구수정의 문제점에 관해서는 이미 A.6, B.5에서 언급한대로 일반적인 표현인 "accordance with …"보다는 구체적이면서 분명한 표현인 "… as envisaged in …"을 한 것으로 이해가 되나 이러한 표현의 사용배경에 대한 충분한 설명이 없으면 지금까지의 이해에 오해를 줄 수 있고 그리고 양 표현이 혼용되어 사용되고 있는 점 또한 문제이므로 통일이 필요하다.

B.5 위험의 이전(Transfer of risks)

> The buyer bears all risks of loss of or damage to the goods from the time they have been delivered as envisaged in A4.
>
> If
>
> a) the buyer fails to give notice in accordance with B7; or
>
> b) the vessel nominated by the buyer fails to arrive on time, or fails to take the goods or closes for cargo earlier than the time notified in accordance with B7, then

250) 오세창, 상게서, pp.191-192.

the buyer bears all risks of loss of or damage to the goods from the agreed date or the expiry date of the agreed period for delivery, Provided that the goods have been clearly identified as the contract goods.

매수인은 물품이 A.4의 규정에 따라 인도 완료된 때로부터 물품의 멸실이나 물품에 대한 손상의 모든 위험을 부담해야 한다. 물품이 계약물품으로서 분명하게 충당되어 있어야 한다.

다만

a) 매수인이 B.7에 따라 통지를 해태한 경우; 또는

b) 매수인에 의해 지명된 선박이 적기에 도착하지 못하였거나 물품을 수령할 수 없거나 B.7에 따라 통지된 시기보다 일찍이 화물을 마감한 경우, 매수인은 다음의 경우 인도를 위해 합의한 날짜 또는 합의한 기간의 만기로부터 물품의 멸실이나 물품에 대한 손상의 모든 위험을 부담한다.

해설 위험이전의 대원칙에 따라 A.5하의 매도인이 인도지점까지 물품의 멸실 또는 물품에 대한 손상의 모든 위험을 부담해야 하는 반면에, 매수인은 A.4에 따라 인도완료시점 이후의 위험을 부담해야 한다.

해상편으로 운송될 예정인 물품에 사용되는 조건의 경우로서 FAS의 경우 지정한 선박의 선측 예컨대 부두상이나 종선 상에서 물품을 인도하도록 되어 있는 바, 지정한 선박의 선측, 즉 지정된 선적항의 부두나 종선이 인도지점이 된다. 따라서 FAS의 경우 선박명, 적재지점, 필요한 인도시기 등에 관한 매수인의 매도인에게 통지해태는 조기위험이전의 결과를 초래할 수 있다. 왜냐하면 계약체결 시에 의도했던 것보다 더 오래 매수인이 인도와 위험이전을 지연시킬 수 있기 때문이다. 따라서 B.7에 따른 매수인의 통지해태는 인도를 위해 규정된 일자의 만기일 또는 합의일자로부터 위험을 이전시킬 수 있다(통지해태로 인한 조기위험이전 case).

만약 지명한 선박이 적기에 도착하지 못한 경우에는 또 다른 문제가 생길 수 있다. 왜냐하면 이런 경우에 물품이 계획한 대로 선측에 놓여질 수 있기 때문이다. 따라서 조기위험이전은 이런 경우에도 발생할 수 있다(선박적기 도착불능으로 인한 조기위험이전 case).

그리고 선박이 적기에 도착하였으나 물품을 인취할 수 없거나, B.7에 따라 통지된 기간보다 일찍이 물품의 적재를 마감한 경우에도 똑같은 결과가 발생할 수 있다(선박이 지명되고 적기에 도착해도 만선, 고장 등으로 인해 물품을 인취할 수 없음으로 인한 조기위험이전 case).

이상과 같은 경우 물품은 매수인의 위험 하에 있게 된다.

이상과 같은 조기위험이전의 경우 주의를 요하는 것으로 이렇게 되기 위해서는 물품이 계약물품으로 정히 확인, 즉 물품이 계약에 정히 충당되어야 함이 필수이다.

일반적으로 물품이 발송을 위해 준비완료[251]된 때 물품이 계약에 충당되었다고 볼 수 있다.

그러나 B.7에 따라 선적일자 또는 기간에 대하여 통지해야 한다. 충분한 시간적 여유를 두고 매도인에게 매수인의 통지해태는 매수인으로 하여금 자신의 발송준비를 지연시킬 것이다. 그렇다면 매도인의 거소 또는 독립된 화물터미널에 장치되어 있는 물품의 인도를 위해 합의한 날짜 또는 기간의 만기일에 계약물품으로서 충당하는 것이 불가능할 수 있다. 이런 경우, 즉 불충당의 경우 충당이 정히 완료되어질 때까지 위험은 이전하지 아니한다.

이렇게 볼 때 위험이전에 관해 요약하면 다음과 같다.

위험이전의 3대 원칙에 따라 물품이 자신의 임의처분상태로 선측에 인도완료된 때로부터 물품에 대한 멸실 또는 물품에 대한 손상의 위험, 그리고 위험이전의 대전제조건을 충족한 경우로서 매도인에게 선적지시의 통지를 불이행하였거나 자신이 지명한 선박의 적기에 도착불이행 혹은 도착하였어도 고장 등으로 인해 물품을 자신의 보관하에 인취할 수 없거나 약정된 기간보다 일찍이 화물을 마감한 경우 인도를 위해 합의한 일자 또는 약정된 기간의 만기일로부터 물품에 관한 멸실 또는 물품에 대한 손상의 위험을 부담해야 한다.[252)]

Incoterms 2000과 1차 초안은 사전위험이전과 관련한 표현에 있어 “because”가 “where”로 변경된 경우 외는 내용과 구성이 거의 동일하며, 2차, 3차 초안 역시 예컨대 사전위험이전과 관련한 표현에 있어 “where”가 “should”로 변경되고, 사전위험이전의 대전체 원칙인 충당과 관련하여 “provided … clearly identified as the contract good” 대신 “provided … set aside or otherwise clearly identified as the contract goods, …”로 변경되는 등 약간의 표현상의 차이 외는 1차와 내용은 동일하다.

최종초안은 충당에 관한 표현에 있어 충당범위의 제한 외는 3차 초안과 동일하다.

B.6 비용의 분담(Allocation of costs)

The buyer must pay a) all costs relating to the goods from the time they have been delivered as envisaged in A4, except, where applicable. the costs of customs formalities necessary for export as well as all duties, taxes, and other charges payable upon export as referred to m A6 b); b) any additional costs incurred, either because: (i) the buyer has failed to give appropriate notice in accordance with B7, or

251) 발송준비란 구분→포장→포장에 매수인이름 부착→발송→적재의 전 과정을 발송준비로 볼 수 있고 각 과정자체가 충당으로 볼 수 있다. 이러한 과정은 충당의 중요성과 충당범위의 확대를 의미한다.

252) 오세창, 상게서, pp.193-194.

(ii) the vessel nominated by the buyer fails to arrive on time, is unable to take the goods, or closes for cargo earlier than the time notified in accordance with B7, provided that the goods have been clearly identified as the contract goods; and

c) where applicable, all duties, taxes and other charges as well as the costs of carrying out customs formalities payable upon import of the goods and the costs for their transport through any country.

매수인은 다음의 비용을 지급해야 한다.

a) 적용되는 경우 A.6 (b)에 규정된 수출 시에 지급할 수 있는 모든 관세, 제세, 그리고 기타 비용뿐만 아니라 수출을 위해 필요한 세관절차비용을 제외하고 물품이 A.4에 따라 인도 완료된 때로부터 물품에 관한 모든 비용;

b) 다음의 사유로 지급된 모든 추가비용 등:

(i) 매수인이 B.7에 따라 적절한 통지를 해태한 경우.
다만 물품이 계약물품으로 분명하게 충당되어 있어야 한다; 그리고

(ii) 매수인이 지명한 선박이 적기에 도착하지 못하였거나 물품을 수령할 수 없거나 B.7에 따라 통지된 시기보다 일찍이 화물을 마감한 경우. 또는

c) 적용되는 경우, 물품의 수입 시에 지급할 수 있는 세관절차 수행비용과 물품의 제3국 운송 비용뿐만 아니라 모든 관세, 제세 그리고 기타비용

해설 본 조건은 위험과 비용기능의 분기점이 일치하기에, 즉 매수인의 위험분기점과 비용분기점이 같기에 이행에 관련한 위험이전의 3대 원칙에 따른 비용분담 역시 같다. 따라서 B.5의 해석을 비용으로 바꾸어 생각하면 된다.

단, 차이가 있다면 이행에 따른 당연비용 부담원칙으로서 매도인의 인도완료 후로서 물품의 수입과 제3국으로 물품의 통과를 위해 지급해야 할 필요가 있는 경우, 수입세관통관과 관련한 일체의 비용을 지급해야 한다.

물론 이러한 필요가 없는 경우에는 수입세관통관과 관련한 비용은 적용되지 아니한다.[253)]

Incoterms 2000과 1차 초안의 경우 조기(사전)비용이전의 대전제원칙의 표현과 관련하여 예컨대 Incoterms 2000의 경우 충당, 구분, 확인의 표현을 사용함으로써 사전비용이전이 적용되기 위한 전제조건 충족의 중요성의 새삼 강조와 충당범위의 확대의 표현을 사용하고 있음에 비하여 1차 초안은 "분명한 확인", 즉 "분명한 충당"만을 강조하고 있음이 다를 뿐 내용은 동일하였다.

2차 초안의 경우 1차 초안과 동일하나 다만 인도가 완료된 때로부터 물품에 관한 비용부담에 있어 적용된 경우 인도 시에 매도인이 지급해야 하는 수출과 관련한 관세, 제세, 기타 비용의 지급을 제외한 인도완료후의 물품과 관련한 비용임을 분명히 하는

253) 오세창, 상게서, p.196.

표현이 추가된 점이 차이점이다. 3차 초안은 2차 초안과 동일하다. 최종초안은 3차 초안과 동일하다.

문제대안 전 Incoterms와 관련한 문제로 B.5, B.6, B.7, A.7상의 통지와 관련한 표현에 있어 이미 FCA에서도 지적하면서 대안을 제시한 바 있지만, "sufficient notice", "any notice", "reasonable notice", "application notice"가 혼용되고 있는 바, 이들의 분명한 의미를 설명하던지 아니면 통일된 표현의 사용과 더불어 그 용어의 의미에 대한 설명이 없으면 '통지'내용을 두고 규정과 관련하여 오해가 생길 수 있다.

본인의 생각으로는 B.7의 통지는 인도시기, 장소, 선박 등에 대한 결정권을 유보한 매수인의 경우 시간적으로 내용적으로 충분한 통지의 필요성에 따라 "sufficient notice"의 표현이 필요하고, A.7의 통지는 매수인이 수령준비에 필요한 조치를 취할 수 있게끔 하기 위하여 역시 시간적으로 내용적으로 충분한 의미의 "sufficient notice"의 표현이 바람직하고, 나머지 규정상의 통지는 그냥 "notice"의 표현이 오해의 소지가 없을 것 같다. "sufficient" 대신 CISG 상의 일반원칙인 "reasonable"도 바람직하다. 왜냐하면 "reasonable"은 국제무역 법규의 일반원칙규정 표현으로서 그 의미가 분명하기 때문이다.

"sufficient"가 상인들이 이해하는 표현이라면 "reasonable"은 법적인 표현이라 할 수 있다. 그러나 어느 것이든 상대방이 필요한 조치를 하는데 시간적으로 내용적으로 충분해야 한다는 의미인 것만은 사실이다.

B.7 매도인에게 통지(Notices to the seller)

> The buyer must give the seller sufficient notice of the vessel name, loading point and, where necessary, the selected delivery time within the agreed period.」
>
> 매수인은 매도인에게 선박명, 적재지점과 필요한 경우 합의한 기간 내의 선정된 인도시기에 대하여 충분한 통지를 해야 한다.

해설 동 조건하의 운송계약 체결의무는 매수인에게 있기 때문에 매수인은 계약서나 L/C에 따라 매도인이 물품을 선적하는데 지장이 없도록 선박명, 적재지점, 선적시기 등에 대하여 내용적으로 충분하고 시간적으로 여유를 두고 매도인에게 통지해야 한다. 여기의 통지내용 3가지는 필수적이고 그 외의 내용도 매도인이 물품을 인도하는데 필요하다면 통지해야 함이 묵시이다. 경우에 따라서는 L/C개설시 선박명, 적재지점, 인도시기 등이 명기되는 경우가 있을 수도 있다. 이런 경우에도 상기내용을 포함한 기타 내용을 포함한 통지를 해야 하며 이의 위반은 의무위반으로 계약위반이 되는가 하는 문제가 제기되는 바 L/C 상에 "Incoterms 2000"의 명기가 있으면 L/C계약내용이므로 반드시 해야 한다.[254]

Incoterms 2000 B.7의 규정의 말미에 "… with the agreed period"가 추가된 것 외는 변경이 없다. 1차 초안상에 동 표현이 추가된 것은 매도인이 인도를 해야 할 기간이 현실적으로 계약서나 신용장상에 명시되기 때문에 규정의 내용을 현실화시켰다고 볼 수 있다. 왜냐하면 당사자들은 계약서나 신용장상에 선적기일을 합의하고 그 기간 내에 매수인이 요망하는 인도시기를 정하여 통지하는 것이 일반적이기 때문이다. 그러나 동 표현이 추가됨으로 매수인이 인도시기의 결정에 있어 규정에 따른 별도의 인도시기를 정할 수 있는 오해의 소지를 현실의 규정화로 제거하는 효과가 있다고 볼 수 있다.

2차 초안과 1차 초안은 동일하였으나, 3차 초안의 경우 "required"를 "selected"로 변경하였는바, 이는 현실의 규정화에 있어 매수인이 운송계약을 체결하고 선박명, 적재지점 등을 통지함에 있어 인도시기 역시 자신의 필요한 시기를 선택한다는 의미에서 "selected"가 "required"보다는 바람직한 표현이라 할 수 있다.

최종초안은 3차 초안과 동일하다.

B.8 인도의 증거(Proof of delivery)

The buyer must accept the proof of delivery provided as envisaged in A8. 매수인은 A.8에 따라 제공되는 인도의 증거를 수령해야 한다.

해설 B.7에 의한 A.4에 따라 매수인이 지정한 시기에 지정된 지점에서 지정된 선박의 선측에 물품을 인도하고 매수인의 단순대리인인 운송인으로부터 발급된 인도증거서류(통상 M/R)를 매수인에게 제공하면 매수인은 이를 수령해야 하며 이의 수령이 바로 물품의 수령을 의미하는 것으로 COD의 확대(연장)라 볼 수 있다. 그러나 L/C에 의한 CAD의 경우 A.8의 규정에 따라 M/R 대신 nego서류로 운송서류를 발급받아 대금결제가 이루어지나 인도수령은 이미 이루어진 상태다. 따라서 물품이 목적지에 도착했을 때 실제물과 운송서류상의 물품이 다를 경우 검사와 이의 제기가 가능하나, 근본 CAD거래로 물품 대신 서류의 수령을 전제로 한 CFR이나 CIF 등 C-terms하의 물품의 수령방법과는 엄연히 다르다.[255)]

A.8의 인도서류가 매수인의 입장에서는 A.4에 따른 A.8의 서류가 인도의 증거가 되기에 제목을 Incoterms 2000의 "proof of delivery, transport documents or equivalent electronic message"나 1차 초안상의 "proof of delivery/ transport documents"보다 2차와 3차 초안의 제목이 바람직하다.

최종초안은 Incoterms 2000, 1차, 2차, 3차 초안과 동일하다.

---

254) 오세창, 상게서, p.198.
255) 오세창, 상게서, p.200.

B.9 물품의 검사(Inspection of goods)

> The buyer must pay the costs of any mandatory pre-shipment inspection, except when such inspection is mandated by the authorities of the country of export.
>
> 매수인은 이러한 검사가 수출국 정부당국의 법에 의한 경우를 제외하고 모든 법에 의한 선적전검사 비용을 지급해야 한다.

해설 수출국에서 매도인이 수출을 위해 관련법에 따라 당연히 자신이 해야 하는 경우는 자신의 책임과 비용으로 하지만, 매수인 수입국의 법에 따라 필요한 경우 매수인의 요청에 의해 이루어지는 모든 선적전검사는 매수인 비용부담임을 규정하고 있다. 따라서 매수인이 수입국법에 따라 선전적 필요한 검사의 경우 선적 전에 제3자에 의한 검사증명서를 자신의 책임 하에 매도인에게 요청해야 하며, 이러한 결과를 대금결제서류에 반영시켜야 한다.256)

Incoterms 2000의 B.9과 비교해 볼 때 Incoterms 2000상의 "··· of any pre-shipment inspection ···" 대신 3차 초안은 "··· of any mandated per-shipment inspection ···"과 같이 "any psi"가 "mandated psi"로 변경된 것 외는 동일하다. 그러나 종전의 규정과 달리 매도인 자신의 비용으로 이루어지는 수출국의 검사법에 의한 선적전검사 외에 매수인 자신의 필요를 위해 그리고 수입국의 법에 의해 필요한 경우 매수인이 요청하고 매도인은 이러한 요청에 따라 매수인의 비용으로 모든 선적전검사를 실시하고 그 증명서를 매수인에게 계약서나 L/C에 따라 제출해야 했던 Incoterms 2000상의 "any psi"의 개념은 수입국의 법에 의한 모든 psi의 개념으로 그 의미를 Incoterms® 2010에서는 분명히 하고 있다. 따라서 수입자 자신을 위해 필요한 psi의 경우 별도로 계약서나 L/C상에서 요구하고 그 비용을 지급해야 함을 주의해야 한다.

1차, 2차 초안은 Incoterms 2000과 동일하며, 최종초안은 3차 초안과 동일하다.

B.10 정보협조와 관련비용(Assistance with Information and related costs)

> The buyer must, in a timely manner, advise the seller of any security requirements so that the seller may comply with A10.
>
> The buyer must reimburse the seller for all costs and charges incurred by the seller in providing or rendering assistance in obtaining documents and Information as envisaged In A10.
>
> The buyer must, where applicable, in a timely manner, provide to or render assistance

256) 오세창, 상게서, p.182.

in obtaining for the seller, at the seller's request, risk and expense, any documents and information, including security-related information, that the seller needs for the transport and export of the goods and for their transport through any country.

매수인은 매도인이 A.10을 수행하기 위하여 필요로 하는 모든 보안정보요건을 시의 적절한 방법으로 통지해야 한다.

매수인은 A.10의 규정에 따른 서류와 정보를 제공하거나 취득하는데 협조를 제공하는데 있어 매도인이 지급한 모든 비용에 대하여 매도인에게 지급해야 한다.

매수인은, 적용되는 경우, 시의 적절한 방법으로 매도인의 요청, 위험 그리고 비용부담으로 매도인이 물품의 운송과 수출을 위해 그리고 제 3국으로 물품의 운송을 위해 필요로 하는 보안관련 정보를 포함하여 모든 서류와 정보를 제공하거나 그를 위해 취득하는데 협조를 제공해야 한다.

해설 A.10에 의하면 매수인의 책임으로 물품의 수출입에 필요한 보안관련정보나 서류 등을 취득하는데 매도인은 협조해야 한다고 규정하고 있는 바, 이러한 의무수행에 있어 매도인이 필요로 할 수 있는 것으로 수입국에서의 화물보안정보를 시간적으로나 방법적으로 적절하게 제공해야 할 뿐만 아니라 매수인의 요청에 따른 매도인의 협조제공의무에 따라 매도인이 지급한 일체의 비용을 지급해야 함을 규정하고 있다.

이렇게 볼 때 A.10과 B.10의 의무규정의 경우 그 필요성은 매수인이, 그 필요에 따른 협조는 매도인이, 그리고 협조에 따른 책임과 비용은 매수인이 부담해야 함을 규정한 규정이다.

그러나 provide와 render의 표현에 관한 의견은 A.10에서 설명하였지만 이렇게 표현할 수밖에 없다면 그 이유를 해설을 통해서나 아니면 선택이 추후에 이루어져야 할 것이다.

그리고 보안정보와 관련하여 A.10은 goods로, B.10은 cargo로 표현하고 있다. goods는 포장이 가능한 제조물품이고 cargo는 주로 포장이 불가능한 그러면서 대량화물인 산적화물(bulk cargo)을 의미하는 바, 이들에 대한 표현의 구분 예컨대 "any good, or cargo security information"과 같이 할 필요가 있다.

Incoterms2000 B.10의 규정은 A.10의 협조에 따른 비용지급 중심의 규정이었고, 1차 초안은 첫째 절에서 Incoterms 2000 B.10규정의 내용과 동일하나 표현에 있어 "… obtaining the documents or equivalent electronic message" 대신에 동일 표현인 "… where in paper or electronic form … and … assistance …"로 변경하고, 둘째 절에서 현 초안규정과 같은 보안정보규정 통지의 필요성이 신설되었으나 현 규정과 같은 "… in a timely fashion …"이 없었다.

2차 초안의 경우 첫째 절은 1차 초안 규정과 같았고 둘째 절의 경우 "The buyer must reimburse the seller for all costs and charges incurred by the seller in providing of rending assistance in obtaining documents and information in accordance with A.10"과 같이 초안함으로 Incoterms2000 B.10의 내용과 실질적으로 동일한 내용을 상기와 같이 표현하였다.

매수인은 매도인이 자신이 A.3 a) 단서규정에 의해 자신이 운송계약을 체결하거나 또는 매수인에 의한 운송계약체결에 따른 운송을 위해, 경우에 따라서 제3국을 경유하는 경우를 위해 필요할 수 있는 그리고 수출국에서의 물품의 수출을 위해 자신이 필요로 할지 모르는 모든 서류, 정보, 보안관련 정보를 매도인의 요청과 위험 그리고 비용으로 매도인을 위해 취득하는데 협조를 시간적으로나 내용적으로 그리고 방법적으로 적절하게 제공해야 한다.

규정 가운데 "… provide to or render …" 그리고 "… in providing or rendering …" 표현에 관한 설명은 EXW A.10과 FCA A.10의 내용을 통해 이해할 수 있다.

본 규정에서의 "where applicable"의 경우는 이미 설명한대로 EU지역 간 거래, 자유무역지대거래, 국내거래를 제외한 거래에 해당 규정이 필요하면 동규정이 적용되고 그렇지 아니할 경우 적용되지 아니함을 의미한다.

Incoterms 2000의 B.10의 경우 다음과 같이 규정되었다.

"The buyer must pay all costs and charges incurred in obtaining the documents or equivalent electronic messages mentioned in A.l0 and reimburse those incurred by the seller in rendering his assistance in accordance therewith and in contracting for carriage in accordance with A3 a).

The buyer must give the seller appropriate instructions whenever the seller's assistance in contracting for carriage is required in accordance with A3 a).

"매수인은 A.10에 명시된 서류와 동등한 EDI를 취득하는데 지급한 모든 비용을 지급해야 하고, A.3 a)에 따른 매도인의 협조와 운송계약체결에 따라 매도인에 의해 지급된 모든 비용을 지급해야 힌다.

매수인은 A.3 a)에 따라 운송계약체결에 있어 매도인의 협조가 요구되는 경우 매도인에게 적절한 지시를 하여야 한다."

그러나 1차 초안의 경우 첫째 절은 A.10에서 자신의 책임 하에 이루어진 정보요청과 이에 응한 매도인의 서류 취득에 지출한 비용의 지급의무와 A.10에서 매도인이 요구하는 모든 화물보안정보를 그에게 통지해야 하는 규정으로 규정되어 Incoterms 2000 B.10의 규정, 즉 A.10과 A.3 a) 단서 규정에 따라 발생한 비용지급 규정가운데 A.10에 의한 지급규정 수용과 A.3 a)에 의한 지급규정 삭제와 그리고 A.10 수행에 필요한 화물보안정보 제공규정 신설로 되어있다. 이는 Incoterms 2000 B.10상의 규정, 즉 A.10과 A.3 a)와 관련된 비용과 지시사항 중심 규정과 상당한 차이가 있었다.

2차 초안 규정 셋째 절상의 "… and, where necessary, …"가 삭제되고, "… that the seller may require …"가 "… that the seller needs …"로 규정된 것 외는 3차 초안과 동일하다. 변경된 표현이 삭제된 표현을 충분히 커버할 수 있다.

최종초안의 경우 위에서 여러 번 언급하였듯이 3차 초안상의 "… cargo …"의 삭제와, "… in a timely fashion …"이 "… in a timely manner …"로, "… transit …"이 "… transport …"로 변경되었는바, 이들의 변경에 대한 설명은 이미 설명한대로다.

2) FOB

FREE OF BOARD
FOB(insert named port of shipment) Incoterms® 2010
: FOB(지정된 선적항 본선인도규정): 본선인도규정

안내문(GUIDANCE NOTE)

This rule is to be used only for sea or inland waterway transport.

"Free on Board" means that the seller delivers the goods on board the vessel nominated by the buyer at the named port of shipment or procures the goods already so delivered. The risk of loss of or damage to the goods passes when the goods are on board the vessel, and the buyer bears all costs from that moment onwards.

The seller is required either to deliver the goods on board the vessel or to procure goods already so delivered for shipment. The reference to "procure" here caters for multiple sales down a chain ('string sales'), particularly common in the commodity trades.

FOB may not be appropriate where goods are handed over to the carrier before they are on board the vessel, for example goods in containers, which are typically delivered at a terminal, In such situations, the FCA rule should be used.

FOB requires the seller to clear the goods for export, where applicable. However, the seller has no obligation to clear the goods for import, pay any import duty or carry out any import customs formalities.

본 규정은 해상이나 해수로 운송에만 사용된다.

"Free on Board"는 매도인이 지정된 선적항에서 매수인에 의해 지명된 본선에 물품을 인도하거나 이미 그렇게 인도된 물품을 조달하는 것을 인도로 하는 조건이다. 물품의 멸실이나 물품에 관한 손상의 위험은 물품이 본선에 적재된 때 이전하며, 매수인은 그 시점 이후로부터 모든 비용을 부담한다.

매도인은 본선에 물품을 인도하거나 선적을 위해 이미 그렇게 인도된 물품을 조달하여야 한다. 여기서의 "조달"(procure)의 의미는 특별히 상품무역에 흔한 연속매매를 위한 것이다.

FOB는 물품이 예컨대 터미널에서 전형적으로 인도되는 컨테이너 물품과 같이 물품이 본선에 적재된 기점에 운송인에게 인도되는 경우에는 적합하지 아니하다. 이런 경우에는 FCA규정이 사용되어야 한다.

FOB조건은 매도인에게, 적용되는 경우, 물품의 수출통관을 요구하고 있다. 그러나 매도인은 물품의 수입통관이나 모든 수입관세나 모든 세관절차비용을 지급할 의무를 부담하지 아니한다.

해설 FOB의 활용범위에 관해 터미널에서 인도하는 컨테이너 화물이나 RO/RO 또는 LASH 방식의 거래에 적합하지 아니하고 인도는 본선에 물품인도나 본선에 인도된 물품의 확보, 즉 본선적재를 인도의 개념으로 하고 위험과 비용 이전은 예컨대 전통적인 본선난간통과 중심의 정의 아닌 본선에 적재를 주장하고 있다. 이렇게 함으로써 FAS와 FCA와의 구분을 분명히 하고 있으나 현실적으로 책임한계가 분명히 틀림에도 불구하고 혼용되고 있음이 사실이다.

FOB의 정의 가운데 "… that the seller delivers the goods or procures the goods delivered on board the vessel"의 표현은 … delivers the goods on board와 같이 "on board"의 개념을 강조하고 있다. 그러나 Incoterms 2000상의 FOB 전문은 본선난간통과를 인도의 개념으로 하고 A.4는 "on board"를 인도의 개념으로 함과 동시에 A.5와 A.6에 의하면 위험과 비용의 이전은 본선난간통과를 기준으로하고 있었기에 위험과 비용의 이전시점을 인도시를 기준으로 하는 COD의 개념에서 벗어났다. 2차 초안에는 안내문과 A.4를 통해 인도의 개념을 "on board"에 두고 있으나 위험에 관한한 안내문이나 A.5에 의하면 위험은 본선난간통과 시점을, 비용은 A.4와 안내문에 따른 "on board"시점으로 하고 있어 인도시의 위험과 비용이 이전하는 것으로 되어있는 COD의 개념에 근접하고 있으나 위험이전은 여전히 상이한 인도시점을 기준하고 있다. 그러나 3차 초안의 경우 안내문상의 FOB의 개념과 A.4, A.5, A.6에 의하면 본선인도(on board)에 초점을 둔 COD의 개념으로 발전하였으나 안내문상에 여전히 위험의 이전은 위험과 비용의 분기점으로서 기능을 하는 critical point or dividing line인 ship's rail이 면도날 같이 정확하게 기능을 하지 못함에도[257] 본선난간통과시점을 그래도 하고 있었는 바 안내문상의 본선난간통과위험 기준을 삭제할 필요가 있었다.[258] 다시 말해서 안내문과 A.4상의 "or procured the goods delivered"의 경우 FOB기원에서 그 유례를 찾을 수 있었는 바, 당시의 본선 상에 인도된 물품은 연속판매를 위한 물품들일수도 있고 그렇지 아니한 물품도 있을 수 있었다. 그러나 안내문규정에 의하면 동 표현이 원유와 수산물과 같은 연속판매(string sales)를 전제한 표현으로 하고 있다. 따라서 다양한 현대적 거래의 형태에 비추어 보아 어떤 의미에선 초기 FOB에 근접하고 있다고 볼 수 있다. 그러나 문제는 당시의 인도에 따른 위험과 비용책임한계를 본선난간 통과의 개념을 도입하므로 지금까지 규정간의 모순 등으로 논란이 되어 왔는 바, 이에 대비하여 2차 초안의 A.6는 A.4와 안내문상의 인도의 개념과 연계시키고 있으나 A.5는 여전히 본선난간통과를 기준하고 있어 규정의 개정이 필요하였다. 따라서 FOB의 존속의 의미를 인정한다해도 다양한 인도방법에 따른 위험과 비용의 책임한계를 인도와 통일시켜야 했다. 그렇지 아니하고 150년전의 거래형태를 모방하여 존속을 강조하면서 여전히 위험은 똑같이 본선난간통과를 고집하고, 비용은 "on board"의 개념을 도입하는 것은 과거의 형태에 익숙해 있는 상인들에게 도움은 커녕 오히려 혼란만 줄 수 있다.

257) ICC, *Guide to Incoterms 1980*, p.21; J. Ramberg, *International Commercial Transaction*, Kluwer Law International, 1998, p.105.

258) 오세창, 상게서, p.36.

Incoterms 2000까지만 해도 FOB의 경우 위험과 비용의 이전 기준을 본선난간을 기준하고 A.4나 전문은 인도를 "on board"의 개념을 도입하였기에 COD거래형태의 대표적 거래형태인 FOB의 경우 인도의 개념이 A.5와 A.6에 의하면 본선난간통과 기준이었고 A.4와 전문은 "on board"를 인도의 개념으로 하고 있었다. 이러한 사실을 감안하여 A.6와 같이 A.5로 통일시켜 COD의 대표적인 거래형태인 FOB의 현대적 존속의미를 강조할 필요가 있었다. 따라서 3차 초안의 경우 이러한 주장에 맞게 A.5, A.6을 A.4와 안내문상의 인도개념과 통일시키고 있어 매우 큰 다행이라 할 수 있다. 그러나 안내문 둘째 절상에 의하면 통일과 다른 위험이전의 시점을 본선난간 통과를 기준하고 있는바, 이의 삭제가 필요하였다. 그렇지 아니할 경우 동 조건의 사용 시 혼란은 물론이고, 특히 연쇄판매를 전제한 기적품의 경우 위험이전의 기준은 CISG 68조 마저도 해결할 수 없는 어려움이 야기될 수 있었다.[259] 최종초안의 경우 이러한 주장이 반영되어 안내문과 규정간의 모순이 없어지게 되었다.

본 조건의 경우 해상이나 내수로에만 사용이 가능하므로 RO/RO나 LASH방식거래 또는 컨테이너 물품을 위한 FOB방식의 거래에는 FOB의 적용이 불가능하고 이런 경우 이런 거래를 수용하고 있는 FCA조건을 사용해야 한다.

특히 연속상품판매(string sales)거래에 적합함을 추가함으로써 FOB조건의 존속의 필요성을 강조하고 있다.[260]

본 조건의 경우 적용되는 경우, 매도인은 수출통관의 의무가 있으며, 수입에 따른 수입통관과 수입관세 등에 관해서는 아무런 부담이 없다.

최종초안의 경우 이상의 모든 문제를 불식시키기 위해 지금까지 고수해온 본선난간 통과의 용어 자체가 완전히 자취를 감추었고 FOB제목 그대로의 의미에 따른 위험과 비용이전이 이루어지게 되었다.

안내문의 경우 3차 초안의 규정을 단순・명료화한 내용으로 표현의 차이가 있을 뿐 내용은 3차와 동일하다. 다만 FAS에서도 언급하였듯이 COD의 대표적인 규정으로 위험과 비용의 이전을 인도 시에 이루어짐을 함께 설명하였으면 한다. 그러나 현 안내문상의 문제는 없다.

A. 매도인의 의무(THE SELLER'S OBLIGATIONS)

A.1 매도인의 총칙의무(General obligations of the seller)

The seller must provide the goods and the commercial invoice in conformity with the contract of sale and any other evidence of conformity that may be required by the

259) 오세창, 상게서, p.44.
260) 오세창, 상게서, p.36.

contract.

Any document referred to in A1-A10 may be an equivalent electronic record or procedure if agreed bet-ween the parties or customary.

매도인 매매계약에 일치한 물품과 상업송장 그리고 계약이 요구할 수 있는 기타 일치의 증거를 제공해야 한다.

A1-A10에서 언급하고 있는 모든 서류는 당사자들 간에 합의하거나 관례라면 동등한 전자기록이나 절차에 의해 대체될 수 있다.

해설 전 Incoterms 매도인의 의무 제1조를 통해 매도인은 매매계약에 일치하는 물품[261]을 상업송장 또는 이에 갈음하는 전자서류 그리고 계약에서 요구하는 기타 일치의 증거를 제공해야 하는 바, 상업송장은 Walker, Rosenthal, Schmitthoff, Sassoon, UCP 등의 주장과 내용을 요약하면 선적된 물품의 명세서와 대금청구서이며, 매도인이 계약내용에 따라 제공하고 있는 물품의 매도인에 의한 진술이고, 송장 상에 명시된 물품의 인도의 증거로 정확하고 진실하게 작성되어져야 하는 서류[262]로서, 결국 상업송장의 가장 중요한 기능이자 성격은 매도인이 매매계약에 따라 자신이 매수인에게 정히 이행한 사실의 결정적 입증서류이다. 이렇게 볼 때 계약에 일치하는 물품의 제공에 대하여는 국내법과 국제법을 통하여 분명히 규정하고 있다.

기타 일치의 증거서류로는 포장명세서(packing list), 용적, 중량증명서(certificate and list of measurements and/or weight), 품질증명서(certificate of analysis) 등으로 이들 서류들은 물품의 계약에의 일치를 입증하고 보완하는 증거서류들이다.

제공서류에는 필수적으로 제공해야 하는 서류와 협조제공시기가 있으며 이들 제공서류에 관해 매도인의 의무 1조, 2조, 8조, 10조와 매수인의 의무 10조에서 언급하고 있으며, 1조, 8조가 자신의 책임 하에 제공해야 하는 필수서류관계를, 2조, 8조, 10조가 상대방의 요청과 위험과 비용부담으로 제공해야 하는 협조서류관계를 각각 규정하고 있다.

필수서류의 경우로서 인도의 증거와 운송서류 등, 즉 인도의 증거서류에 관해 매도인의 의무 8조에서 규정하고 있으며, 동시에 이 규정이 협조서류관계도 규정하고 있다. 현실적으로 대부분 L/C등에 의해 CAD거래가 이루어지고 있으므로 특약에 의해

---

261) 여기서의 일치하는 물품(....the goods....in conformity with the contract of sale...)이란 SGA, 27, 13, 14(2)(3)과 UCC, 2-313-6 그리고 CISG, 30조, 35조 등의 내용을 통해 볼 때 ①설명서에 일치하고, ②적상성(merchantability)을 지녀야 하고, ③특수한 목적에 적합(fit for a particular purpose)해야 하는 물품임을 확정할 수 있는 바, 계약체결 전에 상호교환 된 내용이나 이에 근거한 계약서나, 계약서에 근거한 신용장 등에 물품에 관한 내용(express or implied and conditions)과 거래관행에 근거하여 이러한 추정이 가능할 수 있고 또 가능해야 한다.

262) A. G. Walker, *op. cit.*, p.171; M. S. Rosenthal, *op. cit.*, 1910, p.140; C. M. Schmitthoff, *op. cit.*, pp.31, 66; D. M. Sassoon, *op. cit.*, p.87.

이들 규정에서 말하는 협조서류가 필수서류가 되고 있음을 주의해야 한다.

이러한 의무는 구체적으로는 계약서상의 물품의 명세서와 계약서상의 물품의 설명과 이에 따른 신용장상의 "......covering.........."의 표현에 대한 해석내용이라 할 수 있다.

그리고 일치의 증거서류는 A.9(확인 · 포장 · 화인)과 A.10(정보협조와 관련비용) 그리고 B.9(물품의 검사)과 B.10(정보협조와 관련비용)의 규정에 따라 신용장에 ⅰ) other documents, 또는 ⅱ) special instruction 등을 통해 예컨대 beneficiary's certificate certifying that the equality of the undermentioned goods is of good standard and free of weaving defect, color shading, defect and shipperage defect. 또는 surveyor's certificate......와 같이 표현된다.

A.1의 규정은 Incoterms가 인도에 관한 매매규정이며, 각 Incoterms 규정 가운데 제일 중요한 규정이다. 다른 규정들은 A.1규정의 이행을 위한 규정이다. 대금지급과 관련하여서는 A.8의 규정이 중요하다해도 이 규정 역시 A.1을 위한 A.4에 따른 인도의 입증서류이자 대금결제서류일 뿐이다.

본인은 1차 초안과 관련한 규정을 두고 다음과 같이 주장한 바 있다.

A.1 제목을 "Provision of good and commercial invoice and document(s)"로 변경이 필요하다. 이는 Incoterms의 핵심조항이자 매도인의 제일의 의무이고, 나머지 조항은 A.1의 후속규정인바 동 규정의 중요성 강조의 필요성과 매도인의 매매계약의무이행입증의 명확성 제고를 위해서이다. 그리고 특히 "documents"의 표현은 계약서상에 일치증거의 보완서류인 검사증명서의 경우 예컨대 L/C상에 "certificate of experts"의 경우와 "…of expert"의 경우 제공서류의 종류가 달라질 수 있기 때문이다. 이렇게 함으로써 종전 Incoterms A.1의 제목과 규정간의 모순 제거, 상업송장의 중요성과 매매계약 이행의 중요성 강조, 이로 인해 인도와 관련하여 당사자들 간에 체결된 계약의 보충법으로서 보다 높은 이해와 투명성 제고에 기여[263]하는 Incoterms의 중요성 강조의미의 효과를 올릴 수 있다. 규정은 "the seller…with contract of sale…invoice as its evidence conformity and _____." 변경할 필요가 있는 바, 이는 상업송장은 당사자 간 매매계약[264]에 따른 일치이행의 증거서류를 강조함과 동시에 상업송장이 법적 서류임을 강조하기 위해서이다.

그리고 2차 초안과 관련하여 다음과 같이 주장한 바 있다.

A.1의 'documents required by the contract'는 종전표현, 즉 'evidence of conformity which may be …' 표현이 A.1 성격과 맞다. 왜냐하면 여기의 서류는 commercial invoice를 보안하는 서류이며, commercial invoice는 매도인의 매매계약이행증거 서류이기 때문이다. 이하 전 Incoterms A.1 규정통일이 필요하다.[265]

---

263) H. V. Houtte, *op. cit.*, pp.173, 175.

264) 오세창, "Incoterms 3000 초안의 특징과 문제점", 경영경제 제42집 제2호, 계명대학교 산업경영연구소, 2009, p.30.

265) 오세창, "Incoterms 2011 2차 초안의 특징과 문제점", 경영경제, 제43집 제1호, 계명대학교 산업경영연구소, 2010, p.39.

3차 초안의 A.1의 경우 Incoterms 2000 A.1상의 "… or its equivalent electronic message" 대신에 전 Incoterms A1-A10상에 규정되어 있는 서류는 상기 초안 A.1 둘째 절 규정과 같이 당사자들 간에 합의 하거나 관례라면 종이서류와 동등한 전자기록으로 대체할 수 있다는 표현으로 대체된 것 외는 Incoterms 2000 A.1과 내용이 똑같이 변경된 것이 없다. 당연한 조치라 생각된다. 사실 A.1의 규정과 같이 규정되지 아니한다면 Incoterms가 인도에 관한 국제통일매매관습이라 주장할 수가 없다.

단지 A.1의 제목자체가 1차와 2차 초안 상의 "provision of goods and documents" 대신에 "General obligation of the seller"로 변경된 것은 차이가 있으나 A.1 둘째 절상에서의 규정표현 때문에 제목이 이렇게 변경된 것 같지만 제목자체의 의미는 나머지 규정의 이행은 A.1의 규정의 구체적 실현 규정이요 아울러 전 규정상에서 표현된 서류는 전자서류도 공히 인정됨을 강조하는 총칙, 즉 인도에 관한 통일국제매매관습 규정인 Incoterms의 중요한 기본원칙규정을 언급하고 있다고 볼 수 있어 타 규정에 비하여 그 중요성을 더 하는 규정이요 타 규정은 이규정의 준수를 위한 부수규정으로 보게 하는 의미를 지닌다고 볼 수 있다.

최종초안의 경우 "electronic record"에 "… or procedure"이 추가된 것 외는 동일한 바, 이는 이미 특징에서 언급하였듯이 종이서류와 전자서류간의 등가성과 기술 중립적 입장을 유지하고 있는 전자통신 형식 8조와 9조의 규정에 따른 모든 전자통신을 의미하기 위한 표현으로 볼 수 있다.

A.2 허가, 승인, 보안통관과 기타절차(Licences, authorizations, security clearances and other formalities)

> Where applicable, the seller must obtain, at its own risk and expense, any export licence or other official authorization and carry out all customs formalities necessary for the export of the goods.
>
> 적용되는 경우, 매도인은 자신의 위험과 비용부담으로 물품의 수출을 위해 필요한 모든 수출허가나 기타 공식승인을 취득하고 모든 세관통관절차를 수행해야 한다.

해설 동 조건하에서 매도인은 자신의 책임(위험과 비용부담)으로 수출에 필요한 수출허가 또는 기타 공적인 승인을 취득하고, 모든 세관절차를 수행하여야 함이 FOB하의 매도인의 의무이다. 그러나 EU간의 무역이나 기타 자유무역지대에 있어서와 같이 관세를 지급할 의무가 더 이상 없고, 수출입에 세관에 없는 경우에도 물품의 세관절차를 규정하고 있는 Incoterms를 사용하는데 지장이 없도록 하기 위해 "적용이 되는 경우"라는 표현이 Incoterms 2000에 이어 전 Incoterms A.2와 B.2 뿐만 아니라 A.6과 B.6에 규정되어 있다. 따라서 이 문구가 삽입되므로 Incoterms의 사용이 더욱 용이하게 되어졌다.

모든 수출허가 또는 기타 공적승인이란 사전허가와/또는 승인 또는 일반허가와/또는 승인을 의미한다. 일반적으로 매매계약은 통상적으로 수출금지나 특별관세부과 등 우연적 사건의 경우에 매도인을 보호하고자 면책규정을 두고 있다. CISG와 이에 상응하는 각국 국내물품매매법에 의하면 예컨대 예측불허 또는 합리적으로 예측할 수 없는 수출금지 등은 매매계약상의 매도인의 의무로부터 면책시킬 수 있다. 그러나 이러한 면책은 계약체결 후의 우연적 사건으로 인한 경우에 해당하며, 계약체결 전에 이미 예컨대 수출금지가 이루어지고 있음에도 매도인이 이를 모른체 계약을 체결하였다면 당연히 매도인의 책임으로 면책이 허용되지 아니한다. 이런 이유 때문에 "자신의 위험과 비용부담"으로 규정되어 있다.[266]

우리나라의 경우 허가는 대외무역법과 시행령에 따라 정부의 수출입 담당 해당부서장이 금지의 해제를 의미하며, 승인은 주무부서장의 위임에 따라 위임된 범위 내에서 금지의 해제를 할 때 승인이라 한다. 대게 대금지급과 연계가 있는 외국환은행에 허가와 승인권이 위임되어 있었다. 그리고 보안통관과 기타절차는 주로 세관에서 이루어지고 있는 수출통관절차 가운데 해당한다. 따라서 허가와 승인은 특수한 경우 정부 해당부서가 하지만 대게는 은행에서 세관절차는 세관에서 이루어진다.

A.2 제목 상에는 "… 보안통관과 기타절차"로 표현되어 있으나 규정에는 "… 모든 세관통관 절차"로 표현되어 있다. 규정상의 "… carry out all customs formalities …" 표현가운데 제목에 해당하는 "보안통관과 기타 절차가 모두 포함되는 것으로 이 모든 절차는 세관에서 이루어진다."

1차, 2차, 3차 초안의 경우 Incoterms 2000상의 "where applicable"의 표현이 규정 서두에 자리를 옮겼다. 이는 Incoterms 2000의 "where applicable"은 세관절차 수행에는 적용되고 허가와 승인에는 적용되지 아니하는 의미로 해석될 소지가 있었다. 사실 세관절차 이전에 이루어지는 행위가 수출입허가와 승인임을 생각한다면 오해할 필요가 없다. 그러나 오해를 없애고 규정의 명확화를 기하기 위해 이 모든 것에 공히 적용됨을 의미하기 위해 규정의 서두에 위치하게 되었는 바 이는 중요한 변경이다.

우리가 알고 있듯이 "where applicable"은 EU지역이나 자유무역지대 그리고 국내거래에서 Incoterms® 2010의 적용을 위해 A.2규정이 필요 없고 기타 역내・역외 간 거래나 기타 국가 간 거래에는 필요함을 의미하기 위한 표현이다.

최종초안은 3차 초안과 동일하다.

A.3 운송과 보험계약(Contracts of carriage and insurance)

a) Contract of carriage The seller has no obligation to the buyer to make a contract of carriage. However,

266) 오세창, 상게서, p.163.

if requested by the buyer or if it is commercial practice and the buyer does not give an instruction to the contrary in due time, the seller may contract for carnage on usual terms at the buyer's risk and expense, In either case, the seller may decline to make the contract of carnage and, if it does, shall promptly notify the buyer.

b) Contract of insurance

The seller has no obligation to the buyer to make a contract of insurance. However, the seller must provide the buyer, at the buyer's request, risk, and expense (if any), with information that the buyer needs for obtaining insurance.

a) 운송계약

매도인은 매수인에 대한 운송계약을 체결할 의무가 없다. 그러나 매수인에 의한 요청이 있거나 매도인이 운송계약을 체결하는 것이 상관행이고 매수인이 적기에 반대의 지시를 하지 아니한다면, 매도인은 매수인의 위험과 비용부담으로 통상의 조건으로 운송계약을 체결할 수 있다. 어느 경우든 매도인은 계약체결을 거절할 수 있으며, 매도인이 거절할 경우, 그는 이에 따라 즉시 매수인에게 통지해야 한다.

b)보험계약

매도인은 매수인에 대한 보험계약을 체결할 의무가 없다. 그러나 매도인은 매수인에게 그의 요청에 따라 매수인이 보험계약을 체결하는데 필요한 정보를 제공하여야 한다.

해설 a) 운송계약

원칙적으로 당연 의무로 매수인이 운송계약을 체결해야 함이 원칙이다. 그러나 매수인의 요청이 있거나 매도인의 운송계약을 체결하는 것이 관행적이고, 매수인이 적기에 반대의 의사가 없는 한, 매수인의 위험과 비용부담으로 지나치게 불리하거나 지나치게 유리하지 아니하는 그러면서 통상적으로 해당물품에 적용되는 즉, 해당물품거래업무에 종사하는 자가 통상적으로 당해 거래의 경우에 해야 하는 운송계약조건에 따라 매도인이 협조의무로서 운송계약을 체결할 수 있다. 그러나 매도인이 운송계약의 체결을 어떠한 경우에도 거절할 수 있으며, 이러한 사실 때문에 "must"가 아닌 "may"로 표현되었다. 다시 말해서 전 FOB하의 매도인의 인도의무는 매수인이 지명한 항구에서 본선 상에 물품을 인도하는데까지 임을 의미한다. 따라서 매도인은 운송계약체결의 의무가 없다. 그럼에도 불구하고 운송주선이 어렵고, 운임율이 매도인이나 매수인 가운데 누가 운송인과 계약을 체결하든 관계없이 거의 같다고 하면, 매수인의 위험과 비용부담으로 매도인이 운송계약을 체결하는 것이 가끔 보다 실질적일 수 있다. 대부분의 경우에 상관행이 이런 취지에서 현실적으로 이루어지고 있기에 규정이 이를 반영하고 있다고 볼 수 있다.

그러나 이미 지적한 바와 같이 매도인은 운송계약을 체결할 의무가 없음이 그리고 매수인이 매도인에게 그렇게 하도록 해서는 아니 됨이 강조되어야 한다. 따라서 양 당사자들 간에 상관습이 있다면 FOB하에선 매도인이 그렇게 할 의무가 없음을 적기에 매수인이 지시하지 아니하는 한, 매수인에 대한 추가서비스로서 매도인이 운송계약을 체결할 수 있다.

그리고 매수인이 매도인보다 더 유리한 운임율을 취득하는 것이 가능하거나, 운송계약을 체결할 자신의 권리를 매수인이 행사해야 할 만한 이유, 예컨대 정부지시 등이 있다면, 이에 따라 매수인이 운송계약을 체결하되, 되도록이면 매매계약 체결 시에 매도인에게 매수인은 통지해야 한다. 그렇지 아니하다면 타방이 운송계약을 체결하지 아니할 것으로 생각하고, 양당사자들이 모두 운송계약을 체결한다면, 여러 문제들과 추가비용 등이 따를 수 있다.

반면에 어떤 이유로 운송계약의 체결을 요청하는 매수인의 요청에 매도인이 따르고 싶지 아니하거나 상관습에 따르고 싶지 아니하다면, 매도인은 매수인에게 즉각적으로 통지해야 한다. 그렇지 아니한다면 적기에 운송준비를 해태한 결과로서 추가비용과 위험이 생길 수 있다. 어쨌든 매도인은 매수인의 요청이나 상관행에 따라 운송계약을 체결할 경우 이로 인해 발생하는 일체의 위험을 부담하지 아니한다. 왜냐하면 매도인이 매수인의 요청이나 상관행에 따라 운송계약을 체결할 경우, 그 결과는 매수인의 위험과 비용부담이기 때문이다.

따라서 예컨대 만약 운송이 일시적으로 불가능하거나 보다 비싼 비용이 소요되는 경우, FOB하의 매수인은 이러한 위험을 부담해야 한다. 다른 F-terms와는 달리 FOB의 경우 매수인 요청에 의해 또는 매도인이 운송계약체결이 관행이 되는 또 다른 이유는 수출지의 운송사정은 매도인이 더 잘 알 수 있고, 운송스케줄의 변경에 따른 신속한 대처가 가능하기 때문이다.

b) 보험계약

FOB하에서 보험계약은 당사자 모두 상대방에 대한 의무사항이 아니다. 그러나 자신의 이익을 위해 인도 시까지 위험대비와 수령 후 목적지까지의 운송과정에서의 위험대비를 위해 당사자들이 부보할 필요가 있을 경우 자신의 비용으로 부보하면 되나 이때 부보에 필요한 정보는 상대방이 요청하면 반드시 보험에 필요한 정보를 제공해야 한다.

1차 초안의 경우 Incoterms 2000과 달리 누가 누구에 대한 운송과 보험계약 체결의무가 없음을 보다 분명히 하기 위해서 "no obligation owned by the seller to the buyer"로 변경되었다.

운송과 보험계약체결의 의무 당사자를 보다 분명히 한 것은 바람직한 변경이다. 보험의 However 이하의 규정의 경우, Incoterms 2000 A.10상의 둘째 절과 비교해서 However가 추가된 것 외는 똑같다.

보험에 관한 Incoterms 2000 A.10상의 규정은 보험계약과 관련이 있기 때문에 관련

규정을 한 곳으로 모아 규정함으로써 사용자들의 규정 이해에 도움을 주고 있다. 다만 Incoterms 규정 가운데 당연의무 규정의 경우 "provide"와 "… at its own expense"으로 표현되고, 협조의무 규정의 경우 "render"와 "at the latter's request, risks and expense"로 표현되었다. 이런 맥락에서 볼 때 본 규정의 경우 "… upon request" 표현만 있는 것은 다른 협조의무 규정과 달리 보험정보 제공에는 위험과 비용이 따르지 않기 때문이다. 그리고 이러한 요청이 있으면 매도인이 본인 의무로 제공할 필요가 있기에 "provide"가 규정되어 있다.

전 Incoterms® 2010 1차, 2차, 3차 초안의 특징은 이미 EXW에서도 언급하였듯이 Incoterms 2000의 경우 seller나 buyer가 he일수도 she일수도 있기에 it으로 변경 된 점이다.

Incoterms 2000과 1차 초안은 분명한 책임관계를 위한 표현의 차이가 있을 뿐 내용은 동일하였으나 2차 3차의 경우 운송계약의 경우 단서규정으로 FCA의 단서규정과 동일한 규정을 한 것이 또한 특징이다. 이는 규정과 달리 현실 관행으로 매도인이 운송계약을 체결하고 있음을 반영한 규정이다. 따라서 원칙은 속성에 따라 매도인의 운송계약체결이 의무가 아님을 규정하고 단서로 매도인이 매수인의 요청이나 관행에 따라 매수인의 위험과 비용부담으로 매도인이 운송계약을 체결할 수 있다는 현실을 반영하고 있다.

보험의 경우 Incoterms 2000과 1차는 동일하며, 2차 3차의 경우 보험정보에 대한 규정이 추가 되었다.

최종초안의 경우 보험의 경우 "… provide the buyer, at the buyer's request, risk, and expense (if any), … insurance"로 변경하여 보험정보의 책임한계를 보다 분명히 한 것 외는 3차 초인과는 내용적으로 동일하다.

문제대안 A.4와 B.3 a)에 의하면 운송인은 반드시 매수인이 지명한 운송인 또는 다른 사람이어야 한다. 그러나 A.3 a) 단서규정의 취지에 맞게 하려면 매도인이 운송인을 지명해야 하는 바, 이런 경우 A.3 a)단서규정과 A.4, B.3 a)규정과 마찰할 소지가 있다. 그러나 B.3 a)와 A.4는 FCA하의 당연의무규정을 의미하며 A.3 a)의 단서의 경우는 협조의무도 아니고 매수인이 요청하거나 그렇게 하는 것이 관례고 매수인이 적기에 반대가 없다는 전제하에 매도인이 운송계약 체결하는 경우를 의미하는 것이다. 그러나 이런 경우라도 매도인은 거절할 수도 있도록 규정되어 있어 협조의무보다 경미한 사항으로 매수인도 매도인이 운송계약을 체결하기 전에 이미 운송인을 알거나 운송계약체결 후에는 알 수 있는 사항으로 볼 수 있어 어떤 의미에선 매수인이 운송인 지명한 바와 다를 바 없다고 생각하면 규정간의 물품은 없다고 볼 수 있다. 따라서 이러한 사실에 대한 분명한 해석이 필요하며 그렇지 못할 경우 오해의 소지가 있을 수 있다.

A.4 인도(Delivery)

The seller must deliver the goods either by placing them on board the vessel

nominated by the buyer at the loading point, if any, indicated by t he buyer at the named port of shipment or by procuring the goods so delivered, In either case, the seller must deliver the goods on the agreed date or within the agreed period and in the manner customary at the port.

If no specific loading point, has been indicated by the buyer, the seller may select the point within the named port of shipment that best suits its purpose.

매도인은 물품을 지정된 선적항에서 매수인이 지시하는 적재지점이 있다면 그 지점에서 매수인이 지정한 본선에 적재함으로써 또는 그렇게 인도된 물품을 조달함으로써 인도를 하여야 한다. 어느 경우든 매도인은 합의한 날짜 또는 합의한 기간 내에 그 항구의 관례적인 방법에 따라 인도해야 한다.

특정 적재지점이 매수인에 의해 지시되지 아니한 경우, 매도인은 자신의 목적에 가장 적합한 지점을 선택할 수 있다.

해설 안내문에서의 FOB의 기본성격에 따라 계약서나 L/C상에 합의한 선적 날짜 또는 기간 내에 역시 계약서나 L/C 상에 합의에 의해 지정된 선적항에서 매수인이 지시한 적재지점이 있다면 동 지점에서 매수인이 지명한 본선에 물품을 인도하거나 기적재된 물품을 적치함으로써 이들을 인도해야 하는 바, 항구에서 선박에의 물품의 인도방법은 관례에 따라 매수인이 지명한 본선에 물품을 적치해야 한다. 선적의 경우 운송계약조건에 따라 적재와 양화 그리고 선내정리비용 등이 달라질 수 있다. 예컨대 liner terms(berth terms)의 경우 In & Out 비용이 운임에 포함되어 있어 이런 경우 우리나라 항구의 관례에 의하면 매도인의 인도의무는 사실 선측에 끝나고 있다.

반면에 용선이나 부정기선의 경우로서 운송조건이 F10 혹은 F1 또는 F0로 되는 경우가 있는바, F10의 경우 적재비용은 매도인이, 양화는 매수인이, 각각 지급한다. 따라서 적재비용은 매도인이 양화 매수인이 부담하기로 하므로 Incoterms A.4에 따른 인도가 이루어지고 있다고 볼 수 있다. 그러나 Incoterms 2000 서문 11에서 알 수 있듯이 FOB의 변형 예컨대 FOB stowed 혹은 FOB stowed & trimmed의 경우 본선내에 정리가 완전히 될 때까지 일체의 위험과 비용, 기능의 분기점이 되는지에 관해서는 세계적으로 통일된 이해가 없기에 당사자들의 계약서와 운송계약서 상에 명시가 필요하다.

다 같은 해상조건이나 FOB에서는 지정된 선적항이 되고 CFR이나 CIF에서는 선적항이 되는 것은 FOB의 경우 조건 자체의 구성요소로 지정된 선적항이 표시될 뿐만 아니라 운송계약은 원칙적으로 매수인의 의무이기에 대개 사전에 선적항이 합의되어야 운송계약체결이 가능하고, CFR이나 CIF의 경우 운송 계약 체결의무가 매도인에게 있기에 대개 사전에 도착지항이 합의되며, 선적항은 매도인의 자유이기 때문이다.

계약서 상에 delivery 또는 shipment란의 표시와 이에 따른 신용장의 선적정소, 선적시기에 해당하는 "from … to …"와 "… latest"에 표시되고 있다.

그러나 만약 선적장소, 선적시기가 합의되거나 묵시되지 아니한 경우 CISG 31조에 따라 ① 운송을 수반할 경우 최초의 운송인에게 인도 ② 물품이 특정장소에 있거나 동 장소에서 인출 또는 제조될 경우 동 장소 ③ 기타 영업장소가 물품의 인도장소가 되며, 인도시기는 CISG 33조에 따라 계약체결 후 합리적 기간 내에 인도하면 된다. 그러나 이런 경우는 거의 없다고 보아야 한다.[267]

같은 해상조건인 FAS의 경우 적재지점과 관련하여 가능한 한 계약서상에 명시하길 권고하고 있으나 FOB에는 없다. 이는 FAS와 달리 인도지점의 지정여부에 관계없이 이미 안내문에서 지적하였지만 안내문상의 위험이전시기의 표현만 삭제되거나 위험과 비용이 A.5, A.6와 통일을 기한다면 A.3와 A.4, A.5, A.6에 따라 위험과 비용의 분기가 일치한 지점은 적재지점이 아니고 엄격하게 말하면 적재지점과 관계없이 지정된 본선상이며, 이런 경우 본선이 복수가 아닌 하나이기에 굳이 계약서상에 적재시점을 분명히 하도록 할 필요가 없음이 그 이유이다. 그러나 특수한 경우 A.4나 안내문에서 선박을 매수인이 지명하고 운송계약을 A.3 a)단서 규정에 따라 매도인이 체결할 경우로서 계약서상에 인도지점이 정해진 경우 매도인은 그 지점에 지정된 선박이 정박하도록 하여 적재할 수 있으나, 이런 경우는 이론적으로는 기능하나 현실적으로 매우 부적합한 경우다. 따라서 FOB의 고유의 성격에 따라 매수인이 선박지명과 운송계약을 체결할 경우는 대게 선사로부터 적재지점이 고지되게 마련이며, 그 고지된 지점에서 적재가 이루어지기 때문에 매도인은 적재 지점에 대하여 신경을 쓸 필요가 없다. 그러나 대게 A.3 a) 단서의 경우 매도인에게 선박지명과 운송계약을 모두 위임하는 경우를 전제한 규정이기 때문에 이런 경우 둘째 절 규정에 의해 매도인이 인도지점을 선박정박지점을 고려하여 자유롭게 선택하게 하고 있다. 여하튼 매수인이 선적지점을 지정한 경우 매도인은 동 지점에서의 선적할 의무를 준수해야 한다.

Incoterms 2000과 1차 초안의 규정은 인도 방법에 관해 사전 합의를 못한 경우 매도인이 물품의 성격과 수량 등을 고려하여 물품을 인도할 수 있다는 FOB의 현실성을 고려하여 사전 합의 실패시 인도방법의 재량권을 매도인에게 부여한다는 규정의 추가외 실질적인 인도 방법은 동일하였다.

2차 초안의 경우 기 적재된 물품의 거래를 위한 "procure goods delivered"의 표현이 추가된 것 외 이해하기 쉽게 1차 초안 규정의 재배열과 인도방법의 현실성 고려 차원에서 추가된 부보의 삭제 외 인도와 관련한 핵심 내용은 1차 초안과 동일하였다.

3차 초안은 2차 초안의 내용을 3차 초안 A.3 a) 단서규정의 신설에 따라 A.3 a)와 A.4, A.7 규정과의 조화를 기하기 위해 현 초안 규정과 같이 변경시킨 것으로 알 수 있다.

최종초안의 경우 FAS에서도 언급하였듯이 동일의미의 단순 · 명료한 표현을 자구수정 외에 내용상의 변경은 없다.

267) 오세창, 상게서, pp.210-211.

A.5 위험의 이전(Transfer of risks)

The seller bears all risks of loss of or damage co the goods until they have been delivered in accordance -with A4 with the exception of loss or damage in the circumstances described in B5.

매도인은 B.5에서 규정하고 있는 상황에서 발생한 손상의 경우를 제외하고 물품이 A.4에 따라 인도완료 될 때까지 물품의 멸실이나 물품에 대한 손상의 모든 위험을 부담한다.

해설 COD의 가장 대표적 조건이요 어떤 의미에선 Incoterms의 제정의 기초가 되었던 FOB의 경우 조건의 개념과 조건에 따른 위험과 비용의 개념이 상이하여 그동안 수없이 논란의 대상이 되어왔고 Incoterms 개정 시마다 FOB의 성격에 맞는 규정 개정의 필요성이 제기되었으나 실현되지 못하였던 숙원사업이 3차 초안의 규정을 통해 실현되었다. 즉 물품의 본선 적재 시 또는 기 적재된 물품의 경우 기 적재된 물품의 확보 시에 인도가 되고 이러한 인도 시에 위험이 이전한다는 것 이다.

Incoterms 2000과 1차 2차 초안 모두 전문이나 안내문과 A.4를 통한 FOB의 인도 정의에도 불구하고 위험이전은 여전히 참으로 불가사의한 "본선난간(ship's rail) 통과"였던 것이 비로소 현실화되었다.

Incoterms 2000, 1차, 2차 초안은 동일하게 본선난간 통과를 위험이전의 분기점으로 하였으나, 3차 초안은 안내문, A.4, A.6의 내용과 같이 보조를 맞추어 명실상부한 대표적 COD가 되게 개정하였다.

최종초안의 경우 3차 초안상의 "subject to the provision of B.5"의 표현을 동일한 의미의 보다 분명한 표현으로 변경 된 것 외는 내용상에 변경된 것은 없다. 다만 "… must bear …"가 "… bear …"로 변경과 "… in accordance with A.4"가 "… in the circumstances described in B.5"로 변경에 대한 문제점은 이미 다른 규정에서 언급한대로다.

A.6 비용의 분담(Allocation of costs)

The seller must pay

a) all costs relating to the goods until they have been delivered in accordance with A4, other than those payable by the buyer as envisaged in B6; and

b) where applicable, the costs of customs formalities necessary for export, as well as all duties, taxes and other charges payable upon export.

매도인은 다음의 비용을 지급해야 한다.

> a) B.6의 규정에 따라 매수인이 지급할 수 있는 비용 외에 물품이 A.4에 따라 인도완료 될 때까지 물품에 관한 모든 비용; 그리고
> b) 적용되는 경우, 수출시에 지급할 수 있는 모든 관세, 제세 그리고 기타비용 뿐만 아니라 수출을 위해 필요한 세관절차비용

해설 이미 위에서도 언급하였듯이 COD조건으로 본선 인도 시에 위험과 비용이 매도인으로부터 매수인에게 이전함이 원칙이나 1차 초안까지만 해도 안내문이나 A.4상의 인도의 개념과 달리 위험과 비용은 본선난간 기준이었다가 2차 초안 시 위험은 본선난간을, 비용은 본선에 인도를 각각 이전의 시점으로 하였다가 3차 초안에 비로소 안내문, A.4를 기준으로 본선상의 인도 시 이전함을 규정하고 있다. 그러나 위험의 이전에 관해 여전히 안내문상의 표현과 A.5의 규정이 서로 모순하고 있으나 이는 마지막 초안수정 단계에서 조정될 것으로 보인다. 인도의 개념에 따라 인도시 위험과 비용이 이전하는 것으로 규정을 통일시킴으로 그동안 오랜 숙원이 해결되어 명실상부한 COD의 대표적 조건이 되었다.

사실 본선난간 폐지론은 Incoterms 2000 개정 시 가장 심각하게 제기되었는 바 그 과정을 다름과 같이 설명할 수 있다.

Incoterms 2000 개정위원회는 위험이전을 상징적 평면의 역할을 하는 본선난간(ship's rail) 위의 공중에서 물품의 통과와 결부시키는 분명히 비현실적 개념의 대체를 찾아내기 위해 오랫동안 힘든 노력을 기울였다.

많은 대체안들이 제의되었다. 많은 제의들 가운데 당사자들 간의 위험과 비용의 분기점이 되는 점이자 인도의 지점이 되는 현재의 본선난간의 개념을 본선에 싣기 위해 물품이 처음으로 닿는 지점 또는 적절하게 선창 내에 적재된 지점인 본선내의 지점으로 옮기자는 제안에 어떤 위원들은 찬성하였다.

어떤 위원들은 본선난간의 개념을 FOB를 FCA개념에 포함시켜 본선 운영인이 물품을 처음으로 수령하는 내륙지점으로 옮기자는 제안에 찬성하기도 하였다.

어떤 위원들은 "본선난간"을 "선박 · 화물 그리고 항구의 상황의 요구에 따른 인도"와 같은 애매한 표현으로의 대체를 지지하기도 하였다.

그러나 이상의 그 어떤 대안에도 공감을 이룩하지 못하고 위원회는 ICC 국내위원회에 본선난간의 개념 대체 문제를 넘겼다. 그러나 그 해답 역시 누가나 본선난간이 적어 정기선조건과 관련하여 현대관행을 반영하고 있지 못함을 인정하면서도 적절한 대안이 있는 것으로 보이지 아니한다는 반론이었다. 더욱이 적어도 모든 사람들이 "본선난간개념"이 문제가 있음에도 불구하고 그대로 인정하고 동 개념에 그대로 익숙해 있음이 현실이다. 어떤 의미에서는 정기선을 위한 개념보다는 용선계약을 위해 본선난간의 개념이 더 적합한 실질적인 개념일 수도 있다. 결국 위원회는 서문[268]을 통해

268) Incoterms, 9.2.

"FOB 하에서 본선난간을 통과하여 인도하도록 하는 개념은 오늘날 대부분의 경우에 있어 부적절하게 보일 수 있으나 그럼에도 불구하고 상인들에 의해 이해되어지고 있고 물품과 이용 가능한 적재시설을 고려한 차원에서 이용되고 있다. 따라서 FOB 인도지점의 변경은 특히 용선계약 당사자에 의해 전형적으로 이루어지고 있는 해상운송 상품매매와 관련하여 불필요한 혼란을 야기할 수 있다"는 면을 통해 계속 본선난간의 개념을 존속시키기로 하였다.

특히 이 문제를 두고 토의하는 동안 핀란드 대표는 흥미있는 그러면서 논리적인 일화를 남겼는 바, 그 일화는 다음과 같다.

"크레인과 자동양화장치가 사용되기 전인 몇 천 년 전엔 화물을 수작업에 의해 적재되었다. 선내에서 화물을 정리하는 선내작업인들(stevedore)은 자신들이 취급해야 할 화물을 본선까지 운반해 와서 본선난간 위에 화물을 두면, 선박의 승무원이 이를 받아 본선상에서 자신들이 지정한 장소에까지 이 화물을 운반해 갔는 바, 이러한 관행이 본선난간이라는 신비한 매력의 기원이 되었을 것이다."[269)]

그리고 이미 수차 언급하였듯이 EU지역간 거래와 자유무역지대의 경우 외에는 수출 시에 관세, 제세 기타비용의 지급은 물론이고, 보세창고 반입절차를 포함한 모든 세관절차에 따라 지급되는 비용도 지급해야 한다.[270)]

Incoterms 2000과 1차 초안은 동일하였으며, 2차와 3차의 경우 위험이전 시점이 "본선난간통과"시점에서 A.4시점으로 변경된 것이 Incoterms 2000과 1차와의 차이점이다.

그러나 최종초안의 경우 위에서 언급한대로 "본선난간"의 개념이 삭제되었다. 최종초안의 경우 3차 초안상의 "subject to the provision of B.6"표현은 동일한 의미의 보다 분명한 표현으로 변경 된 점과 역시 일반적 표현인 "… in accordance with A.4"대신에 보다 분명한 표현으로 된 "… as envisaged in B.6"로 변경된 것 외 내용상의 변경은 없다. 그러나 이들에 대한 문제 · 대안은 이미 다른 규정에서 언급한 대로이다.

A.7 매수인에게 통지(Notices to the buyer)

The seller must, at the buyer's risk and expense, give the buyer sufficient notice either that the goods have been delivered in accordance with A4 or that the vessel has failed to take the goods within the time agreed.

매도인은, 매수인의 위험과 비용으로, 물품이 A.4에 따라 인도완료 된 사실이나 본선이 합의한 시기 내에 물품을 수령 하지 못한 사실을 매수인에게 충분한 통지를 해야 한다.

---

269) 오세창, 「Incoterms 2000의 규정해석과 실무적용 상의 유의사항」, 삼영사, 2007, pp.309-310.
270) 오세창, 상게서, p.214.

해설 우선 매도인은 물품이 인도될 예정일과 인도될 지점 그리고 본선에 적재될 경우 적재 완료 전 사실, 매수인이 지명한 선박이 적기에 도착하였으나 물품의 수령 불능의 경우와 적기에 도착하지 못하므로 수령 불능의 경우 수령불능 사실 등을 시차를 두고 시간적으로 내용적으로 충분한 통지를 매수인에게 하여야 한다.

Incoterms의 규정에는 없어도 이러한 통지의무의 해태는 계약위반이 된다.

이러한 규정에 따라 물품의 인도 후 매수인에게 일반적으로 이루어지고 있는 shipping advice가 여기에 해당하며 이러한 사항이 계약서나 신용장 상에 별도로 명시될 수도 있다.[271]

문제 대안 우선 규정적으로 보면 둘째 절상의 "where the goods are on board the vessel nominated by the buyer …"의 표현은 "where the goods have been on board …"로 변경되어야 한다. 왜냐하면 현재의 표현은 "물품이 매수인에 의해 지명된 본선에 적재될 경우"로 해석한 경우 이미 이런 의미는 첫째 절상에 언급되어 있기에 통지자체가 필요 없으며, "물품이 매수인에 의해 지명된 본선에 적재된 시기"로 해석할 경우 이와 연결되는 두 문장과의 관계가 이상하다. 따라서 무역업계에서 매수인에게 통지할 때 대게 통지되는 ETA, ETD와 함께 "선명" 그리고 "인도완료 된 사실"을 그리고 본선 불착이나 적기에 도착하였으나 본선사정으로 수령불능의 경우 그 사실을 일반적으로 통지하며, 이전에 이루어지는 통지는 첫째 절의 내용에 따라 이루어지는 사항을 고려한다면 규정의 수정이 필요하다.

그리고 통지와 관련한 표현의 통일 내지 조정의 필요성은 이미 위에서 지적한 바이다.

Incoterms 2000과 1차 초안은 동일하게 A.4에 따른 "인도완료사실" 통지에 초점이 있는 규정이었고, 2차 초안은 "물품이 언제 인도될 예정일"을 통지하는데 초점을 둔 규정이었으며, 3차 초안은 Incoterms 2000, 1차, 2차 초안의 내용을 모두 포함하면서도 구체적이고, 통지가 필요한 부분, 예컨대 "수령불능사태", "인도지점" 등을 추가하여 규정하고 있다.

최종초안의 경우 FAS와 같이 규정되었는 바, 3차 초안상의 위와 같은 취지의 규정을 하였으나 첫째 절상이 인도기간에 관하여는 A.4와의 중복을 피하면서 둘째 절을 중심으로 본선에 인도사실과 본선이 물품을 수령하지 못한 경우 동 사실의 통지 사실에 초점을 두고 단순·명료하게 규정하고 있다. 다만 FAS에서 언급하였듯이 본선이 여러 가지 이유로 물품을 수령할 수 없을 경우 지체없이 통지의 필요성이 제기되는데 최종규정에서 삭제되어 통지의 적절성, 즉 적시성에 대한 오해의 소지가 있을 수 있다.

A.8 인도서류(Delivery document)

The seller must provide the buyer, at the seller's expense, with the usual proof that the goods have been delivered in accordance with A4. Unless such proof is a transport document, the seller must provide assistance to the

271) 오세창, 상게서, p.217.

buyer, at the buyer's request, risk and expense, in obtaining a transport document.

매도인은 매수인에게 자신의 비용으로 물품이 A.4에 따라 인도완료 되었다는 통상의 증거를 제공하여야 한다.

이러한 증거가 운송서류가 아니라면 매도인은 매수인에게 매수인의 요청, 위험 그리고 비용분담으로 운송서류를 취득하는데 있어 협조를 제공하여야 한다.

해설 첫째 절은 FOB가 COD거래이기에 이에 따라 필요한 인도증거의 필수제공의무를 규정하고, 둘째 절에서는 해상과/또는 내수로 전용 운송수단에 의한 CAD거래의 가능성을 전제한 CAD거래를 대비하여 필요한 운송서류를 협조제공의무로 규정하고 있다.

구체적인 제공서류에 관한 예는 FCA와 같은 바, FOB의 경우 구체적인 제공서류의 예를 들면 다음과 같다.

계약서상의 지급방법이 신용장에 의한 지급이고, 거래조건이 FOB의 경우 신용장상에 "… accompanied by the following documents marked X"를 통해 동 조건에 맞는 운송서류를 포함한 기타 서류를 X하게 되거나 별도로 표시하게 된다.[272)]

3차 초안의 경우 Incoterms 2000 A.8의 경우 첫째 절 말미의 "… with usual proof of delivery of the goods in accordance with A.4" 표현 대신에 현 규정과 같이 되었으며, 1차 초안의 경우 Incoterms 2000 A.8 말미의 표현이 "… goods, whether in paper or electronic form, in accordance with A4"로 변경되었고, 2차 초안의 경우 3차 초안 말미의 "… in accordance with A4" 표현 삭제로 현 규정과 같이 되었다.

이러한 변경은 Incoterms 2000 A.8상의 "… usual proof of delivery of the goods in accordance with A.4" 표현 가운데 "… delivery of the goods …"의 표현을 "… in accordance with A4"와 연계하여 구체화한 것이라 할 수 있다.

둘째 절의 경우 동일한 의미이지만 Incoterms 2000 규정표현을 단순화한 표현으로 볼 수 있다. 다만 Incoterms 2000규정상의 "… every assistance …"상의 "every"를 삭제하였는바, 이는 이미 설명한대로 이 표현의 순수의미와 달리 매도인에게 과도한 의무부과의 느낌을 줄 수 있기 때문에 삭제되었다.

Incoterms 2000 A.8의 셋째 절의 경우 COD와 CAD에 필요한 서류는 EDI서류로 대체될 수 있다는 규정 이였으나 Incoterms® 2010은 A.1상에서 언급한대로 A.1-A.10상의 모든 서류를 전자서류로 대체될 수 있다는 표현에 흡수되었다.

1차 초안의 경우 둘째 절상의 규정은 "every"를 제외하고는 Incoterms 2000의 둘째 절규정과 일치하게 통일되었다. Incoterms 2000의 셋째 절은 A.1에 흡수 되었다.

최종초안은 3차 초안과 동일하다.

---

272) 오세창, 상게서, pp.218-219.

문제 대안 FOB하에 발급될 수 있는 운송서류 가운데 내수로화물운송장(inland waterway document)은 유통가능권리증권인가? 아니면 유통불능운송서류인가?

내수로 화물운송장은 원칙적으로 유통불능서류이다. 이러한 근거는 Incoterms 2000 CFR A.8 둘째 절 끝부분 "… to a subsequent buyer(the negotiable bill of lading) or by notification …"이 이를 입증하고 있다. 만약 유통가능이라면 "… (for example, the negotiable bill of lading, inland waterway document)"로 되어 있어야 한다. 그런데 유통가능선하증권만 한정하므로 선하증권만 유통가능증권이고, 나머지는 "by notification to the buyer"에 적용된다고 보아야 한다.[273)]

A.9 확인-포장-화인(Checking-packaging-marking)

The seller must pay the costs of those checking operations (such as checking quality, measuring, weighing, counting) that are necessary for the purpose of delivering the goods in accordance with A4, as well as the costs of any pre-shipment inspection mandated by the authority of the country of export.

The seller must, at its own expense, package the goods, unless it is usual for the particular trade to transport the type of goods sold unpackaged. The seller may package the goods in the manner appropriate for their transport, unless the buyer has notified the seller of specific packaging requirements before the contract of sale is concluded, packaging is to be marked appropriately.

매도인은 수출국정부당국의 법에 의한 모든 선적전검사비용 뿐만 아니라 A.4에 따라 물품을 인도하는데 필요한 품질확인, 검측, 검량, 검수와 같은 확인활동 비용을 지급해야 한다.

매도인은 특수한 거래가 무포장 상태로 매각된 물품의 형태로 운송하는 것이 관례가 아니라면 매도인은 물품의 운송을 위해 적합한 방법으로 물품을 포장 할 수 있다. 다만 계약이 체결되지 전에 매수인이 특정한 포장을 매도인에게 통지한 경우에는 그러하지 아니하다. 포장은 적절하게 화인이 되어 있어야 한다.

해설 A.4에 따라 물품을 인도하기 위해 필요한 이러한 활동의 필요성과 활동에 따른 비용지급의 필요성과 의무는 A.1의 매도인의 의무를 보완하는 성격이 있기 때문이다. 실제 신용장 상에 A.1을 보완하는 일치의 증거서류로 검사, 검량, 검측증명서를 요구하는 경우가 있다. 여기의 각종 증명서는 바로 계약의 7대 조건 가운데 하나인 품질과 수량조건에 있어 품질과 수량의 확인시기에 관한 계약서상의 묵시적 합의 규정의 결과이다. 다시 말해서 품질이나 수량의 결정시기에 관한 명시적 합의가 없는 경우로서 FAS를 결정한 경우 동 규정에 의해 품질과 수량의 결정시기는 수량과 품질의 결정시기를 선적지로 함을 묵시적으로 합의한 꼴이 되며, 이에 따라 각종서류는 합의의 입

273) 오세창, 상게서, p.219.

증서류가 된다. 이러한 사실은 전 Incoterms A.9에 공히 적용된다. 그리고 곡물, 철강, 목재 등의 산적화물(bulk cargo)이나 기타 화물의 성격에 따라 물품을 무포장상태로 발송하는 것이 관례가 아닌 한, 컨테이너운송, liner운송, 부정기선운송 등과 같은 운송방식과 운송(단거리, 중거리, 장거리)의 목적지(항구 또는 내륙지 등)등 운송에 관한 상황을 계약체결 전에 매도인이 알고 있는 한, 그 범위 내에서 물품의 안전운송을 통한 내용물품의 보호를 위해 운송상황에 걸맞는 필요한 포장을 매도인은 자신의 비용으로 준비하여 제공해야 한다.

이런 경우 완전한 포장은 적절하게 화인(shipping marks)이 되어 있는 상태를 의미한다. 화인의 종류는 위에 언급한 대로이다.[274)]

Incoterms 2000 A.9의 내용과 1차, 2차, 3차 초안의 내용이 기본적으로 같다. 실제 Incoterms 2000 A.9규정과 1차, 2차 초안의 규정은 Incoterms 2000 A.9 첫째 절상의 문법상의 문제가 있는 "… which are …"를 "… that are …"로, 그리고 둘째 절상의 표현 가운데 "… which is required for" 대신 "… required …"로 변경된 것 외는 같다. 그러나 3차 초안의 경우 첫째 절의 경우 상기 Incoterms 2000의 규정 표현을 살리되 첫째 절상의 말미 표현으로 that에 연결된 "… for the purpose of placing the goods …" 표현은 이미 A.4에 언급이 되어 있기에 이중표현을 피하면서 A.4의 규정 자체의 실현을 위해 필요한 검사 활동이여야 한다는 의미에서 동 표현 대신에 "… for the purpose of delivering the goods in accordance with A.4"로 변경되었는 바, 바람직한 변경이다.

둘째 절의 경우 Incoterms 2000 1차, 2차 초안상의 "… provide …packaging"의 표현 대신에 동일의미의 단순한 그러면서 포장의 의미는 강조하는 표현인 "… package the goods"로, 그리고 Incoterms 2000 1차, 2차 초안상의 "… for the transport of goods" 대신에 "… for the transport of goods arranged by it"로 변경하므로 물품의 운송이 누구에 의해 준비된 물품임을 강조하고 자신이 준비한 물품의 운송에 필요한 포장을 하도록 강조하는 표현을 하고 있으며, Incoterms 2000의 1차, 2차 초안상의 "… to the extent that …" 대신에 "… where applicable for any subsequent transport to the extent that"로 변경하므로 필요한 경우, 즉 어떤 운송 형태에도 적용가능한 조건의 경우나 운송 중 전매를 허용하고 있는 해상전용조건의 경우에 있을 수 있는 후속 운송까지 염두에 두고 포장을 하도록 강조하고 있다.

따라서 "… arranged by it …"나 "… where applicable, for the subgequent transport …"의 추가는 포장의 중요성과 포장의무를 새삼 강조하는 표현이라 할 수 있다.

이렇게 볼 때 포장으로 인한 분쟁 예방에 발전을 기하면서 A.4와 A.9의 관계를 연계시키므로 규정간의 이해의 폭을 증대시키고 있다.

그러나 최종초안의 경우 3차 초안에 비해 규정적으로 보면 대폭 변경하였다. 그 내용을 보면 최종초안의 경우 3차 초안에 비하여 규정표현으로 보면 "The seller … arranged

274) 오세창, 상게서, pp.201-202.

by it and, where applicable, for any subsequent transport extent that the circumstances …" 를 현 규정 둘째 절과 같이 규정하므로 대폭 변경하였다. 그 내용을 보면 물품에 따라 특수한 포장이 필요한 경우 매수인은 매도인에게 계약체결 전에, 요구하게 규정하고 일반적 의미의 운송에 필요한 적합한 포장을 요구하므로 포장조건에 통일적 규정을 강조하던 종전 초안과 달리 일반적인 포장의 정의를 하고, 특수한 포장이 필요한 경우 규정을 통한 통일된 규정의 불가능을 안고 당사자들이 계약체결 전 사전에 통지하게 하므로 포장규정의 단순화를 기도하고 있다.

A.10 정보협조와 관련비용(Assistance with information and related costs)

The seller must, where applicable, in a timely manner, Provide to or render assistance in obtaining for the buyer, at the buyer's request, risk and expense, any documents and information, including security-related information, that the buyer needs for the import of the goods and/or for their transport to the final destination.

The seller must reimburse the buyer for all costs and charges incurred by the buyer in providing or rendering assistance in obtaining documents and information as envisaged m B10.

매도인은, 적용되는 경우, 시의 적절한 방법으로 매수인의 요청, 위험 그리고 비용부담으로 매수인이 물품의 수출과/또는 수입과/또는 최종목적지까지 물품의 운송을 위해 필요로 하는 모든 서류와 보안관련 정보를 포함하여 정보를 제공하거나 취득하는데 협조를 제공하여야 한다.

매도인은 매수인에게 B.10에 따라 서류와 정보를 제공하거나 취득함에 있어 협조를 제공하는데 매수인이 지급한 모든 비용을 변상하여야 한다.

해설 A.10의 성격은 표현상의 차이는 있어도 매도인은 매수인의 요청과 위험과 비용부담으로 매수인이 물품을 수입하거나 필요한 경우 최종목적지까지 운송에 필요할 수 있는 서류, 예컨대 원산지증명서, 무고장부품증명서, 보건증명서, 검역증명서 등이 인도국이나 원산국 또는 인도국과 원산국에서만 발급되거나 발송되는 경우, 인도국이나 원산국에 있는 매도인은 이들 서류와 보안관련정보를 포함한 정보를 취득하는데 협조를 그리고 수출입에 필요한 보안정보를 매수인에게 제공해야 한다는 것이 전 Incoterms의 기본정신이다. 그러나 일체의 운송형태에 적용되는 조건들과 보안정보를 포함한 일체의 책임을 매도인이 부담하는 DDP와 달리 해상전용조건들의 경우 컨테이너와 달리 선적 시 또는 인도 시 육안으로 보안점검이 가능하기에 수출을 위한 보안정보는 필요 없고 수입을 위한 보안정보만 필요하기에 수입과 최종목적지까지 운송에 필요한 정보만 요구된다.

이렇게 인도국이나 원산국 또는 인도국과 원산국에서 발급되거나 발송되는 서류의 취득을 요구하는 것은 수입국의 입장에서 볼 때 일종의 수입규제일 수도 있다.

전 Incoterms를 통해 매도인이나 매수인이 상대방에 대하여 제공해야 할 의무의 경우 자신의 책임 하에 본인으로서 제공할 의무를 필수제공의무(당연의무)로 하여 provide로 표시하고, 상대방의 요청과 위험과 비용부담(상대방 책임)으로 대리인으로서 제공할 의무를 협조제공의무로 하여 render로 표시하고 있음을 주의해야 한다. 그리고 협조제공의무건 필수제공의무건 제공의무는 필수적이다. 여기의 서류가운데 B.9상의 검사증명서들도 포함할 수 있으며, 이 경우 이 서류들은 품질이나 수량의 증명방법에 관해 계약서 상에 달리 언급이 없는 경우 동조건의 A.9에 따라 선적지 증명방법임을 입증하는 서류가 된다. 이러한 사실은 전 Incoterms A.10에 모두 적용된다.275)

1차 초안의 경우 EU등을 전제한 “where applicable”의 표현, 제공방법과 시기의 표현, 보안정보표현, “전자서류인정” 표현 등의 신설과 과중한 협조부담을 줄이기 위해 “every”의 삭제, 불필요한 “A.8서류” 표현 삭제를 제외하면 Incoterms 2000과 동일하다.

2차 초안의 경우 1차 초안내용의 표현단순화 예컨대 종이서류와 전자서류의 일치의 인정에 따른 “whether in paper or electronic form”의 삭제와 제공의무에 있어 필수와 협조가 있을 수 있기에 “render”를, “… provide to or render …”로의 변경, 보험정보의 A.3 b)의 규정에 따라 보험정보 제공규정의 삭제, B.10에 따른 매수인의 협조의무에 따른 비용지급규정의 신설 외는 1차와 동일하며, 3차 초안의 경우 표현의 단순화, 예컨대 “… that the buyer many require …” 대신 “… that the buyer needs for …”로 변경 외는 2차와 동일하다.

둘째 절상의 “… in providing or rending assistance in obtaining …”의 경우 B.10과 연계되기에 B.10의 규정 둘째 절의 규정을 보면 역시 “… in providing or rending assistance in obtaining for the seller, at the latter's request, risk and expense …”로 규정되어 있어 양 규정을 비교해보면 필수 협조의무 규정임이 틀림이 없다. 따라서 “… providing or …”를 삭제 필요가 있다. 그러나 providing or rending과 연계된 B.10의 “… at latter's request, risk and expense …”표현이 매도인의 요청에 따라 매수인의 위험 없이 매수인이 필수적으로 제공할 수 있는 경우와 매도인의 전적 책임 하에 이루어지는 경우를 모두 포함하는 의미로 필요에 따라 이원화 되는 표현으로 해석할 수 있는 표현으로 해석한다면 동 표현은 그대로 두어도 이해가 될 수 있다. 그렇다면 기타 모든 Incoterms 규정에도 A.10이나 B.10의 규정과 마찬가지로 “… provide or render …” or “… providing or rending …”과 같은 표현이 필요할 수 있다.

최종초안의 경우 3차 초안상의 “… in a timely fashion …”이 “… in a timely manner …”로, 변경된 것 뿐 내용면에서 변경된 것은 없는바, 이러한 변경은 동일한 의미의 세련된 표현이라기보다는 막연한 제공시기와 방법표현보다 분명한 제공시기와 방법을 표현하기 위한 것이라 할 수 있다.

275) 오세창, 상게서, p.203.

B. 매수인의 의무(THE BUYER'S OBLIGATIONS)

B.1 매수인의 총칙의무(General obligations of the buyer)

> The buyer must pay the price of the goods as provided in the contract of sale.
> Any document referred to in B1-B10 may be an equivalent electronic record or procedure if agreed between the parties or customary.
>
> 매수인은 매매계약상에 규정된 대로 물품의 대금을 지급하여야 한다.
> B.1에서 언급하고 있는 모든 서류는 당사자들 간에 합의하거나 관례라면 동등한 전자기록에 의해 대체 될 수 있다.

B.1의 규정은 매수인에 대한 A.1의 경상규정이면서 매수인의 제일의 의무규정을 규정하고 있으며, Incoterms의 모법에 해당하는 CISG 53조에서 59조까지 규정의 세부규정이라 할 수 있다. 그러나 CIGS 규정에 비하면 그 내용이 지극히 단순하게 되어 있다. 그러나 CISG 53조 규정 가운데 "… as required in contact of sale"와 달리 B.1의 규정에는 "… as provided in a contract of sale"로 규정되어 있는 바, 여기서의 "… provided …"는 CISG상에서의 계약에 따라 요구할 수 있는 내용, 즉 일반적으로 계약에 따라 일반적인 요구사항에 따른 지급규정과 달리 B.1의 "… provided"는 특정계약에서 구체적으로 규정하고 있는 지급방법, 지급장소 등에 따라 지급해야 함을 규정하고 있다. 전자가 포괄적 계약규정을 의미한다면 B.1의 계약은 특정 개별계약의 성격이 강하다. 그러나 특정계약은 물품에 따라 당사자들 간의 사정에 따라 다를 수 있기에 B.1의 지급규정에 대한 시행세칙에 해당하는 해당 L/C나 계약서상에 구체적으로 규정하여 반영된다.

그리고 A.1에서 언급한대로 진 Incoterms B.1-B.10상에 규정되어 있는 서류는 B.1 둘째 절 규정과 같이 당사자들 간에 합의하거나 관례라면 종이서류와 동등한 전자기록으로 대체할 수 있다는 표현으로 대체된 것 외는 Incoterms 2000 A.1과 1차, 2차, 3차, 최종초안의 내용이 똑같이 변경된 것이 없다.

A.1에서 언급하였듯이 B.1의 제목자체가 Incoterms 2000, 1차, 2차상의 "payment of the price" 대신에 "General obligation of the buyer"로 변경된 것은 차이가 있으나 B.1 둘째 절상의 규정표현 때문에 제목이 이렇게 변경된 것 같다. 그러나 B.1의 제목의미와 달리 B.1의 규정은 매수인의 총칙의무규정이라기 보다는 매수인의 입장에서 볼 때 물품을 수령하여 검사를 하기 전에 먼저 지급을 해야 하기 때문에 가장 중요한 매수인의 의무라 할 수 있으며, 나머지 규정인 A.2-A10의 A.1의 부수 규정 같은 성격이 아니라 A.2-A10의 경상의 의무, 즉 매도인의 매수인에 대한 의무에 대한 매수인의 매도인에 대한 의무규정 내지는 위험과 비용, 그리고 기능에 대한 책임의무규정이라 할 수 있다.

B.2 허가, 승인, 보안통관과 기타절차(Licences, authorizations, security clearances and other formalities)

> Where applicable, it is up to the buyer to obtain, at its own risk and. expense, any import licence or other official authorization and carry out all customs formalities for the import, of the goods and for their transport through any country.
>
> 적용되는 경우, 자신의 위험과 비용으로 모든 수입허가나 기타 공식적인 승인을 취득하고 물품의 수입과 제 3국으로 물품의 운송을 위한 모든 세관절차를 수행해야 한다.

해설 FOB 하에서는 매도인과 매수인간의 인도에 따른 위험, 비용, 기능의 분기점이 수출지 본선난간 통과이고 이 이후의 인도에 따른 위험, 비용, 기능은 매수인 부담이기에 수입에 필요한 사전승인이나 허가를 포함한 모든 허가를 자신의 책임 하에 수행해야 하며, 수입세관절차와 이에 따른 비용지급이 필요 없는 EU 지역 간이나 자유무역지대를 제외하고는 물품의 수입을 위해 그리고 다른 조건보다는 변형의 가능성이 많기에 필요한 경우 물품의 제3국 운송을 위해 일체의 수입지 세관절차가 필수적이므로 적용되기에 이를 대비하여 "적용되는 경우"를 추가하여 이의 취득의무를 매수인에게 부과하고 있다.[276)]

Incoterms 2000 B.2상의 "The buyer must obtain …, and carry out, where applicable, …" 표현 대신 "where applicable, it in up to the buyer to obtain …"으로 표현이 변경되었으나 그 내용은 변경된 것이 없이 보인다. 그러나 중요한 변경이 있다.

이미 A.2에서도 언급하였듯이 "Where applicable"의 위치의 변경이다. 이 표현은 EU 지역 간이나 자유무역지대와 같이 수출입에 따른 허가, 승인, 세관절차가 필요없는 지역이나 국가 또는 국내거래에는 적용되지 아니하고 이러한 허가나 승인 그리고 절차가 필요한 경우에는 적용됨을 의미하고 있는바, 특정 역내 · 지역거래, 국내거래에 동 조건 적용에 동 규정의 적용이 불필요하며, 역외 국가 간 · 역내 · 역외 간 거래에 동 조건 적용 시 동 규정의 적용이 필요함을 의미하는 표현이다.

그리고 Incoterms 2000의 경우 동 표현이 "… carry out, where applicable …"에 위치하고 있어 세관절차에 따른 동 표현이 적용됨을 의미하는 것으로 오해될 수 있어, 이런 오해를 역시 불식시키고 규정의 명확화를 도모하기 위해 규정 서두에 위치하게 되었다. 종전 같이 위치한다해도 문제는 없다. 왜냐하면 세관절차 전에 허가, 승인이 반드시 이루어져야 하는 이른바 세관절차의 원인행위에 해당하는 것이 수출입허가나 승인이기 때문이다.

1차, 2차, 3차 초안의 규정은 변경이 없이 동일하며, 최종초안은 동일의미의 일반적

---

276) 오세창, 상게서, p.208.

표현으로의 자구수정 외 변경된 것이 없다.

B.3 운송과 보험계약(Contracts of carriage and insurance)

a) contract of carriage

The buyer must contract. at Its own expense for the carriage of the goods from the named port of shipment, except where the contract of carriage is made by the seller as provided for in A3 a).

b) Contract of insurance

The buyer has no obligation to the seller to make a contract of insurance.

a) 운송계약

매수인은 운송계약이 A.3 a)의 규정에 따라 매도인에 의해 체결되는 경우를 제외하고, 자신의 비용으로 지정된 인도장소로부터 물품의 운송을 위해 운송계약을 체결하여야 한다.

b) 보험계약

매수인은 매도인에 대한 보험계약을 체결할 의무가 없다.

해설 FOB 하에서는 해상운송을 위한 계약은 원칙적으로 매수인의 보험과 관례가 아니라면 매수인의 의무로 하고 있는 바, 이런 의미에서 해운업계에 따르면 FOB거래를 buyer's nomination cargo(매수인선박지명권이 있는 화물)라 한다.

경우에 따라서는 계약 등을 통해 매도인에게 운송계약을 요청할 수 있는 바, 이 경우 매도인은 협조할 수도 있고 아니할 수도 있으나 모든 책임은 매수인 부담이다. 따라서 매도인은 운송계약에 관한한, 대리인적 입장임을 명심해야 한다.

보험계약체결이 매도인에 대한 의무사항이 아닐 뿐이며, 목적지까지 화물의 안전운송을 위해 매수인이 보험계약을 체결할 수 있으며 실제로 하고 있다.

우리나라의 경우 FOB 수입물품이 수입지에 도착한 경우 비록 은행보증 하에 L/C가 개설되었다 해도, 물품이 도착하였을 때 도착되는 서류는 B/L원본 또는 사본일 수 있다. B/L원본의 경우에는 T/R에 의해, B/L사본의 경우에는 T/R에 의한 L/G에 의해 물품을 수령할 수 있으나, 반드시 수입물품의 화재보험부보를 은행이 매수인에게 요구하고 있다.277)

Incoterms 2000상의 "no obligation" 대신 1차 초안의 경우 누가 누구에 대한 책임이 없음을 분명히 하기위해 "no obligation owned by the buyer to the seller"로 표현되었다가, 2차, 3차의 경우 현 초안의 규정과 같이 누가 누구에게 무슨 계약을 체결할 의무가

277) 오세창, 상게서, pp.209-210.

없음을 규정하므로 1차 초안보다 규정의 표현을 더욱 분명히 하고 있다고 볼 수 있다.

그리고 Incoterms 2000과 1차 초안규정에도 없던 보험정보의 규정을 매도인의 요청에 따라 당연히 제공해야 함을 2차와 3차 초안에서 규정하고 있다.

다만 보험정보의 규정을 A.3 b)와 같이 통일 하던지 아니면 B.3 b)와 같이 통일할 필요가 있다.

문제대안 최종초안 규정에는 보험정보규정이 삭제되었다. F-rules에 해당하는 FAS, FCA에도 마찬가지이다. 이러한 사실은 F-rules의 경우 현실적으로 매도인이 운송계약을 많이 체결하기에 A.3 a)의 단서규정은 인정된다 해도 종전 Incoterms 2000에서 인정되던 보험정보의 규정은 A.3와 B.3에 반영하여 보험에 관한한 통합하여 규정하려는 Incoterms® 2010의 대원칙에 어긋난다. 반드시 부활의 필요성이 있으며, 필요 없다면 그 이유를 설명해야 한다. 그러나 최종초안 규정에는 보험정보 규정이 삭제되었다.

B.4 수령(Taking delivery)

The buyer must take delivery of the goods when they have been delivered as envisaged In A4.

매수인은 물품이 A.4의 규정에 따라 인도완료 된 때로부터 물품의 인도를 수령해야 한다.

해설 매수인은 안내문상의 FOB의 성격에 따른 A.4의 인도방법에 따라 물품의 인도가 완료되면 물품을 수령해야 한다. 이때의 완료란 개품의 완료와 전량완료이다.

COD의 경우 매수인 또는 매수인의 단순(물리적) 대리인인 선박회사가 수령하고, 대금을 지급하든지 아니면 운송인이 발급한 본선수취증(M/R)과 교환하여 매수인 또는 그 대리인이 대금을 지급해야 한다.

그러나 CAD의 경우 L/C에 따라 매도인이 M/R에 의해 B/L을 수령하여 기타 nego서류를 갖추어 은행에 제출하여 결제를 받게 되는 바 이를 negotiation이라 한다.

우리나라의 경우 FOB거래로서 L/C에 의한 CAD거래의 경우, 매도인은 선적 필에 따라 M/R을 일등항해사로부터 발급 받아 업자용 수출허가와 함께 세관에 제출하면 수출허가 상에 전량선적 필의 표시를 하게 되며, 이들 서류를 선박회사에 제출하면 배선요청서(shipping request: 이하 S/R이라 한다) 신청 시에 제출한 L/C사본과 상업송장 등에 근거하여 B/L을 선박회사가 발급하고 있다. 현재는 이 절차가 PC를 통해 이루어지고 있다.

이러한 수령, 즉 인취를 위해 매수인은 매도인이 인도를 가능케 하기 위해 합리적으로 자신에게 기대할 수 있는 모든 행위, 예컨대 양화, 컨테이너준비 등을 하여 물품을 수령하도록 CISG 60조가 규정하고 있다. 이러한 사실은 운송계약의 체결의무가 원칙

적으로 자신에게 있는 경우 당연히 자신을 대리한 운송인에 의해 이러한 행위가 이루어지고 있다.[278)]

Incoterms 2000, 1차, 2차, 3차는 동일하며 최종초안의 경우 자구수정의 내용은 3차 초안과 동일하다.

문제대안 자구수정의 문제점에 관해서는 이미 A.6, B.5에서 언급한대로 일반적인 표현인 "accordance with …"보다는 구체적이면서 분명한 표현인 "… as envisaged in …"을 한 것으로 이해가 되나 이러한 표현의 사용배경에 대한 충분한 설명이 없으면 지금까지의 이해에 오해를 줄 수 있고 그리고 양 표현이 혼용되어 사용되고 있는 점 또한 문제이므로 통일이 필요하다.

B.5 위험의 이전(Transfer of risks)

The buyer bears all risks of loss of or damage to the goods from the time they have been delivered as envisaged in A4.

If

a) the buyer fails to notify the nomination of a vessel in accordance with B7, or

b) the vessel nominated by the buyer fails to arrive on time to enable the seller to comply with A4, is unable to take the goods, or closes for cargo earlier than the time notified in accordance with B7;

then, the buyer bear's all risks of loss of or damage to the goods:

(i) from the agreed date, or in the absence of an agreed dace,

(ii) from the date notified by the seller under A7 within the agreed period, or, if no such date has been notified,

(iii) from the expiry date of any agreed period for delivery, provided that the goods have been clearly identified as the contract goods.

매수인은 물품이 A.4의 규정에 따라 인도완료 된 때로부터 물품의 멸실이나 물품에 대한 손상의 모든 위험을 부담해야 한다.

a) 매수인이 B.7에 따라 운송을 위함 선박의 지명을 통지하길 해태한 경우, 또는

b) 운송을 위해 매수인에 의해 지명된 선박이 매도인으로 하여금 A.4에 따를 수 있도록 적기에 도착하지 못하거나 물품을 수령할 수 없거나 B.7에 따라 통지된 기간보다 일찍이 화물의 적재를 마감한 경우;

매수인은 다음의 때로부터 물품의 멸실이나 물품에 관한 손상의 모든 위험을 부담한다.

(i) 합의한 날짜 또는 합의한 날짜가 없는 경우,

(ii) 합의된 기간 내에 A.7에 따라 매도인에 의해 통지된 날짜로부터 또는 이러한 날짜가 통지

278) 오세창, 상게서, pp.211-212

되지 아니한 경우, (iii) 인도를 위해 합의한 기간의 만기일로부터, 다만 물품이 계약물품으로 분명하게 충당되어 있어야 한다.

해설 이행과 관련한 3대 위험이전원칙을 규정하고 있다. 즉, A.5하의 위험이전의 대원칙에 따라 매도인은 본선적재 시까지 물품의 멸실 또는 손상의 모든 위험을 부담해야 하는 반면에, 매수인은 A.4에 따라 인도완료 이후의 위험을 부담해야 한다. 즉, 해상편으로 운송될 예정인 물품에 사용되는 조건의 경우로서, FOB의 경우 지정한 본선갑판에 인도하도록 되어 있는 바, 지정한 선박의 간판이 인도지점이 된다.

다시 말해서 다른 조건과 같이 A.4에 따른 인도완료 시점이후의 위험은 매수인이 그 이전의 위험은 매도인의 부담이 되고 있다(위험이전의 대원칙).

이러한 위험이전대원칙 외에 B.7에 따라 선박이나 인도지점 그리고 선적일자 또는 기간에 대하여 매도인에게 충분한 시간적 여유를 둔 매수인의 통지불이행은 매도인으로 하여금 자신의 발송준비를 지연시키는 원인이 된다. 이 경우 매도인의 거소에 저장되어 있거나 독립된 화물터미널 또는 부두상의 물품으로 하여금 인도를 위해 합의한 날짜 또는 합의한 날짜가 없는 경우 합의한 기간내에 A.7에 따라 매도인이 통지한 날짜 또는 이러한 날짜를 통지하지 않은 경우 인도를 위해 합의한 기간의 만기일자의 계약물품으로서 충당하는 것이 불가능할 수 있다(충분한 통지불능으로 인한 조기위험이전원칙).

그리고 지명된 선박이 적기에 도착하지 못한 경우나 적기에 도착한 경우에도 또 다른 문제가 생길 수 있다. 왜냐하면 물품이 계획한 대로 본선에 적재되어질 수 없기 때문이다. 더욱이 선박이 지명되어 적기에 도착했다해도 운송수단의 고장, 수선, 지연도착 등의 이유로 물품을 수령할 수 없거나 규정된 기간보다 일찍이 화물 마감을 한 경우 위와 똑같은 결과가 발생할 수 있음을 B.5가 역시 규정하고 있다(선박 적기도착불능으로 인한 또는 지명되어 적기에 도착해도 물품의 인취불능으로 인한 조기위험이전원칙).

위험이 조기이전하기 위해선 이미 언급한 대로 물품이 매매계약물품으로서 충당, 즉 계약에 정히 충당되어야 함이 필수이다(조기위험이전의 대전제원칙).[279)]

B.7에 따라 통지되는 시기를 ETD와 ETA기간의 특정 가능 날짜가 정해진 경우 또는 ETA, ETD기간 내 아무날짜인 경우가 있을 수 있으나 대개는 전자다. 왜냐하면 우연의 일치나 일시에 모든 화물이 선적을 위해 부두에 들어오면 부두 혼란이 생기기 때문이다. 현실적으로 배선요청(shipping request)을 할 때 이러한 요청에 승낙(booking)하자마자 선사의 경우 화물의 배선(layout)을 하면서 화물의 입항 날짜를 정해주고 있다. 이러한 사전에 본선 화물 배정에도 불구하고 항간의 거리가 단거리일 경우 근거리 항구에

279) 오세창, 상게서, pp.213-214.

서 양화 화물을 과적하여 입항한 후 과적분을 양화 후 바로 장거리 운송을 시작하는 경우 화물의 적재가 일찍이 마감되는 경우가 있다.

변경체제의 형태가 FCA와 유사한 바 Incoterms 2000과 1차, 2차 초안의 경우 위험이전시점이 본선난간통과 완료가 아닌 본선에 적재완료 시점으로의 변경을 제외하고, 사전위험이전원칙 규정 가운데 because가 where로, he가 it로, 조기위험이전의 대전제원칙인 충당의 개념 단순화로 변경된 것 외는 똑같다. 다시 말해서 표현의 변경 외 내용은 동일하다.

3차 초안의 경우 사전위험이전원칙의 대전제원칙의 표현에 있어 충당의 범위를 구분과 충당으로 다소 확대한 점과 조기위험이전시기에 관해 합의한 날짜, 합의한 날짜가 없는 경우 합의한 기간 내에 A.7에 따라 매도인이 통지한 날짜, 이런 날짜가 없는 경우 인도를 위해 합의한 기간의 만기 날짜로 각각 규정하고 있다. 종전 인도를 위해 합의한 날짜와 합의한 기간 내의 만기 외에 합의한 날짜가 없는 경우 합의한 기간 내에 A.7에 따라 이루어진 매도인이 정한 날짜가 추가된 점이 다르다. 이러한 날짜 추가는 조기위험이전의 필요성과 중요성이 선박고장 등과 같은 특수한 경우를 제외하고는 당사자 쌍방의 통지와 밀접하게 연계되어 있음을 강조하므로 이행에 만전을 기하려는 것이다.

문제 대안 이미 안내문에서 지적하였듯이 안내문의 표현 가운데는 FOB의 정의와 관련하여 종래의 본선난간 통과를 위험이전기준으로 하고 있는 부분은 삭제되어져야 했다.

조기위험이전 대전제조건 사유에 관한 2. 규정가운데 "… arrive within to enable …"은 "… arrive on time to enable …"로 변경되어야 한다. 그렇지 아니하면, "… within, to …than, the time notified …"로 변경되어야 한다.

그러나 B.6의 규정을 보면 within은 on time의 오타로 생각된다.

최종초안의 경우 본인의 주장이 반영되어 수정되었는바, 기본적인 내용은 3차 초안과 동일하다.

B.6 비용의 분담(Allocation of costs)

> The buyer must pay
>
> a) all costs relating to the goods from the time they have been delivered as envisaged in A4, except, where applicable, the costs of customs formalities necessary for export, as well as all duties, taxes and other charges payable upon export as referred to in A6 b);
>
> b) any additional costs incurred, either because:
>
> (i) the buyer has failed to give appropriate notice in accordance with B7, or
>
> (ii) the vessel nominated by the buyer fails to arrive on time, is unable to take the goods, or closes for cargo earlier than the time notified in accordance with B7,

provided chat the goods have been clearly identified as the contract goods; and

c) where applicable, all duties, taxes and other charges, as well as the costs of carrying out customs formalities payable upon import of the goods and the costs for their transport through any country.

매수인은 다음의 비용을 지급해야 한다.

a) 적용되는 경우, A.6(b)에 규정된 수출 시에 지급할 수 있는 모든 관세, 제세 그리고 기타 비용뿐만 아니라 수출을 위해 필요한 관세절차 비용을 제외하고 물품이 A.4에 따라 인도완료된 때로부터 물품에 관한 모든 비용;

b) 다음의 사유로 지급된 모든 추가비용;

(i) 매수인이 B.7에 따라 적절한 통지를 해태한 경우, 또는

(ii) 매수인에 의해 지명된 선박이 적기에 도착하지 못하거나 물품을 수령할 수 없거나 B.7에 따라 통지된 기간보다 조기에 화물의 적재를 마감한 경우; 다만 물품이 계약물품으로 분명히 충당되어 있어야 한다.

c) 적용되는 경우 물품의 수입 시에 지급할 수 있는 세관절차 수행비용과 물품의 제3국 통과 비용뿐만 아니라 모든 관세, 제세 그리고 기타비용.

해설 본 조건은 위험과 비용, 기능의 분담이 일치하기에 물품이 본선에 인도완료 시점을 기준하여 그 이전의 비용은 수출 시에 부과되는 모든 세금을 포함하여 매도인이, 그 이후의 비용은 매수인 부담이라는 비용이전의 대원칙을 설명하고 있다.

본 조건은 위험과 비용기능의 분기점이 일치하기에 즉, 매수인의 위험분기점과 비용분기점이 같기에 이행과 관련한 위험이전의 3대 원칙에 따른 비용부담 역시 같다. 따라서 B.5의 해설을 비용으로 바꾸어 생각하면 된다. 단 차이가 있다면 이행에 따른 당연 비용부담원칙으로서 매도인의 인도완료 후로서 물품의 수입과 제3국으로 물품의 통과를 위해 지급해야 할 필요가 있는 경우, 수입세관통관과 관련한 일체의 비용을 지급해야 한다.

물론 이러한 필요가 없는 경우에는 수입세관통관과 관련한 비용은 적용되지 아니한다.

비용이전의 원칙 외에 원칙적으로 매수인이 운송계약을 체결하고 선박을 지명해야 하기 때문이 매수인은 자신이 지명한 선박이 적기에 도착하지 못하거나 도착해도 고장 내지 만선 등으로 인해 본선 내 물품을 수령할 수 없건 규정된 기간보다 일찍이 화물을 마감한 것 등을 이유로 발생한 일체의 추가비용을 지급해야 한다.

그리고 B.7에 따라 매도인에게 충분한 시간적 여유를 두고 통지해야 할 매수인의 통지해태는 물품의 멸실 또는 손상위험을 조기에 이전시키는 원인이 될 뿐만 아니라 이로 인해 발생한 일체의 추가비용, 예컨대 창고저장과 보험을 위한 추가비용을 지급해야 할 책임을 매수인에게 부과시킨다. 물론 B.6에 따른 매수인의 추가비용의 지급의무를 부과하기 위해서는 이러한 비용과 관련한 물품이 계약의 물품으로 정히 충당될

수 있어야 한다. 이를 FOB 하의 조기비용이전원칙이라 한다. 물론 조기비용이전원칙이 적용되기 위해서는 물품이 계약에 정히 충당되어 있어야 하는 바, 이를 조기비용이전을 위한 대전제원칙이라 한다.

그리고 EU 지역 간이나 자유무역지대간의 거래를 제외하고 이행에 따른 당연비용부담원칙으로 매수인이 물품의 수입통관을 취해야 하기 때문에 매수인은 모든 관세, 제세, 기타 공과금과 필요한 경우 제3국 운송을 포함한 모든 세관통관절차 수행비용을 지급해야 한다.280)

FCA B.6의 변경과 비슷한 변경체제를 유지하고 있다. 우선 Incoterms 2000과 1차 초안을 비교하면 "he"가 "it"로 변경된 것 되는 모두 동일하다.

2차 초안과 3차 초안은 동일하다.

결국 Incoterms 2000과 3차 초안간의 차이점은 적용되는 경우, 수출 시에 매도인이 지급하는 모든 비용과 본선에 인도할 때까지의 모든 비용을 매도인 부담임을 규정함으로써 종전 규정상의 비용부담에 관한 관계를 규정으로 현실화한 점 그리고 비용이전의 시기가 본선난간통과 완료시점이 아닌 본선에의 적재시점으로 확대한 점을 제외하면 동일하다 할 수 있다. 따라서 큰 변화는 비용이전 시점의 변경이다.

이미 앞에서도 언급하였지만 조기비용이전의 대전제원칙규정인 "충당"규정의 표현은 B.5와 B.6을 통일시킬 필요가 있으며, 이미 앞에서도 언급하였듯이 통지와 관련한 표현의 통일을 기할 필요가 있다.

최종초안의 경우 3차 초안과 동일하다.

B.7 매도인에게 통지(Notices to the seller)

> The buyer must give the seller sufficient notice of the vessel name, loading point and, where necessary, the selected delivery time within the agreed period.
>
> 매수인은 매도인에게 선박명, 적재지점과 필요한 경우 합의한 기간 내의 선정된 인도시기에 대하여 충분한 통지를 해야 한다.

해설 동 조건하의 운송계약 체결의무는 매수인에게 있기 때문에 매수인을 계약서나 L/C에 따라 매도인이 물품을 선적하는데 지장이 없도록 선박명, 적재지점, 선적시기 등에 대하여 내용적으로 충분하고 시간적으로 여유를 두고 매도인에게 통지해야 한다. 여기의 통지내용 3가지는 필수적이고 그 외의 내용도 매도인이 물품을 인도하는데 필요하다면 통지해야 함이 묵시이다. 경우에 따라서는 L/C 개설시 선박명, 적재지점, 인도시기 등이 명기되는 경우가 있을 수도 있다. 이런 경우에도 상기내용을 포함

280) 오세창, 상계서, pp.215-216.

한 기타 내용을 포함한 통지를 해야 하며 이의 위반은 의무위반으로 계약위반이 되는가 하는 문제가 제기되는바 L/C 상에 "Incoterms 2000"의 명기가 있으면 L/C계약내용이므로 반드시 해야 한다.[281)]

Incoterms 2000 B.7의 규정의 말미에 "… with the agreed period"가 추가 된 것 외는 변경이 없다. 1차 초안 상에 동 표현이 추가된 것은 매도인이 인도를 해야 할 기간이 현실적으로 계약서나 신용장상에 명시되기 때문에 규정의 내용을 현실화 시켰다고 볼 수 있다. 왜냐하면 당사자들은 계약서나 신용장상에 선적기일을 합의하고 그 기간 내에 매수인이 요망하는 인도시기를 정하여 통지하는 것이 일반적이기 때문이다. 그러나 동 표현이 추가됨으로 매수인이 인도시기의 결정에 있어 규정에 따른 별도의 인도시기를 정할 수 있는 오해의 소지를 현실의 규정화로 제거하는 효과가 있다고 볼 수 있다.

2차 초안과 1차 초안은 동일하였으나, 3차 초안의 경우 "required"를 "selected"로 변경하였는바, 이는 현실의 규정화에 있어 매수인이 운송계약을 체결하고 선박명, 적재지점 등을 통지함에 있어 인도시기 역시 자신의 필요한 시기를 선택한다는 의미에서 "selected"가 "require"보다는 바람직한 표현이라 할 수 있다.

최종초안은 3차 초안과 동일하다.

B.8 인도의 증거(Proof of delivery)

The buyer must accept the proof of delivery provided as envisaged, in A8. 매수인은 A.8의 규정에 따라 제공되는 인도의 증거를 수령해야 한다.

해설 B.7에 의한 A.4에 따라 매수인이 지정한 시기에 지정된 지점에서 지정된 선박의 본선에 물품을 인도하고 매수인의 단순대리인 인 운송인으로부터 발급된 인도증거서류(통상 D/R)를 매수인에게 제공하면 매수인은 이를 수령해야 하며 이의 수령이 바로 물품의 수령을 의미하는 것으로 COD의 확대(연장)라 볼 수 있다. 그러나 L/C에 의한 CAD의 경우 A.8규정에 따라 M/R 대신 nego서류로 운송서류를 발급 받아 대금결제가 이루어지나 인도수령은 이미 이루어진 상태다.

따라서 물품이 목적지에 도착했을 때 실제물과 운송서류상의 물품이 다를 경우 검사와 이의 제기가 가능하나, 근본 CAD거래로 물품대신 서류의 수령을 전제로 한 CFR이나 CIF 등 C-terms하의 물품의 수령방법과는 엄연히 다르다.[282)]

A.8의 인도서류가 매수인의 입장에서는 A.4에 따른 A.8의 서류가 인도의 증거가 되기에 제목을 Incoterms 2000의 "proof of delivery, transport documents or equivalent

281) 오세창, 상게서, pp.217-218.

282) 오세창, 상게서, p.220.

electronic message"나 1차 초안상의 "proof of delivery/ transport documents"보다 2차와 현 초안의 제목이 바람직하다.

최종초안은 Incoterms 2000, 1차, 2차, 3차 초안과 동일하다.

B.9 물품의 검사(Inspection of goods)

> The buyer must pay the costs of any mandatory pre-shipment inspection, except when such inspection is mandated by the authorities of the country of export.
>
> 매수인은 이러한 검사가 수출국 정부당국의 법에 의한 경우를 제외하고 모든 법에 의한 선적전검사 비용을 지급해야 한다.

해설 수출국에서 매도인이 수출을 위해 관련법에 따라 당연히 자신이 해야 하는 경우는 자신의 책임과 비용으로 하지만, 매수인이 수입국의 법에 따라 필요한 경우 매수인의 요청에 의해 이루어지는 모든 선적전검사는 매수인 비용부담임을 규정하고 있다. 따라서 매수인이 수입국법에 따라 선적전 필요한 검사의 경우 선적 전에 제3자에 의한 검사증명서를 자신의 책임 하에 매도인에게 요청해야 하며, 이러한 결과를 대금결제서류에 반영시켜야 한다.283)

수출국에서 매도인이 수출을 위해 관련법에 따라 당연히 자신이 해야 하는 경우는 자신의 책임과 비용으로 하지만, 매수인 수입국의 법에 따라 필요한 경우 매수인의 요청에 의해 이루어지는 모든 선적전 검사는 매수인 비용부담임을 규정하고 있다.

따라서 매수인이 수입국법에 따라 선전적 필요한 검사의 경우 선적 전에 제3자에 의한 검사증명서를 자신의 책임 하에 매도인에게 요청해야 하며, 이러한 결과를 대금결제서류에 반영시켜야 한다.284)

Incoterms 2000의 B.9과 비교해 볼 때 Incoterms 2000상의 "… of any pre-shipment inspection …" 대신 3차 초안은 "… of any mandated per-shipment inspection …"와 같이 "any psi"가 "mandated psi"로 변경된 것 외는 동일하다. 그러나 종전의 규정과 달리 매도인 자신의 비용으로 이루어지는 수출국의 검사법에 의한 선적전검사 외에 매수인 자신의 필요를 위해 그리고 수입국의 법에 의해 필요한 경우 매수인이 요청하고 매도인은 이러한 요청에 따라 매수인의 비용으로 모든 선적전검사를 실시하고 그 증명서를 매수인에게 계약서나 L/C에 따라 제출해야 했던 Incoterms 2000상의 "any psi"의 개념은 수입국의 법에 의한 모든 psi의 개념으로 그 의미를 Incoterms® 2010에서는 분명히 하고 있다. 따라서 수입자 자신을 위해 필요한 psi의 경우 별도로 계약서나 L/C상에

283) 오세창, 상게서, pp.182-183.
284) 오세창, 상게서, p.182.

서 요구하고 그 비용을 지급해야 함을 주의해야 한다.

1차, 2차 초안은 Incoterms 2000과 동일하며, 최종초안은 3차 초안과 동일하다.

B.10 정보협조와 관련비용(Assistance with information and related costs)

The buyer must, in a timely manner, advise the seller of any security information requirements so that the seller may comply with A10.

The buyer must reimburse the seller for all costs and charges incurred by the seller in providing or rendering assistance in obtaining documents and information as envisaged in A10.

The buyer must, where applicable, in a timely manner, provide to or render assistance in obtaining for the seller, at the seller's request, risk and expense, any documents and information, including security-related information, that the seller needs for the transport and export of the goods and for their transport through any country.

매수인은 매도인이 A.10을 수행하기 위하여 필요로 하는 모든 화물보안정보요건을 시의 적절한 방법으로 통지해야 한다.

매수인은 A.10의 규정에 따른 서류와 정보를 제공하거나 취득하는데 협조를 제공하는데 있어 매도인이 지급한 모든 비용에 대하여 매도인에게 지급해야 한다.

매수인은 적용되는 경우, 시의 적절한 방법으로 매도인의 요청, 위험 그리고 비용부담으로 매도인이 물품의 운송과 수출을 위해 그리고 제 3국으로 물품의 운송을 위해 필요로 하는 보안관련정보를 포함하여 모든 서류와 정보를 제공하거나 그를 위해 취득하는데 협조를 제공해야 한다.

해설 A.10에 의하면 매수인의 책임으로 물품의 수출입에 필요한 보안관련정보나 서류 등을 취득하는데 매도인은 협조해야 한다고 규정하고 있는 바, 이러한 의무수행에 있어 매도인이 필요로 할 수 있는 것으로 수입국에서의 화물보안정보를 시간적으로나 방법적으로 적절하게 제공해야 할 뿐만 아니라 매수인의 요청에 따른 매도인의 협조제공의무에 따라 매도인이 지급한 일체의 비용을 지급해야 함을 규정하고 있다.

이렇게 볼 때 A.10과 B.10의 의무규정의 경우 그 필요성은 매수인이, 그 필요에 따른 협조는 매도인이, 그리고 협조에 따른 책임과 비용은 매수인이 부담해야 함을 규정한 규정이다.

그러나 provide와 render의 표현에 관한 의견은 A.10에서 설명하였지만 이렇게 표현할 수밖에 없다면 그 이유를 해설을 통해서나 아니면 선택이 추후에 이루어져야 할 것이다.

그리고 보안정보와 관련하여 A.10은 goods로, B.10은 cargo로 표현하고 있다. goods는 포장이 가능한 제조물품이고 cargo는 주로 포장이 불가능한 그러면서 대량화물인 산적화물(bulk cargo)을 의미하는 바, 이들에 대한 표현의 구분 예컨대 "any good, or cargo security information"과 같이 할 필요가 있다.

Incoterms 2000 B.10의 규정은 A.10의 협조에 따른 비용지급 중심의 규정이었고, 1차 초안은 첫째 절에서 Incoterms 2000 B.10규정의 내용과 동일하나 표현에 있어 "… obtaining the documents or equivalent electronic message" 대신에 동일 표현인 "… where in paper or electronic form … and … assistance …"로 변경하고, 둘째 절에서 현 초안규정과 같은 보안정보규정 통지의 필요성이 신설되었으나 현 규정과 같은 "…in a timely fashion…"이 없었다.

2차 초안의 경우 첫째 절은 1차 초안 규정과 같았고 둘째절의 경우 "The buyer must reimburse the seller for all costs and charges incurred by the seller in providing of rending assistance in obtaining documents and information in accordance with A.10"과 같이 초안함으로 Incoterms 2000 B.10의 내용과 실질적으로 동일한 내용을 상기와 같이 표현하였다.

매수인은 매도인이 자신이 A.3 a) 단서규정에 의해 자신이 운송계약을 체결하거나 또는 매수인에 의한 운송계약체결에 따른 운송을 위해, 경우에 따라서 제3국을 경유하는 경우를 위해 필요할 수 있는 그리고 수출국에서의 물품의 수출을 위해 자신이 필요로 할지 모르는 모든 서류, 정보, 보안관련 정보를 매도인의 요청과 위험 그리고 비용으로 매도인을 위해 취득하는데 협조를 시간적으로나 내용적으로 그리고 방법적으로 적절하게 제공해야 한다.

규정 가운데 "… provide to or render …" 그리고 "… in providing or rendering …" 표현에 관한 설명은 EXW A.10과 FCA A.10의 내용을 통해 이해할 수 있다.

본 규정에서의 "where applicable"의 경우는 이미 설명한대로 EU지역 간 거래, 자유무역지대거래, 국내거래를 제외한 거래에 해당 규정이 필요하면 동 규정이 적용되고 그렇지 아니할 경우 적용되지 아니함을 의미한다.

Incoterms 2000의 B.10의 경우 다음과 같이 규정되었다.

"The buyer must pay all costs and charges incurred in obtaining the documents or equivalent electronic messages mentioned in A.l0 and reimburse those incurred by the seller in rendering his assistance in accordance therewith and in contracting for carriage in accordance with A3 a).

The buyer must give the seller appropriate instructions whenever the seller's assistance in contracting for carriage is required in accordance with A3 a).

매수인은 A.10에 명시된 서류와 동등한 EDI를 취득하는데 지급한 모든 비용을 지급해야 하고, A.3 a)에 따른 매도인의 협조와 운송계약체결에 따라 매도인에 의해 지급된 모든 비용을 지급해야 한다.

매수인은 A.3 a)에 따라 운송계약체결에 있어 매도인의 협조가 요구되는 경우 매도인에게 적절한 지시를 하여야 한다."

그러나 1차 초안의 경우 첫째 절은 A.10에서 자신의 책임 하에 이루어진 정보요청과 이에 응한 매도인의 서류 취득에 지출한 비용의 지급의무와 A.10에서 매도인이 요구하는 모든 화물보안정보를 그에게 통지해야하는 규정으로 규정되어 Incoterms 2000

B.10의 규정, 즉 A.10과 A.3 a) 단서 규정에 따라 발생한 비용지급 규정 가운데 A.10에 의한 지급규정 수용과 A.3 a)에 의한 지급규정 삭제와 그리고 A.10 수행에 필요한 화물보안정보 제공규정 신설로 되어있다. 이는 Incoterms 2000 B.10상의 규정, 즉 A.10과 A.3 a)와 관련된 비용과 지시사항 중심 규정과 상당한 차이가 있었다.

2차 초안 규정 셋째 절상의 "… and, where necessary, …"가 삭제되고, "… that the seller may require …"가 "… that the seller needs …"로 규정된 것 외는 3차 초안과 동일하다. 변경된 표현이 삭제된 표현을 충분히 커버할 수 있다.

최종초안의 경우 위에서 여러번 언급하였듯이 3차 초안상의 "… cargo …"의 삭제와, "… in a timely fashion …"이 "… in a timely manner …"로, "… transit …"이 "… transport …"로 변경되었는 바, 이들의 변경에 대한 설명은 이미 설명한대로다.

3) CFR

COST AND FREIGHT
CFR(insert named point of destination) Incoterms® 2010
: CFR(지정된 목적지항까지 운임포함인도규정): 운임포함인도규정

안내문(GUIDANCE NOTE)

This rule is to be used only for sea or Inland waterway transport.

"Cost and Freight" means that the seller delivers the goods on board the vessel or procures the goods already so delivered. The risk of loss of or damage to the goods passes when the goods are on board the vessel. The seller must contract for and pay the costs and freight necessary to bring the goods to the named port of destination,

When CPT, CIP, CFR or CIF are used, the seller fulfils its obligation to deliver when it hands the goods over to the carrier in the manner specified in the chosen rule and not when the goods reach the place of destination.

This rule has two critical points, because risk passes and costs are transferred at different places. While the contract will always specify a destination port, it might not specify the port of shipment, which is where risk passes to the buyer. If the shipment port is of particular interest to the buyer, the parties are well advised to identify it as precisely as possible in the contract.

The parties are well advised to identify as precisely as possible the point at the agreed port of destination, as the costs to that point are for the account of the seller. The seller is advised to procure contracts of carriage that match this choice precisely. If the seller incurs costs under its contract of carriage related to unloading at the specified point at the port of destination, the seller is not entitled to recover such costs from the buyer unless otherwise agreed between the parties.

The seller is required either to deliver the goods on board the vessel or to procure goods already so delivered for shipment to the destination. In addition, the seller is required either to make a contract of carriage or to procure such a contract. The reference to "procure" here caters for multiple sales down a chain ('string sales'), particularly common in the commodity trades.

CFR may not be appropriate where goods are handed over to the carrier before they are on board the vessel, for example goods in containers, which are typically delivered at a terminal. In such circumstances, the CPT rule should be used.

CFR requires the seller to clear the goods for export, where applicable. However, the seller has no obligation to clear the goods for import, pay any import duty or carry out any import customs formalities.

본 규정은 해상이나 내수로 운송에만 사용된다.

"Cost and Freight"는 매도인이 선적항의 본선에 물품을 인도하거나 이미 그렇게 인도된 물품을 조달하는 것을 인도로 하는 조건이다. 물품의 멸실이나 물품에 관한 손상의 위험은 물품이 본선에 적재된 때 이전한다. 매도인은 지정된 도착지항까지 물품을 운송하는데 필요한 비용과 운임을 지급해야 한다.

CPT, CIP, CFR 또는 CIF가 사용되는 경우에 매도인은 물품이 도착지 장소에 도착한 때가 아니라 선정된 규정에 명시된 방법에 따라 운송인에게 물품이 인도된 때를 인도로 하는 자신의 의무를 이행한 것으로 된다.

본 규정은 상이한 지점에서 이전하기 때문에 두 개의 임계점(분기점: dividing line)을 가지고 있다. 계약은 도착지 항을 항상 명시하는 반면에 선적항을 명시하지 아니할 수 있다. 위험이 매수인에게 이전하는 장소인 선적항이 매수인에게 특별히 관심이 있다면, 당사자들은 선적항을 계약서상에 가능한 한 정확하게 명시하는 것이 바람직하다.

당사자들은 합의한 도착지항의 특정지점을 가능한 한 정확하게 명시하는 것이 바람직하다. 왜냐하면 그 지점까지 비용은 매수인 부담이기 때문이다. 매도인은 그러한 선택에 정확하게 일치하는 운송계약을 확보하도록 해야 한다. 매도인이 매매계약서상에 합의한 도착지항구의 특정한 지점에서 양화와 관련한 비용과 같은 운송계약에 따라 발생할 비용을 지급하였다면 매도인은 양당사자들간에 달리 합의가 없는 한 매수인으로부터 이러한 비용을 보상받을 권리가 없다.

매도인은 본선에 물품을 인도하거나 선적을 위해 이미 그렇게 인도된 물품을 조달해야 한다. 이외 매도인은 운송계약을 체결하거나 이러한 계약을 조달해야 한다. 여기서의 "조달(procure)"의 의미는 특별히 상품무역에 흔한 연속매매를 위한 것이다.

CFR은 물품이 예컨대 터미널에서 전형적으로 인도되는 컨테이너에 적재되는 물품과 같이 물품이 본선에 적재되기 전에 운송인에게 인도되는 경우에는 CPT조건이 사용되어야 한다.

CFR은 적용되는 경우, 매도인에게 물품의 수출통관을 요구한다. 그러나 매도인은 물품의 수입통관이나 모든 수입관세나 통관절차비용을 지급해야 할 의무가 없다.

해설 우선 FOB와 같이 "… procures the goods delivered" 표현을 사용하고 있으나 동표현은 "on board"에 초점을 두고 있다는 점에서는 FOB와 같으나 FOB와 달리 서류거래이기에 이론적으로 있을 수 있는 거래이지만 실제 거의 사용되지 아니하였으며 단지 그 가능성을 서문을 통해 인정만 해왔으나 이번에는 CFR의 존속의 의미를 강조하기 위해 기적품(afloat goods) 개념의 성격을 추가하고 있다. 동 개념을 사용함으로써 CFR의 존속 의미를 강조하고 CFR의 현대적 조건이자 이론적으로 하면 CFR을 포함할 수 있는 CPT와 CFR의 구분을 분명히 하고 있다. 따라서 컨테이너 물품이나 자동차 수출입과 같은 RO/RO방식이나 LASH선을 통해 선적할 경우를 대비한 계약내용의 변형은 절대 금하고 있음을 명심해야 한다.

FOB의 경우 위험과 비용의 분기점으로 선착항을 반드시 명시하도록 되어 있으나 C-규정의 경우 운송계약과 비용의 분기점이 되는 도착지 항구나 장소(지점)가 반드시 명시되어 있어 선적장소에 대한 선택권이 매도인에게 있었다, 사실 매수인의 입장에서 보면 위험이 이전하는 인도장소 역시 중요할 수 있기에 매수인이 인도장소에 관해 관심이 있을 경우 계약상에 인도장소를 가능한 한 분명히 하도록 하였다. 그러나 주의할 것은 계약서상에 특별히 매수인이 선적지항이나 동 항구의 특정지점을 특별히 합의하지 아니하는 한 선적항의 선택은 매도인에게 있음을 명심해야 한다.

그러나 계약서나 L/C 등을 통해 명시적으로 합의하고 있는 도착지 장소나 항구 역시 운송계약의 분기점이자 비용의 분기점으로서 중요한 역할을 하기에 정확한 장소나 항구를 계약상에 명시하고 매도인은 이에 일치하는 운송계약을 체결할 것을 강조하고 있으며, 운송계약의 체결권과 운임비용을 지급할 의무가 있는 매도인은 운송기관과의 계약에 따라 도착지 항구와 장소에서의 일체의 양화를 부담하기로 되어 있는 경우 이런 비용을 매수인으로부터 달리 명시가 없는 한 청구할 수 없게 함으로써 각종 할증료(surcharges)와 기타 운송과 관련된 비용책임한계로 인한 당사자들 간의 분쟁의 원인을 제거하도록 권고하고 있다.

그러나 3차 초안의 경우 안내문상의 FOB의 개념과 A.4, A.5, A.6에 의하면 본선인도(on board)에 초점을 둔 COD의 개념으로 발전하였으나 안내문상에 여전히 위험의 이전은 본선난간통과시점을 그대로 하고 있는 바, 안내문의 본선난간통과 위험기준을 삭제할 필요가 있다.

1차 초안의 경우 Incoterms 2000과 달리 조건의 적용범위, 정의, 위험과 비용이전의 상이한 분기점과 이에 따른 인도장소와 도착지항구의 중요성 강조, 도착지항 중요성과 양화 하역비 책임관계, CFR의 대안방법, 수출입통관관련의무 등을 중심으로 규정하므로 Incoterms 2000보다 CFR의 개념 이해에 큰 도움을 주었다.

2차 초안의 경우 1차 초안의 비용을 보다 보완하여 사용범위, 조건의 정의, 위험과 비용이전 분기의 상이에 따른 분기점과 이에 따른 선적항의 중요성과 그 대안, 가능한 한 적절한 도착지 지점의 사전합의와 이에 상응하는 운송계약 내지 기적품의 경우에 대비한 운송계약 확보와 양화, 조양비용 책임한계, 본 조건하에서의 물품의 인도방법,

CFR의 대안 방법, 수출입통관 의무 등에 대하여 아주 구체적으로 안내하고 있다.

3차 초안의 경우 도착지항의 조양비용의 삭제 외는 기본적으로 2차 초안과 동일하며, 조양비용의 삭제의 의미는 CPT안내문 해설의 내용과 같은 맥락에서 삭제되었다.

최종초안의 경우 COD거래와 달리 CAD거래이기에 위험과 비용의 분기가 다르기에 이에 따른 표현을 분명히 하였고, 3차 초안상의 본선난간개념의 삭제에 따른 표현조정을 하였으며, 그리고 C-규정들은 운임을 매도인이 지급하고 특히 CIF나 CIP의 경우 수입국의 정상도착가격이 되어 수입관세부과의 기준이 되기에 도착지 규정으로 생각하기 쉬움을 감안하여 선적지 규정임을 명시할 필요성이 있어 이러한 취지의 규정신설을 셋째 절을 통해 하고 있고, FAS나 FOB상의 procure의 개념은 연속매매를 전제한 기적품 내지 기적지품의 조달을 의미하나 서류거래인 C-규정은 전통적인 기적품(afloat goods) 거래를 염두에 두고 있어 FAS나 FOB의 연속매매의 대상이 아님을 분명히 하기 위해 연속매매에 관한 안내를 삭제하였다. 따라서 procure의 개념을 달리 생각해야 한다.

문제 대안 사소한 문제나 셋째 절상의 "… this port …"의 경우 "… port of shipment …"로, 넷째 절상의 "… to identify it as precisely as possible …"의 경우 규정에 따라 표현이 "… to specify it as clearly as possible …"로 되어 있는 바, 통일을 기할 필요가 있다.[285)]

최종초안의 전자의 주장에 따라 셋째 절을 통해 "the port of shipping"로 반영되었다.

A. 매도인의 의무(THE SELLER'S OBLIGATIONS)

A.1 매도인의 종직의무(General obligations of the seller)

The seller must provide the goods and the commercial invoice in conformity with the contract of sale and any other evidence of conformity that may be required by the contract.

Any document referred to in A1-A10 may be an equivalent electronic record or procedure if agreed bet-ween the parties or customary.

매도인 매매계약에 일치한 물품과 상업송장 그리고 계약이 요구할 수 있는 기타 일치의 증거를 제공해야 한다.

A1-A10에서 언급하고 있는 모든 서류는 당사자들 간에 합의하거나 관례라면 동등한 전자기록이나 절차에 의해 대체될 수 있다.

해설 전 Incoterms 매도인의 의부 제1조를 통해 매도인은 매매계약에 일치하는 물품[286)]을 상업송장 또는 이에 갈음하는 전자서류 그리고 계약에서 요구하는 기타 일치

285) 오세창, 상게서, p.39.

의 증거를 제공해야 하는 바, 상업송장은 Walker, Rosenthal, Schmitthoff, Sassoon, UCP 등의 주장과 내용을 요약하면 선적된 물품의 명세서와 대금청구서이며, 매도인이 계약내용에 따라 제공하고 있는 물품의 매도인에 의한 진술이고, 송장 상에 명시된 물품의 인도의 증거로 정확하고 진실하게 작성되어져야 하는 서류[287]로서, 결국 상업송장의 가장 중요한 기능이자 성격은 매도인이 매매계약에 따라 자신이 매수인에게 정히 이행한 사실의 결정적 입증서류이다. 이렇게 볼 때 계약에 일치하는 물품의 제공에 대하여는 국내법과 국제법을 통하여 분명히 규정하고 있다.

기타 일치의 증거서류로는 포장명세서(packing list), 용적, 중량증명서(certificate and list of measurements and/or weight), 품질증명서(certificate of analysis) 등으로 이들 서류들은 물품의 계약에의 일치를 입증하고 보완하는 증거서류들이다.

제공서류에는 필수적으로 제공해야 하는 서류와 협조제공시기가 있으며 이들 제공서류에 관해 매도인의 의무 1조, 2조, 8조, 10조와 매수인의 의무 10조에서 언급하고 있으며, 1조, 8조가 자신의 책임 하에 제공해야 하는 필수서류관계를, 2조, 8조, 10조가 상대방의 요청과 위험과 비용부담으로 제공해야 하는 협조서류관계를 각각 규정하고 있다.

필수서류의 경우로서 인도의 증거와 운송서류 등, 즉 인도의 증거서류에 관해 매도인의 의무 8조에서 규정하고 있으며, 동시에 이 규정이 협조서류관계도 규정하고 있다. 현실적으로 대부분 L/C등에 의해 CAD거래가 이루어지고 있으므로 특약에 의해 이들 규정에서 말하는 협조서류가 필수서류가 되고 있음을 주의해야 한다.

이러한 의무는 구체적으로는 계약서상의 물품의 명세서와 계약서상의 물품의 설명과 이에 따른 신용장상의 "...... covering ......"의 표현에 대한 해석내용이라 할 수 있다.

그리고 일치의 증거서류는 A.9(확인 · 포장 · 화인)과 A.10(정보협조와 관련비용) 그리고 B.9(물품의 검사)과 B.10(정보협조와 관련비용)의 규정에 따라 신용장에 ⅰ) other documents, 또는 ⅱ) special instruction 등을 통해 예컨대 beneficiary's certificate certifying that the equality of the undermentioned goods is of good standard and free of weaving defect, color shading, defect and shipperage defect, 또는 surveyor's certificate......와 같이 표현된다.

A.1의 규정은 Incoterms가 인도에 관한 매매규정이며, 각 Incoterms 규정 가운데 제일 중요한 규정이다. 다른 규정들은 A.1규정의 이행을 위한 규정이다. 대금지급과 관련하여서는 A.8의 규정이 중요하다해도 이규정 역시 A.1을 위한 A.4에 따른 인도의 입증서

286) 여기서의 일치하는 물품(....the goods....in conformity with the contract of sale...)이란 SGA, 27, 13, 14(2)(3)과 UCC, 2-313-6 그리고 CISG, 30조, 35조 등의 내용을 통해 볼 때 ①설명서에 일치하고, ②적상성(merchantability)을 지녀야 하고, ③특수한 목적에 적합(fit for a particular purpose)해야 하는 물품임을 확정할 수 있는 바, 계약체결 전에 상호교환 된 내용이나 이에 근거한 계약서나, 계약서에 근거한 신용장 등에 물품에 관한 내용(express or implied and conditions)과 거래관행에 근거하여 이러한 추정이 가능할 수 있고 또 가능해야 한다.

287) A. G. Walker, *op. cit.*, p.171; M. S. Rosenthal, *op. cit.*, 1910, p.140; C. M. Schmitthoff, *op. cit.*, pp.31, 66; D. M. Sassoon, *op. cit.*, p.87.

류이자 대금결제서류일 뿐이다.

본인은 1차 초안과 관련한 규정을 두고 다음과 같이 주장한 바 있다.

A.1 제목을 Provision of good and commercial invoice and document(s)로 변경이 필요하다. 이는 Incoterms의 핵심조항이자 매도인의 제일의 의무이고, 나머지 조항은 A.1의 후속규정인바 동규정의 중요성 강조의 필요성과 매도인의 매매계약의무이행입증의 명확성 제고를 위해서이다. 그리고 특히 "documents"의 표현은 계약서상에 일치증거의 보완서류인 검사증명서의 경우 예컨대 L/C상에 certificate of experts의 경우와 …of expert의 경우 제공서류의 종류가 달라질 수 있기 때문이다. 이렇게 함으로써 종전 Incoterms A.1의 제목과 규정간의 모순 제거, 상업송장의 중요성과 매매계약 이행의 중요성 강조, 이로 인해 인도와 관련하여 당사자들 간에 체결된 계약의 보충법으로서 보다 높은 이해와 투명성 제고에 기여[288]하는 Incoterms의 중요성 강조의미의 효과를 올릴 수 있다. 규정은 "the seller…with contract of sale…invoice as its evidence conformity and _____." 변경할 필요가 있는바, 이는 상업송장은 당사자 간 매매계약[289] 에 따른 일치이행의 증거서류를 강조함과 동시에 상업송장이 법적서류임을 강조하기 위해서이다.

그리고 2차 초안과 관련하여 다음과 같이 주장한 바 있다.

A.1의 'documents required by the contract'는 종전표현, 즉 'evidence of conformity which may be …' 표현이 A.1 성격과 맞다. 왜냐하면 여기의 서류는 commercial invoice를 보안하는 서류이며, commercial invoice는 매도인의 매매계약이행증거서류이기 때문이다. 이하 전 Incoterms A.1 규정통일이 필요하다.[290]

3차 초안의 A.1의 경우 Incoterms 2000 A.1상의 "… or its equivalent electronic message" 대신에 전 Incoterms A1-A10상에 규정되어 있는 서류는 상기 초안 A.1 둘째 절 규정과 같이 당사자들 간에 합의하거나 관례라면 종이서류와 동등한 전자기록으로 대체할 수 있다는 표현으로 대체된 것 외는 Incoterms 2000 A.1과 내용이 똑같이 변경된 것이 없다. 당연한 조치라 생각된다. 사실 A.1의 규정과 같이 규정되지 아니한다면 Incoterms가 인도에 관한 국제통일매매관습이라 주장할 수가 없다.

단지 A.1의 제목자체가 1차와 2차 초안 상의 "provision of goods and documents"대신에 "General obligation of the seller"로 변경된 것은 차이가 있으나 A.1 둘째 절상에서의 규정표현 때문에 제목이 이렇게 변경된 것 같지만 제목자체의 의미는 나머지 규정의 이행은 A.1의 규정의 구체적 실현 규정이요 아울러 전 규정상에서 표현된 서류는 전자서류도 공히 인정됨을 강조하는 총칙, 즉 인도에 관한 통일국제매매관습 규정인 Incoterms의 중요한 기본원칙규정을 언급하고 있다고 볼 수 있어 타 규정에 비하여 그

288) H. V. Houtte, *op. cit.*, pp.173, 175.
289) 오세창, "Incoterms 3000 초안의 특징과 문제점", 경영경제 제42집 제2호, 계명대학교 산업경영연구소, 2009, p.30.
290) 오세창, "Incoterms 2011 2차 초안의 특징과 문제점", 경영경제, 제43집 제1호, 계명대학교 산업경영연구소, 2010, p.39.

중요성을 더 하는 규정이요 타 규정은 이규정의 준수를 위한 부수 규정으로 보게 하는 의미를 지닌다고 볼 수 있다.

최종초안의 경우 "electronic record"에 "… or procedure"이 추가된 것 외는 동일한 바, 이는 이미 특징에서 언급하였듯이 종이서류와 전자서류간의 등가성과 기술 중립적 입장을 유지하고 있는 전자통신 형식 8조와 9조의 규정에 따른 모든 전자통신을 의미하기 위한 표현으로 볼 수 있다.

A.2 허가, 승인, 보안통관과 기타절차(Licences, authorizations, security clearances and other formalities)

> Where applicable, the seller must obtain, at its own risk and expense, any export licence or other official authorization and carry out all customs formalities necessary for the export of the goods.
>
> 적용되는 경우 매도인은 자신의 위험과 비용부담으로 물품의 수출을 위해 필요한 모든 수출허가와 기타 공식승인을 취득하고 모든 세관 통관절차를 수행해야 한다.

해설 동 조건하에서 매도인은 자신의 책임(위험과 비용부담)으로 수출에 필요한 수출허가 또는 기타 공적인 승인을 취득하고, 모든 세관절차를 수행하여야 함이 CFR 하의 매도인의 의무이다. 그러나 EU간의 무역이나 기타 자유무역지대에 있어서와 같이 관세를 지급할 의무가 더 이상 없고, 수출입에 세관에 없는 경우에도 물품의 세관절차를 규정하고 있는 Incoterms를 사용하는데 지장이 없도록 하기 위해 "적용이 되는 경우"라는 표현이 Incoterms 2000에 이어 전 Incoterms A.2와 B.2 뿐만 아니라 A.6과 B.6에 규정되어 있다. 따라서 이 문구가 삽입되므로 Incoterms의 사용이 더욱 용이하게 되어졌다.

모든 수출허가 또는 기타 공적승인이란 사전허가와/또는 승인 또는 일반허가와/또는 승인을 의미한다. 일반적으로 매매계약은 통상적으로 수출금지나 특별관세부과 등 우연적 사건의 경우에 매도인을 보호하고자 면책규정을 두고 있다. CISG와 이에 상응하는 각국 국내물품매매법에 의하면 예컨대 예측불허 또는 합리적으로 예측할 수 없는 수출금지 등은 매매계약상의 매도인의 의무로부터 면책시킬 수 있다. 그러나 이러한 면책은 계약체결후의 우연적 사건으로 인한 경우에 해당하며, 계약체결 전에 이미 예컨대 수출금지가 이루어지고 있음에도 매도인이 이를 모른 체 계약을 체결하였다면 당연히 매도인의 책임으로 면책이 허용되지 아니한다. 이런 이유 때문에 "자신의 위험과 비용부담"으로 규정되어 있다.[291]

---

291) 오세창, 상게서, p.163.

우리나라의 경우 허가는 대외무역법과 시행령에 따라 정부의 수출입 담당 해당부서장이 금지의 해제를 의미하며, 승인은 주무부서장의 위임에 따라 위임된 범위 내에서 금지의 해제를 할 때 승인이라 한다. 대게 대금지급과 연계가 있는 외국환은행에 허가와 승인권이 위임되어 있었다. 그리고 보안통관과 기타절차는 주로 세관에서 이루어지고 있는 수출통관절차 가운데 해당한다. 따라서 허가와 승인은 특수한 경우 정부 해당부서가 하지만 대게는 은행에서 세관절차는 세관에서 이루어진다.

A.2 제목 상에는 "… 보안통관과 기타절차"로 표현되어 있으나 규정에는 "… 모든 세관통관 절차"로 표현되어 있다. 규정상의 "… carry out all customs formalities …" 표현 가운데 제목에 해당하는 "보안통관과 기타 절차가 모두 포함되는 것으로 이 모든 절차는 세관에서 이루어진다."

1차, 2차, 3차 초안의 경우 Incoterms 2000상의 "where applicable"의 표현이 규정서두에 자리를 옮겼다. 이는 Incoterms 2000의 "where applicable"은 세관절차 수행에는 적용되고 허가・승인에는 적용되지 아니하는 의미로 해석될 소지가 있었다. 사실 세관절차 이전에 이루어지는 행위가 수출입허가와 승인임을 생각한다면 오해할 필요가 없다. 그러나 오해를 없애고 규정의 명확화를 기하기 위해 이 모든 것에 공히 적용됨을 의미하기 위해 규정의 서두에 위치하게 되었는 바 이는 중요한 변경이다.

우리가 알고 있듯이 "where applicable"은 EU지역이나 자유무역지대 그리고 국내거래에서 Incoterms® 2010의 적용을 위해 A.2규정이 필요 없고 기타 역내・역외 간 거래나 기타 국가 간 거래에는 필요함을 의미하기 위한 표현이다.

최종초안의 경우 3차 초안과 동일하다.

A.3 운송과 보험계약(Contracts of carriage and insurance)

a) Contract of carriage

The seller must contract or procure a contract for the carriage of the goods from the agreed point of delivery, if any, at the place of delivery to the named port of destination or, if agreed, any point at that port. The contract of carriage must be made on usual terms at the seller's expense and provide for carriage by the usual route in a vessel of the type normally used for the transport of the type of goods sold.

b) Contract of insurance

The seller has no obligation to the buyer to make a contract of insurance. However, the seller must provide the buyer, at the buyer's request, risk, and expense (if any), with information that the buyer needs for obtaining insurance.

a) 운송계약

매도인은 인도장소에 합의한 지점이 있다면 합의한 인도지점으로부터 지정된 도착지항구까지 또는 지정된 도착지 항구에 합의한 지점이 있다면 그 지점까지 물품의 운송을 위한 계약을 체결하거나 확보해야 한다. 운송계약은 자신의 비용으로 통상조건으로 체결되어야 하며 매각된 물품 형태의 운송을 위해 통상적으로 활용되는 선박에 통상경로 편으로 운송을 위한 것이어야 한다.

b)보험계약
매도인은 매수인에 대한 보험계약을 체결할 의무가 없다. 그러나 매도인은 필요하다면 매수인의 요청, 위험 그리고 비용부담으로 매수인이 보험계약을 체결하는데 필요한 정보를 제공하여야 한다.

해설 a) 운송계약

계약명세서의 물품의 운송을 위해 통상적으로 사용되는 범선이 아닌 항해가능선박 또는 경우에 따라선 내수로 선박에 물품을 실어 특수한 경우를 제외하고 직항로를 이용하여 지정된 목적지항까지 물품을 운송하기 위하여 자신의 비용으로 합의가 없는 한, 인도장소 또는 인도지점으로부터 선적물품에 적용되는 통상의 운송조건으로 운송계약을 체결하여야 한다.

CFR하의 매도인은 물품을 선적함으로써 자신의 의무를 이행한다해도, 매도인은 지정된 목적지까지 운송계약을 체결하고 운임을 지급해야 한다. 운송계약의 성격에 관해 매매계약과 특별히 규정하고 있지 아니하는 한, 매도인은 통상의 운송조건과 통상항로 편으로 운송을 위한 계약을 체결할 수 있다. 여기의 통상 운송조건이란 지나치게 유리하거나 불리하게 운송계약을 체결할 필요가 없음을 그리고 통상의 항로편이란 직항로(direct liner)[292)]를 의미한다.

그러나 본선은 원양선박일 필요는 없다. 왜냐하면 CFR조건이 내수로 운송을 위해서도 역시 사용될 수 있기 때문이다.

CFR에서 이용되는 선박은 매각된 물품형태의 운송에 일반적으로 사용되는 종류이어야 한다. 예컨대 선박이 컨테이너 전용선이 아니라면, 갑판 상에 컨테이너 화물의 운송을 위해 운송계약을 체결하는 것은 인정될 수 없다. 왜냐하면 그러한 운송은 이 화물에 추가위험을 노출시켜 보험부보를 무효화시킬 수 있기 때문이다.

소위 정기선거래에 따라 운송되는 물품과 대게 용선운송되는 bulk화물 간에는 상당한 차이가 있다. 따라서 대부분의 경우 매도인이 운송준비를 하고자 하는 운송형태를 분명히 해야 한다. 왜냐하면 분할 가능한 bulk화물은 지금 대게 컨테이너화 되거나 아니면 항구에서 항구까지의 운송단위, 예컨대 flats나 pallets에 실려 정규운송형태를 취하고 있기 때문이다. 이런 경우에 운송인은 종종 항구에서 항구까지 뿐만 아니라 선적국가의 내륙지점으로부터 도착지 국가의 내륙지점까지 물품의 운송을 책임지기 때문

292) usual, customary, reasonable, route를 의미한다. 이에 비하여 경제적 항로(normal route)란 대권항로라고도 하는데 이는 기후에 따라, 즉 계절에 따라 항로를 선택하는 것이 이익이 될 수 있을 때 선택된 항로를 의미한다.

이다. 이런 경우 CFR을 사용하는 것은 부적절하며 당사자들은 그 대신에 CFR의 발전적인 형태인 CPT를 사용하는 것이 바람직하다.

물품이 정규선사(regular shipping lines)에 의해 운송되어야 하느냐 아니면 용선(chartered ships)에 의해 운송되어야 하는지가 불확실한 경우, 이 문제가 특별히 매매계약서에 취급되어야 함을 권고하는 바이다. 왜냐하면 용선운송이면서 그럼에도 불구하고 운송은 정기선조건(liner terms : berth terms)으로 계약되는 경우가 종종 일어나고 있으며, 이럴 경우 운임은 적재비용과 양화비용을 대개 포함하는데 비해, 용선계약서의 경우 이러한 비용은 운송인의 부담이 아니어야 함을 규정할 수도 있기 때문이다. 이를 소위 Free In and Free Out을 의미하는 FIO조항이라 한다. 어쨌든 용선운송이면서 정기선조건(liner terms)이라는 표현이 모호하므로 운송이 널리 알려진 정규선사편으로 이루어지지 아니할 경우 매매계약서상의 운송계약조건을 당사자들이 특별히 다루도록 권고하는 바이다.

일반적으로 C-rules 경우 매도인이 운송인을 지명하고 운송계약을 체결할 권리를 가지고 있으므로, C-rules하의 물품은 매도인에게 선박지명권이 부여된 화물이란 뜻으로 "seller's nomination cargo"라 부른다.

물품을 인도할 때까지 매도인의 물품에 일어날 수 있는 위험에 대비하여 매도인이 보험에 부보하는 것은 아무런 문제가 없다. 단지 이러한 행위가 상대방에 대한 매도인의 의무사항이 아닐 뿐이다.

신용장상의 선하증권 란에 요구표시와 함께 선하증권 란에 "....freight prepaid"로 표시되며, 보험서류 란에는 아무런 표시를 하지 아니한다.[293)]

1차 초안은 Incoterms 2000과 비교해 볼 때 기직재품을 위한 "기체결된 운송계약 획보"개념이 추과된 것 외는 동일하다.

2차 초안의 경우 1차 초안과 달리 운송계약의 출발 시점을 추가하므로 운송계약의 체결구간에 대한 명확성을 기한 점 외는 1차 초안과 동일하다.

3차 초안의 경우 운송계약체결 구간과 운송계약의 내용을 구분함으로서 양자를 결합하여 규정하였던 2차 초안의 규정보다 운송계약의 체결의무를 지닌 매도인의 의무를 2차 초안보다 더욱 분명하게 규정하고 있다.

최종초안의 경우 Incoterms 2000과 달리 해상이나 내수로 전용규정이지만 현실성을 고려하여 운송에 대한 매도인의 책임을 분명히 하려는 의도에서 운송의 시작점과 종점을 보다 분명히 하여 선적지 인도장소 또는 인도지점이 합의되어 있다면 그 지점으로부터 지정된 도착지 항구까지의 운송책임구간을 규정한 3차 초안과 달리 도착지 항의 현실성을 고려하여 도착지 항구의 합의한 지점이 있다면 합의한 지점까지로 확대하여 어떤 의미에서는 CPT의 운송기간과 비슷하다고 볼 수 있다. 그러나 CFR의 경우 원칙적으로 어디까지나 항구와 항구간에 매도인이 운송을 책임질 수 있는 구간이나

---

293) 오세창, 상게서, pp.229-231.

현실적으로 항구의 혼잡을 피하기 위하여 필요한 경우에 있을 수 있는 상황을 허용하고 있다. 그리고 3차 초안상의 선박의 종류에 대하여 "항해 가능 선박 또는 경우에 따라서는 내수로 가능 선박"을 "선박"으로 단일화 시켰는바 이는 그동안 업계의 종전의 구체적 선박형태에 관한 충분한 인식이 된 것으로 알고 단순화한 것 같다. 그 외는 3차 초안과 동일하다.

b) 보험계약

CFR하에서 보험계약은 당사자 모두 상대방에 대한 의무 사항이 아니다. 그러나 자신의 이익을 위해 인도 시까지 위험대비와 수령 후 목적지까지의 운송과정에서의 위험대비를 위해 당사자들이 부보할 필요가 있을 경우 자신의 비용으로 부보하면 되나 이때 부보에 필요한 정보는 상대방이 요청하면 반드시 보험에 필요한 정보를 제공해야한다.

1차 초안의 경우 Incoterms 2000과 달리 누가 누구에 대한 운송과 보험계약 체결의무가 없음을 보다 분명히 하기 위해서 "no obligation owned by the seller to the buyer"로 변경되었다.

운송과 보험계약체결의 의무 당사자를 보다 분명히 한 것은 바람직한 변경이다. 보험의 However 이하의 규정의 경우, Incoterms 2000 A.10상의 둘째 절과 비교해서 However가 추가된 것 외는 똑같다.

보험에 관한 Incoterms 2000 A.10상의 규정은 보험계약과 관련이 있기 때문에 관련 규정을 한 곳으로 모아 규정함으로써 사용자들의 규정 이해에 도움을 주고 있다. 다만 Incoterms규정 가운데 당연의무 규정의 경우 "provide"와 "… at its own expense."로 표현되고, 협조의무 규정의 경우 "render"와 "at the latter's request, risks and expense."로 표현되었다. 이런 맥락에서 볼 때 본 규정의 경우 "… upon request"라는 표현만 있는 것은 다른 협조의무 규정과 달리 보험정보 제공에는 위험과 비용이 따르지 않기 때문이다. 그리고 이러한 요청이 있으면 매도인이 본인 의무로 제공할 필요가 있기에 "provide"가 규정되어 있다.

전 Incoterms® 2010 1차, 2차, 3차 초안의 특징은 이미 EXW에서도 언급하였듯이 Incoterms 2000의 경우 seller나 buyer가 he일수도 she일수도 있기에 it으로 변경 된 점이다.

Incoterms 2000과 1차 초안은 분명한 책임관계를 위한 표현의 차이가 있을 뿐 내용은 동일하였으나 2차 3차의 경우 운송계약의 경우 단서규정으로 FCA의 단서규정과 동일한 규정을 한 것이 또한 특징이다. 이는 규정과 달리 현실 관행으로 매도인이 운송계약을 체결하고 있음을 반영한 규정이다. 따라서 원칙은 속성에 따라 매도인의 운송계약체결이 의무가 아님을 규정하고 단서로 매도인이 매수인의 요청이나 관행에 따라 매수인의 위험과 비용부담으로 매도인이 운송계약을 체결할 수 있다는 현실을 반영하고 있다.

보험의 경우 Incoterms 2000과 1차는 동일하며, 2차 3차의 경우 보험정보에 대한 규정이 추가되었다.

최종초안의 경우 보험의 경우 "… provide the buyer, at the buyer's request, risk, and expense (if any), … insurance"로 변경하여 보험정보의 책임한계를 보다 분명히 한 것 외는 3차 초안과는 내용적으로 동일하다.

A.4 인도(Delivery)

The seller must deliver the goods either by placing them on board the vessel or by procuring the goods so delivered. In either case, the seller must deliver the goods on the agreed date or within the agreed period and in the manner customary at the port.

매도인은 본선에 물품을 적치하거나 그렇게 인도된 조달함으로써 물품을 인도해야 한다. 어느 경우든 매도인은 합의한 날짜 또는 합의한 기간 내에 지정된 선적지 항구의 관례적인 방법에 따라 물품을 인도하여야 한다.

해설 전문상의 CFR의 기본성격에 따라 본 조항에서 말하는 방법으로 물품을 인도해야 하나, 이러한 인도는 지정된 선적항의 관례에 따라 다를 수 있다. 즉, FOB와 달리 물품이 선적항에서 본선 상에 인도완료된 때 물품을 인도해야 할 매도인의 인도의무가 완료하게 되며, 이 상태가 엄격한 의미에서 매수인이 지명한 그의 인수대리인이라고 할 수 없으나 의제적 매수인의 인수대리인인 운송인이 물품을 임의처분할 수 있는 상태이다. 이러한 인도는 지정된 선적항의 관례에 따를 수 있다.

CFR의 경우 도착지 항명이, 예컨대 뉴욕에 있는 매도인에 의해 "CFR London"과 같이 CFR 다음에 언급되기 때문에 CFR계약의 법적 성격이 거래자들에 의해 종종 오해되고 있다. 왜냐하면 매도인이 자신의 의무를 이행하는 분기점이 대개 생략되기 때문이다. 그렇다고 해서 선적이 예컨대 "CIF London Shipment from New York"과 같이 특정 항에서 일어남을 CFR계약이 일반적으로 규정하지 아니한다. 왜냐하면 이러한 사실은 여러 선적항으로부터 물품을 선적할 매도인의 선택권을 제한하기 때문이다. 따라서 FOB와는 달리 CFR은 두 개의 분기점을 가지고 있음이 강조되어야 하는 바, 그 첫째 분기점은 인도가 A.4에 따라 선적, 즉, 물품이 본선에 적재되는 때에 이루어지는 지점을 나타내고, 두 번째 분기점은 매도인이 물품의 운송을 위해 준비하는 도착지의 지점을 나타낸다. 따라서 전자의 분기점은 위험과 기능의 분기점이요, 후자의 분기점은 업무비용, 즉 해상운임의 분기점으로 전자의 경우 FOB와 같고 후자의 경우 CFR 다음의 도착지 항이 운임분기점을 나타내고 있다고 이해해야 한다.

CFR하의 하나의 필수적인 사항, 즉 선적지 계약이라는 사실이 도착지에 인도일자의 규정과 같은 상관례에 따라 종종 무시되고 있다. 예컨대 "늦어도 ××까지 London에 도착(arrival London not later than ××)"과 같이 도착지에서 늦어도 특정일자까지 인도가 이루어져야 함을 계약이 규정하고 있을 경우, 이런 종류의 규정은 CFR의 목적을 훼손시키며 상이한 CFR해석을 할 소지를 남긴다. 이런 경우 하나의 선택 가능한 해석은 이러한 규정을 선적지 계약이라기보다는 도착지 계약으로 당사자들이 합의한 것으로 해석하는 것이다. 그렇다면 물품이 도착지에서 실질적으로 도착할 때까지 매도인은 계약을 이행한 것으로 간주되지 아니하며, 이런 경우 선적 후에 일어난 사건으로 인해 물품이 지연되거나 멸실된 경우, 매도인이 매매계약서상의 특수 구제조항에나 불가항력 조항을 두고 있지 아니하는 한, 매매계약하의 자신의 의무로부터 매도인은 면책되지 아니한다. 뿐만 아니라 이런 계약은 매도인이 선적항에서 계약을 이행해야 하는 CFR계약과는 다른 것이다.

또 다른 하나의 선택 가능한 해석은 마치 물품이 목적지에 특정일자 전에 도착해야 함을 당사자들이 규정한 경우처럼, 당사자들이 사용한 특수한 내용을 CFR계약의 기본 성격에 우선시키는 뜻으로 이 규정을 해석하는 것이다. 그렇다면 선적 후의 사건의 결과로서 무엇인가 선적품에 대해 일어나지 아니하는 한, 물품이 규정된 일자 전에 도착해야 함을 의미하는 것으로 계약이 해석되어야 한다. 물론 CFR하에선 선적 후의 사건은 매수인의 부담이 될 수 있다.

이상과 같은 해석가운데 어느 해석이 또는 이와 유사한 내용이 추가된 해석이 CFR의 해석을 위해 사용될 지가 불분명하기 때문에 이러한 추가된 내용의 사용을 삼가도록 당사자들에게 강력히 권고하는 바이다.[294]

계약서상에 delivery 또는 shipment란의 표시와 이에 따른 신용장의 선적정소, 선적시기에 해당하는 "from··· to ···"와 "··· latest ···"에 표시되고 있다.

그러나 만약 선적장소, 선적시기가 합의되거나 묵시되지 아니한 경우 CISG 31조에 따라 ①운송을 수반할 경우 최초의 운송인에게 인도 ②물품이 특정장소에 있거나 동 장소에서 인출 또는 제조될 경우 동 장소 ③기타 영업장소가 물품의 인도장소가 되며, 인도시기는 CISG 33조에 따라 계약체결 후 합리적 기간 내에 인도하면 된다. 그러나 이런 경우는 거의 없다고 보아야 한다.[295]

Incoterms 2000과 1차, 2차, 3차 초안의 차이점은 "기적품"(goods delivered; afloat goods)을 공식적으로 인정하여 추가된 것 외는 동일하다.

그러나 최종초안은 3차 초안의 규정을 둘로 나누어 첫째 절은 원칙적인 인도방법을, 둘째 절은 언제 어떤 방법으로 인도해야 함을 규정함으로써 보다 구체적으로 인도방법에 대하여 명시하고 있다. 3차 초안과의 굳이 차이점이라면 "선적항구의 관례적인방법"(··· in the manner customary at the port)이 추가된 것 외는 3차 규정과 동일하다.

문제 대안 사소한 문제이나 "··· at the port."의 A.3상의 운송의 시작점이자 운송계약의 시작점이

294) J. Ramberg, *op. cit.*, pp.78-79.
295) 오세창, 상게서, pp.232-233.

되는 "… from the agreed point of delivery"와 모순된다. 따라서 원칙적으로는 규정의 성격에 따라 "port"이나 현실성을 고려한 "point"도 인정해야 하기에 "… at the port"는 "… at the port or point of delivery"로 하든지 더 바람직하다면 "… at the agreed port or point of delivery"로 할 필요가 있다.

A.5 위험의 이전(Transfer of risks)

> The seller bears all risks of loss of or damage to the goods until they have been delivered in accordance with A4, with the exception of loss or damage in the circumstances described in B5.
>
> 매도인은 B.5에서 규정하고 있는 상황에서 발생한 멸실이나 손상의 경우를 제외하고 물품이 A.4에 따라 인도완료 될 때까지 물품의 멸실이나 물품에 대한 손상의 모든 위험을 부담한다.

해설 매도인은 자신이 지명한 선박과 자신이 지정한 선적항에서 물품이 본선에 선적(기적품 포함)을 완료할 때까지 물품의 멸실 또는 손상의 위험을 부담해야 한다.

FOB에서도 지적하였듯이 Incoterms 2000의 경우 FOB와 CIF, CFR을 제외한 전 Incoterms의 위험과 비용이전규정을 보면 전문상의 해당조건의 성격에 따라 A.4상의 인도방법에 따라 인도가 완료된 때를 위험, 비용, 기능(C-terms는 위험, 기능)의 분기점으로 하고 있는바, 이러한 원칙에 따른다면 CIF의 경우 물품이 본선갑판에 적재 완료할 때까지 위험은 매도인이 부담해야 하는 것으로 된다. 그러나 본선 갑판적재가 아닌 본선난간 통과완료 시를 위험이전의 분기로 하고 있어 주의를 요하였다. 따라서 전통 해상조건으로 인도방법이 같은 FOB, CIF와 더불어 통일하여 인도완료가 되는 본선 갑판 적재완료 때로 통일시킬 필요가 있었다. 다행이 3차 초안부터 통일이 되어 본선에 인도완료시점을 위험의 분기점으로 함으로써 전 Incoterms는 인도완료 지점이 위험이전의 분기점으로 통일되었다.[296)]

오늘날 국제간의 거래는 Incoterms가 표시되고 있기에 위험이전에 관한 CISG 66조-70조까지의 규정이 실제 필요 없다. 그러나 Incoterms의 규정에도 불구하고 당사자들이 특별히 합의하면 계약자유의원칙과 계약내용우선원칙에 의해 특별합의 내용이 우선한다. 그러나 달리 합의하지 아니하고 Incoterms와 CISG가 준거법 내지 거래조건계약으로 표시될 경우 Incoterms의 규정이 우선하여 적용된다. 왜냐하면 거래조건에의 합의가 준거법에 우선하기 때문이다.[297)]

---

296) 오세창, 상게서, p.235.

297) Schmitthoff, Sassoon, Ramberg, Reyolds 등은 passing of risk and property로 보고 있고, Jimenez와 Choley는 transfer of risk and property로 표현하고 있다(D. M. Sassoon, *op. cit.*, p.202; C. M. Schmitthoff, *op. cit.*, pp.124, 24; G. Jimenez, *op. cit.*, p.73; F. Reynolds, *op.*

그러나 안내문의 설명가운데 위험이전의 분기점은 본선난간 통과완료시점임을 정의 개념과 다르게 설명하고 있는바 삭제가 필요하거나 Incoterms 2000에 익숙해 있는 상인들을 위해 오해를 피하기 위하여 본선난간 통과완료시점이 위험이전의 분기점이 아님을 주의시킬 필요가 있다.

Incoterms 2000, 1차, 2차 초안은 동일하였으나, 3차 초안에는 안내문의 정의와 A.4에 따라 인도완료시점으로 수정하였다.

최종초안의 경우 3차 초안상의 "subject to the provision of B.5"의 표현을 동일한 의미의 보다 분명한 표현으로 변경된 것 외는 내용상에 변경된 것은 없다. 다만 "… must bear …"가 "… bear …"로 변경과 "… in accordance with A.4"가 "… in the circumstances described in B.5"로 변경에 대한 문제점은 이미 다른 규정에서 언급한대로다.

A.6 비용의 분담(Allocation of costs)

The seller must pay

a) all costs relating to the goods until they have been delivered in accordance with A4, other than those payable by the buyer as envisaged in B6;

b) the freight and all other costs resulting from A3 a), including the costs of loading the goods on board and any charges for unloading at the agreed port of discharge that were for the seller's account under the contract of carriage; and

c) where applicable, the costs of customs formalities necessary for export as well as all duties, taxes and other charges payable upon export, and the costs for their transport through any country that were for the seller's account under the contract of carriage.

매도인은 다음의 비용을 지급해야 한다.

a) 물품이 B.6의 규정에 따라 매수인이 지급할 수 있는 비용 외에 A.4에 따라 인도완료된 때까지 물품에 관한 모든 비용; 그리고

b) 물품의 적재비용과 운송계약에 따라 매도인의 부담으로 되어 있는 합의한 양화항에서 모든 양화비를 포함하여 A.3 a)의 결과로 발생하는 운임과 모든 기타비용; 그리고

c) 적용되는 경우, 수출 시에 지급할 수 있는 모든 관세, 제세 그리고 기타 비용뿐만 아니라 수출을 위해 필요한 세관절차비용 그리고 운송계약에 따라 매도인의 부담인 물품의 제3국 운송을 위한 비용.

해설 CFR의 경우 매도인의 비용부담의 원칙은 FOB와 같이 기적재품을 포함하여 본선적재완료를 비용 이전 시점, 즉 A.4에 따라 본선상에 인도완료 시를 비용분담의 한계로 하고 있다. 이러한 비용 가운데는 창고 등에서 본선까지 운반하는데 따르는 비

cit., pp.24, 61; J. Ramberg, *op. cit.*, p.38; Lord Chorley and O. C. Giles, *op. cit.*, p.231).

용인 선적비용(shipping charge)과 본선난간 통과를 위한 적재비용(In or loading costs)을 포함한다. 그리고 본선 갑판상의 적재비용과 정기선이건 용선이건 운송계약에 따라 매도인이 지급해야하는 예컨대 종선료와 부두 사용료를 포함한 목적지항의 양화 그리고 운송계약체결에 따라 발생하는 운임 그리고 모든 부대비용을 지급해야 한다.

다시 말해서 운송계약체결의 의무에 따라 중량할증료(heavy lift surcharge), 용적과/또는 장척할증료(bulky or long length surcharge), 외항할증료(output surcharge), 체화선할증료(port congestion surcharge), 운하폐쇄할증료(Suez Canal surcharge) 등 각종 할증료(surcharge)를 포함한 운임과 환적과 같은 물품에 관한 또는 물품과 관련한 비용, 운송계약체결 시에 정기선사(regular shipping liner)에 부과될 수 있는 양화항에서 양화를 위한 항구선택료(optional charge), 항구변경료(diversion charge), 선내작업비(stevedoring charge), 최저운임(minimum charge), 종선사용료(lighterage), 부두사용료(wharfage charge), 화물을 선창 안에서 끄집어내어 본선까지 운반하는 비용인 선적비용(shipping charge)과는 구별되는 부두에의 양화비용(discharging charge), 본선에서 부두로 운반하는 비용인 양륙비용(unloading or out cost), 목적지에 도착할 때까지 운송 중 물품에 관한 비용(costs and charge)을 의미한다.

EU지역이나 자유무역지대와는 달리 수출의 때에 지급할 수 있는 그리고 운송계약에 따라 지급할 수 있는 관세, 제세, 기타비용, 수출을 위해 필요한 세관절차 비용 등을 지급해야 한다.

비용지급에 관해 주의를 요하는 것으로 운송계약 시 정규선사에 의해 부가될 수 있고 아니 될 수도 있는 출하비용, 양륙비용, 운송 중 물품에 관한 비용 등은 운송계약에 자우된다는 것이다. 따라서 다른 조건들과는 달리, CIF은 선적 시부터 위험과 비용이 임계점이 일치하지 아니함은 물론이고, 양화에 관한 운송계약내용에 따라 비용의 임계점이 또 달라질 수 있으므로 본 조건뿐만 아니라 기타 C-rules 조건으로 계약 체결시에 운송계약내용에 따라 거래가격이 달라져야 한다.

이하에서 각종운임에 대해서 설명하고자 한다.

1. 운임부과방법

운임은 운송인이 목적지까지 물품을 운송해주는데 대해 부과하는 가격이다.

운임은 예컨대 ton당 또는 cubic당과 같이 화물의 중량 또는 용적에 따라 대부분 계산되며, 양자 가운데 운송인에게 가장 유리한 것을 택한다.

흔히 운송인은 중량과 용적간의 표준비율에 근거한 대안운임율을 제공하고 있다.

대안운임율에 의하면 물품이 용적대 중량의 비율을 초과하면 운임을 용적에 따라 부과되고, 그 반대의 경우 운임을 중량에 따라 부과된다.

또 다른 하나는 운임부과방법은 운임을 단위당 또는 포장당 계산하거나 화물가액과 연계시키는 것이다.

2. 할증료(surcharges)

해상운송인들은 기본운임에 근거해서 일정한 할증료를 흔히 부과하고 있다.

가장 흔한 할증료는 bunker할증료(bunker surcharges)로 선박유조정인자(bunker adjustment factor: BAF)라 하기도 하는 바, 이는 운송인에게 선박유가격의 변동에 따라 운임의 조정을 허용하는 것이다.

그리고 통화할증료(currency surcharges)로 통화조정인자(currency adjustment factor: CAF)라고도 하는 할증료가 있는바, 이는 운임으로 인용된 통화의 환율변동에 따라 운송인에게 운임의 조정을 허용하는 것이다. 기본운임은 6개월 또는 1년까지의 기간 동안 대개 고정되는 반면에 운임조정을 위해 매매가격조정조항을 포함시키는 것을 고려해야 한다.

기타 흔한 할증료는 지나치게 무겁거나 길이가 긴 화물에 대해 부과하는 extra length surcharges 또는 extra heavy surcharges이다.

3. 운임선급(freight prepaid)과 운임후급(freight collect)

CFR과 CIF계약에 의하면, 가격은 도착항까지 운송을 포함하고 있다. 일반적으로 매도인에 의해 선급되거나 운임추심 B/L에 따라 선박도착시 매수인에 의해 지급되어질 수도 있다.

운임추심조건 하에선 매도인은 상업송장 상에 가액으로부터 운임을 공제하게 된다.

운임선급과 추심의 방법은 근본적으로 Incoterms에 따라 다르나, 당사자들의 합의에 따라 달라질 수도 있다.

4. 화물조양(cargo handling)

트럭이나 로리를 통해 임해지역에 도착한 물품이 적재되지 아니하고 저장창고에 이전되거나 본선에 운반될 때 대개 비용이 발생한다. 이러한 비용은 운임에 일반적으로 포함되지 아니하고 선택된 Incoterms에 따라 수출자나 수입자에 의해 지급된다.

5. 정기선 조건(liner terms or berth terms)

일정한 운임율에 대하여 합의하기 전에 하송인은 물품의 적재와 양화가 운임에 포함되는지 여부를 알기를 원할 것이다. 그 대답은 선사에 의해 제의되는 특별한 liner terms(berth terms)에 좌우된다.

일반적으로 FOB, CFR과 CIF와 같은 Incoterms는 본선에 적재되어 위험과 비용을 분담하기 때문에 매매계약서 상에 선택된 Incoterms가 운송계약상에 명시된 정기선조건과 일치하는 것은 중요하다.

그러나 주의를 요하는 것으로 무역업자들은 운송계약의 일부로서 정기선 조건과 매매계약의 일부인 Incoterms간의 구분을 이해하는 것이 중요하다(운송계약의 일부로서 정기선조건과 매매계약의 일부인 Incoterms와는 별개이다). 왜냐하면 liner terms는 하송인과 운송인간의 관계를 지배하는데 비해 Incoterms는 매도인과 매수인간의 관계를 규율하기 때문이다.

운송계약 체결 시 liner terms를 선택한다고 해서 이 자체가 매도인과 매수인간의 비용분담을 결정하지 아니한다.

그러나 이러한 비용들이 매매계약에 따라 이미 특별히 분담되어 있는 경우에는 그러하지 아니하다.

이렇게 볼 때 운송을 책임을 지고 있는 무역업자는 선택된 Incoterms가 적재나 양화에 관해 명백한 규정을 두고 있는지 여부를 알기 위해 먼저 매매계약을 살펴야 한다. 그리고 난 다음 하송인으로서 활동하고 있는 무역업자는 운송계약체결 시 운송계약가운데 liner terms가 매매계약상의 Incoterms와 저촉하지 아니한지를 확인해야 한다.

liner terms 운임율의 견적에는 다양한 변형이 있다. 그러나 흔한 특정 liner terms는 부두상에서 시작하고 종료되는 운송, 본선 양화기 밑에서 시작하고 종료되는 운송, 본선 갑판상에서 시작하고 종료되는 운송을 커버하는 운임에 좌우된다. 물론 이러한 3가지 변형은 각각 적재와 양화 방법에서 비롯된다고 볼 수 있다. 그런데 이들은 자유로이 조합이 될 수 있기 때문에 적어도 9개의 기본적인 변형이 있다. 더욱이 항구와 동맹관습이 매우 다양하기 때문에 실질적인 liner terms의 변형은 9개 보다 더 많을 수 있다.

1) 부두로부터의 liner terms조건하의 물품의 적재와 양화방법
   - 적재 - 운송인의 책임은 본선지역 내의 장소에 운반된 물품을 적재하는 데까지 확대된다. 이 경우 본선의 정확한 의미는 항구의 관습에 따라 다양할 수 있다.
   - 양화 - 운송인의 책임은 물품을 부두에까지 내리고, 물품을 다양한 화물로 보유하기도 하고 경우에 따라서는 화물에 덮개를 히기나 창고에 저장하는 일.
2) 본선 양화기 하의(under shipping tackle) liner terms조건하의 물품의 적재와 양화
   - 적재 - 하송인은 본선 상에 물품을 끌어올리는 크레인 밑에 물품을 직접적으로 운반해야 한다.
   - 양화 - 운송인은 물품을 실어내어 본선 갑판에 물품을 적치한다. 그 다음으로 물품을 부두에까지 내리고 부두에서 물품을 분류하는 것을 포함한 기타활동은 하송인이나 수하인의 책임이다.
3) 본선 갑판(on board)상의 liner terms조건하의 물품의 적재와 양화방법
   - 적재 - FI조건 적용 : 운송인은 오직 선박만을 이용 가능하게 할 뿐이다. 이에 반해 하송인은 본선에 물품을 끌어올려 선창에 물품을 쌓아야 한다.
   - 양화 - FO조건 적용 : 운송인은 오직 선박을 부두에 정박할 뿐이다. 이에 반해 하송인이나 수하인은 선창으로부터 물품을 실어내어 부두에 내려야 한다.
   - 적재와 양화 - FIO조건적용-이러한 변형에 의하면 운송인은 선창 내에서 물품을 쌓는 일과 해체(푸는)하는 일만을 취급한다.

6. 부두하역료(stevedoring) 부과방법

많은 경우에 있어 하역이라 하는 개인 계약자들은 모든 화물활동을 뒷바라지하고, 선적특성에 따라 운송인 하송인 또는 수화인 앞으로 수수료를 청구하게 된다.

하역작업자는 하송인과 수화인 간에 비용을 일반적으로 분담하지 아니한다.

이러한 사실은 비용이 본선난간에서 분담됨을 요구하고 있는 FOB, CIF Incoterms와 관련해서 과거문제점으로 제기되었다.

그러나 이러한 사실은 특별히 개발된 이들에 상응하는 새로운 Incoterms인 FCA, CPT, CIP로 이동하고 있다는 이유에서도 찾을 수 있다.

7. 표준선적조건(standard shipping terms or standard liner terms)

ICC Finland는 ICC 표준용어에 입각한 liner terms변형하의 적재와 양화관계에 대한 설명에도 불구하고 문제점이 제시되고 있어 이를 불식하기 위해 ICC 해상운송위원회가 Finland의 현실관행을 그대로 인정하고 적용토록 하고 있는 표준선적조건을 보면 다음과 같다.

이하에서 말하는 ICC Finland 조건마다 물품의 적재와 양화를 중심으로 되어 있다.

따라서 무역업자들은 gate term 그리고 ship terms와 관련한 다음의 조건들의 조합에 합의할 수 있다.

예컨대 다음과 같이 계약을 체결할 수 있다.

"loading- ICC Finland Gate term
discharge- ICC Finland Ship term"

1) gate terms

계약 하송인에게 최소한의 의무를 부과하는 조건이다. 동 조건에 의하면 그는 양화지점까지 가게 될 운송수단에 물품을 단순히 인도하고, 양화 창고의 적재실에 인도하거나, 계속운송수단에 적재(이런 경우 gate term, loaded로 표현해야 함)함으로써 끝난다.

2) wharehouse terms

계약운송인은 항구에 위치하고 있는 보세창고에서 물품을 인도하며, 양화의 경우 운송인이 도착항의 보세창고에서 수하인에게 물품을 인도하는 조건이다.

3) tackle terms

계약하송인은 적재항의 부두에서 운송인에게 물품을 인도하며, 양화항에서 운송인은 부두에서 본선으로부터 양화하지 아니한 상태에서 수하인에게 물품을 인도하는 조건이다. 동 조건은 전통적인 조양기준에 따라 사용되는 조건으로 Ro-Ro 운송에 사용되어서는 아니된다.

4) ship terms(free in)

계약하송인은 본선갑판에 물품을 인도하며, 양화항에서 운송인은 양화항 본선갑판에서 물품을 인도하게 된다.

8. 컨테이너 운임

컨테이너 운임에는 두 개의 독립된 비용요소, 즉 컨테이너 임대료와 운임이 있다.

흔히 운송인에 의해 제공되는 컨테이너의 임대료는 운임 속에 포함된다. 그러나 다른 경우 하송인은 컨테이너를 임대할 수 있는 바, 이런 경우 임대계약 하에서 허용되는 기간에 관해 주의하도록 해야 한다. 왜냐하면 임대계약은 임대컨테이너의 지연반환의 경우 확정손해배상금을 규정하고 있기 때문이다.

동맹에 가입한 선사에 의해 부과되는 컨테이너 운임은 컨테이너에 선적되는 물품형태와 일반적으로 연계된다. 반면에 비동맹선사들은 상자당 균일요금을 부과하는 경향이다.

컨테이너는 이들을 취급하여 본선에까지 이동하는데 대해 고정액을 부과하는 임해지역 터미널에 주로 인도된다. 이런 경우 출발항에서의 터미널비용은, 컨테이너 서비스 비용으로 종종 불리고, 도착항에서의 터미널비용은, 터미널 조양비용(terminal handling charges)이라 부른다. 실제적으로 양 용어들은 상호 교체되어 위와 반대로 사용될 수 있다.

9. 항공운임

1) 항공운임구성

항공운임율은 해상운임율 보다 매우 높다 해도 항공선적품은 예컨대 다음과 같은 기타 중요한 비용에 관해 절약을 가져올 수 있다.

① 보험료 - 항공보험료는 해상운송을 위한 보험료의 절반이하이다.(예컨대 해상운송의 경우 화물가액의 0.7%에 비해 항공운송은 화물가액의 0.3%이다.)

② 관세 - 항공운송의 경우 관세는 총 중량기준으로 부과되며, 이는 해상운송보다 항공운송이 일반적으로 보다 낮음을 의미한다.

③ 포장비 - 항공운송을 위한 포장은 해상운송을 위한 포장보다 가볍고 포장비가 저렴하다.

④ 창고료 - 많은 경우에 있어 항공운송은 해상운송에 따라 필요할 수 있는 창고보관의 필요성을 크게 감소시키며, 경우에 따라서는 제거시킬 수 있다. 일반적으로 창고비용은 운송종료시에 창고면적의 임대료뿐만 아니라 창고에 저장될 동안 쓸모가 없게 된 물품(썩은 바나나 등)의 비용 그리고 관련세금과 보험비용을 포함하기 때문에, 이러한 비용요소는 항공운송선호의 결정적 요인이 될 수 있다.

⑤ (결제에 따른)금융비용 - 매수인의 지급의무가 매수인의 거소에서 인도됨으로 이루어지는 해상선적품에 비해 항공운송의 경우 매도인은 보다 빨리 지급을 수령할 수 있다.

해상운송비용이 항공운임보다 낮은 그러한 경우에 있어서조차 매도인은 이상과 같은 경쟁적 이유 때문에 항공운송을 활용하길 선호하고 있다.

예컨대 수출매도인의 부품은 자신이 항공운송과 관련해서만 이루어질 수 있는 부품의 인도신속성을 이룩할 수 없다면, 해상운송에 의한 국내 매도인과 경쟁할 수 없음을 발견할 수 있다.

2) 항공운임부과방법

IATA(International Air Transport Association) 스케줄에 의하면 운임율은 선적품의 수량범주에 따라 감소한다. 기본적인 중량범주는 45kg, 45-100kg, 100-300kg, 500-520kg, 500kg-1ton으로 되어 있다.

이렇게 볼 때 화물결합의 장점이 분명하다. 예컨대 25kg 선적품 5개를 여러 날에 걸쳐 다섯 편의 비행기 편에 보내는 것보다, 25kg짜리 5개를 100kg으로 하나로 만들어 보내는 것이 더 저렴하다. 항공운임우대율(소위 "corates"라 함)이 산적으로 선적되는 일정한 상품에 이용 가능하다.

해상운임과 같이 운임율은 용적-중량비율을 조건으로 한다. 그러나 매우 가볍고 저밀도 제품은 부피에 비례해서 계산되는 이론적 중량에 근거해서 운임을 지급하게 된다.

공항에서 화물취급비용은 상대적으로 비쌀 수 있다. 따라서 하송인들은 사전에 명시된 비용을 아는 것이 중요하다.

10. 도로운임

도로운임율은 나라마다 다양하다. 이렇게 다양한 하나의 이유는 운전수의 노임은 특정국가에서 적용되고 있는 노임에 따라 다르기 때문이다.

해상과 항공운송에서와 같이 도로운임은 일반적으로 중량을 기준으로 계산되나, 용적-중량비율을 조건으로 하고 있다.

도로운송을 위해 이러한 비율은 해상운송비율(1.33 대 1)과 항공운송비율(6 대 1)사이에 해당하며, 일반적으로 3단위로 계산되고 있다. 예컨대 평방미터의 용적이 kg중량의 3배 이상이면, 도로운임은 평방미터의 총용적을 3으로 나누어 계산된 kg으로 된 기준적 중량에 따라 부과된다.

11. 철도운임

다른 운송수단에 비해 철도운임은 용적-중량비율을 일반적으로 조건으로 하지 아니한다.

철도는 일반적으로 한 화차에 대한 두 가지의 운임율을 적용하는 바, 그 하나는 특정서비스에 대한 운임이고, 다른 하나는 보통 서비스에 대한 운임이다.

중량단위 당 가격에서 볼 때 철도운임은 매우 경쟁적이다. 한 화차가 못되는 경우 일정면적이상 이면 full운임을 적용하고 있다.[298]

문제 대안 Incoterms 2000 A.6과 B.6과 관련하여 제시한 문제점은 다음과 같았다.

---

298) 오세창, 상게서, pp.237-244.

운송계약에 따라 도착지항에서의 비용부담에 따라 비용분기점이 다양한 것은[299] 이해되나 선적시 위험과 비용분기점이 FOB와 같이 본선난간 통과완료시점으로 통일되지 아니하고, 위험은 본선난간 통과완료시점이고, 비용은 갑판적재완료시점으로 구분하면서 A.6 둘째 절상의 비용부담 가운데 "본선적재비용"을 언급하고 있는 이유는 무엇인가?

B.6 셋째 절 규정에 의하면 종선료와 부두사용료를 포함한 목적지항의 양화비용이 운송계약에 따라 매도인 부담이 아닌 한, 이런 비용은 매수인이 지급해야 한다는 것은 CIF이나 CIF의 경우 운송계약은 원칙적으로 정기선계약이어야 하고 부득이하여 부정기선이나 기타용선의 이용이 가능함을 전제로 하고 있다.[300] 이러한 전제가 옳다면 B.6의 해당규정 가운데 "… which were for the seller's account under the contract of carriage …"와 같은 규정대신에 "… which were payable for the seller's account under the contract of carriage …"와 같이 A.6의 규정을 변경함이 옳지 아니한가? C-terms에만 유일하게 A.6 마지막 부분에 "… and for their … if they were for the seller's account under the contract of carriage."와 B.6의 마지막 부분 "… unless included within cost of the contract of carriage..."의 표현이 규정된 이유는 무엇이며, B.6상의 마지막부분에 "where necessary"가 왜 필요하며, 마지막 절 문두의 "where applicable"의 표현으로 대체는 불가능한가?

A.6상의 "… unloading at the agreed port of discharge …"는 CFR과 CIF의 성격상 "… unloading at the named port of destination …"[301]으로 변경함이 타당하지 아니한가?

B.6의 둘째 절상의 "… at the port of destination …"의 경우 A.6의 규정과 같이 통일함이 바람직하지 아니한가?

이상의 사실이 인정될 경우 B.6의 셋째 절상의 경우 "unloading costs" 다음에 "… at the agreed port of discharge …"의 표현이 삽입되어야 A.6의 규정과 균형을 이룰 수 있지 아니한가?

동일한 해상조건임에도 불구하고 비용이전에 있어 비용분기점 그리고 이와 관련한 비용분담 표현상의 차이점의 경우 전통적인 해상조건인 FOB, CFR, CIF의 경우는 전문의 성격에 근거한 A.4의 인도방법에 따라 인도완료시점인 갑판적재필일 때 위험과 비용의 분기점으로 통일시킬 필요가 있다. 그러나 현 규정상으로 볼 때 그렇지 못한 것은 혼란을 줄 우려가 있다. 즉, FOB의 A.6과는 달리 CFR과 CIF의 경우 위험과 비용의 분기점을 달리하여 비용의 경우 CFR과 CIF의 A.6상에, A.4에 따라 본선 갑판적재필을 비용분기로 하고 있다. 그렇다면 A.6의 둘째 절상의 "… loading the goods on board …"는 당연히 삭제되어야 한다.

목적지항의 양화비용의 부담문제와 양화비용과 관련한 표현상의 문제점에 대하여는 매도인 부담에 대한 서문상의 설명과 규정의 개정이 문제점에서 지적한 바와 같이 이루어져야 한다.

그리고 양화 관련하여 "… unloading at the agreed port of discharge" 대신 "… unloading at the named port of destination"으로의 변경이 CFR과 CIF의 명칭상 바람직할 것 같으나 그대로 둘 경우 그 이유는 다음과 같다.

C-terms는 서류거래이기에 전매의 가능성이 높고, 경우에 따라서는 합의에 의해 운송 중에 목

---

299) 비용의 분기점은 대개 본선갑판, 본선난간 통과, 부두가 일반적이다(ICC, *Guide To Incoterms*, ICC Service S.A.R.L. 1980, p.85).

300) A.3상의 "usual route"의 내용이 이를 뒷받침하고 있다고 볼 수 있다.

301) 이는 C-terms의 명칭 자체가 "....at the named port(or place) destination"으로 되어 있기 때문이다.

적지항이 달라질 수 있어 현 규정과 같이 표현하였다고 볼 수 있다. 따라서 "...at the agreed port of discharge"는 "… at the named port of destination"과 같을 수도 있고 다를 수도 있다.

그리고 A.6와 B.6의 마지막 부분의 "… and for … if …carriage.", "where necessary"와 "… unless include … carriage"와 관련한 상기에서 지적된 문제에 대한 설명은 다음과 같다.

"where applicable"은 해당규정 적용여부와 해당규정 가운데 현대 상관행 반영을 위한 규정의 적용여부를 위한 공동표현으로 확대해석 한다면 이미 주장한 바와 같이 "where necessary"가 필요 없다. 그러나 서문14 세관통관에 의하면 "where applicable" 이하의 규정은 적용되는 경우 있을 수 있는 현대상관행의 반영 표현으로 볼 때, 구분하여 표시함이 바람직하다.

구분의 경우 B.6상에는 "where necessary"라는 표현이 있고 A.6상에는 없다. 균형을 기하기 위하여 A.6상에도 "where necessary"라는 표현을 추가하거나 만약 하나로 통일함이 필요하다면, A.6상에만 표현하는 것이 바람직하다. 그 이유는 다음과 같다.

i) Incoterms의 규정은 당사자들의 의무 10가지를 각각 규정하고 있으나, 매도인 중심의 규정에 따른 매수인의 상대적 의무규정으로 보아야 한다.

ii) 비록 A.6상에 B.6상의 "where necessary"에 해당한다고 볼 수 있는 가정문 규정인 "… if they were for the sellers …"가 있다 해도 "where necessary"를 A.6상에 추가하고 "… if …"의 문장은 "… as the seller's …" 혹은 이와 유사한 표현으로 수정함이 현 규정보다 명확하다.

iii) 현 규정대로 둘 경우 A.6의 경우 수출과 제 3국 운송에 따른 모든 수속과 이와 관련한 비용의 지급이 운송계약과 관련이 있는 것 같이 오해를 줄 수가 있다.

iv) 매도인이 운송계약과 운임을 지급한다.

따라서 이상의 사실에 근거해서 A.6와 B.6를 수정한다면 우선 A.6의 경우 "… and …" 이하의 규정을 "… and where necessary, for… through any country as the seller's …" 혹은 이와 유사한 표현으로 수정하고, B.6의 경우 "where necessary"를 삭제하는 것이다.

이상과 같이 수정된다 해도 문제는 A.6상의 운송계약과 B.6상의 운임과 관련한 표현이다.

왜냐하면 관세 · 제세 · 수속비용 등은 매매계약과 관련한 비용이며, 운송계약은 매매계약에 따른 주 계약에 보조되는 계약인데, 특히 제3국 통과운송과 관련한 비용을 운송계약과 운임과 관련시킨 것은 이해가 어렵다고 볼 수 있기 때문이다.

그러나 이러한 비용은 제3국 통과운송에 따른 절차와 이와 관련한 비용이기에 그리고 이런 비용은 운송계약체결의무자인 매도인과 선박회사 간에 해결될 수 있는 문제이기에 운송계약과 관련시켜 놓고 있다고 생각하면 이해가 될 수 있다.

그렇다면 운송계약이 없이 물품을 선적하고, 운임을 지급하며, B/L을 수령하는 현실성을 고려하여 매매계약에 운송계약의 중요성과 본 규정의 표현에 대한 설명이 서문14 등을 통해 이루어져야 한다.

이상의 사실은 CIP와 CPT도 마찬가지이다.

최소공약수적 국제규칙으로서 Incoterms는 가능한 한 완벽을 기해야 한다는 취지에서 볼 때 문제점에서 지적된 바와 같이 A.6의 표현을 통일시키거나 이러한 표현에 대한 C-terms의 문제점을 해결하기 위해 위에서 지적한대로 "… at named port of destination"과 같이 변경시키는 것이 바람직하다. 그리고 "unloading costs" 다음에 "at the agreed port of discharge"가 추가되든지 아니면 위에서 지적한대로 "… at the named port of destination"과 같은 표현이 추가되어야 한다.

따라서 이상에서 지적한 내용들이 서문이나 공식 안내서상의 설명이나 규정개정 등을 통해 보완되어야 한다.[302)]

이러한 본인의 주장에 A.6, B.6규정을 보면 부분반영 예컨대 B.6상의 "… Where necessary …"의 삭제가 이루어졌다.

1차 초안의 경우 "which"가 "that"로의 표현 변경외에 내용은 동일하다. 2차 3차의 경우 1차의 "… and for … any country, if they were …"을 "… and the costs for …, any country that were …"로 변경됨으로 "… and for …"의 연결되는 비용부분에 대한 불명확한 표현에 대하여 명확성을 도모하였다.

특히 Incoterms 2000상의 "…if they were …"가 "… that were …"로 변경된 것은 운송계약체결 시에 물품의 제3국통과에 따른 비용을 지급하기로 한 경우 매도인 부담이나 그렇지 아니한 경우 인도 후에 일어난 비용가운데 매도인 부담인 운임부담과는 다른 성격의 제 3국 통과비용은 운송계약 시에 매도인 부담이라고 명시하지 아니하였다면 당연히 매수인 부담임을 분명히 하기 위한 표현으로 볼 수 있다. 따라서 조건절의 표현으로 인해 매도인 부담으로 해야 할지 아니해야 할지에 대하여 다소 오해의 소지를 줄 수 있는 존재 표현과 다른 의미가 아닌 실제에 있어 동일한 의미의 상이한 표현이나 운송계약의 중요성을 강조한 표현이다. 실제 내용은 동일하다.

이렇게 볼 때 Incoterms 2000 1차, 2차, 3차 초안의 규정은 자구수정을 통한 단순화와 분명한 표현 그리고 운송계약의 중요성 강조 외에 그 내용면에서는 실질적으로 동일하다.

최종초안의 경우 위에서 언급한대로 "본선난간"의 개념이 삭제되었다. 최종초안의 경우 3차 초안상의 "subject to the provision of B.5"표현은 동일한 의미의 보다 분명한 표현으로 변경 된 점과 역시 일반적 표현인 "… in accordance with A.4" 대신에 보다 분명한 표현으로 된 "… as envisaged in B.6"로 변경된 것 외 내용상의 변경은 없다. 그러나 이들에 대한 문제・대안은 이미 다른 규정에서 언급한 대로이다.

A.7 매수인에게 통지(Notices to the buyer)

> The seller must give the buyer any notice needed in order to allow the buyer to take measures that are normally necessary to enable the buyer to take the goods.
>
> 매도인은 매수인에게 그로 하여금 물품을 수령하는데 일반적으로 필요한 조치들을 취하도록 하기위하여 필요한 모든 통지를 해야 한다.

해설 매도인은 A.3 a)상의 자신의 의무인 운송계약체결과 이에 따른 A.4에 따라 물품의 인도를 완료하고 인도를 완료한 사실과 목적지에서 매수인이 물품의 성격과 운송수단과 방법을 고려하여 물품을 수령하는데 필요한 조치들을 취할 수 있도록 하는데 필요한 통지를 해야 할 의무가 있다. 이때 필요한 통지는 시간적으로나 내용적으로나 충분하여야 한다. 무역실무에 있어 상호간의 합리적인 통지는 매우 중요한 것으로 이는 모든 법과 관습의 일반원칙이다.

302) 오세창, 상게서, pp.244-247.

이미 FCA A.7에서 언급한 내용대로 Incoterms A.7상의 통지는 "… every notice …"로 되어 있고, 이에 상응하는 전 Incoterms B.7에 의하면 "… sufficient notice …"로 되어있다. 따라서 그 의미는 같다 하더라도 규정표현의 통일이 필요하며, 꼭 이 규정만을 이렇게 표현해야 한다면 그 이유를 설명해야 한다. 본인의 생각으로는 통지는 주로 A.4에 따른 인도와 관련한 통지이기에 운송계약 책임자가 누구인가에 좌우될 필요없이 내용적으로 시간적으로 충분한 의미로 CISG 표현인 "reasonable notice"를 사용하던지 아니면 상관습적인 표현인 "sufficient notice"의 표현으로 전체 통일하는 것이 바람직한 것 같다.

Incoterms 2000과 1차 초안은 똑같으며, 2차 초안의 경우 "… such as the estimated time of arrive"를 삭제[303)]하면 Incoterms 2000과 1차, 2차 초안은 모두 똑같다.

Incoterms 2000과 1차, 2차 초안의 A.7은 A.4에 따른 "인도사실"과 "물품수령에 필요한 조치"를 위한 통지였으나 3차 초안은 매수인이 인도된 물품을 수령하는데 필요한 조치를 취하는데 필요한 통지를 해야 함을 규정하고 있었다. 이는 Incoterms 2000과 1차, 2차 규정과는 다른 인상을 줄 수 있었다. 그러나 사실은 3차 초안의 표현이 단순화하면서 분명하다. 왜냐하면 Incoterms 2000과 1차, 2차 초안상의 통지의 내용은 두 가지, 즉 "인도사실"과 "수령에 필요한 조치준비" 차원의 통지에 초점이 있다. 그러나 인도사실은 수령에 필요한 조치준비를 취하도록 하는 통지내용 속에 포함된다. 즉 인도라는 전제가 없다면 수령이 있을 수 없다. 따라서 인도사실의 통지는 자동적으로 수령을 위해 필요한 조치준비를 위한 통지 속에 당연히 포함된다고 보아야 한다. 따라서 Incoterms 2000, 1차, 2차 초안상의 통지규정의 통지의 내용구분보다 인도를 대전제로 인도한 물품의 수령을 위해 필요한 조치를 취하는데 필요할 수 있는 통지의 규정이 자연스러워 보인다.

최종초안의 경우 3차 초안의 규정과 동일하다.

A.8 인도서류(delivery document)

> The seller must, at his own expense, provide the buyer without delay with the usual transport document for the agreed port of destination.
>
> This transport document must cover the contract goods, be dated within the period agreed for shipment, enable the buyer to claim the goods from the carrier at the port of destination and, unless otherwise agreed, enable the buyer to sell the goods in transit by the transfer of the document to a subsequent buyer or by notification to the carrier.
>
> When such a transport document is issued in several originals, a full set of originals

303) 본인은 이미 삭제를 주장한바 있다. 오세창, 상게서, p.42.

must be presented to the buyer.

매도인은 매수인에게 자신의 비용으로 합의한 도착지항을 위한 통상 운송서류를 지체 없이 제공해야 한다.

이 서류는 계약물품을 표시하고 있어야 하고, 선적을 위해 합의한 기간 내에 일부가 되어 있어야 하며, 매수인으로 하여금 지정된 도착지항에서 운송인으로부터 물품을 청구할 수 있는 것이라야 하고, 달리 합의가 없는 한 매수인으로 하여금 후속 매수인에게 운송서류의 양도에 의해 또는 운송인에게 통지하므로 운송 중에 있는 물품을 매각할 수 있는 것이라야 한다.

이러한 운송서류가 복본의 원본으로 발행되는 경우 원본 전통이 매수인에게 제공되어야 한다.

해설 CFR의 경우 근본적으로 CAD거래이기에 통상의 운송서류로서 운송계약의 증거이자 권리증권이며, 화물수취증의 역할을 하는 유통가능선하증권[304](a negotiable B/L), 권리증권 이외의 두 가지 성격을 지니는 통상의 운송서류, 즉 유통불능이면서 기타 운송형태에 사용되는 유통가능 B/L에 유사한 운송서류로서 유통불능해상화물운송장(non-negotiable sea waybill) 또는 내수로화물운송장(an inland waterway document), 또는 최근 등장하고 있는 liner waybill, ocean receipt, data freight receipt or variants of such expressions 등을 제공해야 한다. 특히 해상화물운송장[305]은 물품의 해상운송을 위하여 사용되는 다양한 비유통(유통불능)운송서류 전부를 포함하기 위하여 종종 사용되고 있는바, 운송계약에 따라 물품을 인도하고, 운송기관으로부터 발급받아 이들 중 하나를 매수인에게 제공하여야 하는 바, 이들 조건들은 근본적으로 해상운송과/또는 내수로 운송에 따른 서류들이기에 A.8을 통해 나음과 같은 이들 서류의 구비요선이 규정되어 있다.

① 이들 서류들은 계약물품을 표시하고 있어야 하며(운송계약의 증거로서의 역할)
② 선적을 위해 합의된 기간내의 일부가 명시되어 있어야 하고,
③ 목적지에서 운송인으로부터 이들 서류와 교환으로 매수인이 청구할 수 있어야 하며(화물수취증으로서의 역할)
④ 달리 합의가 없는 한 유통가능선하증권의 경우, 후속매수인에게 양도하거나 EDI B/L의 경우 운송인에게 통지함으로써, 운송 중에 있는 물품의 전매가 가능해야 하고(권리증권으로서의 역할)
⑤ 복본의 원본으로 발급된 경우 전통이 매수인에게 지체없이[306] 제공되어야 하

304) 현존하는 영국의 가장 오래된 선하증권은 1538년에 발급된 용선계약에 근거해서 발행된 것이다; 上板酉三, 「貿易慣習」, 經濟新聞社, 昭和 34년, p.208; Sir A. A. Mocatta, M. J. Mustill, S. C. Boyd, *Scrutton on Charterparty and Bills of lading*, 16th ed., London: Sweet & Maxwell, 1974, p.2, note 9.).

305) 이미 FCA의 인도증거서류에서도 언급한 바 있지만, 당사자들은 비유통운송서류의 사용을 인정할 경우 이러한 비유통서류의 사용에서 비롯되는 일체의 법적 불확실성을 피하기 위해 운송계약 체결 시에 CMI가 제정한 Uniform Rules for Sea Waybill을 언급해야 한다.

며[307],

⑥ A.1 규정에 따라 당사자들의 합의에 따라 이들 운송서류 대신에 전자운송서류를 발급받아 매수인에게 제공할 수 있다.

해상운송서류와 관련한 주의사항을 다음과 같이 말할 수 있다.

대부분의 경우 정규선사에 의해 운송예정인 물품은 물론 가능은 하지만, 운송 중에 추가매매의 주체가 되지 아니할 것이다. 그러나 용선에 적재되어 운송되는 물품에 관해선 상황은 정규선의경우와 전혀 다르다.[308] 예컨대 용선에 물품이 적재되어 물품이 현물시장에서 매각되는 경우, 물품이 도착지에 도착하기 전에 여러번 매각이 된다.

이런 경우 유통가능 B/L이 전통적으로 대단히 중요하다. 왜냐하면 이 B/L의 점유가 후속 매수인으로 하여금 목적지에서 운송인으로부터 물품의 청구를 가능케 할 수 있기 때문이다. 따라서 도착 전에 매각되는 경우 후속매수인은 물품과 교환으로 운송인에게 B/L 원본을 양도함으로써 물품의 청구를 가능하게 할 수 있다.

그러나 운송 중에 물품을 매각할 의사가 아닌 경우로서 목적지에서 운송인으로부터 물품을 청구할 매수인의 권리가 해상화물운송장에 대한 CMI통일규칙을 매매계약에 언급하는 것과 같은 기타 수단에 의해 보증이 된다면, B/L을 사용할 필요가 없다.

반면에 운송 중에 후속 매수인에게 물품을 매각할 의사인 매수인은 자신의 매도인으로부터 유통가능한 B/L을 청구할 권리를 C-rules하에선 가진다. 그러나 이러한 운송 중의 매각 역시 B/L없이 물품의 매각이 가능할 수 있다. 즉 후속 매수인의 임의처분상태로 물품을 인도하도록 하는 지시에 따르도록 운송인에게 요청하는 제도, 예컨대 지시식으로 발행된 항공화물운송장 전통제공이나 항공화물운송장 상에 매도인의 운송지시중지 용어의 사용 등의 방법을 관계당사자들이 사용한다면 운송 중에 매각이 가능할 수 있으나 근본적으로는 권리증권이 아니기에 불가능하다고 보아야 한다.

A.1에 따라 당사자들이 소위 paperless거래를 하기 원할 수 있음을 생각하고 있다.

따라서 당사자들이 전자방식으로 통신하길 합의한다면 지금까지 종이서류가 제시되어야 한다는 요건이 더 이상 필수적이 아니다. 물론 전통적인 B/L은 종이 없는 거래를 향한 현대적인 발전과 관련이 없다. 이런 이유에서 이미 언급한 바 있는 1990년에 EDI B/L에 대한 통일규칙을 제정하였는 바, 이 규칙은 관계당사자들간의 전자메세지가 전통적인 종이 B/L의 필요를 대체할 수 있는 상황을 규정하고 있다.

이러한 통일규칙은 A.8에서 "운송인에게 통지(notification to the carrier)"란 말과 똑같은 목적을 나타내는 운송인에게 대한 전자메시지에 근거한다. 그러나 전자 B/L을 사

306) 지체없이의 기준은 L/C 상의 서류제공 유효기일이 명시되어 있으면 그 기일 내에, 명시되어 있지 아니하면 선적 후 늦어도 21일내에 제출하도록 하고 있다(UCP, 600, 14 c).

307) UCP, 23. a. ⅴ; 24. a. ⅴ; 25. a. ⅵ; 26. a. ⅳ 및 L/C 규정, 즉 "full set of clean on board ocean bill of lading…" 등을 통해 이 원칙이 준수되고 있으며, "Scott ⅴ. Barclays Bank [1923] 2 K.B. 1"사건에서도 입증되었다(David M. Sassoon, *op. cit.*, p.144).

308) 반드시는 아니나 용선에 의한 기적품일 수 있으며, 이 경우 대게 운송 중에 매매가 이루어짐이 대부분이다.

용하길 원치 아니하는 당사자들은 유통가능 B/L을 요구하는 전통적인 관습을 계속해야 한다. 불행히도 복수 B/L발행의 배임행위가 상당한 해상사기위험을 발생시킨다는 사실에도 불구하고 주장되고 있다. 따라서 직접 혹은 은행을 통해 물품의 대금을 지급하는 매수인은 복수의 B/L이 발급된 경우 전통(full set)을 자신이 수령하는지를 반드시 확인해야 한다.

서류들은 지체 없이 제공되어야 하는 바, 지체 없이의 기준은 L/C거래의 경우, L/C상의 서류제공기일과 연계되며, 계약서거래의 경우 지체 없이에 대한 명확한 기준의 명시가 필요하다.

첫째 절의 "… usual transport document for …"의 경우 for는 운송서류를 궁극적으로 수입지에서 물품을 수령하기 위해 필요하기에 "합의한 도착항을 위한 또는 합의한 도착지 항에서 필요한"으로 해석할 필요가 있다.

넷째 절의 원본전통의 제공관행은 L/C상의 신용장개설은행의 매입은행에 대한 지시사항과 UCP에 모두 반영되어 있다.

둘째 절상의 "달리 합의가 없는 한"은 B/L이외의 서류의 인정 합의를 의미한다. 구체적인 제공서류에 인한 때는 FCA와 같은 바, CFR의 경우 구체적인 제공서류의 예를 들면 다음과 같다.

계약서상의 지급방법이 신용장에 의한 지급이고, 거래조건이 CIF의 경우, 신용장 상에 "…accompanied by the following documents marked X"를 통해 동 조건에 맞는 서류를 X하게 되거나, 별도로 표시하게 된다.

셋째 절의 원본전통의 제공관행은 L/C 상의 신용장개설은행에 매입은행에 대한 지시사힝과 UCP에 모두 반영되어 있다.

A.8 상의 운성서류의 요건은 운송서류의 기본적인 성격에 따른 요건으로, 은행을 통한 대금결제의 경우 이들의 수리는 UCP의 수리요건을 그대로 갖추어야 하나 신용장에의 일치가 우선이다.[309)]

1차 초안의 경우 Incoterms 2000 A.8 넷째 절상의 전자서류 표현 대신에 첫째 절상에 "… whether in paper or electronic form …"으로 변경한 것 외는 동일하였다.

2차 초안의 경우 CPT에서도 언급한 바와 같이 전자서류의 종이서류로 인정에 따라 1차 초안상의 "… whether in paper or electronic for, …"의 삭제와 운송서류에 대한 업자들의 충분한 인지 가정하에 둘째 절상의 운송서류 예시 표현의 삭제와 운송중 전매를 전제한 유통가능서류 예시 삭제 외는 1차와 동일하다.

3차 초안의 경우 2차 초안과 동일하다.

최종초안의 경우 3차 초안과 동일하다.

문제대안 A.8의 경우, 둘째 절 표현은 CPT나 CIP와는 달리 B/L을 전제한 표현이다. 모든 운송서

309) 오세창, 상게서, pp.252-254.

류가 이런 성격을 가지는 것이 아니다. 따라서 'a subsequent buyer' 다음에(negotiable bill of lading)가 반드시 명시되어야 한다.[310] 왜냐하면 동 서류만이 유통가능서류이기 때문이다.

A.9 확인 – 포장 – 화인(Checking–packing–marking)

The seller must pay the costs of those checking operations (such as checking quality, measuring, weighing, counting) that are necessary for the purpose of delivering the goods in accordance with A4, as well as the costs of any pre-shipment inspection mandated by the authority of the country of export.

The seller must, at its own expense, package the goods, unless it is usual for the particular trade to transport the type of goods sold unpackaged. The seller may package the goods in the manner appropriate for their transport, unless the buyer has notified the seller of specific packaging requirements before the contract of sale is concluded, packaging is to be marked appropriately.

매도인은 수출국정부당국의 법에 의한 모든 선적전검사비용 뿐만 아니라 A.4에 따라 물품을 인도하는데 필요한 품질확인, 검측, 검량, 검수와 같은 확인활동 비용을 지급해야 한다.

매도인은 특수한 거래가 무포장 상태로 매각된 물품의 형태로 운송하는 것이 관례가 아니라면 매도인은 물품의 운송을 위해 적합한 방법으로 물품을 포장할 수 있다. 다만 계약이 체결되지 전에 매수인이 특정한 포장을 매도인에게 통지한 경우에는 그러하지 아니하다. 포장은 적절하게 화인이 되어 있어야 한다.

해설 동 조건하의 매도인의 인도장소가 본선인 만큼 본선갑판에 물품을 적재하기 위해 필요한 품질확인, 물품에 따른 물품의 계량과 같은 행위를 하고, 이에 따른 비용과 수출당국의 법에 의해 선적전 검사비용을 지급해야 하는 바, 이는 매매계약에 일치하는 물품과 상업송장 그리고 기타 일체의 증거제공을 위해 필요한 행위이며, 운송계약에 따른 선적과 운임 그리고 운송서류 발급을 위해 필요한 조치이다.

그리고 매도인이 체결한 운송계약에 따라 운송계약 체결 전에 물품이 운송과 후속운송을 하기 위해 필요한 포장을 자신의 비용으로 제공해야 하는 바, 이때의 포장은 선박에 의한 장거리운송이므로 장거리운송에 따른 물품을 보호할 필요성이 있다. 따라서 이에 걸맞는 포장을 해야 한다. 물론 원목, 철광석, 양곡 같은 bulk cargo인 경우 포장이 필요 없다. 포장의 경우 타 화물과의 구분, 사용편의 등을 고려하여 포장 면에 적절히 화인이 되어 있어야 한다.

L/C나 계약서상에 달리 합의가 없으면, 동 조항에 의해 품질과 중량의 증명시기가 선적지조건(shipment quality and quantity terms)임을 알 수 있다.

310) 오세창, 상게서, p.46.

이 조항과 B.9조항은 A.1의 기타일치 증거서류와 주로 관련이 있다.[311)]

Incoterms 2000 A.9의 규정과 차이점은 먼저 Incoterms 2000 A.9 첫째 절상의 "… such as which …" 대신에 "… that …"로 변경된 점이다. 이는 such as … that의 문법형식에 따른 것이다. 그리고 "… in accordance with A.4"를 "… in accordance with A.4 as well as well the costs of any pre-shipment inspection mandated by the country of export"로 변경되었는 바, as well as이하의 표현의 추가는 국부의 유출에 따라 필요한 경우 수출국이 법률을 통해 선적 전 검사를 요구하고 있는 바, 이런 규정의 제정은 이미 수출국에서 이루어지고 있는 사실의 규정화에 있다. 그리고 이러한 검사는 검사활동이 이루어지기전에 이루어지는 것이 일반적이다.

두 번째 차이점은 Incoterms 2000 둘째 절상의 "… (unless… to send the goods of the contract description unpacked) which is …" 대신에 "… (unless… to transport the type of goods sold unpacked)in the manner …"로 변경된 점이다. 이러한 변경은 Incoterms 2000의 의미를 변경하는 것이 아니라 표현의 세련화(예컨대 send를 transport로의 변경)와 분명화(예컨대 the goods of the contract description unpacked를 the type of goods sold unpacked로 변경)를 가져오는 효과가 있다.

Incoterms 2000과 3차 초안 둘째 절과의 또 다른 차이점은 둘째 절상의 "… for the transport of the goods agreed by him."이 "… by it and, where applicable, for any subsequent transport to the-extent that the circumstances relating to the transport (for example modalities, destination)are made knows to the seller before the contract of sale is concluded."로 변경된 점이다.

먼저 by him이 by it로 변경된 것은 seller가 여성일수도 남성일수도 있기에 3인칭인 it을 사용하였다고 볼 수 있다. 그리고 "… and …" 이하의 표현이 FCA A.9의 규정처럼 새로 추가된 것은 매도인이 자기가 제조한 물품의 운송을 위해 자신이 운송계약을 체결하기에 자신이 알아서 자신이 준비한 물품의 운송에 필요한 포장을 할 것으로 생각할 수 있으나 이미 EXW와 FCA에서도 언급하였듯이 동 조건은 운송형태에 관계없이 사용될 수 있고 복합운송이 전제이기 때문에 후속운송을 고려한 포장의 필요성을 재삼 강조하기 위해, 그리고 운송계약을 체결하는 매도인의 포장의무에 대한 인식을 재고 하 위한 의미에서 새로이 추가된 것으로 볼 수 있다.

Incoterms 2000과 1차, 2차, 3차 초안과의 차이점을 보면 다음과 같다.

먼저 Incoterms 2000과 1차 초안의 경우 Incoterms 2000 첫째 절상의 "… which are …"가 "… that are …"로 변경된 점이 다르고, 둘째 절상의 "… which is required for …"가 "… required for …"로 "… by him"이 "… by it"로 변경된 것 외는 동일하다.

1차 초안과 2차 초안간의 차이점은 1차 초안 첫째 절상의 마지막 부분인 "… with A.4"가 3차 초안과 같이 "… with A.4 as well as … of export"로 변경된 점과, 1차 초안

311) 오세창, 상게서, p.256.

둘째 절상의 "… of goods arranged by it"가 "… of goods, to the extent that … concluded"로 변경된 점이 다르다.

2차 초안과 3차 초안의 차이는 2차 초안 둘째 절상의 "… of goods, to the extent … concluded"가 "… goods arranged by it and, where applicable, … concluded"로 변경된 점이다.

그러나 최종초안의 경우 3차 초안에 비해 규정적으로 보면 대폭 변경하였다. 그 내용을 보면 최종초안의 경우 3차 초안에 비하여 규정표현으로 보면 "The seller … arranged by it and, where applicable, for any subsequent transport extent that the circumstances …"를 현 규정 둘째 절과 같이 규정하므로 대폭 변경하였다. 그 내용을 보면 물품에 따라 특수한 포장이 필요한 경우 매수인은 매도인에게 계약체결 전에 요구하게 규정하고 일반적 의미의 운송에 필요한 적합한 포장을 요구하므로 포장조건에 통일적 규정을 강조하던 종전 초안과 달리 일반적인 포장의 정의를 하고, 특수한 포장이 필요한 경우 규정을 통한 통일된 규정의 불가능을 안고 당사자들이 계약체결 전 사전에 통지하게 하므로 포장규정의 단순화를 기도하고 있다.

A.10 정보협조와 관련비용(Assistance with information and related costs)

The seller must, where applicable, in a timely manner, provide to or render assistance in obtaining for the buyer, at the buyer's request, risk and expense, any documents and information, including security-related information, that the buyer needs for the import of the goods and/or for their transport to the final destination.

매도인은, 적용되는 경우, 시의 적절한 방법으로 매수인의 요청, 위험 그리고 비용부담으로 매수인이 물품의 수출과/또는 수입과/또는 최종목적지까지 물품의 운송을 위해 필요로 하는 모든 서류와 보안관련 정보를 포함하여 정보를 제공하거나 취득하는데 협조를 제공하여야 한다.

매도인은 매수인에게 B.10에 따라 서류와 정보를 제공하거나 취득함에 있어 협조를 제공하는데 매수인이 지급한 모든 비용을 변상하여야 한다.

해설 A.10의 성격은 표현상의 차이는 있어도 매도인은 매수인의 요청과 위험과 비용부담으로 매수인이 물품을 수입하거나 필요한 경우 최종목적지까지 운송에 필요할 수 있는 서류, 예컨대 원산지증명서, 무고장부품증명서, 보건증명서, 검역증명서 등이 인도국이나 원산국 또는 인도국과 원산국에서만 발급되거나 발송되는 경우, 인도국이나 원산국에 있는 매도인은 이들 서류와 보안관련정보를 포함한 정보를 취득하는데 협조를 그리고 수출입에 필요한 보안정보를 매수인에게 제공해야 한다는 것이 전 Incoterms의 기본정신이다. 그러나 일체의 운송형태에 적용되는 조건들과 보안정보를 포함한 일체의 책임을 매도인이 부담하는 DDP와 달리 해상전용조건들의 경우 컨테이너와 달리 선적 시 또는 인도 시 육안으로 보안점검이 가능하기에 수출을 위한 보안정보는 필요없고 수입을 위한 보안정보만 필요하기에 수입과 최종목적지까지 운송에 필요한 정보만 요구된다.

이렇게 인도국이나 원산국 또는 인도국과 원산국에서 발급되거나 발송되는 서류의 취득을 요구하는 것은 수입국의 입장에서 볼 때 일종의 수입규제일 수도 있다.

전 Incoterms를 통해 매도인이나 매수인이 상대방에 대하여 제공해야 할 의무의 경우 자신의 책임 하에 본인으로서 제공할 의무를 필수제공의무(당연의무)로 하여 provide로 표시하고, 상대방의 요청과 위험과 비용부담(상대방 책임)으로 대리인으로서 제공할 의무를 협조제공의무로 하여 render로 표시하고 있음을 주의해야 한다. 그리고 협조제공의무건 필수제공의무건 제공의무는 필수적이다. 여기의 서류가운데 B.9상의 검사증명서들도 포함할 수 있으며, 이 경우 이 서류들은 품질이나 수량의 증명방법에 관해 계약서상에 달리 언급이 없는 경우 동조건의 A.9에 따라 선적지 증명방법임을 입증하는 서류가 된다. 이러한 사실은 전 Incoterms A.10에 모두 적용된다.312)

1차 초안의 경우 EU등을 전제한 "where applicable"의 표현, 제공방법과 시기의 표현, 보안정보표현, "전자서류인정" 표현 등의 신설과 과중한 협조부담을 줄이기 위해 "every"의 삭제, 불필요한 "A.8서류" 표현 삭제를 제외하면 Incoterms 2000과 동일하다.

2차 초안의 경우 1차 초안내용의 표현단순화 예컨대 종이서류와 전자서류의 일치의 인정에 따른 "whether in paper or electronic form"의 삭제와 제공의무에 있어 필수와 협조가 있을 수 있기에 "render"를, "… provide to or render …"로의 변경, 보험정보의 A.3 b)의 규정에 따라 보험정보 제공규정의 삭제, B.10에 따른 매수인의 협조의무에 따른 비용지급규정의 신설 외는 1차와 동일하며, 3차 초안의 경우 표현의 단순화 예컨대 "… that the buyer many require …" 대신 "… that the buyer needs for …"로 변경 외는 2차와 동일하다.

둘째 절상의 "… in providing or rcnding assistancc in obtaining …"의 경우 B.10과 연계되기에 B.10의 규정 둘째 절의 규정을 보면 역시 "… in providing or rending assistance in obtaining for the seller, at the latter's request, risk and expense …"로 규정되어 있어 양 규정을 비교해보면 필수 협조의무 규정임이 틀림이 없다. 따라서 "… providing or …"를 삭제할 필요가 있다. 그러나 providing or rending과 연계된 B.10의 "… at latter's request, risk and expense …" 표현이 매도인의 요청에 따라 매수인의 위험 없이 매수인이 필수적으로 제공할 수 있는 경우와 매도인의 전적 책임 하에 이루어지는 경우를 모두 포함하는 의미로 필요에 따라 이원화 되는 표현으로 해석할 수 있는 표현으로 해석한다면 동 표현은 그대로 두어도 이해가 될 수 있다. 그렇다면 기타 모든 Incoterms 규정에도 A.10이나 B.10의 규정과 마찬가지로 "… provide or render …" or "… providing or rending …"과 같은 표현이 필요할 수 있다.

최종초안의 경우 3차 초안상의 "… in a timely fashion …"이 "… in a timely manner

312) 오세창, 상게서, p.203.

…"로, 변경된 것 뿐 내용면에서 변경된 것은 없는 바, 이러한 변경은 동일한 의미의 세련된 표현이라기보다는 막연한 제공시기와 방법표현보다 분명한 제공시기와 방법을 표현하기 위한 것이라 할 수 있다.

B. 매수인의 의무(THE BUYER'S OBLIGATIONS)

B.1 매수인의 총칙의무(General obligations of the buyer)

The buyer must pay the price of the goods as provided in the contract of sale.

Any document referred to in B1-B10 may be an equivalent electronic record or procedure if agreed between the parties or customary.

매수인은 매매계약상에 규정된 대로 물품의 대금을 지급하여야 한다.

B.1에서 언급하고 있는 모든 서류는 당사자들 간에 합의하거나 관례라면 동등한 전자기록에 의해 대체될 수 있다.

해설 B.1의 규정은 매수인에 대한 A.1의 경상규정이면서 매수인의 제일의 의무규정을 규정하고 있으며, Incoterms의 모법에 해당하는 CISG 53조에서 59조까지 규정의 세부규정이라 할 수 있다. 그러나 CIGS규정에 비하면 그 내용이 지극히 단순하게 되어있다. 그러나 CISG 53조규정 가운데 "… as required in contact of sale"와 달리 B.1의 규정에는 "… as provided in a contract of sale"로 규정되어 있는바, 여기서의 "… provided …"는 CISG상에서의 계약에 따라 요구할 수 있는 내용, 즉 일반적으로 계약에 따라 일반적인 요구사항에 따른 지급규정과 달리 B.1의 "… provided"는 특정계약에서 구체적으로 규정하고 있는 지급방법, 지급장소 등에 따라 지급해야 함을 규정하고 있다. 전자가 포괄적 계약규정을 의미한다면 B.1의 계약은 특정 개별계약의 성격이 강하다. 그러나 특정계약은 물품에 따라 당사자들 간의 사정에 따라 다를 수 있기에 B.1의 지급규정에 대한 시행세칙에 해당하는 해당 L/C나 계약서상에 구체적으로 규정하여 반영된다.

그리고 A.1에서 언급한대로 전 Incoterms B.1-B.10상에 규정되어 있는 서류는 B.1 둘째 절 규정과 같이 당사자들 간에 합의하거나 관례라면 종이서류와 동등한 전자기록으로 대체할 수 있다는 표현으로 대체된 것 외는 Incoterms 2000 A.1과 1차, 2차, 3차 최종초안의 내용이 똑같이 변경된 것이 없다.

A.1에서 언급하였듯이 B.1의 제목자체가 Incoterms 2000, 1차, 2차상의 "payment of the price" 대신에 "General obligation of the buyer"로 변경된 것은 차이가 있으나 B.1 둘째 절상의 규정표현 때문에 제목이 이렇게 변경된 것 같다. 그러나 B.1의 제목의미와 달리 B.1의 규정은 매수인의 총칙의무규정이라기 보다는 매수인의 입장에서의 물품을

수령하여 검사를 하기 전에 먼저 지급을 해야 하기 때문에 가장 중요한 매수인의 의무라 할 수 있으며, 나머지 규정은 A.2-A10의 A.1의 부수 규정 같은 성격이 아니라 A.2-A10의 경상의 의무, 즉 매도인의 매수인에 대한 의무에 대한 매수인의 매도인에 대한 의무규정 내지는 위험과 비용, 그리고 기능에 대한 책임의무규정이라 할 수 있다.

B.2 허가, 승인, 보안통관과 기타 절차(Licences, authorizations, security clearances and other formalities)

Where applicable, it is up to the buyer to obtain, at its own risk and expense, any import licence or other official authorization and carry out all customs formalities for the import of the goods and for their transport through any country.

적용되는 경우, 자신의 위험과 비용으로 모든 수입허가나 기타 공식적인 승인을 취득하고 물품의 수입과 제 3국으로 물품의 운송을 위한 모든 세관절차를 수행해야 한다.

해설 CFR 하에선 목적지항까지 물품을 운송해 가는데 필요한 운임을 포함한 비용추가를 제외하면 매도인과 매수인간의 인도에 따른 위험, 기능, 비용의 분기점이 수출지 본선선적 때이므로 이 이후의 인도에 따른 위험, 기능, 비용은 매수인 부담이기에 사전승인을 포함한 모든 수입관련 허가나 승인을 자신의 비용으로 취득하고 있다.

수입세관절차와 이에 따른 비용지급이 필요 없는 EU 지역 간이나 자유무역지대를 제외하고는 물품의 수입을 위해 그리고 물품의 제3국 통과를 위해 일체의 수입세관절차가 필수적으로 적용되기에 이를 대비하여 "적용되는 경우"를 추가하여 이의 취득의무를 매수인에게 부과하고 있다.[313]

Incoterms 2000 B.2상의 "The buyer must obtain …, and carry out, where applicable, …"표현대신 "where applicable, it in up to the buyer to obtain …"으로 표현이 변경되었으나 그 내용은 변경된 것이 없이 보인다. 그러나 중요한 변경이 있다.

이미 A.2에서도 언급하였듯이 "Where applicable"의 위치의 변경이다. 이 표현은 EU 지역 간이나 자유무역지대와 같이 수출입에 따른 허가, 승인, 세관절차가 필요 없는 지역이나 국가 또는 국내거래에는 적용되지 아니하고 이러한 허가나 승인 그리고 절차가 필요한 경우에는 적용됨을 의미하고 있는 바, 특정 역내 · 지역거래, 국내거래에 동 조건 적용에 동 규정의 적용이 불필요 하며, 역외 국가 간 · 역내 · 역외 간 거래에 동 조건 적용 시 동 규정의 적용이 필요함을 의미하는 표현이다.

그리고 Incoterms 2000의 경우 동 표현이 "… carry out, where applicable …"에 위치하고 있어 세관절차에 따른 동 표현이 적용됨을 의미하는 것으로 오해될 수 있어, 이

313) 오세창, 상게서, p.229.

런 오해를 역시 불식시키고 규정의 명확화를 도모하기 위해 규정 서두에 위치하게 되었다. 종전 같이 위치한다 해도 문제는 없다. 왜냐하면 세관절차 전에 허가, 승인이 반드시 이루어 져야 하는 이른바 세관절차의 원인행위에 해당하는 것이 수출입허가나 승인이기 때문이다.

1차, 2차, 3차 초안의 규정은 변경이 없이 동일하며, 최종초안은 동일의미의 일반적 표현으로의 자구수정 외 변경된 것이 없다.

B.3 운송과 보험계약(Contracts of carriage and insurance)

a) Contract of carriage
The buyer has no obligation to the seller to make a contract of carriage.

b) Contract of insurance
The buyer has no obligation to the seller to make a contract of insurance. However, the buyer must provide the seller, upon request, with the necessary information for obtaining insurance.

a)운송계약
매수인은 매도인에 대한 운송계약을 체결할 의무가 없다.

b)보험계약
매수인은 매도인에 대한 보험계약을 체결 할 의무가 없다. 그러나 매수인은 매도인에게 그의 요청에 따라 보험계약체결을 위해 필요한 정보를 제공하여야 한다.

해설 a) 운송계약
매수인은 운송계약을 체결할 의무가 매도인에게 있기 때문에 운송계약 체결 의무가 없다.

b) 보험계약
물품의 선적 후 목적지까지 운송해 가는 과정에서 발생할 수 있는 위험에 대비하여 자신의 비용으로 매수인은 보험에 부보할 수 있으며, 실제 부보하고 있다. 그러나 이런 행위가 상대방인 매도인에 대한 의무사항은 아니다.[314)]

Incoterms 2000상의 "no obligation" 대신 1차 초안의 경우 누가 누구에 대한 책임이 없음을 분명히 하기 위해 "no obligation owned by the buyer to the seller"로 표현되었다가, 2차, 3차의 경우 현 초안의 규정과 같이 누가 누구에게 무슨 계약을 체결할 의무가 없음을 규정하므로 1차 초안보다 규정의 표현을 더욱 분명히 하고 있다고 볼 수 있다.

314) 오세창, 상게서, p.231.

그리고 Incoterms 2000과 1차 초안규정에도 없던 보험정보의 규정을 매도인의 요청에 따라 당연히 제공해야 함을 2차와 3차 초안에서 규정하고 있다.

다만 보험정보의 규정을 A.3 b)와 같이 통일 하던지 아니면 B.3 b)와 같이 통일할 필요가 있었다. 그러나 최종초안의 경우 3차 초안상의 보험정보 규정이 삭제된 것 외는 3차 초안과 동일하다. 다만 FOB에서도 언급하였듯이 3차 초안상의 보험정보 규정의 부활이 필요하다. 왜냐하면 자신을 위해 매수인 보험계약을 반드시 현실적으로 체결할 수밖에 없고, 그렇다면 이러한 필요성이 현실적으로 요청한다면 보험정보에 관한 규정의 삭제는 보험정보가 필요하고, 보험에 관한 한 통합하여 규정하려는 Incoterms® 2010의 대원칙에 어긋나기 때문이다.

B.4 수령(Taking delivery)

> The buyer must take delivery of the goods when they have been delivered as envisaged in A4 and receive them from the carrier at the named port of destination.
>
> 매수인은 물품이 A.4의 규정에 따라 인도완료 된 때로부터 물품의 인도를 수령하고 지정된 도착지장소에서 운송인으로부터 물품을 수취해야 한다.

해설 Incoterms 2000상의 C-terms였던 CPT, CIP, CFR, CIF, 즉 CAD거래조건과 F-terms였던 FAS, FCA, FOB 그리고 D-terms였던 DAF, DES, DEQ, DDU, DDP, 즉 원칙적으로 COD(순수와 확대 COD)거래이나 당사자들 간의 합의에 의해 CAD거래[315]가 가능한 조건들 간의 주요한 차이점이 있다면 B.4와 A.8의 규정이 있다.

C-terms의 경우 B.4에 의하면 "… accept …and receive …"로, F-terms와 D-terms의 경우 B.4에 의하면 "… take delivery …"로 각각 규정되어 COD와 CAD를 전제하고 있고, A.8, B.8의 경우 C-terms의 경우 규정 전체가 CAD를 전제하고 있으며, F-terms의 경우 원칙적으로 COD를, 합의에 의해 CAD가 가능함을, D-terms의 경우 COD를 원칙으로 함을 각각 규정하고 있었다.

이런 규정의 표현은 Incoterms 2000이나 1차, 2차, 3차 초안 모두 마찬가지이다.

특히 B.4의 경우 F와 D-terms의 경우 COD의 거래원칙에 따라서 A.4에 따라 최초의 운송인에게 물품의 인도가 완료되면 물품을 인도 시점에서 수령해야 함을 규정하고 있다.

반면에 C-terms의 경우 Incoterms 2000의 경우 1차, 2차, 3차 초안과 달리 A.4에 따라 물품의 인도가 완료되면 인도사실을 인정(accept)하고 목적지 지정된 장소 또는 항구에

315) 그러나 D-terms의 경우 규정에 의하면 순수 내지 확대 COD만을 전재로 하고 있다. 특수한 경우 CAD가 가능하다.

도착하면 운송인으로부터 자신이 인정한 물품을 수리(수령, receive)하도록 하였다. 이는 CAD거래이기 때문에 A.4에 따라 물품이 인도되면 인도된 사실을 인정하고 물품이 도착하면 이유 불문하고 물품을 대표하는 서류와 교환으로 물품을 수리, 즉 수령한 후, 검사결과 문제가 있으면 (상업송장), 운송서류, 보험서류 등의 순서로 이의를 제기할 수 있고, 책임소재에 따라 당사자들을 상대로 계약위반을 이유로 클레임 등을 제기할 수 있게 되어있다. 이러한 사실은 CIF의 경우 서류거절권과 물품의 거절권은 구분되며, 대금지급으로 매수인의 서류거절권은 종료되고, 대금을 지급함으로써 물품의 검사권이 발생하며 물품을 검사하여 하자가 발견되면 물품의 거절권을 행사할 수 있음을 의미한다. 즉 대금지급으로 서류거절권이 종료되고 서류거절권이 물품의 거절권으로 전환됨을 의미한다는 Schmitthoff교수의 주장을 뒷받침 하는 표현 규정이다.

최종초안의 경우 3차 초안의 자구수정외 내용은 3차 초안과 동일하다.

문제 대안 Incoterms 2000과 1차, 2차, 3차 규정간의 차이점은 "… accept …"가 "… take …"로 변경되고, 똑같은 C-terms거래인데 CFR과 CIF상에는 "… named port of destination"로 규정되어 있었으나, CPT와 CIP의 경우 "… named place"로 규정되어 지정된 장소가 어떤 장소인지가 현실적으로 당사자들 간에는 알지만 규정적으로 보면 불투명하여 오해를 줄 수 있다. 그러나 1차, 2차, 3차 초안에서는 "… named place of destination"로 변경되어 오해의 소지를 불식시키는 효과를 주고 있다.

Incoterms 2000 B.4의 규정과 달리 1차, 2차, 3차 초안의 경우 공히 "… accept …" 대신 "take delivery of …"로 표현하고 있는바, 동일의미의 상이한 표현이라 해도 전자의 표현은 서류거래의 경우 "물품의 인도를 인정"하는 표현으로 "물품의 인도를 수령"하는 표현보다 훨씬 CAD거래의 특색을 나타내는 표현이라 할 수 있다. 후자의 표현대로 하면 A.4에 따라 "물품의 인도를 COD거래의 A.4처럼 물리적으로 수령"하고 목적지에서 "운송인으로부터 물품을 물리적으로 수리, 즉 수령"해야 한다는 물리적 수령의 개념으로 해석되어 CAD거래의 특색을 퇴색시킬 수 있다.

그리고 자구수정의 문제점에 관해서는 이미 A.6, B.5에서 언급한대로 일반적인 표현인 "accordance with …"보다는 구체적이면서 분명한 표현인 "… as envisaged in …"을 한 것으로 이해가 되나 이러한 표현의 사용배경에 대한 충분한 설명이 없으면 지금까지의 이해에 오해를 줄 수 있고 그리고 양 표현이 혼용되어 사용되고 있는 점 또한 문제이므로 통일이 필요하다.

B.5 위험의 이전(Transfer of risks)

> The buyer bears all risks of loss of or damage to the goods from the time they have been delivered as envisaged in A4.
>
> If the buyer fails to give notice in accordance with B7, then it bears all risks of loss of or damage to the goods from the agreed date or the expiry date of the agreed period for shipment, provided that the goods have been clearly identified as the

> contract goods.
>
> 매수인은 물품이 A.4의 규정에 따라 인도완료된 때로부터 물품의 멸실 또는 물품에 대한 손상의 모든 위험을 부담한다.
>
> 매수인이 B.7에 따라 통지를 해태한 경우 그는 인도를 위해 합의한 날짜 또는 합의한 기간의 만기 날짜로부터 물품의 멸실이나 물품에 대한 손상의 모든 위험을 부담한다. 다만 물품이 계약물품으로 분명하게 충당되어 있어야 한다.

해설 이행과 관련한 위험이전의 3대 원칙을 규정하고 있는 바, 우선 위험이전의 대원칙으로서 매수인은 FOB하에서와 같이 물품이 본선상에 인도완료된 때로부터 물품의 모든 멸실과 손상의 위험을 부담해야 한다.

다음으로 사전 위험이전원칙으로 매수인이 B.7에 따라 물품의 선적시기와 도착항을 결정할 권리를 가진 경우 이에 따라 충분한 시간적 여유를 갖고 매도인에게 통지하기를 해태한 경우, 매도인은 선택할 수 있는 권리를 가지지만, 이의 해태로 인해 물품에 발생하는 모든 위험은 매수인 부담이다. 그러나 사전이전원칙의 전제원칙으로 물품이 계약에 정히 충당, 즉 계약물품으로 분명하게 구분되어 있거나 확인이 되어 있어야 한다.[316)]

1차, 2차와 Incoterms 2000은 동일하였다. 단, 사전위험이전원칙의 대전제원칙상의 표현이 이미 앞에서도 설명하였듯이 "정히 충당, 분명한 구분, 확인"에서 분명한 확인으로 변경되었다가 3차에서 "구분과 분명한 확인"으로 변경 될 것뿐이다. 충당, 구분, 확인의 의미는 이미 EXW B.5에서 설명한 바 있다.

최종초안의 경우 이미 위에서 언급한대로 "… must bear …"가 "… bear …"로 변경된 것 외는 변경은 없다.

B.6 비용의 분담(Allocation of costs)

> The buyer must, subject to the provisions of A5 a), pay
>
> a) all costs relating to the goods from the time they have been delivered as envisaged in A4, except, where applicable, the costs of customs formalities necessary for export as -well as all duties, taxes, and other charges payable upon export as referred to in A6 c);
>
> b) all costs and charges relating to the goods while in transit until their arrival at the port of destination, unless such costs and charges were for the seller's account under the contract of carriage;

316) 오세창, 상게서, p.237.

c) unloading costs including lighterage and wharfage charges, unless such costs and charges were for the seller's account under the contract of carriage;

d) any additional costs incurred if it fails to give notice in accordance with B7, from the agreed date or the expiry date of the agreed period for shipment, Provided that the goods have been clearly identified as the contract goods; and

e) where applicable, all duties, taxes and other charges, as well as the costs of carrying out customs formalities payable upon import of the goods and the costs for their transport through any country unless included within the cost of the contract of carriage.

매수인은 A.5 a)의 규정을 제외하고는 다음의 비용을 지급해야 한다.

a) 적용되는 경우, A.6 c)호에 언급된 수출시에 지급할 수 있는 모든 관세, 제세와 기타 비용 뿐만 아니라 수출을 위해 필요한 세관절차 비용을 제외하고 물품이 A.4에 따라 인도완료된 때로부터 물품에 관한 모든 비용;

b) 이러한 비용이 운송계약에 따라 매도인부담이 되지 아니하는 한, 목적지 항에 물품이 도착할 때까지 운송 중에 물품에 관한 모든 비용;

c) 이러한 비용이 운송계약에 따라 매도인부담이 되는 한 종선료와 부두사용료를 포함한 양화비용;

d) 매수인이 B.7에 따라 통지를 해태한 경우 선적을 위해 합의한 날짜 또는 확정된 기간의 만기날짜로부터 물품을 위해 지급한 모든 추가비용 다만, 물품이 계약물품으로 분명하게 충당되어 있어야 한다; 그리고

e) 적용되는 경우, 물품의 수입시에 지급할 수 있는 세관절차비용과 운송계약비용 가운데 포함되지 아니한다면 물품의 제3국 운송비용 뿐만 아니라 모든 관세, 제세, 그리고 기타 비용.

해설 A.3 a)에 따른 운임(각종할증료, T/S비용 등을 포함한 순수운임)과 운송계약 체결에 따른 부대비용을 제외하고, 본선갑판에 적재 필 이후부터 물품에 관한 모든 비용을 지급해야 한다. 예컨대 적재직후 폭우 등의 경우 이에 대비하여 긴급조치를 취하는데 따른 비용 등이다(인도와 관련한 비용이전의 대원칙).

운송계약에 따라 운임에 포함되어 매도인이 지급하지 아니한 경우, 물품이 목적지 항에 도착할 때까지 운송 중에 물품에 관한 모든 비용, 예컨대 태풍대피를 위한 일시 귀항에 따른 비용이나 T/S비용 등을 지급해야 한다.

운송계약에 따라 운임에 포함되어 매도인이 지급하지 아니하는 경우 A.6에서 언급한 양화 위한 모든 비용(종선료, 부두사용료포함)을 지급해야 한다(운송계약에 따라 매도인이 부담하지 아니할 경우의 인도에 따른 당연 비용부담원칙).

사실 운송 중에 물품에 관한 모든 비용과 양화를 위한 모든 비용은 정기선의 경우 다 포함되는 비용으로 이러한 비용이 운임에 포함되는지 여부에 따라 비용분기점이 달라진다.

선적을 위해 계약서나 L/C상에 사전에 합의한 날짜 또는 B.7에 따라 매수인이 선적

시기와 도착항을 결정할 권리를 가진 경우로서 이러한 권리의 행사에 따라 충분한 시간적·내용적 통지를 해태한 경우, 매도인 선택에 따라 선적을 확정한 날짜로부터 화물의 운송을 위해 지급한 모든 추가비용을 부담해야 한다(인도와 관련한 조기 비용이전 원칙). 그러나 이러한 비용부담을 위해선 매도인 측에서 물품이 계약에 정히 충당되었음을 입증해야 한다(인도와 관련한 대 전제원칙).

EU지역이나 자유무역지대간의 거래를 제외하고, 수입 시에 지급할 수 있고, 그리고 운송 중에 전매가 가능하기에 필요한 경우로서, 이러한 비용이 운송계약비용 가운데 포함되지 아니할 경우, 제3국 운송을 위해 지급할 수 있는 관세, 제세, 세관절차 비용, 기타 비용 등을 지급해야 한다.317)

Incoterms 2000 B.6의 규정과 비교해 볼 때 표현의 차이 내지 보다 분명한 비용부담을 표시하기 위해 추가 표현한 것 외는 내용면에서 차이가 없다.

우선 Incoterms 2000의 규정과 비교해 볼 때 a)호의 경우, A.6 c)의 규정, 즉 수출시 부과되는 관세, 제세, 기타비용 그리고 운송계약에 따라 매도인 부담인 물품의 제3국 통과비용을 제외하고 A.4에 따라 인도완료될 때까지의 물품에 관한 비용을 부담하게 하는 표현, 즉 "… extent, where applicable, …A.6 c)."표현이 추가 되었다. 이는 Incoterms 2000의 첫째 절 규정에 의하면 A.4에 따라 물품이 인도완료될 때까지 물품에 관한 비용으로 되어 있던 규정, 즉 "all costs … A.4."와 비교해보면, Incoterms 2000의 경우 A.6의 규정을 반드시 이해한 경우에만 B.6의 첫째 절 규정이 분명해진다. A.6의 이해없이 B.6의 첫째 절 규정을 보면 Incoterms® 2010의 "… extent … A.6 c)."의 비용은 누구 부담인지가 불분명하다. 따라서 CPT거래의 경우 매수인의 경우 자신의 의무에 관한 규정만으로도 비용에 대한 이해를 분명히 하기 위한 표현으로 볼 수 있다.

Incoterms 2000 넷째 절상의 "… he … the period foxed … provided, however, … duly appropriated … goods"가 "… it … the agreed period that the goods have been clearly identified …"로 변경되었는 바 그 이유는 이미 설명한 대로이다.

2차 초안의 경우 3차 초안과 비교해서 a)호 상의 "… A.6 b) …"가 "… A.6 c) …"로 변경되었는바, 이는 잘못된 인용의 정정으로 이해된다.

1차 초안과 Incoterms 2000의 마지막 수입절차와 관세 등에 관한 표현 가운데 "… as well as the costs … and … where necessary, for … carriage"의 경우 "and" 이하의 표현과 "the costs"의 표현과의 연결에 불구하고 연결시키는데 무리가 있었다. 따라서 분명한 표시와 "… where necessary …"의 의미를 "… where necessary, for…"의 경우 "for"가 충분히 커버하기에 2차와 3차 초안의 경우 "… the costs for …"로 변경되었다.

최종초안의 경우 충당에 관한 표현에 있어 충당범위의 제한 외는 3차 초안과 동일하다.

문제 대안 EXW와 FCA의 B.6의 경우 "… appropriate notice …"로 규정되어 있으나 기타 조건

317) 오세창, 상게서, p.248.

들의 경우 "… notice …"로 되어 있는 바, EXW와 FCA에서 설명한대로 "appropriate"의 삽입을 통한 규정들의 통일이 필요하다.

B.7 매도인에게 통지(Notices to the seller)

> The buyer must, whenever it is entitled to determine the time for shipping the goods and/or the point of receiving the goods within the named port of destination, give the seller sufficient notice thereof.
>
> 매수인은 자신이 물품을 선적할 시기와/또는 도착지의 지정된 항구내의 물품을 수령할 지점을 결정할 권리를 유보하고 있다면 언제든지 이에 대한 충분한 통지를 해야 한다.

해설 동조건 하에서 매도인의 입장에선 선적시기 내에 지정된 도착항까지 물품의 선적을 위한 운송계약과 이에 따른 선적을 위해 대단히 중요한 반면, 매수인의 입장에선 시판 사정, 국내운송 사정, 창고 사정, 대금결제 사정 등을 고려할 때 역시 선적시기와 또는 도착항이 중요할 수 있으므로 동조건 하에선 선적시기와 도착항을 선택한 권리를 매수인의 권리로 합의할 수 있다. 따라서 물품의 선적시기와 또는 도착항을 매수인이 권리로 선택한 경우 이에 대하여 시간적 여유와 통지내용의 충분성을 갖춘 통지는 쌍방 모두에게 중요하다.

물론 합의에 따라 선택권리를 가졌다 해도 통지는 의무이며, 합의에 따라 선적시기와 도착항의 결정을 의무로 한 경우도 통지는 의무사항이다.

단 차이가 있다면 의무로 선택한 경우 이의 해태는 B.5, B.6의 위험과 비용부담이 되나, 권리로 선택한 경우 이의 해태는 A.4에 따라 매도인에게 선택권을 부여하게 된다.

매수인의 선택권과 관련한 문제점과 그 해답은 Incoterms 2000 서문 13을 참조할 수 있다.[318)]

1차, 2차, 3차 초안의 안내문에 따라 도착지 항구내의 지점이 있으면 그 지점의 명시를 강조한 것 외는 Incoterms 2000, 1차, 2차, 3차 초안 내용은 동일하였다.

최종초안의 경우 도착지의 지정된 항구의 지점이 어떤 지점인지를 분명히 하기 위하여 3차 초안상의 "… the point at the named port of destination,…" 대신에 "… the point of receiving the goods within the named port of destination …"로 변경된 것 외는 3차 초안과 동일하다.

318) 오세창, 상게서, p.250.

B.8 인도의 증거(Proof of delivery)

> The buyer must accept the transport document provided as envisaged in A8 if it is in conformity with the contract.
>
> 매수인은 운송서류가 매매계약에 일치 한다면, A.8의 규정에 따라 제공되는 운송서류를 수령해야 한다.

해설 운송서류가 계약에 일치하고 A.8의 요구에 일치하는 한, 매수인은 운송서류를 수령해야 한다. 만약 매수인이 예컨대, L/C에 따라 매도인에게 지급을 못하도록 은행 앞으로의 지시를 통해 운송서류를 거절한다면, 매수인은 계약위반을 하게 되며, 이러한 위반은 매매계약에 따라 이러한 위반에 대해 이용 가능한 구제권을 매도인에게 주게 된다.

반면에 이러한 구제는 예컨대, 계약취소권이나 손해배상청구권을 포함할 수 있다.

그러나 매수인은 적절한 인도증거를 제공하지 못하는 서류, 예컨대 물품이 하자품이라 든가 합의한 수량보다 부족하게 제공되었음을 입증하는 서류상의 정도를 나타내고 있는 서류를 인정할 의무는 없다. 이런 서류는 고장부 서류라 부른다.

Incoterms 2000과 1차 초안은 동일하였고, 2차, 3차 초안이 동일하였으며, 최종초안은 3차 초안의 자구수정에 불과하다.

문제 대안 "… if it is in conformity with the contract"의 표현이 다른 조건들에는 없고, C-rules에만 동 표현이 Incoterms 2000부터 되었는데 무엇 때문이며, 이러한 표현이 지니는 의미는 무엇인가?' 하는 의문이 제기될 수 있다.

이는 CAD거래의 특성상 계약서상에서 요구하고 있는 물품을 싣고 있다는 내용이 운송서류 상에 표시되어 있다면 실물 존재 여부와 관계없이 수령해야 함을 의미하므로 C-terms가 CAD거래임을 다시 한 번 강조하는 표현으로 볼 수 있다. 그렇다면 이 표현이 C-terms에만 있는 이유는 다음과 같다.

CFR이나 CIF는 서류에 대한 대금지급을 해야만 비로소 물품의 검사권이 생긴다.

이는 서류에 의한 대금지급 전에 물품의 검사권을 부여하면 계약물품과 다를 경우 서류에 의한 대금지급을 거절할 것이고, 이렇게 되면 서류거래자체를 어렵게 만들 수 있기 때문이다. 따라서 CFR이나 CIF의 변형이자 현대 운송기법과 서비스의 발달에 따른 CFR과 CIF의 발전적 형태인 CPT나 CIP를 포함한 전 C-terms의 경우 운송서류가 계약서와 일치한다면 실제 물품의 일치여부와 관계없이 무조건 수령하고 대금을 지급해야 비로소 물품의 검사권이 발생하여 실물을 검사할 수 있고, 검사에 따라 문제가 있으면 상업송장에 의해 매도인에게, 운송서류에 근거해서 운송인에게 그리고 마지막으로 보험서류에 의해 보험업자를 상대로 claim의 청구가 가능하다.

이와는 달리 해석할 수 있다. C-terms가 서류거래이면서 계약서에 의한 거래보다 L/C에 의한 거래가 대부분이다. L/C에 의한 CAD의 경우 L/C의 내용이 계약서의 내용과 일치하지 아니할 경우 매도인은 L/C의 내용에 따라 서류를 제공하면 대금결제를 받을 수 있으나 계약서 위반이 될 수 있어 매수인으로부터 클레임을 받을 수 있다. 따라서 Incoterms 2000에서 새로이 추가된 내용은 매매계약과 일치한 L/C가 개설되도록 하여 L/C의 내용과 매매계약의 내용을 둘 다 만족시키는 서류를 발급하도록 하므로 결제 후의 매매당사자들 간에 발생할 수 있는 문제점을 없애려는 의도에서 추가되었을 수도 있다.[319)]

이러한 추정적 해석은 원칙적으로 COD거래이나 합의에 의해 CAD거래가 가능한 기타조건의 경우에도 확대 적용된다고 볼 수 있다.

이미 다른 규정에서도 언급하였듯이 "… in accordance with A.8 …"가 "… as envisaged in A.8 …"로 변경되었는 바 동 표현상의 문제는 이미 지적한대로다.

B.9 물품의 검사(Inspection of goods)

> The buyer must pay the costs of any mandatory pre-shipment inspection, except when such inspection is mandated by the authorities of the country of export.
>
> 매수인은 이러한 검사가 수출국 정부당국의 법에 의한 경우를 제외하고 모든 법에 의한 선적전검사 비용을 지급해야 한다.

해설 수출국에서 매도인이 수출을 위해 관련법에 따라 당연히 자신이 해야 하는 경우는 자신의 책임과 비용으로 하지만, 매수인 수입국의 법에 따라 필요한 경우 매수인의 요청에 의해 이루어지는 모든 선적전검사는 매수인 비용부담임을 규정하고 있다. 따라서 매수인이 수입국법에 따라 선전적 필요한 검사의 경우 선적 전에 제3자에 의한 검사증명서를 자신의 책임 하에 매도인에게 요청해야 하며, 이러한 결과를 대금결제서류에 반영시켜야 한다.[320)]

Incoterms 2000의 B.9과 비교해 볼 때 Incoterms 2000상의 "… of any pre-shipment inspection …" 대신 3차 초안은 "… of any mandated per-shipment inspection …"와 같이 "any psi "가 "mandated psi"로 변경된 것 외는 동일하다. 그러나 종전의 규정과 달리 매도인 자신의 비용으로 이루어지는 수출국의 검사법에 의한 선적전검사 외에 매수인 자신의 필요를 위해 그리고 수입국의 법에 의해 필요한 경우 매수인이 요청하고 매도인은 이러한 요청에 따라 매수인의 비용으로 모든 선적전검사를 실시하고 그 증명서를 매수인에게 계약서나 L/C에 따라 제출해야 했던 Incoterms 2000상의 "any psi"의 개념은 수입국의 법에 의한 모든 psi의 개념으로 그 의미를 Incoterms® 2010에서는 분명히 하고 있다. 따라서 수입자 자신을 위해 필요한 psi의 경우 별도로 계약서나 L/C상에서 요구하고 그 비용을 지급해야 함을 주의해야 한다.

1차, 2차 초안은 Incoterms 2000과 동일하다.

---

319) 오세창, 상게서, pp.293-294.
320) 오세창, 상게서, p.182.

A.9상의 checking과 B.9상의 inspection에 대하여 Incoterms 2000용어 해설[321]에 의하면 동일의미라고 하고 있으나 전자의 의미는 이행에 따른 확인의 성격이고, 후자는 수출입국법이나 매수인의 필요에 따라 이루어지는 검사로 주로 공인된 기간에서 이루어지고 검사라면 전자는 수출지 공장 내에서의 자체검사로 볼 수 있다.

최종초안은 3차 초안과 동일하다.

B.10 정보협조와 관련비용(Assistance with Information and related costs)

> The buyer must, in a timely manner, advise the seller of any security information requirements so that the seller may comply with A10.
>
> The buyer must reimburse the seller for all costs and charges incurred by the seller in providing or rendering assistance in obtaining documents and information as envisaged in A10.
>
> The buyer must, where applicable, in a timely manner, provide to or render assistance in obtaining for the seller, at the seller's request, risk and expense, any documents and information, including security-related information, that the seller needs for the transport and export of the goods and for their transport through any country.
>
> 매수인은 매도인이 A.10을 수행하기 위하여 필요로 하는 모든 보안정보요건을 시의 적절한 방법으로 통지해야 한다.
>
> 매수인은 A.10의 규정에 따른 서류와 정보를 제공하거나 취득하는데 협조를 제공하는데 있어 매도인이 지급한 모든 비용에 대하여 매도인에게 지급해야 한다.
>
> 매수인은, 적용되는 경우, 시의 적절한 방법으로 매도인의 요청, 위험 그리고 비용부담으로 매도인이 물품의 운송과 수출을 위해 그리고 제 3국으로 물품의 운송을 위해 필요로 하는 보안관련정보를 포함하여 모든 서류와 정보를 제공하거나 그를 위해 취득하는데 협조를 제공해야 한다.

해설 A.10에 의하면 매수인의 책임으로 물품의 수출입에 필요한 보안관련정보나 서류등을 취득하는데 매도인은 협조해야 한다고 규정하고 있는바, 이러한 의무수행에 있어 매도인이 필요로 할 수 있는 것으로 수입국에서의 화물보안정보를 시간적으로나 방법적으로 적절하게 제공해야 할 뿐만 아니라 매수인의 요청에 따른 매도인의 협조 제공의무에 따라 매도인이 지급한 일체의 비용을 지급해야 함을 규정하고 있다.

이렇게 볼 때 A.10과 B.10의 의무규정의 경우 그 필요성은 매수인이 그 필요에 따른 협조는 매도인이, 그리고 협조에 따른 책임과 비용은 매수인이 부담해야 함을 규정한 규정이다.

그러나 provide와 render의 표현에 관한 의견은 A.10에서 설명하였지만 이렇게 표현

---

321) Incoterms 2000, Introduction, Terminology, 7) checking and inspection.

할 수밖에 없다면 그 이유를 해설을 통해서나 아니면 선택이 추후에 이루어져야 할 것이다.

그리고 보안정보와 관련하여 A.10은 goods로, B.10은 cargo로 표현하고 있다. goods는 포장이 가능한 제조물품이고 cargo는 주로 포장이 불가능한 그러면서 대량화물인 산적화물(bulk cargo)을 의미하는 바, 이들에 대한 표현의 구분 예컨대 "any good, or cargo security information"과 같이 할 필요가 있다.

Incoterms 2000 B.10의 규정은 A.10의 협조에 따른 비용지급 중심의 규정이었고, 1차 초안은 첫째 절에서 Incoterms 2000 B.10규정의 내용과 동일하나 표현에 있어 "… obtaining the documents or equivalent electronic message" 대신에 동일 표현인 "… where in paper or electronic form … and … assistance …"으로 변경하고, 둘째 절에서 현 초안 규정과 같은 보안정보규정 통지의 필요성이 신설되었으나 현 규정과 같은 "…in a timely fashion…"이 없었다.

2차 초안의 경우 첫째 절은 1차 초안 규정과 같았고 둘째 절의 경우 "The buyer must reimburse the seller for all costs and charges incurred by the seller in providing of rending assistance in obtaining documents and information in accordance with A.10"과 같이 초안함으로 Incoterms 2000 B.10의 내용과 실질적으로 동일한 내용을 상기와 같이 표현하였다.

매수인은 매도인이 자신이 A.3 a) 단서규정에 의해 자신이 운송계약을 체결하거나 또는 매수인에 의한 운송계약체결에 따른 운송을 위해, 경우에 따라서 제3국을 경유하는 경우를 위해 필요할 수 있는 그리고 수출국에서의 물품의 수출을 위해 자신이 필요로 할지 모르는 모든 서류, 정보, 보안관련 정보를 매도인의 요청과 위험 그리고 비용으로 매도인을 위해 취득하는데 협조를 시간적으로나 내용적으로 그리고 방법적으로 적절하게 제공해야 한다.

규정 가운데 "… provide to or render …"그리고 "… in providing or rendering …" 표현에 관한 설명은 EXW A.10과 FCA A.10의 내용을 통해 이해할 수 있다.

본 규정에서의 "where applicable"의 경우는 이미 설명한대로 EU지역 간 거래, 자유무역지대거래, 국내거래를 제외한 거래에 해당 규정이 필요하면 동규정이 적용되고 그렇지 아니할 경우 적용되지 아니함을 의미한다.

Incoterms 2000의 B.10의 경우 다음과 같이 규정되었다.

"The buyer must pay all costs and charges incurred in obtaining the documents or equivalent electronic messages mentioned in A.l0 and reimburse those incurred by the seller in rendering his assistance in accordance therewith and in contracting for carriage in accordance with A3 a).

The buyer must give the seller appropriate instructions whenever the seller's assistance in contracting for carriage is required in accordance with A3 a).

매수인은 A.10에 명시된 서류와 동등한 EDI를 취득하는데 지급한 모든 비용을 지급해야 하고, A.3 a)에 따른 매도인의 협조와 운송계약체결에 따라 매도인에 의해 지급된 모든 비용을 지급해야 한다.

매수인은 A.3 a)에 따라 운송계약체결에 있어 매도인의 협조가 요구되는 경우 매도인에게 적절한 지시를 하여야 한다."

그러나 1차 초안의 경우 첫째 절은 A.10에서 자신의 책임 하에 이루어진 정보요청과 이에 응한 매도인의 서류 취득에 지출한 비용의 지급의무와 A.10에서 매도인이 요구하는 모든 화물보안정보를 그에게 통지해야 하는 규정으로 규정되어 Incoterms 2000 B.10의 규정, 즉 A.10과 A.3 a) 단서 규정에 따라 발생한 비용지급 규정가운데 A.10에 의한 지급규정 수용과 A.3 a)에 의한 지급규정 삭제와 A.10 수행에 필요한 화물보안정보 제공규정 신설로 되어 있다. 이는 Incoterms 2000 B.10상의 규정, 즉 A.10과 A.3 a)와 관련된 비용과 지시사항 중심 규정과 상당한 차이가 있었다.

2차 초안은 3차 초안 둘째 절의 "The buyer must …, that the seller needs for the transport … and, where necessary for their … country"대신 "The buyer must … that the seller may require for transport … and, where necessary, for their … country"로 규정함과 동시에 동 규정을 2차 초안 둘째 절 규정으로 하고, 셋째 절의 규정을 3차 초안규정의 첫째 절 셋째 줄 이하의 규정으로 배열하였다. 따라서 2차 초안 규정상의 "… and, where necessary, for their …"상의 "where necessary"가 삭제되고 규정간의 배열을 달리한 것 외는 변경된 것이 없다. 특히 2차 초안에서 상기 표현이 삭제된 것은 "… where applicable …"이 삭제된 동 표현을 수용할 수 있기 때문이다.

최종초안의 경우 위에서 여러 번 언급하였듯이 3차 초안상의 "… cargo …"의 삭제와, "… in a timely fashion …"이 "… in a timely manner …"로, "… transit …"이 "… transport …"로 변경되었는 바, 이들의 변경에 대한 설명은 이미 설명한대로다.

4) CIF

> COST INSURANCE AND FREIGHT
> CIF[322] (insert named port of destination) Incoterms® 2010
> : CIF(도착지 지정된 항구까지 운임보험료포함인도규정): 운임보험료포함규정
>
> 안내문(GUIDANCE NOTE)
>
> This rule is to be used only for sea or inland waterway transport.
> "Cost, Insurance and Freight" means that the seller delivers the goods on board the vessel or procures the goods already so delivered. The risk of loss of or damage to the goods passes when the goods are on board the vessel. The seller must contract for and pay the costs and freight necessary to bring the goods to the named port of

destination.

The seller also contracts for insurance cover against the buyer's risk of loss of or damage to the goods during the carriage. The buyer should note that under CIF the seller is required to obtain insurance only on minimum cover. Should the buyer wish to have more insurance protection, it will need either to agree as much expressly with the seller or to make its own extra insurance arrangements.

When CPT, CIP, CFR, or CIF are used, the seller fulfils its obligation to deliver when it hands the goods over to the carrier in the manner specified in the chosen rule and not when the goods reach the place of destination.

This rule has two critical points, because risk passes and costs are transferred at different places. While the contract will always specify a destination port, it might not specify the port of shipment, which is where risk passes to the buyer. If the shipment port is of particular interest to the buyer, the parties are well advised to identify it as precisely as possible in the contract.

The parties are well advised to identify as precisely as possible the point at the agreed port of destination, as the costs to that point are for the account of the seller. The seller is advised to procure contracts of carriage that match this choice precisely. If the seller incurs costs under its contract of carriage related to unloading at the specified point at the port of destination, the seller is not entitled to recover such costs from the buyer unless otherwise agreed between the parties.

The seller is required either to deliver the goods on board the vessel or to procure goods already so delivered for shipment to the destination. In addition the seller is required either to make a contract of carriage or to procure such a contract. The reference to “procure” here caters for multiple sales down a chain (‘string sales’), particularly common in the commodity trades.

CIF may not be appropriate where goods are handed over to the carrier before they are on board the vessel, for example goods in containers, which are typically delivered at a terminal. In such circumstances, the CIP rule should be used.

CIF requires the seller to clear the goods for export, where applicable. However, the seller has no obligation to clear the goods for import, pay any import duty or carry out any import customs formalities.

본 규정은 해상이나 내수로 운송에만 사용된다.

“Cost, Insurance and Freight”는 매도인이 선적항의 본선에 물품을 인도하거나 이미 그렇게 인도된 물품을 조달하는 것을 인도로 하는 조건이다. 물품의 멸실이나 물품에 관한 손상의 위험은 물품이 본선에 적재된 때 이전한다. 매도인은 지정된 도착지항까지 물품을 운송하는데 필요한 비용과 운임을 지급해야 한다.

매도인은 운송동안 물품의 멸실이나 물품에 대한 손상에 대한 매수인의 위험에 대비하여 보험계약을 체결해야 한다. 매수인에게는 CIF조건하의 매도인은 단지 최소부보에 근거한 보험 취득을 요구함을 주의해야 한다. 만약 매수인이 보다 넓은 보험보호를 받길 원한다면 그는 매도인과 명시적으로 합의를 하거나 자신의 추가 보험계약을 체결할 필요가 있다.

CPT, CIP, CFR 또는 CIF가 사용되는 경우에 매도인은 물품이 도착지 장소에 도착한때가 아니라 선정된 규정에 명시된 방법에 따라 운송인에게 물품이 인도된 때를 인도로 하는 자신의 의무를 이행한 것으로 된다.

본 규정은 상의한 지점에서 이전하기 때문에 두 개의 임계점(분기점: dividing line)을 가지고 있다. 계약은 도착지항을 항상 명시하는 반면에 선적항을 명시하지 아니할 수 있는 바, 이 경우 선적항은 위험이 매수인에게 이전하는 장소다. 선적항이 매수인에게 특별히 관심이 있다면 당사자들은 선적항을 계약서상에 가능한 한 정확하게 명시는 것이 바람직하다.

당사자들은 합의한 도착지항의 특정지점을 가능한 한 정확하게 명시하는 것이 바람직하다. 매도인은 그러한 선택에 정확하게 일치하는 운송계약을 확보하도록 해야 한다. 매도인이 매매계약서상에 합의한 도착지항구의 특정한 지점에서 양화 관련한 비용과 같은 운송계약에 따라 발생한 비용을 지급하였다면 매도인은 양 당사자들 간에 달리 합의가 없는 한 매수인으로부터 이러한 비용을 보상받을 권리가 없다.

매도인은 본선상에 적재된 물품을 인도하거나 이미 그렇게 인도된 물품을 조달하여야 한다. 이 외 매도인은 운송계약을 체결하거나 이러한 계약을 조달해야 한다. 여기에서의 "조달"(procure)의 의미는 특별히 상품무역에 흔한 연속매매(string sales)를 위한 것이다.

CIF는 물품이 예컨대 터미널에서 전형적으로 인도되는 컨테이너에 적재되는 물품과 같이 본선에 적재되기 전에 물품이 운송인에게 인도되는 경우에는 CIP조건이 사용되어야 한다.

CIF는 적용되는 경우, 매도인에게 물품의 수출통관을 요구한다. 그러나 매도인은 물품의 수입통관이나 모든 수입관세나 통관절차비용을 지급해야 할 의무가 없다.

해설 FOB와 CFR과 같이 물품이 본신에 인도하는 것을 매도인의 인도로 하는 조건으로 이러한 인도 시까지가 위험과 기능의 분기점이며, 본선갑판 상에 인도 후에 일

322) Wright의 경우 Smyth of Co. Ltd. v. Bailey Son of Co. Ltd 사건(1940 3 All ER 60, 67-8)에서 CIF계약이 CAD거래이고, 기적품 거래의 가능성 등 CIF의 특징을 다음과 같이 말하고 있다. "국제상거래에 익숙한 거래조건으로 금액으로 하면 말할 수 없을 만큼 많은 거래가 매년 이 조건으로 이루어지고 있다. 매도인은 계약 물품을 선적하거나 선적 후 계약물품을 취득해야 하며, 계약물품이 불특정물품인 경우 일반적으로 충당통지를 해야 한다. 선적 시 또는 선적 후 매도인은 적법의 B/L과 MIP를 취득해야 하고, 이들 서류를 매수인에게 양도함으로써 자신의 계약을 이행하게 된다. 일반원칙으로서 매수인이 지급해야 하는 운임을 제외한 대금지급과 교환으로만 이렇게 할 수 있다. 이런 이유에서 즉시, 즉 대금지급을 위한 확정된 날짜에 서류제공에 수반되는 송장상에 운임이 공제되고 있다. 이런 거래과정에서 일반적인 소유권을 B/L이 양도될 때까지 매도인에게 있다. 상법에 의하면 B/L은 물품의 상징이며 물품의 일반적인 소유권은 그가 B/L을 저당할 수 있다면 그에게 있다. 전 상업신용장제도는 물품과 보험증권에 책임을 부과할 수 있는 매도인의 능력에 좌우된다(P. S. Atiyah, John N. Adams, and Hector Macqeen, *The Sale of Goods*, 11th ed., Person Education, 2007, pp. 426-7).

어난 사건으로 인해 생긴 추가비용과 위험(예컨대 본선갑판적재 직후 폭우로 인한 보호조치에 소용된 비용과 그 결과로 인한 손해)은 매수인부담이고 그 이전은 매도인부담이다.

목적지까지 물품을 운송하기 위해 필요한 운임과 비용(예컨대 운송계약에 필요한 비용과 각종 surcharge나 T/S cost, In & Out charge 등이 운임에 포함되지 아니할 경우 이러한 비용 등을 의미)을 지급해야 한다.

CIF조건은 운송 중에 물품의 멸실이나 물품에 대한 손상에 따라 매수인이 입을 손해에 대비하여 매도인이 해상보험계약을 체결하고 보험료를 지급해야 하나, 보험조건에 관해 당사자들 간의 명시적 합의가 없거나, 매수인이 별도로 추가보험에 부보하지 아니하는 한, 매도인의 부보의무는 최소한의 의무인「C」조건(종전 FPA)에 국한된다. 따라서 보험조건 여하에 따라 offer price가 달라져야 하는 바, 바로 이런 이유에서도 계약서 작성이 필요하거나, 부득이한 경우 L/C상에라도 명시되어야 한다. 그러나 L/C상에 명시된 보험조건이 offer시의 매도인이 생각한 보험조건과 다를 경우가 있으며, 이런 경우 매도인이 L/C수령거절을 하면 매수인은 매도인에게 계약서상의 의무이행을 강요할 수 없다. 왜냐하면 매도인이 offer를 할 때의 보험조건과 L/C상의 보험조건이 상이함에 따른 가격조정의 필요성 때문이다. 그러나 실무적으로 최저부보조건과 L/C상의 보험조건상에 보험료상에 큰 차이가 없을 경우 매도인이 묵시적으로 L/C상의 조건을 인정하여 이행하고 있으나, 금액의 차가 클 경우 문제가 될 수 있으니 주의해야 한다.

CIF조건 다음의 지점은 운임과 보험료라는 비용의 분기점을 나타내고 있으며 양화비 포함여부에 따라 다양한 운임의 분기점은 물론이고 또 다양한 운임분기점에 따라 보험료의 분기점 역시 다를 수 있다.

운송을 하는데 필요한 비용과 운임에 관해서는 CFR에서 이미 설명한 바와 같다.

CIF는 본선에 물품의 인도를 전제로 하는 해상이나 내수로 전용 조건이므로, 물품을 본선 에 인도해야 하는 조건이 아닌 경우로서, 운임보험료인도조건계약으로 거래하고자 할 경우 CIF 대신 CIP를 사용하는 것이 훨씬 위험·비용 면에서 안전하고 저렴하다.323)

전통적으로 CIF에서 가능하였던 기적품 거래를 Incoterms 2000 선문 9조건 3에 의하면, C-terms 가운데 CFR과 CIF로 확대하여 인정하여 왔으나 규정상에는 이에 상응하는 뚜렷한 규정 없이 위험이전에 관해서만 서문 9.3을 통해 CISG 68조를 원용하도록 하는 선에서 끝났었다.

이런 경우의 기적품 거래는 기선적된 물품 매각의 경우(계약체결전제와 선박사정으로 미리 선적한 경우, 원양어선상에서 생산된 제품 매각의 경우 등)에 적용되는 거래로 이들도 CFR과 CIF의 거래의 대상이 됨을 전제하고 있다. 왜냐하면 서류거래이기 때문이다. 따라서 CIF거래의 경우 계약이 체결되지 아니함으로써 매수인이 반송되는

323) 오세창, 상게서, p.260.

기적품으로 매매대상을 대체할 수 있다. 단, 동일 상품인 경우와 매수인이 합의한 경우에 한한다.

그러나 Incoterms® 2010에서는 CFR, CIF외에 FOB의 경우도 A.8의 둘째 규정에 의해 CAD거래가 가능하기에 FOB에도 이를 확대적용하여 안내문에 규정하고 있다. 그러나 서문상의 Incoterms 2000과 Incoterms® 2010의 차이에 대한 서문 9의 string sales에 의하면, 그리고 해당조건 전문상의 "procured the goods delivered"의 표현에 의하면, 기적품은 기적품이나 상기의 전통적인 기적품의 거래와는 다른 개념으로 사용되고 있다. 다시 말해서, CFR과 CIF, FOB하의 매도인은 물품을 실제 선적할 수도 있고, 이미 선적된 물품을 확보하여(이를 선적으로 간주함) 동 조건하의 거래를 할 수 있다고 함으로써 물품의 선적을 주요한 매도인의 의무로 하고 있으나 이미 확보된 물품의 인도(기적품의 인도)에 대하여는 규정에도 안내문에도 위험이전에 관한 규정이 없으므로 종전과 같이 안내문상에 CISG 68조와 연계시켜 설명하거나 아니면 규정상에 별도로 위험과 비용이전에 관한 규정이 필요할 수가 있다.

더 큰 문제는 전통적인 기적품의 거래는 해외 매도인과 매수인과의 1:1관계였으나 Incoterms® 2010 서문상의 해설을 보면 해외 매도인과 매수인과의 1차적 관계를 벗어나 이미 선적된 물품을 매도인이 확보하여 매수인과의 거래를 한 후 운송 중에 매수인의 전매로 인해 매도인의 위치가 계속 변경 가능하여 마침내 최종 매수인에게 물품이 인도되는 그러한 거래, 즉 기적품의 운송중 연쇄판매거래를 전제한 기적품거래인 것 같다. 이런 경우 A.4상의 규정에만 의존할 것이 아니라 최초 매도인과 매수인, 운송중의 매도인과 매수인과의 관계와 관련한 위험, 비용, 기타 책임한계의 문제가 1:1을 대전제로 한 규정만으로는 모두를 커버하기엔 서문에서와 같이 이런 거래가 흔하다고 할 경우 제기되지 아니할 수가 없다. 즉 후속 매도인과 매수인과의 관계가 Incoterms® 2010의 FOB, CFR, CIF조건의 확대적용의 가능성에 따라 문제가 제기될 수 있는 바 이에 대한 후속조치가 필요하다.

1차 초안의 경우 Incoterms 2000과 달리 조건의 적용범위, 정의, 위험과 비용이전의 상이한 분기점과 이에 따른 인도장소와 도착지항구의 중요성 강조, 도착지항 중요성과 하역비 책임관계, CIF의 대안방법, 수출입통관 관련의무 등을 중심으로 규정하므로 Incoterms 2000보다 CIF의 개념이해에 큰 도움을 주었다.

2차 초안의 경우 1차 초안의 비용을 보다 보완하여 사용범위, 조건의 정의, 보험부보한계 위험과 비용이전 분기의 상이에 따른 분기점과 이에 따른 선적항의 중요성과 그 대안, 가능한 한 적절한 도착지 지점의 사전합의와 이에 상응하는 운송계약 내지 기 적재품의 경우에 대비한 운송계약 확보와 양화 조양비용 책임한계, 본 조건하에서의 물품의 인도방법, CIF의 대안 방법, 수출입통관 의무 등에 대하여 아주 구체적으로 안내하고 있다.

특히 2차 초안의 경우 Incoterms 2000과 1차 초안상의 보험 부보한계 부분에 있어 "only"의 삭제와 "greater"가 "more"로 변경되었는 바, 이는 only부분과 그 다음 확보부보와의 관계를 고려하여 삭제되었으며, "greater"는 "양"의 크기만을 의미하나 "more"는 "수와 양"의 크기를 의미하는 표현이기에 변경된 것 같다. 그 외는 동일하다.

3차 초안의 경우 도착지 항구의 조양비용의 삭제 외는 기본적으로 2차 초안과 동일하며, 조양비용의 삭제의 의미는 CPT안내문 해설의 내용과 같은 맥락에서 삭제되었다.

최종초안의 경우 보험에 관해 최소부보가 매도인의 책임한계임을 분명히 하기 위해 "… on minimum cover" 대신에 "… only on minimum cover"로 변경되었으며, 3차 초안상에 규정과 관계없이 설명되어 있던 "본선난간"표현의 삭제, 도착지항이나 도착지항의 지점에 대한 표현의 단순화 시도, CPT 안내문과 같이 CAD거래의 명시 등을 제외하면 3차 초안과 동일하다. 다만 CIF의 경우 연속매매는 CFR과 달리 전체적이고, 전통적으로 CIF 거래에서 인정되어온 서류거래를 위한 표현으로 이해해야 한다.

A. 매도인의 의무(THE SELLER'S OBLIGATIONS)

A.1 매도인의 총칙의무(General obligations of the seller)

The seller must provide the goods and the commercial invoice in conformity with the contract of sale and any other evidence of conformity that may be required by the contract.

Any document referred to in A1-A10 may be an equivalent electronic record or procedure if agreed bet-ween the parties or customary.

매도인 매매계약에 일치한 물품과 상업송장 그리고 계약이 요구할 수 있는 기타 일치의 증거를 제공해야 한다.

A1–A10에서 언급하고 있는 모든 서류는 당사자들 간에 합의하거나 관례라면 동등한 전자기록이나 절차에 의해 대체될 수 있다.

해설 전 Incoterms 매도인의 의무 제1조를 통해 매도인은 매매계약에 일치하는 물품[324]을 상업송장 또는 이에 갈음하는 전자서류 그리고 계약에서 요구하는 기타 일치의 증거를 제공해야 하는 바, 상업송장은 Walker, Rosenthal, Schmitthoff, Sassoon, UCP 등의 주장과 내용을 요약하면 선적된 물품의 명세서와 대금청구서이며, 매도인이 계

324) 여기서의 일치하는 물품(....the goods....in conformity with the contract of sale...)이란 SGA, 27, 13, 14(2)(3)과 UCC, 2-313-6 그리고 CISG, 30조, 35조 등의 내용을 통해 볼 때 ①설명서에 일치하고, ②적상성(merchantability)을 지녀야 하고, ③특수한 목적에 적합(fit for a particular purpose)해야 하는 물품임을 확정할 수 있는 바, 계약체결 전에 상호교환 된 내용이나 이에 근거한 계약서나, 계약서에 근거한 신용장 등에 물품에 관한 내용(express or implied and conditions)과 거래관행에 근거하여 이러한 추정이 가능할 수 있고 또 가능해야 한다.

약내용에 따라 제공하고 있는 물품의 매도인에 의한 진술이고, 송장 상에 명시된 물품의 인도의 증거로 정확하고 진실하게 작성되어져야 하는 서류[325]로서, 결국 상업송장의 가장 중요한 기능이자 성격은 매도인이 매매계약에 따라 자신이 매수인에게 정히 이행한 사실의 결정적 입증서류이다. 이렇게 볼 때 계약에 일치하는 물품의 제공에 대하여는 국내법과 국제법을 통하여 분명히 규정하고 있다.

기타 일치의 증거서류로는 포장명세서(packing list), 용적, 중량증명서(certificate and list of measurements and/or weight), 품질증명서(certificate of analysis) 등으로 이들 서류들은 물품의 계약에의 일치를 입증하고 보완하는 증거서류들이다.

제공서류에는 필수적으로 제공해야 하는 서류와 협조제공시기가 있으며 이들 제공서류에 관해 매도인의 의무 1조, 2조, 8조, 10조와 매수인의 의무 10조에서 언급하고 있으며, 1조, 8조가 자신의 책임하에 제공해야 하는 필수서류관계를, 2조, 8조, 10조가 상대방의 요청과 위험과 비용부담으로 제공해야 하는 협조서류관계를 각각 규정하고 있다.

필수서류의 경우로서 인도의 증거와 운송서류 등, 즉 인도의 증거서류에 관해 매도인의 의무 8조에서 규정하고 있으며, 동시에 이 규정이 협조서류관계도 규정하고 있다. 현실적으로 대부분 L/C등에 의해 CAD거래가 이루어지고 있으므로 특약에 의해 이들 규정에서 말하는 협조서류가 필수서류가 되고 있음을 주의해야 한다.

이러한 의무는 구체적으로는 계약서상의 물품의 명세서와 계약서상의 물품의 설명과 이에 따른 신용장상의 "......covering.........."의 표현에 대한 해석내용이라 할 수 있다.

그리고 일치의 증거서류는 A.9(확인 · 포장 · 화인)과 A.10(정보협조와 관련비용) 그리고 B.9(물품의 검사)과 B.10(정보협조와 관련비용)의 규정에 따라 신용장에 ⅰ) other documents, 또는 ⅱ) special instruction 등을 통해 예긴대 beneficiary's certificate certifying that the equality of the undermentioned goods is of good standard and free of weaving defect, color shading, defect and shipperage defect. 또는 surveyor's certificate......와 같이 표현된다.

A.1의 규정은 Incoterms가 인도에 관한 매매규정이며, 각 Incoterms 규정 가운데 제일 중요한 규정이다. 다른 규정들은 A.1규정의 이행을 위한 규정이다. 대금지급과 관련하여서는 A.8의 규정이 중요하다해도 이 규정 역시 A.1을 위한 A.4에 따른 인도의 입증서류이자 대금결제서류일 뿐이다.

본인은 1차 초안과 관련한 규정을 두고 다음과 같이 주장한다.

A.1 제목을 Provision of good and commercial invoice and document(s)로 변경이 필요하다. 이는 Incoterms의 핵심조항이자 매도인의 제일의 의무이고, 나머지 조항은 A.1의 후속규정인 바 동규정의 중요성 강조의 필요성과 매도인의 매매계약의무이행입증의 명확성 제고를 위해서이다. 그리고 특히 "documents"의 표현은 계약서상에 일치증거의 보완서류인 검사증명서의 경우 예컨대 L/C상에 certificate of experts의 경우와 …of expert

325) A. G. Walker, *op. cit.*, p.171; M. S. Rosenthal, *op. cit.*, 1910, p.140; C. M. Schmitthoff, *op. cit.*, pp.31, 66; D. M. Sassoon, *op. cit.*, p.87.

의 경우 제공서류의 종류가 달라질 수 있기 때문이다. 이렇게 함으로써 종전 Incoterms A.1의 제목과 규정간의 모순 제거, 상업송장의 중요성과 매매계약 이행의 중요성 강조, 이로 인해 인도와 관련하여 당사자들간에 체결된 계약의 보충법으로서 보다 높은 이해와 투명성 제고에 기여326)하는 Incoterms의 중요성 강조의미의 효과를 올릴 수 있다. 규정은 "the seller…with contract of sale…invoice as its evidence conformity and _____." 변경할 필요가 있는바, 이는 상업송장은 당사자 간 매매계약327) 에 따른 일치이행의 증거서류를 강조함과 동시에 상업송장이 법적 서류임을 강조하기 위해서이다.

그리고 2차 초안과 관련하여 다음과 같이 주장한다.

A.1의 'documents required by the contract'는 전표현, 즉 'evidence of conformity which may be …' 표현이 A.1 성격과 맞다. 왜냐하면 여기의 서류는 commercial invoice를 보안하는 서류이며, commercial invoice는 매도인의 매매계약이행증거 서류이기 때문이다. 이하 전 Incoterms A.1 규정통일이 필요하다.328)

3차 초안의 A.1의 경우 Incoterms 2000 A.1상의 "… or its equivalent electronic message" 대신에 전 Incoterms A1-A10상에 규정되어 있는 서류는 상기 초안 A.1 둘째 절 규정과 같이 당사자들 간에 합의하거나 관례라면 종이서류와 동등한 전자기록으로 대체할 수 있다는 표현으로 대체된 것 외는 Incoterms 2000 A.1과 내용이 똑같이 변경된 것이 없다. 당연한 조치라 생각된다. 사실 A.1의 규정과 같이 규정되지 아니한다면 Incoterms가 인도에 관한 국제통일매매관습이라 주장할 수가 없다.

단지 A.1의 제목자체가 1차와 2차 초안 상의 "provision of goods and documents" 대신에 "General obligation of the seller"로 변경된 것은 차이가 있으나 A.1 둘째 절상에서의 규정표현 때문에 제목이 이렇게 변경된 것 같지만 제목자체의 의미는 나머지 규정의 이행은 A.1의 규정의 구체적 실현 규정이요 아울러 전 규정상에서 표현된 서류는 전자서류도 공히 인정됨을 강조하는 총칙, 즉 인도에 관한 통일국제매매관습 규정인 Incoterms의 중요한 기본원칙규정을 언급하고 있다고 볼 수 있어 타 규정에 비하여 그 중요성을 더 하는 규정이요 타 규정은 이규정의 준수를 위한 부수규정으로 보게 하는 의미를 지닌다고 볼 수 있다.

최종초안의 경우 "electronic record"에 "… or procedure"이 추가된 것 외는 동일한 바, 이는 이미 특징에서 언급하였듯이 종이서류와 전자서류간의 등가성과 기술 중립적 입장을 유지하고 있는 전자통신 형식 8조와 9조의 규정에 따른 모든 전자통신을 의미하기 위한 표현으로 볼 수 있다.

---

326) H.V. Houtte, *op. cit.*, pp.173, 175.

327) 오세창, "Incoterms 3000 초안의 특징과 문제점", 경영경제 제42집 제2호, 계명대학교 산업경영연구소, 2009, p.30.

328) 오세창, "Incoterms 2011 2차 초안의 특징과 문제점", 경영경제, 제43집 제1호, 계명대학교 산업경영연구소, 2010, p.39.

A.2 허가, 승인, 보안통관과 기타절차(Licences, authorizations, security clearances and other formalities)

> Where applicable, the seller must obtain, at its own risk and expense, any export licence or other official authorization and carry out all customs formalities necessary for the export of the goods.
>
> 적용되는 경우 매도인은 자신의 위험과 비용부담으로 물품의 수출을 위해 필요한 모든 수출허가나 기타 공식승인을 취득하고 모든 세관통관절차를 수행해야 한다.

해설 동 조건하에서 매도인은 자신의 책임(위험과 비용부담)으로 수출에 필요한 수출허가 또는 기타 공적인 승인을 취득하고, 모든 세관절차를 수행하여야 함이 FOB 하의 매도인의 의무이다. 그러나 EU간의 무역이나 기타 자유무역지대에 있어서와 같이 관세를 지급할 의무가 더 이상 없고, 수출입에 세관에 없는 경우에도 물품의 세관절차를 규정하고 있는 Incoterms를 사용하는데 지장이 없도록 하기 위해 "적용이 되는 경우"라는 표현이 Incoterms 2000에 이어 전 Incoterms A.2와 B.2 뿐만 아니라 A.6과 B.6에 규정되어 있다. 따라서 이 문구가 삽입되므로 Incoterms의 사용이 더욱 용이하게 되어졌다.

모든 수출허가 또는 기타 공적승인이란 사전허가와/또는 승인 또는 일반허가와/또는 승인을 의미한다. 일반적으로 매매계약은 통상적으로 수출금지나 특별관세부과 등 우연적 사건의 경우에 매도인을 보호하고자 면책규정을 두고 있다. CISG와 이에 상응하는 각국 국내물품매매법에 의하면 예컨대 예측불허 또는 합리적으로 예측할 수 없는 수출금지 등은 매매계약상의 매도인의 의무로부터 면책시킬 수 있다. 그러나 이러한 면책은 계약체결후의 우연적 사건으로 인한 경우에 해당하며, 계약체결 전에 이미 예컨대 수출금지가 이루어지고 있음에도 매도인이 이를 모른 체 계약을 체결하였다면 당연히 매도인의 책임으로 면책이 허용되지 아니한다. 이런 이유 때문에 "자신의 위험과 비용부담"으로 규정되어 있다.[329]

우리나라의 경우 허가는 대외무역법과 시행령에 따라 정부의 수출입 담당 해당부서장이 금지의 해제를 의미하며, 승인은 주무부서장의 위임에 따라 위임된 범위 내에서 금지의 해제를 할 때 승인이라 한다. 대게 대금지급과 연계가 있는 외국환은행에 허가와 승인권이 위임되어 있었다. 그리고 보안통관과 기타절차는 주로 세관에서 이루어지고 있는 수출통관절차 가운데 해당한다. 따라서 허가와 승인은 특수한 경우 정부 해당부서가 하지만 대게는 은행에서 세관절차는 세관에서 이루어진다.

A.2 제목 상에는 "… 보안통관과 기타절차"로 표현되어 있으나 규정에는 "… 모든

329) 오세창, 상게서, p.163.

세관통관 절차"로 표현되어 있다. 규정상의 "… carry out all customs formalities …" 표현가운데 제목에 해당하는 "보안통관과 기타 절차가 모두 포함되는 것으로 이 모든 절차는 세관에서 이루어진다."

1차, 2차, 3차 초안의 경우 Incoterms 2000상의 "where applicable"의 표현이 규정 서두에 자리를 옮겼다. 이는 Incoterms 2000의 "where applicable"은 세관절차 수행에는 적용되고 허가 · 승인에는 적용되지 아니하는 의미로 해석될 소지가 있었다. 사실 세관절차 이전에 이루어지는 행위가 수출입허가와 승인임을 생각한다면 오해할 필요가 없다. 그러나 오해를 없애고 규정의 명확화를 기하기 위해 이 모든 것에 공히 적용됨을 의미하기 위해 규정의 서두에 위치하게 되었는바 이는 중요한 변경이다.

우리가 알고 있듯이 "where applicable"은 EU지역이나 자유무역지대 그리고 국내거래에서 Incoterms 2010의 적용을 위해 A.2규정이 필요 없고 기타 역내 · 역외 간 거래나 기타 국가 간 거래에는 필요함을 의미하기 위한 표현이다.

최종초안의 경우 3차 초안과 동일하다.

A.3 운송과 보험계약(Contracts of carriage and insurance)

a) Contract of carriage

The seller must contract or procure a contract for the carriage of the goods from the agreed point of delivery, if any, at the place of delivery to the named port of destination or, if agreed, any point at that port. The contract of carriage must be made on usual terms at the seller's expense and provide for carriage by the usual route in a vessel of the type normally used for the transport of the type of goods sold.

b) Contract of insurance

The seller must obtain, at its own expense, cargo insurance complying at least with the minimum cover provided by Clauses(C) of the Institute Cargo Clauses (LMA/IUA) or any similar clauses. The insurance shall be contracted with underwriters or an insurance company of good repute and entitle the buyer, or any other person having an insurable interest in the goods, to claim directly from the insurer.

When required by the buyer, the seller shall, subject to the buyer providing any necessary information requested by the seller, provide at the buyer's expense any additional cover, if procurable, such as cover as provided by Clauses (A) or (B) of the Institute Cargo Clauses (LMA/IUA) or any similar clauses and/or cover complying with the Institute War Clauses and/or Institute Strikes Clauses (LMA/IUA) or any similar clauses.

The insurance shall cover, at a minimum, the price provided in the contract plus

10% (i. e., 110%) and shall be in the currency of the contract.

The insurance shall cover the goods from the point of delivery set out in A4 and A5 to at least the named port of destination.

The seller must provide the buyer with the insurance policy or other evidence of insurance cover.

Moreover, the seller must provide the buyer, at the buyer's request, risk, and expense (if any), with information that the buyer needs to procure any additional insurance.

a) 운송계약

매도인은 인도장소에 합의한 지점이 있다면 합의한 인도지점으로부터 지정된 도착지항구까지 또는 지정된 도착지 항구에 합의한 지점이 있다면 그 지점까지 물품의 운송을 위한 계약을 체결하거나 확보해야 한다. 운송계약은 자신의 비용으로 통상조건으로 체결되어야 하며 매각된 물품 형태의 운송을 위해 통상적으로 활용되는 선박에 통상경로 편으로 운송을 위한 것이어야 한다.

b) 보험계약

매도인은 자신의 비용으로 LMA나 IUA가 제정한 협회화물약관상의 「C」약관이나 이와 유사한 약관상에서 규정하고 있는 최저부보조건에 일치하는 화물보험을 취득해야 한다. 보험은 평판이 좋은 보험업자 또는 보험회사와 계약이 체결되어야 하며 물품의 피보험이익을 가지는 매수인 또는 기타 사람에게 보험자로부터 직접적으로 보험금을 청구할 권리를 부여해야 한다.

매수인이 요구할 경우 매도인은 자신이 요청한 모든 필요한 정보를 매수인이 제공하는 것을 조건으로 가능하다면 매수인의 비용으로 LMU나 IUA가 제정한 협회화물약관 상의 「A」약관이나「B」약관이나 이와 유사한 약관이 규정한 부보조건과/또는 LMU나 IUA가 제정한 협회전쟁약관과/또는 동맹파업약관이나 이와 유사한 약관에 일치하는 부보조건과 같은 추가부보를 제공해야 한다.

보헌은 계약에 규정된 가격에 10%(즉 110%)을 더한 금액을 최소한의 금액으로 하고 계약통화로 부보해야 한다.

보험은 A.4와 A.5규정되어 있는 인도지점으로부터 적어도 도착지의 지정된 장소까지 물품을 부보해야 한다.

매도인은 매수인에게 보험증권 또는 기타 보험부보증거를 제공해야 한다.

더욱이 매도인은 필요하다면 매수인에게 매수인의 요청, 위험 그리고 비용으로 매수인이 추가 보험계약체결에 필요한 정보를 매수인에게 제공하여야 한다.

해설 a) 운송계약

계약명세서의 물품의 운송을 위해 통상적으로 사용되는 범선이 아닌 항해가능선박 또는 경우에 따라선 내수로 선박에 물품을 실어 특수한 경우를 제외하고 직항로를 이용하여 지정된 목적지항까지 물품을 운송하기 위하여 자신의 비용으로 합의가 없는 한, 인도장소 또는 인도지점으로부터 선적물품에 적용되는 통상의 운송조건으로 운송계약을 체결하여야 한다.

CIF하의 매도인은 물품을 선적함으로써 자신의 의무를 이행한다해도, 매도인은 지정된 목적지까지 운송계약을 체결하고 운임을 지급해야 한다. 운송계약의 성격에 관해 매매계약과 특별히 규정하고 있지 아니하는 한, 매도인은 통상의 운송조건과 통상 항로 편으로 운송을 위한 계약을 체결할 수 있다. 여기의 통상 운송조건이란 지나치게 유리하거나 불리하게 운송계약을 체결할 필요가 없음을 그리고 통상의 항로편이란 직항로(direct liner)[330]를 의미한다.

그러나 선박은 원양선박일 필요는 없다. 왜냐하면 CIF조건이 내수로 운송을 위해서도 역시 사용될 수 있기 때문이다.

CIF에서 이용되는 선박은 매각된 물품형태의 운송에 일반적으로 사용되는 종류이어야 한다. 예컨대 선박이 컨테이너 전용선이 아니라면, 갑판 상에 컨테이너 화물의 운송을 위해 운송계약을 체결하는 것은 인정될 수 없다. 왜냐하면 그러한 운송은 이 화물에 추가위험을 노출시켜 보험부보를 무효화시킬 수 있기 때문이다.

주의를 요할 것은 항해가능 선박과 관련하여 표현되고 있는 usual과 normally의 표현은 실제 적합하거나 물품의 손실 또는 손상의 위험을 최소화해야 함을 반드시 의미하는 표현이 아니다.[331]

소위 정기선거래에 따라 운송되는 물품과 대게 용선운송 되는 bulk화물 간에는 상당한 차이가 있다. 따라서 대부분의 경우 매도인이 운송준비를 하고자 하는 운송형태를 분명히 해야 한다. 왜냐하면 분할 가능한 bulk화물은 지금 대게 컨테이너화 되거나 아니면 항구에서 항구까지의 운송단위, 예컨대 flats나 pallets에 실려 정규운송형태를 취하고 있기 때문이다. 이런 경우에 운송인은 종종 항구에서 항구까지 뿐만 아니라 선적국가의 내륙지점으로부터 도착지 국가의 내륙지점까지 물품의 운송을 책임지기 때문이다. 이런 경우 CIF을 사용하는 것은 부적절하며 당사자들은 그 대신에 CIF의 발전적인 형태인 CIP를 사용하는 것이 바람직하다.

물품이 정규선사(regular shipping lines)에 의해 운송되어야 하느냐 아니면 용선(chartered ships)에 의해 운송되어야 하는지가 불확실한 경우, 이 문제가 특별히 매매계약서에 취급되어야 함을 권고하는 바이다. 왜냐하면 용선운송이면서 그럼에도 불구하고 운송은 정기선조건(liner terms; berth terms)으로 계약되는 경우가 종종 일어나고 있으며, 이럴 경우 운임은 적재비용과 양화 대게 포함하는데 비해, 용선계약서의 경우 이러한 비용은 운송인의 부담이 아니어야 함을 규정할 수도 있기 때문이다. 이를 소위 Free In and Free Out을 의미하는 FIO조항이라 한다. 어쨌든 용선운송이면서 정기선조건(liner terms)이라는 표현이 모호하므로 운송이 널리 알려진 정규선사편으로 이루어지지 아니할 경우 매매계약서상의 운송계약조건을 당사자들이 특별히 다루도록 권고하는 바이다.

---

330) usual, customary, reasonable, route를 의미한다. 이에 비하여 경제적 항로(normal route)란 대권항로라고도 하는데 이는 기후에 따라, 즉 계절에 따라 항로를 선택하는 것이 이익이 될 수 있을 때 선택된 항로를 의미한다.

331) J. Ramberg, *Guide to Incoterms® 2010 rules*, ICC Services Publication, 2010, p.29.

일반적으로 C-rules 경우 매도인이 운송인을 지명하고 운송계약을 체결할 권리를 가지고 있으므로, C-rules하의 물품은 매도인에게 선박지명권이 부여된 화물이란 뜻으로 seller's nomination cargo라 부른다.

물품을 인도할 때까지 매도인의 물품에 일어날 수 있는 위험에 대비하여 매도인이 보험에 부보하는 것은 아무런 문제가 없다. 단지 이러한 행위가 상대방에 대한 매도인의 의무사항이 아닐 뿐이다.

신용장상의 선하증권 란에 요구표시와 함께 선하증권 란에 "....freight prepaid"로 표시되며, 보험서류 란에는 아무런 표시를 하지 아니한다.[332]

1차 초안은 Incoterms 2000과 비교해 볼 때 기적재품을 위한 "기체결된 운송계약 확보"개념이 추과된 것 외는 동일하다.

2차 초안의 경우 1차 초안과 달리 운송계약의 출발 시점을 추가하므로 운송계약의 체결구간에 대한 명확성을 기한 점 외는 1차 초안과 동일하다.

3차 초안의 경우 운송계약체결 구간과 운송계약의 내용을 구분함으로서 양자를 결합하여 규정하였던 2차 초안의 규정보다 운송계약의 체결의무를 지닌 매도인의 의무를 2차 초안보다 더욱 분명하게 규정하고 있다.

최종초안의 경우 Incoterms 2000과 달리 해상이나 내수로 전용규정이지만 현실성을 고려하여 운송에 대한 매도인의 책임을 분명히 하려는 의도에서 운송의 시작점과 종점을 보다 분명히 하여 선적지 인도장소 또는 인도지점이 합의되어 있다면 그 지점으로부터 지정된 도착지 항구까지의 운송책임구간을 규정한 3차 초안과 달리 도착지 항의 현실성을 고려하여 도착지 항구의 합의한 지점이 있다면 합의한 지점까지로 확대하여 어떤 의미에서는 CPT의 운송기간과 비슷하다고 볼 수 있다. 그러나 CFR의 경우 원칙적으로 어디까지나 항구와 항구 간에 매도인이 운송을 책임질 수 있는 구간이나 현실적으로 항구의 혼잡을 피하기 위하여 필요한 경우에 있을 수 있는 상황을 적용하고 있다. 그리고 3차 초안상의 선박의 종류에 대하여 "항해 가능 선박 또는 경우에 따라서는 내수로 가능 선박"을 "선박"으로 단일화시켰는바 이는 그동안 업계의 종전의 구체적 선박형태에 관한 충분한 인식이 된 것으로 알고 단순화한 것 같다. 그 외는 3차 초안과 동일하다.

b) 보험규정

보험규정은 기본적인 보험조건과 관련하여 매도인의 보험부보 의무규정에 따라 부보의무와 보상조건의 범위, 부보할 경우 보험회사의 선정요건, 매도인의 기본적인 당연부보의무 외에 매수인의 요청에 의한 추가 보험요건을 첫째 절에서 규정하고 있다. 그리고 둘째 절에서는 보험금액 급여한도를, 셋째 절에서는 보험기간을, 넷째 절에서는 보험계약체결에 따른 이행증거서류 제공의무를, 다섯째 절에서는 매수인의 요청이

332) 오세창, 상게서, pp.229-231.

있을 경우 그로 하여금 추가 보험체결에 필요한 정보제공 등의 순서로 특히 Incoterms 2000 CIF상의 A.10규정과 B.10상의 추가보험을 위한 보험정보 제공에 관한 규정을 보험회사 선정기준과 보상조건, 추가보험조건 등에 관해 규정하고 있는 A.3 b)로 통합하여 규정함으로써 보험에 관한 가장 중요한 그러면서 기본적인 일체의 의무를 일목요연하게 규정하고 있다.

우선 매도인의 보험부보의무에 따라 최저부보조건을 기본 부보의무로 하면서 Incoterms 2000상에는 런던보험업자가 제정한 협회화물약관상의 최저조건으로 되어 있었다. 그러나 3차 초안의 경우 런던보험업자 외에 런던해사협회가 제정한 협회화물약관 또는 영국을 제외한 국가의 보험관계 기관이 제정한 이와 유사한 약관상의 최저조건인 「C」를 최저조건으로 함을 명시하고 있어 Incoterms 2000보다 부보조건에 있어 부보조건의 명시와 적용되는 약관의 확대를 시도함으로써 부보를 둘러싼 오해의 소지를 없애는데 Incoterms 2000보다 더 분명하게 하고 있다는 점이다. 그리고 부보한 경우 부보회사의 선정요건에 관해서는 Incoterms 2000과 같이 피보험이익을 가지는 자가 보험업자를 상대로 직접 보험금을 청구할 권리를 가질 수 있는 저명한 보험회사여야 함을 규정하고 있다. 그리고 매도인의 기본 부보의무 외에 매수인이 필요하여 전쟁위험과 피난위험과 파업위험에 대비하여 추가 부보를 매도인에게 요구할 경우 매도인에게 매수인이 필요한 정보를 매수인이 제공하는 조건으로 그리고 추가부보가 매도인측에서 가능함을 전제로 매수인의 비용으로 매도인이 추가보험에 부보할 수 있음을 규정하고 있다.

이러한 사실을 규정적으로 보면 Incoterms 2000의 경우 부보의무와 보험계약체결에 따른 이행증거서류에 관해 규정하고 있는 첫째 절과 부보회사 선정기분과 보상조건, 추가보험조건 등에 관해 규정하고 있는 "The seller … insurance Cover. The insurance shall be … accordance with minimum cover of The Institute Cargo Clause(Institute of Londen underwriter) or any similar set of clauses. … When … if procurable."이 "The seller … cargo insurance … at least with the minimum cover as provided by clauses(C)of Institute Cargo Clauses(LUM/ IUA)or any similar set of clauses. the insurance … to claim directly from the insurance."로 변경된 사실을 보아 알 수 있다.

동 조건하에서 매도인의 보험부보의무에 따라 보험 부보금액의 한도는 오늘날 국제거래에 있어 장・단기적으로 이익의 폭이 차이가 있을 수 있으나, 기본적으로 국제상거래의 경우 10%의 이익이 생김을 전제로 하기 때문에 100%계약금액, 즉 송장가격에다 10%의 희망이익을 더한 110%를 기본적으로 하고 있다. 이 경우 110%는 화주측 입장에서 볼 때 보험목적물에 손해가 발생하였을 때 피보험자가 가질 수 있는 피보험이익인 화물과 희망이익의 손실에 대한 최소보상한도액으로 100%의 화물과 10%의 희망이익을 합한 금액, 즉 100%의 화물보험과 10% 희망이익보험이라는 두 개의 보험을 합한 것으로 초과보험도 아니요 중복보험도 아니다. 경우에 따라선 수입되는 화물의 운송중 멸실의 경우 궁극적으로 피보험자가 되는 수입자가 입을 손실이 매우 크기에 보험부보의 한도를 120%또는 130% 또는 그 이상을 요구할 수 있고, 매도인은 이에 응할 수 있다. 그러나 이런 경우 수입되는 물품의 이익이 매우 큰 것임을 매도인에게 암암리에 매수인이 알리는 격이 되고 매도인으로 하여금 이 다음 거래 시에 계약가격의 인상을 가능케 하는 구실을 제공하기 때문에 매수인의 입장에선 수입국에서 별도로 추가부보하는 것이 바람직하다.

그리고 부보통화는 계약통화라야 한다. 왜냐하면 계약상의 통화와 보험부보 통화와의 상이에 따른 환차손을 방지하기 위함이다.

보험부보금액의 한도에 관한 Incoterms 2000상의 둘째 절 마지막 부분의 "The minimum insurance … contract."가 3차 초안 둘째 절상의 "The Insurance …, at a minimum, … and … contract."로 변경된 규정을 통해 알 수 있다. 부보금액의 한도에 관해 약간의 표현 변경 외에 기본적으로 내용이 변경된 것은 없다.

보험기간에 관해서는 수령과 수령에 따른 위험이전시기의 규정을 감안하여 보험기간이 개시되어 최종도착지 지정된 항구에 도착할 때가 기본적인 최소의 보험기간이다. 이 보험기간도 무역계약과 보험계약 그리고 협회약관에 따라 확대될 수 있다.

그러나 이러한 보험기간이 최대의 기간인지 최소의 기간인지가 불분명하여 보험기간에 대한 오해의 소지가 있었으나 3차 규정에서는 보상조건과 부보금액한도 같이 보험기간도 최소를 강조함으로써 보험조건 가운데 가장 기본적인 보험조건인 보상조건, 부보금액, 부보기간에 있어 최소를 기준으로 통일을 기하므로 오해의 소지를 없애고 있다.

보험기간과 관련하여 Incoterms 2000의 경우 규정에 따라 위험이전 후 인도가 되기에 "… with B.5 and B.4"로 규정되어 있었는바, 규정의 변경으로 이의 시정을 요구[333]한 바 있었는데 3차 초안에서는 규정의 변경으로 정상적으로 "… with A.4 and A.5"로 되었다.

규정적으로 보면 보험기간에 관하여 매도인 입장에서의 물품의 인도시점과 매수인의 입장에서의 물품의 수령시점을 중심한 Incoterms 2000 둘째 절상의 "The duration of insurance cover … with B.5 and B.4"가 보험기간의 시작과 종기를 보다 분명히 하기 위해 3차 초안 셋째 절상에 "The insurance cover … from … in A.4 and A.5 to at least the named place of destination"으로 변경됨으로 본인의 시정요구가 반영됨과 동시에 보험기간에 대한 보다 분명한 표현을 하기위해 A.5규정의 변경에 따라 인도와 동시에 위험이 이전하기에 A.4 and A.5로 된 것 같으나 내용적으로는 같은 의미이다.

CIP와 달리 다만 보험개시와 종기에 관해 늦어도 인도지점, 즉 본선적재 시에 개시되어야 하며 최종도착지 항구에 도착할 때의 기간이 최소한의 종기로 강조하고 있는 해상전용조건의 부보기간의 원칙을 강조하는 차원인 것 같다. 이미 언급한대로 합의에 따라 확대될 수 있으나 "최저부보조건"이 「C」이고, "최저부보금액"이 110%라면, 부보기간 역시 "기본적인 부보기간"이라야 한다는 원칙론에 입각한 것 같다. CIP의 경우

333) 오세창, 상게서, p.266; 오세창, 상게서, p.32.

역시 A.4와 A.5에 따라 인도지점에서 지정된 장소까지가 "from point to point"간의 운송을 기본적으로 하는 CIP의 경우 최소한의 기본적인 부보기간표시라 할 수 있다.

보험계약에 따라 매도인이 제공해야 하는 이행증거서류로 보험증권 또는 기타 보험부보증거를 제공해야 하는 바, Incoterms 2000과 같이 매도인의 보험계약에 따라 계약을 이행한 사실을 증명하는 제공서류의 종류만을 언급하고 있다.

규정적으로 보면 Incoterms 2000의 경우 제공서류에 관해 부보의무와 이러한 의무이행에 따른 제공서류종류와 이를 서류의 요건을 함께 첫째 절에서 "… and provide the buyer … cover."가 3차 초안의 경우 독자적으로 셋째 절상에 "the seller must provide… cover."로 규정하고 있을 뿐 내용과 표현은 동일하다.

Incoterms 2000 A.10과 B.10에 규정되어 있던 보험정보 규정의 경우 추가보험조건과 관련한 B.10의 규정은 3차 규정 첫째 절상의 추가보험요건 규정에 반영되었고, A.10의 규정이 3차 규정 다섯째 절에 약간의 표현 변경외 동일한 내용으로 그대로 반영되었다.

Incoterms 2000 CIFA.3 b)의 규정보다 3차 규정이 오해의 소지를 없애기 위해 분명하게 그리고 보험에 관해 동 규정을 통해 모두 이해할 수 있게 일목요연하게 규정하고 있음이 사실이나 기본적인 취지에 있어서는 동일하다 하겠다.

1차 초안의 경우 Incoterms 2000의 첫째 절 규정상의 "The seller must … cargo insurance as agreed in the contract …" 대신에 "… insurance to the named place of destination …"로 변경한 것 외는 동일하고, 둘째 절상의 "… The duration of insurance cover … B.5 and B.4"가 "The insurance cover … B.5 and B.4"로 변경된 것 외는 동일하다.

2차 초안의 경우 1차 초안의 규정을 3차 초안의 규정과 기본적으로 같은 골격으로 변경하였는 바, 3차 초안과 비교하면 첫째 절의 경우 최저보상조건에 적용되는 약관에 IUA외에 LMA가 3차 초안에 추가되었다. 그리고 추가보험요건에 관하여 2차 초안의 경우 "… if procurable for additional perils such as war, … terrorism or incident caused by a political, ideological or religious motive"로 규정되었으나 3차 초안의 경우 "… if procurable, comply with the institute war clauses and/or institute strikes clauses(LMA/IUA) or any similar set of clauses"로 변경되었는 바, 이는 2차 초안 상에서 보상하려는 위험은 보험규정으로 규정은 가능하나 실제적용과 해석상에 상당한 오해와 어려움이 예상될 정도로 규정이 너무 추상적이기에 삭제되고 3차 규정과 같이 규정된 것으로 알고 있다.

2차 초안의 경우 부보금액한도에 관해 "In any event, the insurance … contract." 규정이 3차 초안에서는 "The insurance… contract."로 변경되었는 바, 2차 초안상의 "In any event"가 삭제된 것 외는 변경이 없다. 동 표현의 삭제를 주장[334]하였는 바, 이는 애매한 표현일 뿐 아니라 경우에 따라서는 매도인의 부보한도가 110%이상일 수 있음을 의미할 수 있기 때문이다. 꼭 필요하다면 "unless otherwise agreed" 또는 이와 유사한 표현의 삽입이 필요하다.

334) 오세창, 상게서, p.14.

2차 초안의 경우 보험기간에 관해 "The duration of insurance cover will start no latter than the point of delivery set out in A.4 and A.5 and continue at least until the goods have reached the named place of destination."이 3차 초안의 규정과 같이 동일 내용의 명료한 표현으로 변경되었다. 나머지 규정은 동일하였다.

최종초안의 경우 추가보험 조건에 관해 전쟁과 동맹파업의 부보를 매수인의 요청과 비용으로 가능하다면 매도인에 협조 하에 제공토록 한 3차 초안과 달리 추가보험 조건에 「A」조건과 「B」조건을 추가하였다. 이는 현실적으로 「C」조건은 특수한 경우를 제외하고는 거의 없고 대부분 「A」조건에다 필요에 따라 전쟁, 파업 부보조건이 추가되어 추가보험이나 기타 추가로 이루어지고 있는 현실을 고려하여 이 모든 조건들은 가능하다면 매수인이 요청하고 그의 비용부담으로 매도인이 추가부보에 협조하도록 현실화하였다.

그리고 보험기간에 관한 동일한 의미의 상이한 표현, 즉 "The insurance cover shall attract …"가 "The insurance shall cover the goods …"로 보다 세련된 표현으로 변경되었으며, 추가보험정보에 관해 "…, upon request"가 "… at buyer's request, risk, and expense (if any) …"로 변경되었는바, 이는 필요한 경우 협조한다 해도 정보취득에 비용이나 위험이 따를 수 있는 경우의 책임한계를 분명히 하려는데 있다.

문제대안 보험규정 가운데 보험내용에 관해 다른 규정들과 달리 shall을 사용하고 있는가에 대하여는 보험부보는 매도인의 당연의무이나 보험회사 선정기준이나 부보내용은 강요할 수 없는 사항이기에 그러나 매수인의 강한 의지의 표현으로 shall을 사용하고 있다고 생각할 수 있다.

그리고 shall의 표현과 더불어 오해의 소지가 있는 표현으로 역시 첫째 절 가운데 추가보험과 관련한 표현, 즉 "… when required by the buyer … at the buyer's expense … if procurable"을 들 수 있는 바, 이 경우 의미는 다른 협조규정의 경우와 같이 "매수인의 요청과 위험과 비용부담으로 …"의 의미와 같이 해석할 수 있는가? 그렇지 아니하면 그 의미가 다른가?

보험부보와 관련하여 다른 규정들과는 달리 shall 표현 사용의 의미와 이와 관련한 표현에 관한 문제점의 경우 문제점에서 제기된 "… when required by the buyer … if procurable …"의 의미는 얼핏 보면 다른 협조규정과 같이 해석할 수 있으나, 같이 해석할 성격이 아니다. 왜냐하면 다른 협조규정의 경우 타방은 반드시 일방의 책임 하에 협조해야 되지만, 이미 언급하였듯이 보험내용은 일방의 책임 하에 반드시 요구하는 대로 협조해야 할 의무사항이 아니며, 일방은 타방이 가능하다면 그렇게 해달라는 강력한 의지의 표현으로 이렇게 규정하고 있음을 알아야 한다. 따라서 이미 CIP에서도 설명하였듯이 이러한 표현이 있다고 해서 CIF의 변형이 아님을 알아야한다. 왜냐하면 보험의 경우 매수인이 원하는 대로의 이행이 매도인이 입장에서 불가능하면 매수인이 얼마든지 추가보험에 들 수 있기 때문이다. 그러기에 강한 의지의 shall의 표현으로 되어 있다.

그리고 Incoterms 2000의 경우 보험기간과 관련하여 보험은 위험과 비용 모두가 보험목적물이 멸실 또는 손상에 따라 부보 범위에 해당하나 원칙적으로 위험에 대비한 것이 보험이라 생각할 때, 위험부담의 분기가 되는 B.4가 B.5에 선행된다고 생각되므로 규정을 "B.4 and B.5"로 개정할 필요가 있다고 생각할 수 있었다. 그러나 CIF의 경우 엄격하게 말하면 CIP와 달리 위험이전후 A.4에 따라 인도가 되기에 B.5 and A.4의 표현이 옳았다. 그러나 3차 초안의 경우 위와 같은 이유로 규정에 따라 B.4 and B.5의 다른 표현인 A.4 와 A.5로 변경되었다. 그러나 안내문에 보면 A.4, A.5의 규정과 달리 본선난간통과를 언급하고 있어 안내문과 A.4와 A.5의 규정에 따라 충돌할 수 있는 "본선난간통과"라는 표현이 있어 이의 삭제가 필요하였으나 본선난간의 개념의 삭제로 문제가 없게 되었다.

매수인의 요청이 있고 비용부담으로 가능하다면 전쟁, 스트라이크위험에 대한 보험을 제공해야 한다면 당연의무의 표현인 "… provide …"가 아니고 협조의무인 "render"로 해야 다른 규정과의 균형이 맞지 아니한가? 하는 문제가 제기될 수 있다.

협조를 요청하는 다른 규정에서와 같이 "… at latter's required, risk and expense …"와 다른 점을 부각시키기 위해, 즉 가능하다면 협조사항이 아닌 당연히 제공해야 하는 의무를 나타내기 위한 표현이라 볼 수 있다. 다시 말해서 매수인의 요청, 비용부담이고 가능하다면 허가나 승인등과 달리 매도인은 당연히 해줄 수 있기에 일반협조의무규정 표현과 달리 provide를 사용하고 있다고 볼 수 있고 이렇게 되지 아니한다 해도 매수인에게는 위험이 없기 때문에 일반협조규정의 표현인 render 대신에 provide를 사용하고 있다고 볼 수 있다. 그리고 이러한 사항은 의무사항이 아니지만 CIP에서 이미 설명한대로 할 수만 있다면 반드시 해달라는 표현이 "....shall...provide, if procurable..." 표현으로 볼 수 있다. 강한 의지의 표현으로 shall을 사용하고 있다고 볼 수 있다. 어쨌든 협조의무와 혼동하기 쉬운 표현이나 엄연히 다른 점을 공식안내서 등을 통해 설명할 필요가 있다.[335)]

A.4 인도(Delivery)

> The seller must deliver the goods either by placing them on board the vessel or by procuring the goods so delivered. In either case, the seller must deliver the goods on the agreed date or within the agreed period and in the manner customary at the port.
>
> 매도인은 본선에 물품을 적치하거나 그렇게 인도된 조달함으로써 물품을 인도해야 한다. 어느 경우든 매도인은 합의한 날짜 또는 합의한 기간 내에 지정된 선적지 항구의 관례적인 방법에 따라 물품을 인도하여야 한다.

해설 전문상의 CIF의 기본성격에 따라 본 조항에서 말하는 방법으로 물품을 인도해야 하나, 이러한 인도는 지정된 선적항의 관례에 따라 다를 수 있다. 즉, FOB와 달리 물품이 선적항에서 본선 상에 인도완료된 때 물품을 인도해야 할 매도인의 인도의무가 완료하게 되며, 이 상태가 엄격한 의미에서 매수인이 지명한 그의 인수대리인이라고 할 수 없으나 의제적 매수인의 인수대리인인 운송인이 물품을 임의처분할 수 있는 상태이다. 이러한 인도는 지정된 선적항의 관례에 따를 수 있다.

CIF의 경우 도착지 항명이, 예컨대 뉴욕에 있는 매도인에 의해 "CIF London"과 같이 CIF 다음에 언급되기 때문에 CIF 계약의 법적 성격이 거래자들에 의해 종종 오해되고

335) 오세창, 상게서, p.266.

있다. 왜냐하면 매도인이 자신의 의무를 이행하는 분기점이 대개 생략되기 때문이다. 그렇다고 해서 선적이 예컨대 "CIF London Shipment from New York"과 같이 특정항에서 일어남을 CIF계약이 일반적으로 규정하지 아니한다. 왜냐하면 이러한 사실은 여러 선적항으로부터 물품을 선적할 매도인의 선택권을 제한하기 때문이다. 따라서 FOB와는 달리 CIF는 두 개의 분기점을 가지고 있음을 강조해야 하는 바, 그 첫째 분기점은 인도가 A.4에 따라 선적, 즉, 물품이 본선에 적재되는 때에 이루어지는 지점을 나타내고, 두 번째 분기점은 매도인이 물품의 운송을 위해 준비하는 도착지의 지점을 나타낸다. 따라서 전자의 분기점은 위험과 기능의 분기점이요, 후자의 분기점은 업무비용, 즉 해상운임의 분기점으로 전자의 경우 FOB와 같고 후자의 경우 CIF 다음의 도착지 항이 운임분기점을 나타내고 있다고 이해해야 한다.

CIF하의 하나의 필수적인 사항, 즉 선적지 계약이라는 사실이 도착지에 인도일자의 규정과 같은 상관례에 따라 종종 무시되고 있다. 예컨대 "늦어도 ××까지 London에 도착(arrival London not later than ××)"과 같이 도착지에서 늦어도 특정일자까지 인도가 이루어져야 함을 계약이 규정하고 있을 경우, 이런 종류의 규정은 CIF의 목적을 훼손시키며 상이한 CIF해석을 할 소지를 남긴다. 이런 경우 하나의 선택 가능한 해석은 이러한 규정을 선적지 계약이라기 보다는 도착지 계약으로 당사자들이 합의한 것으로 해석하는 것이다. 그렇다면 물품이 도착지에서 실질적으로 도착할 때까지 매도인은 계약을 이행한 것으로 간주되지 아니하며, 이런 경우 선적 후에 일어난 사건으로 인해 물품이 지연되거나 멸실된 경우, 매도인이 매매계약서상의 특수 구제조항에나 불가항력 조항을 두고 있지 아니하는 한, 매매계약하의 자신의 의무로부터 매도인은 면책되지 아니한다. 뿐만 아니라 이런 계약은 매도인이 선적항에서 계약을 이행해야 하는 CIF계약과는 다른 것이다.

또 다른 하나의 선택 가능한 해석은 마치 물품이 목적지에 특정일자 전에 도착해야 함을 당사자들이 규정한 경우처럼, 당사자들이 사용한 특수한 내용을 CIF계약의 기본성격에 우선시키는 뜻으로 이 규정을 해석하는 것이다. 그렇다면 선적 후의 사건의 결과로서 무엇인가 선적품에 대해 일어나지 아니하는 한, 물품이 규정된 일자 전에 도착해야 함을 의미하는 것으로 계약이 해석되어야 한다. 물론 CIF 하에선 선적 후의 사건은 매수인의 부담이 될 수 있다.

이상과 같은 해석가운데 어느 해석이 또는 이와 유사한 내용이 추가된 해석이 CIF의 해석을 위해 사용될 지가 불분명하기 때문에 이러한 추가된 내용의 사용을 삼가도록 당사자들에게 강력히 권고하는 바이다.[336)]

계약서상에 delivery 또는 shipment란의 표시와 이에 따른 신용장의 선적정소, 선적시기에 해당하는 "from.… to …"와 "… latest …"에 표시되고 있다.

그러나 만약 선적장소, 선적시기가 합의되거나 묵시되지 아니한 경우 CISG 31조에

336) J. Ramberg, *op. cit.*, pp.78-79.

따라 ①운송을 수반할 경우 최초의 운송인에게 인도 ②물품이 특정장소에 있거나 동 장소에서 인출 또는 제조될 경우 동 장소 ③기타 영업장소가 물품의 인도장소가 되며, 인도시기는 CISG 33조에 따라 계약체결 후 합리적 기간 내에 인도하면 된다. 그러나 이런 경우는 거의 없다고 보아야 한다.[337)]

Incoterms 2000과 1차, 2차, 3차 초안의 차이점은 "기적품"(goods delivered; afloat goods)을 공식적으로 인정하여 추가된 것 외는 동일하다.

그러나 최종초안은 3차 초안의 규정을 둘로 나누어 첫째 절은 원칙적인 인도방법을, 둘째 절은 언제 어떤 방법으로 인도해야 함을 규정함으로써 보다 구체적으로 인도방법에 대하여 명시하고 있다. 3차 초안과의 굳이 차이점이라면 "선적항구의 관례적인 방법"(… in the manner customary at the port)이 추가 된 것 외는 3차 규정과 동일하다.

A.5 위험의 이전(Transfer of risks)

> The seller bears all risks of loss of or damage to the goods until they have been delivered in accordance with. A4, with the exception of loss or damage in the circumstances described in B5.
>
> 매도인은 B.5에서 규정하고 있는 상황에서 발생한 멸실이나 손상의 경우를 제외하고 물품이 A.4에 따라 인도완료 될 때까지 물품의 멸실이나 물품에 대한 손상의 모든 위험을 부담한다.

해설 매도인은 자신이 지명한 선박과 자신이 지정한 선적항에서 물품이 본선 선적(기적품 포함)을 완료 할 때까지 물품의 멸실 또는 손상의 위험을 부담해야 한다.

FOB에서도 지적하였듯이 Incoterms 2000의 경우 FOB와 CIF, CFR을 제외한 전 Incoterms의 위험과 비용이전규정을 보면 전문상의 해당조건의 성격에 따라 A.4상의 인도방법에 따라 인도가 완료된 때를 위험, 비용, 기능(C-terms는 위험, 기능)의 분기점으로 하고 있는바, 이러한 원칙에 따른다면 CIF의 경우 물품이 본선갑판에 적재 완료할 때까지 위험을 매도인이 부담해야 하는 것으로 된다. 그러나 본선 갑판적재가 아닌 본선난간 통과완료 시를 위험이전의 분기로 하고 있어 주의를 요하였다. 따라서 전통 해상조건으로 인도방법이 같은 FOB, CIF와 더불어 통일하여 인도완료가 되는 본선 갑판 적재완료 때로 통일시킬 필요가 있었다. 다행이 3차 초안부터 통일이 되어 본선에 인도완료시점을 위험의 분기점으로 함으로써 전 Incoterms는 인도완료 지점이 위험이전의 분기점으로 통일되었다.[338)]

오늘날 국제간의 거래는 Incoterms가 표시되고 있기에 위험이전에 관한 CISG 66조

---

337) 오세창, 상게서, pp.232-233.

338) 오세창, 상게서, p.235.

-70조까지의 규정이 실제 필요 없다. 그러나 Incoterms의 규정에도 불구하고 당사자들이 특별히 합의하면 계약자유의 원칙과 계약내용우선원칙에 의해 특별합의 내용이 우선한다. 그러나 달리 합의하지 아니하고 Incoterms와 CISG가 준거법 내지 거래조건계약으로 표시될 경우 Incoterms의 규정이 우선하여 적용된다. 왜냐하면 거래조건에의 합의가 준거법에 우선하기 때문이다.[339)]

그러나 안내문의 설명가운데 위험이전의 분기점은 본선난간 통과완료시점임을 정의 개념과 다르게 설명하고 있는바 삭제가 필요하거나 Incoterms 2000에 익숙해있는 상인들을 위해 오해를 피하기 위하여 본선난간 통과완료시점이 위험이전의 분기점이 아님을 주의시킬 필요가 있다.

Incoterms 2000, 1차, 2차 초안은 동일하였으나, 3차 초안에는 안내문의 정의와 A.4에 따라 인도완료시점으로 수정하였다.

최종초안의 경우 3차 초안상의 "subject to the provision of B.5"의 표현을 동일한 의미의 보다 분명한 표현으로 변경된 것 외는 내용상에 변경된 것은 없다. 다만 "… must bear …"가 "… bear …"로 변경과 "… in accordance with A.4"가 "… in the circumstances described in B.5"로 변경에 대한 문제점은 이미 다른 규정에서 언급한대로다.

A.6 비용의 분담(Allocation of costs)

The seller must pay

a) all costs relating to the goods until they have been delivered in accordance with A4, other than those payable by the buyer as envisaged in B6;

b) the freight and all other costs resulting from A3 a), including the costs of loading the goods on board and any charges for unloading at the agreed port of discharge that were for the seller's account under the contract of carriage;

c) the costs of insurance resulting from A3 b); and

d) where applicable, the costs of customs formalities necessary for export, as well as all duties, taxes and other charges payable upon export, and the costs for their transport through any country that were for the seller's account under the contract of carriage.

매도인은 다음의 비용을 지급해야 한다.

a) 물품이 B.6의 규정에 따라 매수인이 지급할 수 있는 비용 외에 A.4에 따라 인도완료된 때

339) Schmitthoff, Sassoon, Ramberg, Reyolds 등은 passing of risk and property로 보고 있고, Jimenez와 Choley는 transfer of risk and property로 표현하고 있다(D. M. Sassoon, *op. cit.*, p.202; C. M. Schmitthoff, *op. cit.*, pp.124, 24; G. Jimenez, *op. cit.*, p.73; F. Reynolds, *op. cit.*, pp.24, 61; J. Ramberg, *op. cit.*, p.38; Lord Chorley and O. C. Giles, *op. cit.*, p.231).

> 까지 물품에 관한 모든 비용; 그리고
> b) 물품의 적재비용과 운송계약에 따라 매도인의 부담으로 되어 있는 합의한 양화항에서 모든 양화 포함하여 A.3 a)의 결과로 발생하는 운임과 모든 기타비용;
> c) A.3 b)로 인해 발생한 보험비용; 그리고
> d) 적용되는 경우, 수출시에 지급할 수 있는 모든 관세, 제세 그리고 기타 비용뿐만 아니라 수출을 위해 필요한 세관절차비용 그리고 운송계약에 따라 매도인의 부담인 물품의 제3국 운송을 위한 비용

해설 CIF의 경우 매도인의 비용부담의 원칙은 FOB와 같이 기적재품을 포함하여 본선적재완료를 비용 이전시점, 즉 A.4에 따라 본선 상에 인도완료 시를 비용분담의 한계로 하고 있다. 이러한 비용 가운데는 창고 등에서 본선까지 운반하는데 따르는 비용인 선적비용(shipping charge)과 본선난간 통과를 위한 적재비용(In or loading costs)을 포함한다. 그리고 본선 갑판상의 적재비용과 정기선이건 용선이건 운송계약에 따라 매도인이 지급해야 하는 예컨대 종선료와 부두사용료를 포함한 목적지항의 양화비용 그리고 운송계약체결에 따라 발생하는 운임 그리고 모든 부대비용을 지급해야 한다.

다시 말해서 운송계약체결의 의무에 따라 중량할증료(heavy lift surcharge), 용적과/또는 장척할증료(bulky or long length surcharge), 외항할증료(output surcharge), 체화선할증료(port congestion surcharge), 운하폐쇄할증료(Suez Canal surcharge) 등 각종 할증료(surcharge)를 포함한 운임과 환적과 같은 물품에 관한 또는 물품과 관련한 비용, 운송계약체결 시에 정기선사(regular shipping liner)에 부과될 수 있는 양화항에서 양화를 위한 항구선택료(optional charge), 항구변경료(diversion charge), 선내작업비(stevedoring charge), 최저운임(minimum charge), 종선사용료(lighterage), 부두사용료(wharfage charge), 화물을 선창 안에서 끄집어내어 본선까지 운반하는 비용인 선적비용(shipping charge)과는 구별되는 부두에의 양화(discharging charge), 본선에서 부두로 운반하는 비용인 양륙비용(unloading or out cost), 목적지에 도착할 때까지 운송중 물품에 관한 비용(costs and charge)을 의미한다.

EU지역이나 자유무역지대와는 달리 수출의 때에 지급할 수 있는 그리고 운송계약에 따라 지급할 수 있는 관세, 제세, 기타비용, 수출을 위해 필요한 세관절차 비용 등을 지급해야 한다.

비용지급에 관해 주의를 요하는 것으로 운송계약 시 정규선사에 의해 부가될 수 있고 아니될 수도 있는 출하비용, 양륙비용, 운송 중 물품에 관한 비용 등은 운송계약에 좌우된다는 것이다. 따라서 다른 조건들과는 달리, CIF은 선적 시부터 위험과 비용의 임계점이 일치하지 아니함은 물론이고, 운송계약내용에 따라 양화에 관한 비용의 임계점이 또 달라질 수 있으므로 본 조건뿐만 아니라 기타 C-rules조건으로 계약 체결 시에 운송계약내용에 따라 거래가격이 달라져야 한다.

이하에서 각종 운임에 대해서 설명하고자 한다.

1. 운임부과방법

운임은 운송인이 목적지까지 물품을 운송해주는데 대해 부과하는 가격이다.

운임은 예컨대 ton당 또는 cubic당과 같이 화물의 중량 또는 용적에 따라 대부분 계산되며, 양자 가운데 운송인에게 가장 유리한 것을 택한다.

흔히 운송인은 중량과 용적간의 표준비율에 근거한 대안운임율을 제공하고 있다.

대안운임율에 의하면 물품이 용적대 중량의 비율을 초과하면 운임을 용적에 따라 부과되고, 그 반대의 경우 운임을 중량에 따라 부과된다.

또 다른 하나는 운임부과방법은 운임을 단위당 또는 포장당 계산하거나 화물가액과 연계시키는 것이다.

2. 할증료(surcharges)

해상운송인들은 기본운임에 근거해서 일정한 할증료를 흔히 부과하고 있다.

가장 흔한 할증료는 bunker할증료(bunker surcharges)로 선박유조정인자(bunker adjustment factor: BAF)라 하기도 하 는바, 이는 운송인에게 선박유가격의 변동에 따라 운임의 조정을 허용하는 것이다.

그리고 통화할증료(currency surcharges)로 통화조정인자(currency adjustment factor: CAF)라고도 하는 할증료가 있는 바, 이는 운임으로 인용된 통화의 환율변동에 따라 운송인에게 운임의 조정을 허용하는 것이다. 기본운임은 6개월 또는 1년까지의 기간동안 대개 고정되는 반면에 운임조정을 위해 매매가격조정조항을 포함시키는 것을 고려해야 한다.

기타 흔한 할증료는 지나치게 무겁거나 길이가 긴 화물에 대해 부과하는 extra length surcharges 또는 extra heavy surcharges이다.

3. 운임선급(freight prepaid)과 운임후급(freight collect)

CFR과 CIF계약에 의하면, 가격은 도착항까지 운송을 포함하고 있다. 일반적으로 매도인에 의해 선급되거나 운임추심 B/L에 따라 선박도착 시 매수인에 의해 지급되어질 수도 있다.

운임추심조건 하에선 매도인은 상업송장 상에 가액으로부터 운임을 공제하게 된다.

운임선급과 추심의 방법은 근본적으로 Incoterms에 따라 다르나, 당사자들의 합의에 따라 달라질 수도 있다.

4. 화물조양(cargo handling)

트럭이나 로리를 통해 임해지역에 도착한 물품이 적재되지 아니하고 저장창고에 이선되거나 본선에 운반될 때 대개 비용이 발생한다. 이러한 비용은 운임에 일반적으로 포함되지 아니하고 선택된 Incoterms에 따라 수출자나 수입자에 의해 지급된다.

5. 정기선 조건(liner terms or berth terms)

일정한 운임율에 대하여 합의하기 전에 하송인은 물품의 적재와 양화가 운임에 포함되는지 여부를 알기를 원할 것이다. 그 대답은 선사에 의해 제의되는 특별한 liner terms(berth terms)에 좌우된다.

일반적으로 FOB, CFR과 CIF와 같은 Incoterms는 본선난간에서 적재되어 위험과 비용을 분담하기 때문에 매매계약서 상에 선택된 Incoterms가 운송계약상에 명시된 정기선조건과 일치하는 것은 중요하다.

그러나 주의를 요하는 것으로 무역업자들은 운송계약의 일부로서 정기선 조건과 매매계약의 일부인 Incoterms간의 구분을 이해하는 것이 중요하다(운송계약의 일부로서 정기선조건과 매매계약의 일부인 Incoterms와는 별개이다). 왜냐하면 liner terms는 하송인과 운송인간의 관계를 지배하는데 비해 Incoterms는 매도인과 매수인간의 관계를 규율하기 때문이다.

운송계약 체결 시 liner terms를 선택한다고 해서 이 자체가 매도인과 매수인간의 비용분담을 결정하지 아니한다.

그러나 이러한 비용들이 매매계약에 따라 이미 특별히 분담되어 있는 경우에는 그러하지 아니하다.

이렇게 볼 때 운송을 책임을 지고 있는 무역업자는 선택된 Incoterms가 적재나 양화에 관해 명백한 규정을 두고 있는지 여부를 알기 위해 먼저 매매계약을 살펴야 한다. 그리고 난 다음 하송인으로서 활동하고 있는 무역업자는 운송계약체결 시 운송계약가운데 liner terms가 매매계약상의 Incoterms 와 저촉하지 아니한지를 확인해야 한다.

liner terms 운임율의 견적에는 다양한 변형이 있다. 그러나 흔한 특정 liner terms는 부두상에서 시작하고 종료되는 운송, 본선양화기 밑에서 시작하고 종료되는 운송, 본선갑판상에서 시작하고 종료되는 운송을 커버하는 운임에 좌우된다. 물론 이러한 3가지 변형은 각각 적재와 양화 방법에서 비롯된다고 볼 수 있다. 그런데 이들은 자유로이 조합이 될 수 있기 때문에 적어도 9개의 기본적인 변형이 있다. 더욱이 항구와 동맹관습이 매우 다양하기 때문에 실질적인 liner terms의 변형은 9개 보다 더 많을 수 있다.

1) 부두로부터의 liner terms조건하의 물품의 적재와 양화
   - 적재 - 운송인의 책임은 본선지역 내의 장소에 운반된 물품을 적재하는데까지 확대된다. 이 경우 본선의 정확한 의미는 항구의 관습에 따라 다양할 수 있다.
   - 양화 - 운송인의 책임은 물품을 부두에까지 내리고, 물품을 다양한 화물로 보유하기도 하고 경우에 따라서는 화물에 덮개를 하거나 창고에 저장하는 일.

2) 본선양화기 하의(under shipping tackle) liner terms조건하의 물품의 적재와 양화
   - 적재 - 하송인은 본선 상에 물품을 끌어올리는 크레인 밑에 물품을 직접적으로 운반해야 한다.
   - 양화 - 운송인은 물품을 실어내어 본선 갑판에 물품을 적치한다. 그 다음으로 물품을 부두에까지 내리고 부두에서 물품을 분류하는 것을 포함한 기타활동은

하송인이나 수하인의 책임이다.

3) 본선갑판(on board)상의 liner terms조건하의 물품의 적재와 양화

- 적재 - FI조건 적용 : 운송인은 오직 선박만을 이용 가능하게 할 뿐이다. 이에 반해 하송인은 본선에 물품을 끌어올려 선창에 물품을 쌓아야 한다.
- 양화 - FO조건 적용 : 운송인은 오적 선박을 부두에 정박할 뿐이다. 이에 반해 하송인이나 수하인은 선창으로부터 물품을 실어내어 부두에 내려야 한다.
- 적재와 양화 - FIO조건적용-이러한 변형에 의하면 운송인은 선창 내에서 물품을 쌓는 일과 해체(푸는)하는 일만을 취급한다.

6. 부두하역료(stevedoring) 부과방법

많은 경우에 있어 하역이라 하는 개인 계약자들은 모든 화물활동을 뒷바라지하고, 선적특성에 따라 운송인 하송인 또는 수화인 앞으로 수수료를 청구하게 된다.

하역작업자는 하송인과 수화인 간에 비용을 일반적으로 분담하지 아니한다.

이러한 사실은 비용이 본선난간에서 분담됨을 요구하고 있는 FOB, CIF Incoterms와 관련해서 과거 문제점으로 제기되었다.

그러나 이러한 사실은 특별히 개발된 이들에 상응하는 새로운 Incoterms인 FCA, CPT, CIP로 이동하고 있다는 이유에서도 찾을 수 있다.

7. 표준선적조건(standard shipping terms or standard liner terms)

ICC Finland는 ICC 표준용어에 입각한 liner terms변형하의 적재와 양화관계에 대한 설명에도 불구하고 문제전이 제시되고 있어 이를 불식하기 위해 ICC 해상운송위원회가 Finland의 현실관행을 그대로 인정하고 적용토록 하고 있는 표준선적조건을 보면 다음과 같다.

이하에서 말하는 ICC Finland 조건마다 물품의 적재와 양화를 중심으로 되어 있다.

따라서 무역업자들은 gate term 그리고 ship terms와 관련한 다음의 조건들의 조합에 합의할 수 있다.

예컨대 다음과 같이 계약을 체결할 수 있다.

"loading- ICC Finland Gate term
discharge- ICC Finland Ship term"

1) gate terms

계약 하송인에게 최소한의 의무를 부과하는 조건이다.

동 조건에 의하면 그는 양화하기 위해 가게 될 운송수단에 물품을 단순히 인도하고, 양화는 창고의 적재실에 인도하거나, 계속운송수단에 적재(이런 경우 gate term, loaded로 표시해야 함)함으로써 끝난다.

2) wharehouse terms

계약운송인은 항구에 위치하고 있는 보세창고에서 물품을 인도하며, 양화한 경우

운송인이 도착항의 보세창고에서 수하인에게 물품을 인도하는 조건이다.

3) tackle terms

계약하송인은 적재항의 부두에서 운송인에게 물품을 인도하며, 양화항에서 운송인은 부두에서 본선으로부터 양화하지 않은 상태에서 수하인에게 물품을 인도하는 조건이다.

동 조건은 전통적인 조양기준에 따라 사용되는 조건으로 Ro-Ro운송에 사용되어서는 안된다.

4) ship terms(free in)

계약하송인은 본선갑판에 물품을 인도하며, 양화항에서 운송인은 양화항 본선갑판에서 물품을 인도하게 된다.

8. 컨테이너 운임

컨테이너 운임에는 두 개의 독립된 비용요소, 즉 컨테이너 임대료와 운임이 있다.

흔히 운송인에 의해 제공되는 컨테이너의 임대료는 운임에 포함된다. 그러나 다른 경우 하송인은 컨테이너를 임대할 수 있는바, 이런 경우 임대계약 하에서 허용되는 기간에 관해 주의하도록 해야 한다. 왜냐하면 임대계약은 임대컨테이너의 지연반환의 경우 확정손해배상금을 규정하고 있기 때문이다.

동맹에 가입한 선사에 의해 부과되는 컨테이너 운임은 컨테이너에 선적되는 물품형태와 일반적으로 연계된다. 반면에 비동맹선사들은 상자당 균일요금을 부과하는 경향이다.

컨테이너는 이들을 취급하여 본선에까지 이동하는데 대해 고정액을 부과하는 임해지역 터미널에 주로 인도된다.

이런 경우 출발항에서의 터미널비용은, 컨테이너 서비스비용으로 종종 불리고, 도착항에서의 터미널비용은, 터미널 조양비용(terminal handling charges)이라 부른다.

실제적으로 양 용어들은 상호 교체되어 위와 반대로 사용될 수 있다.

9. 항공운임

1) 항공운임구성

항공운임율은 해상운임율보다 매우 높다해도, 항공선적품은 예컨대 다음과 같은 기타 중요한 비용에 관해 절약을 가져올 수 있다.

① 보험료 - 항공보험료는 해상운송을 위한 보험료의 절반이하이다.(예컨대 해상운송의 경우 화물가액의 0.7%에 비해 항공운송은 화물가액의 0.3%이다.)

② 관세 - 항공운송의 경우 관세는 총 중량기준으로 부과되며, 이는 해상운송보다 항공운송이 일반적으로 보다 낮음을 의미한다.

③ 포장비 - 항공운송을 위한 포장은 해상운송을 위한 포장보다 가볍고 포장비가 저렴하다.

④ 창고료 - 많은 경우에 있어 항공운송은 해상운송에 따라 필요할 수 있는 창

고보관의 필요성을 크게 감소시키며, 경우에 따라서는 제거시킬 수 있다. 일반적으로 창고비용은 운송종료시에 창고면적의 임대료뿐만 아니라 창고에 저장될 동안 쓸모가 없게 된 물품(썩은 바나나 등)의 비용 그리고 관련 세금과 보험비용을 포함하기 때문에, 이러한 비용요소는 항공운송선호의 결정적 요인이 될 수 있다.

⑤ (결제에 따른)금융비용 - 매수인의 지급의무가 매수인의 거소에서 인도됨으로 이루어지는 해상선적품에 비해 항공운송의 경우 매도인은 보다 빨리 지급을 수령할 수 있다.

해상운송비용이 항공운임보다 낮은 그러한 경우에 있어서조차 매도인은 이상과 같은 경쟁적 이유 때문에 항공운송을 활용하길 선호하고 있다.

예컨대 수출매도인의 부품은 자신이 항공운송과 관련해서만 이루어질 수 있는 부품의 인도신속성을 이룩할 수 없다면, 해상운송에 의한 국내 매도인과 경쟁할 수 없음을 발견할 수 있다.

2) 항공운임부과방법

IATA(International Air Transport Association) 스케줄에 의하면 운임율은 선적품의 수량범주에 따라 감소한다. 기본적인 중량범주는 45kg, 45-100kg, 100-300kg, 500-520kg, 500-1ton으로 되어 있다.

이렇게 볼 때 화물결합의 장점이 분명하다. 예컨대 25kg 선적품 5개를 여러 날에 걸쳐 다섯 편의 비행기편에 보내는 것보다, 25kg짜리 5개를 100kg으로 하나로 만들어 보내는 것이 더 저렴하다. 항공운임우대율(소위 "corates"라 함)이 산적으로 선적되는 일정한 상품에 이용 가능하다.

해상운임과 같이 운임율은 용적-중량비율을 조건으로 한다. 그러나 매우 가볍고 저밀도 제품은 부피에 비례해서 계산되는 이론적 중량에 근거해서 운임을 지급하게 된다.

공항에서 화물취급비용은 상대적으로 비쌀 수 있다. 따라서 하송인들은 사전에 명시된 비용을 아는 것이 중요하다.

10. 도로운임

도로운임율은 나라마다 다양하다. 이렇게 다양한 하나의 이유는 운전수의 노임은 특정국가에서 적용되고 있는 노임에 따라 다르기 때문이다.

해상과 항공운송에서와 같이 도로운임은 일반적으로 중량을 기준으로 계산되나, 용적-중량비율을 조건으로 하고 있다.

도로운송을 위해 이러한 비율은 해상운송비율(1.33 대 1)과 항공운송비율(6 대 1)사이에 해당하며, 일반적으로 3단위로 계산되고 있다.

예컨대 평방미터의 용적이 kg중량의 3배 이상이면, 도로운임은 평방미터의 총용적을 3으로 나누어 계산된 kg으로 된 기준적 중량에 따라 부과된다.

11. 철도운임

다른 운송수단에 비해 철도운임은 용적-중량비율을 일반적으로 조건으로 하지 아니한다.

철도는 일반적으로 한 화차에 대한 두 가지의 운임율을 적용하는 바, 그 하나는 특정서비스에 대한 운임이고, 다른 하나는 보통 서비스에 대한 운임이다.

중량단위 당 가격에서 볼 때 철도운임은 매우 경쟁적이다. 한 화차가 못되는 경우 일정면적 이상이면 full운임을 적용하고 있다.[340]

문제 대안 Incoterms 2000 A.6과 B.6과 관련하여 제시한 문제점은 다음과 같았다.

운송계약에 따라 도착지항에서의 비용부담에 따라 비용분기점이 다양한 것은[341] 이해되나 선적시 위험과 비용분기점이 FOB와 같이 본선난간 통과완료시점으로 통일되지 아니하고, 위험은 본선난간 통과완료시점이고, 비용은 갑판적재완료시점으로 구분하면서 A.6 둘째 절상의 비용부담 가운데 "본선적재비용"을 언급하고 있는 이유는 무엇인가?

B.6 셋째 절 규정에 의하면 종선료와 부두사용료를 포함한 목적지항의 양화가 운송계약에 따라 매도인 부담이 아닌 한, 이런 비용은 매수인이 지급해야 한다는 것은 CFR이나 CIF의 경우 운송계약은 원칙적으로 정기선계약이어야 하고 부득이하여 부정기선이나 기타용선의 이용이 가능함을 전제로 하고 있다.[342] 이러한 전제가 옳다면 B.6의 해당규정 가운데 "...which were for the seller's account under the contract of carriage...."와 같은 규정 대신에 "...which were payable for the seller's account under the contract of carriage...."와 같이 A.6의 규정을 변경함이 옳지 아니한가? C-terms에만 유일하게 A.6 마지막 부분에 "..and for their....if they were for the seller's account under the contract of carriage."와 B.6의 마지막 부분 ".....unless included within cost of the contract of carriage..."의 표현이 규정된 이유는 무엇이며, B.6상의 마지막 부분에 "where necessary"가 왜 필요하며, 마지막절 문두의 "where applicable"의 표현으로 대체는 불가능한가?

A.6상의 "...unloading at the agreed port of discharge..."는 CFR과 CIF의 성격상 "...unloading at the named port of destination..."[343]으로 변경함이 타당하지 아니한가?

B.6의 둘째 절상의 "....at the port of destination..."의 경우 A.6의 규정과 같이 통일함이 바람직하지 아니한가?

이상의 사실이 인정될 경우 B.6의 셋째 절상의 경우 "unloading costs" 다음에 "....at the agreed port of discharge...."의 표현이 삽입되어야 A.6의 규정과 균형을 이룰 수 있지 아니한가?

동일한 해상조건임에도 불구하고 비용이전에 있어 비용분기점 그리고 이와 관련한 비용분담 표현상의 차이점의 경우 전통적인 해상조건인 FOB, CFR, CIF의 경우는 전문의 성격에 근거한 A.4의 인도방법에 따라 인도완료시점인 갑판적재필일때 위험과 비용의 분기점으로 통일시킬 필요가 있다. 그러나 현 규정상으로 볼 때 그렇지 못한 것은 혼란을 줄 우려가 있다. 즉, FOB의 A.6과는 달리

340) 오세창, 상게서, pp.237-244.

341) 비용의 분기점은 대개 본선갑판, 본선난간 통과, 부두가 일반적이다(*Guide To Incoterms*, ICC Service S.A.R.L. 1980, p.85).

342) A.3상의 "usual route"의 내용이 이를 뒷받침하고 있다고 볼 수 있다.

343) 이는 C-terms의 명칭 자체가 "....at the named port(or place) destination"으로 되어 있기 때문이다.

CFR과 CIF의 경우 위험과 비용의 분기점을 달리하여 비용의 경우 CFR과 CIF의 A.6상에, A.4에 따라 본선 갑판적재필을 비용분기로 하고 있다. 그렇다면 A.6의 둘째 절상의 "...loading the goods on board..."는 당연히 삭제되어야 한다.

목적지항의 양화의 부담문제와 양화 관련한 표현상의 문제점에 대하여는 매도인 부담에 대한 서문상의 설명과 규정의 개정이 문제점에서 지적한 바와 같이 이루어져야 한다.

그리고 양화와 관련하여 "...unloading at the agreed port of discharge" 대신 ".....unloading at the named port of destination"으로의 변경이 CFR과 CIF의 명칭상 바람직할 것 같으나 그대로 둘 경우 그 이유는 다음과 같다.

C-terms는 서류거래이기에 전매의 가능성이 높고, 경우에 따라서는 합의에 의해 운송 중에 목적지항이 달라질 수 있어 현 규정과 같이 표현하였다고 볼 수 있다. 따라서 "...at the agreed port of discharge"는 "...at the named port of destination"과 같을 수도 있고 다를 수도 있다.

그리고 A.6와 B.6의 마지막 부분의 "...and for.....if....carriage.", "where necessary"와 "....unless include... carriage"와 관련한 상기에서 지적된 문제에 대한 설명은 다음과 같다.

"where applicable"은 해당규정 적용여부와 해당규정 가운데 현대상관행 반영을 위한 규정의 적용여부를 위한 공동표현으로 확대해석한다면 이미 주장한 바와 같이 "where necessary"가 필요없다. 그러나 서문 14 세관통관에 의하면 "where applicable"이하의 규정은 적용되는 경우 있을 수 있는 현대상관행의 반영 표현으로 볼 때, 구분하여 표시함이 바람직하다.

구분의 경우 B.6상에는 "where necessary"라는 표현이 있고 A.6상에는 없다. 균형을 기하기 위하여 A.6상에도 "where necessary"라는 표현을 추가하거나 만약 하나로 통일함이 필요하다면, A.6상에만 표현하는 것이 바람직하다. 그 이유는 다음과 같다.

ⅰ) Incoterms의 규정은 당사자들의 의무 10가지를 각각 규정하고 있으나, 매도인 중심의 규정에 따른 매수인의 상대적 의무규정으로 보아야 한다.

ⅱ) 비록 A.6상에 B.6상의 "where necessary"에 해당한다고 볼 수 있는 가정문 규정인 "....if they were for the sellers...."가 있다해도 "where necessary"를 A.6상에 추가하고 "....if....."의 문장은 ".....as the seller's...." 혹은 이와 유사한 표현으로 수정함이 현 규정보다 명확하다.

ⅲ) 현 규정대로 둘 경우 A.6의 경우 수출과 제3국 운송에 따른 모든 수속과 이와 관련한 비용의 지급이 운송계약과 관련이 있는 것 같이 오해를 줄 수가 있다.

ⅳ) 매도인이 운송계약과 운임을 지급한다.

따라서 이상의 사실에 근거해서 A.6와 B.6를 수정한다면 우선 A.6의 경우 ".....and..." 이하의 규정을 "....and where necessary, for.... through any country as the seller's...." 혹은 이와 유사한 표현으로 수정하고, B.6의 경우 "where necessary"를 삭제하는 것이다.

이상과 같이 수정된다해도 문제는 A.6상의 운송계약과 B.6상의 운임과 관련한 표현이다.

왜냐하면 관세·제세·수속비용 등은 매매계약과 관련한 비용이며, 운송계약은 매매계약에 따른 주계약에 보조되는 계약인데, 특히 제3국 통과운송과 관련한 비용을 운송계약과 운임과 관련시킨 것은 이해가 어렵다고 볼 수 있기 때문이다.

그러나 이러한 비용은 제3국 통과운송에 따른 절차와 이와 관련한 비용이기에 그리고 이런 비용은 운송계약체결의무자인 매도인과 선박회사 간에 해결될 수 있는 문제이기에 운송계약과 관련시켜 놓고 있다고 생각하면 이해가 될 수 있다.

그렇다면 운송계약이 없이 물품을 선적하고, 운임을 지급하며, B/L을 수령하는 현실성을 고려하여 매매계약에 운송계약의 중요성과 본 규정의 표현에 대한 설명이 서문 14등을 통해 이루어져야 한다.

이상의 사실은 CIP와 CPT도 마찬가지이다.

최소공약수적 국제규칙으로서 Incoterms는 가능한 한 완벽을 기해야 한다는 취지에서 볼 때 문제점에서 지적된 바와 같이 A.6의 표현을 통일시키거나 이러한 표현에 대한 C-terms의 문제점을 해결하기 위해 위에서 지적한대로 "...at named port of destination"과 같이 변경시키는 것이 바람직하다. 그리고 "unloading costs" 다음에 "at the agreed port of discharge"가 추가되든지 아니면 위에서 지적한대로 "...at the named port of destination"과 같은 표현이 추가되어야 한다.

따라서 이상에서 지적한 내용들이 서문이나 공식안내서상의 설명이나 규정개정 등을 통해 보완되어야 한다.[344)]

이러한 본인의 주장에 A.6, B.6규정을 보면 부분반영 예컨대 B.6상의 "… Where necessary …"의 삭제가 이루어졌다.

1차 초안의 경우 "which"가 "that"로의 표현 변경외에 내용은 동일하다. 2차 3차의 경우 1차의 "… and for … any country, if they were …"을 "… and the costs for …, any country that were …"로 변경됨으로 "… and for …"의 연결되는 비용부분에 대한 불명확한 표현에 대하여 명확을 도모하였다.

특히 Incoterms 2000상의 "…if they were …"가 "… that were …"로 변경된 것은 운송계약체결 시에 물품의 제3국통과에 따른 비용을 지급하기로 한 경우 매도인 부담이나 그렇지 아니한 경우 인도 후에 일어난 비용가운데 매도인 부담인 운임부담과는 다른 성격의 제3국 통과비용은 운송계약 시에 매도인 부담이라고 명시하지 아니하였다면 당연히 매수인 부담임을 분명히 하기 위한 표현으로 볼 수 있다. 따라서 조건절의 표현으로 인해 매도인 부담으로 해야 할지 아니해야 할지에 대하여 다소 오해의 소지를 줄 수 있는 존재 표현과 다른 의미가 아닌 실제에 있어 동일한 의미의 상이한 표현이나 운송계약의 중요성을 강조한 표현이다. 실제 내용은 동일하다.

특히 c)의 비용은 A.3 b)호에 따라 매도인이 보험계약을 체결하고 이에 따라 보험료를 지급해야 함을 의미한다.

이렇게 볼 때 Incoterms 2000 1차, 2차, 3차 초안의 규정은 자구수정을 통한 단순화와 분명한 표현 그리고 운송계약의 중요성 강조 외에 그 내용면에서는 실질적으로 동일하다.

최종초안의 경우 위에서 언급한대로 "본선난간"의 개념이 삭제되었다. 최종초안의 경우 3차 초안상의 "subject to the provision of B.5"표현은 동일한 의미의 보다 분명한 표현으로 변경된 점과 역시 일반적 표현인 "… in accordance with A.4" 대신에 보다 분명한 표현으로 된 "… as envisaged in B.6"로 변경된 것 외 내용상의 변경은 없다. 그러나 이들에 대한 문제·대안은 이미 다른 규정에서 언급한 대로이다.

A.7 매수인에게 통지(Notices to the buyer)

The seller must give the buyer any notice needed in order to allow the buyer to take measures that are normally necessary to enable the buyer to take the goods.

344) 오세창, 상게서, pp.244-247.

매도인은 매수인에게 그로 하여금 물품을 수령하는데 일반적으로 필요한 조치들을 취하도록 하기위하여 필요한 모든 통지를 해야 한다.

해설 매도인은 A.3 a)상의 자신의 의무인 운송계약체결과 이에 따른 A.4에 따라 물품의 인도를 완료하고 인도를 완료한 사실과 목적지에서 매수인이 물품의 성격과 운송수단과 방법을 고려하여 물품을 수령하는데 필요한 조치들을 취할 수 있도록 하는데 필요한 통지를 해야 할 의무가 있다. 이때 필요한 통지는 시간적으로나 내용적으로나 충분하여야 한다. 무역실무에 있어 상호간의 합리적인 통지는 매우 중요한 것으로 이는 모든 법과 관습의 일반원칙이다.

이미 FCA A.7에서 언급한 내용대로 Incoterms A.7상의 통지는 "… every notice …"로 되어있고. 이에 상응하는 전 Incoterms B.7에 의하면 "… sufficient notice …"로 되어 있다. 따라서 그 의미는 같다 하더라도 규정표현의 통일이 필요하며, 꼭 이 규정만을 이렇게 표현해야 한다면 그 이유를 설명해야 한다. 본인의 생각으로는 통지는 주로 A.4에 따른 인도와 관련한 통지이기에 운송계약 책임자가 누구인가에 좌우될 필요없이 내용적으로 시간적으로 충분한 의미로 CISG표현인 "reasonable notice"를 사용하던지 아니면 상관습적인 표현인 "sufficient notice"의 표현으로 전체 통일하는 것이 바람직한 것 같다.

Incoterms 2000과 1차 초안은 똑같으며, 2차 초안의 경우 "… such as the estimated time of arrive"를 삭제[345]하면 Incoterms 2000과 1차, 2차 초안은 모두 똑같다.

Incoterms 2000과 1차, 2차 초안의 A.7은 A.4에 따른 "인도사실"과 "물품수령에 필요한 조치"를 위한 통지였으나 3차 초안은 매수인이 인도된 물품을 수령하는데 필요한 조치를 취하는데 필요한 통지를 해야 함을 규정하고 있었다. 이는 Incoterms 2000과 1차, 2차 규정과는 다른 인상을 줄 수 있었다. 그러나 사실은 3차 초안의 표현이 단순화하면서 분명하다. 왜냐하면 Incoterms 2000과 1차, 2차 초안상의 통지의 내용은 두 가지, 즉 "인도사실"과 "수령에 필요한 조치준비"차원의 통지에 초점이 있다. 그러나 인도사실은 수령에 필요한 조치준비를 취하도록 하는 통지내용 속에 포함된다. 즉 인도라는 전제가 없다면 수령이 있을 수 없다. 따라서 인도사실의 통지는 자동적으로 수령을 위해 필요한 조치준비를 위한 통지 속에 당연히 포함된다고 보아야 한다. 따라서 Incoterms 2000, 1차, 2차 초안상의 통지규정의 통지의 내용구분보다 인도를 대전제로 인도한 물품의 수령을 위해 필요한 조치를 취하는데 필요할 수 있는 통지의 규정이 자연스러워 보인다.

최종초안의 경우 3차 초안의 규정과 동일하다.

345) 본인은 이미 삭제를 주장한 바 있다. 오세창, 상게서, p.42.

A.8 인도서류(delivery document)

The seller must, at his own expense, provide the buyer without delay with the usual transport document for the agreed port of destination.

This document must cover the contract goods, be dated within the period agreed for shipment, enable the buyer to claim the goods from the carrier at the port of destination and, unless otherwise agreed, enable the buyer to sell the goods in transit by the transfer of the document to a subsequent buyer or by notification to the carrier.

When such a transport document is issued in several originals, a full set of originals must be presented to the buyer.

매도인은 매수인에게 자신의 비용으로 합의한 도착지항을 위한 통상 운송서류를 지체없이 제공해야 한다.

이 서류는 계약물품을 표시하고 있어야 하고, 선적을 위해 합의한 기간 내에 일부가 되어 있어야 하며, 매수인으로 하여금 지정된 도착지항에서 운송인으로부터 물품을 청구할 수 있는 것이라야 하고, 달리 합의가 없는 한 매수인으로 하여금 후속 매수인에게 운송서류의 양도에 의해 또는 운송인에게 통지하므로 운송 중에 있는 물품을 매각할 수 있는 것이라야 한다.

이러한 운송서류가 복본의 원본으로 발행되는 경우 원본 전통이 매수인에게 제공되어야 한다.

해설 CIF의 경우 근본적으로 CAD거래이기에 통상의 운송서류로서 운송계약의 증거이자 권리증권이며, 화물수취증의 역할을 하는 유통가능선하증권[346](a negotiable B/L), 권리증권 이외의 두 가지 성격을 지니는 통상의 운송서류, 즉 유통불능이면서 기타 운송형태에 사용되는 유통가능 B/L에 유사한 운송서류로서 유통불능해상화물운송장(non-negotiable sea waybill) 또는 내수로화물운송장(an inland waterway document), 또는 최근 등장하고 있는 liner waybill, ocean receipt, data freight receipt or variants of such expressions 등을 제공해야 한다. 특히 해상화물운송장[347]은 물품의 해상운송을 위하여 사용되는 다양한 비유통(유통불능)운송서류 전부를 포함하기 위하여 종종 사용되고 있는바, 운송계약에 따라 물품을 인도하고, 운송기관으로부터 발급받아 이들 중 하나를 매수인에게 제공하여야 하는 바, 이들 조건들은 근본적으로 해상운송과/또는 내수로 운송에 따른 서류들이기에 A.8을 통해 다음과 같은 이들 서류의 구비요건이 규정되어 있다.

---

346) 현존하는 영국의 가장 오래된 선하증권은 1538년에 발급된 용선계약에 근거해서 발행된 것이다(上板酉三, 「貿易慣習」, 經濟新聞社, 昭和 34년, p.208; Sir A. A. Mocatta, M. J. Mustill, and S. C. Boyd, *Scrutton on Charterparty and Bills of lading*, 16th ed., London: Sweet & Maxwell, 1974, p.2, note 9.).

347) 이미 FCA의 인도증거서류에서도 언급한 바 있지만, 당사자들은 비유통운송서류의 사용을 인정할 경우 이러한 비유통서류의 사용에서 비롯되는 일체의 법적 불확실성을 피하기 위해 운송계약 체결 시에 CMI가 제정한 Uniform Rules for Sea Waybill을 언급해야 한다.

① 이들 서류들은 계약물품을 표시하고 있어야 하며(운송계약의 증거로서의 역할)
② 선적을 위해 합의된 기간내의 일부가 명시되어 있어야 하고,
③ 목적지에서 운송인으로부터 이들 서류와 교환으로 매수인이 청구할 수 있어야 하며(화물수취증으로서의 역할),
④ 달리 합의가 없는 한 유통가능선하증권의 경우, 후속매수인에게 양도하거나 EDI B/L의 경우 운송인에게 통지함으로써, 운송 중에 있는 물품의 전매가 가능해야 하고(권리증권으로서의 역할),
⑤ 복본의 원본으로 발급된 경우 전통이 매수인에게 지체없이[348] 제공되어야 하며[349],
⑥ A.1 규정에 따라 당사자들의 합의에 따라 이들 운송서류 대신에 전자운송서류를 발급 받아 매수인에게 제공할 수 있다.

해상운송서류와 관련한 주의사항을 다음과 같이 말할 수 있다.

대부분의 경우 정규선사에 의해 운송예정인 물품은 물론 가능은 하지만, 운송 중에 추가매매의 주체가 되지 아니할 것이다. 그러나 용선에 적재되어 운송되는 물품에 관해선 상황은 정규선의 경우와 전혀 다르다.[350] 예컨대 용선에 물품이 적재되어 물품이 현물시장에서 매각되는 경우, 물품이 도착지에 도착하기 전에 여러 번 매각이 된다.

이런 경우 유통가능 B/L이 전통적으로 대단히 중요하다. 왜냐하면 이 B/L의 점유가 후속 매수인으로 하여금 목적지에서 운송인으로부터 물품의 청구를 가능하게 할 수 있기 때문이다. 따라서 도착 전에 매각되는 경우 후속매수인은 물품과 교환으로 운송인에게 B/L 원본을 양도함으로써 물품의 청구를 가능하게 할 수 있다.

그러나 운송 중에 물품을 매각할 의사가 아닌 경우로서 목적지에서 운송인으로부터 물품을 청구할 매수인의 권리가 해상화물운송장에 대한 CMI통일규칙을 매매계약에 언급하는 것과 같은 기타 수단에 의해 보증이 된다면, B/L을 사용할 필요가 없다.

반면에 운송 중에 후속 매수인에게 물품을 매각할 의사인 매수인은 자신의 매도인으로부터 유통가능한 B/L을 청구할 권리를 C-rules하에선 가진다. 그러나 이러한 운송 중의 매각 역시 B/L없이 물품의 매각이 가능할 수 있다. 즉 후속 매수인의 임의처분상태로 물품을 인도하도록 하는 지시에 따르도록 운송인에게 요청하는 제도, 예컨대 지시식으로 발행된 항공화물운송장 전통제공이나 항공화물운송장 상에 매도인의 운송지시중지 용어의 사용 등의 방법을 관계당사자들이 사용한다면 운송 중에 매각이 가능할 수 있으나 근본적으로는 권리증권이 아니기에 불가능하다고 보아야 한다.

---

348) 지체없이의 기준은 L/C 상의 서류제공 유효기일이 명시되어 있으면 그 기일 내에, 명시되어 있지 아니하면 선적 후 늦어도 21일내에 제출하도록 하고 있다(UCP, 600, 14 c).

349) UCP, 23. a. ⅴ; 24. a. ⅴ; 25. a. ⅵ; 26. a. ⅳ 및 L/C 규정, 즉 "full set of clean on board ocean bill of lading…" 등을 통해 이 원칙이 준수되고 있으며, "Scott & Co. ⅴ. Barclays Bank Ltd [1923] 2 K. B. 1"사건에서도 입증되었다(David M. Sassoon, *op. cit.*, p.144).

350) 반드시는 아니나 용선에 의한 기적품일 수 있으며, 이 경우 대게 운송 중에 매매가 이루어짐이 대부분이다.

A.1에 따라 당사자들이 소위 paperless거래를 하기 원할 수 있음을 생각하고 있다.

따라서 당사자들이 전자방식으로 통신하길 합의한다면 지금까지 종이서류가 제시되어야 한다는 요건이 더 이상 필수적이 아니다. 물론 전통적인 B/L은 종이없는 거래를 향한 현대적인 발전과 관련이 없다. 이런 이유에서 이미 언급한 바 있는 1990년에 EDI B/L에 대한 통일규칙을 제정하였는 바, 이 규칙은 관계당사자들 간의 전자메세지가 전통적인 종이 B/L의 필요를 대체할 수 있는 상황을 규정하고 있다.

이러한 통일규칙은 A.8에서 "운송인에게 통지(notification to the carrier)"란 말과 똑같은 목적을 나타내는 운송인에게 대한 전자메시지에 근거한다. 그러나 전자 B/L을 사용하길 원치 아니하는 당사자들은 유통가능 B/L을 요구하는 전통적인 관습을 계속해야 한다. 불행히도 복수 B/L발행의 배임행위가 상당한 해상사기위험을 발생시킨다는 사실에도 불구하고 주장되고 있다. 따라서 직접 혹은 은행을 통해 물품의 대금을 지급하는 매수인은 복수의 B/L이 발급된 경우 전통(full set)을 자신이 수령하는지를 반드시 확인해야 한다.

서류들은 지체 없이 제공되어야 하는 바, 지체 없이의 기준은 L/C거래의 경우, L/C상의 서류제공기일과 연계되며, 계약서거래의 경우 지체 없이에 대한 명확한 기준의 명시가 필요하다.

첫째 절의 "… usual transport document for …"의 경우 for는 운송서류를 궁극적으로 수입지에서 물품을 수령하기 위해 필요하기에 "합의한 도착항을 위한 또는 합의한 도착지 항에서 필요한"으로 해석할 필요가 있다.

넷째 절의 원본전통의 제공관행은 L/C상의 신용장개설은행의 매입은행에 대한 지시사항과 UCP에 모두 반영되어 있다.

둘째 절상의 "달리 합의가 없는 한"은 B/L이외의 서류의 인정 합의를 의미한다. 구체적인 제공서류에 인한 때는 FCA와 같은 바, CIF의 경우 구체적인 제공서류의 예를 들면 다음과 같다.

계약서상의 지급방법이 신용장에 의한 지급이고, 거래조건이 CIF의 경우, 신용장상에 "… accompanied by the following documents marked X"를 통해 동 조건에 맞는 서류를 X하게 되거나, 별도로 표시하게 된다.

셋째 절의 원본전통의 제공관행은 L/C 상의 신용장개설은행에 매입은행에 대한 지시사항과 UCP에 모두 반영되어 있다.

A.8 상의 운송서류의 요건은 운송서류의 기본적인 성격에 따른 요건으로, 은행을 통한 대금결제의 경우 이들의 수리는 UCP의 수리요건을 그대로 갖추어야 하나 신용장에의 일치가 우선이다.[351)]

1차 초안의 경우 Incoterms 2000 A.8 넷째 절상의 전자서류 표현 대신에 첫째 절상에 "… whether in paper or electronic form …"로 변경한 것 외는 동일하였다.

351) 오세창, 상게서, pp.252-254.

2차 초안의 경우 CPT에서도 언급한 바와 같이 전자서류의 종이서류로 인정에 따라 1차 초안상의 "… whether in paper or electronic for, …"의 삭제와 운송서류에 대한 업자들의 충분한 인지의 가정 하에 둘째 절상의 운송서류 예시 표현의 삭제와 운송중 전매를 전제한 유통가능서류 예시 삭제 외는 1차와 동일하다.

3차 초안의 경우 2차 초안과 동일하다.

최종초안의 경우 3차 초안과 동일하다.

문제대안 A.8의 경우, 두 번째 절 표현은 CPT나 CIP와 달리 B/L을 전제한 표현이다. 모든 운송서류가 이런 성격을 가지는 것이 아니다. 따라서 'a subsequent buyer' 다음에(negotiable bill of lading)가 반드시 명시되어야 한다.[352] 왜냐하면 동 서류만이 유통가능 서류이기 때문이다.

A.9 확인 – 포장 – 화인(Checking–packing–marking)

The seller must pay the costs of those checking operations (such as checking quality, measuring, weighing, counting) that are necessary for the purpose of delivering the goods in accordance with A4, as well as the costs of any pre-shipment inspection mandated by the authority of the country of export.

The seller must, at its own expense, package the goods, unless it is usual for the particular trade to transport the type of goods sold unpackaged. The seller may package the goods in the manner appropriate for their transport, unless the buyer has notified the seller of specific packaging requirements before the contract of sale is concluded, packaging is to be marked appropriately.

매도인은 수출국정부당국의 법에 의한 모든 선적전검사비용 뿐만 아니라 A.4에 따라 물품을 인도하는데 필요한 품질확인, 검측, 검량, 검수와 같은 확인활동 비용을 지급해야 한다.

매도인은 특수한 거래가 무포장 상태로 매각된 물품의 형태로 운송하는 것이 관례가 아니라면 매도인은 물품의 운송을 위해 적합한 방법으로 물품을 포장할 수 있다. 다만 계약이 체결되지 전에 매수인이 특정한 포장을 매도인에게 통지한 경우에는 그러하지 아니하다. 포장은 적절하게 화인이 되어 있어야 한다.

해설 동 조건하의 매도인의 인도장소가 본선인 만큼 본선갑판에 물품을 적재하기 위해 필요한 품질확인, 물품에 따른 물품의 계량과 같은 행위를 하고, 이에 따른 비용과 수출당국의 법에 의해 선적 전 검사비용을 지급해야 하는 바, 이는 매매계약에 일치하는 물품과 상업송장 그리고 기타 일체의 증서제공을 위해 필요한 행위이며, 운송계약에 따른 선적과 운임 그리고 운송서류 발급을 위해 필요한 조치이다.

352) 오세창, 상게서, p.46.

그리고 매도인이 체결한 운송계약에 따라 운송계약체결 전에 물품이 운송과 후속운송을 하기 위해 필요한 포장을 자신의 비용으로 제공해야 하는 바, 이때의 포장은 선박에 의한 장거리운송이므로 장거리운송에 따른 물품을 보호할 필요성이 있다. 따라서 이에 걸맞는 포장을 해야 한다. 물론 원목, 철광석, 양곡 같은 bulk cargo인 경우 포장이 필요 없다. 포장의 경우 타 화물과의 구분, 사용편의 등을 고려하여 포장 면에 적절히 화인이 되어 있어야 한다.

L/C나 계약서상에 달리 합의가 없으면, 동 조항에 의해 품질과 중량의 증명시기가 선적지조건(shipment quality and quantity terms)임을 알 수 있다.

이 조항과 B.9조항은 A.1의 기타일치 증거서류와 주로 관련이 있다.[353)]

Incoterms 2000 A.9의 규정과 차이점은 먼저 Incoterms 2000 A.9 첫째 절상의 "… such as which …" 대신에 "… that …"로 변경된 점이다. 이는 such as … that의 문법형식에 따른 것이다. 그리고 "… in accordance with A.4"를 "… in accordance with A.4 as well as well the costs of any pre-shipment inspection mandated by the country of export"로 변경되었는 바, as well as이하의 표현의 추가는 국부의 유출에 따라 필요한 경우 수출국이 법률을 통해 선적전 검사를 요구하고 있는바 이런 규정의 제정은 이미 수출국에서 이루어지고 있는 사실의 규정화에 있다. 그리고 이러한 검사는 검사활동이 이루어지기 전에 이루어지는 것이 일반적이다.

두 번째 차이점은 Incoterms 2000 둘째 절상의 "… (unless… to send the goods of the contract description unpacked) which is …" 대신에 "… (unless… to transport the type of goods sold unpacked)in the manner …"로 변경된 점이다. 이러한 변경은 Incoterms 2000의 의미를 변경하는 것이 아니라 표현의 세련화(예컨대 send를 transport로의 변경)와 분명화(예컨대 the goods of the contract description unpacked를 the type of goods sold unpacked로 변경)를 가져오는 효과가 있다.

Incoterms 2000과 3차 초안 둘째 절과의 또 다른 차이점은 둘째 절상의"… for the transport of the goods agreed by him."이 "… by it and, where applicable, for any subsequent transport to the-extent that the circumstances relating to the transport (for example modalities, destination)are made knows to the seller before the contract of sale is concluded."로 변경된 점이다.

먼저 by him이 by it로 변경된 것은 seller가 여성일수도 남성일수도 있기에 3인칭인 it을 사용하였다고 볼 수 있다. 그리고 "… and …"이하의 표현이 FCA A.9의 규정처럼 새로 추가된 것은 매도인이 자기가 제조한 물품의 운송을 위해 자신이 운송계약을 체결하기에 자신이 알아서 자신이 준비한 물품의 운송에 필요한 포장을 할 것으로 생각할 수 있으나 이미 EXW와 FCA에서도 언급하였듯이 동 조건은 운송형태에 관계없이 사용될 수 있고 복합운송이 전제이기 때문에 후속운송을 고려한 포장의 필요성을 재

353) 오세창, 상게서, p.256.

삼 강조하기 위해, 그리고 운송계약을 체결하는 매도인의 포장의무에 대한 인식을 재고하기 위한 의미에서 새로이 추가된 것으로 볼 수 있다.

Incoterms 2000과 1차, 2차, 3차 초안과의 차이점을 조면 다음과 같다.

먼저 Incoterms 2000과 1차 초안의 경우 Incoterms 2000 첫째 절상의 "… which are …"가 "… that are …"로 변경된 점이 다르고, 둘째 절상의 "… which is required for …"가 "… required for …"로 "… by him"이 "… by it"로 변경된 것 외는 동일하다.

1차 초안과 2차 초안간의 차이점은 1차 초안 첫째 절상의 마지막 부분인 "… with A.4"가 3차 초안과 같이 "… with A.4 as well as … of export"로 변경된 점과, 1차 초안 둘째 절상의 "… of goods arranged by it"가 "… of goods, to the extent that … concluded"로 변경점이 다르다.

2차 초안과 3차 초안의 차이는 2차 초안 둘째 절상의 "… of goods, to the extent … concluded"가 "… goods arranged by it and, where applicable, … concluded"로 변경된 점이다.

그러나 최종초안의 경우 3차 초안에 비해 규정적으로 보면 대폭 변경하였다. 그 내용을 보면 최종초안의 경우 3차 초안에 비하여 규정표현으로 보면 "The seller … arranged by it and, where applicable, for any subsequest transport extent that the circumstances …"를 현 규정 둘째 절과 같이 규정하므로 대폭 변경하였다. 그 내용을 보면 물품에 따라 특수한 포장이 필요한 경우 매수인은 매도인에게 계약체결 전에, 요구하게 규정하고 일반적 의미의 운송에 필요한 적합한 포장을 요구하므로 포장조건에 통일적 규정을 강조하던 종전 초안과 달리 일반적인 포장의 정의를 하고, 특수한 포장이 필요한 경우 규정을 통한 통일된 규정의 불가능을 안고 당사자들이 계약체결 전에 통지하게 하므로 포장규정의 단순화를 기도하고 있다.

A.10 정보협조와 관련비용(Assistance with information and related costs)

The seller must, where applicable, in a timely manner, provide to or render assistance in obtaining for the buyer, at the buyer's request, risk and expense, any documents and information, including security-related information, that the buyer needs for the import of the goods and/or for their transport to the final destination.

The seller must reimburse the buyer for all costs and charges incurred by the buyer in providing or rendering assistance in obtaining documents and information as envisaged in B10.

매도인은, 적용되는 경우, 시의 적절한 방법으로 매수인의 요청, 위험 그리고 비용부담으로 매수인이 물품의 수출과/또는 수입과/또는 최종목적지까지 물품의 운송을 위해 필요로 하는 모든 서류와 보안관련 정보를 포함하여 정보를 제공하거나 취득하는데 협조를 제공하여야 한다.

> 매도인은 매수인에게 B.10에 따라 서류와 정보를 제공하거나 취득함에 있어 협조를 제공하는 데 매수인이 지급한 모든 비용을 변상하여야 한다.

해설 A.10의 성격은 표현상의 차이는 있어도 매도인은 매수인의 요청과 위험과 비용부담으로 매수인이 물품을 수입하거나 필요한 경우 최종목적지까지 운송에 필요할 수 있는 서류, 예컨대 원산지증명서, 무고장부품증명서, 보건증명서, 검역증명서 등이 인도국이나 원산국 또는 인도국과 원산국에서만 발급되거나 발송되는 경우, 인도국이나 원산국에 있는 매도인은 이들 서류와 보안관련정보를 포함한 정보를 취득하는데 협조를 그리고 수출입에 필요한 보안정보를 매수인에게 제공해야 한다는 것이 전 Incoterms의 기본정신이다. 그러나 일체의 운송형태에 적용되는 조건들과 보안정보를 포함한 일체의 책임을 매도인이 부담하는 DDP와 달리 해상전용조건들의 경우 컨테이너와 달리 선적 시 또는 인도 시 육안으로 보안점검이 가능하기에 수출을 위한 보안정보는 필요없고 수입을 위한 보안정보만 필요하기에 수입과 최종목적지까지 운송에 필요한 정보만 요구된다.

이렇게 인도국이나 원산국 또는 인도국과 원산국에서 발급되거나 발송되는 서류의 취득을 요구하는 것은 수입국의 입장에서 볼 때 일종의 수입규제일 수도 있다.

전 Incoterms를 통해 매도인이나 매수인이 상대방에 대하여 제공해야 할 의무의 경우 자신의 책임 하에 본인으로서 제공할 의무를 필수제공의무(당연의무)로 하여 provide로 표시하고, 상대방의 요청과 위험과 비용부담(상대방 책임)으로 대리인으로서 제공할 의무를 협조제공의무로 하여 render로 표시하고 있음을 주의해야 한다. 그리고 협조제공의무건 필수제공의무건 제공의무는 필수적이다. 여기의 서류가운데 B.9상의 검사증명서들도 포함할 수 있으며, 이 경우 이 서류들은 품질이나 수량의 증명방법에 관해 계약서상에 달리 언급이 없는 경우 동조건의 A.9에 따라 선적지 증명방법임을 입증하는 서류가 된다. 이러한 사실은 전 Incoterms A.10에 모두 적용된다.[354)]

1차 초안의 경우 EU등을 전제한 “where applicable”의 표현, 제공방법과 시기의 표현, 보안정보표현, “전자서류인정” 표현 등의 신설과 과중한 협조부담을 줄이기 위해 “every”의 삭제, 불필요한 “A.8서류” 표현 삭제를 제외하면 Incoterms 2000과 동일하다.

2차 초안의 경우 1차 초안내용의 표현단순화 예컨대 종이서류와 전자서류의 일치의 인정에 따른 “whether in paper or electronic form”의 삭제와 제공의무에 있어 필수와 협조가 있을 수 있기에 “render”를, “… provide to or render …”로의 변경, 보험정보의 A.3 b)의 규정에 따라 보험정보 제공규정의 삭제, B.10에 따른 매수인의 협조의무에 따른 비용지급규정의 신설 외는 1차와 동일하며, 3차 초안의 경우 표현의 단순화 예컨대 “… that the buyer many require …” 대신 “… that the buyer needs for …”로 변경 외는

354) 오세창, 상게서, p.203.

2차와 동일하다.

둘째 절상의 "… in providing or rending assistance in obtaining …"의 경우 B.10과 연계되기에 B.10의 규정 둘째 절의 규정을 보면 역시 "… in providing or rending assistance in obtaining for the seller, at the latter's request, risk and expense …"로 규정되어 있어 양 규정을 비교해보면 필수협조의무 규정임이 틀림이 없다. 따라서 "… providing or …"를 삭제 필요가 있다. 그러나 providing or rending과 연계된 B.10의 "… at latter's request, risk and expense …"표현이 매도인의 요청에 따라 매수인의 위험없이 매수인이 필수적으로 제공할 수 있는 경우와 매도인의 전적 책임 하에 이루어지는 경우를 모두 포함하는 의미로 필요에 따라 이원화 되는 표현으로 해석할 수 있는 표현으로 해석한다면 동 표현은 그대로 두어도 이해가 될 수 있다. 그렇다면 기타 모든 Incoterms 규정에도 A.10이나 B.10과 마찬가지로 "… provide or render …" or "… providing or rending …"와 같은 표현이 필요할 수 있다.

최종초안의 경우 3차 초안상의 "… in a timely fashion …"이 "… in a timely manner …"로, 변경된 것 뿐 내용면에서 변경된 것은 없는 바, 이러한 변경은 동일한 의미의 세련된 표현이라기보다는 막연한 제공시기와 방법표현보다 분명한 제공시기와 방법을 표현하기 위한 것이라 할 수 있다.

B. 매수인의 의무(THE BUYER'S OBLIGATIONS)

B.1 매수인의 총칙의무(General obligations of the buyer)

The buyer must pay the price of the goods as provided in the contract of sale.

Any document referred to in B1-B10 may be an equivalent electronic record or procedure if agreed between the parties or customary.

매수인은 매매계약상에 규정된 대로 물품의 대금을 지급하여야 한다.

B.1에서 언급하고 있는 모든 서류는 당사자들 간에 합의하거나 관례라면 동등한 전자기록에 의해 대체될 수 있다.

해설 B.1의 규정은 매수인에 대한 A.1의 경상규정이면서 매수인의 제일의 의무규정을 규정하고 있으며, Incoterms의 모법에 해당하는 CISG 53조에서 59조까지 규정의 세부규정이라 할 수 있다. 그러나 CIGS규정에 비하면 그 내용이 지극히 단순하게 되어있다. 그러나 CISG 53조규정 가운데 "… as required in contact of sale"와 달리 B.1의 규정에는 "… as provided in a contract of sale"로 규정되어 있는바, 여기서의 "… provided …"는 CISG상에서의 계약에 따라 요구할 수 있는 내용, 즉 일반적으로 계약에 따라 일반적인 요구사항에 따른 지급규정과 달리 B.1의 "… provided"는 특정계약에서 구체적으로 규정하고 있는 지급방법, 지급장소 등에 따라 지급해야 함을 규정하고 있다. 전자가 포괄적 계약규정을 의미한다면 B.1의 계약은 특정 개별계약의 성격이 강하다. 그러나 특정계약은 물품에 따라 당사자들 간의 사정에 따라 다를 수 있기에 B.1의 지급규정에 대한 시행세칙에 해당하는 해당 L/C나 계약서상에 구체적으로 규정하여 반영된다.

그리고 A.1에서 언급한대로 전 Incoterms B.1-B.10상에 규정되어 있는 서류는 B.1 둘째 절 규정과 같이 당사자들 간에 합의하거나 관례라면 종이서류와 동등한 전자기록으로 대체할 수 있다는 표현으로 대체된 것 외는 Incoterms 2000 A.1과 1차, 2차, 3차, 최종초안의 내용이 똑같이 변경된 것이 없다.

A.1에서 언급하였듯이 B.1의 제목자체가 Incoterms 2000, 1차, 2차상의 "payment of the price" 대신에 "General obligation of the buyer"로 변경된 것은 차이가 있으나, B.1 둘째 절상의 규정표현 때문에 제목이 이렇게 변경된 것 같다. 그러나 B.1의 제목의미와 달리 B.1의 규정은 매수인의 총칙의무규정이라기 보다는 매수인의 입장에서의 물품을 수령하여 검사를 하기 전에 먼저 지급을 해야 하기 때문에 가장 중요한 매수인의 의무라 할 수 있으며, 나머지 규정은 A.2-A10의 A.1의 부수 규정 같은 성격이 아니라 A.2-A10의 경상의 의무, 즉 매도인의 매수인에 대한 의무에 대한 매수인의 매도인에 대한 의무규정 내지는 위험과 비용, 그리고 기능에 대한 책임의무규정이라 할 수 있다.

B.2 허가, 승인, 보안통관과 기타절차(Licences, authorizations, security clearances and other formalities)

> Where applicable, it is up to the buyer to obtain, at its own risk and expense, any import licence or other official authorization and carry out all customs formalities for the import of the goods and for their transport through any country.
>
> 적용되는 경우, 자신의 위험과 비용으로 모든 수입허가나 기타 공식적인 승인을 취득하고 물품의 수입과 제3국으로 물품의 운송을 위한 모든 세관절차를 수행해야 한다.

해설 CIF 하에선 목적지항까지 물품을 운송해 가는데 필요한 운임을 포함한 비용추가를 제외하면 매도인과 매수인간의 인도에 따른 위험, 기능, 비용의 분기점이 수출지 본선선적 때이므로 이 이후의 인도에 따른 위험, 기능, 비용은 매수인 부담이기에 사전승인을 포함한 모든 수입관련 허가나 승인을 자신의 비용으로 취득하고 있다.

수입세관절차와 이에 따른 비용지급이 필요 없는 EU 지역 간이나 자유무역지대를 제외하고는 물품의 수입을 위해 그리고 물품의 제3국 통과를 위해 일체의 수입세관절차가 필수적으로 적용되기에 이를 대비하여 "적용되는 경우"를 추가하여 이의 취득의무를 매수인에게 부과하고 있다.[355)]

Incoterms 2000 B.2상의 "The buyer must obtain …, and carry out, where applicable, …" 표현 대신 "where applicable, it in up to the buyer to obtain …"으로 표현이 변경되었으나 그 내용은 변경된 것이 없이 보인다. 그러나 중요한 변경이 있다.

이미 A.2에서도 언급하였듯이 "Where applicable"의 위치의 변경이다. 이 표현은 EU 지역 간이나 자유무역지대와 같이 수출입에 따른 허가, 승인, 세관절차가 필요없는 지역이나 국가 또는 국내거래에는 적용되지 아니하고 이러한 허가나 승인 그리고 절차가 필요한 경우에는 적용됨을 의미하고 있는 바, 특정 역내・지역거래, 국내거래에 동 조건 적용에 동 규정의 적용이 불필요하며, 역외 국가 간・역내・역외 간 거래에 동 조건 적용 시 동 규정의 적용이 필요함을 의미하는 표현이다.

그리고 Incoterms 2000의 경우 동 표현이 "… carry out, where applicable …"에 위치하고 있어 세관절차에 따른 동 표현이 적용됨을 의미하는 것으로 오해될 수 있어, 이런 오해를 역시 불식시키고 규정의 명확화를 도모하기 위해 규정 서두에 위치하게 되었다. 종전 같이 위치한다 해도 문제는 없다. 왜냐하면 세관절차 전에 허가, 승인이 반드시 이루어져야 하는 이른바 세관절차의 원인행위에 해당하는 것이 수출입허가나 승인이기 때문이다.

1차, 2차, 3차 초안의 규정은 변경이 없이 동일하며, 최종초안은 동일의미의 일반적 표현으로의 자구수정 외 변경된 것이 없다.

B.3 운송과 보험계약(Contracts of carriage and insurance)

a) Contract of carriage

The buyer has no obligation to the seller to make a contract of carnage.

b) Contract of insurance

The buyer has no obligation to the seller to make a contract of insurance. However, the buyer must provide the seller, upon request, with any information necessary for the seller to procure any additional insurance requested by the buyer as envisaged in A5 b).

a) 운송계약

매수인은 매도인에 대한 운송계약을 체결할 의무가 없다.

b) 보험계약

매수인은 매도인에 대한 보험계약을 체결할 의무가 없다. 그러나 매수인은 매도인의 요청에 따라 매도인이 A.3 b)에 따라 매수인 요청하는 추가보험을 체결하는데 필요한 모든 정보를 매도인에게 제공해야 한다.

355) 오세창, 상게서, p.229.

해설 a) 운송계약

매수인은 운송계약을 체결할 의무가 매도인에게 있기 때문에 운송계약 체결 의무가 없다.

b) 보험계약

Incoterms 2000 A.3 b)에 의하면 매도인에게 매수인의 요청과 비용부담으로 가능하다면 매도인이 매수인을 위해 추가보험에 부보할 것을 규정하고 있으나 이러한 추가부보에 대한 비용부담에 대한 규정과 매도인으로 하여금 추가부보에 따른 고지의무의 준수를 위해 필요한 정보제공에 대한 규정이 이를 요청하는 B.3 b)에서 규정되어 있지 아니한 것을 3차 초안에서는 B.3과 B.6을 통해 상기의 내용을 분명히 하고 있다.

3차 초안 B.3 b)의 규정은 Incoterms 2000 B.3 b)호에는 규정되지 아니한 규정으로 누가 누구에게 보험계약을 체결할 의무가 없는지에 대한 분명한 규정을 할 뿐만 아니라 A.3 b)의 규정에 따라 매수인이 필요로 하여 전쟁과 파업위험과 같은 추가보험을 매도인으로 하여금 부보하여 주길 원할 경우 매도인이 추가보험 계약체결 시에 필요로 할 수 있는 모든 정보를 매도인의 요청이 있으면 그에게 제공해야 한다. 이는 매수인의 요청에 의해 매수인의 비용부담으로 매도인이 체결한다해도 결국 보험계약의 당사자는 매도인과 보험회사이며, 이 경우 보험계약에 필수적인 조건인 "고지의무"에 매도인으로 하여금 충실하게 임하게 하기 위함이다.

Incoterms 2000과 3차 초안을 비교하면 전자의 경우 "no obligation"으로 되어 있으나 3차 초안, 2차 초안은 동일하게 현 규정이 신설되었다. 1차 초안의 경우 단순히 "누가 누구에게 의무가 없다"는 Incoterms 2000의 규정을 보다 구체적으로 명시하는 의미의 no obligation owed by the buyer to the seller"로 규정되어 있을 뿐 그 의미는 현실적으로 Incoterms 2000의 규정과 동일한 의미이다.

최종초안은 정보가 A.3상의 a)호와 b)호 가운데 어느 규정과 관계있는 정보인지를 규정자체를 보면 알 수 있지만 오해를 없애기 위해 b)호와 관계있는 정보임을 분명히 하고 있다. 내용은 변경된 것이 없다.

B.4 수령(Taking delivery)

The buyer must take delivery of the goods when they have been delivered as envisaged. in A4 and receive them from the carrier at the named port of destination.

매수인은 물품이 A.4의 규정에 따라 인도완료 된 때로부터 물품의 인도를 수령하고 지정된 도착지항구에서 운송인으로부터 물품을 수취해야 한다.

해설 Incoterms 2000상의 C-terms였던 CPT, CIP, CFR, CIF, 즉 CAD거래조건과 F-terms였던 FAS, FCA, FOB 그리고 D-terms였던 DAF, DES, DEQ, DDU, DDP, 즉 원

칙적으로 COD(순수와 확대 COD)거래이나 당사자들 간의 합의에 의해 CAD거래[356]가 가능한 조건들 간의 주요한 차이점이 있다면 B.4와 A.8의 규정이 있다.

C-terms의 경우 B.4에 의하면 "… accept …and receive …"로, F-terms와 D-terms의 경우 B.4에 의하면 "… take delivery …"로 각각 규정되어 COD와 CAD를 전제하고 있고, A.8, B.8의 경우 C-terms의 경우 규정 전체가 CAD를 전제하고 있으며, F-terms의 경우 원칙적으로 COD를, 합의에 의해 CAD가 가능함을, D-terms의 경우 COD를 원칙으로 함을 각각 규정하고 있었다.

이런 규정의 표현은 Incoterms 2000이나 1차, 2차, 3차 초안 모두 마찬가지이다.

특히 B.4의 경우 F와 D-terms의 경우 COD의 거래원칙에 따라서 A.4에 따라 최초의 운송인에게 물품의 인도가 완료되면 물품을 인도 시점에서 수령해야 함을 규정하고 있다.

반면에 C-terms의 경우 Incoterms 2000의 경우 1차, 2차, 3차 초안과 달리 A.4에 따라 물품의 인도가 완료되면 인도사실을 인정(accept)하고 목적지 지정된 장소 또는 항구에 도착하면 운송인으로부터 자신이 인정한 물품을 수리(수령, receive)하도록 하였다. 이는 CAD거래이기 때문에 A.4에 따라 물품이 인도되면 인도된 사실을 인정하고 물품이 도착하면 이유 불문하고 물품을 대표하는 서류와 교환으로 물품을 수리, 즉 수령한 후, 검사결과 문제가 있으면 (상업송장), 운송서류, 보험서류등의 순서로 이의를 제기할 수 있고, 책임소재에 따라 당사자들을 상대로 계약위반을 이유로 클레임 등을 제기할 수 있게 되어 있다. 이러한 사실은 CIF의 경우 서류거절권과 물품의 거절권은 구분되며, 대금지급으로 매수인의 서류거절권은 종료되고, 대금을 지급함으로써 물품의 검사권이 발생하며 물품을 검사하여 하자가 발견되면 물품의 거절권을 행사할 수 있음을 의미한다. 즉 대금지급으로 서류거절권이 종료되고 서류거절권이 물품의 거절권으로 전환됨을 의미한다는 Schmitthoff교수의 주장을 뒷받침하는 표현 규정이다.

최종초안의 경우 3차 초안상의 자구수정 외 내용은 3차 초안과 동일하다.

문제 대안 Incoterms 2000과 1차, 2차, 3차 규정간의 차이점은 "… accept …"가 "… take …"로 변경되고, 똑같은 C-terms거래인데 CFR과 CIF상에는 "… named port of destination"로 규정되어 있었으나, CPT와 CIP의 경우 "… named place"로 규정되어 지정된 장소가 어떤 장소인지가 현실적으로 당사자들 간에는 알지만 규정적으로 보면 불투명하여 오해를 줄 수 있다. 그러나 1차, 2차, 3차 초안에서는 "… named place of destination"로 변경되어 오해의 소지를 불식시키는 효과를 주고 있다.

Incoterms 2000 B.4의 규정과 달리 1차, 2차, 3차 초안의 경우 공히 "… accept …" 대신 "take delivery of …"로 표현하고 있는바, 동일의미의 상이한 표현이라 해도 전자의 표현은 서류거래의 경우 "물품의 인도를 인정"하는 표현으로 "물품의 인도를 수령"하는 표현보다 훨씬 CAD거래

356) 그러나 D-terms의 경우 규정에 의하면, 순수 내지 확대 COD만을 전제로 하고 있다. 특수한 경우 CAD가 가능하다.

의 특색을 나타내는 표현이라 할 수 있다. 후자의 표현대로 하면 A.4에 따라 "물품의 인도를 COD 거래의 A.4처럼 물리적으로 수령"하고 목적지에서 "운송인으로부터 물품을 물리적으로 수리, 즉 수령"해야 한다는 물리적 수령의 개념으로 해석되어 CAD거래의 특색을 퇴색시킬 수 있다.

그리고 자구수정의 문제점에 관해서는 이미 A.6, B.5에서 언급한대로 일반적인 표현인 "accordance with …"보다는 구체적이면서 분명한 표현인 "… as envisaged in …"을 한 것으로 이해가 되나 이러한 표현의 사용배경에 대한 충분한 설명이 없으면 지금까지의 이해에 오해를 줄 수 있고 그리고 양 표현이 혼용되어 사용되고 있는 점 또한 문제이므로 통일이 필요하다.

B.5 위험의 이전(Transfer of risks)

The buyer bears all risks of loss of or damage to the goods from the time they have been delivered as envisaged in A4.

If the buyer fails to give notice in accordance with B7, then it bears all risks of loss of or damage to the goods from the agreed date or the expiry date of the agreed period for shipment, provided that the goods have been clearly identified as the contract goods.

매수인은 물품이 A.4의 규정에 따라 인도완료 된 때로부터 물품의 멸실 또는 물품에 대한 손상의 모든 위험을 부담한다.

매수인이 B.7에 따라 통지를 해태한 경우 그는 인도를 위해 합의한 날짜 또는 합의한 기간의 만기 날짜로부터 물품의 멸실이나 물품에 대한 손상의 모든 위험을 부담한다. 다만 물품이 계약물품으로 분명하게 충당되어 있어야 한다.

해설 이행과 관련한 위험이전의 3대 원칙을 규정하고 있는 바, 우선 위험이전의 대원칙으로서 매수인은 FOB하에서와 같이 물품이 본선상에 인도완료된 때로부터 물품의 모든 멸실과 손상의 위험을 부담해야 한다.

다음으로 사전 위험이전원칙으로 매수인이 B.7에 따라 물품의 선적시기와 도착항을 결정할 권리를 가진 경우 이에 따라 충분한 시간적 여유를 갖고 매도인에게 통지하기를 해태한 경우, 매도인은 선택할 수 있는 권리를 가지지만, 이의 해태로 인해 물품에 발생하는 모든 위험은 매수인 부담이다. 그러나 사전이전원칙의 전제원칙으로 물품이 계약에 정히 충당, 즉 계약물품으로 분명하게 구분되어 있거나 확인이 되어 있어야 한다.[357]

1차, 2차와 Incoterms 2000은 동일하였다. 단, 사전위험이전원칙의 대전제원칙상의 표현이 이미 앞에서도 설명하였듯이 "정히 충당, 분명한 구분, 확인"에서 분명한 확인으로 변경되었다가 3차에서 "구분과 분명한 확인"으로 변경된 것뿐이다. 충당, 구분, 확인의 의미는 이미 EXW B.5에서 설명한 바 있다.

357) 오세창, 상게서, p.237.

최종초안의 경우 이미 위에서 언급한대로 "… must bear …"가 "… bear …"로 변경된 것 외는 변경은 없다.

B.6 비용의 분담(Allocation of costs)

The buyer must, subject to the provisions of A3 a), pay

a) all costs relating to the goods from the time they have been delivered as envisaged in A4, except, where applicable, the costs of customs formalities necessary for export, as -well as all duties, taxes and other charges payable upon export as referred to in A6 d);

b) all costs and charges relating to the goods while in transit until their arrival at the port of destination, unless such costs and charges were for the seller's account under the contract of carriage;

c) unloading costs including lighterage and wharfage charges, unless such costs and charges -were for the seller's account under the contract of carriage;

d) any additional costs incurred if it fails to give notice in accordance with B7, from the agreed date or the expiry date of the agreed period for shipment, Provided that the goods have been clearly identified as the contract goods;

e) where applicable, all duties, taxes and other charges, as well as the costs of carrying out customs formalities payable upon import of the goods and the costs for their transport through any country, unless included within the cost of. the contract of carriage; and

f) the costs of any additional insurance procured at the buyer's request under A3 b) and B3 b).

매수인은 A.3 a)의 규정을 제외하고는 다음의 비용을 지급해야 한다.

a) 적용되는 경우, A.6 c)호에 언급된 수출시에 지급할 수 있는 모든 관세, 제세와 기타 비용뿐만 아니라 수출을 위해 필요한 세관절차 비용을 제외하고 물품이 A.4에 따라 인도완료된 때로부터 물품에 관한 모든 비용;

b) 이러한 비용이 운송계약에 따라 매도인부담이 되지 아니하는 한, 목적지 항에 물품이 도착할 때까지 운송 중에 물품에 관한 모든 비용;

c) 이러한 비용이 운송계약에 따라 매도인부담이 되는 한 종선료와 부두사용료를 포함한 양화;

d) 매수인이 B.7에 따라 통지를 해태한 경우 선적을 위해 합의한 날짜 또는 확정된 기간의 만기날짜로부터 물품을 위해 지급한 모든 추가비용 다만, 물품이 계약물품으로 분명하게 충당되어 있어야 한다;

e) 적용되는 경우, 물품의 수입시에 지급할 수 있는 세관절차비용과 운송계약비용 가운데 포함되지 아니한다면 물품의 제3국 운송비용뿐만 아니라 모든 관세, 제세, 그리고 기타 비용.

f) A.3과 B.3규정하의 매수인의 요청에 따라 체결한 추가 보험비용.

해설 A.3 a)에 따른 운임(각종할증료, T/S비용 등을 포함한 순수운임)과 운송계약 체결에 따른 부대비용을 제외하고, 본선갑판에 적재필 이후부터 물품에 관한 모든 비용을 지급해야 한다. 예컨대 적재직후 폭우 등의 경우 이에 대비하여 긴급조치를 취하는데 따른 비용 등이다(인도와 관련한 비용이전의 대원칙).

운송계약에 따라 운임에 포함되어 매도인이 지급하지 아니한 경우, 물품이 목적지항에 도착할 때까지 운송 중에 물품에 관한 모든 비용, 예컨대 태풍대피를 위한 일시귀항에 따른 비용이나 T/S비용 등을 지급해야 한다.

운송계약에 따라 운임에 포함되어 매도인이 지급하지 아니하는 경우 A.6에서 언급한 양화 위한 모든 비용(종선료, 부두사용료포함)을 지급해야 한다(운송계약에 따라 매도인이 부담하지 아니할 경우의 인도에 따른 당연 비용부담원칙).

사실 운송 중에 물품에 관한 모든 비용과 양화 위한 모든 비용은 정기선의 경우 다 포함되는 비용으로 이러한 비용이 운임에 포함되는지 여부에 따라 비용분기점이 달라진다.

선적을 위해 계약서나 L/C상에 사전에 합의한 날짜 또는 B.7에 따라 매수인이 선적시기와 도착항을 결정할 권리를 가진 경우로서 이러한 권리의 행사에 따라 충분한 시간적 · 내용적 통지를 해태한 경우, 매도인 선택에 따라 선적을 확정한 날짜로부터 인도를 위해 지급한 모든 추가비용을 부담해야 한다(인도와 관련한 조기 비용이전 원칙). 그러나 이러한 비용부담을 위해선 매도인 측에서 물품이 계약에 정히 충당되었음을 입증해야 한다(인도와 관련한 대 전제원칙).

EU지역이나 자유무역지대간의 거래를 제외하고, 수입 시에 지급할 수 있고, 그리고 운송 중에 전매가 가능하기에 필요한 경우로서, 이러한 비용이 운송계약비용 가운데 포함되지 아니할 경우, 제3국 운송을 위해 지급할 수 있는 관세, 제세, 세관절차 비용, 기타 비용 등을 지급해야 한다.[358)]

Incoterms 2000 B.6의 규정과 비교해 볼 때 표현의 차이 내지 보다 분명한 비용부담을 표시하기 위해 추가 표현한 것 외는 내용면에서 차이가 없다.

우선 Incoterms 2000의 규정과 비교해 볼 때 a)호의 경우, A.6 c)의 규정, 즉 수출시 부과되는 관세, 제세, 기타비용 그리고 운송계약에 따라 매도인 부담인 물품의 제3국 통과비용을 제지하고 A.4에 따라 인도완료될 때까지의 물품에 관한 비용을 부담하게 하는 표현, 즉 "… extent, where applicable, …A.6 c)"표현이 추가되었다. 이는 Incoterms 2000의 첫째 절 규정에 의하면 A.4에 따라 물품이 인도완료 될 때 까지 물품에 관한 비용으로 되어 있던 규정, 즉 "all costs … A.4"와 비교해보면, Incoterms 2000의 경우 A.6의 규정을 반드시 이해한 경우에만 B.6의 첫째 절 규정이 분명해진다. A.6의 이해 없이 B.6의 첫째절 규정을 보면 Incoterms® 2010의 "… extent … A.6 c)"의 비용은 누구 부담인지가 불분명하다. 따라서 CPT거래의 경우 매수인의 경우 자신의 의무에 관한 규정만으로도 비용에 대한 이해를 분명히 하기 위한 표현으로 볼 수 있다.

358) 오세창, 상게서, p.248.

Incoterms 2000 넷째 절상의 "… he … the period foxed … provided, however, … duly appropriated … goods"가 "… it … the agreed period that the goods have been clearly identified …"로 변경되었는바 그 이유는 이미 설명한 대로이다.

2차 초안의 경우 3차 초안과 비교해서 a)호 상의 "… A.6 b) …"가 "… A.6 c) …"로 변경되었는바, 이는 잘못된 인용의 정정으로 이해된다.

1차 초안과 Incoterms 2000의 마지막 수입절차와 관세 등에 관한 표현 가운데 "… as well as the costs … and … where necessary, for … carriage"의 경우 "and"이하의 표현과 "the costs"의 표현과의 연결에 불구하고 연결시키는데 무리가 있었다. 따라서 분명한 표시와 "… where necessary …"의 의미를 "… where necessary, for…"의 경우 "for"가 충분히 커버하기에 2차와 3차 초안의 경우 "… the costs for …"로 변경되었다.

f)호의 경우 A.3과 B.3규정에 따라 매수인이 필요로 하여 매도인에게 요청한 추가보험을 매도인이 부보한 경우 부보에 따른 추가위험부분에 따라 매도인이 지급한 모든 비용은 매수인의 당연한 부담이다.

f)호의 경우 Incoterms 2000, 1차, 2차에서는 규정되어 있지 아니하였고 3차 초안에서 규정이 처음이다.

최종초안의 경우 충당에 관한 표현에 있어 충당범위의 제한되는 3차 초안과 동일하다.

문제 대안 EXW와 FCA의 B.6의 경우 "… appropriate notice …"로 규정되어 있으나 기타 조건들의 경우 "… notice …"로 되어 있는 바, EXW와 FCA에서 설명한대로 "appropriate"의 삽입을 통한 규정들의 통일이 필요하다.

전 Incoterms 안내문 가운데 FAS, DDP, DAP, EXW, FCA상에는 "The parties are well advised to specify as possible as …"로 규정되어 있고, CPT와 CIP의 경우 "The parties are also advised identify as precisely or possible as …"로 규정되어 있으며, FOB, CFR, CIF, DEQ의 경우 이런 규정사제가 없다.

이런 규정이 조건에 따라 필요한 경우 동일한 표현의 상이한 표현으로 인한 불필요한 오해를 막기 위해 표현의 통일을 기할 필요가 없다. 물론 FOB, CFR, CIF의 경우에는 조건의 특성상 동 표현이 필요 없을 수 있다. 그러나 DEQ의 경우 FAS의 역경상의 조건으로 이런 표현이 필요한데도 규정이 없다. 이에 대한 설명이 필히 안내서를 통해 이루어져야 할 것이다.

B.7 매도인에게 통지(Notices to the seller)

The buyer must, whenever it is entitled to determine the time for shipping the goods and/or the point of receiving the goods within the named port of destination, give the seller sufficient notice thereof.

매수인은 자신이 물품을 선적할 시기와/또는 도착지의 지정된 항구내의 물품을 수령할 지점을 결정할 권리를 유보하고 있다면 언제든지 이에 대한 충분한 통지를 해야 한다.

해설 동조건 하에서 매도인의 입장에선 선적시기 내에 지정된 도착항까지 물품의 선적을 위한 운송계약과 이에 따른 선적을 위해 대단히 중요한 반면, 매수인의 입장에선 시판 사정, 국내운송 사정, 창고 사정, 대금결제 사정 등을 고려할 때 역시 선적시기와 또는 도착항이 중요할 수 있으므로 동 조건 하에선 선적시기와 도착항을 선택한 권리를 매수인의 권리로 합의할 수 있다. 따라서 물품의 선적시기와 또는 도착항을 매수인이 권리로 선택한 경우 이에 대하여 시간적 여유와 통지내용의 충분성을 갖춘 통지는 쌍방 모두에게 중요하다.

물론 합의에 따라 선택 권리를 가졌다 해도 통지는 의무이며, 합의에 따라 선적시기와 도착항의 결정을 의무로 한 경우도 통지는 의무사항이다.

단 차이가 있다면 의무로 선택한 경우 이의 해태는 B.5, B.6의 위험과 비용부담이 되나, 권리로 선택한 경우 이의 해태는 A.4에 따라 매도인에게 선택권을 부여하게 된다.

매수인의 선택권과 관련한 문제점과 그 해답은 Incoterms 2000 서문 13을 참조할 수 있다.[359]

1차, 2차, 3차 초안의 안내문에 따라 도착지 항구내의 지점이 있으면 그 지점의 명시를 강조한 것 외는 Incoterms 2000, 1차, 2차, 3차 초안 내용은 동일하다.

최종초안의 경우 도착지의 지정된 항구의 지점이 어떤 지점인지를 분명히 하기 위하여 3차 초안상의 "… the point at the named port of destination …"대신에 "… the point of receiving the goods within the named port of destination …"로, 변경된 것 외는 3차 초안과 동일하다.

B.8 인도의 증거(Proof of delivery)

The buyer must accept the transport document provided as envisaged in A8 if it is in conformity with the contract.

매수인은 운송서류가 매매계약에 일치한다면, A.8의 규정에 따라 제공되는 운송서류를 수령해야 한다.

해설 운송서류가 계약에 일치하고 A.8의 요구에 일치하는 한, 매수인은 운송서류를 수령해야 한다. 만약 매수인이 예컨대, L/C에 따라 매도인에게 지급을 못하도록 은행 앞으로의 지시를 통해 운송서류를 거절한다면, 매수인은 계약위반을 하게 되며, 이러한 위반은 매매계약에 따라 이러한 위반에 대해 이용 가능한 구제권을 매도인에게 주게 된다.

반면에 이러한 구제는 예컨대, 계약취소권이나 손해배상청구권을 포함할 수 있다.

그러나 매수인은 적절한 인도증거를 제공하지 못하는 서류, 예컨대 물품이 하자품

359) 오세창, 상게서, p.250.

이라 든가 합의한 수량보다 부족하게 제공되었음을 입증하는 서류상의 정도를 나타내고 있는 서류를 인정할 의무는 없다. 이런 서류는 고장부 서류라 부른다.

Incoterms 2000과 1차 초안은 동일하였고, 2차, 3차 초안이 동일하였으며, 최종초안은 3차 초안의 자구수정에 불과하다.

문제 대안 "… if it is in conformity with the contract"의 표현이 다른 조건들에는 없고, C-terms에만 동 표현이 Incoterms 2000부터 되었는데 무엇 때문이며, 이러한 표현이 지니는 의미는 무엇인가? 하는 의문이 제기될 수 있다.

이는 CAD거래의 특성상 계약서상에서 요구하고 있는 물품을 싣고 있다는 내용이 운송서류 상에 표시되어 있다면 실물 존재 여부와 관계없이 수령해야 함을 의미하므로 C-terms가 CAD거래임을 다시 한 번 강조하는 표현으로 볼 수 있다. 그렇다면 이 표현이 C-terms에만 있는 이유는 다음과 같다.

CFR이나 CIF는 서류에 대한 대금지급을 해야만 비로소 물품의 검사권이 생긴다.

이는 서류에 의한 대금지급 전에 물품의 검사권을 부여하면 계약물품과 다를 경우 서류에 의한 대금지급을 거절할 것이고, 이렇게 되면 서류거래자체를 어렵게 만들 수 있기 때문이다. 따라서 CFR이나 CIF의 변형이자 현대 운송기법과 서비스의 발달에 따른 CFR과 CIF의 발전적 형태인 CPT나 CIP를 포함한 전 C-terms의 경우 운송서류가 계약서와 일치한다면 실제 물품의 일치여부와 관계없이 무조건 수령하고 대금을 지급해야 비로소 물품의 검사권이 발생하여 실물을 검사할 수 있고, 검사에 따라 문제가 있으면 상업송장에 의해 매도인에게, 운송서류에 근거해서 운송인에게 그리고 마지막으로 보험서류에 의해 보험업자를 상대로 claim의 청구가 가능하다.

이와는 달리 해석할 수 있다. C-terms가 서류거래이면서 계약서에 의한 거래보다 L/C에 의한 거래가 대부분이다. L/C에 의한 CAD의 경우 L/C의 내용이 계약서의 내용과 일치하지 아니할 경우 매도인은 L/C의 내용에 따라 서류를 제공하면 대금결제를 받을 수 있으나 계약서 위반이 될 수 있어 매수인으로부터 클레임을 받을 수 있다. 따라서 Incoterms 2000에서 새로이 추가된 내용은 매매계약과 일치한 L/C가 개설되도록 하여 L/C의 내용과 매매계약의 내용을 둘 다 만족시키는 서류를 발급하게 하므로 결제 후의 매매당사자들 간에 발생 할 수 있는 문제점을 없애려는 의도에서 추가되었을 수도 있다.[360]

이러한 추정적 해석은 원칙적으로 COD거래이나 합의에 의해 CAD거래가 가능한 기타조건의 경우에도 확대적용된다고 볼 수 있다.

이미 다른 규정에서도 언급하였듯이 "… in accordance with A.8 …"가 "… as envisaged in A.8 …"로 변경되었는바 동 표현상의 문제는 이미 지적한 대로이다.

B.9 물품의 검사(Inspection of goods)

The buyer must pay the costs of any mandatory pre-shipment inspection, except when such inspection is mandated by the authorities of the country of export.

360) 오세창, 상게서, pp.293-294.

매수인은 이러한 검사가 수출국 정부당국의 법에 의한 경우를 제외하고 모든 법에 의한 선적전검사 비용을 지급해야 한다.

해설 수출국에서 매도인이 수출을 위해 관련법에 따라 당연히 자신이 해야 하는 경우는 자신의 책임과 비용으로 하지만, 매수인 수입국의 법에 따라 필요한 경우 매수인의 요청에 의해 이루어지는 모든 선적전 검사는 매수인 비용부담임을 규정하고 있다. 따라서 매수인이 수입국법에 따라 선적전 필요한 검사의 경우 선적 전에 제3자에 의한 검사증명서를 자신의 책임 하에 매도인에게 요청해야 하며, 이러한 결과를 대금결제서류에 반영시켜야 한다.[361)]

Incoterms 2000의 B.9과 비교해 볼 때 Incoterms 2000상의 "… of any pre-shipment inspection …"대신 3차 초안은 "… of any mandated per-shipment inspection …"와 같이 "any psi "가 "mandated psi"로 변경된 것 외는 동일하다. 그러나 종전의 규정과 달리 매도인 자신의 비용으로 이루어지는 수출국의 검사법에 의한 선적전검사 외에 매수인 자신의 필요를 위해 그리고 수입국의 법에 의해 필요한 경우 매수인이 요청하고 매도인은 이러한 요청에 따라 매수인의 비용으로 모든 선적전검사를 실시하고 그 증명서를 매수인에게 계약서나 L/C에 따라 제출해야 했던 Incoterms 2000상의 "any psi"의 개념은 수입국의 법에 의한 모든 psi의 개념으로 그 의미를 Incoterms® 2010에서는 분명히 하고 있다. 따라서 수입자 자신을 위해 필요한 psi의 경우 별도로 계약서나 L/C상에서 요구하고 그 비용을 지급해야 함을 주의해야 한다.

1차, 2차 초안은 Incoterms 2000과 동일하다.

A.9상의 checking과 B.9상의 inspection에 대하여 Incoterms 2000용어 해설[362)]에 의하면 동일의미라고 하고 있으나 전자의 의미는 이행에 따른 확인의 성격이고, 후자는 수출입국법이나 매수인의 필요에 따라 이루어지는 검사로 주로 공인된 기간에서 이루어지고 검사라면 전자는 수출지 공장 내에서의 자체검사로 볼 수 있다.

최종초안은 3차 초안과 동일하다.

B.10 정보협조와 관련비용(Assistance with information and related costs)

The buyer must, in a timely manner, advise the seller of any security information requirements so that the seller may comply with A10. The buyer must reimburse the seller for all costs and charges incurred by the seller in providing or rendering assistance in obtaining documents and information as

361) 오세창, 상게서, p.182.

362) Incoterms 2000, Introduction, Terminology, 7) checking and inspection.

envisaged in A10.

The buyer must, where applicable, in a timely manner, provide to or render assistance in obtaining for the seller, at the seller's request, risk and expense, any documents and information, including security-related information, that the seller needs for the transport and export of the goods and for their transport through any country.

매수인은 매도인이 A.10을 수행하기 위하여 필요로 하는 모든 보안정보요건을 시의 적절한 방법으로 통지해야 한다.

매수인은 A.10의 규정에 따른 서류와 정보를 제공하거나 취득하는데 협조를 제공하는데 있어 매도인이 지급한 모든 비용에 대하여 매도인에게 지급해야 한다.

매수인은, 적용되는 경우, 시의 적절한 방법으로 매도인의 요청, 위험 그리고 비용부담으로 매도인이 물품의 운송과 수출을 위해 그리고 제 3국으로 물품의 운송을 위해 필요로 하는 보안관련 정보를 포함하여 모든 서류와 정보를 제공하거나 그를 위해 취득하는데 협조를 제공해야 한다.

해설 A.10에 의하면 매수인의 책임으로 물품의 수출입에 필요한 보안관련 정보나 서류 등을 취득하는데 매도인은 협조해야 한다고 규정하고 있는 바, 이러한 의무수행에 있어 매도인이 필요로 할 수 있는 것으로 수입국에서의 화물보안정보를 시간적으로나 방법적으로 적절하게 제공해야 할 뿐만 아니라 매수인의 요청에 따른 매도인의 협조제공의무에 따라 매도인이 지급한 일체의 비용을 지급해야 함을 규정하고 있다.

이렇게 볼 때 A.10과 B.10의 의무규정의 경우 그 필요성은 매수인이 그 필요에 따른 협조는 매도인이, 그리고 협조에 따른 책임과 비용은 매수인이 부담해야 함을 규정한 규정이다.

그러나 provide와 render의 표현에 관한 의견은 A.10에서 설명하였지만 이렇게 표현할 수밖에 없다면 그 이유를 해설을 통해서나 아니면 선택이 추후에 이루어져야 할 것이다.

그리고 보안정보와 관련하여 A.10은 goods로, B.10은 cargo로 표현하고 있다. goods는 포장이 가능한 제조물품이고 cargo는 주로 포장이 불가능한 그러면서 대량화물인 산적화물(bulk cargo)을 의미하는 바, 이들에 대한 표현의 구분 예컨대 "any good, or cargo security information"과 같이 할 필요가 있다.

Incoterms 2000 B.10의 규정은 A.10의 협조에 따른 비용지급 중심의 규정이었고, 1차 초안은 첫째 절에서 Incoterms 2000 B.10규정의 내용과 동일하나 표현에 있어 "… obtaining the documents or equivalent electronic message" 대신에 동일 표현인 "… where in paper or electronic form … and … assistance …"으로 변경하고, 둘째 절에서 현 초안 규정과 같은 보안정보규정 통지의 필요성이 신설되었으나 현 규정과 같은 "…in a timely fashion…"이 없었다.

2차 초안의 경우 첫째 절은 1차 초안 규정과 같았고 둘째 절의 경우 "The buyer must reimburse the seller for all costs and charges incurred by the seller in providing of rending assistance in obtaining documents and information in accordance with A.10"과 같이 초안함으로 Incoterms2000 B.10의 내용과 실질적으로 동일한 내용을 상기와 같이 표현하였다.

매수인은 매도인이 자신이 A.3 a) 단서규정에 의해 자신이 운송계약을 체결하거나 또는 매수인에 의한 운송계약체결에 따른 운송을 위해, 경우에 따라서 제3국을 경유하는 경우를 위해 필요할 수 있는 그리고 수출국에서의 물품의 수출을 위해 자신이 필요로 할지 모르는 모든 서류, 정보, 보안관련 정보를 매도인의 요청과 위험 그리고 비용으로 매도인을 위해 취득하는데 협조를 시간적으로나 내용적으로 그리고 방법적으로 적절하게 제공해야 한다.

규정 가운데 "… provide to or render …"그리고 "… in providing or rendering …" 표현에 관한 설명은 EXW A.10과 FCA A.10의 내용을 통해 이해할 수 있다.

본 규정에서의 "where applicable"의 경우는 이미 설명한대로 EU지역 간 거래, 자유무역지대거래, 국내거래를 제외한 거래에 해당 규정이 필요하면 동규정이 적용되고 그렇지 아니할 경우 적용되지 아니함을 의미한다.

Incoterms 2000의 B.10의 경우 다음과 같이 규정되었다.

"The buyer must pay all costs and charges incurred in obtaining the documents or equivalent electronic messages mentioned in A.l0 and reimburse those incurred by the seller in rendering his assistance in accordance therewith and in contracting for carriage in accordance with A3 a).

The buyer must give the seller appropriate instructions whenever the seller's assistance in contracting for carriage is required in accordance with A3 a).

"매수인은 A.10에 명시된 서류와 동등한 EDI를 취득하는데 지급한 모든 비용을 지급해야 하고, A.3 a)에 따른 매도인의 협조와 운송계약체결에 따라 매도인에 의해 지급된 모든 비용을 지급해야 한다.

매수인은 A.3 a)에 따라 운송계약체결에 있어 매도인의협조가 요구되는 경우 매도인에게 적절한 지시를 하여야 한다."

그러나 1차 초안의 경우 첫째 절은 A.10에서 자신의 책임하에 이루어진 정보요청과 이에 응한 매도인의 서류 취득에 지출한 비용의 지급의무와 A.10에서 매도인이 요구하는 모든 화물보안정보를 그에게 통지해야하는 규정으로 규정되어 Incoterms 2000 B.10의 규정, 즉 A.10과 A.3 a) 단서 규정에 따라 발생한 비용지급 규정가운데 A.10에 의한 지급규정 수용과 A.3 a)에 의한 지급규정 삭제와 A.10 수행에 필요한 화물보안정보 제공규정 신설로 되어있다. 이는 Incoterms 2000 B.10상의 규정, 즉 A.10과 A.3 a)와 관련된 비용과 지시사항 중심 규정과 상당한 차이가 있었다.

2차 초안은 3차 초안 둘째 절의 "The buyer must …, that the seller needs for the transport … and, where necessary for their … country"대신 "The buyer must … that the seller may require for transport … and, where necessary, for their … country"로 규정함과 동시에 동 규정을 2차 초안 둘째 절 규정으로 하고, 셋째 절의 규정을 3차 초안규정의

첫째 절 셋째 줄 이하의 규정으로 배열하였다. 따라서 2차 초안 규정상의 "… and, where necessary, for their …"상의 "where necessary"가 삭제되고 규정간의 배열을 달리 한 것 외는 변경된 것이 없다. 특히 2차 초안에서 상기 표현이 삭제된 것은 "… where applicable …"이 삭제된 동 표현을 수용할 수 있기 때문이다.

최종초안의 경우 위에서 여러 번 언급하였듯이 3차 초안상의 "… cargo …"의 삭제와, "… in a timely fashion …"이 "… in a timely manner …"로, "… transit …"이 "… transport …"로 변경되었는바, 이들의 변경에 대한 설명은 이미 설명한대로다.

CHAPTER 05

Incoterms□ 2010의 근원

Incoterms□ 2010

전 세계가 Incoterms를 널리 인정하여 활용하고 있으나 업계나 학회 모두 Incoterms의 뿌리에 대한 연구나 생각은 없는 상태다. 그러나 국제통일매매상관습으로 널리 승인되어 활용되고 있는 Incoterms의 뿌리에 대한 이해는 국제상거래에 활용되고 있는 Incoterms뿐만 아니라 유사 정형거래계약조건의 이해, 나아가서는 대금결제에 사용되는 신용장 등의 이해에 도움이 될 것이다. 왜냐하면 국제결제에 대표적인 담보수단인 선하증권 이 자체가 국내거래에서 출발한 FOB계약이 다양한 무역관련 인프라의 발달로 국제거래에도 효과적으로 적용되기 위하여 창안된 결제수단으로 볼 수 있으며, 선하증권의 발행 관행이 결제의 구체적인 방법과 절차에 관한 관행인 신용장에 그대로 반영되고, 이러한 제도가 CIF계약의 특징으로 국제상거래가 서류에 의한 신용거래로의 발전을 가져왔다고 볼 수 있기 때문이다. 이하에서 문헌과 판례 그리고 규정들을 통해 Incoterms® 2010의 뿌리를 추정해보고자 한다.

1. 문헌과 판례에 의한 추정

신용장 사용의 역사에 관해 BC 575년 Babylon시대를 들고 있듯이[1] FOB의 역사 역시 인류 최초의 상거래방식인 물물교환(barter)이래 화폐와 운송수단의 등장으로 FOB라는 현물인도(Cash on Delivery: COD, 이하 COD라 한다)가 생겼을 정도로 그 역사는 오래되었으나 현대적 성격을 띤 FOB는 19세기 초로 볼 수 있다.

CIF계약과 FOB계약에 관하여 법적으로나 관행적으로나 가장 정확한 해석을 하고 있는 Sassoon에 의하면, FOB계약은 19세기 초에 등장한 정형거래조건으로 그 역사를 200년으로 보고 있으며,[2] 근본적으로 인수도 즉, 물품인도 시 대금지급조건인 COD 거래임을 분명히 하고 있다.[3] FOB계약과 관련한 판례로는 1812년의 Wackerbarth v.

1) 박대위, 「신용장」, 법문사, 1993, p.10.

2) D. M. Sassoon, *CIF* and *FOB* contracts, 4th ed, Sweet & Maxwell, 1995, p.347.

3) D. M. Sassoon, *CIF* and *FOB* Contracts, 2nd ed., Stevens & Sons, 1975, pp.289, 297, 399,

Masson사건[4])과 1816년의 Craven V. Ryder사건[5]) 그리고 1822년의 Ruck v. Hatfield 사건[6])이 이를 입증하고 있다. 그러나 19세 중반에 접어들면서 다양한 분야의 기술의 발달로 인한 국제상거래의 급격한 변화로 항구간 정규적으로 운항하는 선박회사가 생겨나고 정보를 신속하게 접하게 되므로 지속적인 국제거래의 가능성을 낳게 하였다. 이로 인해 운송서류를 우편으로 전달될 수 있게 됨으로 1855년에 영국에서 선하증권법(Bill of Lading Act: BLA, 이하 BLA라 한다)이 제정되었다. 이 무렵 새로운 금융기법이 창안되고 은행이 외환의 구입자로서 국제거래에 개입하게 되었다. 그리고 FOB계약의 매수인이나 그의 대리인이 물품의 인도 현장에 임석할 필요가 없게 되었고, 매매대금은 인도 후에 지급이 가능한 CIF계약이 등장하게 되었다. 최초의 CIF계약은 1862년의 Tregelles v. Sewell[7]) 사건과 1871년의 Ireland v Livingston 사건[8])에서 찾을 수 있으며, 이 당시의 CIF계약의 initial은 "c.f.&i"[9])였다.

CIF계약이 지급도, 즉 서류와 교환으로 대금지급이 이루어지는 서류인도(net cash or Cash against Document: CAD, 이하 CAD라 한다)[10])거래임을 입증한 사건이 1919년의 Manbre, Saccharine Co. Ltd. v. Corn Products Co. Ltd.사건[11])이다. Williston 교수도 CIF계약의 특징으로 서류인도에 의해 계약이 이행된 것으로 한다는 사실에 있다고 주장하고 있다.[12])

이렇게 볼 때 시기적으로 보아 FOB계약이 CIF계약보다 앞선 정형거래조건이었음을 알 수 있고, 전자가 COD거래라면 후자는 CAD거래임을 알 수 있으며, 양자 사이에 선하증권이 등장한 사실을 미루어보아 FOB계약이 COD거래라는 국내거래에서 CAD거래라는 국제거래로의 가능성을 열기 위해 두 가지 형태로의 변형을 시도했음을 추정할 수 있다. 그 하나가 FOB계약 자체가 COD거래와 CAD거래를 겸하는 변형과 처음부터 CAD거래를 위한 CIF계약으로의 변형이 그 두 번째 변형으로 추정할 수 있다.

363, 311-3; D. M Sassoon, *ibid.,* p.348; S. Williston, *The Law Governing Sales of Goods at Common Law and under the Uniform sales Act*, Revised ed., New York: Baker, Voorhis & Co. Inc., 1948, p.8.

4) (1812) 3 camp. 270.
5) (1816) 6 Taunt. 433.
6) (1822) 5 B. & Ald. 632.
7) (1862) 7 H. & N. 574.
8) (1873) L.R. 5 H.L. 395.
9) D.M. Sassoon. op. cit. p.348
10) *Ibid., p.4.*
11) [1919] 1 K.B. 198; D. M. Sassoon, *op. cit.*, 4th ed., p.2; G. H. Treitel, *Benjamin`s Sale of Goods,* 6th ed., Sweet & Maxwell, 1981, p.855.
12) S. Willison, *op. cit.*, p.104.

Incoterms® 2010의 핵심 정형거래계약유형이 F-rules와 C-rules라 볼 수 있으며, 양 rules의 뿌리가 FOB계약과 CIF계약이라고 볼 때 Incoterms® 2010의 근원은 FOB계약이라는 추정이 가능할 수가 있다.

2. 규정에 의한 추정

1) SGA

물품매매에 관한 판례법의 제정형태로 1893년 잉글랜드와 스코틀랜드에서 입법하여 채용한 물품매매법(Sales of Goods Act: 이하 SGA라고 한다.)은 법률가는 물론이거니와 기업가도 이해 할 수 있을 정도로 간단・명료한 용어로 구사된 법률로 1882년의 환어음법(Bills of Exchange Act: BEA, 이하 BEA라 한다)과 1906년의 해상보험법(Marine Insurance Act: MIA, 이하 MIA라 한다)을 초안한 영국 하원위원인 Mackenzie Chalmers경이 초안한 법률이다.

이렇게 볼 때 19세기 중반 이후에 제정된 1853년의 상선법(Merchant Shipping Law: MSL, 이하 MSL이라 한다), 1885년의 BLA, 1882년의 BEA, 1893년의 SGA, 1906년의 MIA 등이 영국에서 제정 된 것을 보면 근대 해상무역이 가장 발달한 국가가 영국이며, 19세기 초에 국내 COD거래로 출발한 FOB계약이 운송기술, 통신기술의 발달과 상업 발달에 따른 은행의 등장으로 국제적으로 격지자간의 거래의 가능성을 열었다고 볼 수 있나. 그리고 COD거래가 CAD거래로의 가능성으로 인해 FOB계약이 CIF계약을 가능케 하는 선행계약 유형이었음을 추정할 수 있고, 이들이 근간이 뇌어 Incoterms 1936년이 제정되었다고 추정할 수 있다.

특히 SGA 불특정물품의 소유권이전 규정인 16조, 특정물품의 소유권이전 규정인 17조, 16조와 17조와 관련한 의사확정에 관한 기준 규정인 18조, 처분권(담보권) 유보에 관한 규정인 19조는 물품의 소유권 이전에 관한 중요한 규정이다. 이들 규정에 의하면 원칙적으로 물품매매에 있어 소유권 이전이 대금지급을 전제로 하지 아니하고 있으나 19조를 통해 선하증권 등을 등장시켜 소유권 가운데 매도인의 물품대금에 해당하는 처분권, 즉 담보권을 대금지급과 연계시킴으로서 국제거래에 있어 물품인도와 대금지급과의 관계를 소유권의 이전과 연계시키고 있다. 이러한 연계를 통한 국제거래의 원활을 기하기 위하여 선하증권의 발급 관행 등을 중심으로 은행 신용장이 개설됨으로 국제간의 모든 거래가 CAD거래로의 가능성을 열었다고 볼 수 있다.

19조의 내용을 보면 소유권이전을 선하증권의 제출에 따른 대금지급과 연계시킴으로써 대금지급과 소유권이전이 전부 아니면 전무(all or nothing) 형태로 이루어지게 되어 있다. 이러한 사실은 COD거래인 FOB계약이 CAD거래로의 가능성을 열게 하였고, 이러한 가능성이 FOB계약외의 계약 예컨대 CIF계약의 가능성을 열었다고 추정할 수 있다. 이러한 추정은 FOB계약이 CIF 계약의 뿌리가 되었으며, 이들 계약이 Incoterms의 근원이 되었음을 Incoterms A.8을 통해 알 수 있다.

2) USA

미국의 매매법인 통일매매법(Uniform Sales Act: USA, 이하 USA라 한다)은 1906년에 제정되어 34주와 2개 속령, 1개의 자치구에서 채용된 매매법으로 SGA의 내용을 근거[13]로 보다 정교하게 초안된 법이다.

본 법은 불특정물품의 소유권 이전에 관한 규정인 17조, 특정물품의 소유권 이전에 관한 규정인 18조, 소유권이전에 관한 의사 확정 규정인 19조, 물품이 선적된 때 점유권 또는 소유권 유보에 관한 규정인 20조등을 통해 볼 때 SGA와 거의 유사하다. 그러나 20조에 의하면 SGA 19조와 달리 소유권 분할이론(divided property interests)을 제시하여 소유권을 수익이익(beneficial interest)와 담보이익(security interest)로 구분하고, 매도인의 입장에서의 관심은 대금이지 물품이 수입지에 도착하여 매수인이 전매 또는 재매각에 따라 얻게 되는 수익, 즉 수익이익은 관심이 없음을 전제하여 전자의 경우 선하증권의 발행 형식에 연계시키고, 담보이익, 즉 물품의 인도는 선적시에 매도인으로부터 매수인에게 이전하고, 물품의 위험은 수익이익에 수반하여 이전함을 22조 규정을 통해 규정하고 있다.

이러한 규정은 영국의 소유권이전에 있어 전부 아니면 전무라는 방식을 선하증권의 발행 형식에 따라 구체적으로 소유권 내부의 이전시기를 규정하므로 영국의 소유권이전 방식이 이론적 규정이라면, 미국의 소유권 이전 규정은 현실 거래에 초점을 맞춘 규정이라 할 수 있으며 그 결과는 똑같은 결과를 낳고 있다.

이렇게 볼 때 영국의 법이 미국법에 영향을 주었음이 사실이고, 미국법이 영국법을 현실거래에 조화시킨 점 또한 사실이다. 중요한 것은 국제거래에 선하증권의 등장으로 소유권이전 방식을 선하증권의 발행 형식에 따라 담보이익과 수익이익의 이전 시기를 분리하므로 이 자체가 오늘날 선하증권등 운송서류를 매개로 하여 신용장등을 통한 은행 결제에 따른 소유권 이전을 현실 상관행과 법에 의해 자연스럽게 해결되게 하였고, A.5상의 위험이전에 관한 이론적 근거를 22조 a)호를 통해 법이 뒷받침하였다는 것이다. 이러한 이론적 뒷받침은 Incoterms가 제정되기 오래전이었음을 알 수 있다.

13) S. Williston, *op. cit.*, p.2.

이렇게 볼 때 COD거래인 FOB계약이 시대의 변화 특히 BLA의 제정에 따라 CAD거래의 가능성을 열었고, 그 가능성이 CIF계약을 가능케 하였으며, 양 계약의 이론적 근거를 SGA가 제공하였고, SGA에 근거한 USA가 보다 현실 거래에 맞게 제정되어 CAD거래의 활성화를 가져왔다고 볼 수 있다. 그리고 이 모든 사실들이 Incoterms의 제정에 크게 기여하였거나 근원이 되었다고 추정할 수 있다. 사실 소유권이전에 관해 국제기구에서 통일관습법이나 통일법을 제정할 때마다 거론되면서도 소유권에 관한 상이한 법체계간의 이해 충돌로 해결되지 못하고 있으나 상관습이나 관행적으로 볼 때 소유권 이전에 대한 문제가 제기될 소지가 없다고 볼 수도 있다.

3) Incoterms

1936년 Incoterms가 ICC에 의해 처음으로 제정된 이래 수차례에 걸친 개정을 통해 Incoterms® 2010이 2010년 1월 1일부터 국제거래 내지 국내거래에 적용되고 있다. ICC에서 제정된 통일매매관습 중에 Incoterms는 통일국제매매관습으로 매매계약 이행 가운데 매도인의 주요한 이행의무인 인도에 관한 통일매매관습이고, UCP (e-UCP 포함)는 매수인의 주요한 이행의무인 지급에 관한 통일매매관습이다.

Incoterms의 규정 가운데 제일 중요한 규정이 A.1이며, 나머지 규정은 A.1의 규정에 따른 이행에 따른 구체적 반영 규정이라 할 수 있으며, 이들 규정 가운데서도 인도에 관한 A.4와 그에 따른 위험과 비용에 관한 규정인 A.5, A.6 그리고 이들 규정의 완벽한 이행에 따른 대금지급을 위한 서류 규정인 A.8가 중요한 규정이다. 나머지 규정들은 이들 규정의 보완 내지 상응 규정이라 할 수 있다. 개정 시에 약어의 표시에 동일의미의 상이한 표현이 있었으나, 2010년을 기점으로 FOB와 CFR, CIF의 경우 인도와 이와 관련한 비용과 위험에 관한 규정인 A.4, A.5, A.6을 보면 인도와 위험이전, 그리고 비용의 분기점(critical point or dividing line)을 2010년 전까지는 본선난간(ship's rail) 통과를, 2010년 이후는 ship's rail이 면도날(razor sharp)과 같은 정확한 기능을 못하므로[14] ship`s rail 대신에 본선적재(on board)를 기준으로 하고 있다. 그리고 이들의 현대적 조건이라 할 수 있는 FCA, CPT, CIP는 기본적으로 운송인에게 인도를 기본기준으로 하고 있는 바, 그 기본은 FCA, FOB다. 나머지 rules 또는 조건들은 운송기법의 발달 내지 서비스의 연장의 결과로 볼 수 있는 바, 이는 결국 FCA나 FOB의 연장이요, FCA는 FOB의 연장이라 볼 수 있다.

---

14) ICC, *Guide to Incoterms 1980*. p.10; J. Ramberg, *International Commerce Transaction*, Kluwer International Law, 1998, p.105.

특히 A.1의 인도에 따른 대급지급과 관련하여 가장 중요한 규정이 A.8의 규정이다. Incoterms® 2010의 모든 조건에서 A.8의 규정은 크게 COD거래와 CAD거래로 분류가 가능하며, 전자에 속한 rules가 E, F, D-rules이고, 후자에 속한 rules가 C-rules이다. 물론 F와 D-rules의 경우 CAD거래의 가능성이 A.8의 규정을 통해 열려 있다.

A.8의 규정을 통해 볼 때 F-rules가 COD와 CAD거래의 가능성을 보다 분명히 하고 있고, EXW와 DDP계약이 순수 COD거래임을, DAT와 DAP는 CAD거래가 가능하나 COD 거래가 대전제임을, C-rules가 CAD거래임을 분명히 하고 있다.

지금까지의 사실과 A.8의 규정을 볼 때 F-rules 가운데 전통적인 현실거래인 FOB계약이 변형을 하면서 COD와 CAD거래로의 가능한 변형과 CAD거래로의 변형에 기준이 되었음의 추정은 물론이고 FOB계약이 Incoterms의 뿌리임을 추정 할 수 있다.

4) 개정미국외국무역정의(RAFTD)와 미국통일상법전(Uniform Commercial Code: UCC)

1919년 제정 당시 켄터키에서 제정되었다하여 "Kentucky Rules"라고도 하며, India House에서 제정되었다고 하여 "India House Rules"라고도 하고, EXW, FAS, C&F, CIF, Ex dock등이 있으나 미국의 국내거래에 적합하면서 나머지 조건들을 포함할 수 있는 FOB계약이 중심이라 하여 India House Rules for FOB라고도 하는 RAFTD는 6개의 FOB를 중심으로 구성되어 있다.

1952년에 제정된 UCC의 경우 동 규정 §2-319에 의하면 RAFTD상의 6개의 FOB를 3개로 규정하고 있다. 양 규정을 도해하면 다음과 같다.

RAFTD의 ①의 경우는 Incoterms® rules 가운데 EXW, ②③의 경우는 Incoterms® rules 가운데 FCA, ④의 경우는 Incoterms® rules 가운데 FAS, ⑤의 경우는 Incoterms® rules 가운데 FOB, ⑥의 경우는 Incoterms® rules 가운데 D-Rules와 유사하다 할 수 있으며, RAFTD의 ①의 FOB계약이 고유 FOB 계약이고 나머지 5가지의 FOB계약이 그 변형이라 할 수 있다. RAFTD상의 기타 정형거래의 경우도 6개의 FOB계약에 포함될 수 있다고 볼 수 있다.

RAFTD가 1919년에 제정되었고, 그 중심이 FOB계약이라 볼 때, 그리고 그 제정 시기가 영국의 FOB계약과 CIF계약이 등장한 시점인 것을 감안한다면 RAFTD 역시 영국의 영향을 맡아 국내거래에 맞게 변형한 것으로 추정할 수 있고, 특히 CIF 계약이 FOB계약에 뿌리를 두고 있음을 염두에 둔다면 FOB계약이 Incoterms®

2010의 전반적인 규정을 포함한다고 추정할 수 있다. 이렇게 볼 때 UCC는 물론이고 Incoterms 역시 RAFTD에 영향을 받아 제정되었다고 추정할 수 있고 그 중심이 FOB계약임을 제정 시기적으로 보아 추정할 수 있다.

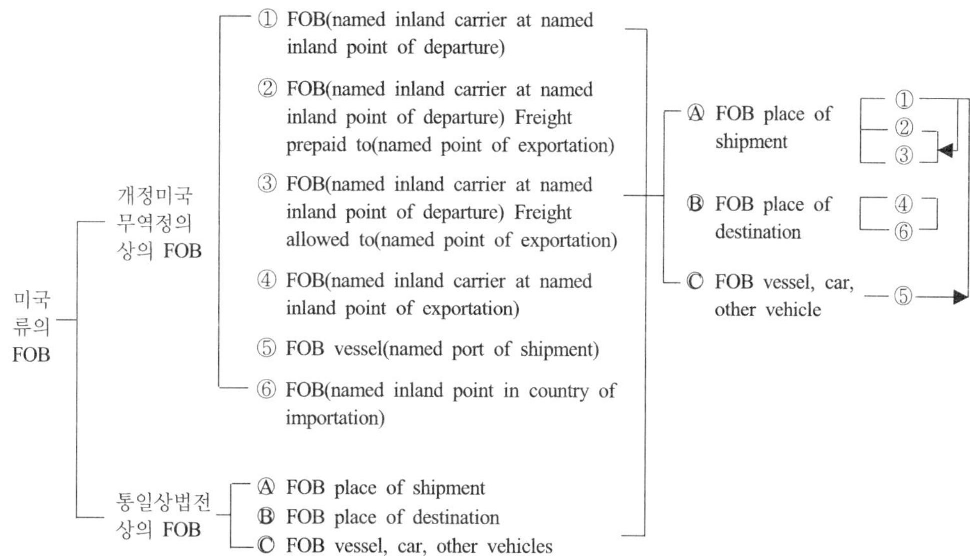

5) FOB조건의 해석(The Interpretation of the term FOB)

영국의 경우 나름대로의 자부심을 많이 가지고 있는 나라이다. 그 가운데서도 보험에 관한 것과 정형거래조건에 관한 한 그 나름대로의 대단한 자존심이 있는 나라이다. 1906년에 제정된 영국의 해상법의 부록으로 첨부된 로이즈보험증권상의 협회화물약관으로는 오늘날의 해상위험에 대비하는데 문제점이 많이 있어 유엔국제무역법위원회(UNCITRAL)나 ICC에서 업계의 편의를 제공하기 위해 협회화물약관을 변경하려는 움직임이 있었고 실제 개정 단계에 들어갈 즈음 영국은 협회화물약관의 개정안을 제시하였고, 결국 그 개정안이 Incoterms의 CIP와 CIF에 반영되었다. 이러한 사실은 영국의 경우 나름대로의 자부심을 갖고 현재에 진행되고 있는 관행을 오랜 기간 동안 지속하는 관습이 있다. 무역의 종주국답게 필요한 법이나 규정은 모든 것이 때가 되었다고 생각할 때 제정하는 것을 전통으로 하고 있기 때문이다.

실제로 FOB계약에 관해 ICC가 Incoterms, 미국이 RAFTD를 통해 정형거래계약조건에 관한 규정을 먼저 제정하였다. 영국은 수출협회를 통해 1951년에야 다양한 FOB계약의 정의 중에서 가장 기본적인 FOB계약의 정의를 하였다. 그러나 영국에서는 ICC와 미국 등이 FOB 계약 등 정형거래계약조건을 제정하기 훨씬 이전부터 다양한 FOB계약 등이 실제 관행에 의해 사용되어 왔음을 알 수 있다. 이러한 사실은 영국의 FOB계약에 관한 관행이 ICC나 미국등에서 제정하는 규정에 영향을 미쳤다고 할 수 있다.

다시 말해서 영국은 제시되는 여러 가지 FOB계약에 대한 정의가 여러 가지 면에서 문제점을 지니고 있어 세계적인 공감대를 형성하지 못하였기 때문에[15] 침묵하고 나름대로의 관행을 충실히 수행하다가 때가 되어 FOB계약의 기본정의를 하였는 바, 이 정의를 통해 ICC나 미국 등의 정형거래계약조건에 대한 규정이 영국에 뿌리를 두고 있음을 추정할 수 있다.

이하에서 오래 전부터 시행되어 온 FOB계약의 유형에 대하여 보면 Sassoon교수의 주장을 근거하여 영국에서 관행적으로 이루어져 온 FOB계약의 유형은 다음과 같다

(1) 고유 FOB계약

1951년에 영국의 수출협회가 제정한 FOB계약에 관한 유일한 그러면서 가장 기본적인 "FOB조건의 해석"에서 말하는 FOB계약이 "고유 FOB 계약"이다.

고유 FOB계약은 이미 앞서 제시한 1812년 Wackerbarth v. Masson 사건과 1920년대까지 존재 한 사건[16]을 통해 볼 때, 순수 COD거래를 전제한 거래라고 할 수 있다.

고유 FOB는 국내에서 매수인이 지명한 선박에 매도인은 물리적인 인도(physical delivery)만으로 책임이 끝나는 것으로 인도할 때까지의 위험과 비용은 매도인이 부담하고, 인도후의 위험과 비용은 매수인 책임인 순수 COD거래이다. 단지 여기에서는 선박이지만 FOB자체가 운송수단 적재인도 조건이기 때문에 인도되는 운송수단에 따라 본선인도조건, 철도인도조건, 트럭인도조건 등 다양하게 불러질 수 있으며, 확대하면 공장에서 매수인이 지명한 운송수단에 적제해도 FOB truck이 될 수 있으며, Incoterms® 2010의 FCA-rule, 합의하면 E-rule에 적용될 수도 있다. 이러한 국내거래용 고유 FOB라도 간접 수출인 경우 수출거래에도 적용이 가능하다.[17]

(2) 추가서비스 변형(additional services variant(seller, as shipper and exporter) (수정 또는 수출 FOB계약) ①

1845년 Cowas-Jee v. Thompson Kebble사건[18]과 1884년 Stock v. Inglis사건[19]을

15) D. M. Sassoon, *op. cit.*, p.355.

16) Hecht, Pfeiffer (London) Ltd. v. Sophus Berendsen (London) Ltd. (1929) 33 Ll.L.R. 157.

17) D. M. Sassoon, *op. cit.*, p.390.

18) (1845) 5 Moo.P.C.C. 165.

통해 알 수 있듯이 고유 FOB계약으로서는 간접수출거래는 가능하나 격지자간의 직접수출거래에는 적용이 불가능하다. 따라서 FOB계약으로 해외 거주자간의 직접수출입거래를 하려면 매도인의 물리적 인도의무 외에 매도인이 대금결제를 받기 위해 하송인(shipper)과 수출허가를 얻기 위한 수출자(exporter)로서의 기능을 대리인이 아닌 본인의 자격으로 담당하도록 담당자들 간에 합의를 해야 한다. 이렇게 되면 COD 거래 형태가 CAD거래 형태로 변형이 가능하게 된다. 따라서 고유 FOB계약상의 매수인의 의무 가운데 하송인과 수출자의 의무를 매도인에게 넘긴 수정 형태가 수정 FOB계약이다. 이 경우 수정 FOB계약은 수출을 위해 수정하였기에 수출 FOB계약이라고도 한다.

이러한 형태로 당사자들 간의 합의에 의해 변형됨으로써 COD거래인 FOB계약이 CAD 거래가 가능하게 된다. 이러한 형태의 거래는 위에서 보듯이 은행이나 운송기관의 등장과 발전 그리고 통신 기술의 발달로 가능하게 되었으며, 이들 거래가 가능할 즈음에 BLA가 탄생하고 SGA등이 제정되었다.

이러한 거래의 실제는 당사자들 간에 체결되는 계약서상에 대금결제에 관해 이행정지조건(precedent condition; suspensive condition)인 “L/C”라는 용어만 들어가도 선하증권의 발행관습 등 이들에 의한 CAD거래를 가능하게 하는 기타 규정들로 구성된 L/C라는 수단에 의해 직접 국제거래가 가능하게 되었고 지금도 가능하다. 이런 수정 형태를 직접 해외 거래를 위한 고유 FOB계약의 가장 기본적인 수정, 즉 수출 형태라 할 수 있으며 Incoterms® 2010의 F-rules에 적용이 가능하다.

(3) 도착지까지 선적 변형(수정 또는 수출 FOB계약) ②

이러한 형태의 변형 FOB계약은 1958년 Stach (lan) Ltd. v. Baker Bastey Ltd.사건[20]을 통해 알 수 있듯이 상기 수정 FOB계약상의 매도인의 주가 의무 외에 해상운송계약을 체결하고 운임을 지급하며, 해상보험계약을 체결하고 해상보험료를 추가로 지급하는 의무를 매도인이 부담하는 변형거래이다. 사실 해상운송계약과 해상보험계약은 매수인도 얼마든지 해당 시장에서 체결할 수 있다. 그럼에도 매도인에게 넘겨 그로 하여금 담당케 하는 변형으로 이 경우의 변형되는 부분은 매도인이 대리인의 입장에서 이런 추가의무를 부담하게 된다. 이런 형태로 수정되면 Incoterms® 2010 C-rules의 거래에도 수정을 통해 적용이 가능하다는 추정이 있을 수 있다.

---

19) (1884) 12 Q.B.D. 564.
20) [1958] 2 Q.B. 130.

(4) 기타 추가 변형(매수인의 모든 의무를 매도인이 부담하고 수정FOB계약) ③

문헌에는 없으나 당사자들의 합의에 의해 상기 ①②의 수정 형태가 가능하다면 수정시에 매수인이 해야 할 모든 의무를 매도인에게 하도록 할 경우를 상상할 수 있다. 물론 이 경우도 매도인의 추가의무는 그 성격에 따라 본인의 의무일 수도 있고 대리인의 의무일 수도 있으나, 그 기준은 매수인이 할 수도 있고 매도인이 할 수도 있는 경우는 대리인의 의무 일 것이고, 매도인이 아니면 안 되는 경우는 본인 의무이나 매수인이 아니면 안 되는 경우는 대리인의 의무일 것이다. 그러나 ①의 수정과 달리 ③의 수정은 ②의 수정과 같이 매수인의 대리인적 성격이 될 수 밖에 없는 것이다. 왜냐하면 수입통관은 특수한 경우를 제외하고는 매수인만이 수입지에서 할 수 있기 때문이다.

이렇게 되면 고유 FOB계약이 수정되어 Incoterms상의 D-rules의 거래에도 수정을 통해 적용될 수 있다는 추정이 가능하다.

3. 기존의 FOB계약의 유형의 도해

지금까지 상기에서 논한 내용을 중심으로 FOB계약의 유형을 도해하면 다음과 같다.

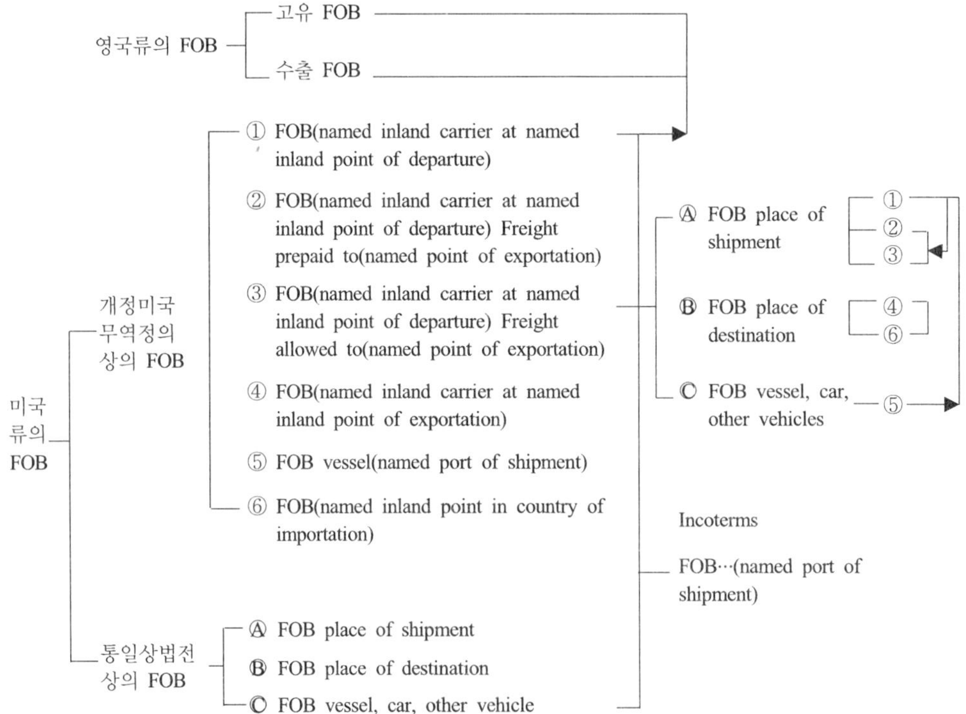

4. FOB계약의 요약

이상과 같은 FOB계약의 사적 고찰을 통해 얻을 수 있는 결론은 다음과 같다.

① 고유 FOB계약은 매수인이 지명한 선박에 물품의 물리적 인도(physical delivery)가 매도인의 기본적인 의무이기 때문에 COD거래가 대 전제라 할 수 있다.

② 고유 FOB계약의 기본적인 수정형태가 직접 거래를 위한 CAD 거래를 전제하고 있다.

③ 이러한 고유 FOB계약의 기본적인 수정형태가 Incoterms A.8에 그대로 반영되어 있다. 따라서 CAD거래가 되려면 수출허가나 수출통관 절차가 대전제로 이루어져야 하는 바, 이러한 사실이 Incoterms A.2에 반영되어 있다. 왜냐하면 하송인이 매도인이기 때문에 B/L을 발급 받으려면 A.2가 대전제가 되어야 하기 때문이다.

④ 이렇게 볼 때 Incoterms상의 FOB는 수정FOB의 가장 기본적인 형태의 반영으로 볼 수 있다.

⑤ RAFTD의 ①번이 고유 FOB계약과 유사하고 나머지는 수정 FOB계약과 유사하다. 그리고 ⑥의 FOB계약은 Incoterms의 DDP와 유사하다.

⑥ Incoterms상의 FOB와 UCC상의 ⓒ와 RAFTD상의 ⑤는 기본적으로 같다.

⑦ UCC상의 FOB계약의 경우는 RAFTD상의 여섯 가지 FOB계약의 특징별 분류이자 대분류로 볼 수 있다.

⑧ 이상과 같이 영국류의 FOB계약, RAFTD상의 FOB계약, UCC상의 FOB계약을 보면 Incoterms의 뿌리가 영국의 FOB계약임을 알 수 있으며, FOB계약의 변형이 이미 앞에서도 언급하였듯이 처음부터 CAD거래로의 변형이거나 기본은 COD거래이나 합의에 의해 CAD거래로의 변형이 이루어졌다고 볼 수 있다. 이렇게 볼 때 전자의 변형 형태가 C-rules이고, 후자의 변형 형태가 E-rule와 F-rules 그리고 D-rules라 할 수 있으나, E-rules은 순수 COD거래인 고유 FOB계약에 가깝다고 볼 수 있다.

⑨ 이러한 거래의 가능성은 BLE, SGA, USA등의 법률에 의해 법적으로 뒷받침이 되었고, Incoterms와 UCP, 그리고 이들에 의한 L/C등에 의해 구체화되어 실현되었다고 할 수 있다.

참고문헌

[국내]

박대위, 「신용장」, 법문사, 1993.

오세창, "Incoterms2000 規定表現 및 內容에 관한 序文上의 問題點과 改定方案", 「경영경제」 제33집 제2호, 계명대학교 산업경영연구소, 2000, pp. 89-109.

______, "C-terms의 문제점과 개정방향", 「무역학회지」 제26권 제1호, 한국무역학회, 2001, pp. 53-73.

______, "Incoterms 2000 F-Terms상의 문제점과 개정방안", 「국제학논총」 제5집, 계명대학교 국제학연구소, 2001, pp. 73-86.

______, 「국제상관습론」, 계명대학교 출판부, 2002.

______, 「Incoterms 2000 실무적 해설」, 삼영사, 2007.

______, 「Incoterms 2000의 규정해석과 실무적용상의 유의사항」, 삼영사, 2007.

______, "Incoterms 3000 초안의 특징과 문제점", 「경영경제」 제42집 제2호, 계명대학교 산업경영연구소, 2009, pp. 27-38.

______, "Incoterms 2011 2차 초안의 특징과 문제점", 「경영경제」 제43집 제1호, 계명대학교 산업경영연구소, 2010, pp. 29-49.

[국외]

上板酉三, 「貿易慣習」, 經濟新聞社, 昭和 34年.

新堀聰, 「國際統一賣買法」, 同文館, 1995.

朝岡良平, 「賣買ム 商慣習」, 布井出版社, 昭和 51年.

Atiyah, P. S., J. N. Adams, H. L. MacQueen, *The Sale of Goods*, 11th ed., Pearson, 2005.

Carr, I., *Principles of Int'l Trade Law*, Cavendish Publishing. Ltd.

Debattista, C., *Incoterms in Practice*, ICC Publishing S. A. 1995.

Gifis, S. H. *Law Dictionary*, 2nd ed., Brother's Educational Series, Inc, 1984.

Goode, R., *Commercial Law*, 3rd ed., Penguin Books, 2004.

Guest, A. G., *Benjamin's Sale of Goods*, 2nd ed., Sweet & Maxwell, 1981.

Honnold, J. O., *Uniform Law for International Sales under the 1980 United Nations Convention*, Kluwer Law & Taxations Publishers, 1982.

____________, *Uniform Law for International Sales under the 1980 United Nations Convention*, 2nd ed., Kluwer Law & Taxation Publishers, 1991.

Houtte, H. V., *The Law of International Trade*, 2nd ed., Sweet & Maxwell, 2002.

____________, *The Law of International Trade*, Sweet & Maxwell, 1995.

ICC, *Guide to Incoterms*, ICC Services S.A.R.L, 1979.

ICC, *Guide to Incoterms*, ICC Services S.A.R.L, 1980.

____, *Guide to Incoterms® 2010*, ICC Services Publishing, 2010.

Jimenez, G. C., *ICC Guide to Export-Import Basics*, ICC publishing S.A., 1997.

Kaczorowska, A., *International Trade Conventions and Their Effectiveness*, Kluwer Law International, 1995.

Kritzer, A. H., *Guide to Practical Application of CISG*, Kluwer Law International, 1991.

Lord Chorley and O. C. Giles, Slater's Mercantile Law, 17th ed., Pitman, 1977.

Polanski, P. P., Johnston, R. B., "*International Custom as a Source of Law in Global Electronic Commerce*", Proceedings of the 35th Hawaii Int'l Conference on System Sciences, 2002.

Ramberg, J., *ICC Guide to Incoterms 1990*, ICC Publishing S. A, 1991.

__________, *International Commercial Transaction*, Kluwer Law International. 1998.

__________, *ICC Guide to Incoterms 2000*, ICC Publishing S. A., 1999.

__________, *ICC Guide to Incoterms® 2010 Rules*, ICC Services Publication, 2010.

Reynolds, F. *Incoterms For Americans*, International Projects, Inc., 1999.

Rosenthal, M. S., *Techniques of International Trade*, Nueva York, EUA: McGraw-Hill, 1950.

______________, *Techniques of International Trade*, MeGraw-Hill Book Company Inc., 1951.

Sassoon, D. M., *CIF and FOB Contracts*, 2nd ed., Stevens & Sons, 1975.

_____________, *CIF and FOB Contracts*, 3rd ed., Stevens & Sons, 1990.

_____________, *CIF and FOB contracts*, 4th ed., Sweet & Maxwell. 1995.

Schlechtriem, P., *Commentary on the UN Convention on the International Sale of Goods (CISG)*, 2nd ed., Clarendon Press, 1998.

Schmitthoff, C. M., The Sources of the Law of International Trade, 1964.

_______________, *Export Trade*, 7th ed., 1980.

_______________, *International Trade Usage*, Institute of International Business Law and Practice, 1987.

_______________, *Export Trade*, 9th ed., Stevens & Sons, 1990.

Sir Mocatta, A. A., M. J. Mustill, Q.C., and S. C. Boyd, *Scrutton on Charterparties and Bills of lading*, 18th ed., London: Sweet & Maxwell, 1974.

Treitel, G. H., and et. al., *Benjamin's Sale of Goods*, 6th ed., Sweet & Maxwell, 1981.

Walker, A. G., *Export Practice & Documentation*, 2nd ed., London: Newnes Butterworths, 1977.

Williston, S., *The Law Governing Sales of Goods at Common Law and under the Uniform Sales Act*, Revised ed., New York: Baker, Voorhis & Co., 1909.

찾아보기

▮ 사 ▮

▮ 아 ▮

Case

저자 약력

■ 오 세 창

- 부산대학교 상과대학 무역학과(상학사)
- 부산대학교 대학원 무역학과(상학석사)
- 부산대학교 대학원 무역학과(경제학 박사)
- International Trade Institute, Portland State University 객원교수
- 계명대학교 산업경영연구소 소장
- 계명대학교 무역대학원 원장
- 대한상사중재원 중재인
- 계명대학교 외국학대학장
- 계명대학교 국제학·통상학대학장
- 계명대학교 국제학대학원장
- 계명대학교 TI 사업단장
- 관세청 관세사시험 출제위원
- 행정자치부 국가고시시험 출제위원
- 한국무역학회 부회장
- 한국무역상무학회 부회장
- 한국국제상학회 부회장

(현) 계명대학교 국제통상학과 명예교수
고려학원(고신대학교) 이사

■ 조 현 정

- 국제학 통상학대학 학부장
- 한국무역학회 이사
- 한국보험학회 이사
- 국제무역학회 이사
- 일본 모모야마 대학 초빙교수
- 미국 Long Island University 초빙교수
- 중국 연변과학기술대학 교수
- 계명대학교 신용협동조합 이사장
- 섬유 패션 국제전문인 인력양성단 단장
- 계명대학교 산업경영연구소 소장
- (현) 계명대학교 국제통상학과 교수

■ 박 성 호

- 계명대학교 문학사
- 계명대학교 경영학석사(무역실무 전공)
- 계명대학교 경영학박사(무역실무 전공)
- University of London PhD. (International Commercial Law)

(현) 계명대학교 산업경영연구소 간사
한국국제통상정보학회 이사
계명대학교 국제통상학과 학과장
계명대학교 국제통상학과 조교수

Incoterms® 2010 무역실무적 해설

초 판 1쇄 발행 —— 2013년 4월 30일
초 판 2쇄 발행 —— 2015년 8월 30일
지은이 —— 오 세 창 · 조 현 정 · 박 성 호
펴낸이 —— 전 두 표
펴낸곳 —— 도서출판 두남
서울시 강동구 성내로6길 34-16 두남빌딩
신 고 : 제25100-1988-9호
TEL : 02) 478-2065, 2066, 2067, 2311
FAX : 02) 478-2068
E-mail : dunam1@unitel.co.kr
http://www.dunam.co.kr

정가 32,000원

ISBN 978-89-6414-417-6 93320